费希特著作选集

卷 五

梁志学 主编

商务印书馆
2006年·北京

图书在版编目(CIP)数据

费希特著作选集(第5卷)/(德)费希特著;梁志学主编.—北京:商务印书馆,2006
 ISBN 7-100-04967-9

Ⅰ.费… Ⅱ.梁… Ⅲ.①费希特,J.G.(1762~1814)—选集②德国古典哲学—选集 Ⅳ.B516.33

中国版本图书馆 CIP 数据核字(2006)第 030668 号

所有权利保留。
未经许可,不得以任何方式使用。

FÈIXĪTÈ ZHÙZUÒ XUĂNJÍ
费希特著作选集

卷 五

梁志学 主编

商 务 印 书 馆 出 版
(北京王府井大街36号 邮政编码100710)
商 务 印 书 馆 发 行
北京市白帆印务有限公司印刷
ISBN 7-100-04967-9/B·688

2006 年 12 月第 1 版	开本 850×1168 1/32
2006 年 12 月北京第 1 次印刷	印张 22¾ 插页 2
印数 5 000 册	

定价:40.00 元

费希特像

目 录

极乐生活指南 ·· (1)
　前言 ·· (3)
　内容提要 ·· (5)
　第一讲 ·· (11)
　第二讲 ·· (25)
　第三讲 ·· (40)
　第四讲 ·· (55)
　第五讲 ·· (69)
　第六讲 ·· (83)
　第七讲 ·· (100)
　第八讲 ·· (115)
　第九讲 ·· (132)
　第十讲 ·· (146)
　第十一讲 ·· (160)
　第六讲附录 ·· (175)

论马基雅维里 ·· (183)
　Ⅰ. 导论 ·· (185)
　Ⅱ. 马基雅维里著作摘录 ······································ (212)

Ⅲ. 结语 ………………………………………………… (238)

对德意志民族的演讲 …………………………………… (241)
  前言 ……………………………………………………… (243)
  《论马基雅维里》摘录 …………………………………… (245)
    Ⅰ. 这篇著作的结语摘录 ……………………………… (245)
    Ⅱ. 马基雅维里时代的巨大写作自由与出版自由 …… (246)
    Ⅲ. 未发表的《关于爱国主义与其对立面》"前言"摘录 ……… (248)
  第一讲　绪论 …………………………………………… (250)
  第二讲　概论新教育的本质 …………………………… (266)
  第三讲　再论新教育 …………………………………… (283)
  第四讲　德意志民族与其他日耳曼民族的主要差别 … (298)
  第五讲　上述差别造成的结果 ………………………… (315)
  第六讲　德意志人的特点在历史中的表现 …………… (332)
  第七讲　再论一个民族的本原性和德意志精神 ……… (347)
  第八讲　什么是较高意义上的民族？什么是爱国主义？ ……… (366)
  第九讲　新的德意志民族教育应当同现实中存在的哪个点
　　　　　连接起来？ ………………………………………… (386)
  第十讲　对德意志民族教育的进一步规定 …………… (401)
  第十一讲　这一教育计划将归谁实施？ ……………… (417)
  第十二讲　关于在达到我们的主要目的以前维护我们自己的
　　　　　　方法 ……………………………………………… (433)
  第十三讲　内容通报·业已开始的研究的继续 ………… (448)
  第十四讲　结语 ………………………………………… (470)

知识学纲要 ………………………………………………… (491)

目 录

前言 ……………………………………………………… (493)

§.1. …………………………………………………… (494)

§.2. …………………………………………………… (495)

§.3. …………………………………………………… (496)

§.4. …………………………………………………… (496)

§.5. …………………………………………………… (497)

§.6. …………………………………………………… (498)

§.7. …………………………………………………… (498)

§.8. …………………………………………………… (499)

§.9. …………………………………………………… (500)

§.10. ………………………………………………… (502)

§.11. ………………………………………………… (503)

§.12. ………………………………………………… (505)

§.13. ………………………………………………… (507)

§.14. ………………………………………………… (510)

关于对学府自由惟一可能的干扰 ……………………… (511)

关于学者使命的演讲 …………………………………… (539)

 第一讲 ……………………………………………… (541)

 第二讲 ……………………………………………… (555)

费希特著作总目 ………………………………………… (569)

费希特年表 ……………………………………………… (577)

译者注释 ………………………………………………… (690)

编者后记 ………………………………………………… (721)

极乐生活指南[1]

实学书局,柏林 1806

李文堂译

前　言

这些演讲,同以《现时代的根本特点》为标题刚刚在同一个书局发表的演讲[2]和《论学者的本质》的演讲[3]——在后者中,主导全部演讲的思维方式是以一个特殊对象展开的——一起,构成一个通俗学说的整体,而目前的演讲则形成这个整体的顶点和最明亮的闪光点;它们全部都是我六七年来[4]以更多的空闲时间和更成熟的年龄,在哲学观点方面坚持不懈地进行自我修养的结果;这种哲学观点我在十三年前[5]就已经获得,尽管它像我希望的那样,可能已经改变了我的某些东西,但它本身从那个时候起就绝没有在任何一个部分发生过变化。这些讲稿的写作以及其中阐明的学说获得的外在形式与内在形式,都是由外部原因引起的,就连它们的完成也从来不取决于我自己的意志,而是取决于它们必须给演讲准备就绪的时间。我听众中的一些朋友们,认为这些讲稿不无益处,差不多可以说,是他们说服了我将它们付梓[6];为了付梓而再次修改它们,按照我的工作方式来说,也许会成为永远修改不完它们的稳妥办法。现在,如果发表的效果与他们的期望背道而驰,他们会对此负责。因为就我个人而言,每次更为有力的倡议所引起的无穷混乱的景象,以及每个追求正义的人所必然怀有的那种感激的景象,已经使我对广大读者发生疑虑,在这类事情上没有主见,不再清楚该怎样同这些读者交谈,也不知道是否值得花费力气,通过印刷机同他们交谈。

柏林,1806 年 4 月
费希特

内 容 提 要

(I,9,49)

第一讲 生活就是爱,因而生活与极乐是自在自为地同一的。本真生活与单纯的假象生活的区别。——生活与存在也是同一的。但本真的存在是永远自相同一的、不变的,而假象是可变的。本真生活爱那个太一或上帝,而假象生活则爱可变的东西或世界。假象本身仅仅是由对永恒的渴求支持和保持于在场或具体存在中的;这种渴求在单纯的假象生活中永远得不到满足,因而假象生活是不幸的;本真生活的爱不断得到满足,因而这种生活是极乐的。本真生活的要素是思想。

第二讲 这里要讲述的终归是形而上学,特别是本体论;它们在这里应当通俗地加以讲述。通过对试作这种通俗演讲的必要性的阐明,通过对不同于学术演讲的通俗演讲的真正本质的研讨,以及通过引进基督教以来这一打算不断在现实中获得成功的事实证明,驳斥那种认为通俗演讲不可能与不足取的异议。在我们的时代,这种共识确实面临着巨大的障碍;这是因为,一方面决定性的形式会违反那种对于随意性意见的偏好和自命为怀疑主义的犹豫不决,另一方面它的内容也会显得陌生和十分悖谬。最后,天真无邪的人会受到反常的狂热分子的异议的迷惑。对这种狂热的发生学解释。这种狂热的可以预料的指控将我们的学说解释为神秘主义。然而,这种指控以及类似的指控的真正目的是什么?

第三讲　既然生活必定是一个有机的整体,在现实生活中怎么会缺少必要生活的某一个部分呢?——根据我们的主张,假象生活就是这种情况;说明现实中的精神生活只是逐步地、仿佛是经过一系列发展阶段展开的,从而解决这个疑问。用一个引人注目的例证直观地说明,大多数人从有关外在对象的感性知觉中推导出对外在对象的思维,仅仅知道我们的一切认识都基于经验。与这种也未通过知觉得到论证的有关外在对象的思维相反,什么是真正的、高级的思维;这种思维在形式上如何有别于能同那种思维的领域协调的单纯意见。

通过认识的最高要素真正进行这种思维。这样做的结果是:存在既不是变来的,也不是其中的什么东西是变来的,相反地,存在直截了当地是太一,是自相同一的;应当把存在的在场与存在区别开,存在的在场必然是存在的意识;这种意识同时必然也是自我意识,——按照它自己的一般在场以及它的特殊的、实在的规定,它不能用发生学的方法从存在推导自己,但能一般地理解,它的这种实在的规定在本质上是与存在的内在本质同一的。

第四讲　对于一种极乐生活,什么是不可或缺的,什么是仅仅在一些条件下才必要的?既然存在作为单一的东西,如同它在自身中一样,也是在场,那么杂多的东西怎么会进入它的这种在场或意识中呢?答案应是这样:仅仅在一定条件下。出自仅仅存在于在场中的区别的作为,或者通过对立作出的刻画,是绝对的对立,是其他一切分离的原则。这个作为设定了被刻画者的一种固定的存在,这就使那种本身是内在的神圣生活的东西变成一个静止的世界。这个世界是通过那种作为的事实加以刻画和塑造的,而这种事实永远都是一种绝对自由的独立性。

第五讲 知识中一种新的分裂的原则,并不直接适用于世界,而是适用于对世界的反思,因而只给出关于一个持续存在的世界的不同观点;然而,这后一种分裂同第一种分裂是相互密切渗透与联合的。这种分裂是五重的,因而由这种分裂导致的不同的世界观也是五重的。第一种最低级的世界观是现时代盛行的哲学观点,按照这种观点,人们把实在性归于感性世界或自然。第二种世界观是客观合法性或绝对命令的立场,按照这种观点,实在的东西被设定于一种面向自由,维护现存世界的秩序的规律。第三种世界观是真正道德的立场,按照这种观点,同一种实在的东西被设定于一种面向自由在现存世界的范围内创造新世界的规律。第四种世界观是宗教的立场,按照这种观点,实在性仅仅被设定于上帝和他的在场。第五种观点是科学的立场,它清楚地洞见到了杂多东西从惟一实在的东西中的产生。然而,真正的笃信宗教不是作为单纯的观点而可能的,相反地它只能存在于它同现实的神圣生活结合的地方;没有这种结合,单纯的观点是空洞的,是梦幻。 (I,9,51)

第六讲 证明以前附带提出的论断,即这种学说同时是真正基督教的学说,在福音书作者约翰那里就有这种学说。我们优先引证这位福音书作者的各条理由。我们的解释学原则。——在约翰那里,首先应当区别,什么应当是自身真实的,什么应当是仅仅对他暂时的立场而言真实的。前者包含在约翰福音书入门至第五章中。把这个入门不评价为福音书作者不想先发表的意见,而评价为耶稣的直接学说。解释这个入门。暂时有效的不是形而上学的命题,而仅仅是历史的命题,即神圣的在场纯粹地、没有任何个体局限性地在拿撒勒的耶稣身上表现出来。同样地并且明确地根据基督教学说,解释这两种观点的区别与联系。对这种历史教义的评价。从这种观点出发理解整部福音书的内容,并回答这些问题:耶稣关于他自己及其对上帝的关系教导了些什么?关于他的门徒及其对他的关系又教导了些什么?

第七讲 从单纯的假象生活的原则出发,进一步深入地描绘这种假象生活。——为了证明宗教生活的极乐,需要详尽列举享受自我与享受世界的一切可能的方式。既然刚才列出的五种世界观的方式是同样多的享受世界的方式,那就有五种可能的享受方式;这里只考察其中的四种方式,科学的立场除外。一般的享受作为爱的满足,植根于爱;但爱是存在的感情。——第一种立场中的感性享受与通过幻想获得的感情。在第二种立场,即法律的立场中,实在性的感情是一种命令,从这一命令本身会产生一个无利害的判决,然而,它与那种对自己的关切汇合起来,就转变成不蔑视自己。人之内的一切爱都遭到这种思维方式的扼杀,但正因为如此,他也就超越了一切需求。斯多葛主义作为对幸福与极乐的单纯冷漠。

第八讲 更深入地理解这里讲述的存在论。用形式这一称谓概括一切派生于这种单纯在场本身的东西;实际上,存在是与形式绝对不可分割的,后者的在场本身基于神圣存在者的内在必然性。借助于形式的一部分,即借助于无限性来解释这一命题。将这一命题运用于形式的第二部分,即世界观的五重性。这种应用给出了一个自由独立的自我,作为全部形式的有机统一点。——关于自由的本质的教导。——自我对自己的独立性的感情;一旦单纯可能的自由的各个立场由完善的自由加以消除,这种感情也就必然会消失;这样,存在或不存在自爱就表现为两种完全对立的观察世界和享受世界的主要方式。首先,从第一种方式产生了感性享受的冲动,作为对于一个以一定方式受客体规定的自我的爱;其次,在放弃了客观的自我规定的爱之后,产生了对于单纯形式的自由的爱。对那种产生绝对命令的爱的特征所作的刻画。通过自爱的消除,自我的意志会与上帝的生活相合;由此首先出现上面作为第三种立场提出的较高道德立场。这种思维方式与外部环境的关系,特别是与感性需求的迷信的对立。

第九讲 较高道德在感性世界的范围内创造的新世界,是上帝本身在时间中的直接生活;它本身只能直接加以体验,一般只能通过这样一种特征加以刻画,即它的任何形态都是直截了当地为其自身,而不是作为达到任何一种目的的手段让人满意的。用美和科学的例证以及这些方面的天赋才能的表现作出解释。这种行动毕竟追求一种自身之外的成就;只要对于成就的渴求还同靠单纯的作为得到的快乐相混淆,甚至较高的道德也仍然有遭受痛苦的可能。通过笃信宗教的立场将这两者分离开。个体性的根据。每个人都在神圣生活中有其应得的特有部分。道德与极乐生活的首要的根本规律:每个人都应掌握他应得的这个部分。就道德宗教的意志从它特有的内在生活走向外部而言,它的一般的外部特征。

(I,9,53)　　第十讲　从最深刻的观点来把握讨论的整个对象。——在作为反思形式的自我的独立性形式中直截了当地自己冲出自身的存在,超越所有的反思,惟独通过爱才会与形式联系起来。这种爱是空洞的上帝概念的创造者;是一切确实性的源泉;是在生活中通过概念,不加任何修饰,直接把握绝对者的东西;是将在形式上只包含着可能的无限性的反思真实地扩展为无限性的东西;最后是科学的源泉。在生动的和实在的反思中,这种爱直接出现在道德行动的现象中。

从道德上笃信宗教的人的仁爱的特征。他的极乐生活的图景。

第十一讲　整个演讲的一般运用。论推心置腹的传达的障碍:缺乏完全的投入、所谓的怀疑主义和我们时代中日常的外部环境。从一切人都是可怜的罪人(现代的人性)这个绝对相互假定的原则出发,更深刻地刻画这种环境的特征。正直的人如何摆脱这种环境。

第六讲附录　联系基督教的基本教义,进一步解释第六讲在历史的理解与形而上学的理解之间所作的区别。

第 一 讲

尊敬的听众!

我这里开始的演讲,已经预告过[7],题目是极乐生活指南[8]。为了适应通俗的看法——如果不先从这种看法出发,人们就不能修正它——我们不得不这样来表达我们的意思,尽管按照本真的观点,在极乐生活这一表达中有某种多余的东西。就是说,生活必然是极乐的,因为它就是极乐,反之,一种不幸生活的思想则包含着一种矛盾。不幸就是死亡。因此,如果要严格表达我的意思的话,我本来应当将我准备要作的演讲称为生活指南或生活论,或者,如果从另一个角度来理解这一概念,我本来应当将这些演讲也称为极乐指南或极乐论。同时,远非所有显得活的东西都是极乐的,这一论断的根据在于,这种不幸实际上也并非在生活,相反地,就它的大量组成部分而言,它已经陷入了死亡,陷入了非存在。

我说,生活本身就是极乐。它不可能是别的,因为生活就是爱,生活的全部形式和力量都在于爱,产生于爱。——通过刚才所说的,我已经说出了最深刻的知识命题之一。然而我认为,任何一个稍微真正聚精会神的人,都会立刻明白这一命题。爱把本身僵死的存在仿佛分割为双重的存在,把存在置于自己面前,并由此将它变成一个直观自己、知道自己的自我。一切生活都植根于这种自我性。反过来,爱又把被分割的自我极其密切地统一与连接起来，而如果没有爱，被分割的自我就只能冷静地、淡泊地直观自己。这后一种统一性，在不能由此排除，而是永远保持着的二重性中，就是生活。对于这一点，那些稍微想深刻思考被扬弃的概念而又把它们贯通起来的人，必定会立刻明白。这样就可以进一步说，爱是自足自满、自我快乐与自我享受，因而是极乐。所以很显然，生活、爱与极乐是绝对同一的。

其次，我说过，并非所有显得活的东西实际上都是活的。由此可知，在我看来，生活可从双重的观点来看，并且是由我来看的；这就是说，部分地从真理的观点来看，部分地从假象的观点来看。这时我们就会首先明白，后一种单纯假象的生活，假如它不以某种方式得到本真的存在的支撑，如果本真的生活——因为只有生活是本真在场的或具体存在的——不以某种方式进入这种单纯显现的生活并相互混合，那么，甚至不能显现出来，而会完全停留在虚无之中。绝不可能有任何纯粹的死亡，也绝不可能有任何纯粹的不幸，因为如果假定有这类东西，那就承认了它们的在场，但是，只有本真的存在与生活才可能在场。因此，一切不完满的存在仅仅是死的东西与活的东西的混合。关于这种混合一般是以什么方式发生的，甚至在最低级的生活阶段，本真生活的不可根除的体现是什么，我们将在下面立即指出。然后应当说明，就连这种单纯假象的生活在每一时刻所处的位置与核心，也都是爱。请你们理解我下面的意思：就像我们很快进一步看到的那样，假象可以是用千差万别、无限多样的方式形成的。如果从假象的观点来谈，那么，显现的生活的各种不同形态都是一般的生活；或者，如果严格按照真理来说，那么，这些形态就显现为一般的生活。但这时如果进一步出现一个问题：究竟是什么东西，使这种大家共同的生活在其特殊形态中成为不同的？或者说，是什么东西赋予每一个体的特殊生活以独一无二的特征？那么，我对此的回答是：它就是特殊的个体生活之爱。——告诉我，当你期望发现你的真正自我享受的时候，什么 (I,9,57)是你真正爱的，什么是你以你的全部渴望探索和追求的；这样，你就向我表明了你的生活。你的生活是你之所爱。正是这种爱构成了你的生活，构成了你的生活的根基、驻地与核心。而你的其他一切冲动，只有当它们指向这个惟一的核心时，才是生活。对很多人来说，回答前面所提的问题可能并不容易，因为他们根本不知道什么是他们之所爱，这只能证明，他们本来就无所爱，正因为如此，他们也不生活，因为他们并不爱。

关于生活、爱与极乐的同一性，就概括地讲这么多。现在我们要严格区别本真的生活与单纯假象的生活。

存在，我再说一遍，存在，与生活是同一的东西。只有生活才能是独立地在场的，即由自己并通过自己在场的；反过来说，生活既然只是生活，就在自身拥有在场。人们通常把存在设想为一种固定的僵死的东西。甚至哲学家们在宣称它是绝对者的时候，也几乎毫无例外地这样认为。造成这情况的原因仅仅在于，人们不是用生动的概念，而是用僵死的概念来思考存在。死亡不包含在自在自为的存在之中，而是包含在那种僵死观看的扼杀性目光之中。这一错误包含着其他一切错误的根源，真理世界与精神王国因而永远被封锁在视野之外；关于这一点，我们在另一个地方至少向那些有能力理解它的人已经作过解释，而在这个地方仅仅从历史方面援引那一命题也就够了。

反过来说,正如存在与生活是同一的,死亡与非存在也是同一的。但是,上文已经提到,一种纯粹的死亡与纯粹的非存在是没有的;然而,的确有一种假象,这种假象是生活与死亡、存在与非存在的混合。由此可知,就假象中的那种使假象成为假象,而与本真的生活、存在相对立的东西来看,假象就是死亡与非存在。

再说,存在是绝对简单的,而不是各式各样的;绝没有很多的存在,而只有惟一的存在。这一命题就像前一个命题一样,包含着一种通常被误解或压根没有被认识到的洞见。任何一个人哪怕想对目标严肃地反思片刻,就会信服这一洞见显而易见的正确性。我们这里既无时间,也无意向,与在场的听众一起着手这种准备工作,仿佛要举行开幕式那样,而这些是为了多数人可能作那种严肃的反思所需要的。

(I,9,58)

我们这里想运用与报告的仅仅是这些前提导致的结果,而这些结果已经由它们自身呈示在天然的真理感面前。关于它们的更高的前提,我们必须满足于简单明了地、保证没有任何误解地陈述出来。因此关于上面所讲的命题,我们的看法是:只有存在是存在的,而任何其他被假定为并非存在和超越存在的某种东西都是绝对不存在的。这后一个假设,对于任何一个稍微理解我们的说法的人来说,都必定显然是荒谬的,尽管恰恰这种荒谬性给关于存在的通常观点模糊地、不知不觉地奠定了基础。因为按照这种通常的观点,在场——它又是虚无的在场——据说是从外面附加给某种依靠自身既不存在也不能存在的东西的;并且从这两种荒谬性的结合中据说就产生了一切真实的东西。反驳这种通常的看法的,是我们陈述出来的这一命题:只有存在,只有那种靠自身和由自身而存在的东西,才是存在的。我们还进一步说,这种存在是简单的、自身同一的和不变的,这种存在既没有产生,也没有消亡,既没有交易,也没有塑造形态的游戏,而永远只是同样的静止的存在与持续存在。

这一论断的正确性可以简要地加以阐明:那种靠自身而存在的东西,是同样地、完整地存在的,是突然存在的和没有任何毁损的,并且同样也不能附加以某种东西。

我们已经由此开辟了一条道路,去认识两种生活的显著差别,即一种与存在同一的本真生活和另一种就其为单纯假象而言,与非存在同一的单纯假象生活的差别。存在是简单的、不变的和永远自身同一的;因此,本真生活也是简单的、不变的和永远自身同一的。假象是一种不停的变换,一种在变易与消逝之间永远的游移,因此,单纯的假象生活也是一种不停的变换,永远游移于交易与消逝之间,并被无休止的变化撕得粉碎。生活的核心总是爱。本真生活爱太一,即不变的和永恒的东西;单纯的假象生活则试图去爱——只要它能承受爱,只要它想坚持它的爱——它的可消逝性中的可消逝的东西。

本真生活的任何一个被爱的对象,都是那种我们用上帝这 (I,9,59)
一称谓所指的或至少应当指的东西;单纯假象的生活所爱的对象,即可变的东西,则是那种作为世界显现给我们,而我们也这样称谓的东西。因此,本真生活是在上帝中的生活,并爱上帝;单纯假象的生活则是在世界中的生活,并试图爱这世界。它从什么特殊的方面来把握世界,是无关紧要的。关于道德堕落、罪恶和恶习的普通看法所讲的东西,对于人类社会来说,也许比这种看法所承认的、甚至觉得应受称赞的其他某些东西,更加有害、更加败坏。但在真理的目光面前,一切将自己的爱投向偶然的东西,不在永恒的与不可消逝的东西之中,而在任何其他对象之中寻求自己的享受的生活,都会仅仅由于这个缘故,而同样是无谓的、痛苦的与不幸的。

本真生活是在不变的东西中的生活;因此,它既不能有毁损,也不能有增加,正如同它生活于其中的那种不变的东西本身不能有这种增损一样。它在任一瞬间都是完整地存在的;它是完全可能存在的最高生活,并且必然永远是它在每一瞬间那样。假象生活则仅仅是在可变的东西中的生活,因而在任何两个前后相继的瞬间都永远不是自身同一的;任一未来的瞬刻都在吞噬过去的瞬刻,所以,假象生活变成了一种不断的死亡,它不过是在死亡中的生活。

我们说过,本真生活是通过自身而成为极乐的,假象生活则必然是痛苦的和不幸的。快乐、极乐,无论你想用什么词汇把握幸福的普遍意识,这一切享受的可能性,都植根于爱、努力与冲动。极乐是与所爱的东西统一的,是与所爱的东西极其密切地融合起来的;不幸则是与所爱的东西分离开的,是从所爱的东西驱逐出来的,但人们同时又绝不能允许转而渴望所爱的东西。

下面谈的是现象——或现实东西与有限东西——对于绝对存在——或无限东西与永恒东西——的关系。我们在上文中已经提到的那种必定会支持现象,并且必定会在在场中保持现象

——即使现象是仅仅作为现象而在场的——的东西,亦即我们已经许诺很快去详细刻画的东西,就是对永恒的渴求。这种要与不可消逝的东西加以统一和融合的冲动,是一切有限的在场最深切的根基,并且在这种在场的任何一个部分中都是完全不可根除的,如果这个部分不陷入完全的非存在的话。在一切有限的在场所依赖的这种渴求之上,并且从这种渴求出发,这种在场或者达到了本真生活,或者没有达到本真生活。凡在它达到生活、突破生活的地方,那种神秘的渴求就被解释与理解为对于永恒的爱;人经验到了他本来欲求、钟爱与需要的东西。这种需要总是可以得到满足,并且在任何条件下都可以得到满足;永恒的东西不断地环绕着我们,展现在我们面前,我们除了把握它,就不必再做任何事情。但它一旦被把握,就绝不会再被丢失。过着本真生活的人把握住了它,一劳永逸地拥有了它,它在他生存的任一瞬间都是完整的和没有被分割的,都是充盈他全身的,因此,他在与所爱的东西的统一中是极乐的;他不可动摇地坚信,他将永远这样享用它,因而保证没有任何怀疑、担忧与恐惧。在在场还没有达到本真生活的地方,那种渴求被感受到的并不少,但它并未被理解。所有的人都乐意得到幸福、宁静与对这种渴求的状态的陶醉,但他们从哪里将找到这种幸福,他们并不知道;他们不明白,他们所爱的与所求的本来是什么。他们以为,这种幸福必定是在直接迎面到达于和呈现给他们的感官的东西中找到的,即在世界或尘世中找到的,因为对于他们置身其中的精神情态来说,无疑只有世界是现成存在的。他们勇敢地致力于追逐幸福,真挚地拥抱与忠实地爱戴那种最好的对象,这种对

(I,9,60)

象让他们愉悦,并允诺满足他们的努力。然而,一俟他们反躬自问"我现在幸福吗?"他们就会从自己心灵的深处清楚地听到这样一声回答:"噢,不,你仍然和过去一样空虚与贫乏!"他们就此扪心自问,以为自己只是选错了对象,因而投向了另一对象。但是,即使这一对象也将和前一对象一样,不能使他们得到满足;天底下没有任何一个对象会使他们得到满足。我们不是曾经希望某种对象使他们得到满足吗?没有任何有限的东西与衰亡的东西能使他们得到满足,恰好这一点是他们还可以因而与永恒东西联系起来,停留于在场的惟一纽带;假若他们有一次找到了一种令他们完全满意的有限客体,他们就会因而不可阻挡地被上帝驱逐出去,抛入非存在的永久死亡。所以,他们在思念和担忧中消磨他们的生命;在他们所处的任何情况下,他们都在设想,假如情况能是另一个样子,他们的处境就会好一些,然而在情况已经变成另一个样子以后,他们的处境却并无好转;在他们所处的任何位置上,他们都以为,他们只要能到达他们的目力所及的小山,就会摆脱他们的忧虑,然而真到了这座小山上,却重又发现了他们往日的忧愁。在他们业已成年,青年时期的那种旺盛的勇气和欢乐的期望都烟消云散之后,他们也许会有考虑;他们也许综观自己以往的全部生活,敢于从中得出关键性的教训;他们也许敢于承认,尘世间根本没有什么善能令人满足;那么,他们这时该怎么办呢?他们也许会果断地放弃所有的幸福与所有的和平,极其所能扼杀那种绵绵不断、不可根除的思念,使它变得麻木;而且他们在这时将这麻木称为惟一的、真正的智慧,将这种对得救的绝望称为惟一的、真正的解脱,并将一种误

(Ⅰ,9,61)

以为真的认识——即人类根本注定了达不到幸福,而只是因为虚无,注定了达到这种在虚无中的冲动——称为真正的知性。也许他们还放弃了单纯对尘世生活的满足,而相反地喜欢由传统留给我们的某种走向坟墓彼岸的极乐境地的指南。他们陷入了一个多么值得悲叹的幻觉呵!对有些人来说,极乐已经在坟墓的此岸开始,并且除了它能够在此岸的任一瞬刻开始,就没有别的方式方法;虽然对这些人来说,极乐也完全肯定是在坟墓的彼岸的,但是,通过这种单纯的自我埋葬,人们并不能进入极乐境地。如果他们不在他们周围很近的东西,即永恒的东西中寻找极乐,以致这种东西决不可能被无限地移近他们,而在某种与此不同的东西中寻找极乐,那么,他们在未来的生活中,在一切未来生活的无限序列中寻找极乐,正如同他们在当下的生活中徒劳地寻找过极乐一样,也将是徒劳的。这样,这个可怜的永恒之子就迷路了,他从他父亲的家园中被驱逐出来,永远被他那份天赐的遗产所包围,他那只胆怯的手简直害怕去攫取这份遗产,他惴惴不安,仓皇地流浪于荒野,到处努力营造家园。值得庆幸的是,他的每一间小屋都随即倒塌,这使他想起,除了在他父亲的家中,他没有什么地方会找到宁静。

所以,尊敬的听众,本真的生活必然是极乐本身,而假象的生活必然是不幸。

从现在开始,请你们与我一起来思考下面这一点:我说,本真生活的元素、以太与实质性形式——有人能更好地理解后一表达——就是思想。 (I,9,62)

首先,也许没有人喜欢以认真的态度,按照词的本意,将生活与极乐不归于那种意识到自己的人,而归于其他人。因此,一切生活都以自我意识为前提,只有自我意识才是能够把握生活,把生活变成一种享受对象的东西。

其次,本真生活及其极乐,就在于同不变的、永恒的东西合而为一。但永恒的东西只能通过思想来把握,并且它作为永恒的东西,是我们无法通过别的途径达到的。这个太一,即不变的东西被理解为解释我们自己与世界的根据。作为解释的根据,它有两个方面的含义:一方面,在它之内确立的,是它完全在场或具体存在,而不停留于非存在;另一方面,在它之内确立的,即在它的内部的,只有以这种方式才可把握而以任何其他方式都绝对不可把握的本质中确立的,是它以这种方式在场,而且它除了发现自己在场以外,就不以任何其他方式在场了。所以,本真的生活及其极乐就在于思想,即在于某一种关于我们自己与世界的观点,而这种观点是从内在的、自身隐蔽的神圣本质中产生的;并且一种极乐论也只能是一种知识论,因为除了知识论以外,就根本没有任何其他的理论。在精神中,在植根于自身的生动思想中,栖息着生活,因为除了精神,就根本没有什么东西是本真地存在的。本真地生活,意味着本真地思考,意味着认识真理。

所以,没有一个人会让自己被诽谤言论弄糊涂,这些诽谤言论是在最近这个不神圣、无才智的时代里,针对它们称之为思辨的东西发出的。作为这些诽谤言论的显著标志的,是它们来自那些对思辨一无所知的人,而了解思辨的人则没有一个诽谤过思辨。只有在思维蓬勃发展的顶点才会出现神性,它是不能用任何其他官能把握的。想让人们怀疑思维的蓬勃发展,就意味着想使人们永远与上帝、与极乐的享受分道扬镳。

　　生活及其极乐,如果不在思维中有其元素,究竟该在哪里有这种元素呢?也许是在某种感受与感觉——在这方面,不管是极其粗鲁的感性享乐,还是极其精细的超感性狂喜,对我们都无所谓——中吧?一种感觉作为感觉,在它的本质中就取决于偶然机遇,它怎么能保证它的永恒的、不变的持续性呢?在感觉出 (I,9,63) 于同样理由而必然带来晦暗不明的情况下,我们又如何能在内部直观与享有这种不变的持续性呢?不,只有清晰认识的那种自身完全透明的、自由拥有其全部内在东西的火焰,才能借助这种清晰性,保证其不变的持续性!

　　或者,极乐生活也许应当在于德行吧?这些不信宗教的人们称之为德性的东西,诸如大家要经常恪守自己的职责,要让每个人都有他自己的东西,甚至还要给贫困者赠送某种东西——这种德性将一如既往地是法律强求的,是天然的同情心推动的。一个人用爱去把握神性,却没有清晰的概念,他就绝不会上升到真正的德性,上升到真正神圣的、能从虚无中创造世上的真与善的行动。但是,谁这样把握住了神性,谁就将既不要任何报答,也不抱任何欲求,而非这样行动不可。

　　我们的论断也绝不是要确立关于精神王国的新学说,相反地,这是一个历代都这样叙述的古老学说。所以,例如基督教就把信仰当作本真生活和极乐的独一无二的条件,并将一切不是派生于这种信仰的东西都毫无例外地指责为虚无与死亡[9]。但是,这种信仰对基督教而言,完全就是我们已经称为思想的东西,即关于我们自己与世界在不变的神圣本质中的惟一真正的观点,只有在这种信仰、即清晰生动的思想从世上消失之后,人们才把极乐生活的条件设定为德性,因而在野树上寻找高贵的果实。

对于这种暂时概括地描述过的生活,我已许诺在这里要特别给出一个指南。而我已自告奋勇地说明了怎样进入极乐生活并拥有这种生活的方法与道路。这个指南可以概括成惟一的一个说明:决不可要求人给自己创造一个他永远力不能及的永恒东西,永恒东西就存在于人之中,并不停地环绕着他;人只该放弃本真生活从来都与之无法统一的那种衰亡与虚无的东西,这样,永恒东西及其一切极乐就马上会向他走来。我们没有办法获得极乐,但我们有能力抛开痛苦,这样,极乐就会马上自行降临,取代痛苦。像我们已经看到的那样,极乐是在太一之中的宁静与持存,而痛苦则是在杂多与差别上面的分心。因此,成为极乐的状态就是将我们的爱从杂多拉回到太一。

(1,9,64)

在杂多上面的分心,像水一样流散,倾倒与泼洒。由于爱这个东西、爱那个东西以及爱各式各样东西的贪婪,这种分心就什么也不爱;这种分心正因为想四处为家,所以就无处安家。这种心力涣散是我们真正的天性,我们就诞生于这种天性。由于这个原因,将心思拉回到天然的眼光永远无法企及,而必须靠努力加以推出的太一,这时就表现为心思的集中与返回自身,表现为与那种生活多样性跟我们玩的诙谐游戏相对立的严肃认真,表现为与那种因为要把握许多东西而什么都没有牢牢把握住的浅薄意识相对立的深刻思想。这种思想深刻的严肃认真,这种严格的心思集中与返回自身,是极乐生活能够降临到我们这里的惟一条件,而在这一条件下,它也会确定无误地降临到我们这里。

由于我们的心思从可见的东西中拉回,我们迄今所爱的那些对象对我们来说就会变得苍白,逐渐消失,直到我们在展现于我们面前的新世界的以太中将它们修饰后重新得到它们;并且,我们整个旧的生活都会消亡,直到我们把它当作将在我们身上开始的新生活的一份薄利而重新获得它[10]。这两种情况当然都是真的。然而,这是有限性绝对无法逃离的命运。只有经过死亡,有限性才能走向新生。有死的东西必定会死去,没有什么东西能使它摆脱它的本质的力量;它在假象生活中不断地死去;在本真生活开始的地方,它代替假象生活中所预期的一切超度到无限性的死亡,在一次死亡中永远死去。

我已许诺给出极乐生活的一个指南!但是,在这样的时代,在这样的环境中,我们该用什么样的措辞,用什么样的比喻、习惯用语与概念来提供这个指南!现成宗教的比喻和习惯用语,说了只有我们才能说的东西,此外,它们用以说这种东西的称谓,也是只有我们才能用以说这种东西的称谓,因为这是最合适的称谓。这些比喻和习惯用语,先是被掏空意义,然后被大声嘲讽,最后被静默而礼貌地予以蔑视。哲学家的概念与推论系列,被指控为败坏国家与人民、损害健康理智,在法官席面前遭到指控,但在这里,即没有原告也没有法官出庭[11]。这也许还可容忍,但更糟糕的是,每一个想要相信这些概念与推论系列的人,都被告知他决不会理解它们[12],这样做的目的是让他不要照着

(I,9,65)

摆在面前的那些说法，按照它们本来的意思理解它们，而是还要在它们的背后寻找任何一种特殊的隐蔽的东西。使用这种方式，肯定也会造成误解和混乱。

或者，假使发现了给这种指南找到入门的措辞与习惯用语，那么，当对于得救的绝望经常被当作惟一可能的拯救提出来，那种认为人间事务不过是一位戏弄人的、有幽默感的上帝玩的游戏的见解也经常被当作惟一的智慧提出来，受到前所未有的广泛欢迎的时候，当仍然信仰存在、真理及其中的安宁与极乐的人，被讽刺为不成熟的、涉世未深的儿童的时候，人们该怎样唤醒对这些措辞与习惯用语稍加深究的欲望呢？

事情爱怎样就怎样吧！我们仍拥有勇气，并且为一个可称颂的目标进行了努力，即使徒劳，也值得一搏。我在我面前看到了享有我们时代所能给予的最好教养的人，我希望在更远的地方也这么看到。最初看到的是女性，人类的组织首先把对于人类生活的外在琐碎需要与装饰方面的操心交付给了女性；这样一种操心比任何一种其他的事情都更加分散精神，更加偏离清晰、严肃的反思；然而，作为补偿，理性的本质给了她们一种对于永恒东西的更热切的渴望和一种把握永恒东西的更精细的感官。我接着在我面前看到的是一些商人，他们终其一生都因为多种多样、千差万别的琐事，把他们的职业搞得七零八落，这种琐事尽管所当然地同永恒与不变的东西有关联，但不是每个人都一眼就可发现关联的环节。我最后在我面前看到的是一些年轻学者[13]，在他们当中，那种注定要把握住永恒东西的人物还在努力接受教育。面对最后一类人，我也许可以自夸，我的某些提示会有益于他们的教育,面对于前两类人,我向他们提出谦虚得多的要求。我只请求他们,从我这里接受他们没有我的帮助本来无疑也会拥有的东西,但这种东西在我这里只用很少的力气就能享有。

这些人必定要使他们的思维徘徊于各式各样的对象之上,当他们全都被这些对象弄得心思分散、精神不集中的时候,哲学家则以孤独的宁静和不受干扰的心思集中,惟独追求善、真与美;在他做每天的工作的时候,那些人则只能回去休息与恢复疲劳。这样的好运也特别落到了我的身上,所以我愿向你们建议,尽我所有,尽我所能,在这里向你们传达一种一般可以理解的、通往善、美与永恒境界的东西,这种东西将是我的思辨工作的成果。

第 二 讲

(I,9,67)

尊敬的听众!

只要大家发现了进入我在这里要向你们作的这些演讲的门径,并在它们的领域里站稳脚跟,那么,无需任何其他特别的细心,严格的条理与方法就会完全自然地出现在整个这些演讲中。现在我们还要谈谈上一讲最后提到的事情,而这里主要的事情是对上一讲确立起来的本质东西要获得一种更清晰、更自由的洞见。因此,我们将从接下去的这一讲开始,把当时已经说过的内容再说一遍。不过,我们是从另一立场出发,因而我们要用另外的表达方式。

但今天,我请求你们和我一道作下面的回顾。

我说过,我们要在我们心中产生一种清晰的洞见;但是,只有深入下去才能发现清晰性,停在表面则只有晦暗与混乱。因此,谁请你们进入清晰的认识,谁无疑也就是请你们与他一起深入下去。所以,我也根本不想否认,而是一开始就大声承认:我在前一讲就向你们提到了一切认识的最深刻的根据与原理,它们是没有一种认识能超越的;我准备在下一讲用另外的方式,即用通俗的方式来分析这些原理——用学院的语言说,就是最深刻的形而上学与本体论。

对这样一种打算,人们现在通常都习惯于提出异议,不是说通俗讲述那种认识是不可能的,便是说这是不明智的[14]。后者有时是那些喜欢把自己的认识神秘化的哲学家们说的[15]。我必须首先回答这类异议,以便我除了同事情本身的难度作斗争外,就不必再同他们对事情的冷漠作斗争了。

现在首先谈可能性问题。实际上,我并不知道任何一个哲学家,特别是我,曾经成功地或将会成功地把这些不想或不能系统研究哲学的人,通过通俗讲演的道路提高到理解哲学的基本真理的地步。相反地,我知道,并且绝对明显地认识到下面两个真理。第一,如果某人没有认识到一切认识的那些原理——仅仅是它们的人为的系统的阐述,而绝非它们的内容成了科学的哲学特有的东西——我说,如果某人没有认识到一切认识的那些原理,那么,他也就没有达到思维,没有达到精神的真正的内在的独立性,而只停留于意见,并且终其一生都没有自己的知

(I,9,68)

性,而仅仅是一种外来知性的附庸;他永远缺乏一种精神感官,即缺乏精神所具有的最高官能。因此,将那些不能系统研究哲学的人通过另一条道路提升到认识精神世界的本质的水平,是既不可能也不明智的,这一论断同样意味着,没有在学院里经过正规研究的人,不可能有朝一日达到思维与精神的独立性;因为只有学院,而不是学院之外的什么地方,才是精神的缔造者与生母,或者说,假如这是可能的,要使没有教养的人有朝一日变得精神自由就会是不明智的,相反地,他们总是必然会处于臆想的哲学家们的监护之下,成为这些哲学家的独立知性的附庸。——此外,在下一讲的开头,这里提到的本来的思维与单纯的意见之间的区别,就会完全得到澄清。

第二,我知道,并且同样明显地认识到下面一点:人们只有通过本来的、纯粹的与真正的思维,而绝非通过任何其他的官能,才能把握与获得神性与从神性中流溢出来的极乐生活;因此,前面提出的那个认为不可能通俗地讲述更深刻的真理的论断,也同样意味着,只有通过系统地研究哲学,人们才能上升到宗教境界,获得宗教的祝福,而任何一个人,如果他不是哲学家,就必定会永远被排除在上帝及其王国之外。尊敬的听众,在这个证明中,一切都在于,本真的上帝与本真的宗教只有借助于纯粹的思维才能加以把握,而我们的这些讲演就常常是在作这个证明,并将试图从各方面作出这个证明。宗教并不像普通思维 (I,9,69)方式假定的那样,在于人们面对道听途说与外来保证,没有勇气否认有一个上帝存在,因而就相信——认为与满足于——有一个上帝存在;因为这是一种迷信,它至多填补了警察的不足,而人的内心和从前一样坏，甚至常常还更坏，因为他按照自己的形象塑造了这个上帝，并把这个上帝改装成他的堕落的新支柱。相反地，宗教在于，人们亲自而不是通过他人，用自己心灵中的眼睛而不是用他人的眼睛，直接直观上帝，拥有上帝。但是，这只有借助于纯粹的独立的思维才是可能的，因为只有通过这样的思维，人才成为他本人，只有这样的思维才是能使上帝卓然可见的眼睛。纯粹的思维本身就是神圣的具体存在或在场；反过来说，神圣的具体存在或在场在它的直接性中也无非是纯粹的思维。

这个事情从历史的角度来看，也是所有的人都毫无例外地能达到对上帝的认识的前提，是将所有的人都提升到这一认识的努力，也就是说，是基督教的前提与努力[16]；既然基督教是发展着的原则与新时代的真正特点，那么，这种前提与努力也就是新约时期的真正精神。这意味着所有的人都毫无例外地提升到对上帝的认识，或者，通过另一种方式，而不是通过系统研究的方式，将认识的最深刻的原理与根据带给人类；这两种表达的意思是完全一样的。因此很清楚，任何一个不想退回到古老的异教时代的人，都必须承认这种用通俗易懂的方式将认识的最深刻的根据传达给人类的可能性与不可推卸的义务。

但是——我终于可以用一个关键性的证明，一个事实性的证明，来结束对于可能通俗表述最深刻的真理的论证——这种认识，这种我们准备通过这些演讲要在还不具备它的人当中进行的阐述，要在已具备它的人当中发扬光大的认识，难道在我们的时代出现以前已经在世界的某个地方存在过吗？或者，我们假装要引进一种全新的,至今还没有什么地方存在过的东西吗？我们想知道的,不是后一点完全由我们说过,相反地,我们想断言的,是这种认识在从基督教的诞生开始的任何一个时代里,尽管大多受到占统治地位的教会的误解与迫害,也仍然以我们无法比拟的全部纯粹性,在有些地方隐蔽地起到了支配作用,并且得到了传播。另一方面,我们也毫不犹豫地断言,沿着一种在逻辑上系统的、在科学上明晰的推导的道路,我们在自己这方面达到了那种认识,这条道路过去从未问世,虽然从尝试的角度看并非如此,但从成功的角度看确实如此；并且,除了我们的伟大先驱的精神引导以外,这条道路主要是我们自己的杰作。所以要问,如果科学的哲学的认识从未存在过,那么,基督——或者,如果有人假定基督有一种我在此不想争论的神奇的和超自然的起源——及其门徒,还有所有迄今都获得这种认识的后继者,究竟是通过什么道路达到这种认识的呢？在还不具备这种认识的人与已具备这种认识的人当中,有一些非常无知、完全不懂哲学、甚或讨厌哲学的人,而少数从事哲学——我们了解这样的哲学——的人的哲学思考,则使专家很容易察觉他们的认识并不能归因于他们的哲学。因此,他们不是通过哲学的方式获得这种认识的,而这就意味着他们是通过通俗的方式获得这种认识的。那么,过去在差不多两千年都不间断的时间进程中可能的东西,为什么竟然在今天就不再可能了呢？过去那种在世上还不存在完全的清晰性时借助于极不完备的辅助手段而可能的东西,在辅助手段业已完备,至少在达到完全的清晰性的哲学中业已完备之后,为什么不再可能了呢？那种在宗教信仰与天赋知性总

(I, 9, 70)

是以某种方式出现分歧时都可能的东西,在双方已经和解、相互交融并友好地追求同一个目标之后,为什么现在就偏偏不可能了呢?

  从以上整个考察可以给每一个受到那种高级认识的激励的人最明确地推导出的,是这样一种义务,即竭尽全力,尽可能与整个同胞兄弟分享这一认识,以每个人都最易于接受的形式向他们传达这一认识,决不反躬自问,也不犹豫不决,怀疑这是否会成功,而是不停地工作,仿佛这必定会成功,并且在每一件工作完成之后又以焕然一新的饱满精神开始新的航程,似乎事情尚未成功;在另一方面,可以给那种还不具备这种认识的人,或那种尚未以应有的清晰与自由,作为永远现成的财富掌握这种认识的人最明确推导出来的,则是这样一种义务,即毫无保留地献身于提供给自己的教导,仿佛这种教导本来就是为自己准备的,属于自己的,自己必须理解它,而决不忧心忡忡和畏缩不前,说什么"哈,我也会理解它吗?"或"我也会正确理解它吗?"正确理解的含义是完全透彻的理解,所以很多人想说,能够在这一意义上理解这些演讲的人,只能是那种自己本来就同样能够做这种演讲的人。但是,任何一个人,如果他受到这些演讲的激励,精神为之一振,超越了对于世界的普通看法而上升到崇高的信念与决断,那也就理解了这些演讲,而且并非不正确地理解了这些演讲。尊敬的听众,对上面提到的这两种义务的相互约束,是一种我们在演讲一开始就相互达成的默契的基础。我将不知疲倦地用新的表达、措辞与编排方式来思考,就好像不可能让你们明白我的意思似的。然而,你们,就是说,你们当中的那些到这

(I,9,71)

第 二 讲

里来求教的人——因为我对给其他人提出劝导,感到满足——要以某种胆量去面对本题,仿佛你们对我必定一知半解;我以这种方式相信,我们会走到一起来的。

如果人们进一步思量真正把通俗演讲与学术演讲区别开的特点,那么,刚才结束的通俗易懂地讲解认识的最深刻的原理的可能性与必要性的全部考察,就会获得一种新的明晰性与说服力。通俗演讲与学术演讲的区别,我认为,差不多还是人们不知道的,特别是对那些如此娴熟地谈论通俗化的可能性与不可能的人来说,也还是隐而不显的。因为学术演讲将真理从那种在各个方面和各种规定领域都与真理相对立的谬误中提取出来,通过消除这种与真理相对峙的、错误的、在正确思维中不可能的观点,将真理显示为排除错误后惟一留下的、因而也惟一可能的正确东西,而且学术演讲的真正独特的本质,就在于这种从真理与谬误相互交错的混沌中排除对立、澄清真理的活动。这种演讲使真理在我们眼前从充满谬误的世界中形成和产生出来。所 (I,9,72) 以很显然,哲学家在他提供这种证明之前,哪怕为了能够筹划与提出这种证明,因而不依赖于他的这种人为的证明,也必须预先拥有真理。但是,除了依靠自然的真理感的引导,他怎么会掌握真理呢？这种真理感,只有借助于一种高于他的其他同时代人的力量,才会在他身上显露出来。因此,除了通过无修饰的通俗的道路之外,他最初是通过其他什么途径获得真理的呢？现在,通俗演讲并不借助于其他东西,而是直接求助于这种自然的真理感,这种真理感就像这里看到的那样,甚至是科学的哲学的出发点;通俗演讲纯粹地、素朴地道出真理,仅仅像真理在它自身中那样道出真理,而绝不像它与谬误相对立那样道出真理,并且有赖于那种真理感的自愿决定。这种演讲不能作证明,但它必须被理解,因为只有理解才是人们赖以接受它的内容的官能,没有这种官能我们就根本不能把握它。学术演讲相信有谬误的偏见性,相信有一种病态的、扭曲的精神本质,而通俗演讲则以无偏见性和一种本身健康、只是教化不足的精神本质为前提。那么,按照这一切,既然哲学家本人最初是通过自然的真理感,而非通过任何其他途径,达到了对真理的认识的,他怎么还怀疑自然的真理感足以引向这种认识呢?

尽管对最深刻的理性认识的把握通过一种通俗表达的途径是可能的,尽管这种把握是人类的一种必然目标,应当竭尽全力达到它,但我们还是必须承认,恰恰在我们时代,这种打算比在以往任何时代都面临着更大的障碍。首先,这种高级真理的纯粹形式——这种断然的、本身稳定的、绝对不会让自己有什么改变的形式——已经以双重的方式,遇到了一种谦逊,虽然我们的时代不具备这种谦逊,它却是向每一个着手将这种打算付诸实践的人所要求的。绝不可否认,这种认识希望是真的,惟一真的,并且在它表达自己的一切规定性中都是真的;不可否认,与它相对立的一切,必定毫无例外地或不折不扣地是假的;也不可否认,这种认识因而就渴望毫不留情地征服一切善良意志与一切自由狂想,并且绝对不屑与自身之外的任何东西达成某种默契。由于这种严厉性,这个时代的人们就认为受到了污辱,仿佛自己受到了一种最大的伤害;当他们要让某种东西生效的时候,他们也希望受到咨询,因而得到礼貌的问候,并且他们还希望从

(Ⅰ,9,73)

第 二 讲

自己方面提出自己的条件,因而毕竟也应当给他们的杰作保留若干余地。其他人则不喜欢这种形式,因为它要求对赞成或反对采取明确立场,对肯定或否定当场作出决断。他们对于惟一值得知道的东西并不急于知道答案,假如情况还会完全变样,他们便很乐于公然保留他们的表决权;用怀疑主义显赫的名声来掩饰其缺乏知性,是非常惬意的,在我们实际上缺乏能力把握摆在面前的东西时,让人相信我们,也是非常惬意的;但这纯粹是一种过度的机智,它向我们提供了闻所未闻、令其他所有人都承受不起的怀疑根据[17]。

因此,在这个时代,我们的打算就遇到了我们的观点有一种极其矛盾的、不同寻常的、几乎闻所未闻的外貌,因为这一观点恰恰将我们时代向来视为其文化与启蒙的最珍贵圣物的东西,变成了谎言。情况并非是这样,好像我们的学说本身是新的、矛盾的。在古希腊人当中,柏拉图走过这条道路。《约翰福音》中的基督所说的道理,完全和我们教导与证明的一样,他甚至用我们这里使用的同样的称谓来讲这种道理。就在这几十年,在我们的民族当中,我们的两位最伟大的诗人[18]也用各种各样的措辞与表达方式讲这种道理。但是,《约翰福音》中的基督没有他的几个富有才智的门徒喊得响,而诗人们像人们认为的那样,根本就什么也不想说,只是创作了华丽的言辞与音调。

于是就出现了一种情况,那就是这个古老的、后来也一代又一代得到革新的学说在这个时代显得十分新鲜和闻所未闻。自从近代欧洲的科学重建以来,特别是自从通过宗教改革,精神可以自由审核最高的宗教真理以来,逐渐形成了一种哲学,它做过

(I,9,74) 试验,看看这本对它来说不可思议的、讲述自然与认识的典籍,如果倒过来阅读,是否会获得某种意义;因此,一切都被理所当然地、毫无例外地从它们的自然状态摆到了头脑中。这种哲学,像所有盛行的哲学必然要做的那样,控制了公众教育、宗教问答手册、学校的教科书、公开宗教讲演以及阅览的论著的一切源泉。我们大家在青年时期所受的教育都处在这样一个时代。因此,毫不奇怪,在不自然的东西对我们成了自然的东西以后,自然的东西也就对我们显得不自然了;并且,在我们把一切事物都首先摆在头脑中去看以后,我们也就相信,被移到其正确位置上的事物是反常的。这是一个会随着时间的推移被抛弃的谬误,因为我们从生命中引出死亡,从精神中引出肉体,而不是像现代人那样做得相反,我们是古人的真正继承者,只不过我们清楚地洞见到的东西,对他们来说还是模糊的。但是,前面提到的哲学本来就不是时代的进步,而只是一个滑稽的插曲,作为对十足的野蛮时代的小小补充。

那些或许还要让自己克服上述两种障碍的人,终于被反常的狂热分子用一些仇恨与恶意的非议吓退了。虽然人们可能奇怪,为什么这种对自身、对他们个人的反常都不满意的反常,也还会产生一种狂热的冲动,在他们个人之外,去维护与传播这种反常,然而,这一点也很好解释,并且情况就是如此。当这些人步入了自我反思与自我认识的年龄,对他们的内心作了透彻的研究,在其中只发现他们个人感性愉悦的冲动的时候,当他们连在自身中再寻找与获得某种不同东西的冲动也丝毫没有的时候,他们看了看周围的其他同类存在物,以为发现了这些存在物

第 二 讲

所达到的东西也绝不比他们的个人感性愉悦的冲动更高。于是,他们自己就断定,人类的真正本质就在这里,并且,他们已经通过不懈的努力,将人类的这种本质在自身磨砺得尽可能练达;这样,在他们的眼里他们肯定变成了最优秀、最杰出的人物,因为他们在人类的价值的惟一所在之处意识到了自己的精湛技艺。他们一生都在这么思考与行动。但是,假如他们在他们的三段论的上述大前提中弄错了,假如在他们的其他同类存在物那里,除了个人感性愉悦的单纯冲动以外,还表明有某种不同东西,并且在这种情况下还表明有一种无可争辩地更高级、更神圣的东西,那么,就他们迄今自命为杰出的人物而言,他们则会是低级的主体,而且他们不再像迄今那样,把自己看得高于一切, (I,9,75) 而是从此必将蔑视自己,抛弃自己。他们只能愤怒地攻击让他们羞愧的那种认为在人之内有某种更高级的东西的信念,攻击要证明这种信念的一切现象。他们必定要竭尽所能,排斥这种现象,压制这种现象;他们要为他们的生存而奋斗,为他们的生存的最独特、最深切的根基而奋斗,为自我忍受的可能性而奋斗。一切狂热及其所有愤怒的表达,从太初至今,都是从这样一个原则出发的:假如对手是正确的,我便会是一条可怜虫。如果这种狂热能变成火与剑,他们就会用火与剑打击可恨的敌人;如果他们做不到这一点,他们就依然会使用口舌,这种口舌即使不会让敌人致命,也能经常有力地削弱敌人对外的活动与效用。这种口舌的最常用、最得意的一招就是给那种单纯不讨他们喜欢的事情添加一个人人厌恶的名称,以便通过这种手段诋毁与怀疑这种事情。这种手腕与这种称谓的现存宝藏是取之不尽的,是不断加以丰富的,这里要把它们和盘托出,将会徒劳无益。我在这里只想提到最常用的、可恶的称谓之一,即有人说:这个学说是神秘主义[19]。

这里请你们首先从这种指控的形式方面注意,如果一个不带偏见的人对此回答说,"好吧,就让我们假定这是神秘主义,而且神秘主义是错误和危险的学说,但它可以不断地讲它的事,我们要洗耳恭听,如果它是错误的和危险的,到时候真相总会大白于天下",那么,狂热分子就必定会根据无条件的决断——他们相信已用这种决断驳倒了我们——回答道:"这里已不再有什么好听的,许久以来,也许在人的生活经历了一代两代之后,神秘主义已被我们整个评委会的一致决议定为异端邪说而予以废黜了。"[20]

(1,9,76) 其次,我们从这种指控的形式再过渡到它的内容。他们把我们的学说指控为神秘主义,这种神秘主义本身究竟是什么呢?我们从他们那里的确从来也不会得到明确的回答,这是因为,就像他们在任何地方都没有清晰的概念,而只寻思回响遥远的话语一样,他们在这里也缺乏概念,所以我们得求助于自己;当然还有一种关于精神东西、神圣东西的观点,这种观点不管在主要的方面多么正确,但仍然带有一种不好的缺陷,因而是受过污染,怀着恶意提出来的。我在前一年的讲演中顺便描述过这种观点[21],也许今年也有一个场合使我必须重提它。用神秘主义的名称,把这种部分的极其荒谬的观点同真正宗教的观点区别开来,是合乎我们目的的,我个人习惯于使用这一名称来做这种区分[22];我的学说同这种神秘主义相去甚远,迥然异趣。所以我说,我接受这一事实。但狂热分子要干什么呢?在他们的眼前,这里提到的区别就像在他们所追随的哲学的眼前一样,是完全隐而不显的。按照上面提到的他们的评论得出的一致决议,他们的论著、他们的令人开心的杰作和他们的一切毫无例外的言论——对于这一切,谁有可能,谁都可以查阅一下,而其他人则会相信我说的话——按照这种一致的决议,总是永远有真正的宗教,有一种在精神与真理中对上帝的把握[23],它被他们称为神秘主义,实际上在这个名义下遭到了罢黜。他们也警告这个学说是神秘主义,因此,稍加修改这里的意思,这也不过是说,"在那里,有人将向你们谈论一种绝对不出现在外部感官中,而只能用纯粹思维加以把握的精神东西的在场或具体存在;如果你们相信这种存在,那你们就不可救药了,因为除了用手摸得着的东西,完全没有别的东西存在,人们不必为别的东西操心;其他的一切都是撇开了可以用手摸得着的东西的单纯抽象,它们完全没有什么内容,这些空想家们把它们同可以摸得着的实在混淆了。有人会向你们谈论思想的实在性、内在的独立性和创造力;如果你们相信这一点,你们就玷污了真正的生命;这是因为,首先除了肚子,其次除了支撑它并给它以食物的东西,就没有别的东西存在,而那些空想家们称为理念的东西,正是从肚子里向上冒出来的浊气"。我们承认整个这种指控,并且不无兴奋而庄严地供认,在这种解释的意义上,我们的学说当然是神秘主义。我们同他们并不是因此就有了新的争议,而是陷入了一场长期的、不可解决或不可调和的争论。他们说,一切宗教——除非是上面提到的迷信——都是某种最卑鄙、最腐朽的东西,必须从地球

(I,9,77)

上连根拔除,而且他们坚持这一点;我们却说,真正的宗教是某种最使人极乐的东西,是那种惟一在尘世中永远赋予人以生存、价值和尊严的东西,所以我们必须全力以赴,尽可能将这种宗教传达给所有的人,这是我们绝对明显地看到的,因此我们也坚持这一点。

同时,他们宁愿说这是神秘主义,也不愿像该做的那样,说这是宗教,之所以这样,除了有其他的、不应在这里列论的原因以外,特别还有以下的原因:一方面他们想用这种名称,不知不觉地引起恐惧心理,让人担心这种观点会导致不宽容、迫害狂、不服从与市民的骚动,一句话,让人担心这种思维方式对国家是危险的;另一方面,并且是主要的方面,他们则想让那些本该参与眼前的这类考察的人为他们的健康知性的维持操心,向这些人暗示:你们能够在这条道路上跋涉,终于在大白天见到幽灵。但是,这将会是一种特别巨大的不幸。就第一个方面,即对国家的危险而言,他们使用错了表示那种担心有危险的东西的名称,他们无疑满有把握地指望,不会有人发现这种混淆。因为无论是他们称为神秘主义的东西,即真正的宗教,还是我们这样称谓的东西,都从来没有进行过迫害、表现出不宽容和引起市民的骚动;通观整部教会史、异教徒史与迫害史,被迫害者每次都立足于一个较高的立场,而迫害者则总是站在一个较低的立场上,正如我们上面所表明的那样,后者是为他们的生存而战的。不!

(1,9,78) 不宽容、迫害狂、引起国内的骚动,仅仅是他们自己拥有的才能,即反常的狂热;要是另有必要,我倒希望被捆住的人今天就会被松绑,以便大家能看到,他们会干什么。就第二个方面,即健康知性的维持而言,这首先取决于身体的组织;精神的极度平庸与极端卑劣则显然不能不受这种组织的影响[24],因此,人们不必为了避免所担心的危险,将自己投入这种组织的怀抱。就我所知,就我平生所知,甚至那些在作这里所谈的考察时健在的、忙于自己每天都不间断的劳作而绝不分心的人,也看不见什么幽灵,而且他们的身心和其他人的一样健康。在生活中,他们有时不做其他大多数人在同样位置上会做出的事情,或做其他大多数人在同样位置上会放弃的事情,这种现象的产生,绝不是因为他们像那些在相同位置上肯定做了所知的事情的人们不得不依靠信仰那样,缺乏洞察力,看不到前一种行动的可能性或后一种行动的可能性的后果,而是出于其他的原因。然而,如果总有一些病态的精神气质的人,他们一旦超出他们的家庭流水账或他们的其他实际忙碌的范围,就立即会陷入歧途,那么,就让这些人守在他们的家庭流水账旁边吧!只是我不希望,从这些但愿人数极少、层次较低的人身上借用普遍规则,也不希望因为人类中有弱者与病人存在,而使整个人类都被当作虚弱的与病态的。人们关心聋哑人与天生的盲人,想出办法教育他们[25],这值得聋哑人与天生的盲人感激不尽。但是,如果因为除了天生健康的人之外,也毕竟总会有聋哑人与天生的盲人存在,人们便想把这种教育方式变成也对天生健康的人有用的普及教育,而且肯定会为所有的人操心;如果有听力的人毫不注意他的听力,而像聋哑人那样艰难地谈话,学会凭嘴唇理解言语,有视力的人毫不注意他的视力,而靠触摸识别字母,那么,这根本不值得健康的人表示感激,尽管这种公共教育的安排一旦依靠聋哑人与天生盲人 (I,9,79)

的认可被制定出来,无疑立即会加以采纳。

以上是暂时的提示与考察,我以为今天把它们告诉你们是明智的。八天以后,我将试图用新的篇章和新的眼光向你们阐述这些演讲的基础,它同时也包括全部认识的基础,我恭请你们参加。

(I, 9, 80)

第 三 讲

尊敬的听众!

在第一讲中我们断言,远非所有显得活的东西实际上都在活着;在第二讲中我们说过,大部分人终其一生都根本没有达到本真的思维,而是停留于意见。很可能,而且从我们利用这个机会所作出的其他论断也已经可以清楚地看出,两种称谓,即思维与生活、不思维与死亡,可以意味着完全相同的东西,因为生活的要素早已被设定为思维,因而不思维可能成为死亡的源泉。

不过,我必须提醒你们注意,这一论断面临着巨大的难题。这一难题就是:如果生活是一个有机的、由一种毫无例外有效的规律规定的整体,那么,一眼就可以看出不可能有这种情况:在构成生活的其他部分都存在时,却有一个属于生活的部分不存在,或者,在并非所有属于生活的部分,因而并非全部生活以其尽善尽美的有机统一性存在时,却有一个属于生活的单个部分是存在的。当我们解决这一难题时,我也将同时能向你们清楚地阐明本真思维与单纯意见之间的区别;在我们——这同样也是我们今天这一讲的目的——一起开始对一切认识的原理进行真正的思维以前,我们在前一讲已经宣布过这个首要任务。

上述难题是这样解决的。当然,在有精神生活存在的任何地方,都毫无例外地、不折不扣地按照规律产生了一切属于这种生活的东西。但是,所有这些按照绝对的、仿佛机械的必然性产生的东西,绝对不是必然出现在意识中的,它们尽管是合乎规律的生活,但绝不是我们所特有的、属于我们的生活。我们的生活仅仅是我们从那种按照规律产生的东西中用清晰的意识把握的东西,并且是我们在这种清晰的意识中钟爱与享受的东西。我们说过,哪里有爱,哪里就有个体生活;但只有在清晰的意识存在的地方,才有爱。(I,9,81)

随着这种只有在这些演讲中才应称为生活的生活——在整个按规律产生的生活范围内——的展开,刚好同时也出现了躯体的死亡。正像这种死亡在其自然进程中首先从离生命中心最远的、最外面的四肢开始,然后继续扩展到中心,直到最终切中心脏一样,精神的、意识到自己的、自爱的与自我享受的生命也首先从末端开始,从离生命最远的外围开始,直到——但愿如此——也出现在生命真正的基点与中心为止。一位古代哲学家[26]断言,动物是从土里长出来的,就像这种情况——他补充说——直到今天还在小生物身上发生的那样,例如,人们在每一个春天,特别是在一场温雨之后,可以在青蛙身上看到,它的前足已经发展得很完善,而其他肢体仍然是粗糙的、未发育的泥团。这位哲学家所举的发育不全的生物尽管在其他方面几乎不能显示出它应当显示的东西,却仍然提供了一幅很符合于常人的精神生活的图画。这种生命的外部肢体在这类生物身上已经发育完善,热血已经在末端流淌,但在心脏部位,在生命的其他高级部位——按照自然规律,这种部位本身是理所当然地存在的,并且是必然存在的,否则,外部肢体也不可能存在——在这种部位,我认为,它们还是无感觉的泥团、冰冷的岩石。

首先,我想用一个确切的例子向你们说明一个道理;我虽然会最清晰地说出它,但为了说明的新鲜感起见,我特别要求你们注意它。我们看外在对象,我们听外在对象,我们感觉外在对象;我们同时也用这种看、听和感觉的方式思考这些对象,并且通过内在感觉意识到它们,就像我们通过同样的内在感觉也意识到我们对它们的看、听和感觉一样。但愿没有一个具有最普通的理智的人会宣称:他能看、听和感觉一个对象,却不能同时也在自己之内意识到这个对象,意识到他对这个对象的看、听或感觉;他能无意识地看、听和感觉某种确定的东西。在实际的自我观察中,即在意识事实中包含的,只是这种同时性——我说的是同时性,也就是外在感官知觉与内在思维的不可分离性——但在这种事实中包含的——我请求好好理解这一点——绝不是上述两种成分,即外在感觉和内在思维的关系,绝不是原因和结果或本质东西与偶然东西这两者的相互关系。不过,暂且假定有这种关系,这种关系也不是按照实际的自我观察发生的,它并不包含在这种事实中。这是我请求你们理解与记牢的第一点。

第二点,如果除了根据实际的观察以外,根据其他任何一种理由——这种可能有的理由,我们在适当的地方会提出来——我说,毕竟可以假定上述两种成分之间有这样一种关系,那么,

第 三 讲

一眼就会看出,必须将两者都作为永远同时不可分离地存在的东西设定到同一层次上;这样,内在思维就既可能是外在感官知觉的根据与本质,也可能是有根据的东西与偶然的东西的根据与本质,反过来也一样;按照这种方式,两种假定之间就必然产生了一种不可消除的怀疑,这种怀疑永远不会导致对那种关系的最终判断。所以,我说,这一点是一眼就会看出来的。但如果有人看得更深一层,那么,这个人就会——既然内在意识同时包含着外在感觉,并且我们自己也意识到看、听与感觉,但我们绝不能反过来看到、听到与感觉到意识,所以意识就在直接的事实中占有一个更高的位置——更自然地发现,要把内在意识当作主要事实,而把外在感觉当作次要事实,并且用前者来解释后者,用前者来检验与证明后者,而不是反过来。

那么,普通的思维方式在这里是怎样做的呢?对这种思维方式来说,外在感性在任何地方都简直就是首要的东西,是真理的直接试金石;所看、所听与所感的东西之所以存在,就是因为它们是被看到、被听到与被感觉到的,而思维,即对于各个对象的内在意识则是后来出现的,它作为一种空洞的附属物,是人们几乎没有察觉的,如果不是它自己强加于人,人们同样情愿缺少它;它在任何一个地方都不是因为被思考,才被看到或被听到的,而是因为被看到或被听到,才在看与听的主导下被思考。在上一讲提到的那种反常、乏味的现代哲学,作为真正的卑鄙喉舌登场了,它打开它的嘴,毫不脸红地说道,"惟有外在感性是实在性的源泉,我们的一切知识都仅仅建立在经验的基础上",仿佛这是一条公理,肯定没有人敢提出反驳。那么,这种普通思维方 (I,9,83)

式及其保护人究竟是怎样轻而易举地对于上面提到的那些怀疑根据,对于假定相反的关系的肯定性说明,佯作不知,似乎它们压根就不存在呢？这种一看就明白的、也无需任何深究便显得更自然、更可能的相反观点,认为全部外在感性及其所有客体都只能立足于普遍性的思维,一种感性知觉只能在思维中作为一种被思考的东西,作为普遍性的意识的一种规定才是可能的,而与意识分离开,本身则决不是可能的；我指的是,这种观点认为,我们看、听与感觉,这绝对不是真的,而是只有我们意识到我们的看、听与感觉才是真的。为什么这种观点——例如,我们赞同这种观点,将它绝对明显地理解为惟一正确的,而将它的对立面视作一种明显的荒谬——对普通思维方式来说,甚至连它的可能性也隐而不露呢？这很容易得到解释：这种思维方式的判断能力是它实际上达到的生命发展阶段的必然表现。对那些持这种思维方式的人来说,生命在目前还只出现在外在感官中,即出现在发轫的精神生命的末端中,他们与他们最活生生的存在都出现在外在感官中,在其中有感觉、爱与享受；所以,他们的信仰也必然处在他们的心灵所在的这些部位。另一方面,在思维中,生命在他们那里并不是作为活生生的肉与血,而是作为一种糨糊般的物质才出现的；因此,在他们看来,思维像是一种奇特的、既不属于他们也不属于事物的云雾。一旦他们认识到,他们在思维中比在看与听的时候表现得更加有力,感觉与享受也更加活泼,他们的判断能力也就会得出另一种结论。

由此可见,这种普通思维方式已经把思维贬得毫无价值,甚至降到了它那最低级的形态。因为这种普通思维方式还没有把

第 三 讲

它的生命的位置设置到思维中去,还没有把它的精神的触角伸 (I,9,84)
展到这个部位。我之所以说它是最低形态的思维,是因为只有
它是对外在对象的思维,这种思维以外在感性知觉为对应像,为
追求真理的竞争者。真正的高级思维则是这样一种思维,它无
需外在感觉的任何帮助,在同这种感觉没有任何关系的情况下,
就直截了当地从自身中创造出它的纯粹精神的客体。在通常的
生活中也存在着这种思维方式,例如,当追问世界和人类产生的
方式,或追问自然的内在规律的时候,第一种情况很清楚,在创
世的时候,在人类开始出现以前,不曾有任何能说出自己的阅历
的观察者在场;第二种情况完全不在于追问任何现象,而在于追
问协调所有个别现象的根基,它不应当提供一种映入眼帘的事
实,而应当提供一种思维的必然性,这种必然性不仅存在着,而
且如此这般地存在着,而不可能是以别的样子存在的,它给出了
一个仅仅从思维本身产生的客体。这是我请求大家要把握与洞
察的第一点。

普通思维方式在这种高级思维的事情上是这样做的:它让
自己通过其他东西构想出来,它也在它更有力量的时候,通过自
由的无规则的思维——人们称之为幻想——给自己构想出若干
可能性中的一种,然后询问它的偏好、恐惧和希望,那种成问题
的现实东西是怎样产生的(学院派把这称为提出一种假设),或
询问它刚好是受哪种激情控制的;如果它表示赞同,那种虚构就
被确定下来,作为持久不变的真理。我刚才说,它构想出若干可
能性中的一种,这是所述的做法的主要特征。但是,这个说法必
须得到正确的理解。因为任何东西都可以通过若干途径成为可

能,这根本就不是真的,相反地,一切存在的东西只有通过惟一的、自身完全确定的途径才同时是可能的、现实的与必然的。这里已经包含着这种做法的基本错误,即假定有若干可能性,而它现在还只是抱着偏颇的态度,片面地把握了其中的一种,并且只能通过它的偏好证实这一种可能性。这种做法就是那种我们称为意见的东西,它与真正的思维是相反的。这种真正的、被我们这样称呼的意见,也像思维一样,以超越一切感性经验的区域为自己的领域;这个区域充满了许多怪物,即许多外来的或自身的幻想,只有偏好才认为它们是经久的和独立的;并且,这种做法之所以遇到这一切,仅仅是因为它的精神生活所落脚的位置还没有高于那些具有盲目的喜好或厌恶的限度。

真正的思维在充实那种超感性区域的过程中总是有另一个做法。这种思维不是构想出来的,而是从自身给自己产生一种东西,它不是若干可能的东西中的一种,而是惟一可能的、现实的与必然的东西;这种东西并不通过一种处于自己之外的证据来证明自己,而是直接在自身中进行自己的证明,而且只要它被思考,它就向这种思维本身显示为一种惟一可能的、绝对真实的东西,并以一种不可动摇的、完全能消灭一切可能有的怀疑的确实性与自明性,占据心灵。既然如上所说,这种确实性直接在思维的生动性当中,事实上把握了思维的生动活动,并仅仅坚持这种活动,那就可以得出结论说,每一个想分有这种确实性的人,本人必须亲自思考这种确实的东西,而不能让任何其他人为自己代劳。我还要讲的绪论就是这些,因为我现在就要过渡到下一步,和大家一起来完成对知识的最高原理的真正思考。

第 三 讲

　　这种思考的首要任务是透彻思考存在，所以我要把你们引向这种思考。我说：本真的和真正的存在不生不变，不从非存在中产生。因为对于一切变来的东西，你们都必须预设一个存在者，借助于它的力量变出那第一个东西来；现在如果你们要让这第二个存在者又在更早的时间产生出来，你们也就必须给它预设第三个存在者，借助于这个存在者的力量变出它来；你们如果也想让这第三个存在者产生出来，就得给它预设第四个存在者，如此类推，以至无穷。最后，你们必定总会达到一个不是变来的存在，正因为如此，它为了它的存在，就不需要任何其他的存在，而是完全靠自身、从自身和由自身而存在的。现在，你们应当按我的要求，一开始就置身于这种存在，你们必须从一切能变化的东西升华到这种存在；因此，只要你们和我一起贯彻了所述的思想，你们就会明白，你们只能将真正的存在作为靠自身、从自身与由自身而存在的存在来思考。

　　第二点，我要补充说：甚至在这种存在的范围内，也不会产 (I,9,86)
生任何新的东西，既不会有什么东西变成其他样子，也不会有什么东西改变与变换；相反地，就像它存在的那样，它是永恒存在的和永恒不变的。这是因为，既然它靠自身而存在，它就是完整的、未分割的和不塌缩的，就是一切能够和必须靠自身而存在的东西。假如在时间中产生出某种新东西，那么，它要么必定会在此以前受到一种处在它之外的存在的阻碍，而未变成这种东西，要么必定会借助于这种在它之外的、现在才开始影响它的存在的力量，而变成这种新东西；这两种假定与我们透彻思考的存在的绝对不依赖性和独立性简直是矛盾的。所以，只要你们自己贯彻了所述的思想,你们就会明白,存在绝对只能作为单一的东西,而不能作为复合的东西来思考,存在只能作为一种自身封闭的、臻于完善的和绝对不变的同一性来思考。

通过这种思考——这可以说是我们讲的第三点——你们只是达到一个自身封闭的、隐蔽的和被领悟的存在,但你们还绝对没有达到一种具体存在或在场——我说的是在场——没有达到那个存在的表现与启示。我很希望你们立刻把握住这里所说的意思,只要你们透彻思考过原先关于存在的构想,你们无疑现在就会意识到这种思想包含什么,不包含什么。至于那种会遮蔽你们渴望的洞见的自然幻象,我将在下面很快揭示出来。

继续分析这一点。你们知道,我把内在的、隐蔽在自身的存在与在场区别开,把这两者作为完全相反、根本不直接关联的思想提出来。这种区别极其重要,只有通过这种区别,知识的最高原理才有清晰性与可靠性。那么,具体地说,什么是在场,最好通过对它的真正直观来说明。我的意思是说,存在的在场根本直接是意识,或存在的表象,这一点你们通过在这个词——它被用于任何一个客体,例如这堵墙——就会立刻明白。这是因为,在"墙在"这个命题中,这个在本身究竟是什么呢?显然它不是墙本身,不是与它一样的东西;它根本也没有冒充这种东西,而是它通过第三人称把这堵墙作为一个不依赖于它的存在者与它自己分离开来,因此,它只表示独立存在的一种外在标志,表示独立存在的图像,或者像我们在上面说的那样,并且像可以最明确地说的那样,它是墙的直接的、外在的在场,是它在它的存在之外的存在。(应当承认,整个这一实验需要最彻底的抽象与最

(I,9,87)

第 三 讲

生动的内在直观;同时,应当给这一作为试验的实验补充一点:谁没有特别对我们最后作出的表述有完全确切的理解,谁就没有完成这个课题。)

虽然这一点甚至常常不被普通思维方式所觉察,但很可能我在所说的内容中已说出了某种崭新的、闻所未闻的东西。原因在于,普通思维方式的爱心立刻只对客体趋之若鹜,只对客体感兴趣,并投入其中,而没有闲暇观察这个在,因而就完全失去了它。因此,虽然我们通常以为已经跳过具体存在或在场,进入了存在本身,然而,我们却总是永远僵持在前院里,僵持在在场里,而并未登堂入室;正是这个通常的幻象会首先遮蔽上面要求你们理解的命题。这时一切都在于,我们洞察这一情况,并从这时开始,为了生活而将它铭记在心。

对于存在的意识,即相对于存在的在,直接是在场,我们这样说过,而暂且留下了这样的假象:似乎意识只是在场可能具有的若干形式和方式中的一种,似乎在场也还可能具有更多的、也许无限的形式与方式。这种假象其实是不允许留下的,这首先是因为我们在这里不要臆想,而是要真正地思维;如果那样,即使从后果来看,除了这种留下的可能性,也绝不会再有我们与绝对者的契合,作为极乐的惟一源泉,相反地,会由此产生一条横在我们与绝对者之间的不可测度的鸿沟,成为一切不幸的真正源泉。

因此——这可以说是我们讲的第四点——我们必须在思维中展示,对于存在的意识是存在的在场惟一可能的形式与方式,因而本身完全直接地、绝对地是这种存在的在场。我用以下方式将你们引向这种洞见。存在——它作为存在,永远是存在,而决不放弃它的绝对性质,不与在场相混淆——应当在场。因此,它必定与在场有别,并与在场对立;具体地说,既然在绝对的存在之外只不过是它的在场,这种区别与对立就必定出现于在场本身;更明确地说,这会意味着:在场必定作为单纯的在场把握自己,认识自己,构造自己,必定设定和构造一个与自己相对的绝对存在,而这个绝对存在的在场就是它自己;它必须通过它的存在,相对于另一个绝对在场而消灭自己,这恰好显出了单纯的图像、表象或对存在的意识的性质。这一切你们恰好在上面对在的讨论中已经发现。所以,只要我们贯彻所述的思想,就会明白,存在的在场必然是它(在场)自己的一种自我意识,作为绝对在自身存在着的存在的单纯图像,而绝不可能是什么别的东西。

正如刚才我们大家按照前提所洞察到的那样,知识也很能理解与洞察到,存在的在场就是这样存在的,并且知识与意识是绝对在场,或者如果你们现在愿意这么说,是存在于其惟一可能的形式中的表现与显示。但是——这可以说是我们讲的第五点——这种知识绝不能在它自身中理解与洞察到,它自己是怎么产生的,从内在的、隐蔽在自身的存在怎么会产生出一种在场,产生出这种存在的表现与显示,正如我们在上面结合到我们讲的第三点时清楚看到的那样,这样一种必然的结果对我们而言是不存在的。出现这种情况的原因在于,像我们上面表明的那样,在场如果不发现自己、把握自己与预设自己,就根本不可能存在,因为自我把握是与在场的本质不可分离的;因此,由于存在的在场的绝对性,由于对这种在场的依附性,对于知识来说,

第 三 讲

一切超越这种在场、在这种在场的彼岸还要自我理解与自我推导的可能性就都被割断了。知识的存在是自为的和在自己之内的,因而是好的;在它存在的任何地方,它都已经存在,并且是以它必须采取的某种方式确定地存在的,就像这种方式提供给它,但绝不能解释自己怎样和何以这么产生出来一样。知识的这种不可改变地确定的、需要仅仅由直接的理解与知觉加以把握的在场方式,是知识的内在的、真正实在的生活。

尽管知识的这种真正实在的生活,就它的特殊规定性来看,现在不能得到解释,但它在这种知识中一般是可以解释的;它的 (I,9,89) 内在的、真实的本质是什么,也是可以理解的,可以绝对明显地洞察到的。——这可以说是我们讲的第六点。所以,我把你们引向这个看法:我们上面作为我们讲的第四点得出的结论,即在场必然是一种意识,以及其他一切与此相关的东西,都是从单纯的在场本身及其概念得出的。于是,这种在场本身的存在就停留于和迷恋于它自身。先行于它关于它自己的一切概念,又与它的这种概念不能分离,如同我们刚才已经证明,并将它的这种存在称为它的实在的、仅仅需要直接加以知觉的生活那样。这种存在完全不依赖于,而是先行于它的一切出自它关于它自己的概念的存在,并且首先使它的这样的存在成为可能,那么,在场是从何获得这种存在的呢?我们已经说过,在场就是绝对者本身的生动有力的在场,这个绝对者是惟一能够存在与在场的,除了这个绝对者之外,什么都不存在,什么也不真正在场。因此,这个绝对者就像它只能通过它自己存在那样,也只能通过它自己在场,因为应当在场的是它自己,而不是任何取代它的外来东西,因为在它之外也没有任何外来东西能够存在与在场。它在场,并且绝对是这样在场的:它作为绝对的同一性,存在于它自身之中,是完整的和未分割的,是毫无保留的和毫无变易的,就像它在它内部也这么存在一样。因此,知识的真实的生命,就其根本而言,是绝对者本身的内在存在与本质,而不是任何其他东西;在绝对者或上帝与知识之间,就它最深邃的生命根基而言,根本没有任何分离,而是两者完全融合在一起的。

这样,我们今天也许就已经得到了这样一个要点,这个要点更清晰地说明了我们迄今作出的论断,照亮了我们未来的道路。——任何一种活生生地在场的东西,一切在场的东西,正如我们已经看到的,都必然是生命与意识,而僵死的东西和无意识的东西是不曾在场的;对于一种活生生的在场者或具体存在者完全会与上帝分离的问题,我们已经讨论过了,这是完全不可能的,因为只有通过上帝在在场者中的在场,它才能保持它的在场,假如上帝能从它那里消失,它自己也就会从在场消失。不过,在精神生活的最低阶段,这种神圣的在场只是在模糊的外壳背后与混乱的阴影图像当中被看到的,这种图像出自人们用以注视自己与存在的精神官能;但是,清楚明朗,毫无遮蔽,明确洞见到这种在场是神圣的生命与神圣的在场,并以爱与享受沉浸到这样理解的生命中,则是真正的生活,不可言喻的极乐生活。

(I,9,90)

我们说过,在一切生活中在场的,永远是绝对的、神圣的存在的在场;这里,我们把这一切生活都理解为我们本讲开头提到的那种合乎规律的普通生活,这种生活从这种意义上说只能是它本来那样。不过,在人类精神生活的低级阶段,那种神圣的存

第 三 讲

在并不是作为神圣的存在展现在意识面前,但在精神生活的真正的基点上,那种神圣的存在却是作为神圣的存在明确地展现在意识面前的,就像它刚才按照前提呈现在我们面前一样。但是,它作为神圣的存在展现在意识面前,无非意味着,它借助于一种图像、描绘或概念,进入了在场和意识的那种恰好作为必然东西推导出来的形式中,这种概念仅仅明确地显得是概念,而绝不是事物本身。它一开始就以它真实的存在,而不带图像,出现在人类的现实生活中,只是尚未被认识,而且按照所获得的认识同样继续出现在人类的生活中,不过它除此之外,也在图像中被承认。但是,那种比喻的形式是思维的内在本质;尤其是,这里考察的思维在它基于自身和自我证明(我们称之为思维的内在自明性)方面带有绝对性的品格,因而证实自己为纯粹的、本真的、绝对的思维。所以,各方面都证明,只有在纯粹的思维中我们与上帝的契合才能被认识。

我们已经提到,但仍需明确阐明,并提请你们注意,存在既是仅仅单一的东西,而非复合的东西,也是永远不变的和突然完备的,因而是内在的、绝对的同一性;同样,在场或意识既然只有通过存在而存在,并且只有它的在场存在,因而是绝对永恒的、永远不变的统一体和同一性。这样,它就是以绝对必然性自在地存在的,因而保持在纯粹的思维中。在直接的、生动的思维之外,在场就完全没有什么东西;我说的是思维,而绝不是作为一种思维所依附的僵死质料的思维者;当然,非思维者立刻会构造出这种非思想的东西;另外,这种思维的真实生命根本是神圣的生命。这两者,即那种思维与这种真实的生命,融合成一个内在

(I,9,91) 的、有机的统一体,就像它在外部是一种统一性、永恒的单一性与不可改变的同一性一样。然而这时,与这种外部的统一性相反,在思维中产生了一种杂多的假象,这部分地是因为必定会存在着不同的思维主体,部分地是因为那些主体的思维必定会永远超越客体构成的序列,这种序列甚至是无限的。这种假象刚好也产生于纯粹思维与其中的极乐生活,而且纯粹思维并不能消除这种现存的假象;但是,纯粹思维绝不相信假象,既不热爱它,也不试图在它之内自我享受。与此相反,处于低级阶段的低级生活,则都相信某种产生于杂多东西或存在于杂多东西中的假象,在这种杂多的东西上分散心思,在其中寻求安宁与自我享受,然而,在这条道路上是绝对找不到这一切的。——首先,这个说明可以解释我在第一讲中对本真生活与单纯假象生活所作的描述。从外表看,这两种对立的生活方式是彼此相当一致的;它们以同样的方式知觉到的共同对象,它们双方都是要经历的;但是,从内部看,两者却是迥然不同的。因为本真生活根本不相信这种杂多的东西和可变的东西有实在性,而仅仅相信它们在神圣存在者中有永恒的、不变的基础;在这一基础中,本真生活是与它的一切思维、它的爱、它的顺从和它的自我享受不可改变地交融在一起的;与此相反,假象生活根本不知道或不理解这种统一性,而把杂多的东西和流逝的东西本身当作真正的存在,并满足于这种东西。其次,这个说明向我们提出了一个课题,那就是要解释那个在我们看来本身绝对是统一体并且在本真生活与思维中也永远是统一体的东西,为什么在我们也同样承认实际上不可根除的现象中,会转化为杂多东西和可变东西的真正原因,并且,我说,至少要确切地解释与阐明这种转化的真正原因,如果通俗的阐述可以清楚地说明这种原因的话。举出产生杂多东西与可变东西的这种原因,除了进一步运用今天所讲的东西之外,应当构成我们下一讲的内容。在此,我郑重地邀请你们听下一次讲演。

第 四 讲 (I,9,92)

尊敬的听众!

让我们鸟瞰一下我们原初的意图与迄今为这个意图所做的努力,以此来开始我们今天的考察。

我的意见是:人类不是注定要受苦的,相反地,在尘世的任何地方、任何时候,只要它自己愿意,它都能分享和平、安宁与极乐;但这种极乐既不能借助外力,也不能借助这种外力的奇迹附加给它,而是它必须用它自己的双手亲自接受这种极乐。在人类中产生一切痛苦的根源是它分心于杂多的、可变的东西,而极乐生活惟一的、绝对的条件是用深切的爱与满足去把握太一或永恒,这种太一当然只能在图像中被把握,但实际上绝不是我们自己变成太一,也不可能转变成太一。

现在我首先要向你们阐明刚才陈述的这个命题本身,使你们相信这一命题的真理性。我们这里着意于惟一拥有持久价值的开导与领悟,而绝不打算浮光掠影地激发与唤起多半消逝得无迹可寻的幻觉。那么,要产生这里所追求的清晰认识,就需要以下两个条件:首先,人们要把存在理解为绝对由自身和靠自身而存在的,理解为太一,理解为在自身中不可变化的和不可改变的。这种对存在的认识绝不是我们的学院独有的东西,相反地,每一个基督徒只要在孩提时代接受过全面的宗教教育,在当时解释神圣的存在者时就已经获得了我们的存在概念。其次,要获得这一洞见,就需要认识到,我们这种理智存在物,从我们自身这方面来看,绝不是那种绝对的存在,但在我们的具体存在或在场的最内在的根源中,我们是与它关联的,因为除此之外,我们根本不能在场。现在,特别从我们这种与神性的关联方式的方面来看,这后一种认识可以或多或少是清楚的。因此,我们在

(I,9,93) 下面是以高度的明晰性提出这种认识的,我们认为,依靠这种明晰性,这种认识就能加以通俗化。在上帝之外,除了知识,就根本没有什么东西是真正在场的,而且就这个词本来的意义说,也没有什么东西是在场的,而这种知识直截了当地就是神圣的在场本身,并且就我们是知识而言,我们自己在我们最深的根源中是神圣的在场。所有其他仍然作为在场显现给我们的东西,如事物、肉体、心灵和我们自己,就我们把独立的存在归于我们而言,根本都不是真正地和自在地在场的,相反地,它们只是在意识与思维中作为被意识与被思考的东西在场的,而绝不是以其他方式在场的。我说,这是最清晰的表达,我认为用这种表达可以把那种认识通俗地传达给人们。但是现在,如果有人自己都不能理解这一点,是的,如果他也许根本不能对那种关联的方式有任何思考或理解,这也仍然根本不会将他排除在极乐生活之外,或在这一点上给他造成损害。但是反过来,按照我的绝对信

念,要过极乐生活就必然需要下面两点:1. 人们都应当有固定的关于上帝的原理、假定以及我们同他的关系。这些原理、假定和关系不是单纯作为凭记忆学得的东西,没有我们的参与而游移在记忆中,而是对我们自己而言真实在场的,是在我们自身中活生生的、活动的。因为宗教恰恰就在这里,谁不以这样一种方式拥有这些原理,谁就没有任何宗教,正因为如此,他也就没有任何存在,没有任何在场,没有自身之内的真实自我,相反地,他只像个阴影流失到杂多的、短暂的东西中。2. 要过极乐生活就需要这种活生生的宗教至少达到这样高的程度,以致人们内心深处不相信他们自己的存在,而只相信他们在上帝中的和通过上帝的存在,人们至少要感受到这种关系是永恒的、不间断的,并且在这里,上帝即使未被清楚地思考与表达,也仍然是我们的一切思想、感情、激动与运动深藏的源泉与隐秘的根据。我说,以上两点是一种极乐生活不可或缺地要求的,这是我们的绝对信念。我们表明这种信念,是为了那些已经预设了一种极乐生活的可能性的人,他们需要这种生活或在这种生活中得到增强,因而渴望听到通往这种生活的指南。尽管如此,我们也不很容易对这种现象感到苦恼,即有人没有宗教,没有真正的在场,没有内在的宁静与极乐,就能应付过去,而且没有这一切,也能像真的一样,肯定应付得极好;相反地,我们也乐于认可、祝愿与允许这种人拥有他没有宗教就能获得的一切可能的荣誉与尊严。在 (I,9,94)每一个场合我们都坦率地承认,我们既不能用思辨的形式,也不能用通俗的形式,对任何一个人采取强制手段,迫使他接受我们的认识;并且,即使我们能够做到这一点,我们也不想这样做。

我们前一讲的最明确的结论——我们今天这一讲想以此为出发点——是：上帝不仅仅是内在地、在自身隐蔽地存在的，而且也是在场的、表现自己的；但他的在场必然直接是知识，这种必然性在知识本身是可以看出来的。在他的这种在场中，他现在——仿佛同样是必然的，并可视为必然的——也像他直截了当地在自身中一样是在场的，而无需任何转化就从存在过渡到在场，两者之间没有鸿沟、分离或某种东西的间隔。上帝在他自身中内在地是单一的，而不是杂多的；他在自身中是统一的，而没有变化与改变；既然他恰如他在自身中一样在场，那么，他的在场也是单一的，没有变化与改变；既然知识或我们是这种神圣的在场本身，那么，就我们是这种在场而言，在我们之内也就不会有任何变化或改变，不会有任何复合与杂多，也不会有任何分离、区别与分裂。事情必然是这样，也只能是这样，因而事情也就是这样。

但现在在存在中，在现实性中仍然有那种杂多的东西，那种存在的分离、区别与分裂；这种现实性在思维中表明是绝对不可能的，因此就出现了一个课题，即把对现实性的知觉与纯粹思维之间的这种矛盾统一起来，表明这两者的相反的判断究竟怎样相互并存，因而两者都可能是真的；这一课题的解决要特别采取这样一种方式，那就是证明那种杂多的东西原来究竟是从哪里来的，是从哪种原理出发进入本身单一的存在的。

首先，谁是这样一个人呢？这个人提出这个关于杂多东西的根据问题，渴望对这种根据有这样一种洞见，即看到杂多东西从这种根据中产生，从而对如何变化与过渡获得一种洞见。这

第 四 讲

绝不是不可动摇的坚定信念。这种信念可以这样加以简单地概括:存在绝对仅仅是单一的、不可变的、永恒的东西,没有什么东西在它之外;因此,一切可变的东西都完全肯定是不存在的,它的现象完全肯定是空洞的假象;这一点我知道,不管我能解释还 (I,9,95) 是不能解释这种假象,我的确信既不会因为前者而更加坚定,也不会因为后者而更加动摇。这个信念不可动摇地基于那个人洞见到的事实,而无需对如何有这个事实作出说明。例如,基督教在约翰福音中实际上就没有回答这个问题;它未曾触及这个问题,或者说,它也仅仅是对可逝的东西的现实存在表示过惊异,因为它恰好有那种坚定的信念,并且假定,只有单一的东西存在,可逝的东西根本不存在。所以,现在我们当中也有人具有这种坚定的信念,因而他们也不提出这个问题,他们也不需要我们对这个问题的回答,甚至就极乐生活而言,他们对自己是否理解我们对这一问题的回答,都可能认为是无所谓的。

但是,有些人会提出这个问题,并且必定会通过对这一问题的回答,达到那些决定一种极乐生活的产生的洞见。这些人或者至今仍然只相信杂多的东西,尚未上升到对太一的预感,或者被扔在两种观点之间,犹豫不决,但他应当牢牢地立足于其中一种观点,放弃另一种相反的观点。为了这些人,我必须回答上面被放弃的问题;对他们来说,理解我对这个问题的回答是必要的。

事情是这样的:就神圣的在场直接是它的生动的、强有力的在场而言——我说在场,宛若是指一种在场的活动——它同内在的存在是一样的,因而也是不可改变的、完全不能有杂多东西的太一。因此,我想说——我这里有双重目的,一方面,用一种通俗的方式将眼前的知识只传达给某一些人,另一方面,对其他一些在座的、已经在别处用科学方法获得这种知识的人,则用一个惟一的视点概括他们曾经零星认识到的东西,因而我要以最严格的精确性来表述自己的意思——我想说,分裂的原则不可能直接处于那种神圣在场的活动的内部,而是必定处于这种活动的外部;然而,这里说的外部却显得是同那种活生生的活动直接联结的,是必然随它而来的;但在这一点上,我们与神性之间的鸿沟、神性对我们的不可挽回的排除,却绝不会被固定下来。我想这样来引导你们认识杂多东西的原则:

(I,9,96)　　1. 上帝绝对和直接靠自己并且由自己,就是绝对存在或他所是的东西;此外,他也在场,表现自己,显露自己。因此——这是问题的关键——他也由自己,并且仅仅在这种直接由自己的存在中,才是这种在场,这存在于直接的生命与变化中。在他的存在活动中,他是与他的全部存在的力量同时在场的;只有在他的这种有力的、活生生的存在活动中,才有他直接的存在,从这一方面看,这种存在是完整的、同一的和不变的。

　　2. 在这里,存在与在场完全相互合并、相互融合在一起,因为他的由自己、靠自己的存在,需要他的在场,而这种在场不能有另一种根据;反过来说,他的在场需要他在内部通过他的本质所是的一切东西。前一讲中展示的存在与在场的全部区别以及两者之间的互不关联,在这里却表明仅仅是对于我们存在的,仅仅是作为我们的局限性的一种结果存在的,而绝不是自在地存在的,不是直接在神圣的在场中存在的。

第 四 讲　　　　　　　　　　　　　61

3. 另外,我在前一讲中说,不可在单纯的在场中把存在同在场相混淆,而是必须把两者相互区别开,以便存在作为存在和绝对者作为绝对者涌现出来。这种区别,这两种应当加以区别的东西的作为,即代表,首先是在自身中的绝对分离,并且是后来所有的分离与杂多东西的原则,就像你们按照下面的办法很快就能明白的一样。

a) 首先,这两者的作为,即代表,并不直接提供它们的存在,而只表示它们是什么,提供它们的描述与刻画。它在图像中提供这一切,并且提供两者相互交融、相互规定的一幅混合图像,因为要把握和刻画两者中的任何一方都只能通过另一方,表明这一方不是另一方,另一方也不是这一方。随着这种区别就产生了真正的知识和意识——如果你们愿意的话,同样也可称之为图像化、描述和刻画——产生了同样借助于特点和特征的间接认识与承认,而知识的真正的基本原理就在这种区别中。(这是纯粹的关系;但两者的关系根本既不在这一方,也不在另一方,而是在两者之间,并且是一个第三者,它表明知识的真正本质是一种完全 (I,9,97)
不同于存在的东西。)

b) 这种区别发生于在场本身,并且是从在场出发的;既然这种区别并不直接把握它的客体,而只把握客体是什么,把握客体的特征,那么,在区别中的,即在意识中的在场也就不直接把握自己,而只是在图像和代表中把握自己。它并不直接如实地理解自己,而只在理解活动的绝对本质的限度内理解自己。这可以被通俗地表达为:我们首先不像我们本身那样理解自己；我们不理解绝对者，原因并不在绝对者，而在一种甚至不理解自己的概念本身。只要概念能理解自己，那么，它同样也能理解绝对者，因为在它的超越自身的存在中，它就是绝对者本身。

c)所以，意识作为一种区别就是神圣的存在与在场的原初本质经历一种变化之所在。那么，什么是这种变化的绝对同一的、不变的基本特征呢？

请你们想一想下面这种情况：知识作为一种区别活动，是对加以区别的东西的一种刻画；但一切特征的刻画都由自己预设了被刻画者的持续、静止的存在与现实存在。因此，通过概念变成一种持续的、现实的存在（我们的学院会补充说，是变成一种客观的东西，但这种客观的东西本身是从存在派生的，而不是相反）的，是那种本身直接就是生命中的神圣生命、也在上文这样得到描述的东西。所以，活生生的生命是那种被转化成在场的东西，持续、静止的存在是它在这种转化中采取的形态；或者说，直接的生命之变为持续、僵死的存在，是概念从在场开始的那种转化的基本特征。那种持续的现实存在是我们称之为世界的东西的特征；因此，借助于神圣生命由其内在特征产生的那种向持续存在的转化，概念就是真正的世界创造者，而一个世界只是为了概念，并且在概念之中，作为生命在概念中的必然现象存在的；但超越概念，即在真实的、自在的意义上说，除了拥有生动性的、活生生的上帝，就没有任何东西存在，并且永远不会产生任何东西。

d)世界通过它的基本特征表明,它是从概念中产生的; (I,9,98)
而这种概念仅仅是神圣存在与在场的作为,即代表。那么,
也许这个在概念中的世界与这个世界的概念会采取一种新
的形式吗?——不言而喻,这有必然性,并且这种必然性是
明显的。

为了回答这个问题,请你们和我一起考虑下面的情况:
我在上面说过,在场是在图像中把握自己,并且是用一种将
图像与存在区别开的特征把握自己。它绝对是靠自己、由
自己这样做的,是靠它自己的力量这样做的,并且这种通常
的自我观察的力量表现在所有的精神集中、注意和对某一
对象的思想专注中(人们用专门术语称概念的这种独立的
自我把握为反思;以后我们也要这样来称谓)。在场与意识
的这种力量的运用,是由于应当有在场的作为即代表导致
的,但这个应当本身是直接基于上帝的活生生的在场。意
识的独立与自由的根据当然在上帝之中,但正因为它在上
帝之中,所以独立与自由是真正在场的,而绝不是空洞的假
象。上帝通过他自己的在场,按照在场的内在本质,部分地
——也就是在在场变成自我意识的部分——将他的在场从
自身中排除出去,从而把它弄成真正独立的和自由的。这
是解除对于思辨的最后、最深的误解的要点,我在这里不想
忽略不谈。

在场用自己的独立的力量把握自己,这是我这里要你
们注意的第一点。那么,在这种把握中究竟给在场产生了
什么呢?这是我希望你们深思的第二点。因为在场在它的

现存性中首先只直截了当地注视自己,所以,在这种有力地指向自身的过程中就对它产生了一种看法,即它是如此这般的,具有如此这般的特点。因此——这是我请求你们掌握的普遍的表达方式——知识在对它自己的反思中,就通过它本身和它自己的本质而分裂了自己,因为它不仅完全表明它自身,这可以说是第一点;而且它同时也表明它自身是如此这般的,这是第二点,仿佛是从第一点产生出来的。这样,反思的真正基础仿佛就分裂成两部分。这是反思的基本规律。

e)这时,绝对反思的首要的、直接的对象就是在场本身,它已经通过上面业已阐明的知识形式,从一种活生生的生命转变成一种持续的存在或一个世界。因此,绝对反思的首要对象是世界。这个世界必须按照刚才推导出来的内在反思形式,在这种反思中破裂和分裂自身,因而世界或持续的在场完全地、普遍地以一定的特征涌现出来,并且整个世界都在反思中诞生出来,成为一种特殊的形态。如上所说,这是由于反思本身,但我们同样也已经说过,反思在其自身是绝对自由与独立的。因此,如果不反思这种在场究竟怎样能够按照自由加以搁置,那么,就什么也没有表现出来;但是,如果从反思到反思,无限地反思它怎样能够按照同样的自由发生,那么,面对任何一种新的反思,世界都必须以一种新的形态涌现出来,这样,在同样仅仅由反思的绝对自由产生出来的无限时间里,它就必须无限地改变自己、塑造自己,并作为无限的杂多东西而流逝下去。正如一般概念表现为世界的创造者一样,在这里,自由的反思事实也表现为世界中杂多东西的创造者,表现为世界中无限的杂多东西的创造者。然而,尽管有那种杂多性,这个世界始终是同一个世界,因为一般概念在它的基本特点上始终是同一个概念。

f)最后,请你们将上面听说的内容概括成这样一个见解:意识或我们自己是神圣的在场本身,并且绝对是与它同一的。它就在这种存在中把握自己,因而变成了意识,而且它自己的存在或神圣的、真正的存在,对它来说变成了世界。那么,在这种状态下它的意识中究竟有什么东西呢?我想,每一个人都会回答说,有世界,而且除了世界,什么都没有。或者,在这种意识中也许还有直接的、神圣的生命吧?我想,每个人都会回答说:不!因为意识绝对只能将那种直接的生命转变成一个世界,因此,一旦设定了意识,这种转变也就被设定为发生了的;绝对意识正是通过自己而成为这种转变的直接的、因而不再被意识到的完成过程。但是现在,按照我们自己的、借助我们的命题而完全必然作出的表白,既然那种直接的神圣生命——它在它的直接性中应当是意识——在意识中,按照它的直接性已经无可挽回地被根除,那么,它究竟在什么地方消失的呢?我们回答说,它并没有消失,而是依然存在于它惟一能存在的地方,即存在于隐蔽的、概念不能达到的意识的存在之中,存在于惟独承载意识、在在场中保持意识并使意识成为可能的东西之中。在意识之中,神圣的生命无可挽回地转变成一个

(I,9,100)

持续的世界；但进一步来说，每一种现实意识都是一个反思活动，而反思活动又无可挽回地使单一的世界分裂成无限的形态，对这些无限的形态的理解是永远也不能完成的，因而总是只有其中一个有限的序列进入意识。我要问，这个单一的、自身封闭的和完整的世界，作为自我封闭的神圣生命的那个刚刚推导出来的对应像，究竟保留在什么地方呢？我回答说：它保留在它惟一存在的地方，它不在个别的反思中，而是在概念的绝对的、单一的基本形式中，这种形式你从来都不能在现实的直接意识中再现出来，但能在超越这种意识的思维中再现出来，就像你能在这种思维中将那种还要靠后、还要藏得深的神圣生命再现出来一样。那么，在现实的反思及其塑造世界的这种不停的流变中，单一的、永恒的、不变的和出现在神圣在场中的意识存在究竟保持在什么地方呢？它从不在这种变化中出现，这里出现的仅仅是它的代表、它的图像。

单单是你的肉眼就是一枚棱镜，凭这枚棱镜，感性世界的那种自身完全同一、纯粹、无色的以太在事物表面折射成众多的色彩；但你绝不会因此断言，以太是本身有色的，而只会断言它在你的眼睛中，与眼睛相互作用，折射成色彩；你虽然不能看见以太无色，但能思维它无色，而在你了解了你的能注视的眼睛的本性之后，你就惟独信任这种思维。所以，在精神世界的事情上，你的精神的眼睛的看法也是这样。你所看到的，永远是你自己；但是，你并不是像你看到的那样，你所看到的，也不像是你本来的样子。你是不变的、纯粹的、无色无形的。你自己同样是反思,因此你绝不能将你同反思分离开来,只有这种反思在你面前将你这个无色无形者折射成无限的光彩与形态。因此,你要知道,你 (I,9,101) 这个无色无形者不是在自身被折射与塑造的,而是仅仅在你的这种反思——惟独你能借以观看的精神眼睛——中,在与这种反思的相互作用中被折射与塑造的,就像杂多东西被塑造成型一样;你要超越这种假象——这种假象实际上就像色彩在你的肉眼中一样是不可根除的——而上升到思维;你要让自己受到思维的感召;从这时起,你就只会信任思维!

像我刚才所说的这么多内容,我认为,应当由一次通俗讲演提出来,以便回答这样一个问题:既然存在本身必定绝对仅仅是单一的、不变的,并且也是这样给思维表明的,那么,现实意识在这里所遇到的可变性怎么仍然会进入思维呢?存在本身当然是太一,是单一的、神圣的存在,在所有的在场中,只有它是真正实在的东西,保持在永恒中。这种单一的存在通过那种在现实意识中与自己不可分离地结合起来的反思,分裂成无限的形态变化。这种分裂,正如已经说过的,是一种绝对原初的、在现实意识中永远不能取消的或由其他东西代替的分裂过程。因此,通过这种分裂而获得本身实在的东西的各类现实形态,只有在现实意识中,通过人们致力于观察现实意识的活动,才能有生命与经历,而决不能加以虚构与 a priori[先验地]推导;它们是纯粹的、绝对的经验,而经验只能是经验,没有任何一种稍微理解自己的思辨会异想天开,企图取消它[27];并且,每一事物都有这种经验的材料,都有绝对只适合这种事物的、个别地表示其特征的东西,这种东西在时间的无限流逝中将绝不会再次出现,过去也从未能存在。但是,恰恰是通过对不同的反思规则的研究——像我们刚才建立起了反思的惟一基本规则一样——惟一实在的东西的那些由于分裂而出现的形态的普遍特征——从这些特性方面看,产生了一致的物种——则可以 a priori[先验地]推导出来,并且,一种系统的哲学应当和必须绝对彻底地与完整地做这一工作。所以,空间中的质料、时间和完备的世界体系就像承载意识的实体——它本身毕竟只能是一个实体,但也分裂成一个由不同的、显得独立的个体组成的体系——一样,都可以从反思规律中非常明白地推导出来。然而,对具体科学产生深刻的洞见比唤醒一种虔信的生活,却更需要这种推导。因此,这种推导就作为惟一的财富归于科学的哲学演讲,它既不能通俗,也不需要通俗。所以在这里,我们所提的要点中有一条严密科学与通俗解说之间的界限。正如你们看到的,我们已到达了这一界限,因而可以期望,从这时起,我们的考察将逐渐下降到这样一个领域,这一领域至少就对象来看是我们已经熟悉的,而且我们有时也已经用我们的思维触及到了。

在意识里从神圣生命中产生的世界,借助于反思的基本形式,分裂成一个从它的形态的塑造来看是无限的、变化的世界。除了今天推导的这次分裂以外,同一个世界还有另外一种同这次分裂密不可分的分裂,这种分裂从它可能的方面看,不是变成一个无限的形式,而是变成一个五重的形式,我们也必须将这第二次分裂至少从历史的角度确立起来,并向你们报告,这在下一讲就会完成。只有在做了这些准备工作之后,我们才能首先把握真正的极乐生活的内在本质与外在现象,而且我们在这样把握它之后,就能够认识到,应该分享极乐生活和应该分享什么样的极乐。

第 五 讲 (I,9,103)

尊敬的听众!

按照我们迄今得知的一切,极乐在于与作为太一和绝对者的上帝的结合。但我们在我们不可根除的本质中,仅仅是知识、图像与表象,甚至在与太一的结合中,我们那种基本形式也不会消失。就在我们与上帝的结合中,他也没有变成我们最本己的存在本身,而只是作为一种异样的、外在于我们的东西浮现在我们面前,我们只是以深切的爱将自己托付给他,偎依着他。他浮现在我们面前,本身是没有形态、没有内容的,并没有给出关于他的内在本质的任何一种概念或知识,而仅仅是一种我们借以思考和理解自己与世界的东西。即使在我们皈依于他之后,世界也并没有在我们眼前消失;世界只是获得了另一种意义,从我们昔日以为自为独立的存在变成隐藏于自身的神圣本质在知识中的显现与表现。请你们再一次把这从总体上作一个概括。神圣的在场——我说,按照以前所作的区别,这是上帝的在场,是他的表现与显露——是绝对凭靠自己的、绝对必然的光,即内在的光,精神之光。这种一直沉浸于自身的光分裂成杂多的、无限的光芒,从而在这些个别的光芒中从它自身和它的源泉中外化出来。但是,同样是这种光也能够凭靠自己从这种分散状态重聚起来,将自己作为单一的东西来把握,将自己理解为自在存在的东西,理解为在场与上帝的显示。在这种理解中,它虽然还保持着它形式中的东西——光,但在这种状态中,并借助这种状态本身,表明自己不是任何本身实在的东西,而仅仅是上帝的在场与自我表达。

(Ⅰ,9,104) 特别是在后两讲中,而且极其特别的是在最后一讲中,我们的努力在于,注意考察本身惟一可能的与不变的存在向另一种存在,即向杂多的、可变的存在的转化,以便我们被引入这种变化的关键点,使我们亲眼看到这一变化的发生过程。我们看到的是下面的情况。首先,由于一般知识——一种纯粹的图像,一种不依赖一般知识而现存的、持续的存在的图像——的特征,那种在本身和在上帝中是纯粹活动与生命的东西被变成了一种静止的存在或一般的世界。其次,除此之外,由于同所有现实知识不可分离的基本反思规律,那种对单纯知识来说单重的世界,继续被刻画与塑造,被变成了一个特殊的世界,也就是被变成了一个流逝的世界,它的流逝有无限的差别,而且新的形态层出不穷。我们认为,需要由此得出的洞见,不仅对于哲学家,而且对笃信宗教——如果后者不仅是以本能的方式,作为模糊的信念寓于人们当中,而且同时渴望对它自己的根据作出解释——同样是不可缺少的。

在前一讲中我们作出的进展和宣布的结论是,同基于一切反思的惟一基本规律的这种世界的无限分裂不可分离地联系在一起的,还有另一种分裂,对这种分裂我们在这个地方即使不必加以推导,也必须给予清楚的历史说明与描述。我对这第二种新的分裂的把握在这里一般没有这么深入。第一,第二种分裂在它的内在的本质中,与前一讲推导的、这里刚刚重提的分裂是不同的,第一种分裂是直接将通过一般知识形式从神圣生命中产生的持续的世界分裂与划分开,相反地,现在要考察的分裂则不直接把客体,而是仅仅把对客体的反思分裂与划分开。前者是一种在客体本身中的分裂与划分,后者则仅仅是对客体的观点的分裂与划分;后者不像前者那样给出了本身不同的客体,而是只给出了从内部观察、对待与理解同一个持续存在的世界的不同方式。第二,不应当忽略,这两种分裂不能相互代替,因而不能相互排挤,相反地,它们是不可分离的,因而只要反思——它们是反思的不变的形式——是存在的,它们就是联为一体的。因此,两者的结果也是不可分割地相互伴随、共同展开的。正如我们前一讲表明的,第一种分裂的结果是无限性,第二种分裂的结果像我们当时提到的那样,是五重性。因此,刚才断言的两种 (I,9,105)
分裂的不可分离性应当这样来理解:完整的、持续存在的和不可扬弃的无限性可以用五重方式被看作无限性,而五种可能的世界观中的任何一种又将单一的世界分裂成一种无限的东西。所以,请你们用一种统一的观点这样来概括迄今所说的一切:在精神的观照中,本身是神圣生命的东西变成了一种被观照的东西,也就是说,变成了一种完全现存的东西或一个世界。这是第一点。现在,这种观照总是一种活动,即所谓的反思,通过这种活动——它一方面指向它的客体,即世界,另一方面指向它自己

——那个世界就被分裂成一种无限的五重体，或者换个意思相同的说法，被分裂成一种五重的无限性。这是第二点。为了在这里首先讨论第二种分裂，即我们今天考察的本来的对象，我们对此还要作如下一般的说明。

正如提到的那样，这种分裂并不给出一种客体中的划分，而只是给出对客体的观点的划分、差别与多样性。似乎不禁会产生这样的想法：这种差别——不是客体的差别，而是对到处持续存在的同一客体的观点的差别——可能在于对单一的、持续存在的世界的观点有模糊或清晰、深刻或肤浅、完整或不完整之分。情况当然是这样。或者，我联系到这里已经报告过的某种东西，以这种东西理解眼前的东西，以眼前的东西理解这种东西；——我们提到的五种看待世界的方式，是我在第三讲中称为内在精神生命的各个不同的、可能的发展阶段与发展程度的东西。我在第三讲中说过，那种在真正意义上属于我们的、自由的和被意识到的精神生命的进展情况，通常与身体死亡的进展情况是一样的，并且前者正像后者一样，也是从最边远的肢体开始，由此逐步扩展到中枢。我用当时使用的比喻称为精神生命的外围的东西，在当下的表述里是五种可能的看待世界的方式中最低级、最模糊和最肤浅的方式，而我当时称为高贵的生命部分与心脏的东西，则是这些方式中较高级、较清晰的方式与最高级、最清晰的方式。

但是，尽管按照我们当时的比喻和我们当下的描述，人在通常的生命进程中只有在他长期停留于一种低级的解释世界的方式之后，才按照规则上升到一种较高级的方式，然而，正因为如

第 五 讲

此,首先就不能否认,而是应该明确地思索与确认,那种多重的世界观至少在人对待世界的能力范围里,是一种真正的原初的分裂。请你们这样来理解我的意思:那些较高级的世界观不是在时间中才产生的,所以,不是那些与它们完全对立的世界观产生出它们,使它们成为可能,相反地,它们是在神圣在场的统一性中,作为统一意识的必然规定永恒地在场的,尽管没有人理解它们,也没有理解它们的人能虚构它们,通过思维产生出它们,而是人只能发现它们,掌握它们。但是其次,那种逐步的进展也只是通常的进程与绝非毫无例外地有效的规则。若干受到感召、得到恩宠的人就像依靠奇迹那样依靠出生与本能,不知不觉地发现自己处在一种较高的世界观立场上,而这种世界观并不被他们周围的人所理解,他们在自己方面同样也没有能力理解周围的人。在这种情况下,从开始有人类的时候起就出现了一切宗教家、智者、英雄和诗人,并由此产生了在他们身上体现的一切伟大与善良。与此相反,其他的个人则在另一方面的感染变得很厉害的情况下,整个一生都由于同样不能进一步解释的本能,执迷于与习惯于平庸的观点,而极少例外,甚至最清晰、最明白的开导也不能使他们哪怕有片刻时间把自己的眼睛抬高到地面之上,使他们除了那种可以用手摸到的东西之外,还理解其他任何一种东西。

关于在观察单一世界的方式中提出的新划分,一般就讲这么多。现在我们转向确立这种划分的各个部分!

第一种最低级、最肤浅和最混乱的对待世界的方式是这样一种方式,即把那种落入外部感官中的东西当作世界与真实在场的东西,当作最高的、真实的和独立地持续存在的东西。这种世界观在我们这些演讲中,特别是第三讲中,也已经得到充分的描述,在我看来也清楚地得到了刻画,而且当时已经通过一种单纯表面的暗示,它的粗卑与肤浅方面得到了充分的说明。我们承认,不管怎样,这是我们的研究宇宙的智者[28]的观点,是在他们的学派中形成的时代的观点,与此同时,我们同样也表明,这种观点绝不包含在他们的逻辑之中——因为所有的逻辑都与这种观点正相矛盾——,而是包含在他们的爱之中。现在我们不能再讨论这个问题,因为即使在这些讲演中我们也必须进一步往前走,因而必须撂下某些永远了结了的事情。要是现在有人坚持他的思想方法,继续说:"然而这些事物是明显地、真实地存在的,因为我看到它们,听到它们"等等,那么,他该知道,我们完全不会受到他信誓旦旦的保证和坚定不移的信念的迷惑,而是永远保留我们斩钉截铁、直截了当和完全应按文字理解的回答:"不,这些事物并不存在,这恰恰是因为,它们是可见的与可听的;"并且,我们也根本不能同这样一种完全不可理喻、不可开导的人继续进行交谈。

从可能的世界观的原初分裂中产生的第二种观点是这样一种观点,即把世界理解为一种维护秩序的法律,它主张在理性存在者组成的一种体系中权利的平等。请你们直接按照这句话所说的内容来理解我的意思。对这种观点而言,一种法律,具体地说,一种维护秩序和主张平等的法律,是真正实在的东西和独立地持续存在的东西,是世界由以开始并植根于其中的东西。这里要是有人觉得惊奇,说一种法律——它像这种人会说的那样

——本当仅仅是一种关系、一个抽象概念,怎么能够被当作一种独立的东西,那么,他之所以会产生这种惊奇,仅仅是由于他除了把可见的与可触摸的质料理解为实在的,就不可能把任何东西理解为实在的。因此,他属于那种我们根本不能与之交谈的人。我说,一种法律对这种世界观而言是第一位的东西,这种东西是惟一真正存在的,其他一切存在的东西都是依靠这种东西存在的。自由与整个人类对这种观点而言是第二位的东西,它之所以现实存在,仅仅是因为针对自由的法律必然设定自由与自由存在物;并且人的独立性的惟一根据与证明在这一体系中就是那种在他的内心能显示出来的道德规律。最后,感性世界对这种观点来说是第三位的东西;这个世界仅仅是人的自由行动的范围,它之所以现实存在,是因为一种自由行动必然设定这种行动的客体。从这一观点产生的科学的角度看,属于这一范围的不仅仅有确立人类法律关系的法学,而且还有通常的伦理学,这种伦理学的目标就是没有任何一个人对他人施行不义,每个人都不做违背职责的事情,不管它是不是由国家法律明确禁止的。有关这种世界观的范例不能从通常的生活观中提出来,(I,9,108)因为这种生活观植根于物质,从未上升到这种世界观;但是在哲学的文献中,康德——如果人们对他的哲学生活只追溯到《实践理性批判》的话——就是这种世界观最贴切、最彻底的范例。我们这样来表明这种思维方式的真正特点,即人的实在性与独立性只有通过支配他的道德规律来证明,并且只有这样,他才成为自在的东西;康德也是用同样的话来表明这个特点[29]。甚至就我们本人而言,虽然从来没有将这种世界观当作最高的东西来说明和贯彻,但是却把它当作我们在讨论法学与伦理学时建立这两门学科的立场来说明和贯彻,并且正像我们自己意识到的那样,也不是毫不费力地陈述了这种世界观[30];因此,在我们时代那些对以上所说有进一步兴趣的人,可能并不缺少所述的第二种世界观方面的范例。此外,仅仅为规律而行动这种纯粹道德的内在信念,也是在低级道德领域中存在的,康德和我们都没有忘记关于它的谆谆教诲[31],而这种内在信念不属于我们这里讨论的范围,我们这里要涉及的仅仅是客体。

一个对以下所有观点都共同有效的说明,我要在它可以讲得最清楚的场合立即提出来。这个说明是:人们一般想有一个关于他的世界观的坚定立场,就需要他把实在的东西、独立的东西和世界的根基设定为一个明确的、不变的基点,从这一基点出发,人们可以将其余的东西作为仅仅分有这个基点的实在性的东西,作为仅仅通过这个基点而间接设定的东西推导出来,正如我们在上面以第二种世界观的名义,将人类作为第二位东西,将感性世界作为第三位东西,从作为第一位东西的那种维护秩序的法律中推导出来一样。但是,有人把各种实在性混合起来,想把感性世界的实在性归于感性世界,同时也不想否认道德世界也有其实在性,正像有时候那种完全糊涂的人试图了结这个问题那样,这却是绝对行不通的。这种人根本没有确定的眼光,根本没有将其精神的眼睛直指前方,而总是斜视杂多的东西。比他们优秀的是这样一种人,他断然坚持着感性世界,而否定了除此之外的其他一切。尽管他同他们一样短视,但不同样怯懦和没有勇气。总之,一种较高的世界观不能容忍在自己旁边有一种较低的世界观,相反地,任何一种较高的世界观作为绝对的、最高的立场都消灭低于自己的世界观,使它从属于自己。

第三种世界观是从真实的、较高的伦理原则出发的世界观。对这一在整个时代面前都几乎完全藏而不露的立场,作一极其明确的解释是必要的。就像对刚才所述的第二种立场一样,对这一立场来说,精神世界的规律也是最高的,第一位的与绝对实在的;在这一点上,这两种世界观是一致的。但第三种立场坚持的规律,不像第二种立场坚持的规律那样仅仅是一种维护现存事物秩序的东西,相反地,是一种在现存事物的范围内创造绝不现成存在的新事物的规律。第二种立场坚持的规律仅仅是否定性的,只是消除不同的自由力量之间的冲突,建立起平衡与宁静,而第三种立场坚持的规律则渴望用一种新的生命来重整各种由于否定性的规律而归于宁静的力量。可以说,它不仅像前者那样追求理念的形式,而且追求质的与实在的理念本身。它的目标可以这样扼要地加以说明:它要在受到它的感召的人那里,并且通过这种人在其他人那里,把人性确实变成符合他们的使命的东西,变成内在的神性存在者的贴切映像、摹本和启示。因此,从实在性的角度着眼,这第三种世界观的推演过程是这样的:对这种世界观来说,真正实在与独立的东西是至圣、至善与至美的东西;第二位的东西是注定要在自身中表现那种东西的人性;在这种人性中维护秩序的法律作为第三位的东西,仅仅是为了使它达到内在与外在的宁静,以完成其真实的使命的手段;最后,感性世界作为第四位的东西,仅仅是外在与内在的、低级与高级的、自由与道德的领域,我说,仅仅是自由的领域。这就

(I,9,110) 是这种世界观在一切较高的立场上所具有与保持的东西,并且它从未拥有过其他的实在性。

这种观点的范例存在于人类历史中,当然,只是对于那种具有发现它的慧眼的人存在的。只有通过较高的伦理原则,通过那些受到它的感召的人才出现了宗教,特别是基督教,出现了智慧、科学、立法、文化与技艺,出现了我们拥有的一切善与值得尊敬的东西。除了在诗人那里之外,这种世界观只有少量遗迹分散在文献中。在古代哲学家中也许柏拉图对它有过预感,在近代的哲学家中,雅可比有时接近过这一领域[32]。

第四种世界观是从宗教的立场出发的;这种世界观,如果它是从刚才所述的第三种世界观中产生的,并且与第三种世界观连结在一起,就必须被描述为这样一种清楚的认识,即那种至圣、至善与至美的东西,绝不是我们的怪物,或某种本身虚无的精神、光与思维的怪物,相反地,直接就是上帝的内在本质作为光在我们之内的显现,因而完全和绝对是他的表达和他的图像,而没有任何折扣,仿佛他的内在本质能够出现在一种图像中。这种宗教观正是我们在迄今的讲演中力图产生的认识,我们现在可以更透彻、更明晰地说明它的原理。1. 只有上帝存在,此外别无存在。这是一个我认为容易洞察的命题,是一切宗教观的惟一条件。2. 当我们现在说"上帝存在"的时候,我们拥有的是一个完全空洞的、对上帝的内在本质绝对没有什么启发的概念。从这个概念出发,我们对"上帝是什么"的问题究竟想要怎么回答呢?惟一可能的补充性的回答是,他是绝对由自身、靠自身和在自身之内存在的,这个回答甚至仅仅是我们的知性表现

第 五 讲

在他身上的基本形式,只不过说出了我们关于他的思维方式;此外,这个回答也仅仅是否定性的,仿佛我们不该思考他,就是说,我们不该像我们受到我们的知性本质的驱迫,去处理我们思维的其他对象那样,从其他东西中把他推导出来。因此,这个关于上帝的概念是一个没有内容的影子概念;当我们说"上帝存在"的时候,他正好对我们而言是毫无内容的,并且恰恰因为这种说法本身而成为虚无。3. 但是,现在上帝仍然像我们上面努力分析过的那样,在这种空洞的影子概念之外,出现在他现实的、真正的和直接的生命之内,出现在我们之内;或者严格地说,我们本身就是他的这种直接的生命。但是,关于这种直接的神圣生命,我们并不知道;既然——同样根据我们的说法——我们自己的、属于我们的在场,只是我们在意识中能够把握的东西,所以,我们的那种在上帝之中的存在尽管在根源上总是我们的存在,但对我们来说永远是陌生的,因而对于我们自己实际上不是我们的存在;我们并没有因为那种洞见而有什么改善,而仍然和过去一样,是同上帝疏远的。我说,我们对那种直接的神圣生命一无所知,因为随着意识的第一次闪念,它就已经变成一个僵死的世界,这个世界还分化成对于它可能有的方面的五种立场。尽管存在着生活在所有这些形态背后的上帝本身,我们却看不见他,而总是只看见他的外表。我们把他看做石头、植物和动物,当我们跃到高处时,我们把他看成自然规律与道德规律,然而所有这些都永远不是他。形式永远向我们掩盖着本质,我们的视觉本身总是给我们遮蔽住对象,我们的眼睛本身阻挡着我们的眼光。对你这个发出这种怨言的人,我会说,你只有提升到宗教

(I,9,111)

的立场上来，所有的外表才都会消失；世界与其僵死的原则在你面前消逝，神本身以其第一个原初的形式重又降临到你身上，这种形式就是生命，就是你自己的生活，它是你应当过的和将要过的。只有单一的、不可根除的反思形式还保留着，它就是这种神圣生命在你身上的无限性，而这种生命在上帝那里当然只是单一的。但这种形式并不压迫你，因为你渴求它，热爱它；它并不使你困惑，因为你能解释它。在圣人做过、生活过和爱过的事物当中，上帝不再表现在阴影里，或者被外表所遮蔽，而是显现在他自己的、直接的和有力的生命中；并且，用那个关于上帝的空洞影子概念不能回答的"上帝是什么"的问题，在这里可以这样来回答：他就是一切忠实于他的、受到他的感召的人所做的事情[33]。你想就像上帝在其自身中那样，面对面地直观他吗？你

(I,9,112) 不要到云彩背后去找他；你可以在你所在的任何地方发现他。你要看看他的信徒的生活，你会直观到他的；你自己要忠实于他，你会在你胸中找到他的。

尊敬的听众，这就是从宗教立场出去，关于世界与存在的观点。

第五种，即最后一种世界观是从科学的立场出发的观点。我说的科学，是惟一的、绝对的和在自身臻于完善的科学。科学对于一变成多和绝对变成相对的所有关节点都是从它们的秩序与相互关系中来理解的；无论在什么地方，它都能从任何个别的立场出发，按照规律，将任何杂多的东西还原为单一，或由单一推导出任何杂多的东西，正如我们在本讲与最近两讲[34]中就这门科学的基本特征向你们阐述过的那样。科学超越了宗教已经

第 五 讲

提供的那种对于一切杂多东西都绝对基于太一,并且可以还原为太一的洞见,而达到了对于这种关联的方式的洞见。对宗教来说仅仅是一个绝对事实的东西,对科学来说则成了有起源的东西。在没有科学的条件下,宗教在任何地方都是一种单纯的、无论如何都不可动摇的信仰,科学则扬弃了所有的信仰,把它变成了直观。既然我们这里对这种科学的立场的说明绝不属于我们原来的目标,而只是为了完备起见,那么,对它作下列补充也就足够了。虔诚的、极乐的生活虽然绝不是由科学立场决定的,但是,在我们与其他人身上认识到这门科学的这种要求,仍然属于较高的道德领域。真实的、完善的人应当完全在内心是明白的,因为全面、透彻的明晰性属于上帝的图像与摹本。但从另一方面来说,当然没有任何一个人会向他自己提出这种要求,如果没有他的任何协助,他就不会产生这种要求,而只有通过他的协助,这种要求对他来说才是清楚的、可理解的。

对以上指出的五种立场还应当作下列说明,由此完成宗教信仰者的肖像。

最后提到的两种立场,即科学的立场与宗教的立场,仅仅是观察性的和直观性的,本身绝不是能动性的和实践性的。它们是内心所持的单纯稳定、静止的观点,而绝不是力求行动、勃然行动的观点。反之,第三种观点,即高级道德的观点,则是实践性的,并且力求行动。现在我补充一点:真正的宗教尽管把受它感召的人的眼光提高到它的层面,却仍然把它的生活保持在行动与真正合乎道德的行动的领域。真正的宗教信仰不仅仅是观察性的和直观性的,不单纯是对虔诚思想的冥想,而是必然能动

(I,9,113)

的。正如我们看到的那样,宗教信仰在于内心深处的这样一种意识,即上帝在我们之内真正地活着,是能动的,并且完成他的作品。如果在我们之内根本就没有任何真实的生活,从我们这里也没有产生什么活动和能表现他的作品,那么,上帝也就不在我们之内是能动的[35]。在这种情况下,我们关于与上帝结合的意识也就是骗人的、子虚乌有的,是一种不属于我们的状态的空洞的影像;这也许是一种普遍而僵化的看法,认为这样一种状态是可能的,在别人那里也许是现实的,而我们则丝毫都不涉及它。我们从实在性的领域分离出来,又被驱赶到空洞的影子概念的领域。后者是狂想与幻觉,因为它们同任何实在性都不相符。这种狂想是我们先前提到,并将它与真正的宗教对立起来的神秘主义的缺陷之一,真正的宗教信仰通过活生生的能动性同那种狂想区别开来。我说过,宗教不是单纯的虔诚的梦幻;宗教根本不是一种可以和其他事情分开,在某些时日从事的独立事务,相反地,它是内在的精神,这种精神渗透、激活和弥漫了我们的一切不断沿着自己的道路行进的思维与行动[36]。我说过,神圣的生命与存在的确在我们之内活着,这是与宗教不可分割的。然而,也许按照在第三种立场中所说的东西看来,在这里重要的绝不是人们行动的领域。谁提高了自己对高级道德客体的认识,谁当然会在受到宗教的感召的情况下,生活和行动在这个领域,因为这是他特有的天职。谁有一个低等职业,宗教就会给谁把这个低等职业也神圣化;并且他通过宗教,即使不是获得高级道德的内容,也是获得高级道德的形式;为了这种形式,只需要

(I,9,114) 人们将自己的工作当作上帝在我们这里和我们之内的意志来认

识和热爱。要是有人以这种信仰耕耘他的土地,或忠实地从事最不起眼的营生,那么,他要比有人——如果这是可能的——没有信仰而造福人类上千年,还更高尚、更幸福。

因此,真正的宗教信仰者的肖像和内在精神是:他并不把他的世界,即他热爱和追求的对象理解为任何一种享受,这绝不是因为忧郁与迷信的胆怯好像使他认为,享受和快乐是一种罪恶的东西,而是因为他知道,没有任何享受能给他提供真正的快乐。他把他的世界理解成一种作为,恰恰因为这是他的世界,他才惟独经历这种作为,并且他只有在这种作为中才能生活,只有在这种作为中才能找到他自己的一切享受。反过来说,他要这种作为,并不是为了在感性世界中实现他的成就;实际上,有成就还是无成就,根本不关他的事,他只在纯粹的作为本身中生活。相反地,他要这种作为,是因为这种作为是上帝体现在他身上的意志,是他自己真正对存在的享有。因此,他的生活是完全简朴地、真纯地度过的,不知道、不希求或不贪图任何其他的东西,绝不游离开这个中心,不为任何身外之物所动或所惑。

他的生活就是这样。这是否必然是最纯粹、最完美的极乐生活,我们打算在另一时间探讨。

第 六 讲

(I,9,115)

尊敬的听众!

我们的全部学说,作为我们在这里还能讲和在任何时候都能讲的一切的基础,现在已经明确地确立起来,可以一览无余了。就是说,在直接的神圣生活之外,完全没有任何存在与任何生活。这种存在在意识中以各种各样的方式,按照自身的、不可消灭的和植根于意识本质的规律被遮蔽起来,并且被弄得模糊不清。但是,在摆脱那种遮蔽,仅仅还由无限性的形式改变形态以后,它又重新出现在敬神的人们的生活与行动中。在这种行动中,行动的不是人,而是上帝自己。上帝在他原始的内在的存在与本质里,就是在人当中行动,通过人来创造他的作品的。

在最初作为导论讲过的那些演讲的一讲中,我曾经说:这一学说,尽管它对这个时代显得很崭新,显得闻所未闻,但仍然是同这个世界一样地古老;而且具体地说,它就是基督教学说,就像它在基督教最真纯的文献约翰福音中直到目前仍摆在我们面前那样;在这部文献里,这一学说甚至是用那些连我们也使用的同样的比喻与说法加以阐述的。从某些方面来看,证实这种论断可能是好的,为此我们要通过今天这一讲来做这件事。——我们表明我们的学说同基督教相一致,绝不是想要这样证明我们学说的真理性,或者要给它提供一个外在的支持,这一点即使没有我们的明确提示也是不言而喻的。它必定在前面就已经自己证明了自己,已经表明自己是绝对自明的,而不需要其他任何支持。同样地,作为与理性相协调的基督教,作为这种理性——除此之外别无真理——的纯粹与完美的表达的基督教,如果想要求任何一种有效性,就必须自己证明自己。你们不要期望哲学家会将你们带回到盲目权威的枷锁中去。

我只将福音书作者约翰特地视为真正的基督教的导师。为(I,9,116)此,我在去年冬天的讲演中提出了更为详细的理由,那就是:使徒保罗和他的教派,作为对立的基督教体系的缔造者,依然是半个犹太人,他们允许犹太教与异教——这是我们下面必将进一步涉及的——的基本错误安然存在。[37]在现在这一讲,下面的理由也许很充分:只有约翰才会同哲学家相合,因为只有约翰才尊重理性,才援引惟独哲学家视作有效的证据,即内在的证据。"如果有人履行那个派我来的人的意志,他就会知道这个学说是来自上帝的。"[38]但是,按照约翰,上帝的这个意志就是:人们可以认出上帝和他派来的耶稣基督[39]。然而基督教的其他布道者则立足于依靠奇迹作出的外在证明,这种证明至少对我们来说什么也没有表明。此外。也只有在福音书作者约翰那里包含着我们所寻求与希望的一种宗教学说。相反地,其他福音书给出的最好的东西,如果没有约翰的补充和解释,就不过是些道德而已,而这种道德在我们这里只有一种极其次要的价值。至于说在约翰之前已经有了其他福音书,约翰只想增补它们忽略了的东西,这种论断究竟怎样,我们这里并不想探究。在我们看来,增补的内容也许是最好的,约翰的先驱可能恰好忽略了最重要的东西。

至于我解释约翰和所有其他基督教作家的原则,则是这样的:要这么去理解他们,仿佛他们的确想说些什么,在其所言允许的范围内,他们仿佛道出了正确与真实的东西。这一原则看来是公平合理的。但我们完全反对某些教派的解释学原则,按照这种原则,他们将这些作家最严肃、最坦率的表述,仅仅看作形象与比喻,这样不断解释下去,直到出现乏味平庸的结果为止,就像这种结果是这些解释者自己发明和提出来的那样。在我看来,在这些作家那里,特别是在约翰那里,除了他们本身拥有的解释方法之外,其他的解释方法都是不存在的。许多同时代人就像古典的庸俗作家一样,在那些对他们来说彼此共同出现的、追踪他们的和有学养的公众当中,是能够加以比较的,在

(I,9,117) 这样的场合确有这类外在的解释方法。但是,基督教,特别是约翰,是独立不倚地存在的,作为一种奇迹般的、不可思议的时代现象,前无古人,后无来者。

在我们提出的约翰学说的内容中,应当小心地区分,在这种学说中,什么是本身绝对真实的、对一切时代都有效的东西,什么是仅仅对约翰和约翰提出的耶稣的立场、对他们的时代与观点才曾经真实的东西。对于后者,我们也将忠实地提出,因为别的解释方式是不诚实的,并且会引起混乱。

在约翰福音中首先必然吸引我们注意的东西,是占第一章一半的福音教义入门,它宛如前言[40]。当然你们不要将这一前言视为作者自己任意的哲学论断,仿佛是一种对历史叙述的思辨修饰,似乎人们单凭事实就可以按照作者意图随心所欲地思考,就像某些人看待这一教义入门那样。但是,同整部福音相比,倒是这一入门值得思考,并且只有同整部福音联系起来才能被理解。作者通过整部福音介绍耶稣,用我们下面将要说明的方式作为自我表白。毫无疑问,约翰的信念是:耶稣恰恰是这样说的,而绝没有另外的说法,他听到耶稣是这样谈论的;而且约翰的真诚愿望也毫无疑问就是,我们应当相信他这些[41]。前言

第 六 讲

解释了一种可能性,即耶稣如何能这样思考自己和谈论自己,约翰又是怎样谈论自己的。因此,约翰的前提必然是:不仅是他这个约翰本人,根据自己的浅见想这样看待耶稣,这样解释自己,而且耶稣自己也同样这样想,这样看待自己,就像他所描述的一样。前言被看成耶稣所有言谈的摘要与总立场。因此,按照作者的意图,它具有同耶稣的直接言谈同样的权威。按照约翰的看法,连前言也不是约翰的学说,而是耶稣的学说,而且是耶稣全部学说的灵魂与最内在的根本。

我们在澄清了这一并非不重要的问题之后,通过下面的开场白转入正题。

由于对我们至此所提出的学说的无知,产生了一种关于创造的假定,它构成了所有假形而上学与宗教学说的绝对根本的谬误,特别是构成了犹太教与异教的根本原则。它们不得不承 (I,9,118) 认神圣存在者自身的绝对统一性与不变性,但又不想放弃有限事物的独立性与真实存在,于是就让后者通过一种绝对任意的活动从前者产生出来。这样,它们的上帝概念就首先从根本上变坏了,而用一种任意性装饰起来,这种任意性贯穿于它们的整个宗教体系;其次,理性永远被颠倒了,思维变成了梦幻。因为一种创造根本不能加以正式的思维——这可以叫做真正的思维——并且还从来没有一个人这样思考过它。特别是,从宗教学说方面来看,一种创造的设定是造成谬误的第一标准;倘若这样一种创造是以前的宗教学说设定的,否定这样一种创造则是后来的宗教学说的真理性的第一标准。基督教,特别是我们这里谈的彻底了解基督教的大家约翰,就否定这样一种创造,而现存的犹太教则设定了这样一种创造。在太初,上帝创造了世界[42],犹太教的圣经在开头就是这么说的。约翰针锋相对,也用同样的语言开头,并且在同一位置上用正确的内容代替这句话错误的第二部分,以便突出这种针对性。不,约翰说,在太初,在那里所说的同一个太初,即在原初,在有一切时间之前,上帝并没有创造了世界,他不需要任何创造,而是已经存在;他就是道,万物是通过道才被造成的[43]。

太初有道。这个词在原文中是逻各斯,它本来也可以被译成理性,或如在传道书中这一概念得到的名称那样,被译成智慧。[44]但在我们看来,把它译成道最为确切,这个词也出现在最古老的拉丁译文中,它无疑是根据约翰学派的传统而来的。那么按照作者的意思,这个逻各斯或这个道是什么呢?我们当然不想讨论这类词,而宁可不带偏见地看看,约翰用这个词陈述什么。各个附加给主词的谓词,如果是专门附加给主词的,当然通常是规定主词本身的。约翰说,太初有道,它与上帝同在,上帝本身就是它,在太初它与上帝同在。我们先前这样说过,既然除了我们能够思考的上帝的隐蔽在自身的内在存在之外,他也还在场,而这是我们单纯从事实方面就能把握的,那么,他必然是通过他的内在的绝对本质而在场的,而且他这种只有通过我们才区别于他的存在的在场,就其自身和内部而言,同他的存在并没有什么区别,相反地,这种在场原初在一切时间之前,在没有时间的时候,是与存在同在的,是与存在不可分离的,甚至就是存在。先前这种说法现在可以更清楚地表达为:太初有道,道与上帝同在,在太初道与上帝同在,上帝自己就是道,道本身就是上帝。这一论断认为:在上帝中没有什么变化,从上帝中也没有什么产生,在上帝中永远只有在[45],并且应当在场的东西必定原初就与上帝同在,必定是他自己;能不能更加明确地说明这一论断的理由呢? 滚开吧,那些令人眼花缭乱的幻觉——假如福音书作者本来想讲很多话,因而可以把它们添加上去的话——滚开吧,那种关于从上帝而来的变化的幻觉! 那种关于在上帝中不存在的、并非永恒和必然的东西的幻觉! 滚开吧,那种关于流射的幻觉! 在这种流射中,上帝不同在,相反地离开了他的作品;滚开吧,那种关于从上帝分出与分离的幻觉! 这种分离将我们抛入虚无,而把上帝变成一个对我们横行霸道、抱有敌意的君主。

现在,这个与上帝同在的存在,这个在场,按照我们的说法,进一步被刻画为逻各斯或者道。就像能够更明确地说的,它的精神表达就是本身清楚明白的启示与显示,就像我们曾经说过的那样,上帝的直接在场必然一方面意识到它自己,另一方面也意识到上帝;为此我们曾做过严格的证明。这一点怎么能表达得更清楚一些呢?

如果这一点现在才清楚,那么第三段经文的论断就不再有一丝一毫的晦涩了:"万物是借着道造成的,凡被造成的东西没有一样不是借着它造成的,等等。"[46]这一命题与我们提出的命题完全同样有效,即世界万物是仅仅在概念中,在约翰讲的道中,作为被理解与被意识到的,作为上帝对他自己的自我表达而存在的,并且,概念或道是整个世界惟一的创造者,由于其本质中包含的分裂而成为世间万事万物的创造者。

(I,9,120) 因此,我想用我的语言把这三段经文总结如下:上帝的在场同上帝的内在存在一样是原初的,前者是与后者不可分离的,甚至是完全一样的;上帝的这种在场就其固有的内容而言必然是知识;只有在这种知识中,世界与世界里存在的一切事物才变成了现实。

接下去两段经文现在也就同样清楚了[47]。在这种直接的上帝在场中,生命是一切活生生的、实体性的、但永远对目光遮蔽的在场的最深刻原因,这种生命在现实的人当中就是光,即意识到的反思;这种单一的永恒的原光,永远照在层次较低而不明朗的精神生活的黑暗中,承受黑暗却不被看出,保持它的在场却不被接受。

就我们方才对约翰福音的教义入门的解释而言,触及的是它绝对真实、永远有效的东西。接着就开始讲到仅仅对耶稣与基督教创立的时代、对耶稣及其门徒有效的东西,即这样一个历史的而绝非形而上学的命题:上帝那种绝对直接的在场,永恒的知识或道,纯净得像它自己一样,而不掺杂任何暧昧与黑暗,没有任何个体的限制,它在拿撒勒的耶稣——他在某个时代以传教身份出现在犹太国,他的最引人注目的言论在这里记录下来——身上,表现为一种个人的感性与人性的具体存在或在场,并且在他身上,就像福音书作者出色地表明的那样,变成了肉身[48]。这两种观点——绝对与永远真实的观点和仅仅从耶稣及其门徒的早期观点而来的真实观点——的差别与统一的情况就是这样。从第一种观点看,永恒的道在任何时代,都毫无例外地在每个活生生地洞见到自己与上帝的统一,实际上将自己的个体生命献给自己之内的神圣生活的人那里,完全以耶稣基督那样的方式,完好无损地变成了肉身,变成了个人的感性与人性的在场[49]。对这样说出的真理——它仅仅谈到了存在的可能$\overset{\cdot}{性}$,而毫不涉及现实变化的$\overset{\cdot}{手}\overset{\cdot}{段}$——不仅约翰现在不否认,而且在经文中引入的那位评论约翰的耶稣也不否认;相反地,正如我们下面将进一步看到的那样,他们到处都用竭力强调的方式,再三提醒我们这一真理。基督教专有的、只对基督教门徒有效的观点,着眼于变化的手段,并且这样教导说:拿撒勒的耶稣,绝对是由于自身,通过他纯粹的在场,通过他的天性与本能,无需深思熟虑的技艺,不靠指点,就是永恒之道的完满感性表现,在他之前,没有人曾经这样,而他所有的门徒恰恰是因为需要他,所以也还不是这样,而是必须通过他才可能这样。刚才清清楚楚讲的,就是基督教作为时代现象,作为一种人的宗教教化的早期机构所特有的教义,这种教义毫无疑问是耶稣及其门徒确信的。在约翰福音中,它是纯净的,具有一种最高的意义,在约翰看来,拿撒勒的耶稣当然也是基督,是预言中的人类救世主[50],只不过对他来说,这个基督又被视为变成肉身的道,而在保罗[51]和其他人那里,它则掺杂了犹太人关于大卫之子[52],关于旧约的解除者与新约的订立者[53]的幻想。在圣经任何一处,特别是在约翰福音中,耶稣都是长子,是父亲惟一亲生的儿子[54],而绝不是某种东西的流射——这种荒谬的幻觉是后来才产生的——正相反,在我们上面解释的意义上,他具有一种永恒的本质统一性与同一性[55],而其他人只有在他当中,转变成他的本质,才能成为他间接的孩子[56]。请让我们首先承认这一点,不然我们会一方面解释不准

(I,9,121)

确,另一方面又对基督教根本不理解,反而被它搞糊涂;其次,即使我们本人不想采用那种对每个人都敞开的观点,也请让我们至少正确对待与评判这种观点。因此,在这方面我提醒大家两点:1. 对人的在场与上帝的在场的绝对统一性的洞见[57],无疑是人可能获得的最深刻的认识。在耶稣之前,这种认识是任何地方都不存在的;当然,大家也可以说,从耶稣时代直到今天,它至少在常识中几乎又销声匿迹了。但是,耶稣显然是有这种识见的,就像我们一旦自己有了这种识见,哪怕在约翰福音中也找不到背谬之处一样。那么,耶稣是怎样获得这种识见的呢?如果有人在真理已经发现后跟着再发现,那就不是什么伟大的奇迹;但是,由于第一个发现者独具慧眼而同他前后数千年判然有别,他怎样获得这种识见,则是极其伟大的奇迹。所以,基督教义第一部分所宣称的实际上是真实的。它宣称,拿撒勒的耶稣是上帝用一种完全只属于耶稣而不属于其他个体的优待方式所独生的长子,并且,所有能够理解他的时代都必将认识到他是这样。

(I, 9, 122)

2. 不管现在这样一点是否真实,即每个人在他的门徒的著作中都能重新发现这一学说,自觉地凭自己的信念承认它的真理性;同样,就像我们进一步主张的那样,也不管这样一点是否真实,即哲学家——就其所知而言——完全独立于基督教而发现了这同一个真理,并首尾一贯地、全面清晰地把握了它,而基督教至少没有以这种清晰性将它流传给我们;不管这一切是否真实,但下面一点却依然是永远真实的,那就是:我们连同我们的整个时代,连同我们所有的哲学研究,都已落脚在基督教的领地上,都是从基督教出发的;这种基督教以最丰富多彩的方式进入了我们的全部教化;总之,如果过去没有这一强有力的原则,我们的一切就什么也不是。我们不能抛弃过去事件遗留给我们的存在的任何一部分;如果存在的东西不曾存在,明智人就不会让自己忙于研究可能存在的东西。因此,基督教教义的第二部分也同样毫无异议地是真实的,即所有在耶稣之后达到与上帝统一的人,只有通过耶稣和依靠耶稣才可能达到这种统一[58]。这样,用各种方式证实的都是:所有明智的人将永远拜倒在拿撒勒的这位耶稣面前,而且他们越聪明,就会越谦恭地承认这一伟大现象无与伦比地庄严。

所有这些,都是为了维护对他们那个时代有效的基督教观点,反对他们所遭遇到的不正确、不公正的评论,而绝不是为了把这种观点或者强加给那些根本没有将注意力投向历史方面的人,或者强加给这样一些人,这些人即使将注意力投向这个方面,也同样不能发现我们当时相信能够发现的东西。因此,我们说这些,也绝不是想要同那种基督徒的教派打架,对他们来说,凡事只有凭借他们的名称才显得有价值。只有形而上的东西,而绝非历史的东西才会给人以极乐,后者只是帮助人理解而已。如果有人真的与上帝统一起来,投入了他的怀抱,那么,他通过什么道路达到这种统一,是完全无所谓的。不真正生活于这种统一中,而总是仅仅念念不忘达到它的道路,是一种毫无意义 (I,9,123)
的、荒谬的事。倘若耶稣能回到人间,则可以期望,只要他真的发现基督教占据了人类的心灵,那么,不管人们颂扬还是遗忘了他的功勋,他都会完全满意的;事实上,这也是从这样一个人身上可以期望的最微不足道的事情,在这个人活着的时候,他追求的不是他自己的荣耀,而是派他来的上帝的荣耀[59]。

通过对上述两种观点的区分,我们拥有了解释约翰那里的耶稣的所有言论的钥匙,拥有了将那种在时间形式中表达的东西还原为纯粹绝对真理的可靠方法,然后,我们就拿对这样两个问题的回答来概括这些言论:首先,在耶稣与上帝的关系方面,耶稣关于自己说了些什么？其次,在耶稣的门徒与耶稣的关系方面,在他们通过他而与上帝发生的关系方面,他关于他的门徒又说了些什么?

第一章第十八段:"从来没有人见过上帝,只有在父怀里的独生子将他报道出来。"[60]——正如我们说过的,神圣存在者隐藏在自身中,他只有在知识的形式中才会出场,并且完全同他在自身中一样。

第五章第十九段:"子凭着自己是不能做什么的,只有看到父做的,他才能做;父所做的,子也照样做。"[61]正如我们说过的,他的独立性出现在上帝的生命中。

第十章第二十八段:"我赐给我的羊以永生,没有人能把它们从我手中夺走。"[62]第二十九段:"我父把羊赐给我,他比万有都大,谁也不能从我父手里把它们夺走。"[63]——那么现在究竟是谁在庇护它们呢？是耶稣还是他的父亲？第三十段给出了回答:"我与父原为一。"[64]——两个相互一致的命题,说的是同样的事情。这就是说,他的生命就是我的生命,我的生命也就是他的生命;我的作品就是他的作品,反过来也一样。这与我们前一讲说过的正好一致。上面所引的都是最明确、最有说服力的段落。关于这一点,整部福音都以同样的方式与同样的腔调进行教导。耶稣谈论自己的方式也没有什么不同。

那么,耶稣是怎样谈论他的门徒以及他们与自己的关系的 (I,9,124) 呢?一个一成不变的前提是,这些门徒在他们当时的境遇中根本没有真正的在场,而是必须像他在第三章中对尼哥底母说的那样,获得一种迥然不同的、与他们迄今的在场相对立的在场,仿佛一个全新的人会降生,来代替他们;或者如耶稣以最咄咄逼人的方式所说的,他们根本就不存在,也没有生命,而是置身于死亡与坟墓中,只有他才把生命赋予他们。

关于这一点,请听以下关键段落:

> 第六章第五十四段:"你们若不吃我的肉、不饮我的血(这个说法下面将进一步加以解释),你们就没有生命在你们里面。"[65] 只有通过吃我的肉、饮我的血,才有你们的生命,否则就没有。

> 第五章第二十四段:"谁听我的道,谁就有永生,谁就是起死复生了。"[66] 第二十五段:"时候将到,现在死人就要听见上帝儿子的声音了。听见的人就要活了。"[67]——死人!谁是死人?也许是在末日来临时将躺在坟墓中的人?这是一种粗浅的解释,用圣经的说法,是一种按照肉而不是按照灵作出的解释。[68] 当时时候已到,这些死人就是那些尚未听到他的声音,正因为如此而死的人。

那么,耶稣许诺给他的门徒的是一种什么样的生命呢?

> 第八章第五十一段:"若有人遵守我的道,他就永远不见死。"——这绝不像空洞的解释者认为的那样,意味着他

也许在什么时候会死,但不会永远死去,而在世界末日来临时将重又复活;相反地,这个意思是说,他将永远不会死。[69]——这也就像犹太人实际上理解的那样,他们试图援引亚伯拉罕所遭遇的死来驳斥耶稣,而耶稣则指出,耶稣时期的亚伯拉罕无疑是通过麦基洗德了解他的学说的,他实际上也没有死,耶稣以此来确认他们的解释。[70]

(I,9,125) 或者,第十一章第二十三段说得更明显:——"你兄弟当复活。"马太脑子里也充满犹太人的观念,说道,我知道在世界末日复活的时候,他必复活。——不,耶稣回答说,"复活在我,生命也在我。信我的人,虽然死了,也必复活。凡活着信我的人,必永远不死。"[71]与我统一,就是与永恒的上帝及其生命统一,这是确确实实的。因此,人在每时每刻都完全拥有全部的永恒性,对时间中的生死幻象完全不予信赖,因而也不再需要复活,作为对人们不信的死亡的拯救。那么,耶稣从哪里得到这种使他的门徒永生的力量呢?从他与上帝的绝对同一性。第五章第二十六段说明了这一点:"父像在他自身之内有生命一样,也赐给他儿子在自身之内同样具有的生命。"[72]

另外,耶稣的门徒是通过什么方式分享其生命与神圣生命的这种同一性的呢?耶稣谈到这一点,措辞极其丰富多样。我想这里只能引证其最有力、最明了的段落。这部分内容,恰恰因为绝对明晰而对他的同时代人及其迄今的后代,都是最不可思议、最令人不快的。——第六章第五十三段至五十五段:"你们若不吃人子的肉、不饮人子的血,就没有生命在你们里面。谁吃

第 六 讲

我的肉、饮我的血,谁就有永生。我的肉是真正可吃的,我的血是真正可饮的。"[73]这是什么意思呢?他自己在第五十七段中解释道:"谁吃我的肉、饮我的血,谁就常在我里面,我也常在他里面";[74]反过来,谁常在我里面,我也常在他里面,谁就吃了我的肉,等等。吃他的肉,喝他的血,就意味着:完全成为他本人,毫无毁损或毫无保留地转变成他个人,仅仅再现他的人格,正如他就是化成肉与血的永恒之道一样,也与他化为一体,成为他的肉与血;用一个由此得出的、意思相同的说法来讲,就意味着:变成那个化为肉与血的永恒之道本身,即完全像他那样思考,仿佛他自己在思考,而不是我们,并且完全像他那样生活,仿佛他自己在生活,而取代了我们。尊敬的听众,只要你们现在不因为人性的弱点,而隔靴搔痒,把我自己说的话断章取义,降低为这样一种有限的含意,即人们只当模仿耶稣这一不可企及的榜样,而是你们像我所说的那样来理解它,即人必须完全化成耶稣自己,那 (I,9,126)么,你们就会明白,耶稣不可能有别的更恰当的表达,他已经出色地表白了自己。耶稣远远不是作为一个高不可攀的理想而出现的,仅仅是由于后世的贫乏才把他变成这种形象。他的门徒也不这样看待他,其中也包括保罗在内。保罗说,我根本就不再活了,而是耶稣基督在我里面活着[75]。相反地,耶稣试图通过他的门徒完整地、毫无分割地再现他的特征,就像他自己一样,而且他要求这样一种绝对的东西,作为不可或缺的条件:你们不吃我的肉,你们就根本得不到任何生命在你们里面,而是仍然躺在我遇到你们的坟墓里。

  不多不少,耶稣只要求这一点。他绝不想满足于一种单纯的历史信念,即他是化成肉身的永恒之道,他是他充任的基督。当然,就是在约翰那里,他也要求一种信仰[76],作为一种暂时的条件,仅仅为了人们能够倾听他,接受他的谈话;也就是说,他要求一种可能性的暂时假定,即他会是这个基督;并且,他根本不鄙弃通过他完成的令人惊异的业绩来强化与支持这一假定[77]。但是,通过暂时的假定或信仰才可能作出的有限而又关键的证明是:有人只是真正执行差遣耶稣者的意志[78],就是说,他在我们所解释的意义上,吃耶稣的肉,饮耶稣的血,他将由此意识到,这一学说来自上帝,而上帝并不谈论自己[79],也同样不谈论对他的代表性功绩的信仰。在约翰那里,耶稣虽然是上帝那只为世人带走罪恶的羔羊[80],但绝不是用他的血向愤怒的上帝赎罪的羔羊[81]。他带走罪恶的意思是:按照他的学说,除了上帝与他之外,人根本就不存在,而是死了,被埋葬了,人根本就没有进入上帝的精神王国中;然而,这个可怜的、不存在的东西怎么会把混乱带进这个王国,搅乱神圣的蓝图呢?谁变成了耶稣,因而也变成了上帝,谁现在就根本不再活了,而是上帝活在他里面[82];但上帝怎么会对自己犯罪呢?这一切关于罪恶的幻觉和对于可能受人类冒犯的上帝的畏惧,耶稣都带走并消灭掉了[83]。这时有人终于在自己的个性中再现了耶稣的特征。那么,按照耶稣的学说,结果究竟如何呢?——于是,耶稣在他的门徒面前,向他的父亲呼喊!第十七章第二十段:"我不但为他们祈求,也为那些因他们的话而信我的人祈求,使他们都合而为一;正如你父在我里面,我在你里面,他们也在我们里面合而为一。"[84]现在,在一切完成之后,一切差别都取消了:整个共同体、上帝的长子和那些与他先后出生的子女同时又汇合在一起,汇入众生惟一的、共同的生命源泉——上帝。因此,就像我们上面所认定的那样,基督教实现了它所确立的目标,又与绝对真理融会在一起,并且自己宣布,每个人在自己的人格中都能够和应当达到与上帝的统一,变成上帝本身的在场或那个永恒之道。

这样就证明了,基督教的学说,同我们在迄今的讲演中向你们报告过的、在今天开讲时一览无余地加以概括的学说,甚至同有关生死现象及其一切流变的象征体系,都恰好一致。

最后,请再听一听我用以结束我这次演讲的内容,但现在用同一个约翰的话来表达。

约翰在第一封书信的第一章中,无疑同他的福音书联系起来,对福音书的实际结果进行了概括:"太初在场的,我们听见、亲眼看过、观察过、亲手摸过的,都关乎生命之道。"——请注意,他多么关切这样一点:他在福音书中,不是作为他自己的思想的表达者,而是作为已有的知觉的纯粹见证人出现的。——"我们将这一切传给你们,使你们——根据最后引自耶稣的话,完全是在精神的意义上讲的——也与我们结成一体;我们(这里的我们系指使徒,同样,这里的你们系指新皈依者)是与父和他的儿子耶稣基督结成一体的。[85]——我们若说我们与上帝结成一体,却仍在黑暗里漫步(如果我们以为已经与上帝联合起来,而上帝的作用却没有在我们的生活中迸发出来),就是说谎话(并且我们只是幻想家、狂热分子)。但我们若在光明中漫步,如同上帝在光明中存那样,那就彼此结成了一体;他儿子耶稣基督的血(绝不是他在形而上的意义上为我们赎罪所淌的血,而是他的流 (I,9,128)

入我们里面的血液与气质,他在我们里面的生命)洗净了我们的一切罪恶",并将我们远远地带离了一种犯罪的可能。

第 七 讲

(I,9,129)

尊敬的听众!

我们关于存在和生命的理论现在已经完整地讲过了。我们阐明了基督教关于这些话题的理论完全与我们的这一理论相同,这绝不是为了证明这一理论,而仅仅是一种附带的说明。不过,从后一方面来看,我在这里还要请求许可继续利用所作出的这种证明,即我有时提示一种出自基督教圣经的表达或比喻——圣经中表现力最丰富的、刻画得惟妙惟肖的比喻。我不会滥用这种许可。我不是不了解,在我们的时代,人们绝不能进入有教养阶层的任何这样一种稍微人数众多的圈子,在这种圈子中本当不会有一些个体,他们对于提起耶稣和使用圣经的表达感到不快,怀疑谈话人要么是伪君子、要么是傻瓜,二者必居其一。责怪这种人是完全违背我的原则的。有谁能知道,他们可能被非法的狂热分子用那些话题折磨到什么程度? 有谁能知道,何等有背理性的东西可能被当作圣经学说灌输给他们? 但我也知道,在任何一个有教养的社会中,尤其是在这里聚集的听众中,也有另外一些个体,他们喜欢返回那种提示,并与此同时返回他们过去年轻时的感受。但愿这两类人在这里满意地相处。我将首先用通俗的书面语言来说我要说的一切,但愿那些

第 七 讲

对圣经的比喻感到头痛的人,仅仅遵循第一种表达,而对第二种表达完全充耳不闻。

现在按照我们的主张,最高的、惟一可能的极乐是灵活掌握所确立的理论,而绝不是关于它的枯燥的、僵死的和单纯历史的知识。从今天起,阐明这一点就是我们的任务,这构成全部演讲的第二个主要部分,它通过前一讲插入的讨论,也想必和第一部分区别开了。

有对比才有明晰性。既然我们准备深刻地理解正确的、使 (Ⅰ,9,130) 人极乐的思维方式,并按照生活来描述它,那么,对那种与此相反的平庸不幸的在场方式——像基督教那样,我们称之为行尸走肉的状态——比在我们无疑已经描述过它的第一讲中还要更深刻与更形象地加以描述,就将是令人喜欢的。当时我们已经把不正确的思维方式同正确的思维方式之间的对立,刻画为分心于杂多东西同收回与敛聚于太一之间的对立。这就是,并且始终是它们的基本特征。但是,我们今天并不像当时那样更多地着眼于不正确的思维方式所分心的外在的杂多客体,而是让我们看一看,这种思维方式——还丝毫不考虑客体——本身如何是一种扩散的、泛泛的、浅显的和仿佛倾泻出来、到处流溢的东西。

一切内在的精神力量,在它的直接的意识中,都表现为它的分散的精神向统一点的一种自我集中、自我把握与自我收缩,表现为在这个统一点的自我坚持,而同一直延续的扬弃这种收缩、重新扩散的自然冲动相对立。我说,一切内在的力量完全都是这样的,只有在这种自我集中中人才是独立的,并且感到自己是独立的。在这种自我收缩的状态之外,精神恰恰是流逝的和流散的,具体地说,绝不是它希求的那样,绝不是它自我构成的那样(因为它的一切自我构成都是流散的对立面,即收缩),而是它正要变成的那样,是不规则的、不可捉摸的偶然性提供给它的那样。因此,精神在后一种状态中根本没有独立性,它根本不是作为独立持续的实在东西存在的,而是单纯作为一种匆匆而过的自然事件存在的。简言之,精神独立性的原始图像在意识中是一种永远自我构成、极其活生生地自我坚持的几何点,而非独立性与精神的非存在的同样原始的图像则是一种不确定地倾泻的平面。独立性向世界伸出尖端,而非独立性则是一种毫无棱角地扩展的平面。

只有在第一种状态中才有力量和力量的自我感觉;因此,也只有在这种状态中,一种对世界有力的、充满生机的理解与钻研才是可能的。在第二种状态中就没有任何力量,精神并不与世界观一起在场,精神并没有家园,而是像古老传说中的巴尔神[86]穿过田野,或吟或睡。那么,它如何能在客体中感受自己,并与客体分离开呢? 它自为地消逝,并同客体一起消逝,它的世界因而在它面前变得苍白,它没有得到应该借以设定自己的生命,并与之对立的生动本质,而只得到一种灰色的阴影与一种朦胧的形象。一位古老的先知关于异教徒的偶像所说的,正是这样一种情况,他说:"他们有眼睛,但是看不见,有耳朵,但是听不到。"[87]他们实际上并不是用直观的眼睛看的,因为用眼睛和心灵通过一定的限制去把握可见的形象完全是另一回事,这种把握使人们从现在起,在任一时刻都可以用绝对的自由,正像人们

(I,9,131)

看到它那样,重又将它呈现在内在的眼睛面前,而且只有在这种条件下,人们才可以说,他看见了。一种摇摆不定、没有形式的现象只有这样才浮现在我们面前,直到它正好消失,不给我们留下它的在场的任何痕迹。谁还不曾获得对外部感官对象的这种有力把握,谁就只能肯定,那种无限更高的内在生活一时还不会向他走来。

在这种冗长的、泛泛的、多重的精神存在中,现在有大量静止的、相容的和彼此并列的对立与矛盾。在这种存在中,没有什么被分离与被分割,而是一切都同样存在,相互交错。他们什么东西都不认为真,什么东西都不认为假,什么东西都不爱,什么东西都不恨。这两种情况的产生,首先是因为可以对那些东西永久保持的承认、爱、恨和每一种感情,都恰好需要他们不能够做到的那种有力的自我集中,其次是因为人们需要将杂多东西分割与分离开,以便从中选择他们的承认与他们的感情的统一对象。但是,他们怎么能将某种东西确定为真理呢?因为在这种情况下,他们当然必须将其他所有可能与前者相对立的东西当作谬误加以抛弃,而他们也对后者抱有的温顺的忠诚态度却绝不允许这么做。他们怎么能全心全意地爱某种东西呢?因为在这种情况下,他们当然也得恨那些与这种东西相反的东西,而他们的泛爱与宽容态度却绝不允许他们这么做。我说,他们什么东西都不爱,什么东西都不感兴趣,连对自己都不感兴趣。如果他们有朝一日提出这样的问题:"我现在究竟有理还是无理,究竟是对还是不对?我大抵还会有什么变化吗?我大抵是处在通往幸福的途中,还是通往痛苦的途中?"那么,他们肯定会回答 (I,9,132)

说:"让我关心的是,我必须刚好看到,我将会有什么变化,并且像我将会变化的那样,是什么将会耗尽我的精力;到时候一切就会见分晓。"他们就是这样自己鄙视与遗弃自己的,于是他们的最切近的拥有者,即他们自己,并不想关心他们。除了他们之外,还有其他什么人会比他们自己假定他们有更多的价值呢?他们自己已经沉醉于那种盲目的、无规律的偶然机遇,即用他们构成正要变化的东西的偶然机遇。

正像那种正确的思维方式本身是正确的和完美的,本身并不需要任何善举——这种善举当然也不会没有——来提高自己的价值一样,所述的这种思维方式本身则是毫无价值的和卑鄙的,为了使它成为卑鄙的,根本用不着再说它有一种特别的恶意。在这里,没有任何人可以自我安慰,以为他在任何情况下都没有作恶,相反地,也许按照他的方式,并像他所佯称的那样,还干了好事。他们以为,如果他们愿意,他们也可以犯罪,要是他没有这样做,人们也得为此多谢他们,这正是这种思维方式中真正罪恶的傲慢思想。他们错了。他们根本不可能做什么,因为他们根本就不在场,而且根本就不存在他们这种人,就像他们自以为存在的那样,相反地,代替他们生存和起作用的是那种盲目的、无规律的偶然机遇。这种情况正如它现在发生的那样,有时是作为一种邪恶的现象突然发生的,有时是作为表面上无可厚非的现象突然发生的,而这种现象盲目起作用的力量的单纯痕迹与阴影,并不因此在第一种情况下值得责难,在第二种情况下值得赞美。它们究竟是坏现象还是好现象,我们得拭目以待,而关键也不在这里。无论如何,它们没有内在的精神生命,其结果将是混乱的、不可靠的,这一点我们肯定知道,因为主宰它们的盲目天然力量根本不可能有别的作用方式,这种树也不可能结出别的果实。

使这种状态不可救药,使它无法激起一种更好的状态和从外界获取消息的,是一种同它结合在一起、几乎完全僵死的能力,哪怕仅仅从历史上理解某种超越它的思维方式的东西的真正意义,都无法做到。假如他们假定,不管一个真诚的人怎样巧妙地表达自己,他能够指的和想要指的,都是某种不同于他们正好也要指的或要说的东西,假如他们在任何一次传达他们的意思的时候设定的目标,都不同于让他们听人复述的古老著名课文中讲的目标,看看人们是否也真正记熟了这一课文,那么,他们就会违背一切仁爱,认为要给这个真诚的人造成最大的伤害与不公。让人们通过尖锐的对比,如其所愿的那样坚持自己吧!让人们穷尽语言的一切奥秘,以便选择最强烈、最动人和最醒目的表达吧!然而,一旦这种表达到了他们的耳中,它就失去了它 (I,9,133) 的本性,而变成了陈词滥调。他们这种诋毁和贬低一切的艺术,大大地胜过其他的一切艺术。因此,对于任何有力的、充满生机的、特别是要求通过比喻理解的表达,他们都极其反感,并且按照他们的规则,在进行那种显得有伤大雅和咄咄逼人的惩罚时,选用的必定总是最普遍、最客观和最抽象,正因为如此才最平淡、最无力的称谓。所以,当耶稣谈论吃他的肉、喝他的血的时候,他的信徒们认为这是冷酷的言谈[88],当他提到同上帝可能的合一时,犹太人就捡起石头,向他扔去[89]。他们永远都是正确的:既然现在除了他们用他们的语言如此这般所说的东西之外,别的东西就绝对不能够说也不应当说,那么,这种用别的方式说同一种东西的奇特追求究竟是为什么呢?凭什么让他们白费力气,又将这种东西回译成他们的语言呢!

这种对精神的非存在的描写,或使用基督教关于死亡和行尸走肉的比喻的描写,之所以在这里被作出来,一方面是为了通过对比更清晰地表现精神生命,但另一方面,即第二个原因,在于这种描写本身是从人与康乐的关系方面来描述人的必要的组成部分。这种描述我们马上就要提供。作为这种描述的线索,我们拥有并利用前面第五讲中五种——由于科学的立场须从通俗讲演中排除出去,因而只剩下四种——世界观的立场,当作同样多的享受世界和享受自我的立场。刚才所描述的精神的非存在的状态与这些立场绝无关系,这种状态根本不是可能的、肯定的东西,而是一种纯粹的虚无,因而就其与享受和康乐的关系而言,对我们来说也是否定性的。在这种状态中没有爱,但一切享受都植根于爱。因此,对这种状态来说,连享受都绝无可能,从这方面来看,应当对它先作描述,描述这种绝对没有享受的状态与不幸,而与现在要确立的各种真正享受世界与享受自我的方式相对比。

但我说过一切享受都植根于爱。那么,什么是爱呢?我说,(I,9,134) 爱是存在的感情。你们,尊敬的听众,应当和我一起这样来论证。存在安于自己,享受自己,在自身尽善尽美,无需外面的存在。请你们现在绝对意识到与感受到这一点:发生了什么?显然正是这种自我集中、自我承受的感觉,也就是一种对自己的爱的感觉,正如我所说的那样是一种感情,一种受存在刺激的状

第 七 讲

态,即存在之为存在的感觉。另外,如果在有限的存在中,也就是像我上面描述过的那样,在处于变化的存在中,富有它的真正的、与它匹配的原象,那么,它爱的正是这一原象;如果它的现实的、它可以感觉到的存在同这种原象符合,那么,它的爱就得以满足,它就有福气;相反地,如果它的现实的存在同那种仍然变得生动的、不可消除的、永远被爱的原象不符合,那么,它就没有福气,因为它缺乏它无法抑制自己而超乎一切地去爱的东西,它渴望这种东西,它永远为此渴望而烦恼。康乐是同所爱的结合,痛苦则是同所爱的分离。只有通过爱,人才受到康乐与痛苦的影响;谁不爱,谁就两种状态都同样肯定不会有。然而,大家都别相信,我们在开头描述的那种苍白的、像死一般的状态——这种状态既然没有爱,当然也就没有痛苦——能优于这种可以懂得痛苦、因而变得奇妙的沉浸于爱的生活。首先,人们即使在痛苦的感觉中至少也感觉到自己,拥有自己,同那种绝对缺乏自我感觉的情况相比,单纯这种感觉本身就令人不可言喻地愉悦。其次,这种痛苦是一种有益的刺激,它必将推动我们,并且也迟早会推动我们同所爱结合在一起,在所爱中怡享极乐。因此,哪怕只能悲伤而抱有渴望的人也是有福气的!

在第一种世界观的立场——只有在这里,外部感官的对象才被赋予实在性——上,就享受自我与享受世界而言,感性享受居于支配地位。即使这种立场(这是从科学的角度,为了解释最初提出的整个这种内容的基本原理来说的)也是基于对存在——在这里是作为一种有组织的感性生活——的感情,基于对这种存在的爱和对这种存在的直接被感觉到的(决不是像某些人设想的那样,通过一种神秘的推理认识到的)、用于增进和发展的资料的爱。一顿饭的味道很美,一朵花的气味很香,因为它们增进和激活了我们的有机存在,美味和香味一样,根本不过是对这种增进和激活的直接感觉。我们不要再讨论这种享受了!这种享受当然属于全部生活的体系,因而不应该狂妄地加以轻视,但也不是非常值得考究和认真操心,尽管我相对地坦率地承(I,9,135) 认:按照我的看法,对于推勘到底、首尾一贯的哲学家来说,这种哪怕单凭未分割的感官就能完全投入感性享受的人,也远比那种由于真正浅薄、精神分散和心猿意马而绝不能真正品味或嗅出何处才有美味和香味可享受的人,更值得青睐。

在社会状态中,通过幻想促成的感情,出现在这种单纯的感兴趣与较高的立场之间,但这种感情最终总是涉及一种感性享受,并以这种享受为出发点。所以,举例说,悭吝人虽然愿意屈服于他简直毫无兴趣的当下的匮乏,但这仅仅是由于对他更没有兴趣的未来的匮乏的害怕,并且也是由于他现在如此美妙地习惯于他的幻想,以致这种在幻想中反映出来的未来的渴望远比他当下真正感觉到的真实的渴望更折磨他。让我们也不要再讨论这种甚至与直接感性享受相比,确系不彻底、浅薄和忧郁的感情了!属于这个范围的一切都是浅薄的和忧郁的。

第二种世界观的立场是合法性的立场。惟有在这种立场上,实在性才能被赋予一种维护现存事物秩序的、精神的法律。这种立场的感情以及它与康乐的关系是什么呢?我想附带地依靠清晰的结论,用若干完全简短的评论,为那些有哲学知识的人重新阐明这种已被康德很好地讨论过的内容。

第 七 讲

站在这种立场上的人,在他的存在的最深的根源中,本身就是法律。这种法律是这样一种人的安于自己、承受自己、完全不需要或者也只能假定外在东西的存在。这是绝对为法律而法律,完全鄙弃任何外在于自己的目的。

首先,人当然可以根据法律而存在、思考和行动。谁只要不是完全浅薄的哲学家,就可以 a priori[先验地]证明这一点,谁只要不是完全粗鲁、混乱的人,也可以在自身中永远感觉到这一点,并通过自己的全部生活与思想证明这一点。在我们的时代,自从刚才陈述的命题由康德[90]和其他人重新倡导以后,绝大多 (I,9,136) 数神学家、哲学家和时代精英就提出一个著名的公理,并重复到令人生厌的地步,这个公理就是,人没有他希求的外在目的而希求,没有他行动的外在意图而行动,是绝对不可能的。对这一公理人们根本不想参与讨论,而是使它仅仅遭受冷酷的蔑视。他们究竟从哪里知道他们如此断然主张的东西呢?他们究竟怎样打算证明他们的公理呢?他们仅仅是从有关他们自己的知识中得知这一点的,就像他们对于对手也只能要求他扪心自问,发现他与他们相同那样。他们不能这么做,因而断言没有任何人能这么做。再进一步问,他们不能做什么呢?回答是:在行动之外,没有任何意图,去希求和行动。那么,在希求和行动之外存在的,在精神自身的独立性之外存在的,究竟还有什么呢?完全只有感性的幸福生活,因为这是前者惟一的对立面。不管人们怎样奇妙地陈述这种幸福生活,也不管人们在死亡的彼岸安排了时间和地点,我说,这都是感性的幸福生活。那么他们在那种关于自己的表白中所表白的是什么呢?回答是这样的:如果他们对一种需要由此得到的幸福生活没有任何期望，他们就根本不能思考，也不能动弹；他们完全只能将自己视为一种感性享受的手段和工具，并且按照他们不可消除的信念，他们身上之所以有精神的东西，也仅仅是为了喂养和料理这类畜生。谁想要否认他们这种自知之明，并在他们自己肯定知道得最清楚，实际上也只有他们才能够知道的方面去反对他们呢？

我们说过，站在第二种世界观立场上的人本身就是法律。不言而喻，这是一种生动的、有自我感觉的、受到自己的刺激的法律，或法律的感情。但在这种形式中，法律本身的感情，正如我要求你们自己和我一起来洞察的那样，是一种绝对的命令，一种无条件的应当，一种无上的命令，这一命令恰恰通过其形式的这种无上性将一切爱和对受命者的偏爱都完全拒斥了。应当有法律，这就是一切；仅仅是这应当。当你希求法律的时候，它就不需要应当了，这个应当会来得太晚，会被解除；反过来说，只要(I,9,137) 从你的方面你应当，并且能够应当，你就没有希求，对你来说，希求就被免去，偏爱和爱也被明确地拒绝了。

这时，如果一个人以他的全部生活都融入这种法律的感情，那么，他的生活就会坚持这种冷酷的、严格的应当，并且从对他自身和世界的观点来看，也就会坚持绝对无利害的、完全排除一切同情和一切类似于愉快或不愉快的东西的判决，即坚持某种事情合乎或不合乎法律，正如在一个人融入那种感情的地方，它的确这么坚持一样。而这样一个人在他对法律有非常正确的认识，对自己毫无悔恨和不满的情况下大体会冷酷地解释说，他没有照着做，也不想照着做，就像他会同样冷酷地承认，在他出生

第 七 讲

前的数千年,在一个遥远的大陆上,有人也没有履行自己的义务。但一般而言,对我们自己和我们个人的关切是同那种感情关联的,于是这种关切就接受了那种感情的性质,并因此得到改变。所以,对我们自己的看法虽然一直是一种单纯的判决——按照前者它必然如此——,但不是完全无利害的判决。如果我们不按照法律行事,我们就必定会蔑视自己,如果我们同法律符合,这种自我蔑视就被免除了;但愿我们喜欢处于后一种场合而远不喜欢处于前一种场合。

人对自己的关切,我说过,融入了那种法律的感情。人仅仅不想被迫面对法律,而蔑视他自己。我说,不蔑视自己,是从否定的方面讲的,但人也绝不能希求尊重自己,这是从肯定的方面讲的。无论在什么地方,人们谈到肯定方面的自我尊重,人们指的只是,并且也只能是不出现自我蔑视。因为这里所谈的判决基于完全确定的、完全要求人们遵守的法律。人们只能有两种做法,或者不符合法律,在这种情况下人们必然蔑视自己,或者符合法律,在这种情况下人们对自己也完全无可指责。但是,人们绝不能以他的成就超越法律的要求,做超越他的信条的事情,这种事情正是因为他有成就而无信条做出来的,因而是一种无法无天的行为。因此,人们绝不能从肯定的方面尊重自己,把自己奉为某种卓越的人物。

人对自己的关切融入了法律的感情,而这种感情消灭了所有的爱好、所有的爱和所有的需要。人只想不必蔑视自己,除此之外,他什么都不想要,什么都不要求,并且能够什么都不需要。在他那种惟一的需要中,他绝对依靠他自己,因为人融入的绝对 (I,9,138)

法律，必然将他视为完全自由的。这时，他就通过这种思维方式超越了所有的爱、爱好和需要，因而也就超越了所有外在于他、不依赖于他的东西，他除了自己，不需要任何东西，因而通过消除他身上不独立的东西，真正独立地君临于一切之上，就像怡享天福的诸神一样。只有没有得到满足的需求才产生不幸；除了你能满足你自己的东西，你不可有任何需求；但你能满足你自己的，只是你无可指责——这样，你就永远不会陷入不幸！你不需要任何身外之物，也不需要一位上帝；你自己就是你的上帝、你的救世主和你的救星。

任何一个人，只要他拥有每个受过教育的人都需要假定拥有的历史知识，就绝不会看不到，我正好道出了古代著名的斯多葛主义的思维方式和体系。这种思维方式的一个令人敬畏的图景，就是一位古老的诗人[91]对神话中的普罗米修斯所作的描述。普罗米修斯意识到他的正义的善举，嘲笑端坐云头的雷神和这位雷神加给他的一切折磨，以毫无畏惧的勇气看世界崩溃的废墟。在我们的一位诗人[92]那里，他这样对宙斯说：

> 我坐在这里，——
> 你就按我的形象塑造人吧！
> 人类，她像我一样
> 受苦，哭泣，享受和快乐，
> 并且，像我一样
> 不敬畏你。

尊敬的听众！你们已经充分了解，这种思维方式对于我们来说仅仅停留在可能的世界观的第二个阶段，仅仅构成高级精神生活的第一个并且是最低的一个阶段。在前面一讲中,已经向你们提示了一种远为深切和完美的生活,在以后的各讲中,这种提示应当得到进一步的阐发。然而,让这种毕竟值得完全崇敬的思维方式遭受腐朽精神的狂妄蔑视,并且给这种腐朽提供某种避难所,却不是我们的意思。在这个方面,我将作出下面的补充。 (I,9,139)

我们认为,这种思维方式仅仅由于前后矛盾才会假定一位上帝[93],并且认为,在它前后一致的任何场合,虽然就理论上解释自然来说,而肯定不是就它的实践需要来说,它有时也需要一位上帝,但至少就它的核心来说,它却绝不需要任何上帝,也不敬畏任何东西,它自己就是它的上帝;这些看法都是毫无矛盾地真实的。但是,它抛弃的是一种什么样的上帝呢?这无非是,并且也只能是——因为在这种立场上没有任何别的上帝是可能的——我们上面描述过的感性幸福的专断传播者,人们必须通过某种手段——尽管这种手段可以是合法的举止——才会获得这位传播者的同情。现在,它有充分理由抛弃这样塑造起来的上帝,这个上帝应当抛弃,因为他不是上帝;并且,较高的世界观也不会重新接受这种形态的上帝,就像我们到时候将清楚地看到的那样。斯多葛主义摒弃的只是谎言,而不是真理。但它根本没有达到真理,就此而言,它仅仅停留于消极的一面,这是它的缺陷。

因此,某一种也自命为基督教的体系的幻觉,以为基督教赋予感性欲望以神圣的意义,把它的满足托付给一位上帝,并且发现了这样的秘密,即恰恰通过对它的服从而同时也就服务于这位上帝,这种幻觉始终是一个谬误。感性的人寻求的幸福,是由于服从神圣法律——在这种法律面前,任何爱好都黯然失色——的鸿沟,才与那种并不是由宗教预言的,而是由宗教直接呈献的极乐互不相容地分离开的;两者不单纯在程度上不同,而且在内在本质上不同。所以,那些作为哲学家道明这一点的人,那些用最激动人心的呼喊使我们记住我们要通过我们的要求根除人的天性的基本特征,从他们的肉体中攫取他们的心肝的人,对他们的那种业已得到承认的蔑视态度还感到可笑[94]。同样,我说这样一些精英也处于一切概念极其奇特的混乱状态,这些精英指责斯多葛主义消灭爱,因为他们把爱绝不理解为我们以后将要谈到的神圣之爱的火焰,而只理解为尘世的爱和爱好;他们相信,一个孩子天真无邪地将他的小手伸向呈献上来的美味点心,是一种令人忧伤的、因而又惹人喜爱的景象,所以,有同样行为方式的成年人也可以要求严肃的评论家作出道德认同,并且他们相信,尤其是那些能够给观众以一种让人娱乐的审美景观的东西,本身也是高尚的、美好的。

(I,9,140)

　　从幸福方面看,关于第二种世界观的立场——这种立场在这个方面仅仅是否定性的、单纯漠不关心的——我就说这么多。我想将这一点清晰地、明确地提出来,以便通过这种作为中间环节的漠不关心,把平凡的东西与神圣的东西分离开,并且将两者之间不可攀越的分水岭固定下来。这种漠不关心的界限在什么地方,它如何因而推动一种高级生活在神圣之爱中的展开,由下一讲来谈!

第 八 讲

(I,9,141)

尊敬的听众!

所有这些演讲的全部目标与内容可以这样简单地加以说明,即它们包括了对本真的、因而极乐的生活的一种描述。但是,每一种好的描述都应当是讲发生的,它必须让需要描述的东西逐步发生在观众的眼前。这样一种发生学的描述现在对真正的精神生活来说是非常容易接受的,因为这种生活正像我们在一段时间以前已经说过——按它的显现使用形象,但接着就形成很严肃的文字——的那样,一般只是逐渐地、一步又一步地展开的,并有它的特定的发展阶段。我们逐渐认识到了作为这种精神生活的发展阶段的五种可能世界观的主要立场,并通过这些立场将生活从仅仅冷静的无利害的观点开始往上提升。但在前一讲中我们给这种单纯的观点掺入了它的感情,它的爱和它的自我享受,从而才完成了生活的形式。这样一种被规定的生活,我们在前面的演讲中已经通过虚无的状态、单纯感性享受的状态与严格的合法性状态描述出来了。

当这样一种对精神生活的描述往更高阶段上升时,显而易见,它对一个堕落时代的大多数人来说就变得更晦暗不明,更难以理解,因为它现在进入了一些对他们陌生的、既没有通过自己的精神体验也没有通过道听途说认识到的领域。这就给曾经谈论这些对象的人赋予了这样一种责任:即使他不得不放弃得到一切人的正面理解的希望，但至少也要谨防种种由自己造成的误解；即使他不能将真东西传递给所有的人，但也要防止有人因他的过错而得到假东西，并且至少要给那些或许有能力完全理解他的人以精神武装，以便他们自己能够在他们的圈子里重新进行讨论和作出回答，纠正各种曲解。这就使我下定决心，用本讲的一部分篇幅来深入地详论停留在上一讲最高点而在这里应该讨论的内容。

(I,9,142)

在座者中的那些对思辨已经入门的人，在这个场合应当被置于一切思辨的有机统一点上，据我所知，这在任何时候和任何地方都没有发生过。其他或者不能、或者不想跟我们一起进行哲学思考的人，至少可以利用在他们眼前进行哲学思考的动议，以获得一个关于这件事情的普通概念，并且看出，这即使做得正确，也不像人们通常以为的那样是不可思议和很不自然地进行的，而是完全简单地和自然地进行的，并且除了需要一种坚持不懈的注意力以外，就不再需要别的什么了。然而，即使后一类人也有必要至少从历史方面理解我们要讲的东西，因为在本讲结束之前，还会出现某种大家都将渴望理解的东西，而如果人们对我们要讲的东西从来没有历史的理解，并把它定为一种可能的假设，这种东西就不可能被理解。

我们已经洞察到，存在是绝对地存在的，它绝没有变化过，也没有什么东西在其中变化过。此外，这种存在也是在外部在场的，就像它只能被发现，而绝不能从发生方面被理解一样：它一旦作为在场被发现，也就能很好地得到理解，所以，这个在场也不是有变化的，而是基于存在的内在必然性，并且绝对是由这

第 八 讲

种必然性设定的。这时存在凭借这种在场,并在这种在场中,变成了一种意识,变成了一种以千姿百态的方式分裂开的意识,而这一切都可被视为必然是从在场派生的。

从在场派生的所有依赖于存在的东西,概括起来说,我们拟称为形式,这仅仅是为了不经常重复一连串的词汇,这些词汇正是指我们以前肯定已经视为从在场派生出的一切。(一切哲学术语的情况都是如此——我提醒这一点,是为了那些不想和我们一起进行哲学思考的人;哲学术语的表达方式仅仅是一种简称,为了以简便的方式回忆起过去已经在直观中见识到的某种东西;谁没有参与过这种直观,对他来说——但也仅仅对他来说——这种术语的表达方式就是空洞的、毫无意义的套话。)

因此,我们有两样东西:一样是内在的、在自身之内存在的存在,另一样是前者由于在场而采取的形式。那么,我们是如何表达的呢? 采取一种形式的东西是什么呢? 回答是:存在,它是在自身之内存在的,它的内在本质没有一点改变——对我来说一切都正是取决于这一点。那么,存在于在场中的是什么呢? 回答是:一定无非是单一的、永恒的、不变的存在,除了它之外,根本没有什么能够存在。进一步问,这种永恒的存在除了正好以这种形式在场之外,还能够在场吗? 然而,既然这种形式不过是在场本身,那么,存在也能以别的形式在场的论断就会意味着存在不在场也能够在场,这怎么可能呢! 如果你们称存在为 A,称形式——显然是具有统一性的全部形式——为 B,那么,真实的在场就是 A×B 和 B×A;A 受 B 规定,反之亦然。关于受规定,我要强调一下,以便你们的思考不是从一个端点出发,而是

(I,9,143)

从中心出发,并且这样来理解:两者实际上是相互连结、相互贯穿的,以致当在场的现实性不被消除时,它们实际上就不可能再被分离,在我看来,这是一切关键之所在,是一切思辨的有机统一点。谁探究这一点,谁就能产生最后的洞见。

对这一点还要强化一下。上帝本身,也就是绝对者那个完全将我们的局限性与上帝的外部在场区别开的内在本质,并不扬弃本质与形式的绝对融合,因为甚至上帝的那种在初次的、仅仅事实性的目光面前显现为事实性与偶然性的在场,对于惟一能作出决断的、真正的思维而言,也并不是偶然的,相反地,既然它存在,并且除此之外,它不可能存在,那么,它就必然是从内在本质中派生的。因此,根据上帝的内在本质,这种内在的本质同形式不可分离地联系在一起,并依靠自己进入了形式。这给那些能够理解它的人,轻而易举地解决了从创世到现今存在的最大思辨难题,并且强化了我们先前对约翰的言说已经提出的解释。这一言说就是:在太初,绝对不依赖于对立面的一切可能性,不依赖于一切任意、一切偶然和一切时间,而基于神圣存在者本身的内在必然性,就有形式,这种形式在上帝那里正好存在于和基于——并且它的在场也派生于——神圣存在者的内在规定性,这种形式本身就是上帝[95],上帝出现在形式之中,就像他存在于自身中一样。

例如,形式的一部分是永远自身同一的存在 = A 的无限进展、塑造和刻画。我向你们提一个问题,以便你们就此试答。这个问题是,在这种无限的塑造和刻画活动中,那种实在的、活动的塑造者和刻画者本身究竟是什么呢?它是形式吗?这种形式

第 八 讲

本身无疑什么都不是。不，塑造自己的是绝对实在的东西 = A；我是说，它根据无限性规律塑造自己，像它在内部存在那样。不是虚无在塑造自己，而是内在的神圣存在者在塑造自己。

请你们从这种无限性中，在你们愿意的任何地方，抽取任何一种被规定的环节的内容。这种内容显而易见是彻底被规定的，它是它所是的内容，而完全不是别的。我问，为什么它是它所是的内容？它怎么会是这样被规定的呢？你们只能这样回答：这是由于两种因素，首先是由于绝对者在它的内在本质中是如其所是的，其次是由于这个绝对者无限地塑造自己。排除了内容中的那些由内在本质派生的东西之后，在这个环节中剩余的东西，即在这个环节中的那种纯粹是、并且仅仅是塑造活动的东西，就是从其他无限的塑造活动中为这一环节保留下来的东西。

我们已经说过，这种分裂的无限性是形式的一部分。我们用这一部分作为例证，以由此更清楚地说明我们的原理。但对我们当下的目标而言，形式的第二部分则是关键所在，我们要将业已提出的、希望现在已被洞察到的原理运用于这一部分；为此，我再次要求你们聚精会神。

形式的第二部分，是一个分裂为五种关于实在的观点的活动，这些观点既彼此并列，又作为主导观点相互排斥，所以，留心它们既彼此并列又作为主导观点相互排斥，在这里是关键所在。此外，这在上面也已经得到证明，并且是直接看一眼就明白的。我们要进一步问，在这种新的分裂中是什么在分裂呢？显然是像在自身中那样的绝对者，正是同一个绝对者也以同一种形式的未分割性与统一性无限地发生着分裂。这是毫无疑问的。但是,这些观点是如何被设定的呢?它们像在时间中流逝的整个无限性一样被设定为现实的吗?不,因为它们作为主导观点在同一时刻是相互排斥的,因此,从所有的时刻都是由其中的一种观点充实的情况来看,它们全部都是作为同样可能的观点被设定的;并且,从每一种具体的观点来看,存在的出现不是必然要被这样理解的,或实际上已被这样理解的,而仅仅是可能被这样理解的。更具体地说,这种单一的、当然无可挽回地分裂成无限的时间的东西,究竟是以第一种方式还是以第二种方式出现的呢?完全不是这样,相反地,这种在自身、靠自身的存在,在它的这种被理解的方面是完全不确定的,完全无差别的。实在的东西在这个方面仅仅达到可能性为止,而不是更远。因此,存在通过它的在场,设定了一种它被理解或它被如何反思的方式的自由和独立性,这种自由和独立性在它的内在本质中完全取决于它。现在,这一点还应说得更清楚些:绝对存在在它的这种在场中把自己当作这种理解自己的绝对自由与独立性,当作这种对它自己的内在存在的不依赖性;它不是创造了一种外在于它自己的自由,而是在形式的这部分中,它本身就是它特有的这种外在于它自己的自由;在这个方面,它的在场中的自己无疑和它的存在中的自己是分离的,是自己从自己中流出,以期生动地重新反省自己。于是,这种普通的反思形式就是自我;因此,一种独立自由的自我设定起来了;或者说,一种自我,一种独立自由的自我——惟有自我才能这样表现——属于绝对的形式 = B,并且是绝对存在者的绝对形式的真正有机的统一点。这是因为,即使目前作为形式的第二部分不加以列论的无限分裂活动,根据我们的推导,也是基于反思形式的独立性的;并且按照上面的说明,它是与神圣存在者的内在必然性不可分离的,以致它不能由上帝本身予以扬弃。

顺便说明下面的两个命题,也是很容易的。1)自由是肯定在场的,真正在场的,它本身就是在场的根源;然而,它不是直接实在的,因为实在性在它当中只达到可能性为止。这个补充的悖论将会自行解决,就像我们的探讨会取得进展一样。2)在时间中自由以过分的独立性和决定性的作用充实时间,仅仅涉及业已举出的五种精神生活的立场,并且是就它派生于这些立场而言的;但是,它绝不超越这种五重分裂,因为在场的仅仅是在内部确定的绝对存在者,这个存在者有同样确定不变的无限性的形式,有由实在性本身直接充实起来的时间的形式;它也不属于这种分裂的范围,自我也不是以这些立场中的某种立场静止地被设定的,相反地,在场的是严格的必然性和从原则引出的结果。

顺便说明这一点,是由于它在别的方面的重要性,同时也因为它似乎不是特别被人了解。我们下面要谈的,则不是顺便的说明,而是直接从属于我们的目标的,为此我再次要求你们聚精会神。1)既然自我的那种独立性和自由从属于自我的存在,而每一种存在在直接意识中都有它的感情,那么,只要有这样一种对特有的自由的直接意识发生,必然也就对这种独立性有一种感情、爱和由此产生的信仰。我之所以说只要有这样一种对特有的自由的直接意识,这是因为——关于这一点,我请求你们把 (I,9,146)

它作为这一切研究的主题和以前所有演讲的本来目标——2)那种自由和独立性只不过是生活立场的单纯的可能性,而这种可能性在数目上则限于前面所列举的五种方式;所以,只要有人按照这一图式完成了他对生活的理解,他也就因此穷尽了生活的可能性,并将这种可能性提高到现实性;他穷尽了他的能力,超越了他的自由的范围,在他的在场的根源中也就没有再给他剩下自由了,而感情、爱和信仰也必然与存在一起消失,毫无疑问,这是为了给一种远为神圣的爱和一种令人极乐得多的信仰留下地盘。只要自我还通过本原的主动性致力于对实在性的完善形式的自我创造,那么,在自我当中就当然还保持着对主动性的冲动和不可满足的冲动,作为一种不断地起着有益的推动作用的刺激和对自由的深切的自我意识;这种自我意识在这种情况下是绝对真实的,没有错觉的,但一旦这种冲动完结了,这种意识——它这时当然变成了欺骗——也就消失了,并且从这时起,实在性就以惟一剩下的、不可消灭的无限性形式在它面前静静地流逝。

所以,我当作普遍可理解的结果,而不仅仅为在座的一部分从事思辨的人提出的东西——一方面存在一种感情、一种爱和一种对特有的独立性的信仰,另一方面也存在同样的感情——正如现在我要对迄今的五重观点更清晰地概括的,是两种对世界的完全对立的看法和享受方式的基点。

首先,关于存在着对特有的独立性的感情的状态,这也还有两种不同的形式(你们注意到,在刚刚提出的上面的划分的第一部分中,这是一种下面的划分)。对它的较低级的第一种形式,

第 八 讲

我向你们阐明如下。自我,作为独立性的主体,正如你们所知, (I,9,147)
就是反思。这种反思,正如你们同样所知,它的首要功能就是塑
造、进一步规定和刻画世界。在这些形态和这种塑造活动的限
度内,我们这里所要描述的特殊的自我,是一种特有的、独立的
存在;正因为如此,这种存在才用爱来拥抱它的被规定的存在,
因而获得这种如此被规定的存在的冲动和需要。进一步问,这
是一种什么样的存在呢? 回答是:对它的生活的特定塑造活动
中的存在。这种塑造活动的需要是从哪里来的呢?回答是:从它
的自由的、这种立场上的自爱而来。如果这种需要得到满足,结
果会怎么样? 回答是:享受。这种享受是从何而来的呢? 回答
是:通过自我塑造的,即客观的、被分割的杂多世界,从对它的生
活的某种塑造活动而来。这里存在着人的感性欲求的基点,这
个基点就是感性世界真正的创造者。这样就产生了我们生活的
某种被规定的形态——这是一切的关键,是显著的基本特点,我
请求你们加以注意——的欲求和需要,即凭借一定的客体对幸
福的冲动。显而易见,这种幸福冲动的客观规定并非基于虚无,
而是基于保留在这种独立性的形式中的实在性;同样显而易见,
既然在这种不断塑造世界的形式中发生了一种不间断的变化,
那么,自我也就继续变化,因此,自我不得不借以设定它的幸福
的那种东西也在逐渐改变,并且在这个过程中,最初欲求的各个
客体受到蔑视,其他客体取代了它们的位置。在这种绝对不确
定的情况下,人们现在就对这种本来令人幸福的客体最终提出
了一个在这方面完全空洞的、不确定的概念,但这个概念仍然保
留着这样一种基本特征,即幸福应当来自某一种客体。这是关

于这样一种生活的概念,在这一生活中,我们的所有需要不管是什么样的,一般都立即得到满足,没有任何痛苦、任何艰难和任何劳累,宛如希腊人的幸福岛和乐土,犹太人的亚伯拉罕宫,一般基督徒的天堂。在这个阶段的自由和独立性是物质性的。存在着对特有的自由和独立性的感情的第二种方式是这样一种方式,按照这种方式,如果不依靠自己设定和追求某一种状态,对这种自由的感受和爱就是仅仅一般的,正因为如此,也是纯粹的、空洞的和形式的。这就给出了上一讲结尾描述过的合法性立场,而为了回忆起业已熟悉的称谓,我们也称这种立场为斯多葛主义立场。这种立场完全以为自己是自由的,因为它认为它也可以不遵从法律,因此,它另立门户,也把自己视为一种独立存在的力量,同法律或不管什么本来在它看来是法律的东西相对立。我说过,它只能将自己理解和视为这样一种也完全可以不服从法律的立场。然而,按照它的同样必然的观点,它应当遵从的是法律,而不是它的爱好。因此,它无疑纯粹失去了对幸福的合理要求,如果陈述的观点在它那里是真正活生生的,也就纯粹失去了对幸福和一种令人幸福的上帝的需求。但是,由于最初假定它有甚至不遵从法律的能力,也就给它产生了一种法律,因为它的自由在失去爱好以后,就是空洞的和没有任何方向的。它必须重新约束自己,而对自由的约束和法律完全是同一种东西。因此,它仅仅依靠这种在放弃一切爱好之后仍然保留下来的对于自由的信念,就可能为自己确立起一种法律,并且为了自己的观点,给真正实在的东西提供一种法律的形式。

(I,9,148)

请你们这样来深刻地、因而也是完全清楚地把握住这一点。

1)神圣存在者并非完整地、不可分割地,而只是片面地出现在这些相互排斥的有关自由的立场中。但超越这些立场,它就是像在它存在于自身中一样出现的,而不被任何一种仅仅基于这些立场的面纱所遮盖;它以永远不断流逝的生活的形式——这种形式与它的本身简单的、内在的生活不可分离——无限地塑造自己。神圣生活的这种永远的不断流逝,这时就是在场——上面提到的本质与形式绝对不可分割的统一——的真正最内在、最深刻的根源。显然,这种在场的存在,像一切存在一样具有它的感情;它是绝对实在性的永恒的、固定不变的意志,这意志就像绝对实在性必然展示自己那样,不断地展示自己。2)但是,只要有任何一种自我还停留在某一种自由的立场上,那么,它就还有一种特有的存在,这种存在是神圣在场的片面的、有缺陷的在场,因而本来就是存在的一种否定,并且这样一种自我也有对这种存在的感情,有一种当下固定不变的意志坚持它这种存在。因此,它的总是现存的意志就与业已完成的神圣在场的固定的感情和意志根本不是同样的东西。3)要是站在这种立场上的自我还能够按照那种永恒的意志抱有希求,那么,这绝不可能通过它的总是现成的意志发生,相反地,这个自我必须通过第三种能在此间出现的、被称为决心的意愿,才能实现这种希求。正是在这种情况下才会有法律领域的人,也正因为他出现在这种情况下,他才成为法律领域的人。由于他——这是他的思维方式的本源,我们必须靠这个本源理解他——承认他也可以不遵从——既然这里谈不到被预设为有赖于意愿的体能,这显然就同样意味着他也可以不想遵从,而我们无疑也可以相信这种作为

(I, 9, 149)

他的自我意识的直接表达的保证——,那么,他当然也就承认,遵从不是他的起支配作用的、经常抱有的意志。因为谁能反对他的意志,谁会对他经常抱有的意志想得更远呢?他绝不承认他讨厌遵从,因为如果这样,另一种爱好,即感性的爱好必然会支配他,而这是违背前提的,因为如果这样,他甚至不会是道德的,而是必定会通过外在的强制手段,受到纪律和秩序的约束。相反地,他只承认他也没有喜欢过服从,而是对它根本就抱无所谓的态度。由于他的特有的、经常存在的意志的这种无所谓态度,那种永恒的意志对他来说就变成了一种异己的意志,他首先将这种意志视为一种代替他的意志的法律,而他的意志自然是不想要法律的;他必须通过一种决心才产生一种遵守法律的意志,而这种意志当然是他原来缺少的。所以,在已经放弃了感性欲求之后的那种对永恒意志仍然保留的无所谓态度,是心灵中绝对命令的源泉,而对我们至少在形式上拥有的独立性的信念,则是这种无所谓态度的源泉。

就像这种信念通过自由的最高活动和自由的实现而消失一样,那种曾经存在的自我也落入了纯粹的神圣在场。严格地说,人们绝不可以宣称这种神圣在场的感情、爱和意志成了他的感情、爱和意志,因为一切的一切都根本不再是两种东西,而只是同一种东西,不再是两种意志,而根本就是同一种意志。只要人还渴求成为某一种东西,上帝就不会来到他那里,因为没有任何人可以成为上帝。但是一旦他纯粹地、完全地根除自己,剩下的就只有上帝,就有一切的一切。人不可能给自己创造出上帝;但是,他可以将自己作为本来的否定性加以消灭,然后沉入上帝之中。

这种自我消灭就是进入较高的生活，它是与那种由自我的在场规定的较低生活完全对立的；按照我们的第一种方式来算， (I,9,150) 这种自我消灭就是获得了第三种世界观的立场，即纯粹的、较高的道德性的立场。

这种思考的真正的、内在的本质和本来居于这个世界中心的极乐，我们要在下一讲再描述。现在我们只是还想说明这种极乐同较低的感性世界的关系。我希望在上面已经奠定了很深的基础，以致我的次要目标，即揭开通常混淆极乐与幸福的各种遁词，同时也会达成。这种思维方式——它如果遇到一位严肃的人，就情愿不说出它毕竟永远不断在说的东西——很喜欢一种犹抱琵琶半遮面的善举和某种概念的不确定性；但是，澄清这种思维方式，以最严格的确定性将我们与它区别开，却对我们是有益的。持这种思维方式的人情愿忍受那种混淆；我们知道得很清楚，他们并不愿意完全抛弃精神——我们并非如此不义，要指责他们这一点——只是他们也不想放弃任何肉体的东西。但是，我们既不想也不能忍受那种混淆，因为这两种东西是绝对不可调和的，谁想要其中的一种，就得放弃另一种。

自视为一种独立持续存在的、在一种感性世界中生活的个人的观点，在那种站在第三种立场上的人那里当然仍旧保留着，因为这种观点有不可改变的形式；只是他的爱和感情不再消失了。现在，这种个人和整个感性的主动性对他来说成了什么呢？显然成了仅仅达到一种目的的手段，这种目的就是要做他自己要做的和超乎一切地喜爱的事情；也就是说，显然成了仅仅实现在他身上显露的上帝的意志的手段；同样，这种人格对斯多葛主义者来说也仅仅是一种服从法律的手段。两者在这里是完全相同的，在我们看来是同一回事。与此相反，对感性的人来说，他个人的感性存在则是最终的、本来的目的，而且他另外要做的和相信的其他一切，对他来说也是达到这种目的的手段。

认为有人有两种爱或两种目的，是绝对不可能的，是一种绝对的矛盾。我们描述的上帝之爱，完全根除了个人的自爱。因为只有消灭后者，人们才能达到前者。另一方面，哪里有个人的自爱，哪里就没有上帝之爱，因为后者不能容忍任何其他的爱与自己并存。

(Ⅰ,9,151) 正如上面已经提示的那样，感性自爱的基本特征在于，这种自爱渴求一种按一定方式塑造的生活，并从某种客体获得它的幸福；与此相反，上帝之爱则将一切生活形态和一切客体都仅仅看作手段，懂得给定的一切完全是恰当的和必要的手段，因而完全不希求并且绝对不希求任何一个按某种方式得到规定的客体，而是对一切都仅仅像它们出现的那样加以看待。

那么，感性的、需要享受客体的人，哪怕他是一个人，并且始终如一，究竟会干些什么呢？我该相信，他会依靠自己，竭尽全力，为自己谋得享受的对象，享受他所拥有的东西，渴念他所必需的东西。但是，如果除此之外，他还是个迷信的孩子，他会遇到什么呢？他会听人劝说，他享受的各种客体受一位上帝的保管，这位上帝当然会将它们提供给他，但上帝为这种服务，也向他索求某种东西；他会听人诓骗，说已经就此与他签订了一项契约，并且任由人家向他出示一大堆文字，作为这种所谓的契约的凭证。

如果他陷入了这种观念,他究竟会怎么样呢?享受依然是他本来的目的,而对他想象中的上帝的服从则仅仅是达到目的的手段。这是必须承认的,在这里绝对无法回避。人们通常说,我为了上帝本身而追求上帝的意志,而我追求幸福则仅仅是顺便的,这种说法是不妥的。暂时撇开你所谓的顺便不谈,你总得承认,你追求幸福,是因为它是幸福,是因为你相信,你在这种幸福中会觉得很舒服,是因为你很愿意感到舒服。但在这样的情况下,你肯定不是为了上帝本身而追求上帝的意志,不然的话,你根本就不可能追求幸福,因为第一种意志扬弃和消灭了第二种意志,并且被消灭者与其消灭者相互并存是绝对不可能的。于是,如果你像你说的那样,也追求上帝的意志,那么,你会追求这种意志,也不过是因为你相信,不这样的话,就不可能达到你本来希求的东西,不可能达到幸福,而且这种意志是由你本来就有的意志附加给你的;因此,你追求上帝的意志仅仅是顺便的,因为你必须这样;但你出于固有的动机自愿地追求的,则仅仅是幸福。

人们将这种幸福远远地抛到视野之外,将它置于坟墓彼岸的另一世界,以为在这里可以更轻而易举地混淆概念,这也无济于事。不管你们对你们的这个天堂想说些什么,或更确切地说,想隐瞒些什么,以便你们真实的意见不会大白于天下,但是,你们却使天堂依附于时间,将它置于另一世界,这种独特的情况已经无可辩驳地证明,你们的天堂是一个感性享受的天堂。你们说,这里没有天堂,但彼岸将有天堂。我请问你们,那种可能与 (I,9,152)

这里不同的彼岸的东西,究竟是什么?显然只能是作为我们的生存环境的客观世界性状。因此,根据你们的意见,当前世界的客观性状必定是使这个世界不适合于做天堂的东西,而未来世界的客观性状则必定是使这个世界适合于做天堂的东西,所以,你们根本不能继续掩盖,你们所谓的极乐是有赖于环境的,因而也就是一种感性享受。如果你们在惟一可以发现极乐的地方,纯粹在上帝之中,在他出现的事实中去寻找极乐,而绝不是在他出现的偶然形态中去寻找,那么,你们也就不需要指望另一种生活了,因为上帝今天已经存在,就像他将永远存在一样。

我向你们保证这样一点,并且在这一点发生时,你们以后会回想起我说过的话;这一点就是:只要你们在你们无疑将会达到的第二种生活中,使你们的幸福重新依附于环境,那么,你们将觉得在那里和在这里一样难受;于是你们会用第三种生活安慰自己,而且你们在第三种生活中又会用第四种生活安慰自己,依此类推,以至无限。因为上帝既不能也不要通过环境来造福,相反地,他要不采取任何形态,将他自己呈现在我们面前。

总之,这种思维方式如果诉诸祈祷的形式,就会有这样的说法:"主啊!实现我的意志吧,甚至在整个永恒中,因而在极乐的永恒中,也都要这样;为此,在这短暂而艰难的时光,你也应该表现出你的意志。"显然,这是一种非道德的说法,愚蠢的迷信,非宗教的感情,以及对上帝的神圣的和令人极乐的意志的真正亵渎。

与此相反,真正道德和真正宗教的永恒思想的表达则是这样一种祈祷的形式:"主啊!实现你的意志吧,这样,也就正好实现了我的意志,因为除了实现你的意志,我就没有任何别的意志。"于是,这个神圣的意志就必然会不断得到实现:它首先表现于这种忠实于它的人的内在生活——这将在下一讲谈到——,其次表现于他的外在生活所遇到的一切——这首先属于这里的主题。所有这些遭遇当然不过是在他内心完成的神圣作品的必然的、不可改变的外在表现;如果他不要求只能如此表现的内心东西是别的样子,不由此将他的意志和上帝的意志分离开和对立起来,那么,他就不能要求在这种遭遇中的任何东西有别于现 (I,9,153)在的样子。他在这些事情上根本没有给自己留下其他的选择,而是对一切都必须恰恰像它们出现的那样加以看待。因为在这里出现的一切,都是上帝与他共同的意志,因而是在这里可能出现的最好的结果。对上帝所爱的人来说,万物都必然直截了当地充当了他们最好的东西[96]。

即便在那些内心没有执行上帝意志的人——因为他们根本没有内心东西,而只是一些外物——身上,仍然也会在外部实现上帝的意志,只有上帝的意志才有能力做到这种外在的实现,这意志一开始是不耐烦、不宽恕的,但归根到底又是最仁慈、最博爱的。因为他们的处境很糟糕,并且越来越糟糕;他们在徒然地捕捉一种总在他们面前若隐若现的好东西的过程中,变得精疲力竭,蔑视和嘲笑自己,直到最后被迫到惟一可以找到幸福的地方去寻找幸福。对上帝不爱的人来说,万物都必然直接地成了他们的不幸和痛苦,直到他们通过这种痛苦本身间接地给自己带来拯救。

(I,9,154)

第 九 讲

尊敬的听众!

下面描述的是我们上一讲得出的结论和我们停下来的地方。只要人还想成为某种自为的东西,真正的存在和生活在他那里就不能展现,正因为如此,他也就仍然不能达到极乐;因为一切特有的存在都只能是非存在和对真正的存在的限制;正因为这样,就有两种情况出现:或者立足于第一种希望从客体中得到幸福的感性立场,这是一种纯粹的不幸,因为根本就没有客体可以让人得到满足;或者立足于第二种纯粹形式的合法性立场,这种情况虽然并非不幸,但同样也不是极乐,而是对一切生活享受的纯粹的漠不关心、无利害的冷淡和绝对的麻木不仁。反之,一旦人通过最高的自由放弃和失去了他特有的自由和独立性,他就会分享到惟一的、真实的存在,即神圣的存在和其中包含的所有极乐。为了清楚地将我们与对立的感性思维方式完全区别开,并从现在起将这种思维方式搁在一边,我们首先说明了这样一种达到本真生活的人是怎样看待外在的感性生活的,并且我们已经发现,他把他的全部个人的在场或具体存在和一切与此相关的外在事件都仅仅视为在他身上完成神圣作品的手段,也就是说,把一切都如实地视为必然最好的和最合乎目的的手段;因此,他对那些事件的客观性状也完全不想作出任何评论或选择,而是对一切都仅仅像它们存在的那样加以看待。不过,我们

第 九 讲

对这样一种人的真正的、内在的生活的描述却保留在今天这一讲来作。我们现在就开始这种描述。

先前我们已经讲过,精神生活的第三种立场——这种立场无疑首先是我们已经达到的——即较高的真正的道德立场,有别于第二种立场,即单纯形式的合法性立场,因为前者创造了一个全新的、真正超感性的世界,并且在作为自己的领域的感性世界中构造出这个世界,而斯多葛主义讲的法律则仅仅是在感性世界中的一种维护秩序的法律。这一论断正是我要进一步深刻论证,并通过这种论证加以解释和进一步规定的。

仅仅由我们对客体中的一种特定在场的爱和感情设定的整 (I,9,155) 个感性世界,在这种立场上单纯成了手段;然而,它无疑不是达到虚无的手段,因为假如这样的话,那么,既然除它之外就一无所有,它也就不能成为手段,而是作为惟一的绝对的在场,永远是目的;所以,相反地,它无疑成了一种现实的、真正的和实在的存在的手段。这是一种什么样的存在呢?我们从上面已经得知,它是上帝本身的内在存在;就像它依靠自己,在自己之内直截了当地存在一样,它是直接的、纯粹的、第一手的,不由任何存在于自我的独立性中的、因而有限制性的形式加以规定,也没有被这种形式遮蔽起来和搅得模糊不清;不过,它还是在不可摧毁的无限性形式中被打断了。这种存在就像在前一讲中已经非常清楚地加以陈述的那样,一方面是仅仅由绝对基于自身的神圣存在者加以规定的,另一方面则又是由那种在现实的在场中绝不能消解或终结的无限性形式加以规定的,既然如此,那么很清楚,这种存在将如何中断,就完全不能从另外一种东西中间接地加以认识,因而不能 a priori[先验地]加以认识,而只能直接地加以理解和体验,只能依靠它从存在生动地流溢到在场的事实来把握。所以,对这种新的超越性的世界的真正知识,不可能通过一种描述与刻画传达给那些并不亲自生活在其中的人。受到上帝感召的人会向我们启示,这个世界是怎样存在的,而它之所以像它启示的那样存在,是因为上帝作出这样的启示;然而,如果没有内心的启示,就没有任何人能谈论这一点。

但是,一般而言,这种神圣的世界是可以用一种外在的、单纯否定性的符号很好地加以刻画的,甚至可以按照下列方式加以刻画。一切存在都带有它的感情和它的爱;在无限性形式中出现的直接的、神圣的存在也是如此。于是,这种存在就像它存在的那样,既不是依靠,也不是为了任何其他东西存在的,而是依靠自己和为了自己存在的;如果它出现和被爱,它就必然是单纯为了它自己而被爱的,是受它自己喜欢的,而绝不是为了一种其他东西存在的,因而不是仅仅作为这种东西的手段,把这种东西当成自己的目的存在的。这样,我们也许就发现了我们所寻求的神圣世界的外在标准,通过这种标准,把神圣世界与感性世界完全区别开来。直截了当地依靠自己,并在最高的、无限地超过其他一切喜爱的程度上令人喜爱的东西,就是直接的神圣存在者在现实中的显现。人们也可以将它描述为在每个特定的时刻和给定的时限中最完善的东西,只要在这种情况下不是想到一种通过逻辑概念设定的完善性——它包含的不过是杂多东西的次序和完备性——,而是想到一种通过直接的、对于特定存在的感情设定的完善性。

(Ⅰ,9,156)

对这种需要通过较高道德在感性世界内加以创造的新世界可能作出的刻画，就到此为止了。尊敬的听众，如果你们对这一点还向我要求更大的明晰性，那么，你们就绝不是要求一种更清晰的刻画，因为这种刻画正如刚才给出的那样，是无法再添加任何东西的，而是你们只要求举一些例证。我很乐意置身于这个一般不引人注目的领域，也让这种渴望得到满足。然而，我还是要提醒你们，我举的只是些个别的例证，它们绝不能凭自己就穷尽那种只有通过刻画才能穷尽、而实际上已被我们穷尽的内容，而且它们本身也只有借助于刻画才能被正确把握。

我说，上帝的内在的、绝对的本质，是作为美出现的；它是作为人类对整个自然完成了的统治出现的；它是作为完善的国家和各国的关系出现的；它是作为科学出现的；简言之，它出现在我在严格的、本来的意义上称之为理念的东西中，对这种东西，无论在去年冬天在此地所作的演讲[97]里，还是在另一演讲[98]里，我都作出了各种各样的证明，而这两次演讲已在前段时间发表。[99]我在这里要通过理念的最低形式——人们可以指望一开始就能明白这种形式——要通过美，来阐释我的基本思想。在这里人们谈的大抵是周围世界的美化，或者说，是自然美以及诸如此类的东西，仿佛这种美的东西——如果人们本来打算严格地对待这种说法的话——可能在短暂的、尘世的东西中存在，或可能被转移到这种东西上面。但是，美的源泉仅仅在上帝那里，它出现在受上帝感召的人们的心里。例如，请你们设想一位圣女，她被高高地抬入云端，一大群天使前来迎接，她们欣喜若狂，如痴如醉地凝视着她，环绕她的是天堂的万丈光芒，她本身成了

(I,9,157) 天堂的最高装饰和喜悦；在所有的人当中，惟有她对周围发生的一切毫无察觉，而完全被融入这样一种惟一的感受："我是主的女仆，让我永远遵循他的意志吧！"[100] 如果你们在这种环境中将这种惟一的感受塑造成一个人体，那么，你们无疑就获得了具有一个确定的形象的美。那么，使这种形象变得美的东西是什么呢？是她的四肢和各个组成部分吗？为什么不反而惟独是一种通过这一切肢体流溢出来的惟一感受呢？之所以添加上形象，仅仅是因为要通过形象，通过形象的中介，使思想成为可见的；之所以用线条和颜色把形象刻画在平面上，是因为只有这样，思想才能传达给他人。也许这种思想还可以在坚硬的、无感觉的石块或任何其他的质料中得到表达。石块因此就变得美了吗？石块永远是石块，它完全不能感受到这样一种属性；但是，当艺术家感受他的作品时，他的心灵是美的，而且任何一个内行的鉴赏家在模仿艺术家感受这件作品时，他的心灵也会变得美。但在那种内在的、精神的发展期间，石块永远只是一种限制外在眼睛的东西。

这种观念性的存在和对这种存在的创造性的感情，是作为单纯的自然现象出现的，是作为从事艺术、政治和科学等方面的天才出现的。不言而喻，并且任何一个只要在这些事情上有些经验的人也都依靠自己的经验充分地了解，既然对这种天才创造的自然感情是天才生活的基本感情，他其余的全部生活都融入其中，那么，我说，首先，真实的天才根本就不需要任何一种绝对命令来刺激和推动他进行艺术或科学方面的劳作，而是完全自觉地将他的全部精力集中到他的这类对象上；其次，只要他有天才,他的事业也就永远一帆风顺,他劳作的产品也会让他非常喜欢,并且总是里里外外由可爱的、讨人喜欢的人簇拥起来;最后,他并不想用他的这种活动追求这种活动之外的东西,也不想因此而得到什么回报,因为完全相反,他无论如何也不会在世界上放弃惟有他能做的事情,或会把这件事情做得使他觉得不合适,不能让他感到很满意;因此,他只有在这种单纯的作为本身,为作为而作为,才能找到他的真正的、使他得到满足的生活乐趣,而他从世界上另外还附带吸取的东西则并不能使他得到满足,但他之所以附带地吸取这种东西,仅仅是为了由此得以更新和增强,然后重新返回到他自己真正的工作中去。这样,这种单 (I,9,158) 纯的天赋才能就大大超越了可耻感性的需求,同样也大大超越了斯多葛主义者毫无乐趣的冷漠,而将具有这种才能的人置入一系列不间断的极乐时刻中,为了这些极乐的时刻,他只需要他自己,而它们也毫无累赘、毫不费力,就完全自动地从他的生命中绽开。只要享受一刻在艺术或科学中幸福度过的时光,就远远胜过充满感性享乐的整个一生;如果这种极乐的图景让感性的人得知,他就会对它发生嫉妒与渴望之情。

在刚刚完成的考察中,天赋的才能总是被假定为对精神生活的享受和对感性享受的鄙弃的真正源泉;我只是想用出自这一源泉的较高道德和极乐生活的个别例证,首先将你们引向普遍的东西。这种天才,尽管他的客体本身是真正超越性的,并且是神性的纯粹表达,就像我们专门用美的事例显示的那样,然而仍然要求并且必须要求这种精神客体在感性世界中获得一定的外壳和承受的形象;所以,从某种意义上说,他当然也要求他的世界和环境有一定的形象,这是我们在前一讲谈到感性生活时已经无条件地批评和谴责过的。现在,假如天才的自我享受有赖于他所追求的外在客体的偶然实现与否,那么,甚至天才本身的安宁与和平也会完结,而且较高的道德也会蒙受低级感性生活的一切痛苦。特别就天才来说,只要他是天才,他就一定能成功地用适当的媒介来表达和描述他的理念;因此,所渴求的形象和环境也绝不能保持原来的外表。但在这种情况下,他的享受的真正所在简直仅仅是他借以创造那种形象的活动,而形象则仅仅给他间接地造成快乐,因为只有在形象中活动才表现出来。这一点特别可以通过以下事实来理解:真正的天才绝不长期停留于他已经取得的成就,也不会安于怡享这种成就与孤芳自赏,而是马不停蹄,继续追求新的发展。但一般而言,我可以撇开特殊的天才不谈,而只着眼于一切可能纯粹出现神圣存在的生活,制定出如下的原理:只要在作为中感到的快乐仍然与对这种作为的外在结果的欲求混淆起来,那么,就连道德高尚的人也在他的内心仍然不完全纯正和清白;于是,在神圣秩序中,他的作为

(I,9,159) 的外在失败就是推动他返回内心,将他提高到真正笃信宗教——即理解他所爱与所求的究竟是什么——的更高立场上的途径。你们要从总体上理解这一点,并按照它的联贯性,这样来理解:

1)前一讲中足够清楚地推导和描述过的那个单一的、自由的自我,作为反思,仍然永远是统一体。这个自我是作为客体,即作为仅仅在现象中出现的、进行反思的实体被分裂的;初看起来,它分裂成一种无限性,但从一个需要给这些讲演深入地加以

第 九 讲

确立的根据来看,它是分裂成一个有待完成的自我体系或个体体系。(这种分裂是多次充分描述过的客观世界以无限性形式进行的分裂的一个部分,因而属于绝对的、不能由神性本身消除的基本在场形式。一旦存在最初以这种形式裂开,它就永远是裂开的;因此,绝没有任何一个通过这种分裂设定起来的,即真正形成的个体是从来不会毁灭的;如果我们同时代人中的那些凭半吊子哲学和完全混乱的东西就自以为思想开明的人,否认这里真正的个体在更高领域中的延续,那么,我们就应该仅仅顺便针对这些人提醒这一点。)分裂为这些在基本形式中确立起来的个体的,是为了它们本身而在时间中无限向前发展的整个神圣存在,并且整个神圣存在仿佛是按照这一种分裂的绝对的、基于神圣存在者本身的规则分配给它们的;与此同时,这些个体中的任何一个,作为单一的、由自己特有的形式规定的自我的一种分裂,都必然完全带有这个自我的形式,也就是说,按照前一讲,是在五种立场方面自由的和独立的。因此,每一个体都以他的自由的、不能由神性本身消除的力量,从那五种立场出发,拥有观看和享受他在绝对存在中应得的部分——这个部分是他作为实在个体的标志——的可能性。所以,每一个体首先都在感性生活和他的爱中拥有他应得的、特定的部分;只要实用的自由融入这种生活,它就将向他表现为绝对的和终极的目的。但是,如果他通过合法性的领域上升到较高的道德性,那么,那种感性生活对他来说就会变成单纯的手段;而他在较高的、超感性的和直接神圣的生活中应得的部分也会在他的爱的面前出现。每一个体,只要他进入现实,就毫无例外地必然获得他在这种超感性存 (I,9,160)

在中应得的部分,因为不然的话,他根本就不可能是绝对存在——没有这种绝对存在,就根本没有现实性——合乎规律地分裂的结果,而他也根本不可能变成现实的;不过,他的这种超感性的存在对每一个体同样都能毫无例外地依然藏而不露,因为他不想放弃他的感性存在和客观独立性。每一个体,我说,都毫无例外地获得他在超感性存在中独有的、因而绝对不属于任何其他个体的部分;这时这个部分在他之内永远向前发展,表现为一种不断加以设定的行动,而在任何其他个体中则绝对不可能这样发展;人们可以把这简单地称为他的更高使命的个体特征。不过,神圣存在者本身并没有分解;单一的、不变的神圣存在者被毫无例外地设定于所有的个体,并且只要他们都让自己自由,它就也能像它自身中存在的那样,真实地显现出来;不过,这种存在者在每一个体中却以另一种惟独为它所特有的形态显现出来。(就像上面那样,假定存在 = A,形式 = B,那么,在 B 中绝对出现的 A 就绝对在它的出现过程中不是按照它的本质,而是按照它的反思形态,分化成 $[b+b+b\infty]$,即一个由无数个体组成的体系;每一个 nb. 都在自身中包含三个部分:1. 完整的、不可分割的 A;2. 完整的、不可分割的 B;3. 它的 b,b 在这里等于 A 通过 $[b+b+b\infty]$ 形成的所有其他形态的剩余部分。)

2)任何个体在超感性存在中的这个特有的部分,都是他无法构想出来的,他既不能通过推论将它从另一个真理推导出来,也不能从另一个个体那里得知它,因为任何其他个体都完全无法了解他这个部分,相反地,他必须直接在自身中发现它;一旦他放弃了自己所有的意志和所有的目的,纯粹消灭了自己,他也

第 九 讲

就必然会完全自动地达到这一点。因此,首先可以清楚,对这种只有每个人在自己内心才能明白的东西,是无法从总体上言说的,对此我也必须停止谈论。言说即使是可能的,在这里能有什么用呢?谁真正明白他特有的更高使命,他就知道,这种使命是如何显现给他的;他也可以用类比的方法推断,要是其他人也明白他们的更高使命的话,他们的情况一般是怎么样的。谁没有明白这种使命,谁就不能接受关于这种情况的任何信息;同盲人谈论颜色,是无济于事的。

如果他明白他更高的使命,它就会通过不可言喻的爱和极其纯粹的喜悦激励着他;他特有的这种使命完全激励着他,使他一生受用不尽。因此,一个人把握住他特有的使命,只想成为他能、并且只有他能成为的人,只想成为他应当、并且只有他应当按照他更高的天性——他身上的神性——成为的人,简言之,他只想要他本来就真实想要的东西,这是更高道德行动的第一步;只要放弃了特有的意志,出现这一步也就不可避免。既然这样一种人除了做他最有兴趣的事情之外,决不做别的事情,那么,他怎么竟然会毫无兴致地做某种事情呢?我上面关于天赋才能所说的,也在更大的程度上适用于这种通过完美的自由产生的德性;因为这种德性是最高的创举;它简直就是天才的统治,即那种神圣存在者在我们的个体性中所采取的形象的统治。与此相反,人们想成为某种不同于命中注定的角色的人物的努力,无论这种人物显得多么高尚和多么伟大,也仍然是极其不合乎道德的,而且人们在这种情况下使自己受到的一切强制和在这个方面忍受的一切不快,本身就是对于警告我们的神圣秩序表示 (I,9,161)

的愤慨,是我们的意志对于神性的意志的对抗。除了特有的意志、特有的选择和特有的自诩的智慧之外,究竟什么东西设定了这种并没有被我们的天性放弃的目标呢?[101]因此,我们还远远没有放弃特有的意志。这种努力也必然是造成最大不幸的源泉。在这种处境中,我们必须不断地强制自己、逼迫自己、驱迫自己和否认自己;因为我们绝不乐意做我们根本不可能想做的事情,而且我们也绝不会做成这类事情,因为我们根本不可能做不合乎我们的天性的事情。这是一种对事业出于特有的选择的虔诚,例如,基督教就警告过要防止这种态度。[102]对一个人来说,山可移,身可焚,但如果这不是他的爱[103],如果这不是他特有的、必然引起他的感情的精神存在,那么,这对他就毫无益处。你要成为你应当成为、你能够成为和正因如此你想成为的人物——这在超感性世界中是不言而喻的,因为在感性世界中根本没有快乐——是更高道德和极乐生活的根本规律。

3)正如已经说过的,人以完整的、不可分的爱去拥抱他的这种更高的使命;这种使命当然首先在于他自己的行动,但其次也在于通过这种行动在感性世界取得的某种成就。只要人还没有认识到他的在场的真正的根源和统一的基点,那么,我们提到的两部分内容,即他真正的、内在的存在和这种存在的外在成就,在他那里就会混淆在一起。这时,他会一事无成,所追求的外在成就也会停留于外部,造成这种结局的原因的确绝不在于他本人——因为他只想做他能做的事情——而在于不容易受他的影响的外部环境。由于这种失败,他那种另有混合对象的爱也就得不到满足,正因为这样,他的极乐也被搅得模糊不清,受到了干扰。这驱使他更深地返回内心,使自己完全认清自己追求的究竟是什么,另一方面,认清自己实际上并没有追求、反而无动于衷的又是什么。在这种自我检讨中,他将发现我们上面清楚地说过的同样的现象,即使他不用同样的言辞来表达;而这种现象就是:他首先和真正要追求的是神圣存在和生活在他这个特定的个体中的发展;这样,他将完全明白他全部的存在和真正的爱,并且从第三种较高道德的立场——迄今为止我们还把他留在这种立场——上升到第四种笃信宗教的立场。这种神圣生活就像它仅仅能够并且应当在他和他的个体性中发展那样,不断地向前发展,而遇不到任何障碍和抵触;只有这才是他真正希求的;因此,他的意志不断地得到实现,而且某种违背他的意志的事情绝不可能成功。他这种特有的、内向的生活,现在当然也渴望不断地涌入环境,按照自己的模样塑造环境,而且只有在这种向外的努力中才证实自己是真正的内在生活,而绝不是单纯僵死的凝神静观;但这种向外努力的成就,并不单单依赖于他孤立的个体生活,而是依赖于他之外的其他个体的普遍自由:这种自由连上帝自己也不会想消灭,因而忠实于上帝、明了上帝的人也不会想消灭它。因此,他当然希望有外在的成就,他毫不懈怠,竭尽全力,增进这种成就,因为他根本不可能放弃这一点,因为这是他最特有的内在生活;但是,他并不无条件地、绝对地希求这种成就,并且,如果成就仍然停留于外部,也绝不会因而对他的和平与他的极乐有片刻干扰;他的爱和他的极乐返回到他特有的生活中,在这里,爱和极乐永远都会毫无例外地得到满足。——总体上的理解就讲这么多。此外,刚才触及的内容需

要进一步的分析,这个我们留在下一讲再做,以便在今天这一讲中还可以得出概括说明这个整体的结论,即:

(I,9,163)　　4)这种从道德方面笃信宗教的人所希求和不懈地促进的一切,对他而言,本身绝没有任何价值——正如它们对它们本身没有任何价值,不是最完善的东西,而只是在这一时刻最完善,在未来则会受更完善的东西的排挤一样——相反地,它们对他之所以有价值,是因为它们是上帝在他这个特定的个体中所作出的直接显现。于是,上帝原来也同样以一种特有的形态存在于他之外的其他任何个体中,尽管上帝在很多人那里由于他们特有的意志和缺少最高的自由而始终藏而不露,因而上帝既不向他们本人,也不在他们的行动中向其他人真实地显现。在这种状态中,从道德上笃信宗教的人当然就从自己方面投入了他在真正存在中应得的部分,从其他个体方面与这种存在中的那个属于他的组成部分割裂和分离开了,而且在他之内仍然有一种忧伤的追求与渴望,试图与属于他的那一半统一和融合起来;但实际上,这种渴望并不干扰他的极乐,因为这是他的有限性和他服从上帝的长久命运,用爱去拥抱这种命运本身就是他的极乐的一个部分。

那么,首先要问,就我们所假定的笃信宗教的人来说,那种隐蔽的内在存在在出现于其他个体的行动时,何以会获得价值呢?显然不是由于它自己,也就像它自己的本质不会因此对那种人有价值一样,而是因为它是上帝在这些个体中的显现。其次,他何以会要求这种显现对这些个体本身获得价值呢?显然仅仅是由于它被他们承认为上帝在他们之内的显现。最后,他何以会要求他自己的行为和追求对那些个体获得价值呢？显然也仅仅是由于他们承认它是上帝在他之内的显现。

所以，就道德宗教的意志从它的内在的、永远藏于自身的生活走向外部而言，我们现在就获得了它的一种一般的、外在的特征。首先，这种意志的对象永远只是理性个体的精神世界，因为由客体组成的感性世界对他来说早已降低为单纯的领域。但是，他在这一精神世界的积极意志是这样一种意志，即：在每一个体的行动中纯粹显现的是神圣存在者在他身上所采取的形态；每一单独的个体在所有其他个体的行动中认出上帝，如同上帝在他之外显现一样，而其他所有的个体在这种单独的个体的行动中同样也认出上帝，如同上帝在他们之外显现一样；因此，上帝永远不断地、完整地出现在一切现象中，惟有他活着和存 (I,9,164) 在，他无所不包，无时不在，而且朝任何方向看，都永远只有他显现在有限者的眼前。

因此，正如基督教把这作为祷告道明的：你的天国降临吧！这正是这样一个世界的状态，在这种状态中，惟有你还存在、生活和统治，因为你的意志凭借你自己也不能消除的自由，会在大地上真正得到实现，如同这意志永远不断地在天堂里、在理想中、在世界上得到实现一样，仿佛这世界本身是在与自由无关的情况下存在的，而没有任何其他的东西能这么得到实现[104]。

例如，他们这时就会为世界上有这么多痛苦而叹息，并以其本身可嘉的精神着手减少这种痛苦。啊呀！可惜这种一眼就能看出的痛苦并非真正的痛苦。既然事情会像它本来那样存在，那么，这种痛苦还是在世上存在的一切事情中最好的；既然尽管有各种痛苦,世界也没有变好,那么,人们几乎就会相信,他们的痛苦还不够。上帝的肖像即人类受到玷污和贬低,遭受凌辱,这才是世上真正的痛苦,它使笃信宗教的人充满无限的愤怒。——也许在你伸手所及的范围内,你会牺牲你自己最喜爱的享受,来减轻人类的痛苦。但是,你之所以有这样的遭遇,仅仅是因为大自然给了你一个如此精细的、同其他人协调得如此和谐的神经系统,以致任何一种被看出来的痛苦在这一神经系统中都引起更痛苦的共鸣,所以人们会对你这种精细的有机组织表示感激;在精神世界中,你的行为却不值一提。假如你完成了同样的行为,而极其不满这个肯定在自己之内也有神圣东西的永恒之子会遭受这种虚无的折磨并被社会遗弃;假如你完成了同样的行为,而希望他分享一刻快乐的时光,使他在此刻兴奋而感激地仰望苍穹;假如你完成了同样的行为,而目的在于从你的手中向他显现出神性的拯救之手,使他意识到,上帝的臂膀尚未缩短,上帝仍然到处都有足够的工具和仆人,于是在他心中的信仰、爱和希望会油然而生,因而你要救助的真正对象就不是他那永远毫无价值的外表,而是他的内心——假如是这样,那么,这种同样的行为就会是在道德宗教的意义上完成的。

(I,9,165)

第 十 讲

尊敬的听众!

现在,既然我们想结束这里在你们眼前阐发的全部论述,就

第 十 讲

请你们今天再一次将它们概括为一个统一的观点。

自在的生活是单一的,它是没有任何变化而自身同一的,并且既然它是寓于它之内的生活之爱的完满充实,因而也是完满的极乐。在任何涉及生活的形态和品位的地方,这种真实的生活归根到底都是存在的;不过由于混入了死亡与非存在的因素,它会被遮蔽起来,于是它也就由于烦恼与痛苦,由于这种不完善的生活的压抑,而与它自己的发展背道而驰。我们已经亲眼目睹了真实的生活从不完善的最初能掩盖真实生活的假象生活开始以来的这个发展,并且打算今天将真实的生活引向它的核心,让你们得到它的全部荣光。在上一讲中,我们用较高的道德性的名称刻画了最高的现实生活,也就是说,既然现实性完全保持在反思形式中,而绝对不可根除的反思形式就是无限性,因而我们也就刻画了这样一种生活,这种生活在无限的时间中流逝并以人的亲自在场为它的工具,因而表现为一种行动。当然,我们必须承认:由于单一的神圣存在者分裂成许多个体——这种分裂是通过反思规律不可改变地设定起来的——,任何特殊个体的行动都不得不在自己之外,在其他的自由领域中追求一种不惟独依赖于他自己的成就;然而,只要这一个体上升到真正理解他本来无条件地追求的东西,并把这种东西同他仅仅有条件地追求的东西区别开,因而上升到了真正笃信宗教的高度,那么,他的极乐也不会因为这种成就存在于外部而受到影响。特别是关于后一点,我曾经让大家注意我们今天这一讲,并答应在本讲中对它进行更加深入的探讨。

为了准备这种探讨,我要从最深刻的观点来把握我们的整个对象。

(I,9,166)　　存在是在场的;按照包含于反思本身,并可从中发展出来的特定规律,存在的在场必然是意识或反思:这就是我们全部学说的那个现已从一切方面充分地分析过的根据。只有存在是在在场中在场的,只有通过它在在场中的存在,才有在场,并且,存在永远是在在场中在场的,就像它在自身中存在一样,而没有它在在场中的存在,在场就消失得无影无踪;没有任何人怀疑这一点。也没有任何稍微理解它的人会怀疑这一点。但是,在作为在场的在场中,或者在反思中,存在将它的完全不可把握的、至多可当作纯粹生活和作为加以描述的形式,直截了当地转变成一种本质,转变成一种持续存在的规定性;关于存在,除了我们就它的内在本质已经陈述的,我们绝没有不同的说法,也绝不会有人有不同的说法。现在,尽管我们的存在在自身是,并且永远是存在的存在,而绝不会变成别的东西,但是,我们自己为我们自己所存在与拥有的东西,在我们自己、自我和反思的形式中,在意识中,从来不是自在的存在,而是在我们的形式中作为本质的存在。那么,这种绝对不纯粹进入形式中的存在,究竟是如何仍然同形式联系在一起的呢? 这种形式难道不是无可挽回地从自身中冲出,并建立了第二种全新的存在,而这第二种存在恰恰又是完全不可能的吗? 我们的回答是,用单纯的事实代替一切如何,只问事实而不问如何。它们是直截了当联系在一起的:直截了当地有这样一条纽带,这条纽带高于一切反思,而非源于任何反思,也绝不承认任何反思的审判,但与反思同时并列出现。在这种反思的伴随中,这种纽带就是感受;既然它是一种纽带,

第 十 讲

那么这种纽带就是爱;既然它是纯粹存在和反思的纽带,那么这种纽带就是对上帝的爱。在这种爱之中,存在和在场、上帝和人完全融为一体(这种爱是上面提到的 A 和 B 的交叉点);存在在在场中的自我承受与自我坚持,就是它对自己的爱;只是我们不能把这种爱作为感受来思考,因为我们根本就不能思考它。它的这种自我坚持与反思一起的并列出现,即它的这种自我坚持的感受,就是我们对它的爱,或者,真正说来,就是它在感性形式中的那种自己对自己的爱;因为我们不能够爱它,而只有它自己能够在我们之内爱它自己。

这种既非存在的也非我们的,而是先将我们两者分成两半,然后又将我们两者连为一体的互爱,现在首先是我们经常提到 (I, 9, 167) 的那个关于一种纯粹存在或关于一位上帝的空洞概念的创造者。那种带领我们超越一切可认识的与被规定的在场,超越绝对反思的整个世界的东西,究竟是什么呢? 是我们无法通过在场充实的爱。在这种情况下,概念只能做刚好惟有它能做的事情,它解释和塑造这种爱,从一切不能满足这种爱的东西中纯然抽象出爱的对象,这种对象只有依靠概念才成其为对象,它给这些东西仅仅剩下一种对可理解性的纯粹否定与永恒的可爱性。除了一种直截了当地安于自身,并超越一切仅仅在反思中才可能的怀疑的爱,究竟是什么东西使我们确信上帝呢? 除了这种爱直接是绝对者本身的自我承受与自我集中,还有什么使它安于其自身呢? 尊敬的听众,它绝不会是这样一种反思,这种反思由于其本质使然,在自身分裂,因而自相分裂为二;不,爱是一切确实性、一切真理性和一切实在性的源泉!

我说过，上帝概念正是通过这种方式成为一种内容空洞的概念，这种上帝概念解释一般的爱。相反地，在活生生的生活中——我请求注意这一点——这种爱并没有得到解释，而直接就是那种所爱的东西，并且拥有和坚持那种所爱的东西；这种所爱的东西绝不在那种根本不能满足爱的概念当中，而恰恰就直接在爱当中，并且就像在它自身中一样，因为爱无非是绝对存在的自我坚持。爱的这种内容和素材，现在就是由生活的反思首先造成一种固定的、客观的本质；于是，这种如此产生的本质又无限地、不断地分裂，变成别的形态，这样就创造了反思的世界。我要问：究竟是什么东西给这个世界——在这里本质的形式与各种形态显然都是反思的产物——提供真正的基本素材呢？显然是绝对之爱；绝对之爱，正如你们现在想说的那样，就是上帝对自己在场的绝对之爱，或者说，在场对纯粹上帝的绝对之爱。那么，留给反思做的是什么呢？——将基本素材客观化，并且无限地加以塑造。但是，即使从后者的角度看，是什么让反思无处停留，而不停地驱使它从它所达到的每一个被反思的东西移向另一个被反思的东西，又从这一个移向下一个呢？正是一种对于纯粹的、实在的绝对者不可根除的爱，这个绝对者必然逃避反思，隐藏在一切反思背后，因而必然应当在所有反思背后无限地加以寻找；正是这种爱借助永恒不断地推动反思，使它向一种生动的永恒延伸。因此，爱高于一切理性，它本身就是理性的源泉、实在性的根源以及生命与时间的惟一创造者。尊敬的听众，

(I,9,168) 我由此终于清楚阐明了我们迄今所达到的关于存在论、生活论和极乐论，即关于真正思辨的最高的、实在的观点。

第 十 讲

（最后，在现实的人及其生活中，爱完全是真理性与确实性的源泉，同样也是完满的真理的源泉。完满的真理是科学，但科学的要素是反思。现在，只有科学明白自己是对绝对者的爱，并将绝对者如其必然的那样，理解为绝对超越一切反思的、反思无法以任何可能的形式达到的东西，科学才能进入纯粹的客观真理；恰好也只有这样，科学才能够完全分辨和理解那种对它来说过去一直同实在性混淆的反思，并和盘托出对实在性反思的一切产品，这样就能确立起一种知识论。简言之，成为神圣的爱的、因而在上帝之内完全毁灭自己的反思，就是科学的立场：以上是我想用这个适当的机会顺便说明的。）

我想用一种更容易记住的形式向你们说明这一点，并把它同已经熟悉的内容联系起来。我们已经两次提到约翰讲的话："太初有道"等等[105]。用我们在直接的使用中的表达，约翰的那句话首先就转换成："在太初直截了当地同存在一起的，有在场"；然后，在我们进一步认识到在场的多种多样的内在规定，并用形式这个名称概括了这些规定之后，它就转换成："在太初直截了当地同上帝或存在一起的，有形式。"现在，在我们认识到我们过去视为真正在场的意识及其全部杂多的形式仅仅是间接的在场及其单纯的现象，而具有独特形式的真正的、绝对的在场则是爱，以后我们就这样来表达约翰的那句话：在太初先于一切时间与时间的绝对创造者的有爱；爱存在于上帝之中，因为它是上帝在在场中的自我保持；爱本身就是上帝，在爱之中有上帝，上帝永恒存在，就像他在自身中一样。万物都是由爱借助于生动的反思，用爱作为基本素材造成的，如果没有爱，就造不成业已造成的一切[106];爱永远在我们之中,围着我们,成为肉身,并寓于我们当中,仅仅有待我们自己洞见到它永远浮现在我们眼前的荣光,即一种神性永恒而必然流溢的壮丽景观。[107]

(I,9,169) 　　活生生的生活是爱;它作为爱,拥有所爱的东西,拥抱和渗透所爱的东西,并与所爱的东西融为一体;它永远是单一的、同样的爱。不是爱将所爱的东西置于自己面前,加以分解,而是只有反思才这样做。因此,就人是爱而言——在他的生活的根源中,他永远是这样,而不可能是别样,尽管他可能是对他自己的爱——特别就他是对上帝的爱而言,他永远像上帝本身那样是单一的、真实的与不朽的,而上帝本身是永远存在的;同一个约翰说,"谁住在爱里面,谁也就住在上帝里面,上帝也住在他里面"[108],这绝不是一种大胆的比喻,而是字字属实的真理。只有他的反思,才使他这种特有的、而绝非外来的存在与他疏远,并试图在整个无限性中去把握他自己在任何地方都是、并且永远依然是的东西。因此,永远变化的并不是他内在的本质,即他特有的、属于他自己而绝不属于他人的东西;相反地,变化的仅仅是这种本质的现象,而这种本质永远是现象根本无法代表的。我们已经在一个适当的时刻说过,人的眼睛给自己遮蔽了上帝,并将纯粹的光分解成有色光;现在我们说:上帝之所以是由人的眼睛给人遮蔽起来的,仅仅是因为人自己是由他的这种眼睛遮蔽起来的,是因为他的视力从来不能达到他特有的存在[109]。正如我们上面也已经说过的那样,他所看的,永远是他自己;不过,他并不像他本身存在的那样看他自己,因为他的存在是太一,而他的视力则是无限进展的。

爱必然出现在反思中,并直接表现为一种以个人的感性生存为其工具的生活,因而也就表现为一种个体的行动,具体地说,表现为一个完全为爱特有的、超越一切感性的领域中的行动,即一个全新的世界中的行动。哪里有神圣的爱,哪里就必然有这种现象;因为前者是通过自己这样表现的,而没有借助于此间出现的新原则;反之,哪里没有这种现象,哪里也就没有神圣的爱。对那种不存在于爱中的人说"要合乎道德地行动",完全是徒劳的,因为只有在爱中才能产生道德世界,没有爱,就没有道德世界;对这种在道德世界中有爱的人说"要行动",同样是多余的,因为他的爱已经凭其自身有了生活,而行动和道德行动单纯是他的这种生活的静默的显现。这种行动根本不是自在自为的东西,它没有自己的原则,而是静悄悄地逃离爱,就像光似乎逃离太阳,世界真正逃离上帝对自己的内在的爱一样。只要有人不行动,他也就没有爱;谁相信没有行动的爱,他的幻想就仅仅是由外面灌输给他的爱的图像启动的,而这种图像并不符合于任何内在的、寓于他自身中的实在性。同样是约翰,在他把兄弟之爱本身在某种非常正确的意义确立为较高的道德之后说:"如果有人说他爱上帝却又恨他的兄弟,他就是一个说谎者";[110]或者,用更符合于我们的时代,却根本不更温和的语言来说,他是一位空想家,他实际上并没有永远存在于他心中的对上帝的爱,这种爱并不构成他的真正生活的根源,而最多只能起个示范作用。

(I, 9, 170)

我们说过,爱是永远完整的,渗透自身的;它作为爱,在自身中永远拥有完整的实在性;只有反思才有分割与分裂。因此,我们也就由此回到了我们在前一讲停留的地方,因而也就是说,单一的神圣生活之分裂成不同的个体,绝不是存在于爱中,而是仅仅存在于反思中。所以,直接表现为正在行动的个体和所有出现在他周围的个体,都仅仅是单一的爱的显现,而绝非事物本身。在他自己的行动中应当表现出爱,否则爱就不会存在。但是,他人的道德行动却不是他直接可以达到的爱的显现,这种缺陷根本不能直接证明爱没有出现;因此,正如我们在前一讲中所说的那样,他并不无条件地希求他人讲道德与笃信宗教,而是满足于他人有自由;这种普遍的道德没有出现,并不会干扰这种完全安于自身的爱的宁静。

其余的整个精神王国中的道德生活与笃信宗教,首先是与每个特殊个体的行动关联的,就像效果与其原因的关系一样。从道德上笃信宗教的人想广泛地传播道德和宗教。但是,他的笃信宗教同他人的笃信宗教之间的分别,仅仅是一种反思中的分别,因此,成功与不成功对他的感动必定是根据反思的规律产生的。然而,正如我们已经在上面的另一场合看出的那样,反思的独特感情就是同意或不同意,而这种同意或不同意的感情当然必定不是冷酷的,相反地,人爱得越深,这种感情就越强烈。(I,9,171) 不过,对他人的道德生活的反思当然带有感情,因为对笃信宗教的人而言,这种反思就是在他外面充满感情的整个世界的最高的、真正的根源;对他来说,这个世界单纯是一个精神世界。

刚才所说的内容给我们提供了一些原则,以便比前一讲可能做到的还要更加深入地来刻画笃信宗教的人对他人的态度,或人们会称之为他的仁爱之心的东西。

第 十 讲

首先，再没有比那种备受赞扬的本身永远都好和让一切都好的善举更远离这种宗教的仁爱之心的了。倒不如说这种远离对上帝的爱的思维方式，就是我们以前的一讲中充分描述过的一种精神的绝对浅薄与内部涣散，这种精神既不能够去爱，也不能够去恨。笃信宗教的人并不关心人类的感性幸福，除非他的特殊职业要为人的一种有价值的生计而操心；除了走在神圣秩序的道路上，他不会为人类谋求幸福。他不会希望通过周围环境使他们极乐，上帝也不会希望这样，因为上帝的意志与旨意即使涉及与他结义的族类，也总是他的意志与旨意。如果上帝的意志在于在他之外找不到任何和平与安宁，每个人都要受尽折磨，直到毁灭其自身，并投入上帝的怀抱，那么，这同样也是忠实于上帝的人的意志。如果他重新发现了他们在上帝中的存在，他就会爱他们的存在；他内心深切地痛恨他们在上帝之外的存在，他痛恨他们有限的存在，这正是他对他们本真的存在的爱。耶稣说："你们不要以为我来是给地上带来和平的，"——和平正是那种让在场的一切都好的善举——"不，"耶稣说，既然你们现在已像你们存在的那样存在，"我是给你们带来剑的。"[111]业已提到的那种浅薄精神所作的同样众所周知、备受青睐的努力，是为了人们会留在那种宜人的气氛中，对时代的各种环境作某种解释，或改变对它们的解释，加以尽善尽美的说明；笃信宗教的人也同样远离这种努力。他想要看到它们实际上是什么样的，而且他就是这样看到它们的，因为爱也会擦亮眼睛；他作出了严格、深刻和正确的判断，直扣现今盛行的思维方式的原则。

如果看到人类会是什么样子，他的占主导地位的感情就是一种对人类无价值、无尊严的生存的极大愤怒。他看到他们在心灵的最深处毕竟都具有他们的神圣东西,只不过这种东西在他们身上不能表现出来;他看到他们由于有人对他们发出的种种非难而蒙受最大的痛苦,但有人喜欢称为他们的邪恶的东西却只是他们自己的深重苦难的流露;他想到他们只能将他们的手伸向永远在他们周围的好东西,以求享有片刻的尊严与极乐;一看到和想到这一切,一种深深的忧郁与悲伤就会向他袭来。引起他的真正痛恨的,仅仅是一种反常的狂热之徒,这种狂热之徒不满足于他本人没有尊严,而是只要他力所能及,就力图使所有的人都和他一样没有尊严,在他之外的任何一种更好的事物的景象都会激起他深深的恼怒与仇恨。因为前一种所述的事情只是罪人的行为,而后一种所述的事情则是恶魔的勾当;因为即使恶魔也恨好的事物,而这并非简单地因为它是好的,要是这样,恶魔就会变成完全不可思议的了,而是出于嫉妒,因为他自己不能得到它。如果说,按照我们新的描述,受上帝感召的人希望他和他所有的弟兄身上四面八方都永远只反照着上帝的荣光,就像上帝在他自身中一样,那么,与此相反,受自己感召的人则希望,他和他所有的同伴身上都永远只映现他自己的那种毫无尊严的形象。他通过这种摆脱他的个体性的方式,超越了利己主义的天然的和人为的界限,把自己变成普遍的理想和上帝,而这一切也正是恶魔之所为。

最后,终于在笃信宗教的人身上完全明确地、不可改变地和永远自身同一地体现了对他同类的爱,因为他绝对从来都不、无论如何也不放弃致力于提高他们的境界,因此也就绝对从来都不、无论如何也不放弃对他们的希望。他的行动当然是他的爱的必然表现;但另一方面,他的行动也必然面向外部,给他设定一个外部世界,设想在这个外部世界应当实现某种东西。如果不根除他身上的那种爱,那就既不会取消这种行动,也不会取消他在行动中的这种必然的想法。尽管他经常遭到外来的打击而没有取得预期的成功,但他也被驱回到他自身,从那种在他之内永远流淌着的爱的源泉中汲取新的乐趣与爱,获得新的手段,并不断地由此受到推动,进行一种新的尝试,即使这次尝试失败了,还会再次进行新的尝试;他每一次都假定,迄今尚未成功的事情,这一次会成功,或下一次会成功,或总有一次会成功,万一他根本不能成功,那么,通过他的帮助,根据他的准备工作,他的 (Ⅰ,9,173) 后继者也总会成功。所以,对他来说,爱是一种永远流淌着的信仰与希望的源泉;这里指的不是对上帝的信仰与希望,而是对人的信仰与希望,因为上帝无所不在,每时每刻都活在他心中,他不需要现在才相信上帝,上帝永远像上帝自己存在的那样完整地出现在他面前,因此他没有什么要期望于上帝的。现在,他只要愿意,就可借助于这种不可动摇的信仰与这种从不令人疲倦的希望,超越现实的观察能使他充满的一切愤怒与悲伤;他只要渴望,就可借助于它们,在他胸中充满最可靠的平静与不可摧毁的安宁。就让他超越现在,展望未来吧!只凭这一眼,全部无限性就展现在他面前,千年、万年对他都不算什么,他愿意多少年,就可以假定多少年。

终于——终点究竟在哪里?——终于必定会百舸归航,回到永恒的宁静与极乐的那个安全港湾,终于必定会出现那个神圣王国和上帝的权柄与荣耀。[112]

这样,我们也许已经将一幅极乐生活的图画——只要这种图画是可能的——的基本特征,凝聚成了一个统一点。极乐本身就在于爱,在于永恒的爱的满足,并且是反思所达不到的;概念只能从反面表达极乐,我们的那种用概念作出的描述也是如此。我们只能指明,极乐的人摆脱了痛苦、辛劳与匮乏;而他的极乐本身在哪里,却不能从正面加以描述,而只能直接加以感受。

怀疑与不确实性都使人不幸,怀疑一直折磨着我们,不确实性则在我们面前传播着不可冲破的黑暗,在黑暗中,我们的脚找不到可靠的小径。笃信宗教的人永远摆脱了发生怀疑与不确实性的可能。每时每刻,他都明确地知道,他希求什么和应当希求什么;因为对他来说,他生活的最内在根源和他的意志,都显而易见地、永远直接地出自神,神的示意是可靠的,而他对神的示意也有一种可靠的洞见。每时每刻,他都明确地知道,自己将永远知道自己希求什么和应当希求什么;他明确地知道自己身上涌动的神圣的爱的源泉将永不枯竭,而是会正确地保护他,永远引导他。这种源泉是他生存的根基,他现在已经清楚地明白了 (I,9,174) 它,他的眼睛紧盯着它,充满深切的爱;这种源泉怎么会枯竭,这种眼睛又怎么会偏离!在他周围发生的一切,没有什么会使他感到惊异。不管他是否理解,他都肯定知道,这是在上帝的世界里,而在这个世界里,不可能有什么东西不以善为目的。

他心中没有任何对未来的畏惧,因为绝对极乐的生活永远引导他走向未来;他没有任何对过去的追悔,因为如果他过去不在上帝中,他过去就什么也不是,现在这一切都已过去,只有在他投入神的怀抱之后,他的生命才问世;而如果他过去在上帝中,他的所作所为就是义举与善行。他从来不必放弃什么东西,也从来不必渴望什么东西,因为他永远拥有他所能把握的完满的一切。对他而言,劳作与努力都已消失;他的全部表现都是从他的内心优雅地、轻松地流溢出来的,并且毫不费力地脱离了他。现在,这一切可以用我们一位伟大的诗人[113]的语言来表达:

> 极乐的天神在奥林匹斯山上,
>
> 生活就像轻风一样,
>
> 永远澄明、清如明镜而平稳。
>
> 尽管日月推移,人世代谢,
>
> 他们青春美好的盛开的蔷薇,
>
> 却在永劫之中没有变更。

尊敬的听众,在这些讲演中,关于真正的生活,关于这种生活的极乐,我想要告诉你们的就这么多。的确,关于这一对象,人们还可以长期谈论下去;特别有意思的是,在我们认识了从道德上笃信宗教的人的生活核心之后,由此陪着他进入日常生活,直至最普通的事务与环境,在那里观赏他全部真正诱人的可爱与达观。但是,如果没有对那些首要的基点的彻底认识,这种描述对听众就很容易或者流于一种空洞无物的夸夸其谈,或者成为一种仅仅在审美上能令人满意,但在自身并不具备自己存在的任何真实根基的空中楼阁。这就是我们宁可克制自己,不再继续谈论这一对象的原因。就各个原则来说,我们已经说够了,也许甚至说得太多了。

为了给整个作品补加一篇适当的结束语,我只邀请你们再听一讲。

第 十 一 讲

(I,9,175)

尊敬的听众!

我们的研究对象,就其应当至此穷尽而言,已经通过我们的上一讲完全穷尽了,我只需给整个演讲再补充它的一般运用;当然,我保持在一定的限度内,这一限度给我设定了一种有根基的良好风范和我们之间开放自由的关系,这种关系是由你们,尊敬的听众,和我之间的这次谈话建立起来的,今天,它就要结束了。

我的愿望是,尽可能推心置腹地向你们倾诉我的心思,把它传递给你们,并且按我的意思,你们的心思也传递给我。我也确实相信,我已经成功地将在此应当得到表达的思想以一种至少前所未有的清晰性表达出来了,并且同样也成功地将这些思想就它们本然的联系作了描述。但是,即使是在最清晰地阐述这些思想,而听众也极其正确地把握这些思想的时候,在传达者与接受者之间也仍然会一直牢牢地保持着一道巨大的鸿沟,在他们可能推心置腹的方面完全会有很多东西无法传达。在我们的时代,人们不得不信赖这种缺陷,就像信赖一种真正的规则一样,相反的情况则只是一种例外。

接受所提供的开导之所以这么缺乏推心置腹,在我们的时代有两个主要原因。

第十一讲

　　首先是因为，人们并没有像应当做的那样，用整个心灵，而是仅仅用知性或幻想投入所提供的课程。在用知性的情况下，人们仅仅带着求知欲或好奇心来观察这件事，以便看到这会如何进行和发展，除此之外，对内容就漠不关心了，不管这种内容有这样或那样的结果。或者在用幻想的情况下，人们仅仅以我们的幻想面前匆匆演示的一系列图像、现象和讨人喜欢的话语与说法来取乐，除此之外，同样对内容漠不关心。人们将这件事恰恰视作外在于自己的和脱离开自己的，并把它同自己分隔开，而不是像他们该做的那样，以自己真正的爱试做这件事，看看它 (I,9,176) 如何会合乎这种爱。于是，他们很容易假定传达者也抱同样的心情，以为传达者关心的仅仅是通过思辨，以一种可能令人愉快的方式消磨时光，让人欣赏他的洞察能力与辩证艺术，制作华丽言辞，以及诸如此类的结果。但是，由于提出这样一个问题——哪怕这是在他们自己的心中——即传达者本人是否会抱有爱心，活生生地受到他自己所说的东西的感动，并且由于假定，如果传达者能够做到，他大概也希望这么感动他们，所以，他们会担心跨越个人权利的界限，使传达者蒙受耻辱，也许甚至将他变成一位空想家。现在，如果人们在可以作、并且应当作这种假定的地方而不作这种假定，那么，虽然传达者不会蒙受任何伤害，因为他可以轻而易举地超越这种远远落后于他的真正信念的外来判断，但是接受者却的确会蒙受伤害，因为对他来说，获得的开导反正会有像他对待它的态度那种结果，而且如果他自己不给这种开导提供对于生活的联系，那么对他来说它就同生活毫无联系。单纯的知性所作的那种冷淡的、漠不关心的静观，是科学的思维方式的特征，而科学的一切现实的发展都是从这种对内容的漠不关心开始的，因为惟独对形式的正确性抱有的兴趣一直保持到形式靠这种漠不关心完全产生出来；但是，一旦形式完成了，它就返回来流入一切事物终归都要涉及的生活。我们目前这些演讲的目标，最初都不是科学理论的，而是实际应用的，尽管有些方面顺便考虑到了我所了解的我的听众对科学的要求。因此，今天在结束这些演讲的时候，我们当然得承认，要是有人假定，我们是完全严肃地对待这些演讲中所阐明的东西的，确立的各个原理在我们这里也同样源于生活又回到生活，而且我们本来就希望它们也会融入我们的听众的爱与生活，那么，我们就该对此毫无异议；并且我们还得承认，我们只有在这种情况真的发生的时候，才可以认为我们的目标已经完全达到，才可以相信我们作过的传达是像它理所当然的那样推心置腹的。

(I, 9, 177) 在我们的时代，推心置腹的传达的第二个障碍就是要不偏不倚、不作赞成或反对的决断这种盛行的准则；这种思维方式自命为怀疑主义，并且还拥有其他尊贵的头衔。在作这些演讲的过程中，我们也已经谈过这种思维方式。它的产生根源在于绝对缺乏爱，甚至缺乏最普通的自爱；这就是我们上面所描述的极度的精神涣散，在这种时候，人根本不能关心他自己的命运；或者说，这也是一种真正冷酷的观点，认为真理并不是好东西，认识真理将一无所获。为了超越这种绝非显示其洞察力强而是暴露其极度愚昧的怀疑主义，人们至少必须在这些问题上拿定主意，例如，真理是否无所不在，它对人类而言是否可以企及，它是不是好东西。在结束这些讲话的时候，我必须承认，要是有人今

第十一讲

天甚至对刚才提到的几点还不清楚,甚至于他至少对这里所阐明的结论还要求时间来思考,作出臧否的决断,也许他此外还赞同演讲的技巧,而承认不必对内容本身作出判断,那么我说,在这个人和我之间沟通看法与相互影响的结果是最肤浅的;他也许只是增加了他现存的各种可能有的意见,而我则想象他有某种更加卓越的看法。对我来说,有真理存在,有人类可以达到、可以清楚把握的真理存在,这不像是天上有太阳或我自己的身体有感觉那样确实,而是无限确实的;我也可以坚信,就我的方面而言,我已经根据一个确定的、我所特有的观点,以一定程度的清晰性理解了真理,因为不然的话,我肯定会保持沉默,避而不作口头与书面的讲授;最后,我也可以坚信,我讲的,尤其是也在这里讲的东西,就是那个永恒不变的、使其他一切相反的东西成为不真的真理,因为不然的话,我也不会讲它,反而会讲我认为是真理的另一种东西。长期以来,在广大的读者和作者中有人已试着用押韵或不押韵的文字,怀疑我似乎就持这种最后所述的特别意见[114],而且我已多次通过书面的方式承认了这一点[115];然而——文字是不会脸红的——人们似乎还在设想,并且执着于对我的良好期盼,以为我会再一次对于人们为此目的不断重复的道歉而感到羞愧;而且人们还以为,我已经因此想要面对无数尊敬的听众,在众目睽睽之下口头承认那种对我的指控的正确性。[116]首先通过我所掌握的手段使其他人能够清楚和理解我所认识的东西,尽我的心迫使他们去理解[117],然后——我也一直肯定这一点——对我所阐明的东西的真理性与正确性的信念就会自动出现,这在关于一切严肃东西的看法所有的沟通中,

(I,9,178)

并且也在对你们这些尊敬的听众的这次演讲中,向来都是我的目标和我的意图;因此,传播我的信仰,竭力劝人改宗,或还要用他们痛恨的言辞表达我很坦率地承认的那种意图,无疑向来都是、并且现在也是我的目标。那种以种种方式极其频繁地向我推荐的谦逊说的是:"您瞧,这就是我的意见,请您看看我个人怎样看待事物,因为除此之外,我当然还认为,我的这种意见比起开始有世界以来持有的、直到世界末日仍然持有的其他一切意见,并没有什么更完善的地方";这种谦逊,我说,我是不可能抱有的,这一方面是出于上面提出的理由,另一方面也还因为我认为这种谦逊是最大的不谦逊,是一种可怕的、可憎的傲慢;这种谦逊信的是:有人想知道我们个人怎样看待事物,但只要人们意识到的也不过还是自己的意见,而不是自己的知识,它就开口教训别人。当然,在这种情况发生之后,我得屈从于这一事实,即人们没有理解我,正因为如此,也没有信服我,之所以这样,是因为没有外在的逻辑强制手段让人理解,相反地,理解与信服都仅仅是从生活的心灵深处和对生活的爱中发展出来的;但是,事先就屈服于这种不理解,在沟通看法的过程中就像期待某种应当发生的东西一样期待理解,这是我做不到的,我从来没有做过这类事,在这些演讲中也没有做过。

现在提到的一种关于严肃对象作更推心置腹、更富有成果的沟通看法的障碍,甚至在那些或许有兴致和有力量超越它的人那里,也会通过在我们时代所遭遇的各种日常环境,被不断有力地保存下来,并且得到翻新。尊敬的听众!只要我的意见表达得更清楚些,你们就会发现,这些事情我迄今既没有直接提到,也没有拐弯抹角地暗示,但是现在,在深思熟虑之后,我终于决定承认那些环境的存在,从它们的原则来估价它们,并用这种更深刻的观点,尽我的所能,或完全尽一种外来力量的所能,武装你们,以便将来对付它们。

我非常熟悉的那种对于人们称之为论战的东西几乎普遍抱有的憎恨情绪,同样也不应当阻止我这样去做,因为这种憎恨本身就出自那种我与之发生冲突的环境,是这种环境的重要组成部分。在憎恨不是某种更无价值的东西——这在下面将进一步加以讨论——的地方,它至少也是对任何论战都必然导致的一切比较严格的区别与分析的病态厌恶,是对我们曾经充分描述过的各种矛盾中的混乱与含糊难以克服的偏爱。

经常可以听到一种警告,说大家必须不理会这类东西,必须蔑视它们,这种警告同样也不应当阻止我这样去做。不可期望,在我们的时代任何一位具有清晰认识和明朗性格的人物竟缺乏对于这样一种假定的蔑视,这种假定说的是,他本人会由于出自那些环境的判断而受到伤害和贬低;那些警告者本人也许不喜欢想一想,由于他们认为他们必须提醒我们理应受到的蔑视,他们自己理应受到多少蔑视,并且也常常立即受到多少蔑视。

通常都假定,人们发生矛盾、争执和论战,仅仅是为了满足一种个人的癖好,同时伤害那个曾经伤害过他的人,这种假定不应当阻止我这样去做;正是那些软弱的、对坚实的真理及其价值毫无所知的人,凭借这种假定,甚至以为获得一种体面的理由,有权憎恨和蔑视这种反正能惊扰他们的舒适生活的论战。这是因为,有人相信,人们只有出于某种个人的利益才会反对某种东

(I,9,180)

西,而这只不过证明,他本人是仅仅出于这一原因才会这样做,而且一旦他要论战,无疑只有个人的仇怨才会是他要论战的动机;这里,我们十分乐意接受上面提供的蔑视这类东西的建议;因为这种人不作进一步的证明,就把我们定为他的同类,这是一种侮辱,这种侮辱只能用蔑视加以回答,而每个正直的人都会这样做。

不应当阻止我这样去做的还有这种情况,即有人说,只有少数人才这样说或这样思考,因为这种主张正是那些佼佼者应当受到责备的胆怯借以自我欺骗的一种谬误。保守地计算,在德国有教养阶层中百分之九十九的人都是这么想的;在发号施令的最高圈子里,情况最糟糕;正因为这样,连我们指出的比例也不会马上降低,而是将会增加,尽管只存在着少数派的发言人和书面表达少数派精神的人,这种情况的出现也只是因为在任何地方发言人都是少数人;但是,没有发表东西的那部分人,则在阅读,并在他们的心灵中神不知鬼不觉地靠准确表达他们真实的信念的读物来提神。他们实际上就是这么做的,而我们的指责根本没有冤枉这些读者;尽管这些读者一直镇静自如,能对他们的言论小心翼翼地保持清醒,然而一旦激情被点燃,就会无可争议地冒出那种情况;如果人们侵犯他们的一位发言人和代言人,这种情况也总要发生。于是,他们大家都一个个地站起来,联合到一起,反对共同的敌人,仿佛每个人都以为他宝贵的财产受到了侵犯。

因此,尽管人们将我们熟悉的所有这一派别的成员都抛置一旁,蔑视他们,但是人们不应当抱着这种单纯蔑视的态度,对事情本身置之不理；因为这是绝大多数人几乎达成普遍一致的事情，并且将长期存在下去。这种自命清高而小心翼翼地避免同那些事情接触的态度，也无异于一种怯懦，仿佛担心在那些冷僻的地方毕竟自己会被玷污；相反地，有力的阳光必然会驱散每个洞穴的黑暗，并不因而吸纳黑暗。它当然不能打开这种洞穴中盲人的眼睛，但它一定能向明眼人显示这种洞穴中的情景。

在以前的演讲中我们已经指出，并且在这些演讲中也偶尔 (I, 9, 181)
提及，现时代盛行的思维方式简直颠倒了荣辱概念，把真正侮辱人的东西当成荣誉，把真正的荣誉反而当成耻辱[118]。所以，任何人只要静听，都一定会立刻明白，我们上面提到的怀疑主义被现时代在洞察力的名义下通常算作荣耀，实际上是明显的愚蠢、浅薄与弱智。然而，在宗教方面，现时代的这种完全反常的表现却极其特别与突出。如果我没有让你们至少明白这样一种情况，我对你们所说的一切就完全是浪费口舌，而这种情况就是：一切非宗教的态度都是拘泥于事物的表面与空洞的假象，正因为如此，是以缺乏精神力量为前提的，因而必然暴露其头脑与性格的弱点；反之，宗教则超越假象，深入探究事物的本质，因而必然发现精神力量的最佳运用、最深刻的思想和洞察力以及与此不可分割的最坚强的性格；因此，根据判断荣誉的一切原则，不信宗教的人一定受轻视与蔑视，而笃信宗教的人则得到高度评价。这个时代盛行的思维方式把这一切都颠倒了。在这个时代的大多数人那里，没有什么事情比一个人让自己受到一种宗教思想或宗教情绪的感动，会带来更直接、更确凿的耻辱；因此，也没有什么事情比一个人让自己不受到这种思想与情绪的束缚，会带来更可靠的荣誉。靠这种信念,似乎可以给现时代以某些美化的东西,就是它能够把宗教仅仅设想为迷信,以为有权将这种迷信当作它可以超越的东西加以蔑视,并且既然这种迷信与宗教是一丘之貉,因而它也以为有权蔑视一切宗教。在这方面,它的不理智与由此产生的难以度量的无知,即两种并存的严重胡闹,都在跟它开玩笑。首先是因为,认为这个时代超越了迷信的看法根本就不真实;正像人们在任何一个场合都能睁眼看到的那样,它的心灵深处仍然充满迷信,因为每当有力地触及迷信的根源时,它就会惊慌失措和颤抖不已。其次,这也是主要之点,迷信本身就是宗教的绝对对立面,它也只能是非宗教的态度,只不过有另一种形式罢了;它是心情忧郁的非宗教态度,而现时代很乐意——如果可能的话——采纳的则会是无忧无虑的非宗教态度,只不过当作对那种忧郁的摆脱而已。虽然现在一定可以看出,一个人在有后一种情绪时怎么会比在有前一种情绪时内心感觉稍微好一点,而人们也会乐于看到人类在其处境中有这种小小的改善;但是,在本质上不变的非宗教态度如何通过这种非本质的形式的改变,变得明智和值得尊重,却绝没有一个明白人会理解。

(I,9,182)

所以,这个时代的大多数人就无条件地蔑视宗教。——那么,他们怎么能将这种蔑视付诸行动和表现于外呢?他们是用理性根据攻击宗教吗?既然他们对宗教简直一无所知,他们又怎么能这样做呢?或者,他们是用嘲讽攻击宗教吗?既然嘲讽完全以某一个受嘲讽的对象的概念为前提,而他们却完全没有这类概念,他们又怎么能这样做呢?不!他们只是翻来覆去地唠叨,指出这儿和那儿有人说过这种和那种可能有关宗教的事情;然后他们就对自己说的事情不再加以思索,而哈哈大笑起来,而且每个有礼貌的人都会赔笑;但事情绝非这样,好像第一个嘲笑的人或他的任何一个后继者在其内心深处的确是由一种可笑的表象——如果没有一个概念,这完全是不可能的——引起笑声的,相反地,他这样做,仅仅是遵循一种共同的默契;所以,整个圈子里的人很快都笑开了,没有任何一个人意识到他笑的理由,但每个人都以为他的同伴肯定会有这样一种理由。

让我们就当前的事实本身,并且直接就我们这里所做的事情,继续对有关情况作出说明!关于我究竟怎么想到在这个城市给各行各业的听众作通俗的哲学演讲的故事,似乎太离谱了。然而,姑且假定是这样,每一个对此事略有所知的人也都会明白,如果撇开单纯的科学目标不谈,那么,除了宗教,对各行各业的听众来说,在哲学方面就没有什么共同感兴趣的东西和可以共同理解的东西了。唤醒宗教信念是我们这些演讲的真正目的,在我去年冬季演讲的结束语[119]中,我已经明确地说出了这一点;为了这个目的,那些演讲现在已经付印,以供查阅:正如我曾经附带解释的那样,那些演讲只是为这件事做准备的,我们在其中只是涉猎了知性宗教领域里最主要的问题,但整个理性宗教领域仍未涉及。曾经对我有一种期待,认为要是我重拾这些话题,我就会在我抛下它们的地方将它们重新捡起。另外,我必须 (I,9,183)
按通俗的方式来指称通俗演讲的对象;我发现,"极乐生活指南"这一称谓会完全刻画出这种演讲的特征。我至今仍然相信,我在这一点上的做法并没有失误;尊敬的听众,在你们自己听完我的论述以后,你们自己就可以判定,你们听到的是极乐生活指南,还是与这种指南不同的其他东西。所以就发生了这样这一情况:有关这种指南的演讲是通过报纸公开预告出去的[120];正如直到此刻我还认为的那样,这是做得完全适当的、自然的。

但是,对像上面所描述的大多数人来说,我的预告和我的全部工作都可能显得无以复加地滑稽,他们可能在这里发现了大量笑柄,我对此不会觉得完全出乎意料,而会觉得同样自然。如果报纸发行人和传单编辑在我的报告厅里安插了固定的报导人,以期将这里的大量笑柄也引入他们的报章,博得他们的读者的开心,我认为这也是完全自然的。他们会想:"哦,极乐生活指南!虽然我们理所当然地不知道,这个人理解的生活和极乐生活是什么,但它总是一种语词的特殊组合,这种组合,我们还闻所未闻;很容易看出,将会在这种场合出现的无非是上流社会一个有良好教养的人乐于谈论的事情;不管怎样,难道这个人不能预见到我们会嘲笑他吗?既然他是一个明智的人,因而无论如何也必定要避免这一点,那么,他显然是不得体的;我们暂且要按照共同的默契嘲笑他,也许在这么嘲笑时,我们当中还会有人产生自己的想法和补充,以此说明这种嘲笑的理由。"

产生这种想法不是不可能的。例如,难道人们不可以说"这个想给别人以极乐生活指南的人,自己毕竟要受到多么令人极乐的赞美吗!?"[121]初看一眼,这种措辞现在似乎已经更风趣了,但是,让我们耐心一点,向它再看第二眼吧!假定情况真是这样,也就是说,如果所谈的那个人在清楚地洞见到他的原则时,处境大抵舒适安宁,难道就一定要用这种背后议论的方式,使他蒙受真正的侮辱吗？例如,有人就背后议论道:"是啊,这种现身说法可不就是一种不知羞耻的自我赞誉么?"——毫无疑问,人们不会直截了当地谈论自己,因为一个成熟的人,如果他愿意,那么,除了他自己之外,还可以有他能谈论的其他对象。但是,如果有人断言有某种给生活传播和平与安宁的思维方式,并许诺要让其他人了解这种思维方式,而这种断言和许诺必然包含着一个前提,那就是这个人本身拥有这种思维方式,并且由于这种思维方式只能带来和平,所以他也通过这种思维方式获得了和平与安宁；如果按理说,这个人在不默认后者的时候是根本不能谈论前者的,那么,这里的结果如何,我们就得听其自然了。假如一个人由于这种关联而不得不让人察觉,他绝不以为自己是半瓶醋,绝不以为自己是恶劣的、不幸的人,难道这会是一种多么不得了的厚颜无耻,会留下不可磨灭的笑柄吗?

毫无疑问,尊敬的听众,在我们所谈的大多数人那里,恰恰这是惟一的厚颜无耻与惟一的笑柄；通过刚才所说,我们将他们生活中最内在的精神暴露在光天化日之下。按照一条对这类大多数人也许还隐而不显、但给他们的一切判断奠定基础的原则来说,人类中间的一切交往都应当基于一个默认的前提,即我们大家同样都是可怜的罪人；谁把他人当作佼佼者,谁就是傻瓜；谁向他人自称佼佼者,谁就是狂妄的小丑；两者都令人可笑。在艺术与科学方面,可怜的罪人会想:我们大家当然什么都不会,什么都不懂,然而每个人也都乐意一齐说,这一点我们应当谦恭地相互承认、相互包容,自己谈论,也让别人谈论；但谁要是不同意这一点,真的假装他懂什么或会什么,那就是违背默契的行为，就是狂妄。在生活方面，可怜的罪人则会想：我们所有的活动的最终目的都是改善我们的外部环境，有谁不知道这一点呢？合乎契约的生活方式当然要求人们不能当面直截了当地对别人说出这一点，正如别人也没有义务要高声承认这一点一样，相反地，按照契约，在这种情况下是允许有某些托词的；不过，每个人都得静默地将它设定为前提，谁要是同这种默认的前提背道而驰，谁就是狂妄，并且是伪君子。

(I,9,185) 对于民族中少数佼佼者提出的众所周知的指控，是从上面所确立的原则出发的；这种指控人们到处可以听到，到处可以从出版物中读到。人们指控说："怎么，这个人想用美和高贵让我们消遣！他多么不了解我们！但愿他用乏味的玩笑给我们提供一幅关于我们自己轻浮和平庸的生活的可靠图像，因为这会让我们喜欢，这样，他就是我们的朋友，也了解他的时代。我们自己当然看得清楚，我们不喜欢的那种东西是最佳的，而我们喜欢的这种东西则是恶劣的、不幸的，但我们仍然只喜欢后者，因为我们就是这样。"——从这一原则产生了一切对于傲慢与不恭的指责，它们是著作家们用公开的出版物、世俗的人用口舌相互提出的；从这一原则也产生了大量公开流行、经常说出和寓意鲜明的笑话。如果要试验的话，我会自告奋勇，将世上的全部嘲讽——顶多有极少数例外——或者追溯到"他还不知道人类都是可怜的罪人"的原则，或者追溯到"他自以为比我们大家都好"的原则，或者同时追溯到这两者。一般而言，两个原则是结合在一起的。因此，在那类大多数人看来，极乐生活指南的可笑之处不仅仅在于我相信可以提供这种指南，而且也在于我假定会赢得

第十一讲

倾听这种指南的听众,特别是第二讲中回头倾听的听众;要是我还赢得了听众,那么,这种可笑之处还在于这些听众以为他们在这里可以取得什么东西[122]。

因此,那种大多数人永远生活在一切人同样有罪的前提下,他们总是将这一前提强加于每一个人;谁要是冒犯了这一前提,那么,在让他们心情舒畅时,他们就会嘲笑谁,在惹他们不高兴时,他们就会对谁大发雷霆;由于像目前所做的这类关于他们的真正本质的深入探讨,后一种情况尤其会经常发生。所以,由于这一前提,他们恰恰变得恶劣、凡俗和不信教,而且他们在这里逗留的时间越长,就陷得越深。与此完全相反,善良的、正直的人尽管认识到自己的缺点,并不懈地致力于改正这种缺点,但并不认为自己是彻底恶劣的,是一个实质上有罪的人;因为谁承认自己本质上是这样的人,因而对此表示屈服,谁也就恰恰因此成了这样的人,并且一直是这样的人。善良的人除了承认他欠缺的东西之外,也承认他拥有的东西;因为这恰恰是他定然需要的。显而易见,他在这种情况下并不是自我赞誉;因为谁要是还有一个自我,谁的身上就肯定根本没有什么善。不管他喜欢怎样对他的环境进行理论思考,在他与人们的现实交往中他同样不将他们假定为恶劣的,假定为可怜的罪人,而是将他们假定为善良的。他同他们身上的罪恶毫不相干,根本不求助于这种罪恶,而是求助于他们心中确实仍然潜藏着的善。他们身上不应当存在的一切,他根本就不指望,他的做法是好像这一切根本不存在;相反地,他执著地指望那种按照目前的情况应当在他们身上存在的东西,作为某种在那里必定刚好存在的东西,这种东西

(I, 9, 186)

是假定的,在任何条件下都不是他们没有的。例如,倘若他教学,他就不想得到心不在焉的人的理解,而是只想得到聚精会神的人的理解;因为心不在焉是不应该的,并且专心致志地学习最终远比学习某些命题更加重要。他根本不想体谅和迁就,而是要反对在某些真理面前的胆怯;因为这种胆怯是不应该的,谁不能承受真理,谁就不应当从他那里获得真理;性格的坚定性可能最终还比任何一种实证真理更有价值,如果没有前者,人们可能根本不能获得后一类东西。——但是,难道他不想讨人喜欢,不想发生影响吗?当然想,不过只能通过正义,通过神圣秩序的途径。他既绝对不想通过其他方式发生影响,也绝对不想通过其他方式讨人喜欢。那种大多数人以为,某种向来正直的人——或者在艺术和学说方面,或者在生活方面——乐意讨他们的喜欢,只是他不真正懂得怎样去做,因为他并不真正了解他们这种深沉的性格,因此他们就得告诉他,他们喜欢得到什么,这完全是他们的一种好心的假设。要是他看清了他们,而且比他们自己有朝一日能够认识到的还要深刻千万倍,只不过不想留意这种同他们打交道的知识,因为在他们自己没有合他的意之前,他就是不喜欢顺从他们的意志去生活,不想合他们的意,那又会怎么样呢?

这样,尊敬的听众,我除了描绘时代的日常环境之外,同时还向你们说明了彻底不理会这种环境,从中超拔出来的手段。大家不要为智慧而羞愧,哪怕在一个愚人的世界里孑然一身!至于他们的嘲讽,大家只应有勇气,不马上跟着嘲笑,而是保持片刻严肃,注意观察事物;人们并不会因而不再去笑,在这种时候,真正的机智还藏在背后,而这是给我们准备的;善良的人在什么程度上超过恶劣的人,他的机智也会在什么程度上超过恶劣的人的机智。至于他们的爱和他们的喝彩,大家只应有勇气,果断地放弃它们,因为如果自己不变坏,就反正永远不会得到它们;惟有这一点甚至使我们今日的佼佼者也表现得软弱无力,妨碍他们的相互承认与相互联合,以至于他们不想放弃协调两件不可协调的事物——他们自己的正义行为与卑鄙的喝彩——的工作,不愿下决心将恶的东西作为恶来认识。大家一旦超越了这种希望和需要,就没有其他可以畏惧的了;生活会沿着它正常的道路继续下去,而那种大多数人也许会心怀怨恨,但不会有什么伤害;在他们从自己方面也不得不放弃同化我们的希望之后,他们的恶意也会大大减少,并且变得比我们自己还更乐意利用我们;极而言之,一个善良的人只要始终如一,矢志不渝,就比一百个恶劣的人更强而有力。 (I,9,187)

这样,我相信,我这里想要说的一切就都已经说过了,并就此决定结束这些讲演。尊敬的听众!我不希望无条件地得到你们的掌声,相反地,倘若我应当分享它,我倒希望以这样的方式得到它,那就是它要向你们和我都表示祝贺!

第 六 讲 附 录

(I,9,188)

正文(第 90—91 页)中写道,作为发展人类宗教的特殊机构,基督教的基本学说是,在耶稣那里,上帝的永恒在场首先以不属于任何他人的方式表现为一种人格，而所有其他人则都只有通过他，借助于在自身之内再现他的全部特征，才能达到与上帝的统一，这是一个单纯的历史命题，而绝不是形而上学命题。这里，进一步清楚地分析一下上述言论依据的区别，也许不是多余的，因为我不能像在我大多数直接的听众面前一样，在我现在要为之付印这些演讲的广大读者面前，也假定他们通过我的其他学说熟悉那种区别。

在表达严格的时候，历史的东西与形而上的东西简直是对立的；真正历史的东西正因为是历史的，就不是形而上的，反之亦然。因为历史的东西，每个可能的现象中的纯粹历史的东西，是那种仅仅被理解为单纯绝对事实和纯粹自为存在而撇开其他一切的东西，它绝不能从一个更高的根据加以解释与推演；反之，形而上的东西，每个特殊的现象中的形而上的组成部分，则是那种从一个更高级、更普遍的规律必然得出的东西，它可由此加以推演，因此，它根本没有单纯被理解为事实，而且严格地说，只是由于错觉，才被看成事实，因为实际上它根本不是作为事实，而是按照主导我们的理性规律才这样得到理解的。最后提到的现象的组成部分从未变成现实，而现实的现象也从来没有在它之内完全融化，因此，在所有现实的现象中，这两个组成部分就不可分离地结合在一起了。

所有那些认不清自己的界限的所谓科学，如果不满足于将事实纯粹当作事实，而是把它形而上学化，那么，这就是它们的根本错误（知性超越界限的运用的错误）。既然这样一种形而上学竭力归结为一个更高规律的东西实际上仅仅是事实的和历史

的,而在这种前提下不可能存在这样一种至少在我们当下的生 (I,9,189)
活中可以把握的规律,那么,由此就可得出结论说,这种形而上
学在任意假定这里有一种解释——这是它的第一个错误——
时,还必定会致力于虚构,必定会用一种任意的假定填平现存的
鸿沟,而这是它的第二个错误。

就目前的情况而言,如果有人认为——这是众所周知的事
实——耶稣已经知道他所知道的东西,要比任何其他人都知道
得更早,而且是像他所做的那样传教与生活的,但与此同时,他
们并不想进一步了解这一切对耶稣来说是怎么可能的,而根据
显而易见的、不过这里不能说明的原理,这是人们在这种生活中
将不再经验到的,那么,人们就将基督教的原始事实当作了历史
的,并且纯粹当作了事实。但是,如果人们要竭力寻根究底地理
解这个事实,并且为此提出一个假定,说明耶稣作为个体是如何
从神圣存在者中产生的,那么,知性的这种飞越事实的运用就把
这个事实形而上学化了。——我作为个体曾经说过,整个人类
究竟怎样从神圣存在者中产生出来,这是可以理解的,并且通过
前面的讲演也应当得到了理解;按照我们的看法,对这个问题的
回答就是约翰福音教义入门的内容。

特别是对于从历史角度看待事情的我们来说,现在的问题
并不在于一个人想用两种方式中的哪一种去接受业已提出的命
题,而是首先仅仅在于耶稣本人及其门徒约翰用两种方式中的
哪一种理解了这一命题,并使其他人也有权这样去理解。毫无
疑问,我们论断中的最重要的部分在于,基督教本身,首先是耶
稣,完全没有从形而上学角度看待这一命题。

我将我们的论证归结为下面几点:

1.从知识的真正实在的角度而言,拿撒勒的耶稣对人性与神性的绝对同一性,无疑具有最高的、包含其他一切真理的根据的认识。——关于这一即使仅仅属于历史的命题,每个人——下列证据将为他提供某种证明——也都必定会赞同我的看法;我请求我的时代对这一问题不要急于下结论。我认为,人们做到这一点并不容易,如果人们事先没有通过另一途径获得这种关于统一的实在性的认识,没有让它变成自己的活生生的东西,没有在我也是通过那种条件才发现它的地方发现它。但只要有人满足了这种条件,由此获得惟一能够借以把握基督教的官能,那么,不仅他会重新察觉基督教的那个基本真理是明明白白的,而且这也会向他详细表明那些著作的其他经常显得古怪的言论有一种崇高的、神圣的意义。

2.耶稣基督的这种认识方式——这是第二个关键性问题——可以通过同思辨哲学家达到这种认识的方式的对比,得到极好的刻画。思辨哲学家的出发点是他的求知活动的一个解释在场的课题,这个课题本身与宗教无关,对宗教而言是凡俗的。凡在有教养的公众存在的地方,他都发现这个课题已由他人宣布出来,于是,他就在他的前人与同代人当中找到合作者,以求解决它。思辨哲学家不会想到,为了这个只有他明了的课题,他把自己看作某种特别和突出的人物。此外,这一课题之为课题,要求他自身要勤奋,要求他清楚意识到他的个人自由;在完全清楚地意识到他的主动性以后,他也就很少会以为自己受到灵感的激发。

最后，即使思辨哲学家解答成功了，并且是通过惟一正确的方式，依靠宗教原则成功的，他的发掘也毕竟永远属于准备性的研究系列，所以对他来说是一个自然而然的结果。宗教在他那里只是附带出现的，不是单纯作为宗教，而是同时作为构成他的生活课题的那个谜语的解答出现的。

耶稣的情况则不是这样。首先，他的出发点绝对不是任何一个这样的思辨问题，这个问题也许只是通过他后来在研究问题过程中获得的宗教知识才得到了解决。因为通过他的宗教原则，他绝对解释不了世间任何东西，从那个原则也推演不出什么，相反地，他完全单独地、纯粹地将这一点当作惟一值得了解的东西表达出来，而把其他一切当作不值一提的东西略去了。他的信仰和他的信念也从不允许提出有限事物的在场问题。总之，对他来说，有限事物根本不存在，并且只有在与上帝的统一中才有实在性。这种非存在究竟如何会有存在的假象——所有凡俗的思辨都是从这种可疑性出发的——并没有让他感到惊奇。

同样，他不是通过外来学说与传统获得他的认识的，因为他的一切言论都显露出一种真正崇高的正直与坦然——这里我当然再次假定，我的读者由于自身同这种德行的关系密切，由于深入研究了耶稣生平，对那种正直已经获得了一个直观的概念 (I,9,191)——在这种情况下，他也许靠这种正直与坦然，说过这一事实，而按照他自己的认识来源指点过他的门徒。——他本人显示出亚伯拉罕以前的一种更正确的宗教知识[123]，并且向他的一个门徒明确提到麦基洗德[124]，但我们并不能由此得出结论说，他已经通过直接的传统与那个体系联系起来，相反地，耶稣会有充分的理由，在研究摩西时仅仅重新察觉到那种在他心中已经明朗的东西。因为其他大量的例子也表明，他对旧约圣经著作的理解，要比他那个时代的圣经学者与我们时代的大多数圣经学者不知深刻多少；因为看起来他也是从这样一种解释学的原则出发的，即摩西与先知们不是什么也不想说，而是想要说些什么。

耶稣获得自己的认识，既非通过自己的思辨，也非通过外来的报导，这就意味着：他获得自己的认识，完全是通过他单纯的在场；对他来说，他的认识是原初的与绝对的，而没有任何其他相关的环节；他获得他的认识，纯粹是通过灵感，就像我们以后在把它同我们的认识对比时说的那样；但他自己永远未能这么说过。——那么，他以这种方式获得了什么样的认识呢？一切存在都仅仅植根于上帝，所以，由此可以直接得知，连他自己的存在也同这一认识一起，并在这一认识中，都植根于上帝，直接产生于上帝。我这里说"由此可以直接得知"；之所以如此，是由于对我们来说，这无疑是一个由普遍到特殊的推论，因为我们必须首先把我们原先现存的个人的自我，作为这里出现的特殊东西，隳于普通东西之中，而耶稣的情况则绝非如此——我请大家注意这一重要事实。在他那里没有任何可灭的、精神的、研习的自我，因为只有在那种认识中才出现他的精神的自我。他的自我意识直接就是纯粹的、绝对的理性真理本身，是自在的、纯正的、单纯的意识事实，而绝不像在我们所有其他人这里那样，是从另一种事先出现的状态产生的，因而也不是单纯的意识事实，而是一个推论。在我刚才努力明确陈述的内容当中，这样一位耶稣基督的真正的、个人的特征应该说是存在过的,这位耶稣基督像每个个体性一样,仅仅有一次在时间中能加以设定,而决不能在时间中加以重复。他是变成一种直接自我意识的绝对理性,或者换个意思相同的说法,即宗教。

3. 在这一绝对的事实中现在安息着耶稣,他完全融入了其中;他能思、能知与能说的,无非是他正好知道他在上帝中直接知道这种事实[125],并且他也正好知道他是在上帝中知道这一情况的。同样,除了指示他的门徒必须变得像他那样之外,他也不可能给他们提供另一种通往极乐境界的指南[126],因为他凭他自身知道,他的在场方式是令人得到极乐的[127],但除了凭他自身和他的在场方式以外,他就根本不知道一种能令人得到极乐的生活,因而对这种生活也不可能有别的称谓。他当然不像思辨哲学家认识这种生活并能够称谓它那样,靠普遍的概念认识这种生活,因为他不是从概念出发,而仅仅是从他的自我意识出发进行创造的。他把这种生活仅仅看作历史的。谁像我们刚才理解的那样看待这种生活,谁在我们看来就是按照耶稣的榜样看待这种生活,哪怕只把它看成是历史的。在那样一种时代,犹太国有过这样一种人,这就很不错了。——但是,谁渴望进一步知道,这种个体通过上帝的什么样的任意安排或内在必然性才成为可能与现实,谁就飞越了事实,而渴望把单纯历史的东西形而上学化。

这样一种超越对耶稣来说是绝对不可能的。这是因为,为了这种目的,他就得在他的人格方面有别于上帝而独立出现,惊诧于自己这种耀眼的现象,并且必须面临一个解开这种个体的可能性之谜的课题。但是,在约翰所说的耶稣的个性中,一个最突出的、总是以这种方式再现出来的特征是:他对他个人与他的父亲的分离根本不想知道什么[128],并且严厉指责其他试图进行这种分离的人;他总是假定,谁看见他,谁就看见了父亲[129],谁听到他,谁就听到了父亲,这都是同一回事;误解他的人指责他抬高他的自我不适当[130],而他则无条件地否认与拒绝了这种自我。对约翰来说,那个耶稣不是上帝,因为他不承认一个独立的耶稣;但是,上帝就是耶稣,上帝表现为耶稣。与那种自我观照和自我惊诧相去甚远的,我不想说是像耶稣这样的人——对这样的人来说,单纯赦免他有抬高其自我的罪过,也许是一种亵渎——而是古代世界的整个实在论;总是回眸自身,看看这种情况如何出现在我们面前,重新去感受他的感受与他的感受的感受,(I,9,193) 出于无聊而对他自己与他的引人注目的人格作心理学的解释,这种才能是现代人专有的;正因为如此,这种情况在这些人身上不会有什么好转,除非他们满足于同样朴素简单的生活,不再想以各种华丽堂皇的方式去过生活,而把他们的这种生活让给那些没有任何更好的事情要做的人去欣赏与理解,如果这类人认为这值得花费力气的话。

论马基雅维里[131]

Ⅰ.导　论

我们的目的

歌德在他为文克尔曼[132]建立纪念碑的致辞中说,"人们对最值得尊敬的公民通常只作一次墓志铭,与此相反,还存在这样一些人,他们通过捐赠活动来炫耀自己,使人们以后为他们举行周年纪念时,他们的施舍总是受到不断的颂扬"。[133]

即使我们想要重新缅怀这些乐善好施的捐赠者,我们也仍然不得不以谨慎的愿望和期待对自身加以限制,这是因为,要避免议论任何其他人,在这些人中间对我们的英雄就得作出不同于莱辛过去把极其崇高的荣誉和声望统统奉献给文克尔曼的结论。这就是说,不仅仅存在着感恩戴德的捐赠接受者,而且也存在着忘恩负义的资助享受者,尤其是在某些地区和涉及某些对象的时候。他们中的一部分人为了掩盖家境的贫困,想去说服世人,说他们是靠自己的资金承担自己的费用的;他们中的另一部分人,则为了阻止其他人不再找到获得同样支持的道路,现在在任何情况下都会作出同样的举动:竭尽所能地诋毁贵人们替他们付钱的家园,并且还想使其名声扫地。这样,我们也就毕竟找到这样一位崇高的佛罗伦萨人[134]:他最初完全被人误解,并让人用他所明确禁止的一种标准加以权衡;然后他遭诽谤,受中伤,他的名字成为辱骂对象;最后,那些拙劣的、不请自来的辩护人把他糟蹋得比恶意的起诉人还让人恼火。我们恰好走过这里,令人高兴地对这个现象发生了好感。这个幽灵便激动地注视着我们,仿佛在吟颂:

> At tu nauta vagae ne parce malignus arenae
> Ossibus et capiti inhumato
> Particulam dare.—
> Quamquam festinas, non est mora longa, licebit
> Injecto ter pulvere curras.

[航海人呵,请不要狠心吝啬那游移的沙粒,而给我们那未被埋葬的骨骼和头颅抛撒少许!——

即便你匆匆航过,也无需久久耽误:

撒上三把,你又可继续航行。]¹³⁵

我们愿意满足这个令人生畏的幽灵的请求。我们还愿意对一个真诚、机智和功绩卓著的人的真正葬礼作出一份贡献。下文的目的正在于此,而且只在于此。

著作家马基雅维里在理智和道德方面的特色

马基雅维里的思想是完全建立在现实生活与其形象以及历史的基础之上的,一切能够由最精致、最广博的知性、由实际的生活智慧和管理智慧纳入历史,因而又能从历史中得到阐明的东西,马基雅维里都使它们具有典范意义,而且正如我们乐于相

Ⅰ.导论

信的那样,他的这个做法优于其他的同类近代著作家。不过,从理性立场提出的关于人类生活和国家的更高观点,却完全存在于他的视野之外;马基雅维里很不喜欢被他设想为理念的东西,所以他甚至说(《君主论》第 15 章):"虽然有许多人已经写过有关君主对待臣下和朋友应该采取的行为和规则方面的文章,我现在仍然敢于在他们之后写这个问题,尤其是我在这里的观点 (Ⅰ,9,225) 完全不同于他们,因此,我恐怕由于自己坚持事物的真实特性而会被人认为倨傲自大。有人曾经幻想那些从来没有人在实际上见过的共和国和君主国。可是,人们实际上怎样生活和人们应当怎样生活,其距离是如此之大,以致一个人要是为了应该怎样办而把实际上怎么回事置于脑后,那么,他的教导不但使其学生不能保存自己,反而会使他们毁灭自己。因为一个人如果在一切事情上都想以善良自持,那么,他厕身于许多不善良的人当中就定会遭到毁灭"。[136]

值得庆辛的是,在这个问题上的一些混乱不清以后就消失了,并且如果人们看到,马基雅维里所谈的道德并不是一种单一的、自身封闭的和自身一致的德性,而是包含了多种道德,他当然有理由指责这些道德,说它们既不愿意相互一致,也不愿意与某位君主的命令相一致,那么,他的这种学说中的有失体面之处就不复存在了。如果马基雅维里所指责的这些想象的模范国家是这些相互矛盾的东西的组合,那么,他的指责就是非常公正的。马基雅维里后来指出他所说的不少道德品质,比如,毫无限制的、不假思索的慷慨大方,宽厚仁慈,或更明确地说,这样一种深切的同感,这种感受不能决定对罪犯执行有效的惩罚(对罪犯执行惩罚是非常正确的,因为他们作恶多端),以至于这些罪犯不会与一个认真的君主相一致。

因此,马基雅维里反复指出,真正的道德品质是明智的节俭和铁面无私的执法的严厉等等,或按照民间语言,使用罪犯的称谓说,是吝啬和残酷等等。

为了理解马基雅维里这个人,为了能够让他的公正思想传下去,人们首先必须知道他在洞察人的道德方面的这种局限性和由此产生的他的语言的局限性——顺便提一下,在这种语言方面,他也毕竟有他那个时代的过错,而绝不是他没有过错;人们绝不应该用他没有用过的概念和他没有说过的话纠正他。但是,如果人们评论他,说他似乎想撰写一部先验国家法,并且强迫他在逝世一百年以后,加入一个他在有生之年绝对无缘加入的学派,这则是最大的错误。

(I,9,226)

马基雅维里的著作《君主论》对任何一位君主在他所能处的任何情况下都必定是一部急需的书和辅助的书,尤其是他从他的祖国和他的时代的状况出发,为这部书制定了非常庞大的计划。他抱有的最高愿望是,为意大利的变化无常的国家关系带来一些稳定性和恒久性。因此在他看来,君主的首要职责是自我维持;君主的最高的和唯一的德行是坚定性。他说的不是:做一个篡位者吧,或用卑劣手段篡权吧!倒不如说,他劝告君主,在行动之前要深思熟虑,这个行动是否能贯彻下去;而对于篡位者,他从不做任何劝告。当然,他或许会说:既然你是一个篡位者,或用卑劣手段掌了权,那么,因为我们已经有了你,所以,我们继续拥戴你,这总比一个新的篡位者或捣乱分子君临于你之上,制造新的动乱或从事新的捣乱,要好一些。因此,人们必定会希望你维护自己,但你只能用这样的方式维护自己:每个人都必须继续让这里维持正义;所以他始终推荐最温和的方式,推荐共同体能够最好地存在下去的方式。不过,如果人们听说,马基雅维里把切萨雷·博尔贾[137]这样的人当作榜样提出来,那么,但愿人们在这方面不要有什么恐惧。博尔贾非常残暴,马基雅维里把他从杰出人物的系列中划掉了;但是,他却又举荐博尔贾为榜样,因为博尔贾在短暂的时间里给一个十分野蛮荒芜的省份带来了安宁、秩序和公共安全,他还关心下属,等等;这样的行为实在值得表扬,尤其是因为它在那个时代极为罕见。

人们在评判马基雅维里时,尤其不能忘记我们的著作家所处的时代。他的叙述并没有特别强调批评像切萨雷·博尔贾这样一些大王们,在这些人中间,有个人叫奥利韦罗托[138],他诱骗费尔莫的统治者们进入圈套,然后毫无信义地杀掉他们。奥利韦罗托幼年是个孤儿,他的舅舅父亲般地收养和教育了他,但他却叛逆地谋杀了他的舅舅和费尔莫的所有一等公民,从而夺取了这里的最高统治权。有关奥利韦罗托的故事,读者可以读马基雅维里的书。博尔贾的其他叛逆者们也好不了多少。那个时代意大利的故事展开的基础是这样的:新来了某个恶棍,他给老奸巨滑的恶棍们奉送报酬,直到他也变得油滑起来,这时他就惩罚了另一个与他相差无几的恶棍。但是,马基雅维里却用下面这段引人注意的话陈述了这些人如何受到切萨雷的迷惑:"他劝说这些人,他希望他现在已经夺取的东西本来应当属于他们;他只想满足于拥有君主的头衔,而把君主财产转让给他们"。[139]在

(I,9,227)

马基雅维里看来,愚蠢或许也是一种罪恶,他还毫不迟疑地相信,如果有人是个大恶棍,那么,这个人至少必定不是个大蠢材,但是,马基雅维里根本就不想为这些受迷惑的人惋惜,也不想对他们的压迫者感到愤怒,这岂不是一件怪事?

那种坚定性,他要求君主在生活中作出的那种深思熟虑,以及他没有要求君主做到的热爱真理和诚实,就是著作家马基雅维里本人的基本特征。他说出了由此产生的东西,而且他还环视四周,看到了由此还会产生的东西,并且把这一切都说了出来;他惟一操心的就是他的结论的正确性,除此以外,他不知道有其他的牵挂,似乎从来没有人对此加以反对过,以后也不会有人对此加以反对,以至于人们也会说出什么是真的。马基雅维里经常有一些极其矛盾的说法,它们是关于人们喜欢善意地称(I,9,228) 之为幼稚的事情,正像他认为的那样,人们肯定能洞察这种事情,而且他也确实是这样看的。*

因此,无论人们对马基雅维里的著作的内容持有什么看法,他的著作在形式上由于推理过程明确可靠,容易理解和安排巧妙,由于所用辞藻丰富幽默,将始终是一部很有吸引力的读物。不过,对于在一部不讲作者的意愿的著作中能反映出来的作者

---

* 他的著作《君主论》中的最后一段说明非常盛行。这就引起1782年佛罗伦萨版作序者的一个很不幸的想法:马基雅维里的这部著作不是严肃认真的,而是一部讽刺作品;虽然这个想法也受到了《李维〈罗马史〉论集》的许多驳斥。这位作序者不理解马基雅维里《君主论》是不足为怪的;但是,这位作序者理应认出这本书中的忠诚老实的声音,同时他还应当假设马基雅维里只是想用这种声音讽刺洛伦佐[140],从而理解马基雅维里认为他的被保护人有多么阴险的本性,不过,这对这位作序者或许是过分的要求。

的道德本性,谁有兴趣,谁将不会在不热爱他,不尊重他的情况下就离开他,同时也不会在对这个伟大的人物没有得到接受观察的令人高兴的场所不表示惋惜的情况下就离开他!

论马基雅维里的共和制与君主制

在中世纪,一个城市在脱离了遥远的、从未向它提供保护、却又令人讨厌地赖在那里的帝国以后,就称自己是自由的,是一个共和国。意大利的和海尔维第的共和国[141]就是这样产生的,后者通过联盟从前者那里获得一些好处,而联盟本身却带来了内战。这个解放运动的全部成果一般都有这样的结局:人们不再是巨大的无政府状态的一个成员,而是自己给自身设置一个自己的无政府状态,人们从此之后的胡作非为都是由自己的双手造成的。这些小的共和国虽然能够为眼前的目的作出很好的贡献,但是,如果它们今后想要保持独立,想要具有自己的价值,那么,它们就与社会联合的目的和人类的进步在总体上是抵牾 (I,9,229)的,而且如果人类的进步获得成果,它们就必定会遭到灭亡,不过在这里不是对此作出证明的地方。尤其从佛罗伦萨共和国的角度来看,马基雅维里本人在其《佛罗伦萨史》中是这方面不可或缺的见证人。

尽管如此,由于人们直到这个时候仍然看到,这些人是在这类共和国中长大的,他们从小已经习惯于保持自己的自由,他们没有君主,所以他们把我们这些外人视为君主的仆人;他们就是经过在君主统治的国家旅行和逗留,经过学习历史和哲学,也很难打消自己对共和制的偏好;由于人们必然由此得出结论说,最明智、最有理解力的人也很难克服这种妄想,所以,目前人们无论如何只能假设这样一种可能性:在这种事情上通常具有深刻洞察力的马基雅维里,对这个问题也是有点人情味的。

我们觉得,首先从他的《佛罗伦萨史》第三卷结尾部分,然后从第四卷开头部分,实际上可以清楚地看出,他不仅在通常表现为这样,而且甚至还偏爱佛罗伦萨共和国的某个党派,而支持这个派别的偏颇态度就损害了他在其他情况下的前后一致性。这是因为,马基雅维里在他的共和国内属于一个很有能量的中等阶层,也就是他所说的贵族平民派(nobili popolani);他在终身政府首脑索代里尼[142]的领导下,在这个派别中为国家作出了巨大贡献;只有这一点才可以稍微减少那种会使我们通常感到的惊奇,而在通常,我们会听到他本人关于格奥尔格·斯卡利[143]、马索·阿尔比齐和里纳尔多·阿尔比齐[144](他也把这些人选为他的英雄)的生平和业绩的叙述,或者,人们虽然会看到他坦白承认,这个派别由于战胜对立的派别而不由自主地骄傲自大起来,但这样还是不错的,因为关于其他两个派别——高层贵族派和人民大众派——并没有让说什么很尖锐的话,而且他恰恰在这里忘记了按照他通常的方法去探究本来可以防止这种骄傲自大的固定事物秩序,因为他假如能彻底按照自己的方式办事,则必定会发现,佛罗伦萨根本不可能是什么共和国,正如他在不论述佛罗伦萨的地方(《李维〈罗马史〉论集》第 1 卷第 12 章)发现的那样,只有一位出类拔萃者的无限强权才能改善一个非常腐败的共和国。但按照他自己的记载，佛罗伦萨作为一个国家是极度腐败的。即使是向始终希望这个国家成为共和国的教皇利奥[145]推荐的政治改革，对于这种根深蒂固的丑恶局面也无济于事，就像从马基雅维里本人那里可以轻而易举地得到证明的那样。从这种情况中产生了这样的现象：马基雅维里到处都把共和国和君主国相提并论，认为两者都是同样可能的，只不过是用不同的方式去对待罢了。

在随着索代里尼被推翻，秘书厅同时被关闭以后，马基雅维里被驱逐，他全身心地投入研究，我们所看到的他的著作得出了这样的结果：他好像已经洞察到，问题不再仅仅关乎佛罗伦萨，而是关乎整个意大利，而且意大利必须在国内的一位出类拔萃者的统治下得到统一。他在《李维〈罗马史〉论集》第1卷第12章中如此说道："唯有罗马的王位能在分裂的局面中保全我们的意大利。但是，从未有一个国家是统一的和幸福的，除非这个国家完全置于一个共和国或一个君主的统治之下，就像在法国和西班牙曾经发生过的那样"。[146]在那个时代的条件下，马基雅维里是在一位君主——洛伦佐·梅迪奇——那里找到这种统一的统治的，因为这位君主可以指望得到出身于梅迪奇家族的教皇利奥的支持，由此就产生了他的著作《君主论》，他用解放意大利的激动人心的呼吁作为这本书的结语。

论马基雅维里的异教信仰

在我们的时代，诚实正直的大丈夫在论著里议论其他诚实

(I,9,231) 正直的大丈夫,说他们曾经具有异教徒的意识,这绝不意味着在背后说他们的坏话。因此,如果一个作者已经公开地、坚决地宣称自己赞同基督教,反对异教,而且他反对异教的公正性对自己不可能有派别的嫌疑,那么,人们也就可以允许他应用现有的语言,因为他不得不在业已提出的指控面前承认,他把马基雅维里视为一个开明的异教徒,就如同那个时代的教皇、枢机主教和所有勤奋的大丈夫经历过的那样。

在基督教业已展开的地方,基督教内部产生着异教信念,它与另一种可鄙的思维方式有共同的起源,这就是依据单纯感性的世界,没有对超感性事物的感受,因而没有得体的举止,就像没有形而上学的官能一般。如果一个孱弱和愚钝的人物与此结合起来,如果全部精神确实由同一团惟一受到信仰的尘埃所接受,那就会产生一些众人皆知的陈词滥调,它们出现在我们这个时代的各种各样的书刊里。尽管如此,这些书刊在暗地里仍然不断地在它们所不信仰的妖魔面前发抖。与此相反,如果精神确实有超感性的起源,只是它不能目睹自己的起源,如果产生了一个诚实、正直和健康的人物——这在这种情况中是不可或缺的——,如果人们也许还会投入对古典文献的研究中,完全受到古典文献精神的感召,那么,就会产生出那种献身于完全陌生的命运的高尚行动,产生出作为人们能够信赖的惟一东西的那种对自身的牢固依靠,产生出那种新鲜的生命感召力——只要生命还存在,因为我们对未来不会有任何其他的寄托——,产生出那种尽人皆知的普罗米修斯式的信念,简言之,就会由此产生出现代异教信念。但是,基督教却受到仇视,因为那些书刊相信,基督教用另一种生活的迷人远景使其追随者失去对现实生活的享用，干扰了活泼、大胆和新鲜的生活；简言之，因为那些书刊既不可能认识，也不可能把握基督教，而是把基督教与寺院制度等量齐观。因为生命在各个方面比死亡更有价值，直率与健壮比病态的软弱更有价值，所以，那些书刊正如它们以为的那样，当然在作如是观的人们那里受到的喜爱远远大于基督教给人们所做的一切。

马基雅维里恰恰就是这样一个人物，而且他的缺点，他的美德，他的局限性，以及他的毫无顾忌的坦率，都可以由此完全得到解释。他有时抱着真正崇高的热情，反对基督教，反对基督教到处都尽可能消除古典丰碑的狂热，反对基督教在古典基础上形成的事物秩序，他在本国过去的美好世界中铸造了自己的精神，却没有洞察到这个世界的毁灭只是通向更美好、更完善的世界——它理应从这种毁灭中产生——的一个必要过渡阶段，这难道能责怪他吗？在马基雅维里的喜剧中，在《卡斯特鲁奇的生平》[147]中，同样可以发现真正异教徒式的不拘一格和不信上帝的特征。(I,9,232)

正如马基雅维里认识到的那样，对于这种指责他敌视基督教的言论，人们不必替他辩护；人们必须承认他的这种态度，但人们也必须公正地评价他。尽管如此，他还是怀着忧虑的心情，办妥一切圣事后与世长辞的，这无疑对他留下的子嗣和他的著作都非常有益。

马基雅维里时代的巨大
写作自由和出版自由

由于上一节的安排,同时也因为我们的一些读者或许感到惊讶,说那时怎么能对马基雅维里有刚才所述的评价,所以,我们也许值得花费力气在19世纪初,从各个炫耀自己有最广泛的思想自由的国家出发,去回顾16世纪初在意大利和教皇所在地罗马存在的写作自由和出版自由。我只从成千上万的事例中举两个事例。马基雅维里是应教皇克莱门七世[148]的要求撰写《佛罗伦萨史》的,并且标明是献给这位教皇的。但在这部史书的第一卷立即就有这样一段文字:"如果说迄今为止还未有过关于某一位教皇的侄子辈或亲戚们的报道,那么从现在起则充斥了关于这些人的故事,直到我们随后还将会看到关于儿子们的报导;(1,9,233) 这样,未来的教皇就不再会是得到提升的,因为就像他们现在试图把他们的儿子们安插在君主国中一样,他们还想把教皇的宝座传给儿子们"。[149]

教皇克莱门七世为了想顺应诚实的安东尼[150](这是出版商的名字)的意愿,给他签发了印刷《佛罗伦萨史》、《君主论》和《论集》的特许证,根据这项特许证,翻印这些著作的,如果是基督徒,将受到逐出教会的惩罚,如果是教皇的臣民,还将受到没收印刷品的惩罚,并被科以25个杜卡特的罚款。

马基雅维里写过喜剧《曼陀罗华》,这是一部充满才智的著作。我们不谈人们称为善良道德的东西在这部喜剧中是怎样

I.导论

的,而是只说明什么东西最接近目标。在这出喜剧中,主角是一个修道士,他做听取忏悔的神甫。为了使人们相信他,他在自己的神圣场所首先为一种假装的信任所感动,勉强同意劝说女修道院院长,让她给一位非婚而孕的女子喂流产药,而这一切都是为了上帝更大的荣誉,为了给人们减少种种麻烦;于是,当此事变得严肃认真时,他劝说一位正直诚实、循规蹈矩的女子,使这位女子凭良心去处理这件事,因为这位女子以身许给另一个人,即她的丈夫,就会成为有着至乐心灵的母亲。最后,他不得不披着使用这种诡计的伪装,承担这个可笑的角色。这出戏在佛罗伦萨的上演受到少有的欢迎,而教皇利奥却几乎没有听说这出戏,因此,当这出戏在罗马上演时,他也没有颁发什么令人忧心的命令。

　　无论怎样,这种情况是应当得到解释的。历届教皇和教会的大人物们把他们自己的全部存在仅仅看作是供极其低贱的群氓观看的一个幻象,如有可能,也看作是供教皇极权主义分子观看的一个幻象;他们有足够的自由,允许每一个高尚的、有教养的意大利人对这些事情进行思考、议论和写作,就如同他们私下对此进行议论一样。他们不想欺骗受过教育的人,而群氓却不读书。这样就容易解释,为什么其他的规章制度在后来成为必要的。宗教改革家们教育德国民众去读书,他们援引在教皇眼皮底下进行写作的著作家们,读书的范例对其他国家是有感染力的,而现在著作家们却成了一种可怕的、因而受到严格监视的力量。

　　虽然这样的时代已经过去,但是现在,尤其是在新教国家,

(I,9,234)

某些专业的著作,比如提出任何一种哲学普遍原理的著作,肯定会受到书刊检查制度的检查,因为情况就是如此。现在这里出现的情况是,那些除了会说每个人都能背诵的话语以外,就不知道说出任何其他东西的人们,在方方面面都被允许如其所愿地使用大量纸张;但是,一旦确实存在理应说出的新思想,书刊检查官则不能立即理解它,并且会发生误解,以为它会包藏着一个在暗中留给他的毒物,所以他为了完全安全起见,宁愿把这种新思想压制下去。因此,如果19世纪初的一位著作家希望得到教皇在16世纪初业已毫无顾虑的、普遍认可的那种出版自由的适当的、并不过分的部分,这位身居新教国家的著作家也许不应当受到指责。

马基雅维里的著作

除去秘书厅时期的公文、信函和类似的文字以外,马基雅维里的主要著作如下。

首先是三卷本《李维〈罗马史〉(前十卷)论集》,如前所述,它们是马基雅维里被从秘书厅解职以后撰写的。这部论集包含了他的学说,也有他的其他政治论著里已有的内容;不过人们可以说出他的学说的主要特征是特别清晰和通俗,他是依据一个特 (I,9,235) 定的事件或一位作者的推理做到这一点的。在这个时期,他还撰写了七卷本《战争的艺术》。

由于这部著作的重要性,读者该允许我坦白承认,虽然我对战争的艺术一窍不通,但我仍然相信,一个谙熟军事、没有偏见

I.导论

而有影响力的人值得花力气去仔细研读几遍这本专著;我认为,如果读完此书,这会获益匪浅[151]。在马基雅维里的时代,意大利的步兵很不受重视,以致在一支两万人的军队中步兵经常不足两千人。他用显而易见的道理指出,唯有步兵才构成军队的中枢;从此以后,人们普遍有了相同的想法,如果没有马基雅维里的作用,也许就不可能出现这种情况。但是,在马基雅维里的《战争的艺术》中,还有第二个更重要的、对我们的时代有决定作用的观点。这是因为,无论不懂兵法的学者可以对此作出多少考察,我们的时代也普遍地以为,炮兵在战争中决定一切,战争只受装备精良的炮兵的制衡,没有其他兵器可以对付炮兵;而且在事实上,把欧洲推入现在这般悲惨境地的最近几次战役都是由大炮决定的。马基雅维里的观点完全不同;他认为,炮兵只有在开阔的战场上才对胆小鬼有威慑力,一支勇敢善战、装备适当的军队不需要炮兵,并且可以鄙视敌方的炮兵。他想按照传统的方式,把一切战争都变为近距离战斗和肉搏战,根据交战中炮兵的意图,径直袭击这种目标,因为只要人们接近炮兵,炮兵就会无可挽救地遭到失败。其他人提出一个问题:罗马人的敌人假如曾经用炮兵来对付他们,他们是否会完成他们的征战呢?马基雅维里对此作了很令人信服的回答:他们当然会完成,因为他们善于对付向他们冲来的可怕的象形战车而捍卫自己,战胜这类对手。马基雅维里对军队的主要关注是军队的装备。如上所述,他所想要的真正强大的军队是步兵,并且是他按照一定规则相互排列、组成战斗序列的两种步兵:一是按照古罗马人方式装备的、全身披挂铠甲、手执盾牌和罗马式短剑的步兵,二是按 (I,9,236)

照新方式装备的、手执长矛的步兵。刺刀对他来说是未知的。

如果人们考虑到,民族关系的一切变化历来都是基于战争的领导和武器的变化,如果人们看到,在现代的兵法中,尤其是在迄今常胜的民族的兵法中,一切都被归诸炮兵,那么,一目了然的就是:假如突然出现一支队伍,仿佛像从地里冒出来似的,他们会消灭炮兵,首先未受抵抗就迅速赢得上风,并支持他们的统帅,让他按照他所认为合理的形态去规定欧洲的现状。所以,或许值得做这样的努力:我们——我们这些人不希望欧洲被奴役,而是希望欧洲自由和安宁——当中的一员再次彻底地探究马基雅维里的思想,看看在那时无疑可以轻易实现的思想,在已经有了采用炮兵的进展以后,在今天是否还可以实现,以及用什么方式实现。我们惟一希望的是,这样一个人除了应具有上面提到的品质以外,尤其是不能没有这样一个品德:他毫无偏见或有力量放弃偏见。虽然我们自己很容易在这件事上满足于一切判断,但我们仍然不揣冒昧去说明,我们从其他方面肯定知道,在所有事物上都存在奇异的恐怖影子,当代根本不可能在它们面前经过,后世则将会对它们予以耻笑;从战争方面而言,我们没有能够摆脱这个隐藏于心的疑团——我们当然承认不能论证这个疑团;畏惧火药可能就属于对当代思维和勇气这种奇怪的限制。

在马基雅维里献给洛伦佐的著作《君主论》中就有上面两部书的结论。他在上洛伦佐书中甚至这样说:"我认为,献给殿下最好的礼物莫过于使您能够在最短促的时间内了解我多年来历尽困难艰危所学到的一切"。[152]这本书的许多内容与他在《论集》

中所说的一样；由于《君主论》是按另一个计划写的，所以，这本　(I,9,237)
书并不是一切内容都曾经出现在《论集》里，尽管如此，它们都强
调了相同的精神。因此，《君主论》佛罗伦萨版作序者想用《论
集》与《君主论》相对抗，用前者来反对后者，这是他的一个很糟
糕的想法。

《论集》的附录是卡斯特鲁奇奥·卡斯特鲁卡尼的生平，它在
历史上的根据见之于我们的作者撰写的《佛罗伦萨史》第二卷；
马基雅维里的《君主论》中有关执政官的一种论述方式，模仿了
被他评价极高的《居鲁士的教育》的作者色诺芬[153]；此外，关于切
萨雷·博尔贾、维泰洛佐·维泰利、费尔莫的奥利韦罗托、帕戈洛
领主和格拉维纳公爵奥尔西尼的叙述[154]也是引人入胜的。我已
说过，《君主论》的附录来自《佛罗伦萨史》文本（虽然其内容或许
在一个公文里出现过），在《佛罗伦萨史》的老版本中，这个附录
是按照统编的页码刊印出来的。虽然佛罗伦萨版新近的出版者
们现在不得不为马基雅维里的《君主论》感到惭愧，无法面对此
书作者的心灵，不过他们认为把附录打乱，把它刊载到其他地方
是更合适的方法，这样读者就不会由此获悉那本书的真实倾向
了，而且他们把他们发霉的、散发着臭味的尘土放在读者眼前，
也会是轻而易举的事情。

上面所述的论著的一切内容都是在教皇利奥的监管之下写
出来的。马基雅维里晚期的最后一部巨著是八卷本《佛罗伦萨
史》，它完成之时正是科西莫的孙子洛伦佐·梅迪奇去世之日。
马基雅维里还为这部书的续篇做了准备工作，我们已经通过新
近的出版者获悉这个准备工作的一部分，其标题是"历史的

残篇"。

除此之外，我们还阅读了他的四部各自独立的喜剧（其中一部完全是用诗写成的），还有他翻译的特伦提乌斯的喜剧《安德里亚》[155]。在前四部喜剧中，《克丽西娅》是对普劳图斯[156]的《卡西娜》相当忠实的模仿，其他几部喜剧也都以普劳图斯为楷模。尤其是前面提到的《曼陀罗华》备受称赞，它的诡计和笑料都独具特色，并有开创性，至少让后来的喜剧家们都交口赞扬，他们如果撇开那些喜剧从特伦提乌斯，尤其是从普劳图斯借用的东西，就绝大部分不能逗笑任何人。例如关于颇有名声的莫里哀[157]的诙谐，外行人绝不会看出他的《伪君子》、《吝啬人》等等都是完全忠实地以普劳图斯的喜剧《安菲特律翁》为范本，而我们觉得他的喜剧比普劳图斯的语言更加幽默。马基雅维里在《曼陀罗华》的"开场白"中说："假如这个对象因其微不足道，似乎不值得一位想要严肃认真和智慧过人的先生一睹，那么，请他原谅，他可以通过这种表演的幻想，使他度过的数小时的忧郁，变得兴奋愉快起来，因为他现在根本没有他应注意的其他事情可做，而且他现在也不可能用其他的举止表现其他的才能"。[158]这种致歉对他的同时代人和公民无疑绰绰有余，假如后世在这里需要致歉的话，对他们也是足够的。

马基雅维里于1527年去世，时年59岁。他在去世的前两年还获得一些特殊的委托，于是，他又重新参与国家政务。尽管有先后两任教皇赋予他这些重托和信任，并且经常利用这种信任，尽管他在共和国的重要职位上任职十四年之久，但他毕竟是在贫穷中去世的，而他也总是把贫穷的尊严作为共和国的一个令人荣幸的本质特征加以颂扬。不过,这只是证明了他个人的正派纯洁和廉洁朴素,决不证明他的时代、他的祖国和他的经济资助人会就此受到谴责。

马基雅维里的政治学在何等程度上适用于我们时代

(Ⅰ,9,239)

马基雅维里政治学的主要原理——我们大胆地补充说,也是我们政治学的主要原理,而且按照我们的看法,也是所有容易理解的国家学说的基本原理——包含在马基雅维里说的这段话里:"任何一个建立共和国(或一般国家),为这个国家颁布法律的人,都必须假定,所有的人都是怀有恶意的,一俟他们有为恶的可靠机会,他们就会毫无例外地发泄他们内心的恶意。"[159]这里不必讨论人是否确实具有这个命题所假定的这种特性的问题;扼要地说,国家作为一个强制机构必须如此假定人们,而且只有这样的假定才能论证国家的存在。假如他们想要法权,你最多只能向他们说明什么是合法的;由于你除此以外还可以通过刑法保护自己,所以你当然会假定,他们没有善良意志,而是有一种邪恶意志,你由于畏惧那种威胁他们的更大恶行,才必须压制这种邪恶意志,而这样做的目的是:虽然他们的邪恶意志在内心会永远保持下去,但会出现这样一个外在结果,那就是似乎没有任何一个人有邪恶意志,而是所有的人只有善良意志。如果有人在自身产生善良的和正义的意志,那么,作为抑恶的动力的刑法对他就会完全废弛,因为即使没有任何戒律和惩罚,他也会做合法的事情，而且在可以为非作歹的情况下，他也宁愿去死，而不会违反任何刑法，去做这类事情。

或者我们用另外一种说法来解释这个原理：国家作为强制机构，假定一切人反对一切人的战争，并且国家的目的至少是带来外表上的和平；即使在人的心中始终存在一切人对一切人的仇恨和相互攻击的趣味，国家的目的也一直是阻止这种仇恨和趣味得以实现。

(Ⅰ,9,240) 于是君主就有双重关系，一是他对自己的公民的关系，二是对其他国家的关系。在第一种关系方面，又存在两种情况。一种情况是，民众不愿意忍受一般法律的统治，而是在始终不断地努力，争取抓住任何机会，挣脱这种束缚，返回到最初的无拘无束的状态；在这种情况下，就存在着君主本人与民众之间的战争，就是说，存在着和平与绝对战争之间的战争；由于不论民众乐意与否，完全应当存在合法性与和平，所以在这种情况下君主就获得了对这样的民众进行战争的神圣的权利，而且还获得了最初存在于民众那边、但在这里不必加以讨论的一切权利。另一种情况是，民众终于同意法律，而且习惯于服从法律；他们不仅服从一般法律，并且遵守宪法作出的规定，使它付诸实施；虽然总是有个别的人企图违法犯罪，但广大民众不再奋起抵抗法律的实施。在这种情况下，君主与民众之间存在的是和平，民众是作为民众存在的，他们在君主面前循规蹈矩，因为他们把个别作恶分子驱逐出自己的队伍，让这类人接受法律的惩罚。

马基雅维里的规定考虑的是在他写作的时代还不断发生第一种情况的国家；他对这种情况的了解很深，所以他不忘记反复提醒人们,在其他国家,如德国、西班牙、法国,那儿的政府更加牢固,那些规定是不适用的。在我们的时代,尤其是我首先为之写作的国家,在德国人中间,第二种情况已经出现几百年,君主与民众和睦相处,君主在这方面不需要任何对付民众的策略,控制民众的最好方法莫过于法律。因此,马基雅维里学说的这个部分,即如何使正在反抗的民众归顺于法律的约束的学说,对我们时代来说已经完全没有意义了。

但是,他的这个学说的第二部分涉及与其他国家的关系,却绝没有失去意义,相反地,三百年的丰富经验和一门深刻的哲学却反复表明这部分学说依然坚固,而且更加有力,虽然在这个时期以完全不同的力量和丰富内容发展着的历史已经变得过时。

如果人们也以本节开始提出的原理作为国家之间的相互关系的基础,并且假设,每个人都会抓住任何机会去伤害别人,而且总是相信能够看到自己在这方面的特有的优势,那么,人们就会完全避免在判断这种关系方面出现的任何错误。我们在这里也不必讨论人们是否确实这样思考;我们不谈这个问题,它不属于本文的范围。我们只是说过,人们必须按照这个假设作出自己的考虑。这是因为,既然事情至少始终有可能是如此,那么,如果你对此已有考虑,并且事情如此发生,你就受到了保护,但是,如果你对此没有考虑,并且此事毕竟发生,你们就只能站在那里,会成为牺牲品;当然,如果事情未如此发生,它就对你更加有利,因为你能用另一种方式把准备用于反抗的力量使用到自己的优势方面。即使不假设某个人有最微小的恶意,在国家之间也必定会出现这种持续不断的好战的关系,因为在国家之间

(I, 9, 241)

绝不像在一个封闭的、有秩序的国家内的公民之间那样,能产生确定无疑的法权,因此,这个部分的学说就是更加必要的了。虽然可以划定领土界线,但你的法权不仅涉及领土,你的安全也不仅基于领土,而且还涉及你的天然同盟者和你的影响所及的一切东西,而你今后可以用它们加强自己。除此之外,每个民族都想尽其所能,扩大他们特有的财富,并且依照上帝给人们培植的一种冲动,使他们的胃口大到要吞并全人类;而各个民族的共同体、他们相互间的摩擦和他们的持续发展都是以这种冲动为基础的。由于各个民族都想要这样,所以,即使他们全都由纯粹的、臻于完善的精神加以治理,他们也必定会发生冲突,而且回答"这是不是你的天然同盟者或你的邻居的天然同盟者"和"你们理应获得的势力范围应该划在何处"这两个有争议的问题,也很少能在理性中找到前提。于是,引导法兰西民族的纯粹精神就会断言,一切都取决于这个民族的容易维护秩序的模式传遍全人类,因此,任何其他民族都必须在它的影响面前退避三舍;引导德意志民族的纯粹精神则会针锋相对地说,这种模式是空洞的,倒不如说,一切都取决于德意志的内蕴与深沉的性格传遍全世界,这种性格虽然有些迟钝,但很恬静,任何其他民族都必定会像德意志民族一样,从中得出有益于自身的结论;与此相反,俄罗斯的纯粹精神则会主张,倒不如说,一切都取决于俄罗斯的力量加强那些毕竟有点神经衰弱的其他欧洲民族,而且俄罗斯的纯粹精神也会用上述两个民族的纯粹精神所做出的那类推论来作出自己的推理。由于每种纯粹精神在它们的良知方面都是完全合理的,所以,它们在最佳信念方面就不会不碰撞在一起。

因此，人们总该期望，我们的政治家须臾都不再能离开这个 (I,9,242)想法，任何时候都不能对此有丝毫疑问，或有一种允许在自己身上出现某种例外情况的偏向，所以，他们应当坚信下面两个原则：1)除非邻国必须把你视为他的天然同盟者，对付另一个威胁你们双方的可怕势力，他就自始至终准备在他将会稳操胜券的首次机会中，以牺牲你为代价，来实现他自身的扩张。如果他是聪明的，他就必定会这样做；即使他是你的兄弟邻邦，他也不可能不这么做。2)你能保卫自己的领土，是远远不够的，你应当始终睁开双眼，坚定不移地注视一切能对你的状况发生影响的事情，丝毫不容忍在你的势力范围内发生不利于你的变化，不耽误任何一个你能把某种事情改变得有利于你的时刻；因为可以保证，一俟对方有可能，他也会做同样的事情，假如你耽误自己，你就会落后于对方。谁不增强自己的力量，谁就是在削弱自己，因为其他人正在增强他们的力量。如果某一个人说，我已经知足，而不再想要更多的东西，这还是相当不错的，因为这个人由于这种谦谦风度，不会陷入危境，失去自己的财产；因为假如有人企图侵占他原有的财产，他就知道去找法官。但是，如果一个国家鄙弃掌握向它提供的新力量，去保卫它原有的财产，那么，当它遭到攻击——这种攻击使用的也许正是它耽误时机，没有获得的那种力量——失去它原有财产时，它就不可能找到任何法官，向他诉说自己的困境。如果一个一直抱取这种谦逊知足的态度的国家不很快抛掉它据以谦逊知足的东西，如果它没有发现，"我不想再要任何东西"这句话的真正含义是"我根本不想要任何东西,我也不想生存",那么,它要么必定是通过它的处境就享有极大的实惠,要么必定是一个缺少诱惑力的战利品。——显而易见,这里论述的总是那些在欧洲国家体系中都具有独立地位的头等国家,而决不是次要国家。

由此得出两个基本规则。第一个规则是与第二个命题同时给出的,它说的是:每个人都会毫不迟疑地抓住任何机会,在自己的势力范围内加强自己,因此,当任何一种在这个界限内威胁我们的恶还未有时间成长起来以前,人们就应当及时地将它连根铲除。我们将在后面更深刻地引用马基雅维里涉及这个对象的一段话,因此,我们将不再讨论这个规则了。第二个规则说的是:如果人们能够强求得到一种保证,人们也绝不能信赖其他人的诺言;但是,如果这在目前是不可能的,从这时起就应当集中注意力,争取为自己获得这种保证,这样,人们就会在尽可能短的时间里得到作为抵押的单纯诺言;人们应使自己始终处在能够强求得到忠诚和信任的情况之中;做到这一点的前提是,人们应当把自己维护得比较强大,但不是绝对的强大,这个前提并不完全取决于我们,但毕竟处在我们的界限以内,这是从得到充分规定的广义诺言来说的;因为谁在这方面不再是强者,谁就无疑是失败者;人们不应完全不考虑这个保证条件,人们如果已经武装起来,则在没有获得保证之前,在任何危险面前都不能放下武器。勇敢地捍卫自己,能够弥补任何损失,而且即使你战死,你也至少是光荣地倒下的。那种怯懦的退让并不会挽救你于灭亡,而是只会给你提供短暂的卑鄙无耻的生活,直到你就像一个熟透的果实一样,自己坠落下来。从这种行为举止中就产生出

I. 导论

那些光荣的和平,而这些和平其实连和平也没有提供,因为它们允许敌人有全部威力,在缔结和平之后,在他于发动战争——它要求他有片刻的停顿——以前放弃他的计划的地方,立即继续执行他的计划,而且由于这种原因,我们虽然必定会让他满意,但他却不会让我们满意。因此,这些必须与这样的对手打交道的人们也就会完全真诚地称赞自己对和平的热爱,因为事实上可以相信,他们宁愿邻国摊开双手,平静地旁观对他们的天然的、或许是天生的和有血缘关系的盟友的掠夺和完全消除他们那些直至他们的国界的影响,并且请邻国做这样的事情[160],而不喜欢邻国用手中的武器进行抵抗,因为第一种方式远比第二种方式轻松和安全得多。他们确实热爱和平,即热爱他们自己的和平,而且在他们对整个世界发动、进行和结束战争的同时,他们也确实希望不遭到任何反抗。

人们可能不相信,如果所有的君主都有这样的想法,并且按照上述规则行动,欧洲的战争就不会有终结。更确切地说,没有一个人未能占有优势就打算开战,而是所有的人始终都是紧张的和保持警惕的,不让任何一个人具有优势,所以,一把剑会使其他剑保持安静,其结果将是长期艰巨的和平,它只能被偶然的事件、革命、王位继承的争执和类似的事情所打断。已经发生过的多数战争都是由于受侵犯者的巨大政治错误造成的,它们给予了侵犯者有幸成功的希望;假如不发生这样的政治错误,就不会有这些战争。但是,如果人类没有疲惫不堪,如果人类没有为了今后再度可能的战争堕落下去,战争就仍然不可结束,所以,在我们欧洲就有足够的野蛮人,而且比世界上其他地方都多,他

(I, 9, 244)

们或早或晚都必定会被强制地纳入文明的王国。在与这些野蛮人的斗争中，欧洲的青年将会得到锻炼，与此同时，在他们的祖国中则没有任何一个人敢于拔剑出鞘，因为他看见到处都有同样的利剑对着自己。

从理性的立场看，这些规则都会通过对于君主与其人民、君主与整个人类的关系的更高观点而得到证实和加强，并且被当作神圣的职责。人民不是君主的财产，因此，君主不能把人民的福利、人民的独立性、人民的尊严和他们在整个人类中的使命看作他的私事，也不能随心所欲地犯错误，不能在境况不妙时说："我错了，但现在究竟怎么下去呢？损失是我的，我愿意承担损失。"这种态度就像一个牧场主一样，他由于疏忽大意而损失了一部分牲畜，还可以自我安慰。君主完全属于他的国家，恰如国家属于君主一样；在上帝的永久劝告方面，国家的全部使命落入君主的手中，君主要对此负责。绝对不能许可君主任意脱离知性和理性给出的那些管理国家的永恒规则。举例说，不能许可君主忽视上述第二个规则，给自己的国家造成损失，走过来说什么："我相信了人类，我相信了忠诚和正直"。个人可以说这样的话，如果他因此走向毁灭，那是他自取灭亡；但是，君主不能说这样的话，因为君主不是自取灭亡，不是独自走向毁灭。如果君主在他愿意的时候，在他的私人事情上相信人类，并且弄错了，那么，这种损失是他个人的损失；但是，他不能依据这种信赖，拿他的国家来冒风险，因为他的国家，或许与这个国家一起，还有其他民族，或许与这些民族一起，还有人类经过上千年的斗争而获得的最宝贵的财产，将会遭受中伤，而这只是为了能听他说他相信了人类——这是不合理的。君主在他的私人生活方面如同他臣民中的那些最微不足道的人一样,也受到普遍的道德规律的约束;在与他的温和的人民的关系方面,他也受到法律和权利的约束,他不可用不同于现存法律的方式对待任何一个人,即使立法的权力、即继续完善法治状况的权力仍然属于他;但在他与其他国家的关系方面,除去强权以外,却既不存在法律,也不存在权利,而且这种关系依据君主的责任,使决定命运和统治世界的 (1,9,245) 神圣王权下放到君主手里,并且使他超过个人道德的戒律,上升到一种更高级的伦理秩序中,这种秩序的实质内容就包含在这句话里:Salus et decus populi suprema lex esto[民众的幸福和荣誉是最高的法律]。

按照我们的看法,关于治国艺术的这种更认真、更有力的观点现在提出了在我们的时代进行革新的迫切性。尽管有些世人非常反对这件事,尽管他们很难承认这个事,但是,一向盛行的时代哲学不会不通过某种途径也达到这些人那里,按照自己的形象改造他们。在过去的半个世纪中,这种时代哲学变得非常平庸、病态和贫乏,它所提供的最大财富是某种博爱、自由和平等;它祈求的是人只应善良,这样就会让一切人也善良;它到处推荐的是不偏不倚的中庸之道,这就是说,把一切对立物都融合为一个模糊不清的混沌状态,反对任何认真、任何彻底、任何热情、任何伟大思想和伟大决断,甚至反对任何稍微超出广阔的表面的现象,而特别醉心于永久和平。这种时代哲学把它那种致使神经衰弱的影响也明显地传播到了宫廷和内阁。自法国革命以来,关于人权、关于人人自由和生而平等的学说虽然是一切社会制度的永恒的和不可动摇的基础,没有一个国家可以反对这些学说,但是,人们仅仅依靠对这些学说的理解,既不能建立也不能管理一个国家。甚至我们的一些人也在争论的狂热气氛中过分强调这些学说,好像它们在国家管理艺术中还远远领先于它们在实际上做到的,而属于它们的好些其他内容却被人忽视,这种夸大其辞同样不是在没有任何干扰性的影响下得到保存的。人们虽然不会不在以后弥补好些形式的缺陷,但是,似乎这些著作依然是作为中学练习和大学读物放在那里,不值得被世人翻阅;但愿一个并非不著名、并非不声名狼藉的人从一群死者中站起来,说明它们有理!

Ⅱ. 马基雅维里著作摘录

(Ⅰ,9,246)

呼吁将意大利从蛮族手中解放出来

上洛伦佐·梅迪奇书

(《君主论》原著结语)

从未有任何时候比现在更适宜于君主在意大利创建一个新的秩序。如同我在其他地方所说,为了表现摩西的德性,以色列人必须在埃及成为奴隶,为了显示居鲁士的伟大精神,波斯人必须受梅迪人的压迫,为了展现提修斯的出类拔萃,雅典人必须颠沛流离;那么在现代,为了认识一位意大利的天才,意大利就必须遭受现在的命运,意大利人必须比希伯来人更受奴役,比波斯

人更受压迫,比雅典人更加颠沛流离,意大利没有首领,没有秩 (I,9,247)
序,受打击,遭劫夺,被分割,忍受各色各样的蹂躏和嘲讽。

虽然这个国家曾出现一线赎救希望,但它仍然复归于没有生气,等待着救助者来医治它的创伤。人们看到,它举起双手祈求上帝派救世主把它从蛮族的残暴和侮辱中拯救出来。人们还看到,只要有人举起旗帜,它就准备追随这面旗帜。现在除了你的显赫的王室以外,人们再看不到一个可以寄予更大希望的人;你的王室既具文韬武略,又有吉星高照,能够成为救世的首领。如果你想起上面谈到的那些人物的生平和行为,这件事对你来说并不是很难的。因为虽然这些人物是罕见的、神奇的,但他们毕竟是人,他们当中的任何人的机会都不如你的机会这样有利,他们的事业并不比这个事业更正当、更容易些,而且上帝对他们比对你并不更友好些。伟大的正义是属于我们的,因为必需的战争是正义的战争;当希望仅仅系于武器的时候,拿起武器就是善良的。我们在这里怀有最伟大的意愿,而在有伟大意愿的情况下,只要你们采取我已经作为范例推荐的那些人的方法,就不存在巨大困难。上帝已经为你们做了许多事,但上帝从不包办一切,这样就不会夺去我们的自由意志和应当属于我们的光荣。[161]

因此,人们不要错过这个机会,以便意大利最终能够看到它的救世主出现。我无法表达,在备受外国人入侵的各省,人们将怀着怎样的热爱,以怎样的复仇渴望,以多么坚定的信念,抱着 (I,9,248)
怎样的赤诚,满含热泪,迎接这位救世主。有什么门会对他关

闭？有什么人会拒绝服从他？有怎样的嫉妒会反对他？有哪个意大利人不愿意效忠于他？蛮族的统治已经让每个人心如刀绞。

因此，但愿你的显赫的王室以从事正义事业所具有的勇气和希望，担当起这个重任，使我们的祖国在你的旗帜下大放光芒，在你的指引下，实现诗人佩脱拉克的预言：

鼓起勇气，反对暴虐，

战斗不会很长；

古人武德的荣光，

仍然活在意大利人的胸膛。[162]

《君主论》开头上洛伦佐·梅迪奇书

一个身居卑位的人，敢于探讨和指点君主的政务，不应当被看作僭妄，因为正如那些描绘风景画的人们，为了观察山峦和高地便厕身于平原，而为了观察平原便高踞山顶一样，同理，认识人民的性质的人必定是君主，而深深地认识君主的性质的人应当来自于民众。[163]

(I,9,249)

编 者 附 言

马基雅维里的想法是表面上的和可笑的，但是仔细追究起来，他所证明的只是反对在教会中出生的君主，洛伦佐不属于这类君主，马基雅维里绝不反对新的君主们，而是特别寄希望于他们,总的来说,新的君主们来自于民众。此外,马基雅维里的想法是反对僭妄和狂傲的,但是,自马基雅维里以来,僭妄和狂傲不但没有消失,而是变得更加明显和变本加厉了,所以,更明白、更坚定地讨论这个问题可能是非常值得的。

为了在每一个发生的事情中找到最确定的规则,正确判断国家事务所必需的东西可能是什么呢?我认为,在内容方面,一种对于管理国家的法律的彻底洞察是必需的,它基于哲学知识、对太古时代与我们时代的历史的了解和对人们的深刻认识,后者不是取决于从我们身边走过的那些面孔的数目,而是主要取决于人们本身是一种从各个方面得到锻炼的、全面的人,并且具有自我认识;其次,在形式方面,一种稳定的和经过训练的知性是必需的,它善于在纯粹的分离中把握它的反思的客体,在不精力分散和心思紊乱的情况下紧紧抓住这种客体,直至它啃碎这种客体和穿透其本质。

人们通过什么途径才有对于治国艺术的这种需要呢?我只知道,这惟有通过彻底研究科学才能完成,而这种研究也是完整和全面的;这样一来,每个彻底受过科学培养的人,不论他出身如何,只要他愿意,都能成为能干的政治家;但是,任何一个没有这种科学教养的人,也不论他出身如何,都不可能成为能干的政治家,而且任何祖宗的余荫和宫廷的偏爱都不可能取代这种本质的缺陷。由于人们掌握从一个对象迅速跳跃到另一个对象的技巧,而且能够议论任何表面的和可笑的事情,但却不坚持某一个惟一的对象,从而变成了一个在平面圆圈里转悠的快活的过客,所以,人们就完全没有获得,也没有说明一种相反的能力,去做深刻的和彻底的研究。但是,治国艺术不是这样的技巧,不是人们可以在游艺室里学到的玩笑、口哨、杂耍和滑稽戏;如果有人把它们混为一谈,那他就错了。同样,如果在一个受过很严肃的工作培养的政治家那里,余下的事情都有赖于自己的笨拙的逻辑和沾满灰尘的书本,那么,就很容易产生这样一个廷臣,这个廷臣如果只具有正确理解自己的思想的知性,那就会让他的更加油滑的舌头道出这些思想。

(I,9,250)

甚至人们也不能说,人们在公共事务中应当由这样一个人的忠诚来保证,这个人必须能够以其家庭、地产和诸如此类的东西来担保;因为在没有本事的人那里,正是这些财产能够使勇气和忠诚屈服;因此,那种已经通过科学习惯于越过当前可见的东西进行观察的人,有时就会具有另一种财产,它使他直至生死关头都与正义事业紧密地联系起来。

那种狂傲造成的——大概也不是在无意中产生的——直接结果是,人们在这个或许比任何其他行业都需要更多的舆论监督和报刊监督的行业中,通过一句名言就有幸摆脱这种监督,而这句名言是:这些人是一些学究,他们懂得什么政治?民众相信了这样的名言。于是,太古时代和我们时代的任何一位智者似乎都不是在孤独隐居的情况中获得了他们的智慧;似乎知性都是分发于大庭广众的,或是见之于街巷里弄的;似乎政治是一种魔术,它决不能用自然手段达到,而只有某个在特定星象下出生的人才能融会贯通;最后,似乎这样的天才从他们在大千世界被人颂扬的生活中,从他们进入最初的根源中,就会表现出某种优势,而且他们早几个小时就知道了最新消息。

《君主论》第三章

　　罗马人在他们攻取的地方,很注意遵守这些办法:他们建立殖民地,安抚弱小的势力,但不增强其势力,削弱强大的势力,不让外国人获得声誉和影响。我只想举出希腊这个地方为例。罗 (I,9,251)
马人当时与阿凯亚人和埃托利亚人修好,打败了马其顿王国,驱逐安蒂奥科;然而阿凯亚人或埃托利亚人从未由于立了功劳而被允许扩展势力;菲利普的任何劝说也未能使罗马人成为他的朋友而不把他打倒;安蒂奥科的势力也不能让罗马人同意他在那个地方保有任何地位。罗马人在这些情形中的所作所为,正是所有明智的君主都应该做的,他们考虑的不仅是眼前的险阻,还有未来颠覆其统治的隐患;他们竭尽全力去防范这些危险,因为危险在可预见的时候是容易除去的,但是如果危险临头,病入膏肓时就无药可救了。这种情况正如医生所说的消耗热症一样,在患病初期,是治疗容易而诊断困难;但是日月荏苒,这个病如果在初期没有检查出来也没有治疗,就会变成诊断容易而治疗困难了。国家事务也是这样,如果对于潜伏中的祸害能够探察于幽微——这当然只有审慎的人才能做到,就能迅速地加以挽回,但是,如果对祸害不曾察觉,任其发展,直到人人都看见的时候,也就无可挽救了。因此,罗马人一俟预见麻烦就立即加以补救,而且从来不曾为了避免战争而任其发展下去,因为他们知道战争不可避免,延宕时日只能是有利于他人。所以,他们要同菲利普和安蒂奥科在希腊作战,以免日后与他们在意大利作战,虽

(I,9,252) 然他们当时能够避免这两场战争*,但是他们不想这样做。他们绝不喜欢我们这个时代的聪明人整天念叨的"享受时间的恩惠吧"这句话,而宁愿信赖自己的勇敢和智慧,因为时间把一切东西都带到眼前,它可能带来善,同时也可能带来恶;它可能带来恶,同时也可能带来善。[164]

《君主论》第十四章
君主关于军事方面的职责

君主除了战争、军事制度和军事训练以外,不应该有其他的目标、其他的思想,也不应该把任何一件其他的事情当作自己的真正职业,因为战争是一个统治者理应掌握的惟一艺术;而且这 (I,9,253) 门艺术具有如此大的效力,以致它不仅能使那些生而为君主者保持其地位,而且常常能使那些庶民阶层的人一跃而高居王位。反之,人们也看见,在寻欢作乐上多于在军事上用心思的君主们,都丧失了他们的国家。亡国的首要原因就是忽视战争的艺术,而赢得一个国家的首要原因就是精通战争的艺术。弗朗兹·斯福尔扎由于重视军事,于是由平民一跃而成为米兰的公爵;而他的后辈由于躲避军事的困苦,于是由公爵降为平民。

因为不整军经武,还会给君主带来其他厄运,其中之一就是人们蔑视你,这是君主必须提防的耻辱之一。因为一个武装起

---

* 如果他们认为,希腊根本不是他们的领土和祖宗的遗产,因而让菲利普和安蒂奥科继续在希腊有所作为,直到这两个人发展到意大利的边境,那么,这时就不得不在边境上进行战争,但这究竟对谁有利呢?——编者注

来的人同没有武装起来的人是无法比较的,因而通过天然的知性就产生一种情况,即武装起来的人不会心甘情愿地服从没有武装起来的人,而没有武装起来的人厕身于众多武装起来的人中间是不会平平安安的。一方抱着蔑视的态度,另一方心怀猜疑,这两方怎么可能和睦共处呢?所以,一个不懂军事的君主,除了由此产生的其他不幸之外,他既不能获得自己的士兵的尊敬,也不可能信赖自己的士兵*。因此,君主在战争期间要始终注意军事训练,而且应该在和平时期比在战争时期更加关注军事问题。他能够做到这一点,可以有两个方法:一是采取行动,二是靠思考。 (I,9,254)

关于行动方面,君主除了使他的军队纪律严明、勤于操练以外,他自己应当经常从事狩猎,以期一方面使自己的身体习惯于艰苦生活,另一方面认识他的国土,了解山脉是多么的陡峭,峡谷是怎样的凹陷,平原是怎样的开阔,并且懂得河流和沼泽的特性,而且对这一切都予以最大的关注。这种知识有两种好处。 (I,9,255)

---

* 一个不是军事家的君主厕身于他自己的业已武装起来的臣仆之中,是不安全的,如此强调的这种不安全性是基于在我们的前言中已经提到的马基雅维里时代的君主与其臣民关系的差异,但这绝对不适用于我们的时代。不过,下面的这一点对任何时代都是真理:任何一个君主如果不能至少被他的国家视为这个国家的一流军事家,就不会在战争中获得完全的尊严和他的军队的绝对服从,而这在有幸领导战争时是必要的;并非任何人生来就是天才,而且这个缺陷无法弥补,因此,这种人在决定战争与和平的时候就会更加犹豫不决;为了不让人怀疑自己胆怯和优柔寡断,这种人最好把战争的实际领导权交给其他人,而通过对政府其他部门卓有成效的管理来减缓这个重要缺陷。马基雅维里的评判(《论集》第一卷第十九章)亦是如此,他说:"在一个杰出的君主之后,一个软弱的君主能够自保,但是,在一个软弱的君主之后,第二个软弱的君主就不可能自保,除非是在像法国这样的国家,旧的制度曾经保持了软弱的君主;但是,不注意战争的君主是软弱的。"——编者注

首先是他认识了自己的国土，就能更好地懂得怎么保卫它。其次，他通过对那个地方的亲身观察而获得丰富的知识，此后有必要了解任何其他地方时，他就会很快地、正确地了解那个地方，譬如，在托斯卡纳的丘陵、山谷、平原、河流和沼泽与其他省有某种相似之处，以致一个人由于了解一个省的地势，就能够很容易地了解其他省的地势。君主缺乏这种才能，也就是缺乏一个首领应该具备的一个首要条件，因为君主可以由此学会怎样发现敌人，怎样安营扎寨，怎样率领军队，筹划战役，以及利用有利条件围攻目的地。阿凯亚人的君主菲利波门受到史学家的诸般赞誉，其中有一条就是，他在和平时期不考虑其他事情，而是思考战法，当他和朋友们一起在广阔的乡村时，他常常停下来同他们讨论：如果敌人在那个山丘出现，而我们和我们的军队却在这里，那么，敌我双方，谁占有地利呢？我们怎样才能保持队形，稳妥地向敌人进攻呢？如果我们想退却，应该采取怎样的行动呢？如果敌人退却了，我们怎样追击呢？他向他们提出一支军队可能遇到的一切情况，倾听他们的意见并且说明自己的意见，同时提出理由加以论证。由于他经常不断地如此深谋远虑，他在率领军队时从来都不可能发生他不会应付的任何事件。

此外，在训练战争思想方面，君主应当阅读历史，注意历史上杰出人物的行动，看看他们在战争中是怎样做的，研究他们胜利或失败的原因，以便学习前者而避免后者；特别是应当像过去某一位伟大人物那样做，选择某一个受到赞扬和尊崇的前人作为自己的榜样，并且经常把他的方法和行动铭记在心。人们曾说，亚历山大大帝效法阿基里斯，恺撒效法亚历山大，西奇比奥效法居鲁士。谁读色诺芬所写的居鲁士王的生平,谁就会从西奇比奥的生平中看到他仿效居鲁士给自己带来多大光荣,就能看到他在纯洁、和蔼、仁慈、慷慨等方面与色诺芬所描述的关于居鲁士的特性是多么相像。每一位贤明的君主都应当遵守这类方法,而且在和平时期不能无所事事,荒废时光,而是努力利用这些时间,以备在拂逆时发挥作用,这样,在命运逆转时也能作好反击的准备。[165]

(I,9,256)

《君主论》第二十一章
君主为了受人尊敬应当怎样为人

能够为君主赢得崇高威望的,莫过于做出伟大的事业和卓越的范例。[166]

———————

当一位君主是一个真正的朋友或一个真正的敌人时,就是说,当他毫无保留地表示赞助某一方而反对另一方时,他也会受到尊重。这是因为,如果你的两个强大邻国相互打起来,那么,不是出现一方获胜,你会害怕这个胜者的情况,便是不出现这种情况。无论在这两种情况的哪一种当中,你明确表态,堂堂正正地参战,对你总有好处;如果你不明确表态,在第一种情况中你总会成为胜者的战利品,败者则为此感到满意和愉快;而且你在任何地方也找不到庇护所,因为胜者既不想要任何可疑的朋友,也不想要在困境中不援助他的朋友,败者也不会保护你,因为你曾经不愿意拿起武器与他共命运。——安蒂奥科应埃托利亚的

(I,9,257)

邀请,为了驱逐罗马人而来到希腊。他派遣使节到罗马人的朋友——阿凯亚人那里,劝说他们保持中立。另一方面,罗马人却劝说阿凯亚人为了他们自己的利益拿起武器。这件事情被提到阿凯亚人的会议上进行讨论,安蒂奥科的使者劝说他们保持中立,罗马人的使者对此反驳道,"有人劝你们不要介入我们的战争,宣称这对你们国家最好和最有利,但恰恰这是对你们最有害的措施,因为你们不参战,你们最终就得不到感激和尊重,而得到胜者的奖品"。事情总是这样:不是你的朋友的人会要求你保持中立,而是你的朋友的人会请你拿起武器公开表态。

但是,优柔寡断的君主只是为了避免目前的灾难,常常采取中立的道路,并且常常因此走向毁灭。如果君主勇敢地表明站在某一方,而且你支持的这一方获胜,那么,虽然这会使胜者很强大,以致你要仰他的鼻息,但他对你仍然负有义务,你与他已经建立了一种友情,而且人们绝不会如此不讲信誉,以致他们以绝无仅有的背信弃义态度压迫你。再说,胜利从来都不会那样彻底,竟然使胜者不需要对某些事情,特别是对正义,有所考虑。另一方面,即使你支持的一方失败了,他也仍然会感激你,只要他力所能及,他就会帮助你;或者说,在最坏的情况下,你仍然是能够东山再起的命运的伴侣。

在第二种情况下,即在交战双方中任何一方获胜,你都不用害怕的时候,你就应当更多地注意一种明智措施,因为你是帮助这一方打倒另一方,如果这一方是明智的,他就必定会千方百计地保存另一方;如果你们得胜了,他就得听从你的决定,而在已经给定的前提下,他在你的帮助下是不可能不胜利的。

(1,9,258)

这里必须注意,一个君主决不要为了进攻别国而与一个比自己强大的国家结盟,除非是情况迫不得已。因为即使你获得胜利,你仍然要听从强国的决定;然而,一个君主最应当避免听从他人的随意决定。[167]

任何一个国家都不能够认为自己可以选择一个万全之策,而是应当知道,自己采取的任何策略都不一定可靠,因为事情通常是:在避免一种不利的同时,难免遇到另一种不利。但是,知性的本质在于能够认识各种不利的内在性质,进而选择害处最少的最佳策略。

一个君主应当表明自己是一个珍惜才能的人,应当对各个行业中的杰出人才给予荣誉。[168]

编 者 附 言

马基雅维里关于中立和结盟的学说,没有能够考虑发现一种较新的策略,即武装起来的中立,因此是不全面的,我们想从下面的方式补充他的这个学说的原理。

当你的天然同盟者遭受到让你们双方都感到生畏的力量的侵犯的时候,保持中立是完全有害的;因为你的同盟者的力量就是你的力量,削弱他的力量就是削弱你的力量,他不能遭受那种使你不能与他共同生存的侵犯。但是,如果进行战争的双方都是你的竞争者,他们都无一例外地这么看,如果他们不是你的天然同盟者,他们或者现在对你构成威胁,或者将来对你构成威 (I,9,259)

胁,那么,你得到的好处就在于,他们不要你的协助,相互消耗着这样一种力量,这种力量本来必须是由你冒风险、花力量去消灭的;如果人们着眼于交战双方几乎在同等程度上受到削弱,而没有一方的力量特别得到增长,或在出现后一种情况时立即站在弱者一方,那么在这种情况下,武装的中立就会是一种很好的措施;如果交战双方都因战争而精疲力尽,或战争的继续令我们感到厌恶,有人用武装力量充当调解者和缔造和平,而且居安思危,那么在这种情况下,武装的中立也会是一种很好的措施。但是,有人却手执武器,在一旁观望交战的一方如何遭受重大损失,另一方如何迅猛增加势力;他们在犯了这个错误以后,还引起第二个错误,那就是:有人一厢情愿地让交战双方自己订和约,好像我们根本不存在于这里,现在已经走开,平静地解除了自己的武装。武装中立的这种应用,除了马基雅维里所说的中立道路的一切错误以外,还有一个错误,那就是这种应用在决定性的意义上减少了对我们的尊重,而我们却在战争的喧嚣中用武装和维持武装的代价给自己买来了蔑视。[169]

《君主论》第二十二章
论君主的大臣们

遴选大臣,对君主来说是一件非同小可的事情;因为他们是不是良臣,完全取决于君主的明智。人们对于一位君主及其理智的第一个印象,是通过对他左右的人们的观察得来的。如果(I,9,260)这些人是能干的和忠诚的,人们通常就会认为,这位君主是明智的,因为他已经知道认识他们的能力,并且使他们忠贞不渝。但是,如果情况恰恰与此相反,人们就很容易大胆地想到君主的不是,因为他所犯的第一个错误是在选择人才方面。凡是认识锡耶纳君主潘多尔福·佩特鲁奇的大臣安托尼奥·达·韦纳弗罗的人,无不认定潘多尔福是一位非常明智的人,因为他把韦纳弗罗任命为自己的大臣。人的头脑有三类:第一类是靠自己就能够理解,第二类是在他人指点以后能够理解,第三类是既不能靠自己理解,也不能在他人指点下理解。在这当中,第一类是最优秀的,第二类也不差,第三类则是根本无用的。因此,显而易见,潘多尔福即使不属于第一类,也一定属于第二类,因为一个人尽管缺少创造的天赋,但他如果对别人言行的好与坏具有鉴别力,他就能够认识大臣行为的好与坏,激励第一类,修正第二类,大臣也举止善良,不指望能蒙骗他。一个君主如何识别大臣,有一个屡试不爽的方法:如果你察觉一个大臣考虑自己甚于考虑你,而且他的所作所为都只是追逐他自己的利益,那就可以认为,这个大臣绝不是一个好的大臣,你绝不能信赖他;因为大臣理应为君主出谋划策,他绝不应当考虑自己,而是要考虑君主,并且应当毫不念及与君主无关的事情。另一方面,君主应该想着大臣,为了使大臣忠诚不二,应当尊重大臣,使他富有,让他感恩戴德,与他共享荣誉和分担职责;他享有的荣誉和占有的财富使他更无所求,他已担负的重任让他害怕任何更迭,因为他已经看到,没有君主,他就不能站住。如果君主和大臣处于这样一种关系,那他们是能够彼此信任的;若不如此,其结果对双方都是不幸的。[170]

(I,9,261)

编者附言

我们想通过马基雅维里的学说的应用来解释他的学说。

如果一个仅仅考虑自己的利益、首先考虑维护自己的地位的外交大臣,有可能与其他宫廷大臣、尤其是与他认为最有势力的宫廷大臣——他的君主可以与他们共存,绝不会损害他们——共同参与某一个对于外交事务的至关重要的声明或措施(因为马基雅维里特别提到外交事务);假如那个最有权势的人成为胜者(如果不忠诚的人当政,就会发生这种情况),他就可以得到这个人的赏赐;假如发生一种可耻的和平,他就不会被解职,而是更可以把保留他的职位当作条件。[171]与此相反,这样一种大臣才是忠诚的,这种大臣把他的君主和国家的敌人当作自己的整个的、重要的敌人,把他的君主和国家的朋友当作自己的重要的朋友。但是,一个大臣的这种忠诚是以君主对他自己和他的民族的忠诚为条件的,也就是说,这个君主本人既应该是敌国的整个敌人,也应该是本国的整个朋友;这个君主不能以一个被征服者的心态去战斗,因为他会由于自卫能力软弱,在暗中寻求他公开反对、但已经视为不可置疑的胜者的那种人的赏赐和宽恕,而这种人是在暗中羡慕和担心与他结盟的人们的;如果这样,这个大臣就是以动摇不定的心态和在压力之下作出的声明和措施为其君主服务的。一个君主按照马基雅维里所说,如果让大臣担任重大职责,就会使大臣忠诚不二,在内心感恩戴德;这就是说,君主不允许大臣有退路和避难之所,而是迫使他们作出直截了当的措施和声明,这样,假如敌人获胜,他就不可能期望从敌人那里获得任何宽恕。在一场认真对待的战争中,最好的大臣总是在敌人获胜时失去一切的大臣。不言而喻,只有重新具有保护其大臣的力量的君主,才能要求大臣有这样的坚定决心;与此相反,外来的命令和利益决定大臣的任命和罢免,是不会让一个诚实的、明智的人完全效忠的。

《君主论》第二十五章
命运对人世事务有多大的影响和人在何种限度内能对抗它的影响

我并非不知道,许多人曾经认为,而且还有人至今仍然认为,尘世间的事情完全是由命运和上帝支配的,以致人们丝毫不能加以改变,使其有利于自己,因而在命运面前绝对没有保存手段。有人由此得出结论说,人在尘世间的事情上的辛劳是徒然的,须让事情听从命运的安排。这种意见在我们这个时代更觉得可信,因为过去已经经历、而且现在每天还在经历的重大变化远远超出人们的预料。考虑到这种变化,我在一定程度上倾向于这种意见。但是,为了不失去我们的自由意志,我认为,正确的意见可能是:命运主宰我们的一半行动,它留下的其余一半或者几乎一半听从我们的安排。我把命运比作湍急的河流,当它怒吼的时候,淹没原野,拔树毁屋,让田地搬家;在洪水面前,人人奔逃,屈服于它的暴虐,毫无能力与它抗拒。尽管河流如此桀骜不驯,但人们并非完全无能为力,当它安静的时候,人们可以

(I,9,264) 修筑堤岸,开浚沟渠,做好防备;当河水上涨的时候,让河水顺渠道宣泄,即使它再次发威,水势也不致毫无控制而泛滥成灾。对于命运,情况也是如此。在不曾准备好力量来抵抗命运的地方,它就显示出它的威力,它知道哪里没有修筑水渠和堤坝来控制它,它就在哪里显示暴力。如果你们仔细观察意大利的情况——这是这些变化的所在地,并且是所有这些变化的推动点——你们就会发现,意大利是一个既没有水渠也没有堤坝的平原。如果意大利像德国、西班牙、法国那样,过去有适当的力量加以保护,洪水就不会产生像我们现在看到的如此巨大的变动,或者根本就不会出现洪水。一般关于抵抗命运的问题,就谈这么多。

为了深入地探讨这个问题的特殊方面,我要指出,同一个君主今日幸运,而明日却垮台,在他的命运的变更中,并没有看见他的本性或其他特性有任何改变。我认为,之所以如此,首先是由于我在上面已经详细地讨论过的原因,就是说,任何一位君主如果完全依靠命运,当命运变化的时候,他就会垮台。我还认为,一个君主的做法如果符合时代的特性,他就会获得幸运,如果他的做法与时代不一致,他就会倒霉。我们因此看到,人们在成功地实现每一个人都追求的事情上,即荣誉和财富,采取不同的方法:有的深思熟虑、小心谨慎,有的急躁鲁莽,有的依靠暴力;有的凭借技巧,有的依靠忍耐,有的恰恰与此相反,而且每一个人也都可能用这些不同的方法达到目的。人们还可以看到两个谨慎小心的人,其中一人实现了他的目的,另一个人则没有;同样,有两个采用不同方法的人,一个稳健审慎,另一个急躁冲动,却一样成功了。这一切都源于时代的特性,取决于他们的做法是否符合时代的特性,由此就出现了业已提到的需要解释的现象。一个人业已获得的成功发生变化的原因也在于此,如果这个人处事谨慎和耐心,那么,只要时代的发展说明他的行动是 (I,9,265)合乎目的的,他就无疑是成功的;反之,如果时代和事情发生变化,而他没有改变他的做法,那么,他就失败了。没有一个人能够明智地适应这些变化,因为他不能离开他的天性驱使他走的道路,还因为他走一条路子亨通已久,他不能说服自己,相信他离开这条路子,情况就可能变好。因此,一个谨慎的人到了需要采取迅猛行动的时候,就无能为力了,结果遭到灭顶之灾;与此相反,如果他能够随着时代和事情的变化而改变自己的天性,那么,他的命运就不会改变。

教皇朱里奥二世做任何事情都很迅猛,并且认为时代和事情很符合于他的做法,所以他总是获得成功。人们可以考虑在焦万尼·本蒂沃利奥还活着的时候,教皇对波伦尼亚采取的第一次行动。当时,威尼斯人是不赞同这件事的,西班牙国王和法国国王也对此提出异议,而教皇本人则以其勇敢和迅猛的禀性亲自发动这场远征。这一勇敢的举动使得西班牙人和威尼斯人麻木和被动,后者是由于恐惧,而前者则是因为希望重新获得整个那波利王国。在另一方面,当法国国王看到西班牙国王的行动以后,他自己也跟了上来,因为他想与西班牙国王亲善友好,使威尼斯人俯首贴耳,并且还认为,除非公开得罪教皇,否则不可能不给他提供军队。这样,朱里奥以其大胆的行动完成了一项事业,这是任何教皇以所有人间智慧都不能完成的;假如朱里奥要等待完成各项谈判,确定一切条款,才从罗马出兵,那么,他就绝不会成功，因为法国国王可以找到成千个推托之辞，而其他人也会向他陈述无数恐惧的理由。关于这位教皇的其他行动就从略不谈了，它们全都是属于这一类的，而且全都是成功的，他的短暂生命使他没有相反的经历。假使时光流转，需要他谨慎从事，他就会遇到失败的结局，因为他绝不会放弃他的天性使他偏爱的行动方式。

(I,9,266) 我从这一切得出一个结论：命运发生变化，而人则顽固地坚持自己的行为方式；如果人们能够与命运协调，他们就是成功的，如果人们不与命运协调，他们就是失败的。无论怎样，我坚持认为，迅猛胜于谨慎，因为幸运之神是一个女子，你想要压倒她，就必须打她，冲击她。人们也看到，她宁愿让这样行动的人们征服她，而不愿让那些迟钝、缓慢的人们征服她。因此，幸运之神作为一个女子，是青年人的朋友，因为青年人谨慎少，勇猛多，而且能够更加大胆地制服她。[172]

编 者 附 言

不论这个并非亲自参与的旁观者怎样看待人类行为的幸运与厄运，不论他把人类行为的多少成就归咎于某种陌生的、并不属于我们考虑范围的原因，凡是觉得需要确实采取某些行动的人都应当承认那种陌生的原因根本没有影响，而是必须努力奋斗，尽最大可能去实现他的计划，而且在实现计划时应当考虑周全，这样才会充满信心，意志坚定地去工作。在大多数情况下，这样的勇气和信心会使得行为成功；但是，必定有一次虽然我们考虑很详尽，仍然是因为我们没有努力，失败、没落和死亡会自然发生。于是，有人鉴于行动总会有失败的可能，就宁愿让自己不做什么事情，除非失败的绝对不可能性完全清楚地显现出来；但是，这样的显现从来是不可能的，因此，这样的人永远不会采取行动。不言而喻，一个从房顶上掉下来的物体砸死一位过路的行人的事情是罕见的，但也确实发生过这样的事情；谁为了完全避免这种危险，他就应当须臾也不离开他的房间；但是在房间里，天花板也有可能掉下来砸到他，而他假如在此时正好在胡同里，则可能躲开这样的危险。我们总是不停地处在危险之中，谁在采取行动之前期待绝对的安全，谁就是想在孤独状态中虔诚地观察人的死亡和万物的同寂，这对他可能有益，但他却因此离开了行动着的生命。

能够为一位英雄照亮生命的最璀璨的吉祥之星就是信念，这里没有厄运，任何危险都将被坚定的立场和勇气——勇气不保护任何东西，在起作用时也保护不了自己的生命——所克服。假如一颗吉星沉没在危险之中，那么，给畏葸不前的人留下的就只是诉说他的不幸，而他自己是不再出现在他的不幸的现场的。因此，人能向主宰我们命运的神明表示的最珍贵的敬意就是这样的信念：神明完全足以这样安排我们，即神明让我们能够决定我们自己的命运；与此相反，认为在这样一个存在物的支配之下，人身上惟一具有价值的东西——精神的清晰和意志的坚定——没有什么力量，而是万物都决定于一种盲目的、没有理性的偶然机遇，这则是亵渎。你要设想一下，有人可以向人们大声说，你绝不是什么靠自己存在的东西，一切都是靠上帝存在的，

(I, 9, 267)

这样，你就会以这种思想变得高贵和强大；但你要这么活动，好像没有上帝会帮助你，而是你自己必须做一切事情，就好像上帝在事实上不愿帮助你一样，因为他已经帮助过你，这样，他就把你交给了你自己。如果一开始行动就对事情没有正当的、自己的心眼，而是像看起来那样，把天意提出来，以便可以把不幸的结局的过失推卸给已经准备的对象，那么，正因为这样，在这里让人感到担心的是，人们是为了这个目的而需要行动的。

我说，这种信念和在这种信念中的生命本身就是正当的、真正的幸运。与此相反，真正的厄运是对自己的洞见和力量的所能的不信任，是对盲目的命运和这种命运想用我们造成的一切事物作出丧失信念的屈从；由此就产生了在已经作出的计划中的摇摆不定，产生了可以用一笔就描绘出来的这样一种情况：有人不想同时得到自己想得到的东西，却想同时得到自己不想得到的东西。谁这样，谁就是天生不幸；厄运伴随着他的每一步，他走到哪里，就把厄运带到哪里。

人们回顾一下历史，看看许多人——在结果出来以前，他们从来不会有自己的判断——向来称为幸运或厄运的那个东西，究竟是什么！在一个行动的过程当中会凸现出一种情况，它本身既不是必要的，也不是由人的知性预见到的。有知性的人可以在当时洞察，如何为自己的目的利用这种情况，并且这么利用它：假如所发生的事情是这种情况的对立面，也可以发现这个对立面的合目的性。譬如，在非常寒冷的时候，冰冻非常结实，有知性的人就会越过结冰的河流、湖泊、沼泽，取得完全出乎预料(I,9,268) 的胜利；而在融雪期间，他也会让敌人在这些正在化冰的湖泊和沼泽中沉没下去。大多数看不到冰冻与获胜之间的中间环节的人们惊叹他的幸运，而他的优点是不理睬他们，因为他们陷入了奇迹范围，把这个人奉为上帝的特别宠儿；与此相反，他的幸运是建立在他的知性的基础上的，这个赤裸裸的真理太普遍、太自然了。另一个人或许考虑了某一种情况，并为此作了准备，但其他情况也有可能发生；如果出现了他考虑的情况，他就会非常好地摆脱这场争斗。但遗憾的是，这种情况并没有发生，而是出现了也可能发生的另一种情况，而他对此本来能够和应当加以考虑；但他没有对此作准备，因此他失败了。尽管如此，我们却不可在背后议论他，说他没有做任何思考，因为他确实考虑了一些事情，因此，他宁愿承受已经遭到的不幸，而不是去认识和责备他的知性不充分；对他来说，在没有知性的人群中找到信心，或许会取代他最初的不幸，成为他的一部分幸运。

任何一个以极其深刻和庞大的计划从事一项伟大行动的人，都具有刚才描述的这种从自身经历中得到的特殊幸运，并以此来吸引他的下属。他考虑过某些不利的情况，这种情况并不像我们担心的那样，会发生一切坏的事情，也不像我们期望的那样，会出现一切好的事情；他曾经投入力量去对付这些坏的事情，他现在抽出这些力量去达到其他目的。他没有考虑过某些有利的事件，而这些事件仍然会按时出现。他善于最佳地利用这种情况，并且得到成倍的收获。对那些曾经占有优势的人来说，只要他们在自身保持着这种使他们在开始时占有优势的特性，而且胜利的喜悦不会让他们狂傲、无忧无虑和忘乎所以，一切事情就都是令人愉快的。与此相反，对处于劣势的人来说，一切事情则都十分难办,而且让人忧心的是,他们首次的不幸会带来一连串的不幸事件。

但一般而言,人们都能把下列论断视为规则,而且这种规则也会在生活中通过历史得到证实:无论个别人还是整个时代,越犹豫不决、丧失勇气、缓慢迟钝、软弱多病,越虚度年华、葬送活生生的生活,就越坚定地相信不幸和一种模糊的厄运,仿佛这可以使他们自身推卸他们那种在暗中感觉到的无能所造成的罪过;反之,无论个别人还是整个时代,越在自身充满力量,就越相信勤劳的人们具有压倒一切的能力,并且还认为,不可动摇的意志是无所不能的。

(I,9,269)

马基雅维里对同时代的法国人和德国人的描述

1)法国人

法国人从其天性来讲,热情甚于勇敢,或者说是机智的;如果法国人的热情在第一次进攻时遭受抵抗,他们以后就会变得很温和,并且大为丧失勇气,以致变得胆小怯懦,像女人一样。除此以外,法国人不能忍受持久的劳顿和辛苦,他们会长期变得很马虎,以致我们很容易发现他们没有秩序,并且制服他们。谁想征服法国人,谁就应当保护自己,坚持抵御他们的第一次攻击,然后通过阻截和拖延,征服他们。恺撒这样说过,高卢人在开头比男人还勇猛,在末了比女人还软弱。

法国人的天性是追逐外在的财产；得到以后，他们花费这些财产就像花费自己的财产一样。法国人与你们结盟，一道出去抢劫，许诺说，他们理应与你们共享战利品，但他们后来会把你们骂走，并且与那种被他们抢劫的人共分战利品。这是他们不同于西班牙人的地方；西班牙人抢走了你的东西，你就永远不会再看到这些东西。[173]

对法国人目前的优劣可以这样加以评论：他们很少记住过去的劳作或侮辱，很少关心未来的幸福或痛苦。 (Ⅰ,9,270)

法国人总是折磨别人，他们让人难堪甚于小心谨慎。他们很少操心别人如何议论和描写他们。他们追逐金钱甚于鲜血。只有在谒见时，他们才会慷慨大方。

这对于一个在涉及第三者的事情上不服从国王的大臣或贵族来说，只能产生一个结果，那就是在有人会想到他时，他仍然必须执行已经发出的命令，或者在没有人会想到他时，他可以四个月之久不出现于宫廷。

谁能推动一件宫廷中的事情，谁就需要充足金钱、十分小心和许多运气。

如果你请求法国人替你找一个职业，他们考虑的是他们从中能够得到什么好处，而不是他们是否有能力帮这个忙。

首先与他们进行比较，总是最好的比较。

他们不能帮助你，他们却对你作出许诺；他们能够帮你，他们却很难以帮你，或根本不帮你。

遭受不幸，他们就十分谦恭；时来运转，他们就狂傲无礼。

法国人会用暴力来弥补他们十分糟糕的计划。

谁的行动成功,谁大多会引起国王的关注;谁的行动失败,谁很少会引起国王的关注。因此,谁想采取行动,谁应该更多地考虑的就是自己的行动是否会成功,而不是它会招致国王的高兴,还是反感。

在很多事情上,法国人有他们自己的荣誉概念,而与意大利伟人们的观念大相径庭。根据这样的概念,他们很少介意这样一件事:他们要求齐纳省归还蒙特普尔希阿诺,却没有获得什么结果。

法国人是变化不定的,是轻浮的货色。他们如同胜利者一样保持忠诚。他们是罗马语言和罗马荣誉的敌人。

(1,9,271) 在意大利人当中,只有那种不再会失去任何东西、在生死关头都驾驭着自己舟车的人,才是宫廷中真正的竞争对手。[174]

2) 德国人

德国是否强大,并不是什么问题,因为德国有充足的人力、财富和武器。至于财富,没有一个帝国直辖市不是每年从公共收入抽取大量利税的;关于斯特拉斯堡,每个人都说这个城市有数百万古尔登的盈利。个中原因在于,这些城市的支出都不大于维持要塞的费用,当然,最初建立要塞是要支出很多钱的,但它们以后的维持并不要花费很多;另外,它们在这方面有一种最值得表扬的措施:它们的公共预算从来不只算计一年的吃、喝和燃料等生活资料,而且也考虑引发它们那里生产生活用品的工厂的原料,也就是说,它们在被包围的情况下,能够向民众和所有用双手劳动的人提供一整年的粮食,而不会陷落。在士兵身上,它们没有什么开支,因为它们维持的是手持武器、进行训练的本国人。在节日里,人们看到这些士兵不是在表演,而是在训练,他们有的手执长枪,有的手拿长矛,或者拿着各式各样的武器,他们为了礼品或其他东西相互比武,在比武结束以后,他们 (I,9,272) 共同享用这些东西。在公职人员的薪水和其他支出方面,它们的开支也不多。因此,作为共同体的所有帝国直辖市都很富有。

但是,各个公民的私人财富都是基于他们生活得如同穷人一样,在住、穿和家用器具方面没有任何花费。他们满足于适当地存储面包、肉类,满足于温暖的小屋;没有其他东西,他们照样做事,并且也不寻求其他东西。两个古尔登就足够他们十年的衣服需求,每个人都根据自己的地位,按照这个标准去生活,没有任何一个人按照他能够得到的一切收入去估算生活,而是按照他必须得到的东西去估算生活;但是,他们必要的需求大大少于我们的。从他们的这种习俗产生了这样的结果:他们总是满足于他们的国家生产的东西,因而没有什么货币会流出这个国家,而是货币会流入他们的国家,并且是由渴求他们的手工制造业商品的人们给他们带来的,可以说,他们的这类商品覆盖了整个意大利。由于价格几乎只是支付手工劳动,而在这方面投入到原料里的资本微乎其微,所以,他们在这里获取的纯利润就越来越大。德国人就是以这种方式享受他们的粗犷的、健康的生活,享受他们的自由的。[175]

德国人的骑兵有非常好的马匹,但太笨重;从装备而言,他们的骑兵装备精良。(德国人使用的是他们自己的不完善的装

备,尤其是马鞍,作者对此提出重要的批评。)

(I,9,273)　　德国的步兵非常优秀。士兵们身材漂亮,完全不同于瑞士的士兵,后者身材矮小,既不训练有素,也不身材漂亮。德国士兵只配备长矛或军刀,而且极少例外,为的是更灵便、更敏捷、更轻巧。德国士兵习惯于说,因为他们除了炮兵就没有其他敌人,所以,他们只能这么办,而要抵御炮兵,任何护心铠甲和颈项护套都对他们无用。他们不怕其他武器,他们说,他们的行列排得非常紧密,所以,任何人都不可能切入他们的行列,或不遇到长矛而接近他们。他们在战场上是精锐之师,但在攻城拔寨上却缺少能力,同时在保卫城堡方面也没有许多办法;一言以蔽之,凡是在他们不能紧密地排在一起的地方,他们就没有能力。关于后者,我们在意大利看到某些尝试。拉韦纳战役可以用来说明他们的能力。假如法国人没有德国长矛雇佣兵,他们在这场战役中就会失败;因为西班牙人已经投入了法国和加斯科涅的步兵,因而没有利用德国人的坚固队形,所以,西班牙人就全都战死了或被俘了。于是就发生这样一种情况:西班牙人最后在古耶讷发动对法国的战争时,西班牙部队害怕一支由一万人组成的德国军队甚于害怕所有其他步兵,总是想方设法避免与这支德国队伍交锋[176]。

Ⅲ. 结语

　　但愿这些论著有一个好命运!这些论著注定要为挽回一个

真诚的男子汉的名誉作出贡献;同时也引导我们同时代人中认为这些论著或许有用的人们再去读这位著作家的著作,因为他们提出了惟一能正确理解和公平评判这位著作家的观点,并且从中抽出几段作试验。但愿他们没有发现相反的结果,以至于他们以这些著作为理由,重新辱骂这位著作家,而且骂得更尖刻,进而把这些论著的编者也牵连进去。

我们想到的主要是两种人,如果我们可能,我们想在这两种人面前保护自己。首先是这样一种人,这种人的思想从未超出最新的报纸上的谈论,他们认定,这里不可能有其他人,所说和所写的一切都与这类报纸有关,因而也应当对此作出评论。我想提醒这些人,马基雅维里大约在三百年前就去世了,我在自己的附言中只是根据他的原理,像他本人在三百年前能够对自己加以补充的那样对他加以补充,有时是在他对这些事情还想深入探索的时候,但大多是在他还不想把自己严格地限制在他的祖国当时的情况下,而是想使他的观察超越他所了解的那种具有固定宪法的国家的时候。因此我请这些人思考一下,没有任何一个人会说"瞧,这里指的就是这个人,就是这个人!"——他并没有事先在自己那里作出判断说,这个人的确实际上是存在的,所以这里指的会是他;因此,没有任何一个人会指责一位大体站得住的、在涵盖一切时代的规则中忘却每个特殊时代的著作家撰写讽刺作品,而不把自己作为原初的和独立的著作家,去撰写这些讽刺作品,并且以最荒唐的方式去暴露他自己最隐蔽的思想。[177]

其次是这样一种人,这种人不害怕任何事情,但害怕涉及事情的言语,而且对这种语言非常恐惧。你可以踩他们于脚下,而全世界都可以旁观;这时,这种事情对他们来说既不是耻辱,也不是恶行。但是,如果发生了关于踩人的事情的谈话,这时,这就会是一个不可容忍的事件,而变为恶行;此外,也没有一个有理性的和友善的人出于幸灾乐祸,会谈这件事,相反地,仅仅是为了找出办法,不再发生这样的事情,才会谈这件事。对未来的恶行,他们也持同样的态度;他们不愿意别人打扰他们甜蜜的梦,因此对未来是紧闭双眼的。但是,其他睁着眼睛的人并没有被阻止去观察正在临近的事情,他们会不由自主地说出他们看到的东西,并且给它一个名称,这时,这种人就觉得,克服这种危险的最安全的办法是不要谈论和称谓所见的事情,似乎可以对现实倒行逆施,不言语就意味着未看到,未看到就意味着不存在。于是,夜游者就大踏步地走在深渊旁边;没有人出于怜悯大声呼唤他,他的梦境现在正保护他,但是,如果他醒来,他就会坠入深渊。但愿这种人的梦幻会给夜游者带来恩赐、特权和安全,以便不用大声呼唤他们和叫醒他们,就有挽救他们的方法。人们常说,鸵鸟会在猎人走向它的时候闭上眼睛,似乎它不再看见危险,危险就不再存在。鸵鸟的敌人不会大声向它吆喝:"睁开你的眼睛,看看吧,猎人正在走来,快逃往另一个方向,你就可以躲避这个猎人了。"

(I,9,275)

对德意志民族的演讲[178]

实学书局,柏林 1808

前　言

下列演讲是在柏林于1807—1808年冬季作过的,它们构成一个演讲系列,是1804—1805年冬季在同一个地点所作的报告《现时代的根本特点》(1806年也同样在实学书局印刷出版)的续篇[179]。要用它们向听众说的内容已经在它们本身完全说出来了,所以也就不必再写什么前言。印刷这些演讲的方式在这期间造成了一个需要加以填补的空白,因此,我利用了一些东西把它填补起来[180],而它们当中的一部分是已经通过书报检查机关的审批刊印过的;现在出现的这个空当使人想到了它们,而且我特别还要让人参看第十二讲谈到同一个问题的结语,因而一般来说,它们在这里也有用途。

柏林　1808年4月
费希特

《论马基雅维里》摘录 (I, 10, 100)

Ⅰ. 这篇著作的结语摘录[181]

我们想到的主要是两种人,如果我们可能,我们想在这两种人面前保护自己。首先是这样一种人,这种人的思想从未超出最新的报纸上的谈论,他们认定,这里不可能有其他人,所说和所写的一切都与这类报纸有关,因而也应当对此作出评论。我请这些人思考一下,没有任何一个人会说,"瞧,这里指的就是这个人,就是这个人!"——他并没有事先在自己那里作出判断说,这个人的确实际上是这样,这里指的会是他;因此,没有任何一个人会指责一位大体站得住的、在涵盖一切时代的规则中忘却每个特殊时代的著作家撰写讽刺作品,而不把自己作为原初的和独立的著作家,去撰写这些讽刺作品,并且以最荒唐的方式去暴露他自己最隐蔽的思想。

其次是这样一种人,这种人不害怕任何事情,但害怕涉及事情的语言,而且对这种语言非常恐惧。你可以踩他们于脚下,而全世界都可以旁观;这时,这件事情对他们来说既不是耻辱,也不是恶行。但是,如果发生了关于踩人的事情的谈话,这时,这就会是一个不可容忍的事件,而变为恶行。此外,也没有一个有理性的和友善的人出于幸灾乐祸,会谈这件事,相反地,仅仅是为了找出办法,不再发生这样的事情,才会谈这件事。对未来的恶行,他们也持同样的态度。他们不愿意别人打扰他们甜蜜的梦,因此对未来是紧闭双眼的。但是,其他睁着眼睛的人并没有被阻止去观察正在临近的事情,他们会不由自主地说出他们看到的东西,并且给它一个名称,这时,这种人就觉得,克服这种危险的最安全的办法是不要谈论和称谓所见的事情,似乎可以对现实倒行逆施,不言语就意味着未看到,未看到就意味着不存在。于是,夜游者就大踏步地走在深渊旁边;没有人出于怜悯大声呼唤他,他的梦境现在正保护他,但是,如果他醒来,他就会坠入深渊。但愿那种人的梦幻会给夜游者带来恩赐、特权和安全,以便不用大声呼唤他们和叫醒他们,就有挽救他们的办法。人们常说,鸵鸟会在猎人走向它的时候闭上眼睛,似乎它不再看见危险,危险就不再存在。鸵鸟的敌人不会大声向它吆喝:"睁开你的眼睛,看看吧,猎人正在走来,快逃往另一个方向,你就可以躲避这个敌人了。"

(I,10,101)

Ⅱ. 马基雅维里时代的巨大写作
自由与出版自由[182]

由于上一节的安排,同时也因为我们的一些读者或许感到惊讶,说那时怎么能对马基雅维里有刚才所述的评价,所以,我们也许值得花费力气,在19世纪初从各个炫耀自己有最广泛的思想自由的国家出发,去回顾16世纪初在意大利和教皇所在地罗马存在的写作自由和出版自由。我只从成千上万的事例中举两个事例。马基雅维里是应教皇克莱门七世的要求撰写《佛罗伦萨史》的,并且标明是献给这位教皇的。但在这部史书的第一卷立即就有这样一段文字:"如果说迄今为止还未有过关于某一位教皇的侄子辈或亲戚们的报道,那么从现在起则充斥了关于这些人的故事,直到我们随后还将会看到关于儿子们的报道;这样,未来的教皇就不再是被提升的,因为就像他们现在试图把他们的儿子们安插在君主国中一样,他们还想把教皇的宝座传给儿子们"。

教皇克莱门七世为了顺应诚实的安东尼(这是出版商的名字)的意愿,给他签发了印刷《佛罗伦萨史》、《君主论》和《论集》的特许证,根据这项特许证,翻印这些著作的,如果是基督徒,将受到逐出教会的惩罚,如果是教皇的臣民,还将受到没收印刷品的惩罚,并被科以25个杜卡特的罚款。 (I,10,102)

无论怎样,这种情况是应当得到解释的。历届教皇和教会的大人物们把他们自己的全部存在仅仅看做是供极其低贱的群氓观看的一个幻象,如有可能,也看做是供教皇极权主义分子观看的一个幻象;他们有足够的自由,允许每一个高尚的、有教养的意大利人对这些事情进行思考、议论和写作,就如同他们私下对此进行议论一样。他们不想欺骗受过教育的人,而群氓却不读书。这样就容易解释,为什么其他的规章制度在后来成为必要的。宗教改革家们教育德国民众去读书,他们援引在教皇眼皮底下进行写作的著作家们,读书的范例对其他国家是有感染力的，而现在著作家们却成了一种可怕的、因而受到严格监视的力量。

虽然这样的时代已经过去，但是现在，尤其是在新教国家，某些专业的著作，比如提出任何一种哲学普遍原理的著作，肯定会受到书刊检查制度的检查，因为情况就是如此。现在这里出现的情况是，那些除了会说每个人都能背诵的话语以外，就不知道说出任何其他东西的人们，在方方面面都被允许如其所愿地使用大量纸张；但是，一旦确实存在理应说出的新思想，书刊检查官则不能立即理解它，并且会发生误解，以为它会包藏着一个在暗中留给他的毒物，所以他为了完全安全起见，宁愿把这种新思想压制下去。因此，如果19世纪初的一位著作家希望得到教皇在16世纪初业已毫无顾虑地普遍认可的那种出版自由的适当的、并不过分的部分，这位身居新教国家的著作家也许不应当受到指责。

(Ⅰ,10,103) ### Ⅲ.未发表的《关于爱国主义与其对立面》"前言"摘录[183]

于是，在这些要求正义和公正的限定之内，我会设想，那些人很可能允许我们不害怕说出他们自己不害怕实地去做的事情；因为很显然，这些即使我们不说也会昭然若揭的事实惹出的麻烦，远比事后说出这种事实大得多。虽然完全没有任何东西阻碍那些以官方名义监督公开的书籍印刷的人们本身从属于目前争论不休的两个主要派别中的任何一派，然而他们只有在自己作为著作家出现的时候,才能注意他们这个派别的利益;但他们作为公开场合的人是根本不从属于任何派别的,他们必须把他们每天都允许非理智按照自己的所有兴趣去从事自己的所需的东西也同样给予理智,而理智在他们那里请求讲话本来就比非理智罕见得多;他们无权由于某种声音在他们的耳朵听起来异样和荒谬就禁止发出这种声音。在我看来,情况本当如此。在实践中情况是否正好如此,将会显示出来。

写于柏林,1806 年 7 月

(Ⅰ,10,104)

第一讲 绪论[184]

我已经预告过,我就此开始的演讲是三年前的冬天我在这同一个场地作过的一些演讲的继续,它们已经以"现时代的根本特点"为题刊印出来。我在那些演讲里表明,我们的时代处于全部世界史的第三大阶段,这个阶段以单纯喜欢感性享受的自私自利为其一切活跃的行为的动力;这个时代也完全是以这种动力的惟一可能性理解它自己的;它依靠对于它的本质的这种清楚的认识,在它的活生生的存在中拥有过深厚的基础,获得过牢固的支柱。

我们的时代胜过了有史以来的任何其他时代,正在迈着巨大的步伐前进。自从我这么解释正在前进的时代以来,在所述的以往三年当中,这个发展阶段已经在某个地方[185]完全结束了。在这个地方,利己主义经过充分的发展以后,丧失了它的自我及其独立性,从而自己毁灭了自己;而在它除了它自己,并不喜欢设定任何其他目的的时候,外来暴力也还把另一个这样的外来目的强加给了它。谁曾经做过解释他的时代的工作,谁就必须使他的解释符合于他的时代的进展,如果他的时代有这样一类进展的话;所以,在某个发展阶段业已不再是现时代以后,我的职责就是要在我曾把它描述为现时代的听众面前,承认它已成为过去的发展阶段。

谁丧失了自己的独立性,谁也就同时丧失了深入地影响时代潮流、自由地决定其内容的能力;如果他长期处于这种状态,那么,他的时代的发展以及他本身的那种与他的时代结合在一起的发展,就都取决于支配他的命运的外来暴力;从这个时候起,他根本不再拥有什么属于自己的时代,而是根据外族异邦发生的事件和所处的时代来计算自己经历的岁月。在这种状态下,整个迄今的世界都脱离了他的积极影响,他在这个世界里留 (I,10,105)
下的也不过是能够服从别人的美誉;他只有在一个条件下才能超越这种状态,那就是在他面前出现一个新世界,他随着这个世界的创造而在时间上开始了一个属于他自己的新阶段,并且随着这个世界的不断塑造而充实了这个新阶段;然而,既然他已经屈服于外来暴力,这个新世界就必须具有这样的性状:它对那种暴力始终是默默无闻地存在的,绝不会引起那种暴力的猜忌,甚至那种暴力受其自身的利益的驱动,也绝不会阻碍这样一个世界的塑造。对于一个丧失了自己过去的自我,丧失了自己过去的时代和世界的民族来说,假如现在存在着一个具有这样的性状的世界,作为创造一种新自我和一个新时代的手段,那么,对于这个可能的时代的全面解释就会提供对于具有这样的性状的世界的说明。

我现在本着我的职责认为,这样一个世界是存在的,这些演讲的目的就是要向你们证明它的存在和真正拥有者,在你们眼前展现出它的一幅生动景象,说明创造它的手段。因此,从这个意义上说,这些演讲就是以前所作的那些关于当时的现时代的演讲的继续,因为它们将揭示出这样一个新时代,这个新时代在外来暴力毁灭利己主义的王国以后,是能够和应该接踵而至的。

然而，我在着手这项工作以前，关于以下各点，必须请你们假定自己永远不会忘记，必须请你们在必要的时候和必要的地方能同意我的看法。

1）我是直截了当地为德意志人演讲的，是直截了当地讲德意志人的；数百年来在这一民族中造成不幸事件的一切明显的差别，我并不认为是正当的，而是完全把它们撇到一边，不加以理睬。尊敬的听众，用我的肉眼来看，你们的确是在我面前直接体现受人喜欢的民族特点的首要代表，是点燃我的演讲的火焰的可见焦点；但是，我的精神是从它已经传遍的一切国度，把整个德意志民族的有教养的部分聚集到它自己周围的，它注意和考虑的是我们大家共同的处境和情况，它的愿望在于，这些演讲用以打动你们的一部分活力也会积淀在那种只供未能听讲的缺席者阅读的无声印刷品里，从那里散发出生气，无论在什么地方都点燃德意志人的心灵，使之作出决断和付诸行动。我说过，我只讲德意志人，并且是直截了当地为德意志人演讲的。我们到时候就会表明，任何其他的统一标志或民族纽带要么是从来都没有真理和意义，要么是在它有真理和意义时，这些联合的枢纽由于我们现时的状况而遭到毁灭，让人从我们这里夺走，而绝对不可能复返；我们到时候也会表明，在我们的民族与外国人融合的过程中，我们能据以防止自己的民族没落的，仅仅是德意志民族精神共同具有的根本特点，而我们又能从中获得一个自力更生、完全不可能有任何依赖性的自我的，也仅仅是这个根本特点。一俟我们认清这个论断，它与其他的职责、它与那些被认为神圣的事情在表面发生的矛盾——这也许是现在好多人所担忧

(Ⅰ,10,106)

的——就会同时消失殆尽。

由于我讲的只是一般德意志人,所以,我将把某种在最初并不适用于这里的听众的东西说成仍然适用于我们,就像我将把另一种在最初只适用于我们的东西说成适用于一切德意志人一样。我把那种流溢出来,构成我的这些演讲的精神,看做一个交错生成的有机统一体,在这个统一体里,没有任何一个环节可以把其他环节的命运视为与自己的命运无关,如果我们不应当完全灭亡,这个有机统一体就应当和必须产生出来;而我看到这个有机统一体已经产生出来,臻于完善地步,并且现在就存在于那里。

2)我假定我的听众不是这样一些德意志人,这些德意志人顺乎他们的一切天性,完全陷于对遭受到的损失的痛感,在这种痛苦中寻求慰藉,沉湎于他们痛心疾首的事情,想要靠这种感受,去接受那种向他们发出的行动号令;相反地,我假定我的听众是这样一些德意志人,这些德意志人已经使自己上升到超越这种无可非议的痛苦,去做深思熟虑、明辨是非的工作的高度,或至少有能力使自己上升到这个高度。我了解那种痛苦,我像任何人一样感受到了它,而且我对它表示关注;麻木的人是不会有这种痛苦的,他们找到食物和饮料,而不会在身体上有任何不适,就感到了满足,对他们来说,荣誉、自由和独立都是一些空洞的名称;但是,连这种痛苦之所以存在,也仅仅是为了激励我们去深思熟虑、作出决断和付诸行动。在达不到这个终极目的的时候,这种痛苦就使我们失去了深思熟虑的可能,失去了我们依 (I,10,107)
然留有的一切力量,而我们的不幸也就这样达于极点;因为这种痛苦作为我们懒惰和怯懦的确证,还提供了我们活该不幸的明证。但是,我决不想要你们求救于一种将会从外部而来的帮助,求教于时代将会造成的各种可能的事变,去超越这种痛苦;原因在于,即使这种宁可漫游于不确定的可能性世界,而不愿追踪必然事物的思维方式,这种宁可把自己的解救委诸盲目的机遇,而不愿委诸它自己的思维方式,就像它实际上做的那样,没有让人看出它对于这种痛苦本身采取了最不可原谅的轻率态度和抱有莫大的蔑视心理,所有这样的求救和求教对于我们的处境也毫无用途。可以严格地证明,而且我们届时也会严格地证明,没有任何人,没有任何神,也没有可能性世界里的任何事件,能够救助我们,而是惟独我们自己必须救助自己,如果我们能得救的话。倒不如说,我想要你们清楚地认识我们的处境、我们还留有的力量和我们的解救之道,去超越这种痛苦。为了达到这个目的,我当然会要求你们具有某种程度的深思熟虑的能力、某种程度的主动性和若干牺牲精神。并且我会寄望于那些可以这么加以要求的听讲者。满足这类要求的各种东西整个来说是容易弄到的,而且它们的开发所需要的力量,像我相信的那样,决不大于大家所能相信的我们的时代具有的力量;至于谈到危险,则可以说它在这里是绝对不存在的。

3)由于我想要给这样的德意志人提供一种对于他们现在的处境的清晰认识,所以我假定我的听众是一些爱好用自己的眼睛看待这类东西的人,而决不是这样一些人,这些人觉得,在考察这些东西时硬给自己戴上一副异样的外国眼镜更加舒服,但这副眼镜不是以故意造成错觉为目的的,便是有其不同的视角,并且精确度很小,当然也就从来都不适合于德意志人的眼睛。此外,我还进一步假定,这些听众在用自己的眼睛进行考察的时候,具有诚实地正视现实存在的东西、诚实地承认自己看到的东西的勇气,假定他们不是已经克服了,便是毕竟有能力克服那种经常表现出来的倾向,即对自己的事情发生错觉,展示出一幅不能符合真相的、令人不快的图像。这种倾向是对自己的思想的一种怯懦逃避,是一种幼稚想法,它似乎以为,只要它不看到或至少不承认看到它的不幸,这种不幸就像在它的思维中得到扬弃那样,也会在现实中被扬弃。与此相反,大丈夫的勇气则在于密切注视现存的弊端,强迫它经受拷问,冷静地、自由地钻研它,把它分解为它的各个组成部分。只有凭靠这种清晰的认识,人们才会控制现存的弊端,用可靠的措施克服它;这是因为,人们如果能在每个部位综观整体,就总知道自己的处境,并且凭靠业已得到的清晰认识,对自己从事的事业确信无疑,与此相反,那种没有可靠向导、没有确定信念的人则是盲目地在梦中摸索的。 (I,10,108)

我们为什么竟然要畏惧这种清晰的认识呢?这种弊端既不会因为我们不认识它就变得更小一些,也不会因为我们认识了它就变得更大一些,而是只有我们认识了它,它才可以医治;不过,造成它的责任是不应该在这里提出来的。对于懒惰自私的人,大家可以严厉惩戒、热讽冷嘲和极端蔑视,可以刺激他们,这虽然不能使他们幡然悔悟,但至少能使他们对惊世骇俗者本身表示愤恨,也毕竟是他们的一种强烈的感情冲动;只要这种弊端作为必然的结果还没有达到极点,只要解救或缓解的办法还是可以从改恶从善方面期待的,大家就一直可以这么做。但是,在这种弊端发展到极点,以致我们没有这么犯罪的可能性以后,还要进一步谴责不再会犯的罪过,则是无的放矢,并且看起来好像是幸灾乐祸;从此以后,我们的考察就从伦理学领域进入了历史学领域,而对于历史学来说,自由已经消逝,历史学把当前的现象视为以前的现象必然产生的结果。这样,除了这个观点,就没有给我们的演讲留下任何其他关于现时代的观点,所以,我们也决不会采取另一种观点。

由此可见,我预先设定的是这样的思维方式:我们直截了当地把我们自己视为德意志人,我们甚至也没有受过痛苦的困扰,我们希望认识真相,并且具有正视真相的勇气;我在我将要说出的每句话中依靠的,也是这样的思维方式。所以,假如有人把另一种思维方式带入这样的集会,那么,他就应该把那种可能在此给他造成的不愉快感觉完全归咎于他自己。这话可讲到这里为止,以后不再赘述。我现在要着手另一件事情,那就是要提纲挈领地向你们提出以后的一切演讲的根本内容。

(I,10,109) 我在本讲的开头说过,在某个地方,利己主义经过充分的发展以后,丧失了它的自我,丧失了独立地给自己设定自己的目的的能力,从而自己毁灭了自己。利己主义的这种现在发生的自我毁灭,既是我提到的时代进程,也是这个时代的一个崭新事件,在我看来,它使我就这个时代在以前所作的描述的继续成了可能和必要;所以,这种毁灭应该是我们当前的真实情况,我们的新生活在一个被我断定同样存在的新世界里必须跟它直接联结起来;所以,这种毁灭也应该是我的演讲的真正出发点,而我现在首先应该说明,利己主义的这样一种毁灭是通过什么方式

第一讲 绪论

和由于什么缘故而必然发生于其最高发展阶段的。

利己主义在除了不重要的特殊情况以外[186],首先掌握了全体被统治者以后,如果也从被统治者出发,侵袭了统治者,成为他们生活的惟一动力,那就发展到了登峰造极的程度。在这样一种统治中,首先在对外方面出现了对于把它自己的安全与其他国家的安全联结起来的一切纽带的忽视,出现了对于它作为一个环节所构成的有机整体的放弃——这仅仅是为了它不会让人从它那懒洋洋的睡眠中惊醒——,出现了它认为只要自己的疆界不受侵犯,自己就拥有和平的那种可悲的幻想;然后在对内方面出现了一种管理国家的优柔寡断的领导,它用外国语言来说,叫做仁慈博爱、慷慨大度和深孚众望,但应该更正确地用德语称为机构涣散无力和举措没有威严。

我说的是,如果利己主义也侵袭了统治者。这时一个民族会完全腐败,也就是说,会变得自私自利,因为利己主义是所有其他腐败现象的根源;然而在这个时候,只要它的政府还没有腐败,它就不仅能够持续存在下去,而且甚至在外部世界里也能建立起光辉的业绩。诚然,它的政府只要在对内方面具有勇气,敢用严厉的手段执政,敢赢得对于自己的更大敬畏,甚至也可以在对外方面做出不讲信义、不负责任和不要体面的行为。但是,在刚才提到的这一切因素汇合起来的地方,共同体[187]则会在受到最初的严厉攻击时就趋于没落,而且就像它最初不讲信义,脱离开它作为一个成员所参加的团体一样,它的各个对它毫无惧色而更加害怕外国势力的成员现在也以同样不讲信义的行为,纷纷脱离开它,而各自走各自的道路。但这些四分五裂、单独支撑

(I,10,110) 的成员感到的畏惧更大,他们强颜欢笑,把他们过去极不愿意献给祖国捍卫者的东西,大量地捐赠给了敌人;随后,连那些在一切方面遭到遗弃和背叛的统治者们也不得不以听从外国人的计划,来换取自己的苟延残喘;于是,甚至那些在捍卫祖国的战斗中丢下武器的人们现在也在外国军旗之下,要学着猛举这种反对祖国的旗帜。所以就发生了这样的事情:利己主义经过极其充分的发展以后,遭到了毁灭;外来暴力给这种除了自己,就不喜欢设定任何其他目的的利己主义,强加上了另一个这样的目的。

没有一个沦于这种附属地位的民族能够依靠迄今使用的通常办法,使自己脱离这种地位。在它还拥有它的一切力量时,它的抵抗都毫无结果,在它的绝大部分力量被夺走以后,这样的抵抗能起什么作用呢?在以前——即在它的政府雷厉风行地行使职权时——能生效的东西这时不再适用了,因为这些职权只不过表面上还掌握在它的政府手里,但这只手本身是由一只外国人的手来摆布和指挥的[188]。这样一个民族是不再能信赖自己的,也同样不能信赖胜利者。这位胜利者如果不能维持既得的利益,不能用一切方法谋求这样的利益,就必定会像那个国家过去那样缺乏深思熟虑,那样软弱无力和没有勇气。或者,如果他随着时间的推移,有朝一日会变得如此缺乏深思熟虑和软弱无力,那么,他虽然也会像我们一样走向没落,但不会变得对我们有利,而是会成为一位新的胜利者的战利品,而且我们会随着成为这件战利品的显而易见的、无足轻重的陪衬。假如一个沉沦到这种地步的民族毕竟能够挽救自己,那么,这就必定是依靠一

第一讲 绪论

种崭新的、迄今尚未使用的方法,借助于创造一种崭新的事物秩序完成的。所以,就让我们来看看,在迄今存在的事物秩序中,必定能在某个时刻使这种秩序告终的根据是什么,以期我们在与这种根据相对立的东西中找到必然会被引入时代的新环节,以期这个沉沦的民族能靠振作自己,走向新的生活。

大家在探究这种根据时将会发现,在迄今的一切体制下,对于整体的关切是借助于一些纽带而跟个人对于他自己的关切联结起来的,这些纽带在某个地方已经完全被切断,以致对于整体的任何关切都不再存在了,而它们就是根据整体的命运,对个人 (I, 10, 111) 在某种未来的生活和现在的生活中的事情表示担忧和希望的纽带。单纯计较感性生活的理智所发动的启蒙是这样一股力量,这股力量取消了宗教所建立的某种未来生活与现在生活的联系,同时也把道德思维方式的其他补充手段和替代手段,诸如现存的爱名之心和民族荣誉,理解为骗人的幻想[189];政府的软弱之处在于它经常不惩罚玩忽职守的人,从而放弃了本该根据个人对待整体的态度,去对个人事情,甚至对现代生活表示的担忧,并且也同样使那种对个人事情表示的希望完全无效,因为它甚至于经常丝毫不考虑个人为整体作出的贡献,而按照迥然不同的规则和动机去满足个人的希望。这样一些纽带已经在某个地方被完全切断,由于它们被切断,共同体也就土崩瓦解了[190]。

无论如何,胜利者从这时起,总要孜孜不倦地做那种也只能由他做的工作,即再联结与加固纽带的最后部分——对现在生活的担忧与希望。但这只对他有利,而绝不会对我们有利;这是因为,既然他确实懂得他的利益,他便首先只把他的事情跟这个修复的纽带联结起来,至于我们的事情,则只有在对它的维护作为达到他的目的的手段,成为他本身的事情的限度内,他才把它跟这个纽带联结起来[191]。对于一个如此衰落的民族来说,担忧与希望从现在起都被完全放弃了,因为它们的表现已经脱离了它的控制,它自己虽然应有担忧与希望,但从这个时候起,没有任何一个人再对它有什么担忧,抱什么希望;给它留下的出路也只能是寻找一个迥然不同的、完全新颖的和凌驾于担忧与希望之上的纽带,以期把它这个整体的事情同它的每个成员对其自身的关切联结起来。

　　超越担忧或希望的感性动力,而直接与这种动力毗邻的,有道德上赞同与否的精神动力,有对我们与别人的状况满意与否的高度感受。看惯清洁整齐的东西的外部眼睛,会被一个绝对不能直接刺痛身体的污点或一堆摆得乱七八糟的东西的景象,弄得痛苦不安,就像被实际刺痛那样;然而,习惯于污秽与紊乱的人则在这样的处境中安之若素。人的内部慧眼也能被培养起这样的习惯:他自己和他的类族生活得杂乱无章和寡廉鲜耻的那种赤裸裸的景象,会使他痛心疾首,而不考虑那种为了他的幸福感性生活,可以对此担忧或希望的东西,而且这种痛苦也会使拥有这样一种眼力的人完全不依赖于感性方面的担忧或希望,在他尽其所能,消除了他不满意的状况,代之以一种只能使他感到满意的状况以前,一直不得安宁。对于拥有这样一种眼力的人来说,包括他在内的整体的事情是通过对于道德上的赞同与否的动人感受,跟他自己的业已扩大的自我不可分离地联结起来的,而这个自我感觉到自己仅仅是整体的一个部分,并且只有

(I,10,112)

在整体令人满意时自己才能天长日久;所以,把自己培养得具有这样一种眼力,可以说是给一个丧失了自己的独立性,因而对公众的担忧与希望不发生任何影响的民族留下的一种确实可靠、惟一可行的办法,以期它从它遭受的毁灭中再次求得生存,并依靠业已发生的这种新的高级感受,坚定地致力于它那些在它没落以来,任何一个人和任何一个神都没有再考虑过的民族事务。由此可见,我答应指出的解救之道就在于培养一种全新的自我,这种自我至今也许作为例外在个别人中存在过,但从来没有作为普遍的、民族的自我存在过;就在于教育那个业已丧失往日生活的光辉,而变成一种外来生活的陪衬的民族,去过一种全新的生活[192],这种生活要么一直是它独占的财富,要么是从它手里传到其他民族那里,经过无限分割,也依然完好无损;一句话,我作为维护德意志民族生存的惟一手段提出的建议,就是完全改变迄今的教育制度。

大家必须给儿童以良好的教育的说法,即使在我们的时代也往往是讲得够多的,而且被重复得令人厌烦,所以,如果我们想在我们的场合把这同样说一番,那会是一种没有价值的事情。就我们相信自己能做另一件事情而言,倒不如说,我们的职责在于仔细地、明确地探讨迄今的教育究竟有什么缺陷,阐明经过改革的教育制度必定会给人们迄今的教养补充什么崭新的成分。

在做过这样一种探讨以后,大家必定会承认,迄今的教育并(I,10,113)不是没有在其学子眼前提供某种有关宗教思维方式、道德思维方式、法律思维方式和有关各种秩序、良好习俗的形象,而且也必定会承认,它有时忠实地告诫其学子要在自己的生活中模仿那种形象；但是我说，除了极其罕见的例外——它们并不是由这种教育确立起来的，而是由其他原因造成的，因为如果不是这样，它们对于所有经历过这种教育的人来说就必然是作为常规现象出现的——，它的学子们都没有遵循那些道德表象和劝诫，而是遵循了他们那些不必借助于任何教育方法就能自然而然地形成的利己主义动力。这无可反驳地证明，这种教育方法虽然能使人记住一些名言和成语，冷静地、无动于衷地想象一些苍白无力的形象，但从来都没有把它的道德世界秩序的描述提高到栩栩如生的程度，使它的学子受到感动，去热爱和向往这种秩序，抱有在生活中推动自己建立这种秩序的深切感受，使那种自私自利的思想就像枯萎的树叶一样，在这样的感受面前凋谢。所以，这也同样证明，这种教育还远远没有抓到和培养现实生活发展的根苗，因为这种根苗在遭到盲目软弱的教育的忽视以后，已经尽其所能，到处肆意生长起来，在不多的几个受到上帝感召的人那里结出了美果，而在大多数人那里结出了恶果。根据这种教育的这些成败之处描绘出它的概貌，在目前也就完全够了；而且就我们的目的来说，大家也可以省得做那番分析一棵树木内部的液汁与纹理的艰辛工作，而这棵树木的果实现在已经完全成熟，并且落到了地上，展现在一切世人的眼前，极其清楚和明白地宣示了它的培植者的内在本质。按照这样的看法，严格地说，迄今的教育决不是培养人的方法；它也没有炫耀过自己是这么做的，而是由于它要求给它预先提供一种天赋的才能或天才，作为它取得成功的条件，而经常坦率地承认了自己无能为力。倒不如说，这样一种方法首先需要发明出来，而它的发明则应该是新教育的真正任务。这种新的教育应该给迄今的教育补充它缺少的东西,即抓到现实生活发展的根苗;如果说迄今的教育顶多是要培养人的某种东西,那么,这种新的教育则是要培养人本身,并且决不是要像以往那样,使自己提供的教养成为学子的财富,而是使这种教养成为学子人格的组成部分。 (Ⅰ,10,114)

进一步说,这种如此有限的教育迄今只是被施与那些由于上述原因而受过教育的阶层的极少数人,而共同体真正依靠的大多数人,即民众,则几乎完全为这种教育方法所忽视,受着盲目机遇的摆布。我们现在打算通过新的教育,把德意志人培养为一个整体,这个整体的一切单个成员都受到同一件事情的激励,都是由同一件事情赋予生气的。如果我们在这里又打算把一个受过教育的阶层——这个阶层也许是由道德上表示赞同的新出现的动力赋予生气的——同一个没有受过教育的阶层分离开,那么,这后一个阶层就会背弃我们,因为惟独还能对它发生影响的希望与担忧的用途不再支持我们,而是反对我们。由此可见,给我们留下的惟一办法就是不折不扣地、毫无例外地把新的教养施给一切德意志人,以致这种教养不是成为一个特殊阶层的教养,而是不折不扣地成为这个民族本身的教养,并且毫无例外地成为它的一切单个成员的教养;在这种教养方面,即在使人对公正事情衷心表示满意的教养方面,各个阶层将来在其他发展部门可能发生的一切差别都会完全消失;所以,按照这种方式,就在我们当中决不会形成民众教育,而是会形成特有的、德意志的民族教育。

我将向你们说明,我们希求的这样一种教育方法实际上已经被发明出来，并且正在得到实施，所以我们除了接受这种呈现给我们的事情，就不必再做什么了，而这种事情需要的力量正如我们关于所要建议的解救之道答应过的，在大小方面无疑不会超过大家能合情合理地假定我们的时代拥有的力量。我现在要给这项答应过的事情补充另外一点，那就是我们的建议绝对不包含什么危险，因为支配我们的暴力自身的利益所要求的，在于宁肯促进而不要阻碍这个建议的实行。我觉得，立刻在这第一讲里说明我关于这一点的观点是适宜的。

诚然，在古代像在现代一样，政治上拐骗和道德上贬低臣服者的做法作为一种统治手段，是往往被使用得成功的。有人通过编造各种谎言，通过混淆语言概念，在民众面前诽谤君主，在君主面前诽谤民众，以便更可靠地支配这两部分分离开的人；有人通过设置阴谋诡计，诱发满足虚荣心与自私心的一切动机，以便使臣服者受到鄙视，从而心安理得地糟踏他们。但是，有人如果打算对我们德意志人采取这种做法，则会犯一种肯定导致毁灭的错误。在撇开担忧与希望的纽带以后，我们现在接触到的那部分外国人的内聚力就有赖于追求名望、维护民族荣誉的动机了；但德意志人依靠明确的认识，早已不可动摇地坚信，这类东西是空洞的幻象，个人的任何创伤、任何残废都不能用整个民族的荣誉治疗好；如果不是有一种更高的人生观传给我们，我们很可能成为这种十分容易理解的、自身有好多诱惑力的学说的危险的宣讲人。因此，不用再加给我们一种新的不幸，我们在我们的自然而然的处境下就是一种有害的战利品，而只有实施已经提出的建议，我们才可能成为一种有益的战利品；所以，这种

(I, 10, 115)

第一讲 绪论

外国人既然懂得自己的利益,就会受这种利益本身的推动,宁肯打算用后一种方式占有我们,而不用前一种方式占有我们。

现在,我的演讲要以这种建议,特别求助于德国的各个有教养的阶层,因为我的演讲希望首先对他们成为可理解的,然后提议他们成为这项新的创造的首倡者,从而一方面使世事能与他们迄今发挥的作用不再发生矛盾,另一方面使他们在未来能够继续存在下去。我们在这些演讲的过程中将会看出,迄今为止,人类的一切进步在德意志民族中都是从民众开始的,各项伟大的民族事务总是被首先交付给民众,由他们加以掌管和进一步加以促进;所以,这时就第一次出现了一种情况,那就是这个民族的根本改造是向各个有教养的阶层提议的,如果他们真正采纳了这个提议,也就会破天荒地出现那种改造。我们将会看出,这些阶层并不会考虑,他们有多久的时间,还能居于这类事务的首位,因为这类事务在向民众展示出来以前,几乎已经酝酿成熟,准备就绪,并且对于各个来自民众的人来说,都正在加以完成;而且在不久以后,民众就会不要我们的任何协助,而自己解救自己。这只能给我们产生一个结果,那就是:现今的有教养者及其后代变为民众,而从现今的民众中则会涌现出另一个受过更高的教育的阶层。

最后,这些演讲的总目的在于给已被击溃和精疲力竭的人们注入勇气和希望,给深为悲痛的人们宣示欢乐,引导他们轻松地、平安地度过陷入最大困境的时刻。我觉得,现在的时代好像是一个鬼魂,他萦回于大量疾病刚使他脱离开的那具死尸之上,为之痛哭不已,而无法令自己的目光离开从前钟爱的躯壳,并且

(I,10,116)

他拼命试验一切手段,以期再投入这个发生瘟疫的巢穴。虽然与世长辞者所进入的另一世界的那些能赋予生机的大气已经席卷了这个时代,用抚爱的温暖气息把它包围起来,虽然姐妹们暗地里发出的声音已经向这个时代高兴地致意,对它表示欢迎,虽然这种情况已经表现出来,在这个时代的内在深处朝着一切方向延伸,以期发展出它要长成的光辉形态;但是,这个时代还没有对于这些大气的感觉,也没有对于这些声音的听觉,即使它有它们,它也是沉湎于对它遭受的损失的痛感,它以为,由于有这种损失,它也同时丧失了它自己。这样的时代该怎么办呢?新世界的曙光已经来临,把山巅照得金光闪闪,预示着即将来到的白昼。我愿尽我的所能,抓住这曙光的条条光线,使它们密集到一块明镜上,而这个绝望的时代可以在它上面看到自己的模样,从而确信自己依然存在,并且自己的真正核心在它上面也可以给自己呈现出来,而这个核心的各种发展过程和各种形态则以一种作出预言的姿态相继从自己面前消失了。毫无疑问,在这种直观中,连这个时代以往的生活的图像也会沉没和消逝,而且已故者可以在没有过度悲叹的情况下,就被送往他安息的场所。

第二讲 概论新教育的本质[193]

(I,10,117)

这些演讲想首先引导你们,并且与你们一起,引导整个民族,去清楚地认识我所提出的维护德意志民族的根本办法;这样一种办法产生于时代的性状和德意志民族的特点,并且应当对

第二讲 概论新教育的本质

时代和这种民族特点的形成反过来发生影响。所以,在这种办法与后者未放在一起加以相互比较以前,在两者未在其完全相互渗透的关系中得到阐明以前,它是不会被完全弄清楚,而变得容易理解的。要完成这件工作,就需要花一些时间,所以,只有在我们的演讲的结尾,才可望完全弄清楚我所提出的办法。然而,既然我们必须从某个部分开始讲起,那么,首先撇开这种办法在时间和空间上的条件,就它本身考察它的内在本质,将是最合适不过的;所以,我们今天的演讲和随后的演讲都应该致力于这件工作。

上述办法是德意志人的一种全新的、以前在任何民族中还从来没有存在过的民族教育。在上一讲里,这种新教育与以往常见的教育不同,已经被描述为这样:以往的教育充其量说,也仅仅是告诫人们遵守良好的秩序与道德,但这些告诫却对现实生活不曾有任何效果,因为现实生活是按照全然不同的、这种教育根本不可能了解的缘由形成的;与这种教育相反,新的教育则必定能够按照规则,确实可靠和毫无差错地塑造和规定其学子的现实生活活动。

就像以前的教育的领导人的确几乎毫无例外地说的那样,有人现在好像也这么说过:任何教育都要给学子们指出正义的事情,提醒他们忠于这样的事情,大家怎么能对它有更多的要求呢?他们是否愿意遵循这些劝告,是他们自己的问题,如果他们不遵循它们,那是他们自己的责任,因为他们拥有任何教育都不能从他们那里夺走的自由意志。因此,为了更精确地阐明我所设想的新教育,我想对此回答说:以前的教育的首要错误,这种教育的软弱无能和毫无价值的明白供认,恰恰在于这么承认学子们有自由意志,这么信赖学子们有自由意志。这是因为,以前的教育承认意志在教育发挥过一切最强有力的作用之后依然是自由的,即依然在善恶之间犹豫不决和摇摆不定,也就是承认它既不可能,也不打算或希望培养意志和人本身——因为意志是人的真正根本——承认它认为这类培养工作根本是不可能的。与此相反,新的教育必定恰恰在于,它将在它承担加工改造的土地上完全消灭自由意志,给意志造成作出决断的严格必然性和优柔寡断的不可能性,从今以后,大家就可以确实指望和依靠这样的意志了。

(I,10,118)

一切教育都以塑造一种坚定果断、不屈不挠的性格为宗旨,这种性格不再是变化的,而是永远存在的,并且只能像它存在的那样存在。如果教育不以这样一种性格为宗旨,那它就不成其为教育,而是某种漫无目标的游戏;如果它没有塑造出这样一种性格,那它就还没有臻于完善地步。如果谁还必须自己提醒或让他人提醒自己立意从善,他就还没有任何坚定的和永远抱有的意志,而是每每想在用到的时候才形成这种意志;谁拥有这样一种坚定的意志,他就会永远愿意做他愿意做的事情,而且在任何可能的情况下都不会愿意做不同于他永远立意做的事情;对他来说,意志自由已被消灭,合并到了必然性里。正因为如此,迄今的时代表明,它既没有一种关于人的教育的正确概念,也没有表达这种概念的力量,它希望依靠劝诫性的说教,使人们得到改善,而在这些说教毫无成效时,它就变得怏怏不乐,到处骂人。这些说教怎么能有成效呢?人的意志已经在受到劝诫以前,不依赖于劝诫,而拥有了它的固定方向;如果这种方向符合于你的劝诫,那么,劝诫就未免来得太晚了,无需劝诫,人也会做出你劝他做的事情;如果这种方向与你的劝诫相矛盾,那么,你至多能在若干时刻抑制他,一有机会,他就忘记了他自己和你的劝诫,而顺从了他的天生偏好。如果你想能对他有某种影响,那你就不能单纯劝说他,而必须做更多的事情;你必须造就他,而且必须把他造就成这样:他的立意完全不可能不同于你想要的他的立意。对于没有翅膀的人说"你飞吧!"这是白费力气,他决不会因为你的全部劝诫而飞离大地一步;但是,如果你能做到,你就要培养他的精神羽翼,让他锻炼这种羽翼,使它炼得坚强有力,而且他无须你的全部劝诫,除了飞翔,根本不再打算或不再可能做其他事情。

新教育必须按一种确实可靠、普遍有效的规则,培养这种坚定不移的意志;就是说,它本身必须依靠必然性,创造它所企及的必然性。以往变好的人是由于他能够克服不良环境的影响的天赋素质变好的,而绝不是由于受过教育变好的,因为否则,一切受过教育的人就都必然会变好。同样,以往变坏的人也不是由于受过教育变坏的,因为否则,一切正在受教育的人就必定会变坏;相反地,以往变坏的人是由于他自己,由于他的天赋素质变坏的。在这方面,教育在以往的作用微乎其微,也绝不是有害的,而形成性格的真正手段是精神因素。因此,对人的教育工作这时就应该从这种模糊不定、不可预测的力量的手掌中,被转移到一种深思熟虑的做法的管辖之下,而这种做法在一切信赖它的人那里都会毫无例外、确实可靠地达到它的目的,或者,在它 (I,10,119)

达不到它的目的时，它起码也知道它没有达到自己的目的，因而教育工作还没有结束。所以，在人心中培养坚定不移的善良意志的这样一种确实可靠、深思熟虑的做法，应当是我所提倡的那种教育方法，而这就是这种教育方法的首要特征。

进一步说，人只能想要得到他爱的东西；他的爱是他的意愿和他的一切生活发展过程的惟一的、同时也是不容置疑的动力。迄今国家使用的做法，作为对社会的人的自我教育，是把每个人都热爱和希求他自己的感性幸福生活预先设定为确实可靠、普遍有效的规则，并且这种做法依靠对这种生活担忧与希望的心情，把它所希望确立的善良意志，即把对共同体的关切，人为地同这种天生的爱联系起来。在这种教育方式下，那种在表面上业已变为无害公民或有用公民的人在内心方面却依然是邪恶的，因为这恰恰是造成这一恶果的原因：大家只爱自己的感性幸福生活，只能由那种对这类生活的担忧或希望——无论这是在现今的生活中，还是在将来的生活中——策动起来；撇开这个情况不谈，我们也已经看出，这样的规则已对我们不再适用，因为担忧与希望的心情不再用来支持我们，而是用来反对我们，所以，感性的自爱决不可能被列为我们的长处。因此，我们甚至因困境所迫，而不得不从内心方面和根本地方打算培养善良的人，因为德意志民族只有依靠这样的人还能继续生存下去，而依靠邪恶的人，则势必会与外国人融合到一起。因此，在我们愿意算作我们德意志人的那一切人心中，我们必须设定和确立另一种直接指向单纯的善本身、以善自身为目的的爱，来取代那种早已同我们希求的任何善都无法联系起来的自爱。

(I,10,120)

第二讲　概论新教育的本质

这种为了单纯的善本身,而不以善对我们的有用性为目的的爱,像我们已经看出来的,具有对于善感到愉悦的形态,而这种愉悦很真挚,以致大家由此受到推动,要在自己的生活中把善体现出来。由此可见,新教育需要作为其学子们的坚定不移的性格加以培养的,正是这种真挚的愉悦;因为这种愉悦会依靠其自身的力量,把学子们的坚定不移的善良意志确立为必然的。

一种愉悦在推动我们把某个实际上不存在的事物状态转变为现实时,是以这个状态在它实际存在以前就浮现于精神面前的图像为前提的,这种图像把能促使它得到实现的愉悦之情吸取到自身。所以,这种愉悦的前提在于,凡在能受到它的感动的人心中,都有自动设计这类图像的能力,这些图像是独立于现实的,它们绝不是反映现实的摹本,而是创造现实的蓝本。我们现在必须最先谈到这种能力,而且在作这项考察时,我请大家不要忘记:一种由这类能力创造的图像恰恰作为单纯的图像,作为我们从中感觉到自己的创造力量的东西,就能够令人喜欢,而不必因此被视为创造现实的蓝本,也不必令人喜欢到它促使蓝本得到实现的程度;促使蓝本得到实现是一种迥然不同的事情,是我们的真正目的,我们往后不会不谈到这个目的,但那种图像令人喜欢,仅仅包含着达到教育的真正最终目的的预备性条件。

这类能力自动地设计的各个图像决不是反映现实的单纯摹本,而有能力变为创造现实的蓝本,它可以说是用新教育培养种族的工作所必须依据的出发点。我说的是自动地设计这些图像,所以这意味着学子们靠自己的力量造成它们,而绝不意味着,他们只能被动地把握和充分地理解那种由教育提供给他们的图像，并且就像它被提供给他们那样重复它，好像问题仅仅在于有这样一种图像。之所以要求学子们在形成图像方面要有自己的自动性，是因为只有在这种条件下，设计的图像才能引起学子们强烈的愉悦之情。这是因为，让人对于某个东西仅仅表示喜欢，而没有任何抵触情绪，是一回事，并且这样让人被动地表示喜欢，至多只能是由被动的给予造成的；但是，对于某个东西感受到愉悦，以致这种情绪变为创造性的，引起我们的一切创造力量，则是另一回事。我们现在谈的不是前一种经常在以往的教育中出现的事情，而是后一种事情。但这后一种愉悦却仅仅是这样引发的：学子们的自动性也同时被引发出来，在特定的对象上呈现给他们，因而这个对象不仅就其本身来说是令人喜欢的，而且作为表现精神力量的对象也是令人喜欢的，并且这种表现是直接地、必然地和毫无例外地让人感到愉悦的。

这种在学子们当中需要加以发展的精神创造活动，无疑是一种按照规律进行的活动，而这些规律直到他们凭自己的直接经验认识到它们是惟一可能的时候为止，都是这些能动的学子们所要了解的；于是，这种活动就提供了认识，更具体地说，提供了对普遍的、毫无例外地生效的规律的认识。在从这一点开始的自由的深造中也不可能做出什么违背规律的事情，而在规律得到遵守以前，则一事无成；因此，这种自由的深造即使在开始时是从盲目的摸索出发的，最后也必定是以扩大了对于规律的认识而告终的。所以，这种培养工作就其最终结果而言是学子们的认识能力的培养，具体地说，绝不是了解事物现状的历史训练，而是把握规律的高级哲学训练，按照这种规律，事物的现状

第二讲 概论新教育的本质

会变成必然的。学子们是在学习。

我要补充说,学子们是兴高采烈地学习的,他们只要力所能及,就宁肯学习,而绝不愿做任何其他事情;因为他们在学习时是自动的,而且他们对于学习简直抱有莫大的兴趣。我们在这里看到了真正的教育的一个外在标志,它既引人注目,又确实可靠,这就是:每个接受这种教育的学子,不论天赋差异如何,一律毫无例外,纯粹为了学习本身,而不是出于任何其他原因,都在兴致勃勃地学习。我们已经找到了激发起这种纯粹的学习爱好的方法,那就是直接激励学子们的学习自动性,把它当作一切认 (I,10,122) 识的基础,使得依靠这种自动性,就会学到所学的东西。

在我们已知的某件事情上恰当地激励起学子们的这种固有的能动性,是教育方法的首要内容。如果这项工作做成功了,另一个重要问题就在于从这件事情出发,使激起的能动性永葆蓬勃的生机,而这一点只有通过合乎规则的进步过程,在教育工作的每个失误都立刻由于达不到预期结果而暴露出来的地方,方才有可能做到。因此,我们也就发现了把预期结果与所述教育方法不可分离地结合起来的纽带,即发现了驾驭人的精神本质的永恒的、普遍有效的基本规律,它规定了人应该直接致力于精神活动。

假如有人受了我们时代的日常经验的误导,竟然怀疑这样一种基本规律的存在,我们就要偏偏向他说明,只要直接的迫切需要和当前的感性需求对人有推动作用,人的生性当然是单纯喜欢感性享受和自私自利的,他不会受到任何精神需求或妥善考虑的阻碍,而不去满足感性需求;但是,在它得到满足以后,他就没有什么兴趣,靠自己的想象力来处理它的令人痛苦的图像,把它铭记在心,相反地,他会在很大的程度上喜欢把自己的无拘无束的思想集中于自由地考察那种引起他的感官注意的东西,他甚至也不会蔑视到理想世界去作一次富有诗意的旅游,因为他对短暂的事物的感受能力生来就很肤浅,这样他对永恒的事物的感受能力就可以获得若干发展的余地。这是由一切古代民族的历史和从他们流传给我们的各种考察与发现得到证明的;这在我们的时代则是由对于依然存在的其余野蛮民族——如果他们的气候条件对待他们并非太不仁慈——的考察和对于我们自己的儿童的考察得到证明的;这甚至于是由我们那些反对理想的狂热分子的直率供词得到证明的,他们抱怨说,学习各类名称和年代推算方法,较之遨游于那个向他们展现出来的空洞理念世界,是一桩更加令人烦恼的事情,所以他们本人看来都宁肯做后一桩事情——如果他们可以冒昧地这么做的话——,而不愿做前一件工作。当未来的饥荒和一连串可能发生的未来的饥荒在丰衣足食者眼前作为充满他脑海的惟一要事浮现出来,不断地打动他的心思的时候,深沉的感受能力就会代替这种天生的肤浅的感受能力,而这种结果在我们的时代是由我们的做法造成的,具体地说,在儿童那里是由惩罚他们天生的肤浅的感受能力造成的,在成年人那里是由立志做聪明人的努力造成的,但

(I,10,123) 这种美誉也只有时刻不忽视上述观点的人才能享有;因此,我们这里说的绝不是我们本当依靠的天生习性,而是用力强加于进行反抗的天性的腐败东西,一俟不再使用这样的力量,腐败东西就会荡然无存。

第二讲　概论新教育的本质

我们在前面说过,这种直接激起学子们的精神自动性的教育是产生认识的,这就给我们提供了机会,更深入地说明这种与迄今的教育相反的教育。真正说来,新教育也同样直接力求仅仅激起合乎规则地发展的精神活动。像我们在上面看到的,认识仅仅是顺便作为不可避免的结果得出的。虽然这时由此得出了这种认识,塑造现实生活的图像——这图像将激励我们那些变为大丈夫的学子们在未来从事严肃认真的活动——只有用它才能加以把握,因而它也当然构成需要获得的教养的一个重要部分,但我们还不能说新教育想要直接得到的就是这种认识,相反地,它对于新教育来说仅仅是偶然产生的。另一方面,迄今的教育想要得到的则简直是认识和一定量的认识素材。此外,在新教育顺便产生的这类认识与迄今的教育想要得到的那类认识之间存在着巨大的差别。给新教育产生的,是对于制约一切精神活动的可能性的各种规律的认识。例如,如果一位学子试图凭自由想象,用直线限定一个空间,那么,这是他的最初被引发的精神活动。如果他在这种尝试中发现,他使用的直线少于三条,便不能限定任何空间,那么,这就是对于另一种完全不同的活动顺便产生的认识,而这种活动是属于限定最初引发的自由能力的认识禀赋的。因此,在新教育开始的时候,就立刻产生了一种真正超越一切经验的、超感性的、具有严格必然性和普遍性的认识,这种认识已经在自身预先包含了一切在后来可能有的经验。与此相反,迄今的课程通常都力求仅仅理解事物的现状,就像事物在无人能指出其根据的情况下必定会存在、必定会被猜想到和察觉到的那样;所以,迄今的教育力求达到一种单纯被动的理解，它是通过只服务于事物的记忆能力进行的，因而完全不可能猜想到精神是事物本身的一种独立的、原始的开端。现代的教育切不可误以为，诉诸自己对生背硬记经常产生的反感，诉诸自己业已知道的具有苏格拉底风格的杰作，就能使自己免遭这类谴责；因为在这件事情上它早已从别处完全获悉，苏格拉底的论证同样仅仅是可以靠死记硬背学到的，这给不作思考的学子们造成了他们会思考的假象，因而是一种更加危险的死背硬记的学习方式，并且它也同样获悉，这在它想用以发展独立思考能力的题材上绝不会有任何不同的结局，而要达到这个目的，大家就必须从一个迥然不同的题材着手。从迄今的课程的这种状况可以一方面明显地看出，为什么学子们至今通常都不乐意学习，因而学得很慢，并且少得可怜，为什么在缺乏来自学习本身的吸引力时，一些奇特的推动力量必须加以引用，另一方面也可以得出以往有离开常规的例外的原因。如果惟独要求有记忆，而不要服务于任何其他精神目的，那么记忆与其说是精神的一种能动性，倒不如说是精神的一种被动性，而且学子们极不喜欢采取这种被动态度，也是可以看出来的事实。即使熟悉各种异样的、丝毫引不起学子兴趣的事物，熟悉它们的特性，这也是加给学子们的一种被动性的拙劣代替品；于是，要克服学子们的厌恶情绪，就不得不依靠搪塞，说这种认识在将来有用，说大家只能用它找到生计和获得荣誉，甚至依靠直接摆在面前的奖惩。这样，认识从一开始就被定为感性幸福生活的侍女，而这种在其上述内容方面被定为对于发展道德思维方式纯粹无能为力的教育，为了完全施于学子们，甚至一定要培植和发展他们的道德败坏,一定要把自己的兴趣同这种败坏的兴趣结合起来。大家将进一步察觉,天生有才能的人作为脱离常规的例外,在实施迄今的这种教育的学校里乐意学习,因此学得很好,而且通过那种在他心中起支配作用的高尚的爱,战胜了来自周围环境的道德败坏,通过他天生的偏好,保持了自己的思维方式的纯正,这样的人是对那些题材或课程表现出实践兴趣的,并且这样的人受他的幸运的本能的引导,宁肯以创造这类认识本身为目的,而不以单纯把握它们为目的;于是,在这种教育当做脱离常规的例外,还算极其普遍、极其幸运地达到了它的预期目的的课程方面,总是会有它允许积极练习的一些课程,例如,一种以达到书写和口述为目的的学术语言[194],就被学得几乎普遍地都相当之好,但与此相反,另一种在书写和口述方面忽视练习的学术语言[195]则被学得一般都很糟糕、很肤浅,而且在学子们成年以后都被忘光了。因此,即使从以往的经验也可以得知,惟有课程对精神活动的发展能引发对于单纯认识本身的愉悦,从而也使心灵接受道德陶冶,与此相反,单纯被动的接受则会麻痹和扼杀认识,正如这种教育需要根本败坏道德思维方式一样。

再返回来谈谈接受新教育的学子们。很清楚,他们受到他们的爱的推动,将学到很多东西,而且他们是从相互联系方面掌握一切的,又直接以行动把掌握的知识付诸实践,因而会将这很多东西学得正确和不易忘却。但这只是次要的事情。更重要的是,通过这种爱,他们的自我得到升华,而且经过深思熟虑,按照规矩被引入了一种全新的事物秩序,而在以往,只有少数得到上帝恩宠的人才大致进入了这种秩序。推动学子们的是这样一种爱，这种爱完全不以任何一类感性享受为目标，因为这种享受作为动力对学子们是完全停止的，相反地，它是为了精神活动而以这种活动为目标，是为了精神活动的规律而以这种规律为目标。虽然道德生活涉及的不是这种一般的精神活动，而是这种精神活动还必须为此有一个特定的方向，但这种爱却是道德意志的普遍性质和形式；因此，这种精神教化方式就是达到道德教化的直接准备，它从来都不允许感性享受成为动力，从而完全铲除了非道德生活的根源。迄今为止，这类动力都是受到激励和得到发展的首要动力，因为如其不然，人们就以为根本无法劝说学子们，并对他们发挥一些影响；如果说道德动力在后来已得到了发展，那么，它也来得太晚，发现心灵已被另一种爱占领，并且充满了这另一种爱。另一方面，通过新的教育达到纯粹意志的教养则应当成为首要的事情，使得利己主义如果仍然在心中苏醒或受到外来激励，也会来得太晚，在已被某种不同的东西占领的心灵中给自己找不到任何地盘。

(Ⅰ,10,127)

对于这第一个目的和即将提到的第二个目的来说，重要的是学子们从一开始就不断地和整个地处于新教育的影响之下，与下流人完全隔离，避免与之有任何接触。他们一定不会听说，人们为了自己的保养和自己的安康才会在生活中激励和发展自己；也同样不会听说，人们是为了这个目的才学习的，或学习会对达到这个目的有所帮助。由此可知，采取上述方式的精神发展必定是提供给学子们的惟一的精神发展，必须让他们不停地致力于这种发展，而绝不可把这种授课方式同那种需要相反的感性动力的授课混淆起来。

第二讲 概论新教育的本质

不过,虽然这种精神发展不允许利己主义进入生活,并且提供了道德意志的形式,但这还不是道德意志本身;我们倡议的新教育假如不进一步发展,则顶多培养出一些研究以往也有过的、只有少数人需要的科学的卓越人才,他们为我们真正合乎人道的民族目的所能做的事情不会超过这样的人以往也能做出的事情,那就是一再提出告诫,让人对自己表示赞叹,但有时也遭到辱骂。然而很清楚,并且我们在前面也已经说过,这种自由的精神活动是有目的地发展起来的,以期学子们可以凭它自由地勾画出关于现实存在的生活的道德秩序的图像,可以凭自己心中也已经发展起来的爱把握这幅图像,可以受这种爱的推动,在自己的生活中,并且通过自己的生活,确实把这幅图像表现出来。问题在于,新教育如何能证明它靠它的学子们达到了它这个真正的和最终的目的?

首先很清楚,学子们早先已经在其他对象上得到锻炼的精神活动必定会被激励起来,勾画一幅关于人类社会秩序的图像,就像这种秩序全然应该按照理性规律而存在那样。这幅由学子们勾画的图像是否正确,一种教育只要自身拥有这幅正确的图像,就最容易作出评判;它是否靠学子们固有的自动性加以勾画,而绝不只是被动地予以解释,被复述得对学校深信不疑,进一步说,它是否被提高到了应有的清晰性和生动性,这种教育将能以同样的方式作出评判,就像这种教育早先在这方面对其他对象作出了准确的判断那样。所有这些还是单纯认识的事情,依然停留在这种教育很容易达到的认识领域里。一个完全不同的、更高的问题是:学子们是否深受对于这样一种事物秩序的热 (I,10,128)

爱的感动，以致他们在离开这种教育的引导而独立自主的情况下，根本不可能不希求这种秩序和不竭尽全力、促其实现呢？要对这个问题作出判定，无疑不能听其言，而只能观其行。

对于这最后的考察给我们提出的课题，我是这么解决的：接受这种新教育的学子们虽然与那种已经滋长出来的卑鄙东西隔离开，但学子们本身无疑都彼此共同生活在一起，因而就会构成一个分离的、独立存在的共同体，它有它那精确规定的、基于事物本性的和完全由理性所要求的体制。激励学子们在精神领域勾画的那第一幅关于社会秩序的图像，应该是关于他们自己生活的共同体的图像，因此，他们就在内心受到了强制，要把这种秩序正如它实际上被勾画出来的那样，详详细细地给自己塑造出来，并且他们要根据它之所以存在的理由，把它的一切部分都理解为绝对必然的。而这又是单纯的认识活动。在这种社会秩序中，每个人都必须为了整体，在现实生活中经常不做许多事情，而这许多事情，他假若独处，本来是会毫不迟疑地做的。适宜的做法将是这样的：在立法中，在需要以立法为依据的法制课程中，对每个人来说，所有其他的人都被设想为具有一种已被提高为理想的对秩序的爱，它也许在现实中是没有任何一个人拥有的，但所有的人都应当拥有它；因此，这种立法具有高度的严厉性，禁止做许多事情。这类禁令作为某种绝对必须有的、社会的存在所系的东西，在紧急情况下甚至必须利用那种对于立即惩罚的畏惧心理加以强制实施，而且这种刑法必须绝对不讲情面和毫无例外地得到执行。这种把畏惧当做动力使用的做法，并没有给学子们的道德生活造成任何损害，因为在这里不是要推动他们为善，而只是要推动他们不在这种体制下作恶。此外，在法制课程里必须让人完全懂得，那种还需要惩罚观念的人，或者，那种还确实需要亲自受到惩罚，重温这个观念的人，是处在文明发展的很低的阶段上的。尽管完全如此，然而很清楚，既然大家从来都不能知道，在让人服从的地方，这种服从是出于对秩序的爱，还是出于对惩罚的畏惧，那么，在这个范围里学子们就无法把自己的善良意志表现于外，教育工作也无法测度这种意志。

另一方面，这样一种测定在下列范围里则是可能的。因为体制必定是进一步用这样的方式建立起来的，即个人为了整体不仅必须不做什么，而且也可以做什么，可以靠行动做出什么成绩。在学子们组成的共同体里，除了有学习方面的精神发展，也还有体育锻炼，有机械的、但在这里已变为高尚理想的农业劳动，以及各式各样的手工业劳动。体制的根本规则应该是：对于每一位在任何一个这样的部门里表现突出的人，都可以要求他在这个部门帮助教其他人，并承担各式各样的管理工作和责任；对于每一位发现任何一项改进措施，或首先最清楚地理解了教师倡议的改进措施的人，都可以要求他靠自己的努力贯彻这些措施，但他不应因而解除了他那些反正不言而喻的个人学习与劳动的任务；每个人都要心甘情愿满足这类要求，而不是由于受到强迫，因为不抱这种愿望的人也可以随便拒绝这类要求；满足这类要求的人不必为此指望得到任何报酬，因为在这种体制下人人都在劳动和享受方面完全平等，甚至也不必指望得到表扬，因为在共同体里占支配地位的思维方式主张，每个人都应就此完全尽到自己的责任,但是,惟有满足这类要求的人才能享受到他为整体而行动和工作的乐趣,享受到整体达到预定目标的乐趣,如果他也分享了这种成功的话。因此,在这种体制下,从业已获得的巨大技能和因此花费的辛劳而来的将仅仅是新的辛劳和新的工作,而且恰恰是能力较大的人往往在别人酣睡时自己必须醒着,在别人游戏时自己必须思考。

(I,10,130) 这一切虽然对学子们是完全明白易晓的,但如果还要继续下去,使得大家肯定会信赖他们,他们就必须愉快地承担起那最初的辛劳和由此而来的许多进一步的辛劳,始终感觉到自己的力量和活动是强健的,并且会变得更强健。教育是能从容不迫地让这样的学子们见世面的;它靠他们达到了自己的这一目的;爱已经在他们的心中点燃起来,并且烧到了他们的生命活动过程的根部,从这时起,它将进一步毫无例外地感动所有会达到这种生命活动过程的东西;在他们从这时起进入的大共同体里,他们决不可能是某种异样的人,而只能是他们在他们现在离开的小共同体里已经不可移易、不可更改地成为的那种人。

对于当前的世界向学子们毫无例外地提出的各种最近的要求来说,他们已经以这种方式达到完善境地,教育以这个世界的名义要求他们做的事情已经完成。但是,他们在他们自身和为了他们自身,还没有达到完善境地,他们自身能要求教育做的事情还没有完成。一俟连这种要求也得到满足,他们也就会同时有能力满足一个更高的世界以当前世界的名义在一些特殊情况下可以向他们提出的各种要求。

第三讲　再论新教育[196]

我们所倡议的新教育的真正本质,就它在前一讲里得到的描述而言,在于它是培养学子们去过纯粹伦理生活的一种经过深思熟虑的、确实可靠的技艺。我说的是过纯粹的伦理生活;新教育力求达到的这种伦理生活,是作为一种首要的、独立不倚的事物存在的,它靠自己的力量过它自己的生活,而决不像以往经常预期的合乎规律性那样,被联结和移植到使其得到满足的另一种非伦理冲动上。我说过,新教育是这种道德教育的经过深思熟虑的、确实可靠的技艺。它并不是毫无目的地靠好运气前进的,而是按照固定的、它熟知的规则阔步前进的,并且对自己的成功确信无疑。它的学子们会在适当的时候作为它这种技艺的一种固定的、不可更改的作品产生出来,这种作品只能像它调节好的那样运行,并且不需要某种辅助,而是靠自己的力量,按照其自身的规律不断地运行的。

虽然这种教育也陶冶它的学子们的精神,而且这种精神的陶冶甚至是它的首要的、它由以开始工作的事情,然而,这种精神的发展并不是首要的、独立的目的,而仅仅是将道德教育施于学子们的制约手段。在这期间,这种仅仅偶尔获得的精神陶冶也就始终是一项无法从学子们的生活中铲除的所有,是在学子们对道德的爱心中永远燃烧着的火炬。不管学子们从教育获得的知识的总和有多大或有多小,学子们肯定从中获得了一种精神,这种精神在他们的整个一生都能把握他们必然要认识的任何真理,既能不停地接受别人提供的教益,也能不停地自己进行反思。

我们在前一讲中关于这种新教育所作的描述就做到了这个地步。我们在前一讲的结尾说明,通过这一切,我们的描述仍然没有完成,而是尚须解决另一个课题,而这个课题不同于我迄今提出的课题;现在,我们就来做详细说明这个课题的工作。

(I, 10, 132) 接受这种教育的学子们的确不单纯是这个地球上的人类社会的成员,也不单纯是为了度过在地球上赐给他们的短暂生活而存在的,而且在一种高级社会秩序中也是存在的,无疑被这种教育认为是永恒的精神生活链条中的环节。毫无疑问,一种已经决意囊括他们的整个生存的教育也必须引导他们去认识这种高级秩序,并且正像它引导过他们靠自己的自动性去勾画道德世界秩序——这种秩序从来都不是现成存在的,而是应当不断生成的——的图像一样,它也同样必须引导他们靠同样的自动性,在思想中设计超尘世界秩序——在这种秩序中没有任何东西生成,并且这种秩序也从来不是生成的,而是永远单纯现成存在的——的图像,使他们最深切地理解和认识到事情只能如此。如果引导得当,他们就会完成设计这样一种图像的尝试,并且会在这个结局中发现,除了生命,即除了在思想中活的精神生命,没有任何东西是真实存在的;所有其余的东西都不是真实存在的,而仅仅是映现为存在的,造成这种映现的那个来自思想的根据,他们同样会把握,即使仅仅是泛泛地把握。他们还会进而认识到,那个惟独真实存在的精神生命在它不靠偶然机遇,而靠基

第三讲 再论新教育

于上帝本身的规律所获得的品汇繁多的形态中,又是一个统一整体,即神圣的生命本身,而这个神圣的生命惟独存在和显现于活生生的思想中。这样,学子们将会学习认识和虔诚地保持他们自己的生命和任何其他的精神生命,把它们当作显现神圣生命的链条中的永恒环节;他们只有在与上帝的直接接触中,在他们的生命从上帝的直接流出中,才会发现生命、光明与极乐,而在任何离开这种直接性的地方,都会发现死亡、黑暗与痛苦。一言以蔽之,这种精神发展将培养他们达到宗教,而这种认为我们的生命寓于上帝的宗教当然也应当在新时代居于支配地位,并得到精心培育。与此相反,旧时代的宗教把精神生命同神圣生命分离开,只知道借助于对神圣生命的脱离,使精神生命获得它想赋予这种生命的绝对存在,并且它把上帝当做这样的线索使用,那就是在凡人躯体死后,还把利己主义引入另一世界,利用 (I,10,133) 对这个世界的畏惧与希望,强化这种在现世依然脆弱的利己主义;这种显然是利己主义的侍女的宗教,当然应该与旧时代一起被埋葬,因为在新时代里永恒境界并不是在坟墓的彼岸才开始的,而是切入了这个时代的现实生活的核心,但那种利己主义却既没担任过治理的职务,也没有肩负起效劳的责任,因此,连它的仆人也随它撤退下去了。

因此,达到真正宗教的教育是新教育的最后一项任务。学子们在勾画宗教所需要的超尘世界秩序的图像时,是否做得真正主动,勾画出来的图像是否完全正确无误和彻底明白易晓,教育使用研讨其他知识对象的方法,将会很容易作出评判,因为这也依然在认识的领域里。

但在这里，更重要的也是这样的问题：教育如何能测定，并且作出保证说，这种宗教知识依然不是僵死、冷漠的，而是会表现于其学子们的现实生活的呢？在回答这个问题之前，须先回答另一个如下的问题：宗教究竟是怎样和用什么方式显示于生活的呢？

直接地说，在通常的生活里，在井然有序的社会里，完全不需要宗教塑造生活，相反地，真正的伦理就完全足以达到这个目的。所以，从这方面看，宗教不是实践的，也根本不可能、不应该成为实践的，而仅仅是一种认识；这就是说，宗教仅仅是使人完全明白和理解他自己，回答他所能提出的最高问题，给他解决最后的矛盾，从而把完备的自恰性和彻底的明晰性带到他的知性中。宗教是人完全摆脱一切外来束缚的解救和解放，所以，宗教毕竟对人负有教育责任，是人应该不抱任何其他目的，而直截了当地得到的某种东西。宗教要么是在一个社会极其没有道德，而十分腐败的时候，获得了作为动力发挥作用的领域的，要么是在人的活动范围不在社会秩序之内，而在社会秩序之外，并且要不断重新创造和维持社会秩序的时候，获得了这样的领域的，就像那种在许多事情上不靠宗教而凭良心根本不可能执掌其职权的统治者遇到的情况那样。关于这后一种情况，在一种从一切人和整个民族出发考虑的教育里是不会涉及的。关于前一种情况，如果在知性明确认识到时代弊端不可匡正时，还要不停地对时代做工作，如果在对收获不抱一点希望时勇敢地承受播种的

(I,10,134) 辛劳，如果甚至对忘恩负义之徒也要行善，并且在明确料知口吐恶言之辈又会口吐恶言时，也为他们作出业绩和获得财富而祈

神保佑,如果在经过千百次失败以后,还坚持信仰和爱,那么,在这里起推动作用的就不是单纯的伦理,因为伦理是希望达到一个目的的,相反地,在这里起推动作用的是宗教,是对一种很高的、我们不知道的规律的服从,是对上帝表示恭顺的沉默,是对上帝的那种迸发于我们之内的生命的挚爱,而在眼睛看不出任何其他拯救办法时,也惟有这种生命应该为其自身而得到拯救。

按照这种方式说,接受新教育的学子们在他们最初成长起来的那个小共同体里获得的宗教认识,既不可能成为实践的,也不应该成为实践的。这个共同体井然有序,做得适当的事情总是在其中获得成功;人在年纪还小时也应当保持无拘无束、毫无偏见的态度,保持对于自己的种族的恬静信赖。对于人的隐患的认识,也许只有依靠他自己在年龄成熟、思想定型时的经验才能够做到。

由此可见,在教育早已不管学子们的事情以后,如果他们的社会状况要由简单的阶段前进到更高的阶段,他们也只有在这个成熟的年龄,在认真加以对待的生活中,才会需要有他们的宗教知识,作为一种推动力量。在这件事情上不能考核自己掌管的学子们的教育,怎么还一定会确信只要出现这种需要,这种推动力量也就会毫无错误地发挥作用呢?我的回答是:办法在于学子们是这么受到教育的,那就是学子们拥有的任何知识在出现了它掌握生活的可能性时,在他们那里绝不是僵死的和冷漠的,而是一俟生活需要它,它都必然立刻深入地影响着生活。我将立即更深入地论证这个看法,从而把在这一讲和前一讲讨论过的整个概念提高和纳入到一个更大的知识体系里;我在预先明确地陈述了新教育——我刚才结束了对于新教育的一般描述——的真正本质以后,将根据这个概念,给这个更大的知识体系本身作出崭新的阐明,赋予更高的清晰性。

(I,10,135) 这时,这种教育就不再像我们今天这一讲的开头说的那样,单纯显得是培养学子们去过纯粹的伦理生活的技艺,反而明显地是把整个的人彻底和完全培养为人的技艺。这有两个主要部分:首先从形式方面来看,得到培养的是现实的、活生生的人,直至他的生命的根本,而决不是人的单纯的阴影和图像;其次从内容方面来看,人的一切必要组成部分都毫无例外地、平衡地得到发展。这两个组成部分是知性和意志;教育想要达到前者的清晰性和后者的纯粹性。但关于前者的清晰性,必须提出两个主要问题:首先,纯粹意志真正希求的是什么?用什么办法能达到这种希求的东西?哪个主要部分包含着需要传授给学子们的其余知识?其次,这种纯粹意志的根据和本质本身是什么?哪个主要部分包含着宗教知识?上述两个部分在它们被发展到深入影响生活以前,都是教育绝对要求的,教育决不想给任何人免除它们当中的丝毫东西,因为每个人都应当是一个完整的人;至于有人还会进一步变成什么样的人,在他身上的普遍人性会采取或获得什么特殊形态,这与普及教育毫不相干,不属于普及教育的范围。——现在,我就来作出我答应过的对于这样一个命题的更深入的论证,即在接受新教育的学子们那里没有任何知识可能是僵死的,就来作出我打算把所述的一切都提高到其中的系统联系,而这都是借助于下列命题进行的。

1)根据以上所述,从教育方面来看,在人们当中有两个截然不同、完全相反的等级。给人们的各式各样的生命表现奠定基础的,是一种在一切变易中坚持不变、自身依然如故的冲动,在这一点上,所有的人首先都是一样的,因而这两个等级也是一样的。顺便指出,这种冲动的自我理解和向概念的转变创造了世界,而且除了这个在决不自由、而纯属必然的思想中如此创造出来的世界,便不存在任何其他的世界。这种冲动总是需要转变为意识,所以在这一点上两个等级又彼此相同,这时,它能以一种双重的方式,按照意识的两个不同的基本类型,被转变为意识,但在转变和自我理解的这种方式中两个等级并不相同。

意识的第一个基本类型按时间说是首先发展起来的,它是模糊感觉的基本类型。根本冲动通常都靠这种感觉,被理解为个体对其自我的爱,模糊感觉最初仅仅把这个自我作为一种希求生存和幸福的自我提供出来。感性利己主义作为现实的根本冲动,作为一种囿于原始根本冲动的这类转变的生命的发展力量,就是由此产生的。只要人继续这么理解自己,他就必定会自私自利地行动,而决不可能是别样的;这种利己主义在他的生命的不绝变化中,是惟一能持久不变、自己依然如故和确实可期待的东西。作为脱离常规的非凡例外,这种模糊感觉也能跃过个 (I,10,136)
人的自我,把根本冲动理解为一种对于模糊感觉到的另一类事物秩序的渴求。我们在其他地方充分描述过的生命就是由此产生的,这种生命超越了利己主义,是由一些理念推动的,它们虽然模糊,但还是理念,并且在这种生命中,作为本能的理性起着支配作用。只靠模糊感觉对根本冲动作出的这种理解,是人们之中第一个等级的根本特点,这个等级不是由教育,而是由它自身塑造成的,并且它本身又有两个品类,它们是由于一种不可理解的、人的技艺根本无法测知的原因而被分离开的。

意识的第二个基本类型通常不是自行发展的,而是必须在社会中加以精心护理,它就是清晰的认识。假如人类的根本冲动会在这种环境里得到把握,这就会提供第二个由人组成的、全然不同于第一个等级的等级。这样一种能把握根本的爱本身的知识并不像另一种知识的确会做的那样,让我们感到冷漠和完全无动于衷,而是它的对象受到了超乎一切的爱,因为这个对象不过是我们原初的爱本身的解释和转变。另一种知识把握外来的东西,这种东西始终是外来的,并且让人感到冷漠,而这种知识则理解能知者本身和他的爱,他爱的也就是这种知识。尽管这时在两个阶层中推动着他们的是同一种原初的、仅仅表现于不同形态的爱,但我们依然可以撇开这种情况而说,人在前一种情况中是由模糊感觉推动的,在后一种情况中则是由清晰的认识推动的。

这样一种清晰的认识会在生活中成为直接的推动力量,并且大家无疑可以指望事实会如此,而这像我们已经说过的那样,取决于下列情况:解释人的真正的爱的,正是这同样的爱,人直接明白事情是如此,并且这种爱的感受是同时靠解释在人心中引起的和让人感觉到的。因此,如果爱不同时成为得到发展的,认识就从来都不会在人内心得到发展,因为在相反的情况下,人会依然是冷漠的;如果认识不同时成为得到发展的,爱就从来都不会在人内心得到发展,因为在相反的情况下,人的推动力会成为一种模糊的感觉。因此,随着人的教育的每个前进步伐,完整

第三讲 再论新教育

的、统一的人都在受到培养。一种总是由教育当做不可分的整体这么加以对待的人,在将来也仍然是这样,而且任何认识都将必然成为他的生活的推动力量。

2)由于明晰的认识就这么代替了模糊的感觉,而被当做生活的首要东西,被当做生活的真正基础和起点,利己主义便被完全超越了,它的发展也落了空。因为只有模糊感觉才把人的自我作为一种渴求享乐和畏避痛苦的自我提供给人;但是,清晰的概念却绝不这么给人提供他的自我,而是表明他的自我是一种伦理秩序的环节,并且他的自我有一种对于伦理秩序的爱,它在清晰的概念的发展中也同时被点燃和得到发展。这种教育没有什么涉及利己主义的东西,因为它已经用清晰性消除了利己主义的根源,即模糊的感觉;它既不抨击,也不解释利己主义,它根本不知道利己主义为何物。利己主义假如有可能在往后还会活跃起来,则会发现人心中已经充满了一种高尚的爱,它是拒绝给利己主义让位的。 (I,10,137)

3)人的这种根本冲动在它被转变为清晰的认识时,并不涉及一种既定的、现存的世界,这种世界只能被动地、如实地加以接受,在这种世界里一种对原始创造活动有推动作用的爱好像给自己找不到什么发挥作用的范围;相反地,它在被提高为认识以后,涉及一种应该生成的世界,一种先验的世界,一种在未来存在的和永远在未来存在的世界。所以,给一切现象奠定基础的神圣生命从来都不表现为一种现有的、既定的存在,而是表现为某种应该生成的东西,而且在这样一种应该生成的东西生成以后,神圣生命又会表现为一种应该生成的东西,直到永远;因此，神圣生命从来都不表现于现有的存在的死亡，而是永远以流逝不绝的生命的形式存在的。上帝的直接显现和启示就是爱；认识对这种爱作出的解释才设定起一种存在，具体地说，才设定起一种永远只应生成的存在，并且就一个世界是真的而言，还把这种存在设定为惟一真的世界。与此相反，另一种既定的、被我们发现是现存的世界，则不过是阴影和图像，认识利用它们，给自己对爱作出的解释建造了固定的形态和可见的躯体；这另一种世界是可供直观那种高级的、本身不可见的世界的手段和条件。上帝甚至也不是直接出现于这种高级的世界的，而是仅仅间接地通过统一和纯粹的、不可变更和没有形态的爱出现于这种高级世界的，他惟独直接显现于这种爱中。除了这种爱，还有直观的认识，它从自身提出一种形象，用以表达爱的那种本身不可见的对象；然而，它总是遭到爱的反对，因而不断被迫提出新的形象，但这新的形象也又同样遭到反对。惟独由于这个缘故，这种本身纯属统一整体，绝对不能有绵延性、无限性与永恒性的爱，才在这种与直观结合到一起的过程中像直观那样，也变成一种永恒的、无限的东西。刚才提到的那种由认识本身提供的形象，如果单就它本身来看，并且还没有被应用于清楚地认识到的爱，则是现有的、既定的世界，或自然界。认为上帝的本质是以某种方式直接出现于这个自然界，而不是通过上述中间环节间接出现于这个自然界，这是一种幻想，它来源于精神的愚昧和意志的污秽。

(I,10,138)

4)要在一般情况下完全跃过作为爱的溶媒的模糊感觉，而代之以作为通常溶媒的明晰认识，如已经提到的，只能靠教育人的深思熟虑的技艺完成,但它至今没有这么完成。因为像我们同样看出的,一种全然不同于迄今的普通人的人的类型是用这种方式加以提倡的,并且被定为常规,所以这样一种教育当然会开始一种全新的事物秩序和一种新颖的创造工作。这时,人类是作为现存的世代把自己教育为未来的世代的,所以就会依靠自己的力量,把自己塑造为这种新颖的形态;这就是说,人类按照惟独自己能完成这项工作的方式,会依靠认识——惟一彼此共同的和需要自由传递的东西——与这个世界上真正的东西——把精神世界结合为统一体的光与气——把自己塑造为这种新颖的形态。迄今为止,人类都变成自己曾经变成和可能变成的东西,但这种偶然的变化现在已经结束了,因为人类在自己最广泛地发展了自己的地方,都变成了毫无价值的。人类如果不应停留于这种没有价值的阶段,那就必须从现在开始,把自己塑造为自己还应进一步变成的一切东西。我在一些演讲[197]——现在的这些演讲是它们的继续——里说过,人类在尘世的真正使命在于,它应该把自己自由地塑造为它原初本来那样。这种自我塑造一般是经过深思熟虑,按照规则,有朝一日必定会在空间里的某个地方和时间上的某个时刻开始的,而这会使人类经过深思熟虑的自由发展的第二个主要阶段取代不自由发展的第一个主要阶段。我们认为,从时间方面来看,现在正是这个时期,人类现在正处于其尘世生活过程的真正中段,处于其两个主要发展时期之间;但从空间方面来看,我们却认为,首先应该要求德意志人开始一个新的时期,成为其他民族的先驱和典范。

5)然而,甚至这种全新的创造工作也不是从前一阶段一蹴 (I,10,139)

而就的,而是以往时代真正自然而然的继续与结果,尤其是在德意志人当中。时代的一切活动和努力都旨在驱除模糊感觉,而惟独设法使清晰性和认识获得支配地位,这是显而易见的,并且我相信,也是得到普遍承认的。即使就以往那种没有价值的东西已被完全揭发出来而言,这种努力也做得完全成功。这种谋求明晰性的冲动绝不会被根除,或者说,糊涂地苟安于模糊感觉的做法决不会再占支配地位;这种冲动还会进一步得到发展,被引入更高的领域,以致在揭发了那种没有价值的东西以后,某种东西,即肯定性的和确实有所建树的真理也会同样变得显而易见。来自模糊感觉的、由既定的和自己塑造自己的存在组成的世界现在已经沉沦下去,而且还会继续沉沦下去;与此相反,来自原始清晰性的、由不断从精神分娩出来的存在组成的世界则将光芒四射,开始其整个光辉的时期。

诚然,预言这样一种形态的新生活也许在我们的时代看来是令人奇怪的,并且我们的时代如果仅仅注目于它对刚才所说的对象的那种占支配地位的看法与作为新时代的原理加以陈述的这些说法的极大差距,也许就几乎没有勇气去接受这种预言。但是,我想谈的并不是这样一种显然很坏的教育,这种教育作为一种无需普遍实施的特权至今通常都仅仅是由高等阶层获得的,它闭口不谈超感性的世界,而单纯致力于创造一些可供处理感性世界的事务的技巧;相反地,我想仅仅注目于这样一种教育,这种教育就是民众教育,从某种很有限的意义上说,也可以叫做民族教育,它对超感性世界绝对没有作过沉默无言的静观。这种教育依据的学说是什么呢?如果说我们提出的新教育的首要前提在于，人压根就有一种对于行善的纯正乐趣，它会得到很大的发展，以致人绝不可能不做被视为善的事情，而做视为恶的事情，那么，与此相反，迄今的教育则不仅假定，而且也从其学子年幼时起就教导他们，人一方面本来对于上帝发布的指令有一种天生的厌恶情绪，另一方面也简直不可能执行这类命令。如果这样一种教导被视为严肃认真的，并且得到了众人的信赖，那 (I,10,140)么，除了每个人都听命于自己的绝对不可改变的本性，不试做自己曾经觉得不可能的事情，不希望将来做得比自己和其他一切人现在能做得更好，对这种教导还能抱什么别的指望吗？除了每个人都把要求他做的卑劣行为在上帝面前设想为能与上帝相容的惟一手段，因而能安于这种承认自己恶贯满盈的行为，对这种教导还真的能抱什么别的指望吗？除了每个人在听到我们这样的一种论断时，到处都从内心里感到，并且一清二楚地觉得，这不是真的，而惟有相反的论断才是真的，因而只能设想人们仅仅是想戏弄他，对这种教导还能真的抱什么别的指望吗？如果我们假定一种完全不依赖于一切既定的存在，反而给这类存在本身颁布规律的认识，在一开始就使每个儿童都沉浸于这种认识，想使他们从这时起就永远处于这种认识领域，另一方面，则把那种只需要从历史中学到的事物性状视为自行产生的、微不足道的附属现象，那么，以往的教育最成熟的产儿就会迎击我们，提醒我们说，像尽人皆知的那样，根本不存在任何先验的认识，而且他们的确想知道，除了依靠经验，人们怎么会有认识。为了这个超感性的、先验的世界甚至在它看来不可避免地要暴露出来的地方也不会暴露出来，即在认识上帝的可能性中也不会暴露出来，甚至为了在上帝那里也不出现精神的自动性，反而被动的服从依然是一切的一切，以往的人类教育已经找到了防止这种危险的大胆做法，即把上帝的在场当做一种历史事实，而这种事实的真实性是由审问见证人来查明的。

以往的教育的情况无疑是这样的，但我们的时代却不必因而对自己丧失信心。因为这种现象以及一切其他类似的现象并不是本身独立不倚的东西，而仅仅是旧时代的荒野根苗上长出的花朵和果实。只要我们的时代从容不迫地献身于在一种崭新、宝贵和健壮的根苗上做的嫁接工作，旧的根苗就会枯死，不能从它再得到任何养分的花朵和果实也会自行凋落。现在，我们的时代还完全不能相信我们所说的，它觉得我们的话犹如天方夜谭，这也是必然的。我们也不打算得到这种信赖；我们只打算得到从事创造和行动的空间。我们的时代将会在今后进行观察，将会相信它自己的眼睛。

举例说，每个熟悉近代成果的人都会早已察觉，近代德意志哲学从它产生以来反复宣讲的原理和观点在这里又得到了陈述，因为它能做的无非是宣讲。这些宣讲已经毫无结果地消失得无声无息，这个事实是足够清楚的，它必定会这么消失的原因也是清楚的。活生生的东西只对活生生的东西发生影响；但我们时代的现实生活却与这种哲学毫无关系，因为这种哲学是在一个还完全没有给它开拓出来的领域，为那些还没有给它生长出来的感官从事它的事业的。它根本不会盛行于我们这个时代，而是一个时代的先觉，是给一个世代预先备妥的生活原则，这个世代按这个原则才会觉醒，走向光明[198]。它必须不寄望于现在这个世代,但为了到那时为止不无所事事,就应该在现在承担起塑造它所属的那一个世代的任务。一俟它这项最近的工作对它变得昭然若揭,它才会抱着和平友善态度,与一个在其他方面并不令它喜欢的世代共同生存。我们迄今描述过的教育,同时也是关于这种哲学的教育;在另一方面,从某种意义上说,只有这种哲学能是推行这种教育的教育家,所以这种哲学必定会在它可以被理解和被采纳以前,率先急行。但将会到来一个时代,在这个时代里,它将得到深入的理解和友善的采纳,所以,我们的时代不要对自己丧失信心。

但愿这个时代听到一位古代先知看见上帝的异象时的说法,他曾经预见到一种确实很值得痛惜的处境。这位迦巴鲁河畔的先知作为那些不是在本国、而是在外国被俘虏的人们的安慰者,是这么说的:"主的手降在我的身上,借助于主的灵带我出去,将我放在一片广袤的原野上,这原野布满骸骨,他引我到处观看,可以看到原野上骸骨很多,可以看到好多骸骨已经十分枯干。但主对我说,人子呵,你认为这些骸骨会复活么? 我说,主呵,这只有你知道。他又对我说,你要给这些骸骨作出预言,你要向它们说,你们这些枯干的骸骨要听主的话。关于你们这些枯干的骸骨,主就是这么说的。我想用肌腱把你们联结起来,让肌肉在你们上边生长出来;我想用皮肤覆盖你们,想赋予你们以气息,使你们复活,而你们应当知道,我就是主。我遵命作出预言,而且可以看到,在我作出预言的时候有响声,并且万籁俱动,而这些骸骨又相互接合起来,每个骸骨都各就其位,在它们上边长出了脉管和肌肉,主用皮肤覆盖住它们;但在它们体内还没有

(I,10,142)

气息。于是主对我说,人子呵,你要向风作出预言,对风说,主是这么说的:风呵,你要从四方刮来,吹到这些被杀死的人们的身上,使他们复活。我遵命作出了预言。这时,气息进入了他们身体,他们复活了,用他们的双脚直立起来,组成了一支庞大的军队。"[199]让我们的高尚精神生活的各个组成部分同样变得枯干吧,让我们的民族统一的纽带也因此同样被撕碎吧,并且就像这位先知看到的尸骨那样,让它们横七竖八和支离破碎地置于荒野;让这些部分在许多世纪的狂风暴雨和烈日暴晒中变得苍白和枯干吧;但是精神世界的那种能赋予生命的气息还没有停止吹动,它也将会吹动我们民族躯体中那些已经死亡的骨骼,把它们相互接合起来,使它们光辉地屹立于面貌崭新、容光焕发的生命之中。

第四讲 德意志民族与其他日耳曼民族的主要差别[200]

前面已经说过,这几讲提倡的现代人类的教育方法,必须首先由德意志人应用于德意志人,而且它原本就最适合于我们民族。这句话需要加以证明;在这里,我们将一如既往,也从最高、最普遍的东西开始,说明什么是德意志人——不管其目前遭遇的命运怎样——自他们存在以来本身具有的基本特点,同时也说明,正由于德意志人具有这种特点,所以他们有接受这种教育的能力,非其他一切欧洲民族所能及。

第四讲 德意志民族与其他日耳曼民族的主要差别

德意志人当初是整个日耳曼民族的一个部族。关于日耳曼民族,我们只要指出它的使命在于将古代欧洲所建立的社会秩序同古代亚洲所恪守的真正宗教相结合,从而由它自身发展出一个与业已衰亡的旧时代对立的新时代,就足够了。进一步说,我们只要专门把德意志人跟与他们同时兴起的其他日耳曼部族加以比较,也就够了。其他新兴的欧洲民族,例如各个起源于斯拉夫人的民族,与其余的欧洲相比,看来还没有得到很明显的发展,所以不可能给他们作出明确的描述;然而,对于同样起源于日耳曼人的其他民族,例如斯堪的那维亚人,我们即将予以指出的形式差别的主要原因却不适用,他们在此无疑被看做德意志人,也被概括在我们的观察所得出的全部总的结论当中。

但是,我们现在要进行的专门观察,从一开始就必须先作以下说明。我将援引一个事实,作为在一个本原部族里形成差别的原因,而它单纯作为一个事实,是一目了然的和无可争议的。然后,我将列举这种已经形成的差别的各个表现,它们作为一些单纯的事实,也同样会被阐述清楚。但一俟涉及后者与前者、即结果与原因的关系,涉及由原因得出结果的推导,一般说来,我就不能认为人人对此都同样清楚和确信无疑了。的确,我在这方面也不会说出全新的、迄今闻所未闻的论点,相反地,在我们 (I,10,144) 当中有许多人,他们对于事实持这样一种看法,要么已准备就绪,要么已满有把握。然而在多数人当中,对我们倡议的课题却流传着一些与我们大相径庭的想法,纠正这些想法,反驳那些对把握整体课题毫无素养的人根据个别事例提出的一切异议,会远远超出我们的时间和我们的计划的范围。面对这些人,我只能就此说我必须说的看法,把它仅仅作为供他们进一步反思的课题,而它在我的思想体系中则可以不像在这里显得那么分散,也不像在这里显得缺乏真知灼见的论证。我不会完全忽略这种情况,因为我要顾及对我的整个论题不可免除的透彻论证,也要考虑由此得出的那些以后将出现在我们讲演进程中和原本就属于我们当前计划的重要结论。

由观察得来的最初和直接的结果是,在德意志人与其他同源部族的命运之间有明显的差别:前者定居在这个本原民族原初居住的地方,后者则迁徙至别处;前者保持、发展了这个本原民族的原始语言,后者则吸收了外族语言,并逐渐按照他们的方式改造了这种语言。这种最初的差别必定恰好说明以后发生的事情——而绝不是相反——,比如在原初的祖国,按日耳曼人的原始习俗,依然有一种在某个权力受限制的首脑统治下的联邦制,而在其他国家,政府体制则大多按迄今存在的罗马方式转变为君主专制。

在已经指出的变化之中,最先的变化,即家乡的变化,是完全无关紧要的。不管是在天下什么样的地带,人们都容易过本乡的生活,而那些未由居住地引起巨变的民族特点,却依照自己的模式支配和改变着居住地。不同的自然力量对于日耳曼人在天下居住的地带也没有很大的影响。对于日耳曼种族在被征服国家与当地居民混血的情况,人们也同样不必重视;因为胜利者、统治者也好,由混血形成的新民族的缔造者也好,都不外是日耳曼人。除此之外,在国外同高卢人、坎塔布里人等等发生的混血,与在国内同斯拉夫人发生的混血相同,而且范围并不更小;所以,今天不论对哪一个有日耳曼人血统的民族成员来说,要表明其血统比其他民族纯净得多,都决不是一件容易的事情。

但更为重要的,而且像我认为的那样,能论证我关于德意志人与其他日耳曼裔民族的全面对比的,乃是第二种变化,即语言的变化。在此,我想首先明确指出的是,问题既不在于这个部族仍然沿用的这种语言的特别性状,也不在于另一个部族采用的另一种语言的特别性状,而只在于这里保留着本民族的东西,同时那里却采纳了外族的东西;问题也不在于继续沿用本原语言的那些人早先的血统,而只在于这种语言继续被使用而没有中断,因为语言塑造人远胜于人塑造语言。

为了在可能与必要的范围内阐明民族形成中这种差别带来的结果,阐明这种差别必然产生的民族特点的特定对比方式,我想请你们对语言的一般本质作一番考察。

一般语言,特别是语言中由语音器官发音产生的实物名称,(Ⅰ,10,146)决不取决于任意的决断和约定,而是首先有一个基本规律,依照这个规律,每个概念在人的语音器官中形成一个特定的音,而不是其他的音。实物正如在个人的感觉器官里是由特定的形态、颜色等等映现出来一样,在语言这个社会的人的器官中则是由特定的音映现出来的。所以,实际上不是人在说话,而是人的天然东西通过人在说话,并把自己报道给他同类中的其他人。因此,语言也许可以说是惟一的和完全必然的。

现在看来,虽然语言对于人本身来说,不论何时何地,都决不可能以它这种统一的形态出现,而是处处都受到两种影响,即语言的地区特性与使用频率对语音器官的影响和被考察与被指称的实物的次序对指称次序的影响,才进一步得以变化和演进的,这乃是语言的第二个要点;但是,这里也没有随意性和偶然性,而是有着严格的规律;而且在受上述条件影响的语音器官里,并不是产生了一种纯正的语言,而是产生了一种对它的偏离,并且恰恰产生了对它的这种特定的偏离,这都是必然的。

如果我们把那些在语音器官方面受同一个外在条件影响、共同居住在一起和在以后交往中不断发展自己语言的人们,称为一个民族,我们则必定会说,这个民族的语言必然是它本来那样,实际上不是这个民族说出它的知识,而是它的知识本身从它口中说出来了。

这种规律性在语言的发展由于受上述环境影响而发生的一切变化中,依然没有中断;具体地说,对于所有仍在不断交往的人,在大家都能听到每个个人说出的新东西的场合,都是这同一种规律性在起作用。数千年之后,这个民族的语言的外在表现在其间发生一切变化之后,也始终保持着这同一股统一的、原初必然要如此迸发的生动的天然语言力量。这股力量通过一切条件不断地流传下来,曾经在每一条件下都必然成为它过去成为的那样,最终必然是它现在那样,因而在若干时期将成为它以后必将成为的那样。纯粹的人的语言最初是与人们的语音器官结合在一起,作为它们发出的第一个声音讲出来的,由此产生的结果又进而与这第一个声音在当时环境下必然获得的一切发展结合在一起,形成现在的语言,作为这一切产生的最终结果。由于这个缘故,这种语言始终仍然是同一种语言。哪怕过了几个世纪之后,后代总是不懂得他们的祖先那时使用的语言,因为这当

(I,10,147)

中的各个过渡环节对于他们来说已经消失;然而,这种语言的发展从一开始便是没有飞跃的不断演变,它在当时往往不引人注目,只有再发生一些新的演变,才引起人们的注意,看起来像一种飞跃。从来没有哪个时代,其同时代人是彼此不能听懂对方语言的,因为他们人人共同具有的天然语言力量,过去一直是、现在也仍然是他们交流思想的那种永恒的中介者和传递者。语言作为直接感性知觉对象的指称,其情况就是如此,而且整个人类最初的语言也是如此。一俟人们由感性知觉阶段上升到把握超感性东西,这种超感性东西对于最初那些人就能随意加以再现,避免与感性东西相混淆,而且对于他人就能予以通报,成为合乎目的的向导;这里要首先加以坚持的,无非是标明,作为把握超感性世界的器官的一个自我与作为把握感性世界的器官的同一个自我俨然有别,也就是灵魂、精神被设定为肉体的对立面。进而言之,这个超感性世界的不同对象由于都仅仅表现于超感性器官中,并且是为这种器官而存在的,所以在语言中只能这样加以指称:据说,超感性世界与把握它的器官的特定关系犹如特定的感性对象与感性器官的关系,在这种关系中,可以将一种特定的超感性东西与特定的感性东西进行比较,通过这种比较,可以用语言暗示超感性东西在超感性器官中的位置。在这个范围内,语言再也无能为力了;它给超感性东西提供了一种感性形象,也只能注明那是这样一种形象而已。谁想认清事物的本质,谁就必须依照这种形象赋予他的规则,把他自己的精神器官开动起来。总而言之,这种用感性形象指称超感性东西的做法,每每都必须以给定的人群处于感性认识能力的哪个发展阶段为转移,这是显而易见的。因此,这种用感性形象作出的指称,其开端和发展过程在不同的语言中将有非常不同的结局,而有赖于说某种语言的人群在感性教养与精神教养之间已有和将有的关系方面存在的差别。

我们首先举一个例子,来解释这个本来就很清楚的说明。按照前几讲已经阐明的基本冲动概念,某种不是凭模糊感觉,而是凭清晰认识直接产生的东西——这种东西也常常是超感性的对象——,用一个也在德语中常用的古希腊词汇来说,叫做Idee[201];这个词汇准确地表示了德语中用Gesicht一词表示的同样的感性形象,就像在路德圣经译本的下列措词中说的那样:你们会看见异象,你们会做梦[202]。感性意义上的Idee或Gesicht可以说是某种只能由肉眼觉察,而决不能由其他感官——诸如触觉器官、听觉器官——觉察的东西,如同天空出现的彩虹或梦中在我们的眼前匆匆走过的形象一样。超感性意义上的Idee或Gesicht则根据它应当适用的范围,首先意味着某种完全不能由肉体,而只能由心灵把握的东西;其次,它与其他许多东西不同,是某种不能由心灵的模糊感觉,而只能由心灵的眼睛、清晰的认识把握的东西。如果有人想进而假定,希腊人在使用这种感性形象的指称时,一定是以彩虹和类似的现象为依据的,那他就必须承认:他们的感性认识已经进步到能看出各个事物之间的差别,也就是说,某些人向一切感官或一些感官显示自己的心态,另一些人却只向眼睛显示自己的心态;此外,如果他们已经弄清了发展成熟的概念,他们就必定会用其他方法,而不是用这种方法指称这种概念。在这种情况下,他们在头脑清晰方面的优势,与另一种民族相比,也会是显而易见的,因为那种民族不能用一种由深思熟虑的清醒状态得来的感性形象指称感性东西与超感性东西之间的差别,而只能求助于梦幻,以获得表示另一个世界的形象;同时,有一点也会是清楚的,即这种差别并不是基于两个民族对超感性东西的感觉的强弱不同,而只是基于当他们想指称超感性东西的时候,他们的感觉的清晰性不同。 (I,10,149)

所以,超感性东西的所有指称都是以指称者的感性认识的广度和清晰度为转移的。感性形象对他来说是明了的,完全明白地向他表明了所理解的东西与精神器官的关系,因为对他来说,这种关系是通过另一种对他的感性器官的直接、生动的关系得到说明的。这时,这种如此产生的新指称,同感性认识本身由于广泛使用符号而获得的所有新的清晰性一起,都储存在语言里,而未来可能有的超感性认识则是根据它与整个语言中储存的全部超感性认识和感性认识的关系加以指称的;事情就是如此不断发展的;所以,感性形象的直接清晰性和可理解性从不间断,而始终持续不断地流动着。更进一步说,语言不是任意的交往手段,而是作为直接的天然力量,从理智生命中迸发出来的,所以,不断地根据这个规律而得到发展的语言也就有一种直接影响生命、激励生命的力量。正如眼前存在的事物引起人的关注一样,这种语言中的词汇也必定会引起那种能理解它们的人的关注,因为它们是事物,绝不是随意制造的作品。首先感性事物是如此。超感性事物也没有什么不同。这是因为,虽然在超感性事物方面,观察自然的持续过程被自由的沉思和反思所中断,在这时仿佛出现了没有形象的上帝,但用语言作出的指称却使没有形象的东西重新回到了有形象的东西不断联系的位置上。因此，即便在这方面，最初作为天然力量迸发出来的语言的不断发展过程也依然没有中断，也没有任何随意性进入指称的流动过程。正因为如此，得到这般持续发展的语言的超感性部分，也就不会丧失它那种激励生命的力量，不再对于开动自己的精神器官的人发生作用。这样一种语言在其一切组成部分的词汇就是生命，而且创造着生命。倘若在语言发展方面我们对什么是超感性东西作一假定，认为采用这种语言的民族仍在不断交往，某个人想到和说出的东西立即人人皆知，那么，迄今已经被普遍说出的东西，也适用于所有讲这种语言的人。凝聚于语言的感性形象，对于所有愿意思考的人都是清楚明了的；它对于所有真正思考的人都是有生命力的，激励他们的生命的。

(I,10,150)　　我说，一种语言的情况就是这样。一种语言从它发出第一个声音的时候起就继续在一个人群或民族的实际共同生活中得到发展；一个语言组成部分如果不表现一个人群真正经历过的直观，不表现同这个人群的所有其他直观有全面交互联系的直观，那就从来都没有进入这种语言。也可以让其他部族的许多个人和讲其他语言的许多个人并入讲这种语言的人群或本原民族；只要这些个人不被允许将他们的直观范围提高到这种语言此后由以发展的立足点，那么，在他们自己进入这个人群或本原民族的直观范围以前，他们就仍然是生活在这个共同体内的哑人，而不会对这种语言发生影响。由此可见，他们没有塑造语言，而是语言塑造他们。

　　然而，当一个民族放弃自己的语言，采用已发达到足以指称超感性东西的外族语言的时候,就产生了与迄今所述的一切完全相反的结果;当然,我不是说这个民族完全自由地沉醉于这种外族语言的影响,在进入这种外族语言的直观范围之前,对自己没有语言的状态始终处之泰然;而是说这个民族不得不使自己的直观范围服从这种外族语言,而且从这时起,这种外族语言从这个民族发现它的立足点开始,必定会在这个直观范围内不断发展。至于语言的感性部分,这个事件倒没有造成什么后果。在每个民族,儿童无论怎样都得学习语言的感性部分,似乎语言符号是随意出现的,于是在这方面,一个民族整个早先的语言发展就得到了再现。不过,任何符号在感性范围内,都可通过直接观看或触摸所指称的东西而被弄得十分明了。由此至多会产生这样的结果,即这样一个已经改变了自己语言的民族的最初一代人,作为成年人,又不得不回归到童年时代;然而到了他们未来的子孙后代,一切又变得依然照旧,没有疑问了。另一方面,这种改变对于语言的超感性部分却有着极其重要的后果。虽然对于语言的头一批掌握者来说,这种超感性部分是按以前所述的方式形成的,但对于后来要精通语言的人来说,感性形象包含着一种同感性直观的协调,这种协调,他们早先在缺乏相应的精神教养的情况下,要么没有经历过,要么现在也尚未有过,也许永远不可能有了。他们在这种情况下能做的事情,至多是他们让感性形象和它的精神意义得到解释,他们用这种方式获得的是外来文化的平淡、僵死的历史,而绝不是固有的文化,他们获得的一些形象,对于他们来说,既不是直接明了的,也不是能激励生命的,而是必定像语言的感性部分那样,显得完全随意的。

(I,10,151)

对于他们,通过这样进入单纯的历史,语言作为解释者便在它的整个感性形象的范围内成了僵死的和封闭的,它的不断流动也就中断了。虽然在这个范围以外,他们可以按照自己的方式,在从这样一个出发点开始而可能做到的界限内,把这种语言又发展为活生生的语言,然而,那个语言组成部分也依然是一堵隔墙,由于有这堵隔墙,语言作为原初来自生命的天然力量的发端和真正的语言向生命的回归都毫无例外地中断了。虽然这样一种语言在表面上可以被生命之风吹动起来,因而显得自己有一丝生机,但它毕竟在深处有一个僵死的组成部分,并且由于进入新的直观范围,由于与旧的直观范围相分离,它就被切断了活生生的根。

为了解释以上所述,我们可以举一个例子;我们用这个例子也附带指出,这种彻底僵死的、不可理解的语言很容易被扭曲,也很容易被滥用来粉饰人类的种种堕落,而在从来不死亡的语言中则不可能有这种情况。作为这样的例子,我举出三个声名狼藉的词汇:Humanität[博爱]、Popularität[民有]、Liberalität[自由]。这些词在一个从来没有学过其他语言的德意志人听来,简直是一种毫无意义的叫声,它凭类似的音素,并不能使他想起他所知道的任何事物,也不能完全使他跳出他的直观和一切可能的直观的范围。然而,假若一个未知的词汇是通过其陌生的、考究的和悦耳的读音引起他的注意的,假若他认为发音如此高雅的词汇必定意味着某种高深的涵义,那么,他必定会一开始就完全让这种涵义作为某种在他看来全新的东西得到解释,而且他也只能盲目地相信这种解释,这样一来,他便会悄悄地习惯于承

(Ⅰ,10,152)

认某种东西是真正存在的和有价值的,而假若他孤独无援,他也许从来都不会发现这种东西是值得提及的。谁也不要认为,近代的各个拉丁民族说出这些词汇来,以为它们是他们的母语中的词汇,他们的情况就会多么不一样。他们对于古代和古代实际使用的语言缺乏学术研究,就会恰好如同德意志人一样,对于这些词汇的来源并不怎么理解。现在,假定我们对于德意志人说 Menschlichkeit[人道]这个必然是从 Humanität 直译过来的词汇,而不说 Humanität 那个词汇,那么,无须作进一步的历史解释,他们便会理解我们的意思;不过,他们也许会立即说:"在我们做人而不做野兽的时候,我们的情况也好不了多少。"罗马人或许从来都没有这么说过,可是德意志人会这么说的,因为在他们的语言里,Menschliheit[人性]只是一个感性概念,从来不像在罗马人那里那样,成为超感性东西的一种感性形象。我们的祖先也许早就注意到了人的各种德行,在它们出现于他们当中以前就在语言中用感性形象指称它们,将它们概括在一个与动物本性相对照的单一概念里,而且同罗马人相比,这也不算是我们的祖先的什么欠缺。尽管如此,谁现在想玩弄把戏,人为地把这种外来的和罗马人的感性形象引入德意志人的语言,谁就会显然贬低德意志人的道德思维方式,因为被他当做某种优异的、值得称赞的东西奉献给德意志人的,本来应该在外族语言中也算是这样的东西,但这种东西却被他按照他的民族想象力的不可磨灭的本性,仅仅几乎被视为全然不可缺少的东西。进一步的研究也许能向我们说明,那些采用了拉丁语的日耳曼部族,依靠这些不适当的、外族的感性形象,都一开始便遇到他们早先的道德思维方式有类似的下降；但对于这个情况，我们在这里不想特别予以重视。

再则，假若我向德意志人不说 Popularität 和 Liberalität，而说两个必然是从它们直译过来的词汇，即"谋求群众利益"和"清除奴隶意识"，那么，他们首先绝不会像早期的罗马人自然而然地做到的那样，获得清楚、鲜明的感性形象。罗马人天天目睹觊觎名位的候选人对一切世人随机应变的恭维态度，目睹奴隶意识在眼前的突然发作，而这两个词汇又活生生地向他们再现了这种情景。由于统治形式的改变和基督教的传入，即便是晚期罗马人也看不到这些景象了；除此之外，特别是由于他们既不能抵制、也不能吸收的外来基督教的输入，他们自己的语言也开始在很大程度上从他们自己的口中消亡。这种在自己的家园已经半死半活的语言怎么能生机盎然地被传给一个外来民族呢？它这时怎么能传给我们德意志人呢？再就那两个词汇包含的表示精神东西的感性形象来说，Popularität 原本也包含丑恶方面，它由于这个民族及其体制的腐败，在他们口中却被颠倒成了美德。德意志人则不然，一旦这种语言在他们自己的语言中被呈现给他们，他们从来都不作这种颠倒。然而，对于 Liberalität 被译成人切勿有奴隶的灵魂，或用最近流行的一种说法，被译成人切勿有卑躬屈膝的思维方式，他们便会再回答说，连这种说法也无甚意义。

但是，在罗马人的这种以其纯粹形态产生于低级道德教化阶段的或简直表示丑恶的感性形象中，在近代拉丁语进一步发展期间，有人还进而悄悄引入了玩世不恭的概念、自暴自弃的概

(I,10,153)

念和放荡不羁的概念,而且也把这些概念带到德意志语言中,以期利用我们对古代和外国抱有的尊重态度,也使这些东西在我们当中受到尊重,而这完全是悄悄进行的,没有一个人很清楚地看出他们说的是什么。这一切混合在一起,其目的和结果从来都是这样的:首先,将听者从每种本原语言固有的直接可理解性和确定性,推入模糊的和不可理解的境地;其次,向他那种由此引起的盲目信仰,提供他所急需的解释;最后,在此种解释中,将邪恶与德行搅混,以致再把它们分开已绝非易事。假如我们把这三个外来词汇的真正意义——如果它们有某种意义的话——应用于德意志人的感性形象的范围,用德语词汇Menschenfreundlichkeit[对人友善]、Leutselichkeit[温良谦让]和Edelmut[高风亮节]向德意志人说出来,那么,德意志人就会理解我们了;不过,决不能将上述那些丑恶东西塞进这些指称里。在德语范围内,之所以出现这样一种笼罩着不可理解性或模糊性的现象,既不是由于做法笨拙,也不是由于用心险恶;这种现象是可以避免的;准确地译成真正的德语,是一种时刻准备就绪的辅助手段。(I,10,154)
但是,在各种近代拉丁语中,这种不可理解性却是本性使然和原本就有的,用任何手段都无法避免,因为它们并不拥有任何一种能够用以检验僵死语言的生动语言,而且仔细看来,它们根本没有一种母语。

用这个例子说明的事实,很容易在整个语言范围内发生,因而是处处都可以再发现的,它将在这里尽量把迄今所述的东西向你们解释清楚。我们说的是语言的超感性部分,而不首先直接是感性部分。这个超感性部分在永葆活力的语言中是以感性形象表示的,在发展的每一步都能以完全统一的方式,把语言中储存的民族的感性生活和精神生活概括为一个整体,以期指称一种同样不是随意的,而是由民族先前的全部生活必然产生的概念,明眼人根据这个概念及其指称回首往事,便必定能重建民族的全部文化史。可是在僵死的语言中,这个超感性部分——它在语言还有生气时,曾经是我们描述过的那种东西——这时却随着语言的死亡,变成了一些随意的和完全不可再解释的符号——它们表示的概念同样是随意的——的零散堆积,在这里,概念和符号不再有任何用处,除非大家正好学习它们。

这样一来,我们当前的课题,即找出区分德意志人与其他日耳曼裔民族的根本特征,便获得了解决。他们的差别是在共同的部族刚一分裂时就产生的,它的表现在于,德意志人说的是一种最初由天然力量迸发出来的时候起就一直活生生的语言,其余日耳曼部族说的则是一种只在表面有活力,在根部却僵死的语言。我们把他们的差别惟独归因于这种情况,归因于活与死。但我们决不讨论德意志语言的其他内在价值。在生与死之间是无可比较的,前者较之后者具有无限的价值。所以,在德语与各种近代拉丁语之间进行任何直接的比较,都完全没有意义,都是在被迫讨论一些不值得讨论的事情。假如硬要讨论德语的内在价值,那么,一种与希腊语具有同等地位的语言,一种与希腊语一样原始的语言,必定至少会受到挑战;但是,这种比较远远超出我们当前的目的。

(I,10,155) 　　如果一个民族的语言在思维和意志方面,把各个人带入本民族心灵的奥堂,时而限制他们,时而激励他们;如果一个民族的语言在它的范围内,把讲这同一种语言的整个人群统一于一种惟一的、共同的理解力;如果一个民族的语言是遍布感性世界和遍布精神世界的真正交流点,并把这两个世界的终端相互融合起来,以致根本无法说明它自己究竟属于两个世界中的哪一个——那么,这样的语言的性状会对本民族的整个发展过程发生怎样无可估量的影响,这种影响会造成怎样不同的结果,只要两种语言的关系是生与死的关系,一般说来,都可猜想而知。昭然若揭的事实是:首先,德意志人有一种手段,能与业已告终的拉丁语——它在感性形象的发展过程中与德语大相径庭——进行比较,更透彻地探究自己的活生生的语言,另一方面,他们有用同样的方式更清楚明白地理解那种拉丁语的手段,这对于依然彻底囿于同一种语言范围内的近代拉丁民族来说是不可能做到的;其次,德意志人在学习原始拉丁语的过程中,同时也在一定程度上获得了由此进化而来的语言,如果他们对它学得比外族人更透彻——根据上述理由,他们的确能做到这一点——,他们在学习中也就同时远比这种讲拉丁语的外族人本身对其固有的语言要理解得彻底得多,掌握得详细得多;最后,德意志人只要采用了自己的一切优势,就总能综观这种外族人,能全面地理解,甚至比他们本身更好地理解他们,因而能按照自己的全部尺度翻译他们的意思,另一方面,外族人没有极其艰苦地学会德语,则永远不能理解真正的德意志人,并且无疑会听任真正的德语不被翻译出来。在这些语言中人们能从外族人那里学的东西,大多是出于厌烦和忧郁而产生的那些新言语花样,人们在接受这种调教时,态度是很谦虚的。但在大多数情况下,人们不这么做，而可能会向外族人指出，他们应如何按照本原语言及其变化规则去言语，同时也可能会向他们指出，新言语花样没有什么用处，违背了从古代流传下来的良好习俗。

以上所述的大量结果，同最后特别指出的一些结果一样，像我们已经说过的，都是自行产生的。然而我们的目的是，把这些后果当做一个整体，按照它们结成统一体的纽带深入地把握它们，以便用这种方法，与其他日耳曼部族进行对比，对德意志人作一个彻底描绘。现在，我把这些结果暂时简要地叙述如下：1)在具有活生生的语言的民族那里，精神文化影响着生命；在不具有这种语言的民族那里，精神文化和生命则各行其道，互不相干。2)出于同样的理由，前一种民族对所有精神文化采取真正认真的态度，并希望它能影响生命；与此相反，后一种民族则宁可把精神文化看做一种天才的游戏，除此以外，对它不再抱更多希望。后一种民族只有精神，前一种民族除了精神，还有心灵。3)由第二点得出的结果是，前一种民族做一切事情，都很诚实、勤奋与认真，而且不辞辛苦；与此相反，后一种民族则作风懒散，随遇而安。4)由所有这一切得出的结果是，在前一种民族那里，广大民众都是可以教育的，而且这种民族的教育者都做出试验，将他们的发明用于民众，希望能对民众产生影响；与此相反，在第二种民族那里，有教养的阶层则与民众分离，无非是把民众视为实现他们的计划的盲目工具。对于以上所述的这些特征的进一步研讨，我将留到下一讲去进行。

(I, 10, 156)

第五讲　上述差别造成的结果[203]

(Ⅰ,10,157)

为说明德意志人的特性,我们曾指出他们与日耳曼裔其他民族间的根本差别,指出前者仍处于一种由现实生活发展而来的本原语言不断流动的状态,而后者则采用了一种相对于他们而言的外来语言,这种语言已经在他们的影响下遭到了扼杀。我们在前一讲的末尾,还指出了这些不同的部族中存在的另一些现象,它们必然是由那种根本差别产生的,我们今天将进一步阐明它们,更扎实地说明它们共同的基础。

一种力求透彻的研究,可以引起许多的争论,招来不少的妒嫉。当前的研究是上一次研究的继续,我们在这里将采取同上一次一样的方法。我们将一步一步地从上述根本差别推演出它的结果,而且惟独注目于这种推演是正确无误的。按这种推演必定存在的各种现象是否真的会在经验中遇到,这个问题我要全部留给你们和每个观察者去判断。特别是关于德意志人,我将在适当的时候证明,他们实际上已表明他们必定会如何像我们推演的那样生存。至于国外的日耳曼人,如果他们之中有人真的懂得我们这里讲的实际上是什么,如果他因此得以成功地证明,他的同胞也始终恰好是如德意志人一样的人,并且能证明他们完全没有相反的特征,我将不会对此有什么异议。一般说来,纵然我们描述这些相反的特征,也决不会专门挑剔毛病——尽管用这种手法较之用诚实态度更易取胜——,而是只会指出必不可免的结果,并且尽可能依照真实情况表明这种结果。

我说过,由上述根本差别产生的第一个结果是:在具有活生生的语言的民族这里,精神文化或精神文明影响着生活或生命,而在与此相反的民族那里,精神文化和生活则各行其道。更深入地解释这个说法的涵义将是很有用处的。首先,我们这里说的是生活以及精神文化对生活的影响,所以,我们必须把这理解为原始生命及其来自一切精神生活的源泉、来自上帝的不绝流动,理解为人际关系按照它们的原型的不断塑造,从而理解为一种新的、前所未有的生活的创造;但我们说的绝不是把这些关系单纯维持在它所处的阶段上,以防衰败下去,更不是帮助那些已落后于一般发展水平的单个成员。其次,当我们谈论精神文化的时候,我们首先要把这理解为哲学——我们必须用外国名称来指称它,因为德意志人不愿采用早已提倡用的德国名称——,因为正是哲学能科学地把握一切精神生活的永恒原型。哲学以及以它为基础的一切科学受到的赞扬,在于它们对拥有活生生的语言的民族的生活发生了影响。可是,看来与这个论断相反,有人——其中也包括我们的人——常常说,哲学、科学、文学艺术和诸如此类的东西都以自身为目的,并不服务于生活,而且又说,按照它们是否有利于这种服务来评价它们,是贬低它们。我们在这里必须更准确地规定这些说法,防止对它们的任何误解。从下列双重而有限定的意义上说,它们是正确的:首先,科学或艺术不必为处于某个低级发展阶段的生活服务,比如,为世俗生活和感性生活,或为有些人设想的那种日常修身活动服务;其次,某位单个的人,由于他个人脱离了精神世界这个整体,也可以完全融化到普遍的神圣生活的这些特定部门中去,而无需来自它们之外的推动,并且可以在这些部门感到十分满意。但从严格的意义上说,它们是不正确的,因为以自身为目的的东西只有一个,而不可能有更多,正如绝对者只有一个,而不可能有更多一样。惟一的、以自身为目的的东西——除它之外,不可能有任何其他以自身为目的的东西——就是精神生活。精神生活一部分、一部分地外化自己,显现为一种源于它自身的永恒不绝的流动,显现为源泉,即永恒的活动。这种活动永无止境地从科学获得它的范型,并从艺术获得按照这种范型塑造自己的技巧,就此而言,这会让人觉得,科学和艺术是作为达到能动的生命这个目的的手段存在的。然而,通过活动的这一形式,生命本身永远不会完结,也不会以达到统一告终,而是无限地向前发展着。现在,假如生命是作为这样一个完备的统一体存在的,那么,它必须采取另一种形式。而这种形式是一种纯粹思想——它提供了第三讲中描述的宗教洞见——的形式;这种形式作为完备的统一体,完全不能与行动的无限性分离,而且在行动中从来都不能完全予以表述。因此,思想与行动这二者只有在现象世界中才是相互分离的形式,而在现象世界以外,二者都是同一个绝对生命。大家绝不能说,思想之所以这样存在,是为了行动,或行动之所以这样存在,是为了思想,而是必须说,二者必定都是无条件地存在的,因为生命在现象世界中如它在现象世界之外一样,也必定是一个完备的整体。因此,在这个范围内,按照这个看法,还远远不足以说科学对生活发生影响,倒不如说,科学本身就是自身持续不断的生命。或者,把这一点同大家都知道的说法联系起来,人们有时会听到这样一个问题:要是人不按知识行事,一切知识还有何用? 这种说法包含的意思是,知识被视为付诸行动的手段,而行动被视为真实的目的。人们也可以用相反的方式提问:不知道什么是善,我们怎么可能很好地行动? 这种说法会把知识看做是制约行动的东西。然而,这两个说法都是片面的;事实真相是:知识与行动,都同样是理性生活的不可分割的组成部分[204]。

(I, 10, 160) 但是,如我们刚才已经表述的,只有当思想成为思维者的真实意识和信念时,科学才是自身持续不断的生命;所以,思维者无需作专门的努力,甚至也无需清晰意识到这种思想,便在观察、评判他所思维的其他一切事情,而且是按照那个基本思想观察和评判它们的,如果思想对行动发生影响,他就恰好必然要照它去行动。然而,当思想只作为一种外来生活的思想被思考时,它就绝不是生活和信念了;它也可以清楚地被完全理解为这样一种单纯可能的思想,而且人们也可以清楚地作如是想,如同有人或许也会作如是想一样。在这后一种情况下,在我们所思的思想与我们真实的思想之间就有偶然性和自由——一种我们也许无法实现的自由——的一个广阔地盘;由此看来,那种所思的思想始终是远离我们的,它只是一种可能的思想,一种不受我们约束的、向来自由地加以重复的思想。在前一种情况下,思想直接由它自己把握了我们的自我,把我们的自我塑造成它自身,而通过这种由此产生的、为我们存在的思想现实性,我们就获得了对它的必然性的洞见。如我们刚才说过的,没有任何自由可以强求出现后一种结果,相反地,这种结果必定是自己造成的,思

第五讲　上述差别造成的结果

想本身必定会把握我们,按照它的模样塑造我们。

思想的这种活生生的效用现已得到很大的促进,而且事实上,只要思想具有适当的深度和力度,这种效用甚至已由一种活生生的语言中的思维与指称变成了必不可免的。这种语言中的符号本身就直接是活生生的、感性的和再现整个固有的生活的,从而把握生活,影响生活;神与拥有这种语言的人直接对话,把自己显现给他,如同人显现给人一样。相反地[205],僵死的语言中的符号则不能直接促进任何事情;为了进入这种语言以往的那个活生生的流动过程,人们首先必须重温从消亡的世界的历史中学到的知识,体谅别人的一种思维方式。假如固有的思维的冲动在这个漫长而宽广的历史领域内没有变弱,尤其是不太满足于这个领域,那么,这种冲动该有多么巨大呵! 如果拥有活生生的语言的人的思维没有变成活生生的,大家便可毫不犹豫地责怪他根本不事思考,而是耽于幻想。然而在类似的场合,大家却不可这样立即责怪拥有僵死语言的人;他当然可能按照他的方式作过思考,小心谨慎地阐发过积淀在他的语言中的概念;只不过他没有做成这样一类事情,这类事情假如能由他做成,则可算是一种奇迹。

附带说一下,显而易见的是,思维冲动在采用僵死语言的民族那里,当这种语言还不是在一切方面都十分清晰的时候,起初会起到最有力的支配作用,产生最明显的结果;但是,一俟这种语言变得更清晰、更明确,思维冲动就会在这种语言的束缚下愈来愈趋于衰亡;于是,这种民族的哲学便最终会自觉地让自己顺 (I,10,161)
从于这样一个事实,即它只不过是词汇的一种解释,或者像我们当中的那种不属于德意志的人物用浮夸的方式说的,是语言的一种元批判;最后,这样的民族会把一种以喜剧形式谈论伪善的平庸教育诗奉为它的哲学巨著[206]。

这样,我说,精神文化,尤其是一种语言中的思维就不对生活发生影响了,反而它自己就是这种如此思维的思维者的生活。不过,这种思维必然要努力由这种如此思维的生活去影响在它之外的其他生活,因而也要去影响现存的公共生活,并按它的模式去塑造公共生活。正因为这类思维就是生活,所以它的拥有者对于它那赋予生命、焕发容光和提供解救的力量感到由衷的喜悦。但每个从内心领悟到幸福的人都必然希望所有其他的人也能体验到同样的幸福,而他受这种认识的驱动,必定为达到这样一个目的而工作,那就是:他由以领悟他自己幸福的那个源泉,也能扩展到其他人身上。那种只将别人的思维理解为一种可能的思维的人,是不这么做的。正如这种思维的内容不能给他带来祸福,而只能使他过得悠闲适意、饶有兴味一样,他也不能相信,它会给其他人带来什么祸福,所以对于一个人凭什么锻炼自己的洞察力,用什么度过自己的闲暇时间,他认为终归是一样的。

(I,10,162) 在将发端于个人生活的思维引入公共生活的手段当中,最出色的是诗,因此,诗是一个民族的精神文化的第二个主要部门。如果思维者用语言阐述他的思想——如上所说,这只能用感性形象完成——,并超越以往的感性形象范围,有新的创造,那么,这种思维者直接就是诗人;假如他不是诗人,那么,当他阐述第一种思想时,语言会于他无补,而当他试图阐述第二种思想时，思维本身会离他而去。让思维者开创的语言的感性形象范围的这种扩大和充实，经过整个感性形象领域流动起来，以致每个形象都获得它在新的精神的高尚化事业中应有的部分，因而整个生命，直至其最终的感性基础，看来都沉浸在新的光芒之中，可以感到愉悦和惬意，而且不知不觉地给人以一种能自己变得高尚起来的幻觉——这就是真正的诗要做的事情。只有一种活生生的语言能拥有这样的诗，因为只有在这样一种语言中，感性形象的范围才能由创造性思维加以扩大，只有在这样一种语言中，已经创造的东西才能保持活力，并向同族兄弟的生活的传入敞开大门。这样一种语言本身就蕴藏着一种创作无穷无尽的诗，使它永远清新和永葆青春的力量，因为在这样一种语言中，活生生的思维的每一次冲动都会开辟迸发出写诗激情的新脉络。所以，这种诗对于这样一种语言来说，是把已经获得的精神文化流传到公共生活中去的最佳手段。从这种更高的意义上说，一种僵死的语言则决不可能拥有什么诗，因为在这种语言中不存在诗所必需的一切上述条件。不过，这种语言在一定的时期也能用以下方式拥有诗的一种替代物。部族语言中存在的那种诗艺相继外流的现象，会引起人们的注意。新生的民族诚然不可能在已经走过的道路上继续作诗，因为这条道路对于它的生活来说是陌生的，但它能把它自己的生活及其新近的情况引入它的远古时代借以表现过它自己的生活的那种使用感性形象和富有诗意的范围，而且举例说，它能将它的骑士打扮成英雄，并且反过来，能让古代的神灵同现代的神灵更换服饰。正是这种用陌生的东西包裹通常的东西的做法，使它赢得了一种近似于理想化了的东西的魅力,所以会出现一个完全令人满意的形象。然而,无论在这种部族语言中使用感性形象和富有诗意的范围,还是它的生活中的新情况,两者都规模有限;它们的相互渗透在某些地方已告完成;但在这种渗透已告完成的时候,这个民族就庆祝自己的黄金时代,而它那诗的源泉也就枯竭了。在某些地方,必定有一个最高点,它使完备的词汇适合于完备的概念,使完备的感性形象适合于完备的生活情况。在这个点达到之后,民族就只能做以下两件事情[207]:或者,用改变形式的方法重复它最成功的杰作,使这种杰作看起来好像某种新的东西,因为这种杰作毕竟不过是众所周知的旧东西而已;或者,如果这种杰作想成为一种全新的东西,它就拿不合适和不得体的东西作庇护,同样在诗艺中把丑的东西和美的东西混在一起,而采用漫画和幽默的形式,如同这种杰作在想用新方式说话时不得不在散文中把概念搅混,把罪恶和德行相互混淆一样。

精神文化和生活以这种方式在一个民族中各行其道,自然会产生这样的结果:一些不可能拥有任何精神文化,甚至也不可能像在活生生的民族中那样获得精神文化成果的阶层,与有教养的阶层相比,都被置于后面,都似乎被看做在精神力量方面原初单纯由于出身就与有教养阶层不平等的另一种人;正因为如此,有教养阶层对于他们没有任何真正的爱怜和同情之心,也没有任何彻底帮助他们的愿望,因为有教养阶层认为,由于原初的不平等,他们根本就是不可以帮助的,倒不如说,可以引起有教养者的兴趣的是照他们本来的样子使用他们,嘱人这样使用他们。尽管语言死亡的这种结果在近代民族出现之初可能由于有

第五讲 上述差别造成的结果

一种倡导博爱的宗教,由于高等阶层还缺乏特别的圆滑手段而有所缓解,但随着时间的推移,对民众的这种蔑视就变得越来越不加掩饰,越来越残酷无情。这就是有教养阶层自恃甚高和装腔作势的一般原因。与这个原因结合在一起的,还有一个特殊原因,它甚至也对德意志人有过非常广泛的影响,所以在这里不可忽略过去。这便是:罗马人起初在面对希腊人时,毫无偏见地模仿着希腊人的说法,竟称自己为野蛮人,称他们自己的语言为野蛮语言。后来他们又把这种加给自己的名称推而广之,发现在日耳曼人那里也同样有可以信赖的真诚,恰好如他们自己曾经向希腊人表示的那样。日耳曼人以为,摆脱野蛮的惟一途径,就是要成为罗马人。迁徙到早先的罗马国土上的移民,都尽他们之所能成了罗马人。然而凭他们的想象力,"野蛮的"一词又立即获得了新的意思,即"卑贱的"、"粗俗的"、"笨拙的",于是,"罗马的"一词反而成了"高贵的"的同义词。这种看法对他们语言中的共同东西和特殊东西都发生了作用;它对前一种东西之所以发生了作用,是因为在采取措施,准备审慎地和自觉地构造语言的时候,这些措施涉及的是摈弃日耳曼语的词根,用拉丁语的词根构词,从而产生出罗曼语,作为宫廷语言和有教养阶层的语言;它对后一种东西之所以发生了作用,是因为在两个词的意思相同的情况下,一个用日耳曼语的词根构成的词几乎毫无例外地有卑贱和笨拙的意味,而另一个用拉丁语的词根构成的词 (Ⅰ,10,164)
则有更高贵和更卓越的意味。

这仿佛是整个日耳曼部族的一个根本毛病,它也侵袭着祖国的德意志人,如果他们对此没有很认真地防备的话。即使在我们的耳朵里，也很容易听出拉丁语的音调高雅——，甚至在我们的眼前，罗马人的习俗也显得更高贵，与此相反，德意志人的东西却显得平庸；由于我们未曾有幸直接获得这一切东西，所以我们也很乐于间接地通过近代罗马人的中介获得它们[208]。只要我们是德意志人，我们也就像其他男子汉一样，觉得自己是男子汉。当我们讲的有一半或一半以上不是德意志语言的时候，当我们接受显然不同的、看来完全来自远方的习俗和服饰的时候，我们就会自以为高雅。可是，我们这个胜利的顶峰是在这样一个时候达到的，在这个时候，我们已不再被看作德意志人，而被看作西班牙或英国人，而这要看其中哪一国的人当时最合乎时尚。但我们做得正确。德意志人合乎自然，外国人随意和矫揉造作，这是双方根本的不同点。假如我们保持前一种特点，我们就是恰好像我们的整个德意志同胞那样生活的，这些同胞理解我们，把我们当做与他们一样的人；只有当我们寻求外国人的庇护的时候，我们才会变为我们的同胞不理解的人，他们才会把我们看成另一种人。对于外国人来说，这种矫揉造作是自行进入其生活的，因为他们的生活原来在关键地方就是偏离自然的。但我们德意志人却必须首先寻求自然，并且使自己首先习惯于相信，某种美好、得体和合适的东西是不会自然而然地这样显现给我们的。造成这一切的主要原因，就德意志人而言，是他们认为业已罗马化的外国人很高雅，同时，他们也渴望自己同样举止高雅，并且在德国人为地在上等阶层与民众之间筑起一道已经在外国自然而然出现的鸿沟。关于德意志人当中流行的这种对外国的崇拜，我们已经在这里指出其根本原因，这也许就够了；

第五讲 上述差别造成的结果

我们将在另一时间指出这种崇拜广泛地产生后果的方式,指出所有现在把我们引向毁灭的弊端都有其外国的根源,当然,这些弊端也只有与德意志人的严肃认真,与德意志人对生活的影响结合起来,才必然会引向毁灭。 (I, 10, 165)

除了由根本差别造成的这两个现象,即精神文化对生活有影响或没有影响,有教养阶层与民众之间存在或不存在一堵隔墙,我还引证了以下现象,那就是:拥有活生生的语言的民族都会勤奋努力和严肃认真,对任何事情都会不辞劳苦,相反地,拥有僵死语言的民族则宁可把精神活动看作一种天才的游戏,让这种活动为它那幸运的天性所左右。这种情况自然是以上所述的原因产生的结果。在拥有活生生的语言的民族那里,研究工作来自生活的需要,这种需要须通过研究得到满足,因此,这种工作就获得了生活本身带有的一切强制性的推动力量。可是在拥有僵死语言的民族那里,这种工作希求的,不外是用一种让人愉快的、适于审美的方式消磨时光,一俟它做到了这一点,它就算完全达到了它的目的。在外国人那里,这种情况几乎是必不可免的;但在德意志人当中,当这种现象发生时,夸耀天才和幸运的天性则是一种不值得他们崇拜的外国风气,这种风气像任何崇外现象一样,都是由于渴望举止高雅而出现的。不错,在人的内心没有一种原始动力——它作为某种超感性东西,有理由用外国的名称称它为天才——,世界上任何民族都不会产生任何卓越的东西。但这种动力本身只是激励想象力的,并且靠想象力产生出一些翱翔于大地上空、但从不完全确定的形象。要使这些形象降临于现实生活的大地和臻于完善,要使它们在这种生活中得到规定和经久不衰,这就需要勤奋的、深思熟虑的和遵照固定规则萌生的思维。天才给勤奋提供加工的材料,后者如果没有前者,要么只好加工已经加过工的东西,要么没有什么东西可以加工。但勤奋把这种材料引入生活,这种材料如果没有勤奋,就会永远是一种空洞游戏。所以,两者只有结合起来,才能有所成就,若彼此分离,就会一事无成。此外,在拥有僵死语言的民族中,没有任何真正的创造性天才能爆发出来,因为他们缺乏原始的指称能力,而只能发展业已开始的东西,把它融入整个已经存在和完成的指称体系。

(I,10,166) 至于特别大的辛劳,那当然要落在拥有活生生的语言的民族身上了。一种活生生的语言与另一种语言相比,能站在高度的文明发展阶段上,但它自身却从来都不能获得僵死的语言轻而易举地获得的那种完善和发展。在后一种语言中,各个词的外延是封闭的,它们的可能的、合适的组合也将逐渐穷尽。所以,愿意说这种语言的人,必须恰好照它的原样去说;但一俟他学会了这么做,语言就在用他的嘴说它自己,在替他思考和想象。可是在活生生的语言里,只要它确实是生机勃勃的,各个词和它们的涵义都会不断增加和改变,正由于这个缘故,它们的新的组合就成为可能的,并且这种从不停顿,而永远变化的语言,决不是在说它自己,而是谁想使用它,谁就必定会按他的方式,创造性地为他的需要去说它。后者无疑远比前者需要作更多的勤奋努力和实际锻炼。同样,拥有活生生的语言的民族进行的研究工作,如前面已经说过的,都要穷根究底,挖掘由精神本性产生概念的根源。相反地,拥有僵死语言的民族进行的研究工作,则只打算钻研某种外来的概念,使它成为自己能理解的。因此,后一种工作事实上只是历史学的和注解性的,而前一种工作则是真正哲学的。不言而喻,后一类研究能比前一类研究结束得更早,也更容易。

因此我们可以说,外国的天才将沿着古代走出来的征途散播鲜花,为那种很容易被他视为哲学的处世之道编织秀丽的外衣;与此相反,德意志精神将开辟新的矿井,将光明和白昼带入它的深坑,开采出大块的思想岩石,未来的时代将用这样的岩石给自己建造住所。外国的天才将成为迷人的气妖,他靠轻盈的飞行,飘舞在从它的土地里自动萌生出来的花朵上,他不必把这些花朵压弯,就降落到了它们上面,吸吮它们那种能使神清气爽的甘露。或者,外国的天才将成为蜜蜂,它东奔西忙,从这些花朵里采集蜂蜜,极其井然有序地把蜂蜜淀积于合规则地筑起的蜂巢。然而德意志精神是一只雄鹰,它那雄壮有力的躯体高高腾飞,依靠强健的、千锤百炼的翅膀,翱翔于太空之中,以期上升到更接近于太阳的地方;在那里观看太阳,会使它心醉神迷。

现在,让我们把迄今所述的一切总括为一个主要的观点。在历史地分割成古代世界和近代世界的人类的整个文明史方面,上述这两个主要部族对这个近代世界最初的发展大致发挥了以下的作用。生机勃勃的民族中已经在外国形成的部分,由 (1,10,167) 于采用了古代世界的语言,就对古代世界有很密切的关系。起初,对这个部分来说,掌握古代语言最初的那种没有变化的形态,钻研其文化的各种古迹,将那么多的新鲜生活差不多都装入它们之中,使它们能够适应业已兴起的新生活,这将会容易得多。简言之,对经典古代的研究是从这些古迹开始,传遍近代欧洲的。在古代的一些仍未解决的课题的激励下,这种研究将继续致力于这些课题,不过,这当然仅仅是像人们致力于一个绝非由于生活需要,而单纯由于求知欲才提出的课题那样,轻而易举地对待它们,不花全部心思,而仅凭想象力把握它们,并且只靠想象力赋予它们以空中飘游的形体。他们会依靠古代遗留下来的材料的丰富性,以及使用此种方式研究它们的轻易性,把大量这样的形象带入近代世界的视野范围。如果古代世界的这些已经以新形式塑造成的形象到达本原部族的这样一个部分,这个部分通过保留的语言,仍处于本原文化的流动过程中,那么,它们也将引起这个部分的人们的注意,激起他们的自动性,尽管它们在仍然保留旧的形式时,也许在不被注意和察觉的情况下,已经从他们面前匆匆过去。然而,只要他们真的把握了它们,而不再像过去那样,仅仅手把手地传递它们,他们就会按照自己的天性把握它们,不是单纯知道一种外族生活,而是把它当做自己生活的组成部分;这样,他们就不只是把它们从近代世界的生活中推导出来,而且也把它们又引入这种生活,将以往只是空中飘游的形象变成有根有底、在现实生活环境中能经久不衰的形体。

在外国人从来都不可能给形象提供的这种转化中,这时外国人从他们那里取回了这种经过转化的形象[209];惟有通过这条渠道,人类才有可能沿着古代的道路不断向前发展,上述本原民族的两个主要部分才有可能统一,人类的演化也才有可能合规则地不断向前推进。在这种新的事物秩序下,祖国不会真正发现,这是由外国的某个暗示鼓动起来的,这个外国本身又是由古人鼓动起来的,而是她在以小比大时将不得不经常承认这个事实。可是,祖国却认真对待在那里只被表面地、草率地勾画的东西,并将其贯彻到生活中去。如前所述,这里不是用确切、深刻的事例描述此种关系的地方。我们将把这种关系留待下一讲去阐明。

同一民族的两个部分就以这种方式依然成了统一的民族, (Ⅰ,10,168)而只有在这种分割和统一中,它们才同时成为嫁接到古代文明这根树干上的一个嫩枝,否则这种文明就会被新时代打断,人类就会又从头开始走自己的路。两个部分都必须以它们这些出发点不同而目标一致的使命认识自己和对方,都必须按照这些使命相互为用。尤其是,如果整体的全面的、完备的文明要取得显著进步,每个部分则都必须同意维护另一部分,使它保持原有的特性。至于谈到这种认识,那么,它也许应该来自祖国——祖国首先被认为有深刻的认识能力。但是,如果外国人对这种关系盲目无知,受表面假象的驱使,而每每企图剥夺自己祖国的独立,从而将她毁灭和吞并,那么,在他们的这个企图得逞的时候,他们便会由此切断他们迄今仍同自然和生命连结在一起的脉络,完全陷入精神死亡,而这种死亡随着时间的推移,本来就在日益清晰地显示出是他们的本质。这样一来,我们类族迄今仍在不断前进的文明发展过程事实上就会到此终止,而野蛮状态便一定会再度开始,无可救药地蔓延下去,直到我们都像野兽那样又全部栖身洞穴,而且如同它们一样地相互厮杀。这种局面确实会出现,而且必然会带来这种后果,这当然只有德意志人能够看出,也惟有他们将会看出,但那种对任何外来的文化都一无所知,因而对自己的文化赞赏不已的外国人,却必定会觉得,也可能永远会觉得这是来自没有教育好的无知之辈的一种愚蠢诽谤。

外国是这样一方大地,浓浓云雾从这大地飘离,升腾至高高云端,甚至那些被罚入阴曹地府的古老神仙也通过这大地,仍然与生命领域联系起来。祖国是环绕这大地的永恒天国,在天国,薄薄的云雾浓缩为片片云彩,它们充满来自另一世界的雷公的闪光,作为滋润的雨露从天而降,使天国和大地融为一体,使天国采集的幼芽在大地的怀抱中发育生长。现代的提坦们[210]想再夺取天国吗?天国对于他们将不是天国,因为他们是出生在尘世间的;天国的景象和天国的影响将离开他们,留给他们的将只有他们的那方大地,一块冷冰、昏暗、贫瘠的驻地。然而,罗马一位诗人说道[211],一个提福俄斯[212],或一个强而有力的弥玛斯[213],或一个威风凛凛的波耳费里翁[214],或洛托斯[215],或投掷连根拔起的树干的勇夫恩刻拉多斯[216]能做什么,如果他们面对帕拉斯[217]铿铛作响的护盾自己已经倒下的话。恰恰是这块盾牌,无疑也会掩护我们,假如我们懂得用它保护我们的话。

第 323 页—324 页说明

照我们看来,即使关于一种语言音调的优美程度,也不应根据取决于很多偶然因素的直接印象加以判定,相反地,连这样一种评论也必定可以追溯到一些固定的原理。一种语言在这方面的贡献无疑应该在于:首先,它完全发挥和全面展现了人类言语器官的能力；其次，它把这种器官发出的各个音素组成了一种合乎自然、抑扬顿挫的流动序列。由此可见，一些民族如果只能部分地和片面地培养它们的言语器官，并以读音困难或讲得拗口为托词，避免某些音素或其组合，而只觉得它们听惯的和能发出的声音悦耳，那就在这样一种研究中没有任何发言权。

如何以那些更高原理为前提，从这方面作出关于德语的评论，在这里依然无法裁决。拉丁母语本身都是由一切近代欧洲民族按照它们自己的本地方言读音的，它的真正读法不容易予以恢复。因此，只剩下这样一个问题：与各种近代拉丁语相比，德语的发音究竟是否像某些人通常认为的那样不佳、生硬和刺耳？

在这个问题彻底得到裁定以前，至少可以暂先说明，外国人，甚至德意志人即使没有偏见，不心怀好恶，何以觉得德语发音是这样。一个尚未开化的、拥有很活跃的想象力的民族，在心地十分纯正和摆脱民族虚荣心的情况（日耳曼人好像在过去完全如此）下，会受到远方的吸引，乐于把它希求的东西和梦想的光荣移植于这些遥远的国度和岛屿。它发展出一种浪漫思想（这个词只是自己解释自己，一个更适合的词是无法构成的）。(I,10,170)来自那些地区的声调切合于这种思想，唤起了它的整个神仙世界，所以受人喜欢。

这可能造成一个结果，即我们的移居异地的同乡们很容易放弃了固有的语言，而接受外邦语言，所以我们作为他们很远的亲戚，甚至直到如今都喜欢那些声调，觉得它们很神奇。

(I,10,171)

第六讲 德意志人的特点在历史中的表现[218]

在前一讲中,我们阐明了在一种以自己的本原语言得到发展的民族与一种接受了外来语言的民族之间存在哪些主要的差别。我们当时说过,关于外国人,我们希望每个观察者能用自己的判断力去决定,是否真的已经出现了那些按照我们的论断必定会在他们当中出现的现象。但关于德意志人,我们则曾经自告奋勇地证明,他们确实已经表现得像采用本原语言的民族依照我们的论断必定会表现的那样。今天,我们要继续履行我们的诺言,具体地说,我们首先要以德意志民族最近的一项伟大的、在某种意义上是完美的、举世瞩目的成就,即宗教改革,来证明需要加以证明的东西。

起源于亚洲的基督教,由于它的腐败而更加变得具有亚洲气息,它只劝诫默默地听从和盲目地信仰,而这对于当时的罗马人来说甚至都是某种陌生的、外来的东西。他们从未真正理解它,吸收它,他们的生存分成了互不适应的两半;然而即便如此,附加这个外来部分的工作还是通过他们那祖传的、抑郁的迷信被促成了。在已经移来的日耳曼人那里,这个宗教得到的是这样一些弟子,他们早先既未受过能阻止它传播的理智教育,也不具备能促进它发展的祖传迷信;因此,它是作为他们想变成的罗马人恰好也应该拥有的一部分教养传给他们的,并没有对他们的生活发生特别的影响。显然,关于古罗马文化和保存这种文化的语言,这些基督教的教养者除了让这些新信奉者知道这两者合乎他们的意图,就不会再让他们知道更多的东西,这也正是作为口头语言的拉丁语衰落和消亡的原因。当古代文化真正的、非伪造的遗迹后来落入这些人手中,独立思考、独立理解的要求因而在他们当中被激发起来的时候,一方面,由于这种要求 (I,10,172) 对于他们是新颖的和新鲜的,另一方面,由于他们对于诸神没有任何祖传下来的恐惧心理作为抗衡力量,所以,盲目的信仰与随着时间的推移已成为这种信仰对象的非凡东西之间的矛盾给予他们的打击,必定远比当初基督教传给罗马人时给予罗马人的打击严重得多。用迄今真诚信仰的东西去解释全部矛盾,会使人感到好笑;解开了这个谜团的人们都不禁发笑,取笑别人,而且同样解开了这个谜团的牧师也随之发出了笑声;他们做的本来是有把握的,因为只有极少数人通晓古代文化,即掌握破译符咒的手段。在这里,我指的主要是意大利这个当时在近代拉丁文化中独占鳌头的地方,其他近代拉丁部族在各个方面还远远落在它的后面。

他们取笑的是欺骗,因为他们没有表现出任何由欺骗激起的严肃认真。他们依靠这种对于一门稀有知识的独占,日益牢靠地变成了一个高贵的和有教养的阶层,并且他们乐于看到,他们对之毫无感情的广大群众继续蒙受欺骗,从而更顺从地为他们的目的效劳。于是,这样的状况——民众受欺骗,上等人利用这种欺骗,而且还嘲笑民众——就会继续存在下去,可能还会存在到末日来临,如果在现时代中只有近代拉丁人存在的话。

在这里,你们会看到一个清楚的证明,证明我早先关于近代文化对古代文化的继承、关于近代拉丁人在此中所能发挥的作用说过的东西。近代的清晰认识来自于那些古代人,这种认识首先处于近代拉丁文化的中心,已在那里被发展为一种并不把握生活,也不改变生活的知性认识。

但是,一俟这种光明注入一种以真正严肃认真的态度在直接关乎生活的层次上信仰宗教的心灵,并且这种心灵会易于将自己的更严肃认真的看法传授给民众,受到民众的拥戴,而民众也会发现一些关心他们的根本需要的首领,那么,迄今存在的那种状况就不能再继续下去了。虽然基督教可能会沉沦下去,但它始终有一个包含真理的基本成分,这个成分肯定能激励现实的、独立的生活。问题在于,我们要怡享极乐,应当做些什么。假如这个问题落在一块已经死亡的土地上,在那里,或者,像极乐生活这样的东西是否真的可能,一般还没有解决,或者,即便已经接受了这种极乐生活,但甚至对自己享有极乐都还毫无坚定、果断的意志,那么,在这块土地上,宗教从一开始就没有对生活和意志发生影响,而只是作为一个微弱、苍白的阴影悬浮在记忆和想象之中。因此,一切关于现有宗教观念状况的进一步说明,自然也必定同样不会对生活发生影响。相反地,假如那个问题落到本来就生机勃勃的土地上,在那里,人们真的相信有极乐生活存在,又具有怡享极乐的坚定意志,而且迄今为止的宗教为达到极乐规定的手段是靠由衷的信仰和诚实的认真运用于这个目的的,那么,当阐明这种手段的性状的光明终于降落到这块恰好靠严肃认真都长期未能作出这样的阐明的土地上的时候,就

(Ⅰ,10,173)

第六讲 德意志人的特点在历史中的表现

必定会出现对于谋求灵魂得救的欺骗行为的一种令人厌恶的恐惧,出现不停地推动人们以另一种方式拯救灵魂的躁动,至于什么东西看来能陷入永久的腐败,那是不能用开玩笑的方式加以对待的。进一步说,首先拥有这种看法的个人,绝不可能满足于仅仅拯救他自己的灵魂,而对所有其他不朽的灵魂的幸福则漠然置之,因为按照他所信奉的深刻的教义,他这么做,连他自己的灵魂也拯救不了,相反地,他必须同他为了自己的灵魂得救而同样感受的恐惧搏斗,使世界上的一切人都认清这种可诅咒的骗局。

这时,许多外国人在他之前早已依靠巨大的知性清晰性获得的那种深刻认识,就以这种方式降临到了一位德意志伟人——路德的心中。就古典文化和高雅气质而言,就学识水准和其他优势而言,超过他的不仅有外国人,甚至也有很多本民族的人。然而,一种具有无限威力的冲动,一种对于永恒福祉的忧虑占据了他的心灵,成了他生命中的生命,使他不断地度量这个生命,并且赋予他以力量,也赋予他以一种后人称道的禀性。其他的人们在宗教改革期间可能抱有世俗的目的,但这些目的从不会取胜,也不会有一位受永恒事物鼓舞的领袖站在他们的前列。这位重要人物则总是看到一切不朽的灵魂的拯救正濒临危险,他总是毫不畏惧、十分认真地迎击地狱中的所有魔鬼,这种事情是很自然的,完全不足为奇。这正是关于德意志人的认真和气质的一个证明。

前面已经说过,问题的实质在于,路德把这件纯粹人道的、(I,10,174)每个人都需要亲自操心的重要事情诉诸一切人,首先是诉诸他的整个民族[219]。那么,他的民众是怎样对待这个提议的呢？他们是依然安于他们那麻木不仁、死水一潭的生活,纠缠于各种世俗事务而不能自拔,继续镇定自若地走习惯的老路呢,还是这种并非天天都表现出来的巨大热情单纯招致他们的嘲笑呢？否！就像永不熄灭的火焰在他们心中燃烧一样,他们为这种对于拯救灵魂的关心所打动,而这种关心也很快使他们完全心明眼亮,他们飞速地接受了业已呈现给他们的东西。这种热情是否只是想象力的一时提高,它在生活中难以坚持,经不住生活遭遇的严肃斗争和种种危险呢？否！他们抛弃一切,承受一切痛苦,奋战在没有把握的流血战争之中,惟有这样,他们才不致重又陷于可诅咒的罗马教廷的权力之下,而照亮他们和他们的子孙后代的,是福音之光,惟有它才能导向极乐境界。而且,基督教在其开始时向皈依它的人们陈述的所有奇迹,后来在他们当中也得到了更新。那时的一切言论都充满对于极乐生活的这种广为传播的关心。在此,你们可以看到关于德意志民族的独特性的证明。这种热情会很容易唤起任何一种热情和任何一种清晰性,他们的这种热情将为了生活而继续坚持下去,并改变生活。

甚至在更早的时候,在别的地方,宗教改革家也鼓舞过人民群众,把他们聚集在一起,形成一些共同体,但这些共同体都未能在现有的体制基础上稳定持久地生存下来,因为现有体制下的民众领袖和君主们不愿站到他们这边。甚至路德掀起的宗教改革起初看来也命运不佳。聪明的选帝侯[220]——改革是在他的眼下开始的——从外国的意义上说要比从德国的意义上说显得更聪明。他好像没有特别理解真正争论的问题,也没有对于那场在他看来好像是发生在两个修士会之间的争论给予高度的重视,而至多只关心他那新建立的大学是否享有好的名声。但他有一些后继者,他们虽然远远不及他聪明,却被那种对自己的极乐生活同样认真的关心所感动,他们生活在自己的民众之中,凭借这种与民众平等相处的做法,与民众打成一片,直至做到同生 (I,10,175)
死,共兴亡。

你们可以由此看到关于德意志人作为一个整体的上述特点的证明,看到关于他们那种自然而然地建立起来的体制的证明。一些重大的民族事务和世界事务,至今已由自愿出台的演说家们传播给民众,在民众中得到了透彻的理解。尽管他们的君主与先前那种君主一样,由于崇拜外国,由于渴望行为高雅和光辉夺目,在开始时可能脱离民族,抛弃或背离民族,但后来还是很容易又被拉到与民族保持一致的方面,同情自己的民众。关于始终都有前一种情况,我们将在以后用其他例证更清晰地加以证明,关于可能仍然会有后一种情况,我们只能怀着热切的渴望予以期待。

尽管人们必须承认,使那个时代不安的是对于拯救灵魂仍然懵懵懂懂,很不清楚,因为那个时代关心的,不是单纯改变上帝与人之间的外在中介者,而是根本不需要任何这样的中介者,所以要在自身找出上帝与人的联系的纽带,然而在当时,人们通过这种中介状态大体受到宗教的教育,也许还是必要的。路德的那种真挚的热情给予他本人的东西比他寻求的更多,因而使他的影响远远超出了他的学说体系。他大胆挣脱整个现存的信仰,这引起了他内心的恐惧,在他经受了克服这种恐惧的第一次斗争之后,他的全部言辞充满了对上帝之子获得自由的欢呼和喜悦,这些上帝之子肯定不是在自身之外,在坟墓的彼岸,去寻求极乐生活的,而是他们自己就迸发出对这种生活的直接感受[221]。就此而言,路德成了一切未来时代的典范,并且是为我们大家而终其一生的。在这里,你们也可以看到德意志精神的一个基本特点。只要它去寻求,它找到的东西就比它寻求的更多,因为它融入了活生生的生命之流,这生命是不断地靠其本身流动的,并且不断地把它与自己拉到一起前进。

(I,10,176) 对于罗马教廷来说,这种用宗教改革对待它的方式完成的事情,如果依照它自己的观点加以看待和评判,无疑会做得不正确。它的那些言辞绝大部分都是从现存语言中盲目搬来的,它们有亚洲式的、演说家的夸张手法,它要把它们能发挥的作用都发挥出来,并且能估计到,将来收到的效果反正比应当扣除的东西更多,但这些效果从来都没有认真地加以度量、权衡或推敲过。宗教改革则抱着德意志人的认真态度,根据这些言辞的全部分量看待它们;它主张大家都应当这样看待一切事物,它是做得正确的,要是它以为罗马教廷的那些言辞也这样看待过一切事物,并且指责它们的其他东西,而不指责它们原有的肤浅性和不彻底性,那它就做得不正确了。总之,我们可以说,这是在德意志人的严肃认真和外国人的任何冲突中都经常发生的现象,不管这种情况是发生在外国还是在本国;因此,外国人完全不可能理解,我们关于像语词和习惯用语这样无关紧要的东西何以要作如此重要的推敲;当外国人从德国人口中再听到这些语词和习惯用语的时候,他们不愿承认他们事实上已经说过的、正在说的和将经常说的东西,而且当我们把他们的各种言辞按它们的字面意义,作为经过认真推敲的东西加以对待,把它们视为某个逻辑思维序列的组成部分,上溯到它们的基本原理,下推到它们的必然结果的时候,他们就表示不满,把这称为无事生非;在这时我们也许还远远不能把他们算作对于他们所说的东西和逻辑一致性有清晰意识的人。大家必须按每个事物的原意对待每个事物,而不是还要超越这个范围,进而怀疑进行推敲和发表意见的权利,在我们提出这种要求时,那种依然埋藏很深的崇拜外国的心理也就常常暴露出来了。

旧的宗教教义体系所抱的这种认真态度,迫使这体系本身变得比以往更加认真,着手对旧教义进行新的检验、新的解释和新的巩固,并着眼于未来,变得在教义和生活上更为小心谨慎。对你们来说,这个体系和随之而来的体系应该是一个关于德国何以经常能对欧洲其他国家发生相反影响的佐证。由于这个缘故,一般来说,在连旧的教义也不应予以放弃以后,这种教义就至少取得了它可能取得的无害功效;特别是对于它的那些辩护者来说,它就成了要作一种比以往更透彻、更合乎逻辑的深思的机遇和挑战。这种在德国得到改进的教义也传播到了一些近代拉丁语国家,在那里产生了引起高度热情的同样结果,我们拟将这种情况视为一种暂时现象,这里不再予以叙述,尽管有一点始终值得注意,即新的教义在任何一个真正的近代拉丁语国家都得不到政府的承认,因为事情看来是这样的:为了让这种教义同上层统治当局相容,并使它真能这样,就需要统治者有德意志人的透彻性,民众有德意志人的好心肠。

(I, 10, 177) 然而从另一方面来看,即从有教养的阶层,而不是从民众方面来看,德国曾以自己的宗教改革对外国有过普遍的、持久的影响;凭借这种影响,德国又一次使这些国家成为它们自己进行新创造的先驱和倡导者。自由的和自动的思维或哲学,在以往若干世纪就已经在旧教义的统治下经常得到激励和付诸实践,但绝不是为了由自身产生出真理,而只是为了说明教会的教义正确和何以正确。甚至在德国信奉新教的人们那里,哲学也首先负有解释他们的教义的同样任务,并且在这些福音派的婢女那里,如同在经院派那里一样,哲学成了教会的哲学。在某些不是没有福音,便是没有抱着纯德意志人的忠诚和笃信理解福音的外国,自由的思维是由已经取得的辉煌胜利激励起来的,它在没有受到对于超感性东西的信仰的束缚时,轻而易举地、十分突出地弘扬起来了;不过,它仍然受到对于自然事物的信仰的感性束缚,不具有已经成长起来的知性的那种修养和道德,而且它还远远不能在理性中发现以自身为基础的真理的源泉,这种不成熟的知性的名言对于这种思维来说,无异于是教会之于经院派、福音之于早期新教神学家那样的东西。至于这些名言是不是真的,却没有引起什么怀疑,而只提出过这样一个问题:它们面对各种驳斥它们的呼声何以能坚持这个真理。

这种思维在当时完全没有进入理性领域,而理性的反驳则会更为重要,所以,除了历史上存在的宗教,它没有发现任何别的反对者,而且它把这种宗教轻而易举地对付过去了,因为它用预先设定的健全知性的尺度衡量了这种宗教,并由此清楚说明了这种宗教恰恰与健全知性是矛盾的。因此,当这一切完全得到解决时,就出现这样的情形:在外国,哲学家这个名称竟变成了无信仰者和无神论者的同义词,两者都够得上是同等光荣的称号。

试图完全超越对外在权威的一切信仰——这在外国所作的那些努力中是一件理所当然的事情——初起是通过教会改革来自德意志人的,这时对于德意志人来说却成了一种新的鼓励。虽然在我们当中一些次要的、没有独立性的人物重复外国的这些教义——看来他们宁要外国的这些教义,也不要他们同胞的 (I,10,178) 那些同样容易掌握的教义,因为他们觉得前者更高雅——而且他们企图尽可能使自己相信这些教义,但在独立自主的德意志精神表现出来的地方,感性东西就已经不充分了,反而产生了在理性本身发现超感性东西——这种超感性东西当然不相信外在权威——的课题,从而也产生了首次创造真正哲学的课题,因为人们像应当做的那样,把自由思维当作了独立真理的源泉。为了达到这个目的,莱布尼茨曾致力于与那种外国哲学的斗争[222];结果,现代德国哲学的真正奠基人终于达到了这个目的[223],但没有否认这是由外国的一种言论引起的[224],而对这种言论的采纳在当时比原本想象的还要深入。从这时起,这个课题在我们当中就完全得到了解决,哲学也得到了完善,在真正理解这个事实的世纪到来之前,现在说明这一点,我们应该感到满意。如果把这作为前提,那么,一项前所未有的新事物的创造或许又是通过近代拉丁语国家传下来的古代文化的激励,在德意志祖国完成的。

在我们这些同时代人的眼前,一些外国人轻松、热情和勇敢地着手进行过现代世界的另一项理性和哲学课题,即建立完善的国家的课题。但不久以后,他们放弃了这项课题,以致他们为他们现有的条件所迫,把关于这项课题的单纯想法都作为罪行予以谴责,而且还一定要利用一切手段,尽可能把他们过去做出的那些努力从他们的历史年鉴中一笔勾销。造成这种结局的原因已经昭然若揭:合乎理性的国家不能靠弄虚作假的做法,用手头现有的材料建立起来,相反地,要建立起这样的国家,一个民族首先必须获得文化素养,教育水准必须得到提高[225]。一个民族只有靠脚踏实地的工作,首先解决了培养全面发展的人的教育课题,然后才能解决建立完善的国家的课题。

自从我们实行宗教改革以来,连这个教育课题也已经受到外国人的饶有趣味的推动,不过每每是按他们的哲学的含义受到推动的,而且这种推动在我们当中首先找到了效颦者和吹嘘者。至于德意志人在我们今天最终又把这项事业引向何方,我们将在适当的时候作更详细的报道。

从上所述,你们对近代世界的整个文化史,对近代世界的不同组成部分与古代世界的永远不变的关系,就可以有一个清楚的概观。以基督教形式出现的真正宗教是近代世界的萌芽,现代世界的整个任务是使这种宗教融入现存的古代文化,从而使这种文化超凡脱俗,变得神圣。在这条道路上迈出的第一步是把这种宗教形态中的那类剥夺自由的外在权威与这种宗教分离开,同时也向这种宗教引入古代的自由思维。这第一步是由外国人推动和德意志人完成的。第二步实际上是第一步的继续和完善,那就是在我们自身发现这种宗教,并随之发现一切智慧。

这第二步也是由外国人准备和德意志人完成的。现在从长远意义上列入议事日程的步骤是进行民族教育,培养完善的人。没有这一步,已经取胜的哲学将永远得不到广泛理解,更谈不上被普遍应用于生活;反过来也一样,没有哲学,教育技能将永远不能达到对其自身完全清楚的认识。因此,两者是相互交错的,如果一方没有另一方,便都是不完全的、不适用的。德意志人迄今已完成文化发展的一切步骤,而且他们实质上就是为达到这个目标而立足于现代世界的,惟其如此,他们对于教育当然也负有同样的任务。但一俟教育被纳入轨道,其他人类事务就将容易办到了。

由此可见,德意志民族迄今对于近代人类的发展实际上一直就有这样的关系。关于这个民族在这里实现的合乎自然的进程,即在德国一切文化都发端于民众,我们已经顺便发表过两次评论,这个评论还应该有更详尽的阐明。我们已经看到,宗教改革的事情首先发生在民众当中,并且仅仅是由于它成为民众的事情才得以成功的。但应该进一步说明,这个具体情况并不是一个例外,而是一种常规。 (Ⅰ,10,180)

凡是留在祖国的德意志人,都保留着早先扎根于他们的土地的一切德行,如忠诚和正直、珍视荣誉和简单纯朴,然而他们为达到一种更高级、更理智的生活而获得的文化,却没有超过当时的基督教及其导师能向散居的人们传授的文化。超过的情况是极其罕见的,因此,他们落后于他们那些移居到国外的部族亲属,他们虽然实际上是勇敢、诚实的,但毕竟是些半野蛮人。但是在他们当中也同时出现了一些城市,它们是由来自民众的成员建立起来的。在这些城市中,每个文化生活领域都迅速地发展到了极其美好的繁荣昌盛阶段。在它们那里,一些规模虽小,但非常卓越的市民体制和组织相继产生,并且由它们出发,一种有秩序和爱秩序的形象才传播到了其余国家。它们的贸易得到扩大,涵盖了半个世界。它们的联盟使国王们感到害怕。它们的建筑艺术古迹,风貌长存,抵御住了几个世纪的破坏,后人目睹时赞叹不已,承认他们自愧不如。

我不想把这些中世纪德意志帝国城市的市民与他们同时代的其他城市加以比较,也不想问那时的贵族和君主都做了些什么;但如果与其余的日耳曼民族相比,除了意大利的某些地区——德意志人在文学艺术方面并不落后于这些地区,在实用艺术方面还超过它们,成了它们的老师——以外,这些德意志市民是有文化教养的,其余的日耳曼人则是野蛮的。德国的历史,即德意志的政治史、德意志的企业和发明史以及德意志的古迹和精神史,在这一时期都不外是这些城市的历史;而其余的一切,像现在存在的土地抵押和赎回以及诸如此类的东西,就不值一提了。这一时期在德意志历史上也是德意志民族光辉灿烂、享有盛誉和保持着它作为本原民族应该享有的地位的一个惟一的时期。一俟它的兴盛时期为君主们的贪婪和统治野心所破坏,它的自由遭到践踏,整个民族就渐渐衰落下去,走向了现在这个状态;但在德国衰落的时候,大家可以看到,其余的欧洲也随之衰落,这不是出现在涉及单纯外观的东西方面,而是出现在涉及内在本质的东西方面。

(Ⅰ,10,181)

这个实际上占支配地位的市民阶层,对于德意志帝国体制

第六讲 德意志人的特点在历史中的表现

的发展,对于教会的改革,对于那时代表德意志民族、并且由此发展到国外的一切卓越东西都有决定性影响,它不论在哪里都是一目了然的。可以证明,所有现今在德意志人当中仍令人崇敬的东西,是在这个阶层中间产生的。

德意志的这个阶层是靠什么精神创造和享有这样一个兴盛时期的呢?靠的是虔诚、正直、谦虚和团结的精神。他们极少为自己提什么需要,为公共事业却付出不可度量的开支。他们在任何一个地方都极少以单个人的名义出现,极少突出自己,因为他们志趣相同,都同样献身于公共事业。在与德国完全一样的外在条件下,在意大利也产生过一些自由城市。我们可以对比这两者的历史;我们可以将后者中存在的长期混乱、内部纷争、甚至战争以及体制和统治者的不断更迭,同前者中的和平安宁与和谐一致作对照。还要怎样才能更清楚地显示这两个民族在精神上必定存在内在差别呢?在近代欧洲民族中,德意志民族是惟一这样的民族,它若干世纪以来已经靠它的市民阶层用业绩表明,它是能承受共和体制的。

假如我们从这个时期得到一部令人鼓舞的德意志人的历史,它能成为一部像圣经或圣歌集那样的国民读本和民众读本,直至我们自己又创造出某种值得记载的东西,那么,在重新弘扬德意志精神的许多具体的、特定的手段当中,也许会有一个很有力的手段。不过,这样一部历史不必按编年顺序将各种业绩和事件一一列举出来,而是必须以感动人心的魅力,不用我们自己再花力气或抱着清晰意识,就将我们带入那个时期的生活,以致我们自己好像是与他们一起行走和站立,一起作出决定和付诸行动，并且这不像许多长篇历史小说那样，是靠儿童嬉戏的虚构做到的，而是凭确实可靠的真理做到的；这样一部历史必须依据那个时期的生活，让那些业绩和事件作为这种生活的证明，呈现出欣欣向荣的景象。这样的作品虽然只能是广博知识的成果，是那些也许还从未进行过的研究的成果；但作者不必为我们逐一展示这些知识和研究，而只须用现代语言把这个成熟了的果实，以每个德意志人都无一例外地能读懂的方式，展现在我们面前。一部这样的作品，除了历史知识以外，也还需要有高水准的哲学精神，这种精神也同样不显露出来；首要的是，一部这样的作品需要有一种真诚、仁爱的精神。

(I,10,182)

那个时代是我们民族在有限的范围内，对自己未来的业绩、斗争和胜利所做的一场青春美梦，是对自己在将来力量壮大时可能成为什么的一种预言。邪恶的社会和虚荣心的引诱已经将这个正在成长着的民族吸引到不属它自己的范围，而且由于它也想在那里引人注目，它也就在那里饱受屈辱，甚至在为维持它的生存而拼搏。然而，莫非它真的变老和衰弱了吗？自那以后直至今日，本原生活的源泉难道就像不向任何其他民族涌流出来那样，也不再继续向它涌流了吗？对于它的青春生活的那些预言是由其余民族的性状和全人类的文明蓝图证实的，难道它们永远不会实现吗？不，绝不！但愿有人把这个民族首先从它采取的错误方向上扭转过来，但愿有人以它的那场青春美梦为鉴，指出它的真正的方向和它的真正的使命，直至给它在这种观察之下发展出有力地掌握它的这项使命的力量。但愿这种要求有助于一种本来对此就有准备的德意志大丈夫很快地解决当前这项课题。

第七讲　再论一个民族的本原性和德意志精神[226]

(I, 10, 183)

在前几讲中,我们从历史上指出和证明了德意志人作为一个本原民族,作为一个与其他由它派生的部族相比有理由直截了当地称自己为本原民族的民族所具有的一些根本特点,因为"德意志"一词在其真正的词义上说就表示上述特点[227]。如果我们对这一课题再用一个课时,参与讨论一个可能提出的异议,那是合乎我们的目的的。这个异议说的是,假如这是德意志的独特性,人们将必须承认,德意志精神当前在德意志人当中已经所剩无几。因为我们既然完全无法否认这个现象,而宁愿承认它,想从它的各个部分综览它,所以,我们就得打算从说明这个现象开始。

整个说来,近代世界的本原民族与这个世界的文化进步曾经有这样一种关系:前者先受到外国人的一些不完整的、往往停留于表面的意图的激励,而去进行一些更深入的、从它自身的中枢发挥出来的创造。由于从获得激励到进行创造,无疑需要持续一些时间,所以很清楚,这样一种关系将带来一个时期,在这个时期,本原民族必定显得几乎完全是与外来民族融合的,与外来民族相似的,因为它恰好处于单纯受到激励的地位,而预期作出的创造则尚未显现出来。这时,在德国大多数有教养的居民看来,德国就正处于这样一个时期,而那些由这大多数人的内在本质和生活融合起来的仿效外国的现象也正是由此引起的。我们在前一讲中已经看到,现今的外国人借以激励其祖国的,是作为自由思想的哲学,这种思想摆脱了信仰外在权威的一切束缚。如今,当这种激励还未促成新的创造——有新创造的情况极其罕见,因为大多数人不理解这样的创造——出现的时候,一方面,我们早先描绘过的外国哲学仍然一再改变自己的形态;另一方面,它的精神也支配着最初与它毗邻的其他科学,用它的观点看待这些科学;最后,由于德意志人决不会放弃自己的严肃认真的精神和自己对生活的直接干预,所以这种哲学对公共生活方式,对指导这种生活方式的原理和规则仍然发生影响。以上这些,我们将一一予以说明。

(I,10,184)

首要的事情是,人们并不是自由地和随意地、这样或那样地形成他们的科学观点的,而是通过他们的生活给他们形成这种科学观点的,这样的科学观点实质上是他们的生活本身的那个业已变成直观的、内在的和他们不认识的根源。你在内部实际上是什么,你的眼睛在外部就看到什么,你绝不可能看到某种别的东西。如果你有另外的看法,你就首先必须成为另外的人。这时,外国人的或非本原者的内在本质就是对某个终极的、固定不变的东西的信仰,即对极限的信仰,在极限的此岸,自由的生活虽然可以展示自己,但决没有能力突破极限本身,靠自己的力量使极限成为流动的,把自己融入极限中。因此,这个不可突破的极限必然也会在某些地方呈现在外国人的眼前,而他们除了预先假设这样的极限,就不可能有别的想法或看法,除非他们的

第七讲 再论一个民族的本原性和德意志精神

整个本质已经改变,除非他们的心灵已经脱离他们的躯体。他们必然相信死亡是本原东西,是万物的根源,因而也是生活本身的根源。

这里,我们的首要任务是说明,外国人的这种基本信仰现今是怎样在德意志人当中表述的。

它首先表述在自己的哲学之中。现时的德国哲学,就它在此值得提到而言,力求具有透彻性和科学形态,尽管它对做到这些还无能为力;它力求达到统一,尽管早先还没有哪个外国作出先例;它力求把握实在和本质——不是仅仅把握现象,而是要寻求现象中显现的这种现象的基础。而它在所有这些方面都做得正确,并远远超过当时在外国占优势的那些哲学,因为它在仿效外国方面远比外国彻底得多,一贯得多。这个给单纯的现象奠定的基础对于那些哲学来说,就像它们也还远远不足以对这个 (I,10,185) 基础进一步作出规定一样,往往是一种固定的存在,这种存在是什么便是什么,再不是别的东西,而且束缚于自身,与其固有的本质联系在一起;因此,死亡以及存在于它们本身的本原性的异化也毕竟出现于它们眼前。因为它们本身不能靠它自身直接上升到生活,而是常常需要支撑和支持才能自由腾飞;所以,即使靠它们的思维,即凭它们的生活的映象,它们也不会超越这种支撑;凡不是某物的东西,对于它们必然是虚无,因为在那种本身畸形生长的存在与虚无之间,它们的眼睛再也看不到什么,而这是因为,它们的生活再无别的东西。它们惟独能依靠的那个感觉,在它们看来是确实的;假如有人不承认这种感觉的支撑,它们也不会假定此人只要生活就足够了,而是会认为他只不过缺乏察觉这种他也无疑依靠的支撑的机敏，缺乏使自己上升到它们的更高观点的能力。所以，开导它们是徒劳的和不可能的。或许有人会开导它们，改造它们，要是他能够的话。就此而言，如今的德国哲学尚不是德意志的，而是仿效外国的。

相反地，真正的哲学，已经在自身完善的、越过现象而真正深入到现象的内核的哲学，则源于惟一的、纯粹的、神圣的生活——它完全是这样一种生活，这种生活是永恒地存在的，而且总是惟一的，而不是来自这类或那类生活；真正的哲学会看到，这种生活是如何仅仅在现象中无穷无尽地闭合而又开放、开放而又闭合的，是怎样按照这个规律才达到一种存在和某物的。在这种哲学面前产生的都是它让自己预设的存在。所以，这种哲学是地道的、仅仅属于德意志的，也就是本原的；反过来说，只要有人是真正的德意志人，他就只能作如是的哲学思考。

(Ⅰ,10,186) 前面所述的那个思想体系尽管在大多数作哲学思考的德意志人中占优势，但不是真正德意志的。无论它现在是有意识地作为真正的哲学体系提出的，或只是无意识地给我们其余的思维奠定基础的，我说，它都对现时代其余的科学观点产生了影响。这实际上是我们这个受外国激励的时代作出的一种主要的努力，这种努力不再像我们的祖先做过的那样，仅仅是记忆科学资料，而是也以独立思考的哲学态度加工它的。就这种努力的意图而言，我们的时代是做得正确的；但是，当我们的时代像期望的那样，是从相信死亡的外国哲学出发进行哲学思考的时候，它便做得不正确了。在这里，我们打算仅仅根据我们的整个计划，对离得最近的几门学科作一考察，并对它们当中的那些在国

第七讲　再论一个民族的本原性和德意志精神

外广为流传的概念和观点加以探究。

　　国家的建立和管理被看做一门独立的艺术,一门有它自己的固定规则的艺术,在这方面,非德意志国家仿效古代的样板,无疑是我们的先行者。但是,这样的一个国家,一个在它的思想、意志和语言的成分上都有固定、封闭和僵死的支撑的非德意志国家,以及一切在这方面追随它的国家,是把什么看做这种国家管理的艺术的呢?无疑是把一种也同样固定和僵死的事物秩序看做这种艺术的,似乎生机勃勃的社会活动由这种僵死状态中产生,因而是照这门艺术的意图产生的。这种意图是把社会的一切生活都组合为一架巨大的、精巧的齿轮印刷机,在那里,每一单个部分不断地受到整体的强制,为整体效力;同样,这种意图也是一种从有限的名数得出一个可名数的演算,是从假定每个人都会寻求自己的福利出发,恰好利用这一点强迫每个人都违背着自己的思想和意志去效劳于促进共同福利的目的。非德意志国家曾反复宣扬这个原理,提供了这类社会机器的管理艺术的样板。我们的祖国采纳了这一理论,并进一步予以发挥,将它运用到社会机器的构筑上去,而且在这里,如往常一样,运作得更广泛、更深入和更逼真,远远超过它提供的样板。如果迄今为止的社会发展进程在随便哪个时候发生停顿,那么,这种管理国家的艺术家就知道,这个问题只能这样加以说明:可能有一个社会齿轮已经报废,而且他们晓得只有一种补救药方,那就是将破损的齿轮卸掉,安装上新的齿轮。谁的这种机械的社会观越根深蒂固,谁把这架机器的所有部分都尽可能变成相同的,把它们都作为同样的材料加以对待,因而愈善于简化这架机器,他在我们这个时代作为管理国家的艺术家的名声就会愈高——即便此人犹疑不定，优柔寡断，使事情变得更糟，也照样如此。

(I, 10, 187)

这种关于国家管理艺术的观点，凭借它坚定不移的连贯性，凭借它得到的崇高外貌，迫使人们不得不对它抱尊重的态度；而且直到一定的时刻，特别是当所有的人都要求建立君主制，建立愈来愈纯粹的君主制的时候，它也提供了很好的服务。然而，一旦到达了那个时刻，它的虚弱无能就人人皆知了。我想假定你是按照你预期的完善程度制作了你的机器的，假定这架机器的每个较低环节都不停地、不可抗拒地受到一个被迫进行强制的较高环节的强制，如此类推，直到顶点；可是，你的这个最终环节，即产生机器存在的一切强制力量的环节，是受到什么东西的强制，去发挥它的强制作用的呢？假定你会全然克服从材料的摩擦所能引起的对这个最终的发条的一切抗力，假定你会给这个发条以一种力量，与这种力量相比，所有其余的力量都消失不见，化为乌有，而这是惟独你能靠机械运作过程做到的，因此假定你会创立极其有力的君主制；可是，你打算怎样使这个发条运转起来呢？你打算怎样迫使这种君主制毫无例外地审视与要求这种权力呢？你打算怎样把永动的环节安装到你那个尽管设计和构造都恰到好处，但能停止转动的齿轮机里呢？也许像你有时在你的窘境中说过的，是整个机器本身会发生反作用，会使它的第一个发条起动吗？这要么是靠一种来自这个发条的推动的力量实现的，要么是靠这样一种力量实现的，这种力量不是来自这个发条的推动，而是在不依赖于这个发条的整个机器中存在的。非此即彼，不可能有第三种情况。如果你假定的是第一种

第七讲 再论一个民族的本原性和德意志精神

情况,你就处在一种能取消一切思维和一切机械运作过程的循环之中;整个机器都能强制这个发条,只不过是在它自身受这个发条的强制去强制这个发条的限度内,因而是在这个发条仅仅间接地强制自己的限度内;然而,要是这个发条不强制自己,它根本就不能运转,虽然我们确实打算过补救这类缺陷。如果你假定的是第二种情况,你就得承认,你的机器中一切运转的原动力都来自这样一种力量,这种力量根本没有被列入你的估计和安排,也丝毫不受你讲的机械运作过程的制约,它无疑不用你的帮助,就按照它固有的、你却不知道的规律,像它能够做的那样发挥作用。在以上两种情况的每一种情况下,你都得承认自己是个拙劣的人,是个无能而好自夸的人。

对于这一点,如今人们已经感觉到了,而且在这个依靠强制,不可能关心其他公民的体系中,人们希望起码以各种各样最佳的学说和指导来教育君主们,因为一切社会运动都发端于他们。可是,人们想怎么保证自己会遇到某个在气质上能接受成为君主的那种教育的人呢?或者,即使有此幸运,人们想怎么保证这个没有任何人能够对其加以强制的人会甘愿接受管教呢?这样一种关于国家管理艺术的观点,不论是在外国土地上,还是在德国土地上见到的,往往总是外国精神的产物。我们在这里可以看出,德意志血统和德意志精神引以为荣的是,尽管在这种计划推行强制做法的纯粹理论中我们可以成为很高明的管理艺术家,然而当这付诸实践的时候,我们却很强烈地受到一种模糊感觉的阻挠,认为事情不宜这么做,就此而言,我们是赶不上外国的。因此,即使我们早已被迫接受给我们想好的外国礼仪和

(I,10,188)

法律这类好事，我们至少也不会因而感到过分的羞愧，好像我们的智力达不到这种立法高度似的。由于我们潜心握笔耕耘的时候，在立法方面不亚于任何民族，所以就生活来说，我们会感到连这样的立法也还未必正确，因此，在完善的东西来到我们这里以前，我们宁愿让旧的东西保留着，而不单纯用一种新的、同样失效的模式替换旧模式。

真正德意志的国家管理艺术就不同了。它也寻求盲目的、摇摆不定的自然力量中的那种固定性、确实性和独立性，就这一点说，它与外国是完全一致的。但它寻求的坚定性、确实性和独立性不是作为第一环节的固定的、确实的物，好像精神是作为第二环节才由这个物变成确实的，相反地，它从一开始就寻求一种固定的、确实的精神，作为首要的和惟一的环节。这精神对它来说就是自身生机勃勃的、能永久运动的发条，这个发条将调整社会生活，不断推动社会生活前进。它懂得，它要确立这种精神，不能靠惩罚已经道德沦亡的成年人，而只能靠教育思想尚未腐败的青年人；而且它实施这种教育并不像外国那样，着眼于拔尖人物，即着眼于君主，而是着眼于芸芸众生，即着眼于民族，因为即使君主也无疑属于民族。正如国家是对其成年公民本人进行人类的再教育的，从这种管理国家的艺术角度看来，未来的公民本身也首先必须被教育成能接受更高教育的。因此，这种德意志的和最新的国家管理艺术就又一次成了最古老的国家管理艺术，因为这种艺术早在古希腊人那里就建立过以教育为本的公民阶层，培养了后世再没有看见过的那种公民[228]。从今以后，德意志人将在形式上完成同样的工作，这种工作在内容上拥有的

(Ⅰ,10,189)

第七讲 再论一个民族的本原性和德意志精神

精神并不是狭隘的和排外的,而是普遍的和属于世界公民的。

外国的那种精神如今在我国大多数人当中盛行起来,也表现他们对于人类的全部生活,对于作为这种生活的写照的历史的看法。如我们在另一场合已经指出的,这只能把一个在其语言中具有封闭的、僵死的基础的民族在所有的雄辩艺术上提高到这个基础所允许的某个发展阶段,而且这个民族会经历一个黄金时代。这样一种民族缺乏虚怀若谷和自我否定的精神,它除了能认识自己以外,就不能适当地对整个人类作更为高瞻远瞩的思考。因此,它必定会假定整个人类的发展也存在一个最终、最高和永远不可超越的目标。正如海狸或蜜蜂之类的动物现在还沿用几千年前采用过的方法筑巢,在如此漫长的时间内在技艺上没有取得任何进步一样,被称为人的物种在其发展的各个部分的情况也将跟这类动物一样。像冲动和能力这样一些部分将会被概览无遗,也许少数环节甚至可以在眼前得到解释,而且每一个环节的最高发展也可能得到说明。也许人类在一个方面较之海狸和蜜蜂还更糟糕得多,而这个方面就在于,后者虽然不学任何东西,但在其技艺上却不会倒退,人类则不同,他们一旦到达顶点,就会再被反弹下来,要经过几百年、几千年的奋斗,才能再进入一个或许可以让他们感到更安宁的点。这些人认为,人类无疑也将到达其教育发展的这类顶点,到达黄金时 (Ⅰ,10,190)
代;要在历史上发现这些顶点,评判人类为追求这些顶点而付出的一切努力,并把人类追溯到这些顶点,将成为他们全力以赴的志向。按照他们的看法,历史早已结束,而且已经结束过好几次了;按照他们的看法,在太阳底下没有任何新事物发生,因为他们已经在太阳底下和太阳之上铲除了永恒生活的源泉,只让那种永远周而复始的死亡重复出现和不时消退。

众所周知,这种历史哲学尽管目前在外国正在衰落下去,却从那里传到我们这里,而且几乎专门成了德意志的所有。由这种来龙去脉得出的结果就是,我们的历史哲学能很透彻地理解外国人所作的各种努力,我们虽然不再经常表达这种历史观,实际上却做得更胜一筹,因为他们正按照那种历史哲学行事,并再次构成一个黄金时代;我们的历史哲学甚至能以预言的方式向他们所作的各种努力指出它们必须进一步走的道路,能使它们得到很真诚的赞赏,而用德意志方式思考的人则恰好不能这么赞誉自己。这种人怎么会这样呢?黄金时代在任何方面都对他是消亡的东西造成的局限性。他认为,黄金虽然可能是逐渐消亡的大地的怀抱中最贵重的东西,然而生机勃勃的精神的素材却超越这个太阳,超越一切太阳,构成它们的源泉。对他来说,历史以及人类并不是按照隐蔽的、奇特的轮回规律展开的,而是真正的人按照他的看法造成的,而他的看法就是不单纯重复已有的东西,而是进入时间,创造全新的东西。因此,他从不期望单纯的重复,即使像旧约中逐字逐句写的,这种重复本当出现,他也起码不表示赞赏。

目前,外国的这种毁灭性精神趁我们对它没有清醒的意识时,正以类似的方式传遍我们其余的科学观点,关于这种观点,我们只要援引所举的例子也许就足够了;具体地说,这种情况之所以出现,是因为我们恰恰在目前按我们的方式加工早先从外国得到的激励,并且经历了这样一种中间状态。由于这属于我

(I,10,191)

第七讲 再论一个民族的本原性和德意志精神

们谈的正题,所以我引证了这些例子;同时这也是为了使谁也不认为自己凭借从所述的原理得出的推论,就能反驳这里表述的论点。与其说我们对那些原理似乎仍然毫无所知,或我们似乎未能上升到认识它们的高度,倒不如说我们对它们了如指掌,而且如果我们有闲暇时间,我们也许能完全合乎逻辑地对它们作追溯过去和推断未来的阐述;我们现在不过是恰好在一开始丢弃了它们,同时也丢弃了从它们得出的一切结论,而这种结论在我们已有的思维中要比注重表面的观察者会轻易相信的更多。

外国的这种精神不仅影响到我们的科学观点,同样也影响到我们的日常生活及其规则。但是,为了使这一点变得明白,也为了使以前说过的东西变得更明白,有必要首先更深入地钻研本原生活的本质或自由的本质。

从我们在好几种同样可能的方案之间犹豫不决的意义上说,自由不是生活,而仅仅是进入现实生活的前庭和入门。终有一天,生活必定会脱离这种犹豫不决的状态,而去作出决断和付诸行动;只有到那时,生活才真正开始。

乍一看来,每个意志决断都直接显得是第一位的,而绝不是第二位的和由第一位东西产生的结果;都直接显得是这种结果的原因,是完全靠自身存在的,因而是像本来那样存在的。我们拟将这个意思定为自由一词惟一可能的、合乎理智的词义。但是,从这种意志决断的内在内容看却可能存在两种情况:或者,在意志决断中只显现出一种与本质分离的现象,本质没有以任何方式进入这种现象的显现;或者,本质以显现的方式进入意志决断的这种现象,而且在这里人们必定会立即察觉到,本质只能在意志决断中，而决不能在任何别的东西中成为现象，即使反过来，也可以有这样的意志决断，在这种意志决断里显现出来的决不是本质，而只是单纯的现象。我们首先来讨论后一种情况。

单纯的现象本身是凭借它与本质分离和对立，同时也是凭借它能表现和展示自己，而被不可变更地确定的，因此，它必然是像它恰好存在和告终的那样存在的。所以，像我们假定的，如果任何一个给定的意志决断就其内容而言是单纯的现象，那么，它在这方面实际上就不是自由的、第一位的和本原的，而是必然的、第二位的和由一个更高的第一位东西——现象的普通规律——如实派生的环节。这时，像我们已经在这里多次提到过的，人的思维是把意志决断像它实际存在的那样，像它忠实摹写和映现他的内心生活那样显现给他自己的，所以，这样一种意志决断虽然由于它是意志决断，因而乍一看来显得是自由的，然而却绝不可能显现给人的反复进行的和深刻的思维，相反地，它在这种情况下必定被如实地认为是必然的。有些人的意志除了那个向他们单纯显现一种意志的领域，还没有上升到任何一个更高的领域，对他们来说，自由信仰当然是一种短暂的、停留于表面的观照活动中的幻觉和迷误；对于他们来说，惟有在这样一种思维中才存在真理，这种思维向他们表明处处都只存在严格的必然性的束缚。

现象的第一个基本规律本身（我们不指出原因是有充分理由的，因为这在别处已经做得够多的了）是这样的：现象分裂成多样性的东西，这种东西在某个方面是一种无限的东西，在另一个方面则是一个完备的整体。在由多样性东西所组成的这个完备的整体中，每一单个的东西都是由所有其余的东西规定的，而所有其余的东西又是由这一单个的东西规定的。因此，如果在单个人的意志决断中出现于现象的，不外乎是可显现性、可呈现性和可见性——这种可见性事实上是对于虚无的可见性——那么，这样一种意志决断的内容就是由这个人的所有可能的意志决断和所有其余可能的单个人的意志所组成的一个完备整体规定的，而它应当包含和能够包含的，也无非是按照所有那些可能的意志决断的趋向依然想要留下的东西。由此可见，它事实上并未包含任何独立的、本原的和自身特有的东西，相反地，它是第二位的东西，是单纯由整个现象在其各个部分的一般联系中得出的结果，正如它常常被所有那些尽管也处于这样的文化发展阶段、但却能作透彻的思考的人也如此认为的那样，而且他们的这种认识也是用我们刚才使用的同样的语词表达出来的；然而，这一切都是下列事实的结果，那就是：它们之中没有显现本质，而是只有单纯的现象显现出来。

另一方面，在本质仿佛亲自直接地，而决不是通过一个代表 (I,10,193)出现于意志决断的现象的地方，虽然以上所述的所有那些从作为完备整体的现象得出的结果仿佛都是现存的，因为现象也在这里显现出来；但是，这类现象并不在这个组成部分油然而生，也没有由这个组成部分穷尽，相反地，这类现象中还存在一种更多的东西，即另一种不能由上述联系加以解释，而能在除去可解释的东西以后留下来的组成部分。我说过，那前一种组成部分也呈现在这里；那种更多的东西变成可见的，并且凭借它的这种可见性，而决不凭借它的内在的本质，服从于规律，服从于可见性的条件。但是，它还多于这种由某个规律产生的东西，因而多于必然的和第二位的东西，并且从这种更多的方面看，它靠它自身，本来就是一种真正第一位的、本原的和自由的东西。由于它是这样的东西，所以它也这样显现于最深刻的、在自身有结果的思维。如我们已经说过的，可见性的最高规律是：显现的东西分裂成无限的、多样的东西。每当出现比当前从现象的联系中产生的东西更多的东西时，那种更多的东西便会变成可见的，并这样无限地变成可见的；因此，这种更多的东西也这样显现为无限的东西。然而，明如白昼的事实是：它获得这种无限性，仅仅是由于它每次都是可见的和可思议的，而且只有通过它同那种无限地从关联中出现的东西相对比，通过它比这种东西具有的更多的内容，它才是可发现的。但撇开这种思议它的需要不谈，这种比一切能无限地呈现自己的东西更多的东西，也一开始就是纯粹简单地、不可改变地存在的，它在所有的无限性中既没有变得多于，也没有变得少于这种更多的东西；只有它的可见性作为比无限东西更多的东西——它不能用别的方式，以它最高的纯粹性成为可见的——才创造无限的东西，创造所有看来能在它之中显现的东西。这时，凡在这种更多的东西真正作为这样一种可见的、更多的东西出现，但只能出现于意志中的地方，那个单独存在和只能单独存在的本质本身，那个由自身和靠自身存在的神圣存在者，便出现于现象中，使自己成为直接可见的；正因为这样，在那个地方就有真正的本原性和自由，所以也有对它们的信仰。

因此，对人是自由的还是不自由的这个一般的问题，不存

第七讲 再论一个民族的本原性和德意志精神

笼统的回答。正因为人在开始处于优柔寡断和摇摆不定的状 (I,10,194)
态,因而在低级意义上是自由的,所以,他才会是自由的,或者
说,他才在高级意义上不会是自由的。实际上,每个人回答这问
题的方式,就是他的真正的内在的存在的一面清楚的镜子。谁
在事实上不外是现象链条中的一环,谁就大抵会在一瞬间误以
为自己是自由的,但这种臆想经不起他比较严格的思考。可是,
他怎样察觉他自己,他也必然恰好怎样设想他的整个类族。与
此相反,谁的生活受到本真存在的感召,变成直接来自上帝的生
活,谁就是自由的,并且相信自己和别人是自由的。

相信固定不变的、僵死的存在的人之所以相信这种存在,仅
仅是因为他本身是僵死的;在他成了僵死的东西之后,一俟他稍
微对自身变得清醒,他就只能这样相信。他自己和他的整个类
族从始至终在他看来都是第二位的,都是由某个假设的第一环
节产生的必然结果。这个假设决不是纯粹臆想出来的,而是他
的真实思想,是他的真实见识,是他的思想赖以直接成为生活的
要点;这样,这个假设也是他的所有其余思想的源泉,是他对他
这个类族作出评判的源泉,而这种评判是他在他的过去,即在历
史上作出的,也是他在他的未来,即在对他的期待中作出的,和
在他的现在,即在他自己和其他人的现实生活中作出的。我们
曾把这种对死亡的信仰同本原的、生机勃勃的民族相对比,称为
仿效外国的现象。这种仿效外国的现象一旦存在于德意志人当
中,就会在他们的现实生活中表现为对他们的存在的一种不可
改变的必然性的默然服从,表现为对我们自己或其他人通过自
由进行的一切改善的放弃,表现为要将自己和其他一切人都像

他们原来那样加以使用，从他们的存在获取对我们尽可能大的好处的意向；简言之，表现为对人人同样到处恶贯满盈的那种信仰——关于这种信仰我已经在另一地方作了充分的描述*，我将这个描述留给你们自己去阅读和评判，看它在何种程度上适合于现时代——在一切生活活动中不断反映出来的表白。这种思维和行动的方式，如我们经常提到的，只在内心的僵死状态对自身变得清晰时才给这种状态产生；相反地，只要那种状态仍然模糊不清，它就保持着对自由的信仰，这种信仰本身是真的，只有被应用于它目前的存在，才是一种臆想。这里，我们对内心卑劣时的那种清晰性带来的弊端看得很清楚；只要这种卑劣的心灵依然模糊不清，它就会被对于自由的持久要求一直弄得不安，一直受到这种要求的折磨和逼迫，而给改善自己的尝试提供一个攻击点。但清晰性使这种卑劣的心灵臻于完善，使它自身变得圆满；清晰性给它注入愉快的服从精神，注入问心无愧的宁静和对自己的心满意足。这是像他们相信的那样给他们作出的。从此以后，他们事实上就不可改善，他们的活动至多能在好人当中保持对恶行的无情憎恨，或保持对上帝意志的百般顺从，除此之外，他们于世界上的任何事情都毫无补益。

这样，我们在我们迄今为止的描述中理解为德意志精神的东西，就最终以其完善的清晰性呈现出来了。作出区分的真正根据在于，你是信仰人本身的绝对第一位的和本原的东西，信仰自由，信仰我们类族的无限改善和永恒进步呢，还是对这一切都

---

* 参看《极乐生活指南》第十一讲。

第七讲 再论一个民族的本原性和德意志精神

不信仰,而以为自己的确能清楚地认识和理解到发生了与这一切都恰好相反的东西？所有那些或者在生活中富于创造精神和能生产新东西的人,或者所有那些即便不能如此,也至少坚决不做无意义的事情,而留意本原生活之流是否会在什么地方感召自己的人,或者所有那些即使没有达到如此高的程度,也至少猜想到自由,不憎恨或不害怕自由,而喜爱它的人——所有这些人都是具有本原精神的人,当他们被视为一个民族的时候,他们就是一个本原民族,一个单纯的民族,即德意志人。而所有致力于成为第二位的、派生的东西的人,所有清楚地知道和理解自己是这种东西的人,事实上都是第二位的和派生的,而且由于他们的这种信仰将变得愈来愈如此,他们也就是这样一种生活的附属物,这种生活受自己的冲动的驱使,在他们面前或他们身旁振奋起来;他们是一个已经沉寂的声音从岩石发回的反响,当他们被作为一个民族看待时,他们就处在本原民族之外,对后者来说他们是异族人、外国人。但在迄今依然称自己为纯粹民族或德意志人的那种民族里,本原东西在现代,至少一直到现在,都袒露出来,表现出创造新事物的力量。如今在这个民族面前,终于借助一种自身变得清晰的哲学,摆放了一面镜子,在这面镜子里它可以用清楚的概念认识到,它迄今在没有清醒意识的情况下,通过自然力量变成了什么,它为何是由自然力量规定的;于是它就受到请求,要它按照这种清晰的概念,采取审慎、自由的方式,完整地使自己成为它应当成为的东西,复兴它的纽带,封锁它的范围。它必须封锁它的范围的原理已摆在它的面前,这就是:谁信仰精神东西,信仰这种精神东西的自由,并希望靠自由使这种精神东西永远得到发展,谁不论生在何方,说何种语言,都是我们的类族,他属于我们,并将站到我们这边。谁信仰停滞不前,信仰倒退,信仰那种轮回,或是把一种僵死的自然力量提升为统治世界的舵手,谁不管生在何方,说何种语言,都是非德意志的,是与我们格格不入的;可以期望,他会完全与我们分离,这种分离愈快愈好。

于是在这种情况下,以上面关于自由的论述为依托,就最终明显地出现了那种有充分理由称自己为德意志哲学的哲学真正希求的东西,它在这里以严肃认真、不讲情面的态度,与任何一种信仰死亡的外国哲学相对立。谁还有耳朵去听它讲的,就应当去听。这种东西之所以出现,绝不是为了让死者理解那不可能的东西,而是为了使死者难以歪曲它的话语,难以摆出一副架势,好像它本身也约莫希求同样的东西,从根本上持同样的看法。这种德意志哲学确实在兴起,并以自己的思维的活动——绝不按照一种认为事情必然会如此的模糊猜想单纯自夸,可是却未能使自己的思维得到实现——把自身提高为不可改变的、"比一切无限性更多的东西",并惟独认为这种东西是真正的存在。时间也好,永恒性和无限性也好,都是德意志哲学在它们由那个太一的显现和变得可见的过程产生的时候察觉的,这个太一本身是根本不可见的,只有在它的这种不可见性中才能加以把握,才能正确地加以把握。依照这种哲学,连无限性本身也是虚无,它根本没有任何真正的存在。它只不过是手段,依靠这种手段,这个存在的、只在其不可见性中才存在的惟一者会变成可见的;依靠这种手段,在形象化的范围内给这个惟一者建立的,

第七讲 再论一个民族的本原性和德意志精神

是它自身的一种形象,一种图式和阴影。在形象世界的这种无限性之内可以更进一步变得可见的一切东西,都完全是一种虚无的虚无,阴影的阴影,而且都不过是无限性和时间本身的那第一个虚无变得可见的手段,是给思想开辟攀登到无形象的、不可见的存在的手段。

在无限性的这种惟一可能的形象之内,不可见的东西只是作为自由的和本原的直观生活,或作为一个理性存在者的意志决断,直接出现的,而绝不能以别的方式出现和显现。所有作为非精神生活出现的那种持久的具体存在,都不过是一种由观照活动抛出的、经常以虚无作中介的空洞阴影,与这种阴影相反,凭借把这种阴影当做得到中介的虚无的认识,观照活动本身一定会把自己提高到对自己固有的虚无的认识,提高到承认不可 (I,10,197)
见的东西是惟一真实的。

如今,那种信仰死亡、的确变成自然哲学的存在哲学,即一切哲学中最僵死的哲学,仍然被困于这种阴影之阴影的阴影里,对它自己的创造物又惧怕,又祈祷。

这种持久不变是这种哲学的真实生活和爱的表现,就此而言,这种哲学是应当信仰的。可是,当它进一步说,这种被它作为真正存在着的东西预设的存在和绝对者,都是太一,都恰好一样时,它在这方面就不是应当信仰的,不管它多么经常保证这一点,也不管它发过好多誓言。这种哲学并不懂得这一点,而只是靠碰运气把它表述出来,并盲目照搬另一哲学,却不敢与另一种哲学争辩这一点。如果它懂得这一点,那它就无须从二元性——这种二元性它只凭那个必须服从的命令加以废弃,但仍然允许作为一个无可争辩的事实存在——出发,而是必须从一元性出发,因而能由这种一元性清楚地、一目了然地推论出二元性以及一切多样性。但这就需要思维,需要推勘到底的、自身完备的反思。但它一方面没有学会这种思维艺术,一般不能运用这种艺术,而只能热衷于幻想;另方面,它同这种思维是敌对的,根本不可能尝试这种思维,因为它如果这么做,就会打乱它那可爱的幻想。

这就是我们的哲学跟那种哲学如此严重对立之所在。由于这个缘故,我们一直想尽可能清楚地表述和证明这一点。

第八讲 什么是较高意义上的民族?什么是爱国主义?[229]

(I,10,198)

最后四讲回答了这样一个问题:什么是与其他源于日尔曼人的民族不同的德意志人? 如果我们再补加上对于什么是民族这个问题的研究,那么,用这一切给我们的整个研究作出的证明就会得到完成。这后一个问题是和另一个问题相同的,并同时回答了这另一个经常提出而答案迥异的问题,这就是:什么是爱国主义,即对祖国的爱? 或者像人们更确切地说的那样,什么是个人对自己的民族的爱?

如果我们在迄今的研究过程中是做得正确的,那就必须在这里同时阐明:只有德意志人,只有这种本原的、不在任意组合中消失的人,才真正是一个民族,才有权期望做一个民族;只有

第八讲　什么是较高意义上的民族？什么是爱国主义？

这样的人才能对自己的民族有真正的和合理的爱。

我们要作一个乍看起来与迄今所说的内容毫无联系的说明，为我们解决业已提出的课题开辟道路。

就像我们在第三讲中已经说明的，宗教能够完全超越一切时代，超越整个当下的和感性的生活，却不会因而对于受这种信仰感召的生活的公正、道德和神圣造成丝毫损害。人们即使确信，我们在这个大地上的一切活动都不会留下丝毫痕迹和带来丝毫结果，而且神圣的东西甚至被颠倒过来，用作恶行和更深刻的道德败坏的工具，人们也仍然可以仅仅为了维护我们之内爆发的神圣生命，继续进行这种活动，继续同未来世界中的高级事物秩序联系起来，而在这个世界里，以神性表现的任何事情都不会毁灭。比如，耶稣的使徒们和第一批基督教徒过去就是这样，他们依靠他们对上天的信仰，在有生之年就已经完全超越了尘世，并且他们完全放弃了尘世的事务，放弃了国家、祖国和民族，对它们甚至不屑一顾。不管这多么有可能，不管这多么容易使人相信，不管人们必定多么高兴地沉浸在其中，但如果上帝有一个不可改变的意志，要我们在尘世不再拥有祖国，而成为被驱逐的人和奴隶，那么，这也仍然不是自然的状况和世界进程的规律，而是一个少有的例外。如果宗教从一开始就不考虑现时的情况，而着意于把这么退出国家和民族的事务作为真实的宗教信念加以推荐，那么，这也是对宗教的一种非常错误的应用，而基督教也特别经常这样做。如果这种形势是真实和现实的，并不单纯是由宗教狂热招致的，那么，在这种形势下，尘世生活就丧失了一切独立性，它将只成为真正的生活的前站，成为人们单

(I, 10, 199)

纯出于对上帝意志的服从和顺从才忍受的艰巨考验；而且在这种情况下，不朽的精神犹如许多人想象的，真的只是为了受到惩罚，才像进入了监狱一样，进入了凡人的躯体。与此相反，在合乎规律的事物秩序中，尘世生活本身就必当是真实的生活，人们对这种生活感到喜悦，能够怀着感激之情享受这种生活，而这当然是在期待着一种更高的生活；虽然宗教也确实是对遭到非法践踏的奴隶的安慰，但宗教的意义首先在于，人们反对奴役，能够从而阻止宗教沦为对于被囚禁者的单纯安慰。对于暴君来说，鼓吹宗教的服从精神，把那些他不打算准许他们拥有立锥之地的人们都打发到天上去，当然是很合意的；但我们其他人一定不要急于将他推荐的这种对宗教的看法变成我们自己的，而且如果我们有可能，我们必须阻止人们为了激发起对天堂的更大渴望而把地球变成地狱。

人的自然的、只有在真正危急的情况下才会放弃的冲动，是在这个地球上就找到天堂，将永远持续的东西融合进自己的日常尘世工作中，在尘世中培养时间上永不消逝的东西——不单纯使用一种无法理解的方式，穿过肉眼无法穿过的鸿沟，与永恒的东西联系起来，而且使用一种肉眼本身可以看到的方式。

让我从这样一个一般能理解的例子谈起：哪一个具有高尚思想的人不打算和不期望在自己的孩子们及其下一代身上，重新以一种得到改善的方式重复他自己的生命，使他自己的生命在他们的生命中变得更加高尚和更加完美，在他早已谢世之后还在这个地球上继续存在下去呢？他在世时的精神、思想和道德也许曾经使错误和堕落感到害怕，使正直得到巩固，懒惰得到振奋,颓唐得到振作,他不想把它们从死亡中夺回来,把它们作为自己对后世的最好遗产存放在自己留下的后人的心中,使他们有朝一日也同样把它们在得到美化和增多之后又存放起来吗?哪一个具有高尚思想的人不打算通过行动或思维撒播种子,使他的同类永远不断地臻于完善,将某些新颖的、前所未有的东西投入时间,使之留在时间中,成为新的创造的永不枯竭的源泉呢?他不想用一种在尘世间也永远持续的东西,来抵偿他在这个地球上占过的位置和借给他的短暂光阴,以使他作为这一个人,即使不被历史提到(因为渴望身后荣誉是一种可鄙的虚荣),但在他自己的意识和信念中还是留下了他也曾经在世的明显的纪念碑吗?我说的是,哪一个具有高尚思想的人不打算这样做呢;但是,必须只按照作如是想的人们的需要,并把这种需要作为一切人都应当看齐的规则,来观察和建立世界,而且世界也只是为了他们才存在的。他们是世界的核心,而那些持有不同想法的人本身作为短暂的世界的一部分,只要也作如是想,也就只是为了他们才存在的,因而必须顺从他们,直到成为他们那样的人。

那么,能够保证高尚的人这么要求和相信自己的活动永垂不朽的东西可能是什么呢?显然只是一种事物秩序,高尚的人能够承认这种秩序本身是永恒的和有能力接受永恒东西的。这样一种秩序是人的环境的特殊精神本质,它当然无法用任何概念加以理解,但它仍然是真正现实存在的,高尚的人本身与他的一切思维和行动都来源于它,他对他的活动的永恒性抱有的信念也来源于它;它代表这样一个民族,高尚的人来自这个民族,他在这个民族中间得到培养,而成为他现在这样的人。这是因为,虽然有一种情况是无可怀疑地真实的,即他的活动在他有权要求它具有永恒性时,绝不是他那个民族的精神的自然规律的单纯成果,绝不是纯粹随着这种成果而展开的,而是一种更多的东西,因而是直接从本原的和神圣的生活中流出的,但依然同样真实的是,那种更多的东西在首次形成可见的现象时,就立刻服从了那种特殊的、精神的自然规律,并且只按照这种规律形成了一种感性表达。只要这个民族存在,这个民族当中的神圣东西的一切进一步显现也就将会出现在这一规律中,并在这一规律中形成。但是,由于高尚的人也曾经存在,从事过这样的活动,所以,就连这一规律也继续是由这一事实规定的,而他产生的效用已成为这一规律的一个持久的组成部分。以后的一切事情也必须服从这一规律,跟这一规律联结起来。这样,他就会肯定,只要他的民族本身依然存在,通过他获得的教化就会留在他的民族中间,并成为规定他的民族的一切进一步发展的持久根据。

所以,从较高的、根据精神世界方面的立场来看的意义上说,一个民族就是在社会中一起继续生活,不断从自身自然而然地在精神上产生出自身的人们组成的整体,这个整体服从于自己体现的神圣东西发展的某种特殊规律。这种特殊规律包含的共同性是这样一种东西,这种东西在永恒世界里,因而也同样在尘世里,将这群人联合为一个自然的和自己组成的整体。这个规律本身就其内容而言,是能够在整体上加以理解的,就像我们把德意志人作为一个本原民族,在他们身上所理解的那样;甚至通过对这样一种民族的各种现象的考虑,这个规律的其他一些规定也能进一步加以理解；但是，任何一个本身一直无意识地处在这个规律的影响之下的人，却永远不可能完全用概念透彻理解这个规律，虽然他可以在总体上清楚地认识到，这样一个规律是存在的。这个规律是一种有更多的形象性的东西，它同那种有更多的非形象的本原性的东西在现象中直接融合在一起；这样，两者在现象中就再不能分离了。那个规律，即本原东西和神圣东西发展的规律，完全规定并完成了人们称之为一个民族的民族特点的东西。从那个规律可以清楚地看出，我们迄今所述的那些崇洋媚外的人，根本就不相信本原东西和它的不断发展，而只相信假象生活的永远循环往复；这些像自己认为的那样，靠自己的信念形成的人，从较高的意义上说，根本就不是一个民族，而且由于他们实际上也不真正存在，所以他们同样也不可能具有民族特点。

因此，高尚的人对于自己发挥的效用也在这个地球上能万世长存的信念，是建立在对于发展出他自己的那个民族能万世长存的希望上的，是建立在对于这个民族根据那种隐蔽的规律具有独特性的希望上的；没有任何外来的、同这种规律在总体上不相合的东西进行干扰和破坏。这种独特性是永恒的东西，他将他自己的永恒性和他不断发挥的作用托付给它；这种独特性是永恒的事物秩序，他将自己的永恒性置于这种秩序之中；他必定想要它持久，因为惟有它的持久是他解脱的手段，这就使他在尘世的短暂生命延伸为在尘世的持久生命。他培育永不消逝的东西的信念和努力，他把自己的生命理解为永恒生命的概念，都是一条纽带，它首先将他的民族，然后通过他的民族，将整个人

(I, 10, 202)

类都同他自己紧紧联结在一起,并将他的民族的一切需要都引入他那宽广的心怀,直到末日来临。他对自己的民族的爱,首先是尊重、信赖和喜爱自己的民族,对自己来自这个民族感到自豪,其次是为自己的民族活动、效力和献身。神圣东西出现在这个民族当中,神圣东西尊重这个本原民族,把它当做自己的外壳和自己直接影响世界的手段;因此,从这个民族当中还会继续迸发出神圣东西。对高尚的人来说,生命单纯作为生命,作为不断变换的具体存在,反正从来都没有什么价值,他只是把生命当做持久存在者的源泉,才想要生命;但是向他预示这种持久存在的希望的,也只有他的民族的独立延续;为了挽救他的民族,他甚至必定愿意去死,以使他的民族能生存下去,使他在他的民族中能过他向来就想过的独一无二的生活。

事情就是这样。这种真正的、不单纯是一时的追求的爱,永远不会附着于暂时的东西,而是只在永恒的东西中觉醒、燃烧和安眠。人如果不是把自己理解为永恒的,甚至连自己都不会爱;他如果不是这样,甚至不会尊重也不会赞同自己。他如果不把自己之外的什么东西纳入自己的信念和心灵的永恒性之中,把它同这种永恒性结合起来,就更不会爱这样的东西。谁不首先把自己看作永恒的,谁就根本不拥有爱,也不会爱一个对他不存在的祖国。谁把自己的不可见的生命看成永恒的,却不把自己的可见的生命看成永恒的,谁就很可能有一个天堂,而在这个天堂里有他的祖国;但在这个尘世,他却没有祖国,因为这个祖国也只见诸永恒性的图景之下,即见诸可见的和具体化的永恒性的图景之下,因此,他也可能不爱自己的祖国。如果没有把祖国

第八讲 什么是较高意义上的民族？什么是爱国主义？

传给这样的人，他就会悲痛；如果把祖国传给了谁，而且在谁的心中天与地、不可见的东西和可见的东西相互交融，从而创造出一个真纯的天堂，谁就会为了把这份宝贵财产完好无缺地再传给将来，而战斗到流出最后一滴血。

情况也从来都是如此，虽然从来都没有被这样概括和这样清楚地说出来。在纪念碑中记载的那些以其信念和思想方式还在我们当中活着的高尚的罗马人，是受到什么东西的鼓舞去为祖国而操劳和牺牲、忍辱负重的呢？他们甚至也经常清楚地把这说出来了。这就是他们坚定不移地相信他们的罗马会永远延续下去，他们充满信心地希望自己会在时间的长河中随着这种永恒而永远活着。由于这种信念是有根据的，而且他们自己在完全有自知之明时已经理解这种根据，所以，这种根据也就没有使他们的希望落空。直到今天，那种在他们永恒的罗马真正永恒的东西都继续活在我们中间，他们也随着这种东西继续活在我们中间，它将在以后也继续活着，直到末日来临。

(Ⅰ,10,203)

这种意义上的民族和祖国作为尘世中的永恒性的支柱和保证，作为在这个尘世能够永恒的东西，远远超过了通常意义上的国家，超过了那种单纯用清晰的概念理解的、根据这种概念的导向建立和维护的社会秩序。国家想要一定的法律、内部的和平，想要每一个人靠勤劳维持生计和延续自己的感性生活，只要上帝愿意给他这些。这一切只是对祖国的爱真正想达到的目标的手段、条件和支持，而这种目标就是永恒东西和神圣东西在世界上兴盛起来，在无限的发展中变得越来越纯洁、完美和卓越。正因为如此，这种对祖国的爱必须支配那种作为绝对最高、最终和独立的行政机构的国家本身。首先,这种爱要在国家选择实现它的最近目的——内部和平——的手段时对它加以限制。为了这一目的,个人的天赋自由当然也必须以各种方式加以限制,而且如果人们对个人除了这种考虑和意图以外,根本没有其他考虑和意图,他们大概就会把个人的天赋自由限制到尽可能狭小的范围,使自己的一切活动服从于一种千篇一律的规则,而永远受到监管。即使这种严厉手段是不必要的,它也至少不会损害这个惟一的目的。只有对于人类和各个民族的更高的见解才扩大了这种有局限性的估量。自由连在外部生活的行动中也是萌发更高文化的土地;一种注意更高文化的立法会容许自由有一个尽可能广阔的范围,哪怕冒着单调的宁静程度会减低,国家的治理会变得艰难和费力的风险。

(I,10,204)

这可以用一个例子来说明。大家都经历过,许多民族被当面告知,它们不像一些别的民族那样需要这么多自由。这种说法甚至可能包含了某种宽容和厚意,因为人们本来想说的是,它们根本承受不了这么多自由,而只有高度严厉的手段才能阻止它们互相摩擦。但是,如果此话是当真讲的,那么,它只有在这种前提下才是真的,这就是,这种民族完全没有能力过本原生活,没有能力追求这样的生活。如果这种民族可能存在——在这种民族当中也有不少高尚的人打破常规,成为例外——那么,它确实根本不需要什么自由,因为自由只是用于更高的、超越国家的目的;它只需要加以控制和调教,使各个人能够和平共处,使整个民族能够被制作成一种实现任意设置的、与本民族无关的目的的有用工具。对于人们是否能当真这样讲某个民族,我们可以不作定论；但很清楚，一个本原民族需要自由，自由是这个民族坚持自己的本原性的保证，这个民族在自己的延续中可以毫无危险地承受程度越来越高的自由。这就是对祖国的爱在必须支配国家本身时所考虑的首要事情。

其次，对祖国的爱要给国家本身规定一个比维护内部和平、私有财产、个人自由和人人生活康乐这个寻常目的更高的目的，这种爱必须从这个方面支配国家。国家召集起一支武装力量，只是为了这个更高的目的，而没有任何其他意图。如果对于使用这支武装力量产生另一种说法，认为需要把单纯概念中的国家的一切目的——私人财产、个人自由、生活康乐，甚至国家本身的延续——都拿来孤注一掷，认为需要在对肯定达到预期东西没有一个清晰的知性概念——在这类事情上绝不可能有这样的概念——时作出本原的和让上帝单独负责的决定，那就只有在国家掌舵的位置上才开始有一种真正本原的和最初的生活，只有这时才出现政府的真正的庄严权力，像上帝那样为了更高的生活而用较低的生活作赌注。其实，在维持传承下来的宪法、法律和公民的富裕的过程中根本就没有任何真正的、本原的生活，没有任何本原的决定。创造了这些的是各种情况和局势，也许还有早已死去的立法者；后来的时代继续虔诚地在业已开辟的道路上前进，因而实际上没有过一种属于自己的公共生活，而只是在重复过去的生活。在这样的时代并不需要什么真正的政府。但是，如果这种按部就班的进程陷入了险境，必须对新的、从未有过的情况作出决定，那就需要有一种由自身造成的生活。那么，什么精神可以在这样的情况下置身于掌舵地位，能够满有 (I, 10, 205)

把握,毫不左右摇摆而作出决定呢？什么精神具有不容置疑的权力,能够命令它可能遇到的每个人——不管他自己是否愿意——能够强迫抗拒它的人,至死都把一切置于危险之中呢？不是公民热爱宪法和法律的恬静精神,而是高度热爱祖国的熊熊火焰,这种爱囊括了作为永恒东西的外壳的民族,高尚的人乐于为这样的民族牺牲自己,不高尚的人——他们只是为了高尚的人才存在的——也应当为这样的民族牺牲自己。公民对宪法的那种爱却不是这样；它停留于知性,绝不能做到这一点。不管情况怎样,由于受到统治不是徒然的,所以总会有一个支持那种爱的统治者。你们就让新统治者甚至打算实行奴隶制度吧！（除了在无视和压制一个本原民族的独特性的地方,奴隶制度会在哪里呢？这类特性对于具有那种思维方式的人来说是不存在的。）——你们就让他也打算实行奴隶制度吧！由于可以从奴隶们的生活、他们的数量、甚至他们的富裕抽取到油水,所以,只要他在某种程度上是个会盘算的人,奴隶制度就会在他的统治下成为可以忍受的,而奴隶们也至少总会找到生活和生计。那么,他们究竟应当为什么而斗争呢？在找到生活和生计之后,安宁对他们来说是高于一切的。这种安宁只会被持续的斗争所破坏。因此,他们会运用一切手段,使斗争不久就结束；他们会顺从,他们会让步,他们为什么不应当这样做呢？他们从来不曾有更多的作为；除了继续保持那种在可以忍受的条件下生存的习惯,他们对生活从来不曾期望过什么更多的东西。我们预言在尘世也有一种超越尘世寿命的生活,只有这一预言能够鼓舞人至死为祖国而战。

迄今为止的情况也是如此。在真正被统治过的地方,在经受过严重斗争的地方,在对暴力抵抗取得过胜利的地方,正是对永恒生活的那种预言在那里进行了统治、斗争并取得了胜利。这些演讲中先前提到的德意志新教徒们曾经怀着对这一预言的信仰进行了斗争。难道他们不知道,怀着旧有的信仰也能够统治人民,使人民在法律秩序中和衷共济吗?难道他们不知道,怀着这一信仰人们也能够找到自己的很好的生计吗?他们的君主究 (I,10,206)
竟为什么决定进行武装抵抗呢?人民为什么满怀热忱地进行了抵抗呢?——正是为了天堂和永恒的极乐,他们才自愿抛洒鲜血。——但是,尘世间究竟有哪种暴力能侵入他们心中内在的圣地,把他们心中已经油然而生的信念——他们对极乐抱有的希望只建立在这一信念之上——连根剔除呢?由此可见,也不是为了他们自己的极乐,他们才进行斗争,因为他们已经得到了获得这一极乐的保证;他们进行斗争,是为了他们的孩子们的、他们的尚未出世的子孙们的和所有尚未出世的后人们的极乐;这些子孙也应当用他们觉得惟一可以拯救灵魂的同一个学说加以调教,这些子孙也应当参与对他们来说已经开始的拯救工作;只有这一希望受到了敌人的威胁。为了这一希望,为了在他们死后将在他们的坟墓上长期鲜花盛开的事物秩序,他们才怀着这种喜悦抛洒自己的鲜血。我们承认,他们自己并不完全清楚,他们在描述自己内心最高尚的东西的时候措辞不当,用语有误,做了对自己的心灵不适当的事情;我们愿意承认,他们坚持的信仰不是分享坟墓彼岸的天堂的惟一手段;但有一点却是永远真实的,那就是通过他们的牺牲,坟墓此岸的天堂,即一种从大地向天上更勇敢和更愉快的仰望活动和一种更自由的精神冲动，在更大的程度上进入了后来时代的全部生活，而且他们的反对者的后人同我们自己——他们的后人——一样，直到今天都在享受他们辛劳的果实。

在这种信仰中，我们最早的共同祖先，即新文明的本原民族或被罗马人称为日耳曼人的德意志人，勇敢地反抗了罗马人逼近的世界统治。难道他们没有在自己眼前看到自己近旁的罗马各省的高度繁荣、这些省里的精美享受以及同时拥有的大量法律、法庭、权杖和砍头斧吗？难道罗马人还不很乐于允许他们共享所有这些好处吗？难道他们没有在他们自己的许多君主——这些君主只从自身说明，反对这样的人类施主的战争就是叛乱——身上看到备受赞扬的罗马人仁慈宽厚的证明吗？这些施主用国王的称号、用自己军队中的统帅地位、用罗马人的绶带来装饰屈服称臣的人，如果这些人被自己的同胞驱赶出来，他们就在自己的殖民地中给这些人一块避难之地和一笔生活费用。难道他们不明白罗马人的文明优势吗？比如，他们的军队拥有良好的装备，在这些军队中，甚至连一个像阿米尼乌斯[230]这样的日耳曼英雄人物也不拒绝学习战术。绝不能说他们对这一切是无知的或无视的。只要在不损失自己的自由的情况下能做到，在不损失自己的独特性的情况下有可能，甚至他们的后人也掌握了罗马人的文明。但他们经过好多世代，一直在那种总是以同样的力量再三兴起的血腥战争中奋战，究竟为了什么呢？一位罗马著作家让他们的统帅说出了其中的原因："他们要么维护住自己的自由，要么在沦为奴隶之前死去，除此之外他们究竟还有什

第八讲 什么是较高意义上的民族？什么是爱国主义？

么出路呢？"[231]自由对他们来说就在于，他们仍然不失为德意志人，他们继续按照他们特有的精神，独立地、真正地决定自己的事务，也在自己的发展中同样按照这种精神前进，并且他们也将这种独立性传给自己的后人。而罗马人提供给他们的所有那些好处，对他们来说则意味着奴役，因为他们在接受这些好处时就必定会成为别的什么人，成为半个罗马人，而不是德意志人。不言而喻，他们的前提是，每一个人都宁愿死，而不愿成为这样的人，一个真正的德意志人只有为了做德意志人、永远做德意志人和把自己的孩子培养成德意志人，才会愿意活着。

他们没有全都死去，他们没有看到奴隶制度，他们把自由留给了自己的孩子们。整个近代世界把它能像它现在这样存在，归功于他们坚毅顽强的反抗。假如罗马人也成功地奴役了他们，并且像罗马人到处做过的那样，把他们作为民族彻底消灭掉，那么，人类的整个继续发展就会采取另一种方向，人们则无法相信这种方向是可喜的。我们作为他们的土地、他们的语言和他们的信念的直接继承人，把我们还是德意志人，把本原的和独立的生活激流还在承载我们，归功于他们，我们把我们自此以后作为民族业已成为的一切，都归功于他们，如果我们没有现在就完结，而且源于他们的最后一滴血没有在我们的血管中流干， (I,10,208)
那么，我们也会把我们以后还将成为的一切，都归功于他们。连那些在我们看来现在已成为异邦民族的其他部族——在他们当中有我们的弟兄——也把自己的生存归功于他们；当他们战胜永恒的罗马的时候，还不存在任何一个这样的民族；那时，他们的斗争也同时为这些民族在未来的形成赢得了可能。

这些人和世界历史上跟他们的思想一样的其他一切人都获得了胜利，因为永恒的东西鼓舞过他们，而这种鼓舞总是必然会战胜那种没有受到永恒东西的鼓舞的人。争得胜利的既不是臂膀的强壮，也不是武器的精良，而是心灵的力量。谁为自己作出牺牲设置一个有限的目标，在达到某一个点后，不愿继续冒着风险前进，那么，一旦他在这个既不能放弃、也不可缺少的点上遭遇危险，他就会不再进行抵抗。谁根本没有给自己设置任何目标，而是把一切，把人们在尘世所能失掉的最宝贵的东西——生命——都拿出来，他就永远不会放弃抵抗，而且只要敌手有一个比较有限的目标，就无疑会取得胜利。一个民族，哪怕在其最高代表和统帅那里也能凝神注意精神世界的面貌——独立自主，并像我们最古老的祖先那样，受到对于它的爱的吸引，那么，这个民族就必定会战胜那种像罗马军队一样只被当做实现外族统治欲望和奴役独立民族的工具的民族；因为前者必须失去一切，而后者只须赢得一些东西。但是，甚至连一个古怪的念头都会战胜这样一种思维方式，这种思维方式把战争看作会有一时的输赢的赌博，在开始赌博之前就已经确定好自己想在牌上压上多少筹码。比如，请你们想一想穆罕默德，——不是历史上那个真实的穆罕默德，我承认我对他不必作任何评论，而是一位著名的法国诗人笔下的穆罕默德[232]。他曾经坚定地认为，他是天生的非凡人才之一，这种人是受命领导大地上蒙昧的、卑劣的民族的，根据这个首要前提，他的一切想法不管实际上是多么可怜和多么有限，就因为它们是他的，在他看来也必然都是伟大的、庄严的和使人幸福的思想，而一切反对这些思想的民族在他看来必然都是蒙昧的和卑劣的民族,是他们自己的幸福的敌人,是思想恶劣、值得憎恶的人。于是,为了在自己面前把他的这种自命不凡论证为上帝的呼唤,并把他的整个一生都完全献给这一思想,他必须把一切都投上去而不得安歇,直到他把所有不愿像他自己那样把他想象得那么伟大的人都践踏掉,直到所有同时代的人都会向他反映出他自己对他负有的神圣使命的信念。我不想说,如果真有一种真实存在的和自身清晰的精神面孔进入赛场跟他比赛,他会有什么下场,但他肯定会赢那些投注有限的赌徒,因为他投入了一切跟他们去赌,而他们则没有投入一切;没有什么精神在驱动他们,而他则受到一种狂热精神——他那强大有力的自命不凡的驱动。(I,10,209)

从这一切可以得出结论,国家单纯作为对于通常的和平进程中前进的人类生活进行治理的机构,并不是第一位的和独立存在的东西,而只是在这一民族中实现纯粹人性的永远均衡的发展这个较高目的的手段;只有对于这种永远的发展的预感和热爱,是应当在宁静时期也对国家管理工作不断进行更高的监督的东西,并且在民族独立濒于危险的时刻,也是惟一能够拯救民族的东西。在德意志人那里,在那些作为一个本原民族的人们当中,这种对祖国的爱是可能的,并且如我们确信知道的那样,直到现在也是真实的,所以,具有这种爱的人直到现在都可以怀着高度的信心,信赖其最重要的事务是可靠的。就像还在古代希腊人那里一样,在德意志人这里国家和民族甚至也是彼此分离的,每一方都是独立地体现的,前者体现于特定的德意志帝国和各个诸侯国,后者以可见的方式体现于帝国联盟,以不可见的方式体现于大量的习俗和建制，这不是根据一种成文的法律生效的，而是根据一种活在人人心中的法律生效的，并且其结果处处都历历在目。在一切讲德语的地区，每一个在这一地区见到阳光的人都能把自己看作双重意义上的公民，一方面看作他的出生国家的公民，这个国家首先向他表示关怀，一方面看作德意志民族的整个共同祖国的公民。每一个人都得到允许，在这个祖国的整个大地上寻找与自己的精神最接近的那种教育或对自己最合适的活动范围；天赋的才能并不像一棵树那样长在自己所处的位置，而是可以寻找自己的位置的。谁通过自己的教育采取的方向同自己最接近的环境分离开，谁就很容易在别处找到愿意接受他的人，找到新的朋友来代替失去的朋友，找到时间和宁静，以进一步说明自己，也许甚至赢得被惹恼的人，并同他们和解，从而使全体达成一致。没有一个德意志人出身的君主从来都能于其在位时期，在自己统治的山河以内为其臣民们标明祖国的界限，把他们看成是被束缚在土地上的。在一个地方不得表达的真理，可以在另一个地方得到表达，在这个地方也许正好相反，是禁止别处允许的东西的；所以，尽管在一些特定的国家有不少的片面性和狭隘性，但在作为一个整体的德国，还是存在着一个民族曾经拥有的研究真理、传播真理的最高自由[233]；而较高的文化到处都曾经是、并且一直是从一切德意志国家的公民的相互作用中产生的成果，这种较高的文化后来也以这种形式逐渐下达于广大的民众，使民众一直继续在总体上自己教育自己。正如已经说过的，任何一位执政的德意志人都不会贬低德意志民族延续的这个根本保证；尽管就其他原初的决定来说,没有经常发生更高的德意志人的祖国之爱必定期望的东西,但至少没有出现直截了当地反对这样一位德意志人的事情,人们没有试图削弱那种爱,将它消灭掉,以一种相反的爱取代它。

但是,如果那种较高的文化和民族的政权原初拥有的领导作用——它也只是为了那种文化及其延续才可以被用作目的——,即德意志人的财产和德意志人的鲜血的使用,从德意志人的心灵管辖的领域进入另一个管辖领域,那将必然产生什么结果呢?

正是在这里首先需要有我们在第一讲中所要求的那种不愿对自己的事务发生迷误的倾慕,需要有愿意看到真理和承认真理的勇气;就我所知,这个地方也还总是允许我们用德语相互谈论祖国,至少允许我们对祖国叹息;而我相信,如果我们从我们自己中间过早发布一种禁止这么做的命令,给在此以前无疑已经动议作这种冒险的勇气套上一种让个人畏缩不前的枷锁,我们就做得不妥了。

既然如此,你们也就把假定的新暴力描绘得像你们希望的 (I,10,211) 那样善良和友好吗?把它描绘得像上帝一样美满吗?你们也能给它安装上上帝的理智吗?即使它非常认真地希望一切人都享有至福和安康,它能理解的最高的安康也会是德意志人的安康吗?因此,我希望,我今天向你们演讲的要点已经完全被你们理解了;我希望,在场的很多人已经思考过和感觉到,我只是清楚地表达了和用言词讲出了一直放在你们心里的话;我希望,有朝一日会读到这篇东西的其他德意志人也会有这样的感受;在我之前，也有许多德意志人大致讲过类似的话；那种信念已经给不断表示出来的这种反对国家的单纯机械安排和估算的活动模糊地奠定了基础。现在，我要求所有了解外国近代文献的人向我证明，哪个近代的哲人、诗人、立法者曾表露过一种与此类似的、把人类看作永远进步的预感，并把自己在时间中的一切活动只同这种进步联系起来；甚至在他们最勇敢地奋起，要在政治上有所作为的时候，是否有哪个人，除了向国家要求废除不平等，要求内部的和平和外部的民族荣誉，并且在提得最高的时候要求家庭幸福，还要求过更多的东西吗？就像人们从所有这些显示中必定会得出结论那样，如果这是他们的最高要求，他们也就不会认为我们对生活有更高的需要和更高的要求，而且他们总是假定自己对我们怀有那种行善的意向，而不存在任何自私自利之心和任何想要胜过我们的欲望，因而认为，如果我们找到惟独他们知道值得追求的一切，他们就已经对我们操够了心。但在这以后，那种惟独使我们当中的高贵者愿意生活的东西却被清除出了公众的生活，而那些始终表示愿意接受高贵者的鼓励的民众——人们甚至可以根据他们人数众多而期望他们崛起，也上升到那种高贵的地位———俟他们受到的待遇与那些人享受到的待遇一样，就在与低等民族的同流合污中被降低了等级，受到了贬谪，被清除出了事物的序列。

(I, 10, 212)

谁身上还仍然生动有力地抱有那种对生活的更高要求，抱有对自己的神圣权利的感情，谁就感到自己深怀不满地被迫倒退到了基督教的最初时代，在那个时代，人们曾说："你们不应当反抗恶行，如有人打你的右脸，你就把左脸也递给他，如果有人想拿走你的上衣,你就把大衣也让给他";[234]这一说法是有道理的,因为只要他看见你还有一件大衣,他就会为了把大衣也从你手里拿走而设法向你寻衅,直到你一丝不挂了,你才能躲开他的注意力,才能在他面前获得安宁。正是他那种使他受到尊敬的更高贵的心灵给他把地球变成了地狱和令人厌恶的东西;他但愿自己没有出生,他但愿自己的眼睛越早闭上,不再见天日越好,无尽的悲哀笼罩着他的日子,直到他进坟墓;他无法祝愿自己所爱的人有更好的才能,而只愿他们头脑迟钝,容易知足,这样他们就能少受点痛苦,生活下去,迎向坟墓彼岸的一种永恒生活。

在运用其他手段都徒劳无益之后,使用这种惟一还剩下的手段,阻止这么毁灭将来在我们中间爆发的任何高尚冲动,阻止这么贬低我们的整个民族,就是这些演讲向你们提议的。这些演讲向你们提议,在把我们的民族理解为一个永恒的民族和我们自己的永恒生活的保证以后,通过教育,把对祖国的真正的和万能的爱深深地、不可磨灭地建立在一切人的心中。哪种教育能够做到这一点,用什么样的方式做到这一点,我们将在以后的演讲中看到。

(I,10,213)

第九讲　新的德意志民族教育应当同现实中存在的哪个点连接起来?

通过我们的上一讲,许多在第一讲中预示的证明都已经作出和完成。我们曾说,目前要谈的只是毫不迟疑地拯救德意志人的生存和延续,这是首要的任务;一切其他差别都由于从更高的角度通观全局而消失了,而这并不会妨碍某人认为自己应当承担的特别义务。只要国家和民族之间造成的差别对我们现在仍然存在,那就很清楚,这两者的事务即使在以前也决不可能发生冲突。就德意志民族的全体人民而言,对祖国的高度热爱无论如何必须和应当在每一个特定的德意志国家中占有最高的主导地位;这些国家中的任何一个国家,如果不想疏远一切高尚的和有才干的人,从而加速自己的毁灭,就不得忽视这件更高的事务。因此,一个人越是被这件更高的事务所吸引和振奋,这个人对他能直接发挥作用的那个特定的德意志国家也就越是一位好公民。各个德意志国家可能就传承的特殊优先权发生过争执。谁希望这种传承的状况继续下去——毫无疑问,每一个有理智的人都必定为了进一步的结果,希望这种状况继续下去——谁就必定期望,正义的事业无论在谁手里都会取得胜利。看来顶多会有一个特定的德意志国家,谋求整个德意志民族统一于它的治理之下,实行集权专制,取代传承下来的各个部族的共和政体。像我确实认为的那样,恰恰这种共和体制迄今一直真的是德意志文化的首要源泉,是保障它的独特性的优异手段,所以,假如建立的统一政府本身真的没有采取共和政体的形式,而是采取了君主政体的形式——在这种形式下,当权者毕竟有可能于其有生之年在整个德意志大地上压碎任何一棵本原文化的萌芽——那么我说,在这种情况下,如果这一图谋获得成功,如果每个高尚的人都必须在整个共同的大地上对它进行抵制,这对德意志人的热爱祖国的事务就诚然会是一个很大的不幸。然而, (I,10,214) 即使在这种最糟糕的情况下,也毕竟总是会有一些德意志人,他们能统治德意志民族,真正领导它的事务;而且即使独特的德意志精神会暂时丧失,也毕竟会存在着这样的希望:这种精神将重新觉醒,在整个大地上,每一个更有力量的人都能期望找到听众,并让别人理解自己;毕竟总会有一个德意志民族维持其生存,它会自己治理自己,而不会在另一种低级的生存状态中没落下去。在这里,德意志人对民族的爱本身或者在德意志国家中居于掌舵的地位,或者能够靠自己的影响达到掌舵的地位,这在我们的估计中总是重要的。但是,根据我们以前的假定,如果这个德意志国家——不管它是作为一个国家,还是作为许多国家出现的,这都无关紧要,实际上它还是一个——完全脱离德意志人的领导,而落入外国人的领导,那么我说,可以肯定,从现在起起决定作用的将不再是德意志人的事务,而是外国人的事务,相反的情况则似乎是违反一切天性的和绝对不可能的。德意志人的全部民族事务,凡在它迄今拥有自己的位置和依靠国家掌舵而得到体现的地方,都会被排挤出去。如果它在地球上现在不应这么被完全消灭,就必须为它准备另一个可供逃避的地方,而这就是在被统治者那里惟一剩下的地方,即在公民中间。但是,假如它已经存在于公民或大多数公民那里,我们便根本不会进入我们现在商讨的这种情况;所以,它并不存在于他们那里,而是必须先将它带入他们中间,换句话说,大多数公民必须受到这种爱国主义思想的教育,而且为了确保这大多数人,必须在全体公民中设法进行这种教育。这样,就同时直截了当地和清楚地作出了一个同样在先前预示过的证明,这就是:能够拯救德意志的独立性的,绝对仅仅是教育,而不是其他可能拥有的手段;如果人们到现在还没有能力理解我们这些演讲的真正内容和意图,理解我们的言论表达的意思,那么,这无疑不可能是我们的过错。

简而言之,在我们的前提下,未成年人总是缺少父亲和亲友这样的保护人,取而代之的是主人;如果那些未成年人不应干脆成为奴隶,他们就必须脱离这种监护,而且为了能做到这一点,他们必须首先被教育成为成年人。德意志人对祖国的爱已丧失自己的位置;它应当获得另一个更深、更广的位置,在这一位置上安宁地隐居,建立根基,经受锻炼,在时机成熟时迸发出青春力量,也把丧失的独立性还给国家。不仅外国人,而且我们自己当中那些目光短浅、心胸狭窄和悲观沮丧的人,也都可能对这个位置的获得泰然自若;为了使他们完全得到安慰,人们可以向他们保证,他们全都不会经历这类事情,将来经历这类事情的时代会与他们有不同的想法。

无论这个证明的各个环节怎样环环相扣,它是否也会感动其他人，激发他们去行动，则首先取决于这种像我们描述为德意志人的独特性和德意志人对祖国的爱的东西是否存在，这种东西是否值得保持和追求。不言而喻，在我们境外的或我们境内的外国人对这个问题的回答是否定的；但我们也没有召他们一起来商讨。此外，在这里必须说明，对这个问题的判定绝不是以概念证明为根据的，这种证明诚然在这里很清晰，但对现实的生活或价值问题根本无法作出答复，相反地，这些问题只能通过每个人对生活本身的直接经验得到证明。虽然在这种情况下几百万人都可能说不存在这种东西，但这也不过是说，仅仅在他们中间不存在这种东西，而绝不是说根本不存在这种东西，如果有惟一的一个人出面反对这几百万人，并且保证说这种东西是存在的，他就与所有这些人相反，是说得正确的。我现在正在讲话，因而没有什么东西阻止我在这种情况下成为这个惟一的人，而这个人保证说，他从他自身的直接经验中知道，像德意志人对祖国的爱这种东西是存在的，他了解这种东西的无限价值，惟独这种爱驱使他不顾一切危险，说出他已经说的和还将说的话。因为我们目前除了讲话，已一无所能，而且甚至连讲话都受到种种阻碍，正在被弄得失去活力。谁有同样的感受，谁就会信服；谁没有这种感受，谁就无法信服，因为我的证明只是建立在有同感的前提之上的；在没有同感的人身上，我的言语则白费口舌，但谁不想用像言语这样微不足道的东西来冒险呢？

我们已经在第二讲和第三讲中概括描述了我们期望能拯救德意志民族的那种特定的教育。我们把这种教育称为人类的彻底改造。在这里把对于整个演讲再次作出的概观同这个称谓结合起来，将是很合适的。

(I,10,216)　迄今为止，感性世界通常都是被看做完全本原的、真实的和真正持续存在的世界，最先向受教育的学子展示的就是这个世界；学子是从这个世界才被引向思维，而且大多数是被引向对这个世界的思维，是为这个世界服务的。新的教育正是要把这种秩序颠倒过来。对它来说，只有被思维把握的世界才是真实的和真正持续存在的世界；它想从一开始就把自己的学子引入这一世界。它只想把学子们的全部爱和全部愉悦同这一世界联系起来，使得生命必然惟独产生和出现在他们的这个精神世界里。迄今为止，在多数人中间只有肉体、物质、自然力量是活着的；通过新的教育，在大多数人中间，甚至不久就在所有的人中间，将只有精神是活着的，并驱动着人类；这种坚定、确实的精神从前被说成是建制良好的国家惟一可能的基础，现在应当得到普遍的培养。

　　通过这样一种教育，就无疑达到了我们最初为自己设定的、我们的演讲由以出发的那个目的。那种需要加以培养的精神本身直接体现了对祖国的高度热爱，它把它的尘世生活理解为永恒的生活，把祖国理解为这种永恒生活的载体，它如果要在德意志人当中建立起来，就会把对德意志祖国的爱理解为自己的必然组成部分，在自身直接体现出来；从这种爱中自然会产生出保卫祖国的勇士和安分守法的公民。通过这种教育达到的，甚至还会超过这个切近的目的；凡在人们想用彻底的手段达到一个伟大目标的地方，情况也总是这样；一个完整的人将在他的各方面都臻于完善，在内部变得圆满无缺，在外部变得十分干练，可以达到他在时间过程和永恒状态中的一切目的。精神的本质把我们完全摆脱一切压迫我们的苦难的解救工作同我们光复民族和振兴祖国的事业不可分割地联系在了一起。

我们主张有这样一种纯粹的思想世界,甚至主张它是惟一可能的世界,而在另一方面完全抛弃了感性世界;有人对此愚钝地表示惊讶,或者根本否定纯粹的思想世界,或者单纯否定大多数民众甚至都能被引入这个世界的可能性。这些看法我们在这里都不必再谈了,我们以前已经全部驳斥过它们。如果谁还不知道有一个思想世界,他可以在这时到别处用现有的方法学习我们的这些主张,我们在这里可没有时间把这些主张教给他;但是,甚至大多数民众怎么都能被提高到这个世界,这却正是我们现在想表明的。 (I,10,217)

现在,根据我们自己考虑妥当的想法,这样一种新教育的设想决不能被看作是单纯为了训练敏锐头脑或能言善辩而树立的图景,而是应当立即加以实施,并且被引入生活,所以,我们要首先说明,这个设想的实施应同现实世界中已经存在的哪个环节连接起来。

我们对这个问题的回答是:它应当同约翰·海因利希·裴斯泰洛齐[235]所发明和倡导,并且在他的眼下已经实施成功的教学联系起来。我们现在想进一步深入论证和详细规定我们的这一判定。

首先,我们已经阅读和认真思考过这个人本身的著作,从这些著作出发形成了我们对他的教学和教育方法的看法;但关于各种学术动态刊物对这一事物的报道和评论,关于它们对评论所作的评论，我们毫无所知。我们之所以说明这一点，是为了向每一个同样渴望了解这一事物的人推荐这种方法，以免南辕北辙。同样，我们至今也不想看到什么真正实施的东西，这决不是由于不重视，而是因为我们想先对这位发明者的真实意图获得一个坚实、可靠的看法。实施可能经常落后于意图，但从这种看法中却可以自然而然地产生出对实施情况和必然结果的看法，而无需作任何试验，并且我们只有具备了这一看法，才能真正理解和正确评价实施情况。如果像一些人认为的那样，这种教学也已经在某些地方蜕变为一种盲目的、经验的摸索，蜕变为空洞的游戏和卖弄，那么，我认为，这位发明者的根本概念至少在这方面是完全无辜的。

(I, 10, 218)　　这个人本身的独特性，正像他在他的著作中用最忠实、最富于情感的坦诚说明的那样，首先向我保证了这一根本概念。以他为例，就像以路德为例一样，或者，如果还有跟他们相同的其他人的话，也像以另一个人为例一样，我能够说明德意志精神的基本特征，并令人高兴地证明，这种精神的全部奇妙力量直到今天还在讲德语的人的范围内起着支配作用。他也经历了艰难的生涯，在与一切可能的阻碍进行的斗争——在内部是同自身的冥顽和迟钝作斗争，即使自己极少备有学者教育最常用的辅助手段，在外部是同长期的错误判断作斗争——中，力求达到一个单纯预感到的、他本人并没有完全认清的目标，并受到德意志人的一种不可战胜和威力无比的冲动的支持和驱使，而这就是对可怜的、无人关心的民众的爱。这种威力无比的爱使他像路德那样成为这种爱的工具，只不过这是在另一种合乎他的时代的方面;这种威力无比的爱变成了他生命中的生命,是他这种生命的坚定的和不可移易的向导;这个向导虽然是他本人所不知道的,却指引他的生命穿越了包围他的一切黑夜;由于这样一种爱不可能不得到报偿就从地球上退出,这个向导也使他的晚年凭他真正在精神领域里作出的发明而获得了最大的盛誉,而这种发明的成就远远超过了他过去最勇敢地期望得到的成就。他的确只想帮助民众,但他的发明如果完全得到推广,却将扬弃民众,扬弃民众与有教养阶层之间的全部差别,不会提供所要寻求的民众教育,而会提供民族教育,并且很可能有能力帮助各民族和全人类走出现在所处的苦难深渊。

他的这种根本概念在他的著作[236]中非常清晰和明确无误。首先从形式方面来看,他并不想要迄今为止的任意性和盲目摸索,相反地,像我们想要的那样,像德意志的彻底精神必定想要的那样,他想要一种坚实的和计算得很可靠的教育方法;他非常坦白地谈到,法国人那种认为他想把教育机械化的说法怎样帮助他在这一目的上走出了梦境。从内容方面来看,我所述的新教育要激发和培养学子们的自由精神活动,要激发和培养他们 (I,10,219)
的这样一种思维,在这种思维中,他们的爱的世界以后会向他们展开,这就是这种教育的首要步骤;裴斯泰洛齐的著作出色地探讨了这个首要步骤,我们对他的根本概念的检验首先涉及这一课题。在这一方面,裴斯泰洛齐指责迄今的教学只是使学生坠入云雾和幻影之中,而从未让学生达到真正的真理和现实,这跟我们批评这种教学不能影响生活,也无法形成生活的根基,是相同的;裴斯泰洛齐倡导的辅助方法,是将学子们引入直接的直观,这跟我们倡导的方法,即激励学子们的精神活动去构想各种图像,让他们只在这种自由的构想中学到他们学习的一切东西,也是相同的,因为只有对于自由的构想才可能有直观。以后所说的实践将证明,这位发明者确实是这样认为的,而决不把直观理解为那种旨在盲目探索、盲目捉摸的知觉活动。这种通过教育激发学子们去直观的方法同样完全正确地提供了一条普遍的和影响深刻的规律,即在这方面与发展儿童的各种力量的起点和进程并驾齐驱[237]。

(I,10,220) 　　另一方面,裴斯泰洛齐的这种教学计划在加以表达和加以推荐时的全部失误都有一个共同的根源,那就是:一方面有一种在开始的时候想要达到的可怜的和有限的目的,即在整个计划原封不变的前提下,给特别受到忽视的民众的孩子们提供最急需的帮助,另一方面有一种要达到一个更高目的的手段,这两者是相互混淆和矛盾的;如果人们放弃前者,放弃一切从重视前者而来的东西,而只坚持后者,循序渐进地贯彻后者,人们就保证不会发生任何错误,而获得一个完全自相一致的概念。在裴斯泰洛齐的爱心中,他对阅读和写作估计过高,把它们几乎树立为民众教育的目标和顶点,他对一千年来认为它们是教育的最佳辅助方法毫无成见地加以相信,这无疑只是产生于这样的期望:尽快让那些最贫困的孩子离开学校就业,但还是要让他们掌握某种方法,使他们能够补上中断的课程;因为不然的话,他一定已经发现,恰恰这种阅读和写作至今都是把人们裹在云雾和幻影中,使他们自命不凡的真正工具。因此,与他的直接直观的原则相矛盾的其他许多建议,特别是他把语言当做一种手段的完全错误的看法,也无疑促使我们这一代人从晦暗的直观上升到清晰的概念。就我们的立场而言,我们谈到的并不是同高等阶层相对立的民众的教育,因为我们根本不希望再有这种意义上 (I,10,221)的民众,即低贱的和卑鄙的暴民,为了德意志的民族事务,这种暴民也不再能让人忍受,相反地,我们谈到的是民族教育。一旦进行民族教育,那种亟欲很快结束教育,立刻又让孩子干活的可怜愿望必定根本不再会有生气,而是在开始商讨这件事务的时候就立刻被抛弃了。诚然,这种教育在我看来不会花费很多,各个教育机构将大都能够维持自己,工作也不会遭受什么损失——关于这种情况,我将在适当的时候说明我的看法;但是,即使情况不是如此,在教育结束和可以结束以前,学子们也必须冒着一切风险,一直无条件地接受教育。那种半途而废的教育并不比根本没有教育更好;它使一切都毫无改观;如果有人想要它,他真不如连这一半也省掉,从一开始就直截了当地宣布,他不希望人类得到帮助。在那种前提下,只要半途而废的教育继续存在,阅读和写作在单纯的民族教育中就毫无益处,反而很可能成为有害的,因为这会容易把人从直接的直观误导至单纯的符号,从全神贯注误导至精力涣散。全神贯注的人知道,如果自己不现在立刻理解,自己就什么都不会理解,而精力涣散的人则满足于抄写,想在某个时候从纸上学到自己很可能永远不会学到的东西。这就像迄今发生的情况那样,会容易完全误导至那种在同字母打交道时经常伴有的梦想。只有到教育完全结束的时候,才能把这些技艺作为教育的最后一件礼物带着上路,传授它们,才能通过分解学子们早已完全掌握的语言,引导他们发现和使用字母；对于已经获得其他培养的学子们来说，这会成为一种游戏。

单纯的和普通的民族教育就是如此。对未来的学者而言，情况则有所不同。将来总有一天，他们不只应当说出他心中所想的普遍生效的东西，而且也应当在孤独的思考中把他心中隐藏着的、他本人没有意识到的和独特的深邃东西提高到语言之光中。因此，他必须早一点借助文字掌握并学会构造这种孤独的、但仍然有声的思考的工具；但是，他也不要像迄今的那样操之过急。这一点将在区别单纯民族教育和学者教育的地方适时得到更清楚的说明。

(Ⅰ,10,222) 按照这一看法，这位发明家关于声音和言语作为发展精神力量的手段所说的一切都必须加以纠正和限制。我的这些演讲的计划不允许我就此一一作出具体评述。我只再作出以下一个涉及他的整个核心思想的评述。他为母亲们写的书[238]，包含着他阐发一切知识的基础，因为他特别对家庭教育抱有很大期望。首先是关于家庭教育本身，我们诚然绝不想就他对母亲们所抱的希望同他发生争执；但是，关于我们的民族教育的更高概念，我们则坚信，这种教育，特别是在劳动阶层的家庭里，如果不把孩子们同双亲完全分开，则完全不可能开始，也不可能继续或完成。那种日常生活的压力和担心，那种由此而来的斤斤计较和利欲，必然会感染给孩子们，拖他们的后腿，妨碍他们自由地飞向思想的世界。这也是实行我们的计划所必要的和绝不能免除的前提之一。如果整个人类在以后的每一个时代都像在以往的时代那样重复自己，我们则必定足以看到结果如何；如果应当对人类进行一次彻底的改造,人类则必须同自身作一次彻底的决裂,在自己传统的生活中造成一个截然分离的转折点。只有在一代人受过新的教育以后,我们想把哪一部分民族教育托付给家庭的问题,才能加以商讨。——如果现在不考虑这一点,而把裴斯泰洛齐写给母亲们的书仅仅看作是教学的首要基础,那么,把孩子的身体作为教学的内容也是完全失误。他是从非常正确的论点出发的,即孩子的认识的第一个对象必定是孩子自己,但是,难道孩子的身体就是孩子自己吗?如果这必须是人的身体,那么,母亲的身体对孩子来说不是更接近和更可见得多吗?孩子没有首先学会使用自己的身体,他又怎么可能得到一种对自己的身体的直观认识呢?那种认识不是什么认识,而只是任意的文字符号的背诵,它是由于对讲话的过高估计而引起的。用裴斯泰洛齐的话来形容,教学和认识的真正基础是感觉的ABC。当孩子开始听语言的音调并且自己勉强发音的时候,必须引导孩子完全弄清楚:他是饿了还是困了,他是看到了用种种语词描述的、他当前出现的感觉,还是听到了这种感觉,或者只是联想到什么感觉;你必须引导孩子完全弄清楚:对同一种感官的那些用特定语词描述的不同印象是如何不同的,是在怎样的层次上不同的,比如不同物体的各种颜色、各种声音等等;所有这一切都必须按照合乎规律地发展感觉能力本身的正确次序加以引导。只有这样,孩子才获得一个自我;孩子在自由的、经过深思熟虑的概念中分离出自我,并用这种概念钻研自我,而且一俟孩子醒悟到生命,他的生命就备有一只精神的眼睛,这只眼睛从这时起再也不会离开他的生命了。这样,大小和数字这些本身空

(Ⅰ,10,223)

洞的形式也就为以后的直观训练获得了它们的清楚地认识到的内在内容,而这种内容在裴斯泰洛齐的做法中也只能是由模糊的爱好和强制附加给它们的。关于这一点,在裴斯泰洛齐的著作[239]里出现了他的一位教师的一段值得注意的自白,这位老师知道这种做法以后,就开始只看到变空的几何物体。如果不是精神的本质在不知不觉地防止这种情况发生,所有的学子都必定会经历这一做法。在这里,在这样清楚地理解真正感觉到的东西时就有这么一个地方,在这个地方,虽然不是语言符号在培养人,却是讲话本身和对别人说出自己的意思的需要在培养人,并把人从模糊和混乱的状态提高到清晰和明确的状态。孩子周围的自然力量造成的一切印象也同时涌入刚刚醒悟的孩子的心中,这些印象搅在一起,形成一片模糊的混沌状态,在这片混沌状态里,没有任何单个的东西从普遍的麇集中显露出来。孩子究竟应当怎样走出这种模糊呢？他需要别人的帮助；但除了明确说出自己的需要,对已经记录在语言中的近似需要加以分辨,他便无法用任何其他方法获得这种帮助。他不得不根据那些分辨的引导,返回来注意自身,以发现自己真正感觉到的东西,把这种东西同自己也知道、但在当下没有感觉到的东西加以比较和区别。这样,才在他心里分离出一个经过深思熟虑的和自由的自我。现在,教育应当依靠经过深思熟虑的和自由的技艺,继续走这条由我们的急需和天性开辟的道路。

在针对外在事物的客观认识的领域里,熟悉文字符号完全不能给认识者本身的内在认识的清晰性和明确性增添任何东西,而只是将这种认识提升到一个可向别人传达的完全不同的领域。那种认识的清晰性完全建立在直观之上,而且人们在想象力中能够随意地、如实地再现其一切部分的那种事物已经被 (I,10,225) 完全认识到,而不管人们是否拥有表示这种事物的词汇。我们甚至坚信,那种直观的完成必定是在熟悉文字符号以前,相反的道路则恰恰引向那种幻影和迷雾的世界,引向早先的那种夸夸其谈,而这两者都是裴斯泰洛齐有理由深恶痛绝的;那种只想到越早知道词汇越好,认为自己一旦知道词汇就增加了知识的人,正是生活在那种迷雾世界里,只操心这种世界的扩大。我在完整地把握这位发明者的思想体系时认为,这种感觉的 ABC 正是他作为精神发展的首要基础,作为他写给母亲们的书的内容所追求的东西,正是在他对语言的一切论述中模糊地浮现在他眼前的东西;可是他对哲学缺乏研究,这就妨碍了他本人完全弄清楚这个问题。

现在,如果把认识主体本身在感觉基础上的这种发展设定为前提,把它作为我们所谋求的民族教育的首要基础,裴斯泰洛齐的直观的 ABC,即他关于数字和大小的关系的学说,就是完全合乎目的的和出色的成果。能同这种直观相联结的是感性世界的任意一个部分,这种直观可以被引入数学领域,直到学子们通过这些预习受到足够的训练,以便引导他们描绘出人类社会秩序的蓝图,引导他们热爱这种秩序,这是培养学子们的第二个步骤,也是重要的一步。

在教育的第一部分也不能忽视裴斯泰洛齐同样倡议的另一个课题:学子们的身体技能的发展,这种发展必须同精神的发展齐头并进。他要求的是技艺的 ABC,也就是身体能力方面的

ABC。他关于这方面的最突出的言论是这么说的:"锤打、负重、投掷、撞击、牵拉、旋转、角斗、跳跃等等是最简单的体力训练。从这些训练的开始到技艺的完善,也就是到最高级的神经活动节奏,有一个合乎自然的次序,这种最高级的神经活动节奏可以保证锤打和撞击、跳跃和投掷的千变万化,使手脚的动作不出差错。"[240]在这里,一切都取决于合乎自然的次序,用盲目的任意性加以干涉和引入任意一项练习,都不足以使我们能说,我们也像希腊人那样有体育。在这方面,现在还有种种事情要做,因为裴斯泰格齐没有提供技艺的 ABC。这是必须首先提供的,而这就需要有一个既精通人体解剖学,也精通力学科学的人,这个人想必将高度的哲学精神与这些知识结合在一起,想必有能力发现人体依靠的那种在各方面都臻于完善的机械作用过程,说明这种机械作用过程怎样能逐渐从每个健康的人体用这样的方式发展出来;每一个步骤都出现在惟一可能的正确顺序中,每一个步骤都为未来的一切步骤作了准备,使它们容易出现,这样,身体的健美和精神的力量不仅不会受到损害,而且甚至会得到加强和提高。无需作进一步的提示,对于许诺要造就完整的人的教育,特别是对于为民族而确定的教育,体育部分也显然是必不可少的,这种教育应当恢复自己的独立性,并在今后保持自己的独立性。

为进一步规定我们对德意志民族教育的概念还要继续讲的东西,我们留到下一讲。

第十讲 对德意志民族教育的进一步规定[241]

新的德意志民族教育的第一个主要部分是,指导学子首先明了自己的感觉,然后明了自己的直观,与此同时,必须循序渐进地对他们的身体从技艺方面进行培养。关于直观的培养,我们有裴斯泰洛齐所作的合适的说明;现在还缺乏关于培养感觉能力的说明,裴斯泰洛齐和他那些首先对解决这一课题负有使命的同事们,也将会轻而易举地作出它。当然,现在还缺少关于循序渐进地培养体力的说明;但为解决这一课题所要求的东西是已经说明了的,而且可以希望,如果德意志民族会表现出寻求这一解决办法的欲望,那就会有解决的方法。教育的整个这一部分只是过渡到教育的第二个重要部分,即过渡到公民教育和宗教教育的措施和预习。目前关于这一点还需要概括讲的东西,已经在第二讲和第三讲中讲过了,我们在这方面没有什么需要补充的。对这种教育的技艺给以一定的说明,同样是倡议德意志民族教育的那种哲学的事情,不言而喻,这总是要听取裴斯泰洛齐原来的教育技术的建议并与之进行磋商的;一旦由于完成了第一部分的训练而产生了对这样一种说明的需要,这种哲学就会不失时机地提供这一说明。将来有可能,由于出身的贵贱确实不会造成天赋上的差别,因而每一个学子,哪怕出身于最卑贱的阶层,都会理解,甚至轻而易举地理解关于这些内容的课程,如果人们愿意的话,这种课程诚然包括最深奥的形而上学,并且是最抽象的思辨的成果,而目前,甚至学者和自身具有思辨头脑的人都不可能理解这些东西;对于将来怎么可能有这种情况,但愿人们暂且不要反复怀疑,变得疲倦不堪;只要人们在考虑到第一步的时候愿意跟上,以后经验就会证实这种情况。只是由于我们的时代被完全束缚在空洞概念的世界里,在任何地方都没有进入真正现实的世界和直观的世界,我们才无法要求它恰恰在等级最高、智慧最高的直观方面,在它已经聪明得无与伦比以后,能开始直观。哲学必须要求我们的时代放弃它迄今为止的世界,为自己创造一个完全不同的世界,而如果这种要求依然毫无结果,这并不奇怪。但是,接受我们的教育的学子却从一开始就熟悉了直观的世界,而且从来没有见过另一个世界;他们不必改变自己的世界,而只须提高它,而且这种提高是会自行发生的。正如我们在上面已经指出的,那种教育同时是惟一可能的哲学教育,并且是普及哲学的惟一方法。

(I,10,228)

教育是以这种公民教育和宗教教育结束的,学子也要以这种教育结业,这样,我们首先就会完全弄清楚所倡议的教育的内容了。

如果不同时激发起学子对于所认识的事物的爱,就必定永远不会激发起学子的认识能力,因为否则,知识就是僵死的,同样,如果他们对知识不清楚,也就必定永远不会激发起这种爱,因为否则,这种爱就是盲目的。这是我们所倡议的教育的基本原则之一,根据裴斯泰洛齐的整个思想体系,他必定也同意这一基本原则。在循序渐进的教学过程中,对这种爱的激励和发展自然而然地与感觉和直观结合在一起,而且无需我们的任何谋划或助力就产生出来了。孩子具有一种追求清晰和秩序的自然冲动;这种冲动会在那种教学过程中不断得到满足,从而使孩子充满喜悦和兴趣;但在满足的过程中,孩子会再受到新出现的模糊东西的刺激,从而继续得到满足,这样,生活就沉浸到对于学习的爱和兴趣当中去了。这是使每一个人与思想世界联结在一起的爱,是感性世界和精神世界的纽带。通过这种爱,会产生认识能力的轻松发展和科学领域的成功研究,这在这种教育中是肯定的和估计到的,而在迄今为止的教育中则是偶尔在少数具有特别出色的头脑的人中才会有的。

但是,还有另外一种爱,这种爱将人与人联结在一起,将所有的个人联合成为一个惟一的、具有同样思想的理性共同体。如果说那种爱培养知识,这种爱则培养付诸行动的生命,并促使人们在自身和在别人身上体现所认识到的东西。既然单纯改善学者的教育对我们本来的目的会帮助甚少,而且我们所谋求的民族教育首先不是从培养学者出发,而是从培养人出发,那么很清楚,除了发展第一种爱,发展第二种爱也是这种教育的不可免除的义务。

裴斯泰洛齐怀着振奋人心的热情谈到* 这一课题;但是,我们还是必须承认,这一切在我们看来丝毫都不清楚,而且最不清楚的是这能用作熟练地发展那种爱的基础。因此,我们很有 (I,10,229)

---

* 《促进一种适合于人类天性的教育方法的观点、经验和措施》,莱比锡1807年,格莱夫出版社。

必要讲出我们自己对这样一种基础的看法。

人们通常假定,人的天性是自私的,孩子生来就有这种自私自利,只有教育才能给孩子培植一种道德动力;这种假定是建立在一种非常肤浅的观察上的,是完全错误的。既然任何东西都不能凭空产生,一种基本的动力无论有多大的发展,都永远不可能将自己变成自己的对立面,那么,如果道德不在接受一切教育以前,本来就存在于孩子的心中,教育又怎么可能有朝一日将道德灌输到孩子的心中呢?所以,道德也的确存在于一切降生到世上的孩子的心中;教育的任务只是要探究表现道德的最原始、最纯粹的形态。

无论是思辨的结果还是全部的观察,都一致认为,这种最原始、最纯粹的形态就是追求尊敬的冲动,从这种冲动出发,才产生了对于作为尊敬的惟一可能对象的道德的认识,产生了对于正义和善良、真实和自制力的认识。在孩子身上,这种冲动最初表现为一种也希望受到自己最尊敬的人的尊敬的冲动;这种冲动通常非常强烈地和坚定地指向严厉的父亲,而不是指向母亲,但父亲经常不在身边,不直接以爱抚者出现,母亲却时时在身边爱抚孩子,这就可靠地证明了爱绝不是源于自私自利。孩子想让父亲注意到,他想得到父亲的赞成;只有父亲对孩子感到满意,孩子才对自己满意。这是孩子对父亲怀有的自然的爱;孩子这么爱他,绝不是把他当做自己的感性幸福的护养人,而是把他当做照出自己有无价值的镜子;这时,父亲本人就会很容易将勉强的服从和每一次自我否定同这种爱联结在一起,孩子则高高兴兴地听话,作为对父亲的衷心赞成的报偿。属于孩子渴望从父亲那里得到的还有这样的爱:父亲会注意到孩子努力做好孩子,并且承认这一点;父亲让人看出,如果他能够表示同意,这会使他很高兴,如果他必须表示拒绝,这会使他感到内心很难过;他别无所求,只期望能永远对孩子满意,他对孩子的全部要求只有一个目的,那就是使孩子越变越好和越来越值得尊敬;这种爱的景象,又会不断激发和加强孩子的爱,并给孩子的一切进一步的努力提供新的力量。相反地,如果人们在对待孩子的时候表露出自私,比如说,把孩子由于不小心造成的损失当做一项重要罪过加以处置,那么,这种爱就会由于没有受到尊重,或者由于长期受到不公正的和不正确的看待,而遭到扼杀,而且在极其异常的场合,甚至会产生恨。于是,孩子看到自己是被当做一种单纯的工具看待的,而这就使他产生了一种虽然模糊、但并非不存在的感觉,那就是他必须依靠自己获得一种价值。

可以用一个例子来说明这一点。在体罚孩子的时候,究竟是什么东西还要再给疼痛造成羞耻呢?这种羞耻是什么呢?显然,它就是孩子不得不加于自己的自我鄙视的感觉,因为这向孩子证明的是他的父母和教育者不喜欢他。由此造成两种毕竟相互关联的现象:惩罚没有任何羞耻加以伴随,教育就要完蛋;惩罚显得是一种暴行,任何有头脑的学子就都会漠视它,嘲笑它。

以上讲的就是将人们联合为一个思想整体的纽带,它的发展是人的教育的一个主要部分,它决不是感性的爱,而是追求相互尊敬的冲动。这种冲动是以两种方式形成的:在孩子身上,是从对自身以外的成年人的无条件尊敬出发,发展成为一种也想受到成年人的尊敬的冲动,并把他们对自己表示的真正尊重作

(I,10,231) 为衡量自己也可以在何种程度上尊重自己的标准。这么信赖一个陌生的、存在于我们之外的自我尊重的标准,也是孩童时期和未成年时期所特有的基本特征,把正在成长的年轻人培养为臻于完善的人的一切教导和教育之可能,就惟独是以这种基本特征的存在为依据的。成年人有他们自己的自我尊重的标准,只有当别人首先值得他们尊重的时候,他们才愿意被别人尊重;在他们那里,这种冲动采取了要求能够尊重别人,并在自身之外产生出值得尊敬的东西的形式。假如在人的内心没有这样一种基本冲动,那么,即使只是一个普通的善良人,如果他发现人们比他想象的更坏,也会感到痛心,如果他必须鄙视他们,他就会深感沉痛,这种现象到底是从哪里来的呢?因为自私自利必定会为自己能够骄傲地超过别人而感到很惬意。这时,教育者应当展现出成年时期的这后一个基本特征,正如在学子身上肯定可以估计到前一个基本特征那样。在这一方面,教育的目的恰恰在于达到我们所说的意义上的那种成熟程度,只有当这一目的实现以后,教育才算真正完成和终结了。迄今为止,很多人终生都一直是孩子;他们需要周围的人的赞同,才对自己满意,他们认为,除非周围的人喜欢自己,否则自己就什么事都做得不恰当。人们已经将少数具有坚强有力的性格、能够超然于他人的评判之外而自得其乐的人,同他们作了对照,而且通常都是憎恶这类少数人的;人们虽然不尊敬他们,但还是觉得他们可爱。

一切道德教育的基础,首先是大家要知道孩子有这样一种冲动,并且要坚定地把它设为先决条件;其次是大家要认识这种冲动的表现,并且要适当地激发它,提供一种使它得到满足的材料,从而逐步地、越来越多地发展它。首要的规则,是大家要将这种冲动对准只适合于它的对象,对准道德,而绝不要用一种与它异样的材料敷衍它。例如,学习本身就有吸引人的东西和回报;努力勤奋最多可以作为一种自我克制的训练而获得赞扬;但是,这种自由的和超过要求的勤奋至少在单纯的、普通的民族教育中几乎找不到位置。因此,学子学习他应当学习的东西,必须被看作是理所当然的事情,对此用不着多谈;即使能力较强的学子学得更快、更好,也必须被看作是纯粹自然的事情,这件事情不会有助于学子本人获得什么赞扬或表彰,更不会掩盖其他缺点。这种冲动的作用范围只应当划定在道德之内;但是,一切道德的根基是自我控制、自我克制,是将自己的自私的冲动从属于整体的概念。学子只有通过这些,而绝不是通过别的什么,才有可能获得教育者的赞扬;为使自己满意,他们需要这种赞扬,而这取决于他的精神本性,是他通过教育养成的习惯。正如我们在第二讲中已经提到的,个人的自我从属于整体,有两种完全不同的方式。首先是绝对必须具备的、对任何人都绝不能予以免除的方式,这就是服从那种单纯为了整体的秩序而制定的宪法。不违背宪法的人只是不招人厌,但绝不会得到赞扬;同理,违背宪法的人则会遭到真正的厌恶和谴责,他在公开场合犯有错误,也必在公开场合遭受谴责,在谴责毫无结果的地方,甚至可以再受到更加严厉的惩罚。其次是个人对于整体的这样一种服从,这种服从不能是强求的,而只能是自愿作出的,其结果是,人们以自我牺牲来提高和增加整体的福祉。为了从青少年时代起就将单纯守法与这种美德的相互关系真正铭刻在学子心中,合适

(I,10,232)

的做法是：只允许那种在一定时期内在第一个方面没有受过任何指控的人作出这种自愿牺牲，这仿佛是对遵守法律的报偿，而对那种自己还不能十分有把握遵守规则和秩序的人，则不允许他这样做。关于这种自愿贡献的课题在上面已经被概括地指出来，下面还将进一步加以说明。对这种牺牲应给予积极的赞同，对其功绩应给予真正的承认，诚然，这绝不是在公开场合作为称赞——这种称赞可能会败坏人心，使它虚荣，并且可能会使它丧失独立性——作出的，而是在与学子独处时悄悄地作出的。这种承认不应当是别的什么，而只应当是学子自己的、也对学子表现出来的良知，是对学子满意自己和尊重自己的肯定，并且是对他们在今后也信赖自己的鼓励。下面的安排将会极好地促进在这里所谋求的好处。在有许多男女教师的地方——这是我们作为常规预先设定的——每一个孩子都可以在自己的信赖和自己的感觉的促使下，在这些教师中自由地选择一位教师作为特定的朋友，而且仿佛是作为道德顾问。在他感到难以作出正确选择的任何情况下，他都可以到这个人那里寻求劝告；这个人应当通过友好的勉励帮助他；这个人是孩子所承担的自愿行动的知情人；最后，这个人是用自己的赞成使孩子所做的突出事迹得以圆满的人。这时，教育必须通过这些做道德顾问的人，帮助每一个人按照他自己的方式，循序渐进地在自我克制和自我控制方面越来越强；这样，就会渐渐产生坚定性和独立性，而随着坚定性和独立性的产生，教育本身就结束并为将来而取消了。通过我们自己的作为，道德世界的规模最清楚地向我们展现出来，而且这个世界是向谁展开的，就是真正向谁展开的。于是，这样的

(Ⅰ,10,233)

第十讲　对德意志民族教育的进一步规定

人自己就知道这个世界的意蕴，他不再需要他人对自己的证明，而是有能力自己对自己做出正确判决，他从这时起就成熟了。

我们通过刚才所讲的东西，填补了我们迄今的报告中的一个空白，这才使我们的倡议成为真正可行的。要为公正和善良而喜欢公正和善良，就应当用新的教育方法取代迄今使用的那种让人抱有希望或感到恐惧的感性手段，而且这种喜欢应当作为惟一存在的动力启动今后的全部生活，这是我们的倡议的主要内容。在这里出现的第一个紧迫的问题是：这种喜欢本身如何能够被产生出来呢？这种喜欢照词的本意说，的确是无法被产生出来的，因为人不能无中生有。如果我们的倡议是可行的，这种喜欢必定是原来就存在的，而且是绝对地、毫无例外地存在于一切人的心中的，是与生俱来的。事实也确实如此。孩子都毫无例外地愿意做公正的和善良的人，他绝不愿意像一只小动物那样只图舒服。爱是人的基本组成部分；爱与人同在，它是完整的和完备的，我们不能再给它增添什么，因为它超然于不断成长的感性生活现象之上，不依赖于感性生活。只有认识才与这种感性生活联结在一起，并随着生活而产生和不断发展。认识只是在时代的进程中缓慢地、逐渐地发展的。那么，在公正和善良的概念系统——起推动作用的喜欢能与这个系统联结到一起——完整地产生以前，那种天生的爱应当如何经历许多无知的时代，发展和训练自己呢？合理的天性无需我们的任何助力就克服了这个难题。孩子内心缺乏的意识在外部向孩子表现出来，体现为成年人世界的判断。在孩子自己的内心尚未发展出 (Ⅰ,10,234)
有理智的法官之前，一种自然冲动会使他转向成年人世界，这样,在他自身产生良知之前,他就有了外在的良知。新的教育应当承认这一迄今鲜为人知的真理,它应当将无需它的助力就存在的爱引导到正道上来。迄今为止,未成年人对成年人的高度完善的这种毫无成见和这种孩子般的信任,通常都被用来败坏他们自己;正是他们的天真无邪和他们对我们的质朴无华的信任,使我们有可能还在他们能够分辨善恶之前,不是将他们内心想要的善,而是将我们的堕落植入他们的心田,假如他们有能力认识到这是堕落,他们肯定会厌恶它的。

这就是构成我们时代的负担的最大错误;这也就解释了一种每天都出现的现象,那就是人通常年纪越大,品质就越坏,私心就越重,对一切善良行为就越无动于衷,对任何正确事业就越无能为力,因此,他就越发远离了他天真无邪的最初岁月,虽然在开始的时候,这种天真无邪还总是在对善的一些朦胧预感中轻轻地回响;这就进一步证明,目前这一代人如果在自己今后的生活中不与以往一刀两断,就必然会留下一种更堕落的后代,而这种后代也必然会留下一种又更堕落的后代。一位值得尊敬的人类导师谈到这些人时说出了切中要害的真理:最好立刻给这些人的脖子套上磨盘,让他们淹死在大海最深处[242]。说人生来就是罪人,这是对人的天性的愚蠢诽谤;假如这是真的,人又何曾能获得罪孽概念呢?这个概念只有与无罪相对而言才是可能的。人是在生活中成为罪人的;人迄今为止的生活通常是不断升级的罪孽发展。

以上所述从一个新的角度阐明了毫不延迟地建立一种进行真正的教育的机构的必要性。假如下一代年轻人无需跟成年人有任何接触,而且完全无需教育就能成长起来,那么,人们就总想试一试,看从中会产生什么结果。但是,只要我们让他们留在我们的社会中,那么,无需我们的任何期望或意愿,他们的教育就会自行进行;他们是从我们身上接受教育,我们的生存方式作为他们的榜样强烈影响着他们,我们不必提出要求,他们就会追赶我们,他们不渴望别的什么,只渴望成为像我们一样的人。但在通常情况下,而且就绝大多数人而言,我们都是完全做错的, (I,10,235) 有一部分错误我们不知道,因为我们自己就像我们的孩子们一样毫无成见,把我们的错误当成了正确的东西;或者,即使我们知道,我们怎么有能力在孩子们的社会中突然放弃那种由漫长的生活造成我们的第二天性的东西,用新的感觉和精神取代我们的全部旧有的感觉和精神呢?在同我们的接触中,他们必定会堕落,这是不可避免的;如果我们对他们有一丝一毫的爱,我们就必须让他们远离我们污浊的环境,并为他们建立一个比较纯净的居所。我们必须把孩子们带入这样一些人的社会,这些人不管在其他方面的情况怎样,至少还是通过长期的训练和习惯,已经获得了一种会考虑孩子们在观察他们的熟练能力,已经获得了一种至少在这时会自我控制的能力,已经获得了一种关于人们必须怎样出现在孩子们面前的知识;在孩子们学会对我们的整个堕落表示应有的厌恶,因而能完全预防一切传染以前,我们不必过早地让孩子们从这个社会重新回到我们的社会。

关于道德教育我们认为有必要在这里概括讲的,就这么多。

我们已经多次提到,孩子们应当完全与成年人隔离,而只同他们的老师和管理人员一起生活。不言而喻,两种性别的学子都必须以同样的方式受到这种教育,这无需我们特别说明。将两种性别隔离在分开的男校和女校会有悖于教育目的,会取消这种培养完整的人的教育的许多主要内容。课程的内容对两种性别都是同样的;即使共同接受其余的教育,也很容易观察到劳动中产生的差别。他们被培养成人的小社会,跟他们有朝一日会作为完整的人进入的大社会一样,必须由两种性别联合组成;两种性别都必须在他们注意到性别差异,成为丈夫和妻子之前,首先学会互相承认和钟爱对方这种共同的人性,并且必须交朋友。两种性别在整体中的相互关系,作为对一方面的强有力的保护和对另一方面的充满爱的支持,也必须在教育机构中得到体现,并在学子中加以培养。

(I,10,236) 假如我们的倡议能够得到实施,那么,第一件工作就会是起草一项关于这些教育机构的内部组织的法规。只要我们提出的基本概念彻底深入人心,这就是一件轻而易举的工作,我们在这里不想再多谈了。

这种新的民族教育的一个主要要求是:在教育中学习和劳动结合在一起,教育机构至少在学子们看来是自己维持自己的,每一个人都会意识到,要尽自己的全部力量,为这一目的做出贡献。这是直接由教育任务本身要求的,还完全不涉及人们无疑会向我们的倡议要求的那种实际可行和节省费用的目的。这一方面是因为,一切只受普通民族教育的人注定了要成为劳动阶层,而把他们培养成能干的劳动者,无疑属于对他们的教育;但在另一方面,这却特别是因为,人将能永远靠自己的力量生存在世界上,为了维持自己的生计,绝不需要别人的任何施舍——凭充分的理由相信这种事实，属于人的人格独立性，并且远远超过人们迄今看起来所能相信的程度，决定了人的道德独立性。这种培养工作将会提供另一部分教育，它迄今为止甚至通常都听凭盲目偶然因素的摆布，人们可能称它为经济教育，但它绝不应该根据某些人用经济学的名义嘲笑的那种可怜的和有限的观点加以看待，而是应该根据较高的道德观点加以看待。人们想生存，就一定要阿谀奉承、卑躬屈膝和任人使唤，而不会有任何其他办法，我们的时代经常把这奉为一条无可反驳的原则。我们的时代没有考虑到，即使人们不愿用极其雄辩而绝对真实的反驳为难它，如果情况是如此，那它也不会生存而会死亡，更不要说它本来应当学会如何能够有尊严地生存。大家可以进一步了解一下那些以举止毫无尊严而出名的人们；大家总会发现，他们没有学会劳动，或很畏惧劳动，除此之外，他们还是很差的经营者。因此，接受我们的教育的学子应当养成勤劳的习惯，以期他们不至于为生计操心，而受到做不公正事情的诱惑，所以，应当被深深地刻印到他们心中，作为人的尊严的首要原则的是：想靠别人，而不是靠自己的劳动维持自己的生计，是可耻的。

裴斯泰洛齐想让学子们在学习期间同时进行各种手工劳动[243]。我们不想否认在他所说的条件下这种结合是可能的，这个条件就是孩子已经完全能够完成手工劳动，但是，这个建议在我们看来还是由于第一个目的不够充分而产生的。我认为，课程必须被讲解得十分神圣和十分有尊严，使它需要完全的聚精会神，而不能与另一项活动并列，让孩子们接受。如果在学子们反正被关在室内的季节里，要在劳动课上从事这样的工作，比如编织、纺线等等,那么,为了使精神处于活动状态,很合适的做法则是在有人监督的情况下,将共同的智力训练同这种劳动结合起来;尽管如此,劳动在这时还是主要的事情,而这些训练并不能被视为上课,而只能被视为活跃情绪的游戏。

所有这类低级的劳动必须只作为次要的事情,而绝不是作为主要的工作加以介绍。主要的工作是练习种地和园艺,练习畜牧和他们在自己的经济小国里所需要的那些手工劳动。不言而喻,要求一个学子参与这种工作,必须跟他那个年纪的体力相当,欠缺的力量必须通过发明新的机器和工具来代替。这里,主要的考虑在于,学子们必须尽可能彻底理解自己从事的活动,他们已经获得了从事自己的活动所必需的知识,诸如关于植物的生长、动物的特点和需求、力学的定律的知识。这样,一方面,对他们的教育就成为关于他们将来必须从事的职业的循序渐进的课程,而且善于思考和有理解力的农民是在直接的直观中培养出来的,另一方面,他们的机械性劳动这时就已经被变成高贵的和神圣的,它恰恰按照它构成维持生计的劳动的程度,在自由直观中证明了他们所理解的东西,而且他们即使是在跟动物和土块打交道,也仍然处于精神世界的领域,而不沦为动物和土块。

这个经济小国的基本法律是,在这个国家里,既不准使用任何不是在本国自己生产和制造出来的衣食等等物品,也在可能的限度内不准使用任何不是在本国自己生产和制造出来的工具。如果这种经营管理需要外援,那么,供应给它的各种东西就应该是天然的,而绝不应该在种类上不同于它自己也拥有的那些天然东西,而且不能让学子们知道,他们自己的收益已经增

第十讲 对德意志民族教育的进一步规定

加,或者,在适当的情况下,让他们知道这只是借贷,到一定的时候他们必须归还。这时,每一个人都会全力以赴,为全体的这种独立性和自给自足进行工作,而毕竟不会跟全体斤斤计较,或为自己提出要任何私有财产的要求。每一个人都会知道,他完全对全体负有责任,只会跟全体同甘共苦。通过这些,学子们有朝一日进入的国家和家庭的合乎尊严的独立性,国家和社会与其各个成员的关系,就会展现于生动的直观,不可绝灭地扎根于学子们的心中。

在这里,在这样谈到机械性劳动的时候,存在于和依赖于普通民族教育的学者教育就同普通民族教育分离开了,所以我们必须讲到学者教育。我所说的是存在于普通民族教育中的学者教育。我暂且不谈,每一个认为自己有足够能力上大学的人,或每一个根据某种理由把自己归于以往的高等阶层的人,是否将来也都能自由地踏上迄今习以为常的学者教育的道路,经验将会表明,一旦谈到民族教育,这些学者中的大多数人就会怎样靠自己用钱买来的博学反对——这是我不想说的——在新学校里培养成的学者,甚至反对从新学校出来的普通人。但是,我现在不想谈这些,而是想谈谈用新方法进行的学者教育。

按照学者教育的原则,未来的学者也必须受过普通民族教育,并且完整地、清楚地获得民族教育的第一部分,即在感觉、直观和与直观相联系的活动方面表现出来的认识能力的发展。只有那种在学习上表现出突出才能、对概念世界表现出特别爱好的孩子,新的民族教育才能允许他选择学者阶层;但是,新的民族教育必须不考虑所谓出身的差别,毫无例外地允许每一个表现出这种特性的孩子这样做;因为学者绝不是为了自己过得舒适才做学者的,每一种做学者的才能都是民族的一项不可被夺走的宝贵财富。

非学者的使命是用自己的力量,维持人类已经达到的文化水平,学者的使命是按照清晰的概念,用深思熟虑的技艺,带领人类继续前进。学者必须用自己的概念永远超越现时代,抓住未来,并有能力为了未来的发展,把未来培植于现时代。为此,就需要对迄今为止的世界状况有清晰的概括了解,需要在纯粹的、独立于现象的思考中有自由的、熟练的能力,而且为了能够传播自己的观点,还需要掌握语言,深入理解语言的生动的和具有独创性的根源。这一切都要求精神不受任何外在领导而自己进行活动,要求进行孤独的思考,因此,未来的学者从他的职业确定下来的那个时刻起,就必须训练这种思考,而绝不能像非学者那样,只是在永远在场的老师的眼皮底下进行思考;这就要求具有许多对于完成非学者的使命来说完全不需要的辅助性知识。学者的工作和他的日常生活活动将正是那种孤独的思考;他现在就应该立刻被引导到这项工作,另一方面,则应该被免除做其他机械性劳动。因此,在未来学者被培养成人的教育照样同普通民族教育一起进行,他跟所有其他学子都要学习为此选定的课程的期间,对他来说,就只有那些给其他学子上劳动课的时间应该被改成上他的未来职业所特别要求的课程的时间;这也许就是两种学子的全部差别。要求普通人具备的那些关于农耕、其他机械技艺以及手工操作的一般知识,他无疑在上一年级的时候就已经学过了,或者,如果情况不是这样,他就必须补上这些知识。不言而喻,跟其他任何学子相比,他都很少能免受所提倡的体力劳动训练。但是,还要说明学者课程里应当包括的特殊教学内容以及这里需要考察的教学过程,则不属于这一讲的计划。

第十一讲 这一教育计划将归谁实施?[244]

(I,10,240)

我们已经为我们的目的对新德意志民族教育的计划作了足够的说明。于是,下一个不禁产生的问题就是:谁应当处于实施这一计划的领导地位? 在这个问题上我们可以指望谁? 我们指望过谁?

我们已经把这一教育作为热爱德意志祖国的最高的和当前惟一紧迫的事情提了出来,并且想与此相联系,首先将整个人类的改善和改造引入世界。但是,那种对祖国的热爱应当首先感召到处都管理德意志人的德意志国家,并且占有主导地位,在国家的一切决定中成为推动力量。因此,我们必须首先将自己期待的目光投向国家。

国家会满足我们的希望吗? 我们总是像不言而喻的那样,不着眼于任何特定国家,而是着眼于整个德国,那么,根据迄今为止的德国的情况,我们对它所能期待的东西是什么呢?

在近代欧洲,教育本来不是发端于国家,而是发端于大多数国家也由之获得自己的权力的权力,即教会的天授精神王国。

教会不是把自己看作世俗共同体的一个组成部分，而是把自己看作一种从天而来的、对世俗共同体来说完全外在的培育机构，它被派遣来，在它能扎根的地方，到处为这个外面的国家招募公民；它的教育目的无非在于，人们在另一世界里绝不会被罚入地狱，而是会怡享极乐。通过宗教改革，这种一如既往地像过去那样看待自己的教会权力，已经同它在以往甚至经常与之发生争执的世俗权力结合到了一起；这就是在这方面从那个事件中产生的全部区别。因此，对教育事业的陈旧看法依然存在。即使在现在的时代，而且直到今天，富裕阶层的教育也一直被看作是父母们想按照自己的喜好安排的一件私事，他们的孩子通常只是被引向这样一个目标，即他们的孩子本身有朝一日会成为有用的人。但是，惟一的公共教育，即民众教育，只是为了到天国过极乐生活的教育；主要的事情是信一点儿基督教和阅读，如果能做到，还有写作，一切都是为了基督教。人们的一切其他发展都委诸他们在其中长大成人的偶然的和盲目起作用的社会影响，委诸现实生活本身。甚至连从事学术教育的机构也都首先是为训练神职人员而设想的；这是主要的科系，其余的科系仅仅成了这个主要的科系的附属部分，而且在大多数情况下也只能得到从主要的科系退下来的剩货。

(I,10,241)

只要那些居于治理国家的首要地位的人一直对这项工作的本来目的模模糊糊，甚至连他们本人都被那种对他们和别人的极乐生活的认真操心所感动，人们就可以有把握地指望他们对这种公共教育抱有的热心，指望他们为此所做的认真努力。但是，一旦他们认清了前一个目的，理解了国家的活动领域是在可见世界范围之内,那么,他们就一定会明白,对他们的臣民永恒的极乐生活的那种操心不能由他们承担,谁想在那里成为怡享极乐的人,谁就应该看到自己该怎样做。从这时起他们认为,在他们今后单纯听凭虔诚时代产生的教会组织和教育机构执行它们最初的使命时,他们也有足够的事情要做;不管它们对于已经完全改变的时代会怎样不适宜和不够用,他们并不认为自己有义务用他们在其他目的方面节省下来的开支支援它们,也不认为自己有理由进行积极的干预,用适宜的新东西取代过时的和不能用的东西,而且对于所有这一类建议总是有这样一个现成的答案:国家没有钱做这些。即使有过例外情况,这也是为了有利于高等教育机构,而这些机构显赫四方,给它们的赞助者带来了荣誉;但是,那种本来属于人类的基础,不断补充高等教育,又必定反过来不断受到高等教育的影响的教育,即民众教育,却仍旧不受重视,并且从宗教改革直至今天都处于日趋崩溃的状态。

如果我们现在能够为未来,并从此时此地起,能够为我们的事情对国家抱有更好的希望,那么,国家就有必要彻底更换它看来迄今具有的那种关于教育目的的根本概念,认识到它迄今拒绝为其公民的永恒极乐生活操心是完全正确的,因为这种生活根本不需要特殊的教育,而且一种服务于天国的培育学校,像那种把权力最终已转交给国家的教会,是根本不应当存在的,这种 (I,10,242)
学校只会妨碍所有实实在在的教育,其职务必须予以解除;而另一方面,则非常需要服务于尘世生活的教育,从这种扎扎实实的教育中,自然会轻而易举地附带产生出服务于天国的教育。到目前为止,国家越认为自己开明,它似乎就越坚定地相信,即使它的公民没有任何宗教和道德,它也能够单纯通过强制性机构达到它本来的目的,而且他们会按这种机构的意图,愿意遵守他们能够遵守的事情。但愿它从新的经验中至少已经学知,它无法这么做,正是由于缺乏宗教和道德,它才落到了自己目前所处的境地。

关于国家怀疑自己是否也有能力担负民族教育的费用,但愿我们能够使它相信,它将通过这项惟一的支出,以最经济的方式解决其余大多数的支出,而且只要它承担了这项支出,它不久就只会拥有这项惟一的重要支出了。到目前为止,国家的绝大部分收入都用到了维持常备军上。我们已经看到这笔花费的结果,这就够了;因为进一步深入探讨这些军队的建立所造成的这种结果的特殊原因,超出了我们演讲的计划。与此相反,如果国家普遍实施我们建议的民族教育,那么,由于新成长起来的年轻一代受到了这种教育,国家从此刻起就根本不需要任何特殊的军队了,而是在他们那里就得到了一支在任何时代都还没有见到过的军队。每一个人都为使用他的体力的任何可能性而经过了完备的训练,他随时都具备这种力量,他习惯于承受任何艰苦努力,他在直接的直观中发展起来的精神总是历历在目,十分清醒,在他的心中,对整体、对国家和对祖国的爱永世长存,他是这整体中的一员,这种爱消灭了任何其他自私的冲动。国家一旦想要,就能召唤他们,将他们武装起来,并且可以肯定,没有任何敌人能够打垮他们。在治理得明智的国家中,另一部分操心和支出迄今都是用于改善广义的国家经济及其一切部门的,在这里,由于低等阶层难以教导和帮助,有些操心和花费已经白费,因而事情到处都收效甚微。但通过我们的教育，国家则会获得这样一些劳动阶层，这些阶层的人们从青年时代起就习惯于对自己的工作加以思考，已经有进行自救的能力和倾向；要是国家还能再以适当的方式扶助他们，他们就会对国家心领神会，心怀感激地接受它的教诲。一切财政部门都无需很多努力，就会在 (I,10,243) 短时间内获得任何时代都还不曾见过的繁荣，如果国家想要计算，如果它到那时大概也还要附带了解各种事物真正的根本价值，它的第一笔费用就会获得千倍的利息。迄今为止，国家必须为司法机构和警察机构做很多事，却永远无法给它们做得充分；监狱和劳改所要国家支付开销；最后是赈济贫困的机构，越是为它们花钱，它们需要的费用就越大，在迄今为止的整个形势中，它们实际上显得是制造贫困的机构。在一个普遍实施新教育的国家里，司法机构和警察机构将会大量减少，赈济贫困的机构将会完全消除。早期的管教保证了以后免受很难进行的管教和改造；而贫困在一个按我们所说的方式受到教育的民族里是根本不存在的。

但愿国家和一切给国家出谋划策的人敢于正视和承认国家目前的实际形势；但愿国家能活生生地认识到，除了未来几代人的教育这一领域外，国家决没有剩下什么其他的活动领域，可以在其中作为一个真正的国家，真正地和独立地进行活动，并作出一些决定；如果国家不是根本什么事情都不想做，它也就只能做这件事；但是，人们也将会完整地、毫不嫉妒地将这份功劳留给它！我们不再有能力进行积极的抵抗，这是一目了然的，每一个人都承认的，和我们原先就已经假定了的。那么，我们怎样能够面对那种认为我们怯懦和不配爱生活的指责,为自己因而丧失的生存的延续作辩护呢?没有任何其他办法,我们只有决心不为自己而生存,通过行动来证明这一点;我们只有把自己当做更有尊严的后裔的种子,仅为此才想保存自己,直到我们把他们树立起来。如果失去了第一个生活目的,我们究竟还能做些别的什么事情呢?我们的宪法将由他人给我们制定,我们的同盟和我们武装力量的使用将由他人给我们指明,法典将由他人借给我们,甚至我们的法庭和判决及其执行有时也将被人夺走;我们在不远的将来将无须对这些事情操心。人们没有想到的只是教育;如果我们正找事做,那就让我们做这件事吧!可以期待,别人在这件事情上不会让我们受到干扰。我希望——也许是我自己在这件事情上弄错了,但我只是为了这个希望还想活下去,所以我不能放弃希望——我希望,我将会使一些德意志人信服,使他们认识到,惟有教育才能拯救我们摆脱压迫我们的一切灾难。我尤其指望,危难已使我们更加倾向于警觉和严肃思考。外国人有其他的安慰和其他的手段;即使外国人可能有这种想法,我们也不能期待外国人会对这种想法有些注意或有些相信;我倒希望,如果他们一旦得知有人对教育的期望如此之大,这就会发展成为给他们的报刊读者消遣的一个丰富来源。

(I,10,244)

但愿国家和那些为国家出谋划策的人,在着手这一任务时不会因为观察到期待的成果十分遥远而使自己松懈下来。如果人们想在导致我们目前命运的各种极为错综复杂的原因中,分析出那种惟独特别成为政府负担的原因,那就会发现,这些理应先于一切其他人而放眼未来、掌握未来的人,在时代的重大事件向他们涌来时,总是仅仅竭力试图使自己摆脱当下的窘迫境地;但在考虑未来的时候,则没有考虑他们的现时代,而是指望某种偶然的、会割断连续的因果链条的情况。但这种希望是骗人的。人们一旦允许一种推动力量进入时间,这种推动力就会持续下去,走完自己的道路,一旦在最初犯了松懈大意的毛病,过后的考虑就无法阻止它了。我们的命运已经暂时为我们免除了第一种只考虑现时代的情况;现时代不再是我们的。但愿我们不要保留第二种情况,即不是从我们自己身上,而是从任何别的什么东西上希望一个更好的未来。诚然,现时代无法安慰我们当中任何一个除了食物,还需要一些更多的东西维生的人,为职责活下去;只有对更好的未来的希望是我们还能得以呼吸的要素。只有梦幻者能把这种希望建立在一些其他东西之上,而不是建立在他自己为了未来的发展而能够置于现时代的东西之上。让那些统治我们的人,允许我们也像我们当中的人彼此看待对方和好人设想自己那样,看待他们吧;让他们置身于我们也十分了解的事业的首要地位吧,以使我们还能亲眼目睹那种东西的产生,而这种东西有朝一日将从我们的记忆中洗刷掉我们亲眼目睹的德意志人的名字所蒙受的耻辱!

如果国家承担这个向它建议的任务,它就会在它的整个领土上毫无例外地为它的每一位新生的公民普遍实行这种教育;我们也只是为了这种普遍性才需要国家,因为这里或那里的个别开端和尝试,都是具有善良意志的个人的能力大致足以做到的。诚然,不能期望父母们会普遍愿意同自己的孩子分离,把孩子们交给这种很难使他们理解的新教育;但根据迄今的经验,倒 (I,10,245)

是可以估计到，每一个还相信自己有能力在家里养育自己的孩子的人，会反对公共教育，特别是反对一种如此严格分离、如此持久的公共教育。在这种情况下，在遭到可以预期的反对时，我们迄今已经习惯于国家领导人用这样的回答来拒绝普遍实行新教育的建议：国家没有权力为这一目的而行使强制手段。他们想等待到人们普遍具有善良意志的时候，但没有教育，则永远不可能达到普遍的善良意志，他们就是用这种方法抵御了一切改良，而希望直到末日来临事物将依然如故。他们也许是这样一些人，这些人或者从根本上把教育视为一种可以或缺的奢侈品，在考虑到这种奢侈品时必须尽可能加以节省，或者是把我们的建议只看作对人类进行的一项新的大胆的试验，它可能成功也可能失败；就他们是这样的人来说，他们的认真必须加以称赞；这些人也许是这样一些人，这些人对迄今的公共教育状况赞叹不已，对这种教育在自己的领导下发展到多么完善的程度心醉神迷，全然不让自己感觉到，自己本该接受一些自己尚无所知的东西；所有这些人都与我们的目的毫不相干，如果有关这件事情的决定要归他们作出，那是应当抱怨的。不过，但愿也有些国家领导人，他们在这件事情上被当做顾问，而这些国家领导人首先完全是通过对哲学和科学的深入和彻底的学习获得自我教育的，他们的事业对他们来说是十分严肃的，他们对人和人的使命具有牢固的概念，他们有能力理解现时代，有能力把握，究竟是什么东西给人类目前不可避免地造成危难；假如这些人根据那些预备性概念已经亲自认识到，只有教育才能在无法阻挡地向我们突然袭来的野蛮和野蛮化过程面前拯救我们，假如他们的眼前浮现出一幅关于通过这种教育将会产生的一代新人的图景,假如他们自己由衷地信服我们建议采取的办法是无懈可击、毫不骗人的,那也就可以期望,这些人同时会理解,国家作为人类事务的最高管理者,作为惟独对上帝、对自己的良心负责的未成年人监护者,完全有权为了拯救他们也对他们采用强制手段。(I,10,246)目前,究竟在什么地方有一个国家会怀疑自己是否也有权强迫其臣民服兵役,为此从父母那里夺走他们的孩子呢?会怀疑父母中的一方或双方都愿意还是不愿意呢?尽管如此,但这种强迫别人违背自己的意志,采纳一种持久的生活方式的措施,是非常值得怀疑的,而且经常会对道德状况,对受强制者的健康和生活,造成极其有害的后果;与此相反,我们所说的那种强制则在教育过程结束之后,退回了全部个人自由,它绝不会有任何其他结果,而只会有提供最大的拯救的结果。当然,以前人们也是凭自由意志服兵役的;但是,自从发现这种自由意志不足以实现想要达到的目的以后,人们就毫不犹豫地辅之以强制手段;因为这项事业对我们十分重要,而且危难处境也要求非采取强制手段不可。但愿在考虑到教育的时候,我们也能睁开眼睛看到我们的危难处境,这件事情将对我们同样重要,这样,那种疑虑就会自行打消;特别是,只有在第一代人当中才需要采用强制手段,在以后各代人当中,他们亲自经过这种教育,强制就会被废除,而且那种对服兵役的强制也会因而被取消,因为所有这么受过教育的人都同样愿意为祖国拿起武器。如果人们为了在开始的时候不招致太多的叫喊,打算采用以往限制那种服兵役的强制措施的方式,限制这种强制接受公共民族教育的措施,将那些免服兵役的阶层排除在这种强制性教育之外，那么，这是不会有什么重大的不良结果的。在那些被排除在民族教育之外的阶层当中，会有一些通情达理的父母自愿将自己的孩子托付给这种教育，而那些不通情达理的父母的孩子们，跟全部孩子相比，在数量上是微不足道的，他们可以一直按以往的方式成长起来，进入需要加以创造的更好的时代，不过，他们只有作为旧时代的一种引人注目的纪念品才有用处，以鼓舞新时代能够生动地认识到自己的更高幸福。

(I,10,247) 现在，如果这种教育会干脆成为德意志人的民族教育，如果所有讲德语的人——但又绝不只是这个或那个特定德意志国家的公民——中的大多数人都会成为一代新人，那么，一切德意志国家就都必须自力更生，不依赖其他一切国家，承担起这项任务。首先用以倡导这一事情的语言，用以拟定和进一步拟定辅助方法的语言，用以训练教师的语言，概括起来说，将要通过这一切的一条惟一的、具有象征意义的道路，是一切德意志人共同拥有的。我几乎无法想象，怎样和用哪些转换方式能够把整个这种教育方法，特别是在我们所计划的范围内，迻译为任何一种外国语，使它显得不是一种外邦的、翻译过来的东西，而是本国的、从自己的语言固有的生命中产生出来的。这个难题对一切德意志人来说都同样被排除了；这项事业对他们来说已经准备就绪，他们只需动手干这件事业就行了。

在这里，各个不同的、彼此分离的德意志国家依然存在的情况，对我们有利！这种经常对我们不利的情况，也许在这件民族大事上会对我们有利。好多国家急起直追的劲头和相互争先的欲望,也许会产生单个自满自足和安于现状的国家所不能产生的结局;因为很清楚,在所有的德意志国家当中,那个将会开此事之先河的国家,将会首先赢得全体德意志人对它的尊敬、爱戴和感激,使自己成为民族的最高救星和真正的缔造者。这个国家将给其他国家鼓起勇气,为它们树立一个富有教益的榜样,成为它们学习的典范;这个国家将消除其他国家心怀的疑虑;从这个国家的怀抱中将产生出可以借给其他国家的教科书和第一流教师;哪一个国家在它之后成为第二个这样的国家,就将获得第二等这样的光荣。在德意志人当中,对高尚事物的感觉还从来不曾完全泯灭,能证明这一点的令人喜悦的证据是,迄今为止,许多德意志部族和国家都一直为拥有更高的文化的荣誉而彼此争论不休,有的列举自己拥有更广泛的新闻自由,能更自由地抛弃传统意见,有的列举自己拥有建制更好的学校和大学,有的列举自己拥有昔日的光荣和功绩,有的列举自己拥有某种别的什么东西,而且这种争论一直都不能有定论。在目前的时机,这种争论则将会有定论。只有那种在此全力以赴,敢于普遍实施的和有教无类的教育,才是生活的一个真实的组成部分,才对自己很有信心。任何其他的教育都是一种外加的饰物,人们只是为了华丽才敷设它,真正有良心的人则连一次都不佩戴它。在这个时机,必将暴露出在什么地方,人们引以为荣的教育只存在于中等阶层的少数人那里,他们在著作中把它阐述出来,而一切德意 (I,10,248)
志国家都拥有诸如此类的人;必将暴露出在什么地方,这种教育于另一方面也上升到了为国家出谋划策的高等阶层。于是,事实也就会表明,人们必须怎样评价到处表现出来的那种建立和繁荣高等教育机构的努力，它是以对于人类教育的纯粹热爱——这热爱当然会以同样的努力浸透教育的每个部门，特别是浸透教育的首要根基——为基础呢，还是以单纯寻求荣耀，甚或以可怜的金融投机为基础呢。

我说过，哪一个德意志国家率先实行这个关于民族教育的建议，就会从中获得最大的荣誉。但在此之后，这个德意志国家并不会长期一枝独秀，而是无疑不久就会发现许多追随者和竞争者。只要做出一个开端，这就是重要的事情。即使没有什么别的东西，荣誉感、嫉妒心以及那种也想获得别人拥有的东西和在可能时还想获得更好的东西的欲望，也会促使一个国家追赶另一个国家，效仿其榜样。这样，我们在上面提到的那种对国家自身利益的观察——这种观察现在在一些人看来也许很值得怀疑——也就会在生动的直观中得到验证，变得昭然若揭。

假如可以期待，一切德意志国家现在就已经立刻认真准备，贯彻那一计划，那么，二十五年之后就会出现我们所需要的更好的一代人，如果谁还有望活到那个时候，谁就可望亲眼看到这一代人。

但是，像我们当然也必须指望这种情况一样，如果在目前存在的一切德意志国家中没有任何一个国家在自己的高级顾问中有这样一个人，这个人有能力认识到上面假定的一切，为这一切所感动，而且在这个国家里，至少大多数的顾问不反对这个人，那么，这件事情自然就会落到具有善良意志的个人的肩上，于是我们就可以期望，这些人能开始着手实施我们倡议的新教育。在这里，我们首先着眼于大土地占有者，他们可以在自己的领地上为其臣民的孩子建立这样的教育机构。在近代欧洲的其他民族面前给德国带来荣誉、带来光荣称号的是,在大土地占有者阶层中一直到处都有很多人把操心自己领地上的孩子的课程和教育作为自己的严肃工作,他们乐于尽自己的所知,为此做出最好的努力。可以期望,这些人现在也会倾向于学习向他们建议的 (Ⅰ,10,249) 完善的做法,并像他们迄今做较小的和不完备的事情那样,乐于做较大的和彻底的事情。拥有受过教育的臣民比拥有未受过教育的臣民对他们自己更为有利,这种认识很可能在这里或那里有助于他们那么去做。在国家取消臣属关系,从而去掉了这个最后的动力的地方,但愿国家能在那里更加认真地考虑自己不可免除的职责,就是说,不同时取消这种在开明土地占有者那里同臣属关系有联系的惟一的好东西,但愿国家在免除了那些自愿代替国家做这件事的人之后,在这件事情上不要耽误尽自己本来的义务。此外,在考虑到城市的时候,我们在这里将自己的目光指向了具有善良意志的市民们为实现这一目的的自愿联合。在我所能看到的地方,德意志人心中对善举的爱好在任何危难局势的压力之下都还一直没有泯灭。但是,由于在我们的机构中有种种可以概括在忽视教育的项目下的缺陷,这种善举仍然很少能挽救危难局势,而是好像经常还在扩大危难局势。但愿人们最终把这种高尚的爱好首先指向那种能结束一切危难和一切其他善举的善举,指向教育这一善举。但是我们还需要有和期望着其他形式的善举和牺牲,这种牺牲不在于给予,而在于行动和做出成绩。但愿正在成长的学者,在情况允许时能把大学毕业后和担任公职前给自己空余的一段时间,用于学习这些机构中的教学方法和自己在这些机构从事教学的工作！且不说他们将因此为整个民族作出最大的贡献，我们还可以向他们保证，他们自己会从中得到最大的收获。他们从通常的大学课堂上往往很死板地带来的全部知识，将会在他们从这里进入的普遍进行直观的工作氛围中获得清晰性和生动性，他们将学会娴熟地传授和使用这些知识，而且由于人类的全部特性在儿童身上都是纯洁无瑕地袒露出来的，所以他们就会获得真正的、惟一名副其实的人类知识的宝藏，他们将学会生活与活动的伟大艺术，而对这种伟大艺术，高等学校通常是不加以说明的。

（I, 10, 250）

如果国家不承担要求它承担的任务，那么，接受这一任务的个人就更加光荣了。但愿我们不要通过臆想来预测未来，不要自己发出怀疑和缺乏信任的声音；我们已经清楚地说出我们首先期望的东西；我们只可以说明一点：如果真的会出现国家和君主将这一事业交给个人的情况，这就应当符合于迄今为止的、在上面已经说明的和用事例证明的德意志的发展和文明的进程，而且这一进程会始终保持不变。即使在这种情况下，国家也会首先像一个也想作出自己的一份贡献的个人那样，在适当的时候紧跟上来，直到它以后认识到，它并不是一个部分，而是整体，它有义务也有权利为整体操心。从这一刻起，个人的一切独立努力就被取消，而从属于国家的总体计划了。

如果事情的进程是这样，那么，旨在改善我们人类的活动自然就只能缓慢地向前发展，而无法确有把握地和坚定地通观全局，作出可能的估计。但是，让我们不要因此受阻，不去做出一个开端！这项事业绝不会衰亡，而是只要一旦起动，就会自行存

第十一讲 这一教育计划将归谁实施? 431

在下去,并且越来越向远处蔓延和传播,这是由它本身的本性决定的。每一个受过这种教育的人,都将是它的见证人和热情的传播者;每一个人都会使自己又成为教师,并尽自己的能力造就人数众多的、有朝一日也会成为教师的学生,以此来偿还过去获得的教育的报酬;这种情况必定会一直持续下去,直到毫无例外地遍及整个民族。

如果国家不从事这项事业,私立学校就会担心,一切稍微富裕一些的父母们将不把自己的孩子托付给这种教育。于是,就让我们以上帝的名义,满怀信心,转向穷困的孤儿吧,转向陷于贫困境地的街头流浪儿吧,转向所有被成人社会排除和抛弃的 (I,10,251)
孩子吧! 以前,特别是在一些德意志国家,祖先的虔诚信仰使公共教育机构得到很大的扩充和充分的装备,许多父母都曾经让自己的孩子受到教育,因为他们同时发现,这种教育机构与任何其他行业不同,食宿全包;那么,就让我们在迫不得已时像以前在这些国家里那样,采取补贴的办法,把面包给予那些从别人那里得不到面包的人,以使他们在拿到面包的同时也接受精神上的教育吧! 让我们不要担心他们先前的贫困和粗野的状况会成为实现我们的教育宗旨的障碍吧! 让我们突然把他们完全从这种状况中拉出来,将他们带进一个崭新的世界吧;让我们不给他们留下任何可以使他们回忆起旧日的东西吧! 这样,他们自己就会忘记这些,而成为新的、刚刚才被创造出来的人。我们的课程和我们的校规必须保证,刻进这块新鲜、纯洁的白板中的只是好的东西。如果恰恰是那些被我们时代排除的人,单纯由于受到这种排除才获得开始成为更好的一代人的优先权,如果是他们给那些不愿意跟他们在一起的人们的孩子带来使人幸福的教育，如果是他们成为我们未来的英雄、智者、立法者和人类拯救者的祖先，那么，这将是就我们这个时代给一切后世人提出的一个警告性证明。

第一个这样的教育机构的建立首先需要有胜任的教师和教育者。裴斯泰洛齐的学校培养了这样的人，并且永远准备培养更多的这样的人。开始的时候，需要注意的一件重要事情是，每一个这种类型的机构都要同时把自己看作是培育教师的学校，而且除了已经培养出来的教师之外，要在他们周围聚集着一批年轻人，他们学习教学，同时进行实践，在实践中不断更好地学习。即使这些机构在初期不得不跟匮乏作斗争，这也会很容易维持住教师队伍。因为大多数人目前都志在自己学习；因此，他们也愿意在没有其他补偿的情况下，在一段时间里为了他们所在的那个教育机构的利益而使用学到的东西。

此外，这样一个教育机构需要有校舍、初步的设备和一块足够大的土地。在这些安排的进一步发展中，如果这些机构中将有数量适当的一批已经成长起来的年轻人，他们在几年里都按照迄今的安排，作为雇佣工作者不仅获得食宿，而且同时也获得年薪，如果把他们的工作转交给较弱的年轻人，并依靠本来就必须具有的辛勤工作和明智经营，那么，这些机构将大都能够维持自身——这看来是显而易见的。在初期，在还没有前面提到的那种学子的时候，这些机构可能需要较大的补贴。可以希望，如果看得到出头之日，人们是更愿意作出贡献的。我们应当避免对这一目的有损害的节省；允许这种节省，倒不如什么都不做好得多。

因此我认为,以单纯的善良意志为先决条件,在实行这一计划的时候,通过许多人的联合,通过所有的人将自己的力量投向这个惟一的目的,就没有什么困难会不容易加以克服。

第十二讲　关于在达到我们的主要目的以前维护我们自己的方法[245]

(I, 10, 253)

我们已经充分描述了我们向德意志人倡议的那种未来的民族教育。这种教育塑造成的一代人只是由自己对正义和善良的爱好,而决不是由其他任何东西推动的,他们拥有一种为自己的立场而永远确有把握地充分认识正义的理解力,他们具备永远贯彻自己意愿的一切精力;一旦出现这一代人,我们用自己最大胆的愿望所能追求的一切东西就会从这一代人的存在中自行产生,自然而然地从中生长起来。这一时代很少需要我们的种种指示,以致我们反而可以从这一时代学习一些东西。

由于这一代人在此期间还不存在,而是要首先被教育出来,而且,即使我们所期望的一切都万无一失,我们还是需要相当长的时间才能过渡到那个时代,于是就产生了一个更易使人想到的问题:我们究竟应当如何度过这一过渡时期呢? 在我们不能做什么更好的事情时,我们应当怎样至少把自己作为可发生改良的基地,作为可与改良相联的出发点而保存下来呢? 有一种现实情况,它与这一代人理解为正义的事物秩序没有丝毫相似之处,而且在这种情况下也没有一个人懂得正义或对这种事物秩序怀有丝毫的愿望和需要,而是将现存事物看作十分自然和惟一可能的;当这一代受过教育的人有朝一日走出他们的隔离状态,来到我们中间的时候,我们应当怎样阻止我们这边不发生这种情况呢?这些心怀另一世界的人们难道不会马上发疯吗?这样的话,新教育不是就跟迄今为止的教育一样,对于现实生活的改良毫无用处而会销声匿迹吗?

如果大多数人还照样漫不经心、无思无虑和心不在焉地继续下去,那么可以期待的正是这种必然发生的情况。谁对自己毫不留心,任人发落,由环境任意塑造自己,谁也不久就会习惯于任何一种可能存在的事物秩序。不管他第一次看到某种情况时他的眼睛如何受到伤害,只要让这种情况天天以同样的方式重复出现,他就会对它习以为常,以后就觉得它很自然,它是必然如此的,最后甚至喜爱上了它,而第一次良好情况的产生却会使他觉得很不受用,因为这种情况使他脱离开了他那种已经习以为常的生存方式。只要我们的感官没有受到伤害地继续存在下去,我们以这种方式甚至会习惯于受奴役,而且会随着时间的推移而喜爱上它;这正是最危险的屈服态度,它对一切真正的荣誉变得麻木不仁,然后使懒惰者感到很高兴,因为它免除了他的一些担忧和独立思考。

让我们警惕作仆役的意外欢乐吧,因为它甚至会夺走我们的后代在未来求解放的希望。如果我们的外在活动被套上能束缚住手脚的枷锁,那就让我们更加大胆地提高我们的精神,使它

(I,10,254)

具有自由的思想,使它生活在这种思想中,只期望和渴求这种惟一的生活吧。让自由从可见世界消失一段时间吧;我们让它逃进我们的思想深处,直到在我们周围产生出有力量也在外部表现这一思想的新世界。让我们用那种无疑允许我们作出测定的东西,用我们的精神,把自己造就成将在我们之后成为现实的人的榜样、预言和保证吧。我们可不要使我们的精神同我们的肉体一起卑躬屈膝、俯首就擒!

如果有人问我怎样实现这一点,那么,惟一的、概括性的回答就是:我们必须立刻成为我们本来就应当成为的德意志人。我们不应当使我们的精神屈服,因此,我们必须首先获得一种精神,获得一种坚定的和确实的精神;我们必须在一切事情上都严肃认真,而不轻率地过日子,把生活当做嬉戏;我们必须给自己建立站得住脚的和不可动摇的原则,这些原则是我们的一切其他思维和我们的行动的固定准绳。在我们这里,生活和思维必须是一个整体,而且必须是一个融会贯通和毫无瑕疵的整体;我们必须在生活和思维中合乎自然和真理,从我们这里抛弃那些外来的玩艺;一句话,我们必须塑造自己的性格;因为"具有性 (I,10,255)
格"和"是德意志的",这两者无疑是意义相同的。[246]这件事在我们的语言中没有特别的名称,因为它恰恰应当无需我们的一切知识和思索,而从我们的存在中直接产生出来。

我们必须首先用自己的思考活动对我们时代的伟大事件,对它们同我们的联系以及我们对它们的期待加以思考,使自己对所有这些事物获得一个清晰和确定的看法,对在这里产生的问题作出一个坚定不移、不可改变的肯定或否定的回答;每一个对教育有起码要求的人都应当这样做。人的动物性生活在一切时代都是按照同样的规律进行的,在这方面,一切时代都是相同的。不同的时代只是对于理智而言才存在的,只有那种用概念钻研它们的人,才既生活于它们当中,又生存于他的这个时代,而另一种生活则只是一种物质性的生活。对发生的一切事情不加理会,让它们从身边匆匆而过,甚至闭目塞听,以阻止它们涌入心田,并且还把这种无所用心自诩为伟大的智慧,这对于岩石来说也许是合适的,因为海浪拍打岩石,岩石就对此毫无感觉,或者,这对于树干来说也许是合适的,因为狂风暴雨将树干摇来曳去,树干就对此毫无察觉,但是,这对于一个能思考的存在者来说却绝不可能是合适的。——即使一个人在高尚的思维领域里翱翔,这也不能解除这种理解他的时代的一般义务。一切高尚的思维必定想以自己的方式直接干预当前的时代,准确确实实生活在高尚的思维中,谁就同时也生活在当前的时代中,假如他没有也生活在这一时代中,那么,这就证明他也没有生活在那种思维中,而只是在那种思维中做梦。那种对我们眼下所发生的事情漫不经心的态度和把可能产生的注意力人为地引向其他事物的做法,可以说是我们的独立性的敌人最期望遇到的情况。如果他能肯定我们对任何事情都不作思考,那他就可以像使用没有生命的工具那样,用我们来做他想做的一切事情;漫不经心就是对一切都习以为常,但在清晰、全面的想法及其关于那种应当存在的东西的图像总是有警觉性的地方,是绝不会出现任何习以为常的惯性的。

(I,10,256) 　　这些演讲首先邀请了你们,并且在目前可能通过书籍的印刷将整个德意志民族聚集在自己周围的限度内,也将邀请他们,亲自作出一个坚定的决断,在内心对下列问题取得一致意见:1)关于有一个德意志民族存在的说法,关于其特有的、独立的本质的继续存在目前处于危险之中的说法,是真的还是假的? 2)是否值得努力去维护这个民族? 3)是否有一种维护它的可靠、有力的方法? 这种方法是什么?

在我们当中以前有一种传统的习俗,那就是:当人们可以在口头上或文字中获悉任何严肃的言论时,日常的饶舌家就攫住了它,把它变成了他在令人压抑的无聊中可以取乐的消遣材料。首先在我的周围,我现在没有像以前那样察觉到,有人把我目前的演讲作了这样的用途;但从早先出版界的聚会发出的声音——我指的是各种文献报刊和其他杂志——中,我没有得到任何消息,因而也不知道,从这里可以期待的是随意取笑呢,还是认真严肃。无论情况如何,我的意图至少不是要开玩笑,也不是 (I,10,257) 重新启用我们这个时代所具有的熟为人知的笑话。

在德意志人当中过去还有一种习俗,它在我们当中更为根深蒂固,几乎已经成为另一种本性,而且几乎从未听说它有对立面,那就是:人们把一切会被引上发展道路的事物都视为对每一个有一张嘴的人的要求,要他立即对之发表意见,并向我们报道,他是否也持同样意见,整个事件究竟是根据什么样的表决告终的,公众的谈论必须根据什么样的表决匆匆转向新的对象。这样,德意志人中间的一切文字交流就都发生了转变,古老寓言的回响变成了纯粹的声响,完全没有躯体和物质内容。如同在大家熟悉的不好的个人社交场合一样,这里重要的也只是人们不断发出声音，每一个人都不停地接受它，并将它抛向自己的邻人，究竟什么东西在发出声音，却是根本不重要的。如果这不是缺乏性格，不是非德意志性，那是什么呢？尊重这种习俗，只维持公开交谈的热烈，这也不是我的意图。我想要另外一些东西，所以，我个人也早已完全不参与这种公开的闲谈，而人们也可能最终免除了我做这种事。我并不想立刻知道，这个人或那个人对这些热烈谈论的问题是怎样考虑的，也就是说，他迄今对它们是如何考虑的，或者对它们是如何不加考虑的。他应当亲自考虑并彻底思考这些问题，直到他的判断成熟和完全清楚为止，并且应当为此花费必要的时间；如果他还缺乏有关的预备知识，缺乏在这些事情上作出判断所需的整个教育水平，那么，他也应当为此花费时间，以获得这些知识。如果有人以这种方式有了自己的成熟、清晰的判断，那也并不是要求他公开地发表这一判断；要是这一判断与我们在这里所讲的一致，那么，这个判断就是已经说过的，无需说第二次了，而只有谁能说出某种不同的、更好的东西，我们才会要求他讲话；但是，每一个人都无论如何应当按照自己的方式和情况真正地生活和做事。

最后，我的意图更不是用这些演讲向我们德意志著书立说的大师们提交一份习作，以便让他们加以修改，使我能借此机会得知，可以对我抱有怎样的希望。在这方面也已经向我提出过足够多的学说和好的建议，如果可以期待到什么改善的话，现在就一定已经显示出来了。

不，我最初的意图是：将我们当中那些一直被抛入成堆的问题和研究，被抛入关于它们的大量相反意见，而在那里徘徊的有教养者,尽可能多地从那里引导出来,导向一个他们自己能立足的点,也就是引向一个对我们最密切相关的点,即我们自己的共同事务;在这个统一点上让他们形成一个不可动摇的确定意见,让他们获得一个他们确实理解的清晰认识;尽管在他们之间对许多其他东西有争论,至少要在这一点上使他们统一思想,团结一致;最后,以这种方式产生出德意志人的一种牢固的根本特点,这就是德意志人都认为值得对德意志人的事务形成一个意见;与此相反,那种既不想听到、也不想思考这一事情的人,从现在起,则可有理由被看作不属于我们的人。

这样一种坚定的意见的产生,以及许多人对这一事情的统一认识和相互理解,将是把我们的性格从我们那种缺乏尊严的一盘散沙的状态中拯救出来的直接方法,同时也将是达到我们的主要目的,即采用新的民族教育的有力手段。特别是因为我们自己,不管是个人还是全体,从来都不一致,朝三暮四,每一个人都朝着嗡嗡的嘈杂声乱喊,连我们的诚然经常十分明智的各届政府,在倾听我们的时候,也被弄得晕头转向,左右摇摆,就像我们的意见一样。如果我们的共同事务终于有一种坚定的和确有把握的进程,那么,什么东西能阻止我们首先从自己开始,作出一个坚定果断的榜样呢?要让人有朝一日听到一种一致的、不变的意见,要让人得知一种坚决的和普遍预示的需要,像我们所假定的民族教育的需要;我认为,我们的政府是会倾听我们的,如果我们表示愿意接受帮助,它就会帮助我们。如果情况相反,那么,我们至少在事后才有权利指责它;现在,既然我们的政府大体上符合于我们对它的希望,我们则不宜提出责难。

(I,10,259)

是否有一个维护德意志民族的确有把握的和彻底的方法，这个方法是什么，这在我向这个民族提出，让它加以决断的所有问题当中，是最重要的问题。我已经回答了这个问题，解释了我的答法的理由；这决不是为了作出最终判定，这种判定是毫无帮助的，因为每一个应当参与此事的人都必定已经通过自己的行动，在他自己的内心有了确定的信念；这只是为了激励人们自己进行思考和判断。我必须从这时起不过问每一个人的事情，而听其自便。只是我还可以警告人们，在这个问题上不要让那些到处流传的浅薄想法欺骗自己，不要让它们阻碍自己作深刻的思考，不要让那些不能兑现的空话敷衍自己。

比如，我们必定早在发生最近的事件以前就听到过一种仿佛备妥的说法，它自那以后也经常对我们加以重复，那就是：即使我们的政治独立已丧失殆尽，我们还是能保存我们的语言和我们的文献，并且可以依靠它们永远成为一个民族，这样，我们在一切其他方面就会容易安慰我们自己了。

(Ⅰ,10,260) 说我们即使没有政治独立也将保存我们的语言，这种希望究竟以什么为首要根据呢？说这种话的人总该不会认为他们对子孙后代和一切未来世纪的劝告和训诫确有这种神奇的力量吧！？现在活着的、成熟的人们已经习惯于用德语说话、写作和阅读，这种做法无疑会继续下去；但下一代人将如何做呢？第三代人又将如何做呢？我们竟然想要给这些后代人加上什么样的砝码，与他们那种也要通过语言和文字，讨那个赫赫显要、分配一切特权的人物欢心的渴望保持平衡吗？[247]有一种确系世界上首要语言的语言，虽然众所周知，各种首要作品今后还得用它撰写,但我们难道从来都没有听说过这种语言吗? 我们不是现在就在我们眼前看到,那些希望以其内容赢得欢心的作品是用这种语言出版的吗? 人们援引另外两种语言为例,一为古代语言,一为近代语言,尽管讲这两种语言的民族在政治上衰落了,它们还是作为活生生的语言继续流传下来。我绝不想深究这种流传的方式;但一目了然的是,这两种语言本身都具有我们的语言所不具有的一些东西,因此它们在征服者面前得到了赏识,而这是我们的语言永远不可能得到的。假如这些用空话敷衍了事的人 (I,10,261) 能更好地环顾四周,他们就会发现另一个照我们看来完全在此适用的例证,这就是索布语。[248] 在讲这种语言的民族丧失了他们的自由之后,这种语言还一直延续了数百年之久,也就是说,还在被束缚于土地的农奴们的贫穷茅屋里流传下来,使他们能用他们的压迫者不懂的语言叹息自己的命运。

或者,人们可以假设这样一种情况,即我们的语言仍然是活生生的,仍然是一种用于写作的语言,因而保存了自己的文献;那么,一个丧失了政治独立的民族的文献究竟可能是一种什么样的文献呢? 有理性的著作家究竟想要什么? 他能要什么呢? 不会是别的,只能是干预共同的和公众的生活,按照他的图像来塑造和改造这种生活;如果他不想这样做,他所讲的一切就都是空洞的声音,是供悠闲无事的人听着消遣的。他想在原初的意义上,从精神生活的根源出发,为那些同样在原初的意义上从事活动的人进行思考,也就是说,为那些在原初的意义上进行统治的人从事思考。因此,他只能用统治者也借以进行思考的语言从事写作,也就是说,用一种借以进行统治的语言,用一个构成独立国家的民族的语言从事写作。我们为各种极为抽象的科学所作的一切努力本身，最终究竟想要什么呢？且让我们认为，这些努力的最近目的就是要把科学一代一代地传下去，在世上保存下来；但为什么应当保存它呢？显然，只是为了在时机成熟时塑造共同的生活和整个人类的事物秩序。这是它的最终目的；因此，任何科学的追求哪怕是在未来的什么时候才能实现，都是间接地服务于国家的。如果它放弃了这一目的，它也就丧失了自己的尊严和自己的独立性。但是，如果谁怀有这一目的，他就必须用统治民族的语言从事写作。

(Ⅰ,10,262) 凡在能找到一种特定语言的地方，那里也就存在着一个特定的民族，它有权独立自主地操心自己的事务，自己治理自己，这个说法无疑是真实的；同样，我们可以反过来说，如果一个民族不再自己治理自己，它也就应当放弃自己的语言，而与征服者融合到一起，以产生一种统一局面、内部和平和对不复存在的各种情况的完全遗忘。一个管辖这样一种民族混合体的一知半解的统帅必定会要求这样做，所以我们可以确信，在我们的情况中是会被要求这样做的。在这种融合产生之前，允许使用的教科书会译成野蛮民族的语言，也就是译成这样一种民族的语言，这种民族过分笨拙，以致学不会统治民族的语言，正因为如此，便将自己排除在对公众事务的一切影响之外，把自己贬低到终生受奴役的地步；这些自己使自己对现实发生的事情缄默不语的人，也会得到允许，用虚构的世俗之争练习自己的口才，或模仿以前的和古老的形式，在这个时候，人们可以在引以为例的古老语言中寻找前者的证明，在近代语言中寻找后者的证明。这样一种文献我们也许还想保持一段时间,而且那些没有什么更好安慰的人可以用它来安慰自己;但是,那些也许能鼓起勇气和正视真理,被真理的景象所惊醒,下定决心和采取行动的人,也会被一种毫无价值的安慰——它本来会对我们的独立性的敌人十分有利——弄得昏睡不醒,而这正是我想要阻止的,如果我能够做到的话。

人们向我们允诺,德语文献会世代流传下去。为了进一步评判我们在这个问题上所能抱有的希望,很有益的做法是,看一看我们到此为止究竟是否还有真正意义上的德语文献。著作家最崇高的特权和最神圣的职责是,将他的民族聚集在一起,与她一起讨论她最重要的事务;尤其是,德国著作家的惟一职责一向如此,因为德国在过去已经分裂为许多分离的国家,它几乎只有通过著作家的工具,即通过语言和文字,才被结合为共同的整体;在将德意志人团结在一起的最后外在纽带——帝国宪法——如今也已经断裂之后,著作家在这一时期最根本和最迫切的职责亦将如此。现在,假如有迹象表明——我们在这里不是在讲我们可能知道的或害怕的东西,而只是在讲我们同样必须 (I,10,263) 预先考虑到的某种可能的情况——我是说,假如有迹象表明,一些特定国家的仆从现在已经被忧心忡忡、惊惧不安的情绪所支配,以致他们率先不容许那些假定一个民族依然存在、并向这一民族疾呼的声音响亮地讲出来,或用禁止的办法不容许它们得到传播,那么,这就会证明,我们现在已经不再有任何德语创作了,而且我们就会知道,我们对未来文献的展望能有何前景。

这些人惧怕的,到底可能是什么呢?也许是怕这个人或那个人不爱听这些声音吧!？他们至少给自己要表示的体贴至微的关照选错了时机。对于祖国的辱骂和贬低，对于外国的无聊吹捧，他们毕竟无法阻止；但对于夹杂在这些声音中的一句爱国话他们就不要这么严厉吧！很可能，不是所有的人都同样喜欢听所有的话；但我们目前无法顾及这些，危难时刻正在逼迫我们，我们必须说出危难时刻要求我们说的话。我们正在为生命搏斗；难道他们想要我们注意自己的脚步，以免某件官服沾上扬起的尘土吗？我们正在洪水中沉落下去；难道我们应当不呼救，以免某个神经衰弱的邻人受惊吗？

那些可能不爱听这种话的人究竟是些什么人呢？他们究竟在什么样的条件下可能不爱听这种话呢？无论在什么地方，使人害怕的只是模糊不清和黑暗。任何可怕的图像，只要人们凝神注视它，就会消失不见。我们迄今一直无拘无束地、坦率地分析了在这些演讲中出现的每一个问题，让我们也以同样的态度正视这种可怕的东西吧。

或者人们认为，目前肩负着领导绝大部分世俗事务的人是真正伟大的人，或者认为情况正相反，[249]而第三种情况是不可能的。在第一种情况下，人的一切伟大之处除了建立在人的独立的、原初的东西之上，究竟建立在什么之上呢？人的伟大之处在于，人不是他的时代乔装打扮出来的东西，而是从永恒的、原初的精神世界生长出来的自然原本的东西，人的伟大之处在于，在他心中产生了一种对整个世界的新的和独特的看法，在于他具有将自己的这种看法应用于现实世界的坚定意志和铁的力量。但是，这样一种人绝对不可能除了尊重自己，就不尊重各个民族

和个人的独立性、坚定性以及生存的独特性,而这是在他内心构 (I,10,264)
成他自己的伟大之处的东西。既然他很有把握地感觉到自己的
伟大,对它充满信心,他就耻于统治具有可怜的奴仆思想的人,
耻于做侏儒中的巨人;他鄙弃那种为统治人们而必定先要贬低
他们的想法;看到自己周围的堕落,他十分压抑;不能尊重人们,
这使他感到痛心;但是,所有那些能使他的情同兄弟的同时代人
得到提高和变得高尚的事情,所有那些能将他们置于更为庄严
隆重的光明境地的事情,则使他自己的高尚精神感到舒畅,而且
是他的最高享受。利用时代所引起的震动,把一个古老而可尊
敬的民族,即把绝大多数近代欧洲民族的本原民族和一切民族
的指导者,从沉睡中唤醒,说服她获取一种可靠的保护手段,以
使自己摆脱堕落,而且这一手段同时保证了这个民族永远不再
堕落,并在提高自己的同时提高其余一切民族——关于这种事
情,难道这样一种人会不高兴听到吗?我们在这里并不是要鼓
动一种打破宁静的争吵,而是要警告人们提防这种肯定会导致
堕落的东西,要说明一种坚定不移的基础,世界上的某个民族最
终将在这种基础之上建立起最高尚、最纯洁的和人类还从未有
过的道德,它在以后的一切时代都将得到保证,并将从这个民族
出发,被传播给其他民族;我们是要说明一种人类的改造,它将
把尘世的和感性的创造物改造成纯粹的和高尚的精神。人们难
道认为,一种本身纯洁、高尚和伟大的精神,或以这种精神培养
起来的任何人,会由于这样一种建议而受到侮辱吗?

与此相反,那些怀有这种恐惧心理,并以自己的行动确认了
自己有这种心理的人,会怎样认为呢?会怎样在所有世人面前

大声承认自己这么认为呢？他们会承认,他们相信一种与人为敌的、非常藐小卑劣的原则支配着我们,每一种独立自主的力量的冲动都会使那种不能不害怕听到道德、宗教和心灵净化的人十分惊恐,因为对他来说,只有在对人的贬低中,在人的愚钝和罪恶中才有拯救和保存自己的希望。他们的这种信仰会给我们的其他痛苦再增添上受这样一种人统治的沉重耻辱,难道我们应当丝毫不表示迟疑,不要事先作出令人信服的证明,就同意这种信仰,并按照这种信仰行动吗？

(I,10,265) 假定发生了最糟的情况,即他们是正确的,而我们这些用自己的行动承认第一种情况的人却绝不是正确的,人类就真的应当遭到贬低,堕落下去,以讨好某个因此受益的人,讨好那些怀有畏惧心理的人吗？难道不应当允许任何一个受到自己良心的命令的人警告这些人不要堕落吗？假定他们不仅是正确的,而且人们也还应当下决心在同代人和后世人面前承认他们是正确的,并大声宣布这项刚刚对自己作出的判决,那么,给那种不受欢迎的警告者可能由此造成的最大和最终的结果是什么呢？他们知道某种高于死亡的东西吗？死亡无论如何在等待着我们所有的人,从有人类开始,高尚的人们就为了微小的事情——因为哪里曾有什么事情高于眼前的事情呢？——而一直不顾死亡的危险。谁有权利介入一种冒着这样的危险业已开始的行动呢？

如果像我所不希望的那样,我们德意志人中间有这样的人,那么,这些人就会未经请求,不需感谢,而将他们的脖子供奉给精神奴役的桎梏,并且像我所希望的那样,不会遭到拒绝;他们不知道真正伟大的人物怎么勇敢,而根据具有他们自己的清晰性的那种想法来衡量这种人物的想法,因而认为必须靠政治手腕阿谀奉承,于是他们就会用恶狠狠地咒骂的办法,利用他们不知道有何他用的文献,以便经过砍伐,把它们当做祭献品,表示他们的殷勤。与此相反,我们则通过出于我们的信心和我们的勇敢的行动,歌颂拥有威力的人物的伟大,而这种歌颂远非语言所能形容。越过完全讲德语的整个领域,到我们能自由地、不受阻碍地发出声音的任何地方去,这声音就会通过自己的单纯存在而向德意志人呼喊道:任何人都不想要你们受到压迫,不想要你们抱有受人奴役的意识和你们奴隶般的屈从,而是想要你们独立,想要你们真正自由和得到升华与净化,因为人们并不阻止自己与你们公开讨论这些问题,向你们指出实现这些目的的可靠方法。如果这声音可以找到听众,获得预期的成功,那么,它就会在未来的数百年中为这种伟大人物,为我们对他的信仰树立起一座纪念碑,而时间是不会毁坏这座纪念碑的,相反地,它会随着每一代新人而长得更高,传播得更广。谁能反对建立这样一座纪念碑的尝试呢?

因此,我们不想用我们的文献在未来的繁荣来安慰我们失去了独立性,不想让这类安慰阻止我们去寻找一种恢复独立性的方法,我们宁愿知道,那些负有某种监管文献的责任的德意志人,是否时至今日还允许其他德意志人自己写作或自己阅读真正的文献,他们是否认为在目前的德国还允许有这样一种文献?但是,他们对这个问题的真实想法如何,必须在最近就作出决定。 (Ⅰ,10,266)

在讲完这一切以后,下一步我们要做的——这也只是为了在我们的本原民族得到完全、彻底的改善以前维护我们自己——是塑造我们自己的性格,是通过独自深思,对我们的真实处境和改善这一处境的可靠方法形成一种坚定的看法,首先由此验证这一性格。以我们的语言和文献的继续留存为安慰,已经表明是毫无价值的。但是,还有一些在这些演讲中尚未提到的其他虚幻想法,它们也阻碍着这样一种坚定的看法的形成。我们也要考虑这些想法,这是很恰当的;但这件工作我们留给下一讲。

(I,10,267)

第十三讲　内容通报*·业已开始的研究的继续

我们在上一讲的结尾处讲到,在我们当中还流传着许多关于民族事务的毫无价值的想法和蒙蔽人的学说,它们阻碍着德意志人对他们目前的处境作出符合自己的特性的坚定看法。由于人们恰恰在现在更热衷于到处兜售这些梦幻,以获得公众的尊敬,而且在很多其他的思想已经动摇以后,它们只能被一些人拿来填补产生的空缺,所以,抱着一种比在其他场合本来应当谈到它们的重要性时更为严肃的态度,对它们作一个检验,看来是切题的。

---

*　为什么这一讲只提供内容通报,而不提供演讲本身,关于这一点,可参见这一通报末尾的说明。[250]

首先,比一切事情都重要的是:各个国家最初的、原始的和真正天然的疆界,毫无疑问是它们的内在疆界。讲同一种语言的人们早已在有一切人为技巧以前,通过单纯的天性,靠许多不可见的纽带联结在一起了;他们彼此理解,而且有能力不断更明白地表达自己的意思,他们休戚相关,自然而然地是一个整体,一个不可分割的整体。这样的一个整体为了至少不暂时引起混乱,为了不使自己均衡发展的进程受到严重干扰,绝不会愿意接受任何一个有另一种来源、讲另一种语言的民族,并且与它混合。从这种由人的精神本质划定的内在疆界中,才产生了居住地的外在疆界,这是那种内在疆界的结果,并且从事情的天然外观来看,住在某些山川之内的人们绝不是由于住在同一地域,才成为一个民族,相反地,人们是由于早已通过一种更高的自然规律而成为一个民族,才住在一起,而且如果他们很幸运,他们才有山河的掩护。

　这样,德意志民族就通过共同的语言和思维方式完全结合 (Ⅰ,10,268)
到了一起,并且与其他民族截然分离,而居于欧洲的中部,成为那些没有亲缘关系的部族的一道隔墙;他们人数众多,十分英勇,足以抵御任何外来袭击,保护自己的疆界;他们独立自主,他们的整个思维方式使他们很少愿意从邻近的民族那里接受知识,很少愿意干涉这些民族的事情,用令人不安的做法激起这些民族的敌意。在时代的进程中,他们的好命运保护了他们免于直接参与对其他世界的掠夺;这种情况首先给近代世界历史的发展方式奠定了基础,给各民族的命运以及他们的绝大部分概念和意见奠定了基础。自从有这种情况以来,基督教的欧洲才分裂为许多相互隔离的部分，而在此之前，欧洲即使它自己没有清楚地意识到，也已经是一个整体，并且在共同行动中表现为一个整体；自从有这种情况以来，才树立了一个共同的猎物，每个人都同样对它垂涎三尺，因为大家都同样可能需要它，并且每个人看见它要落入别人手中，都心怀嫉妒；在这时才存在着一切人反对一切人的暗藏敌意和好战心理的原因。也就是在这时，通过征服，或在征服不可能时通过联盟，来吞并那些有另一种来源、讲另一种语言的民族，攫取他们的力量，才对某些民族来说变得有利可图。一个坚决依靠自然力量的民族，如果它的居住地对它来说变得过于窄小，就会想占领邻近的土地，从而扩大自己的居住地，以赢得更大的空间，而在这种情况下，它会驱逐那里原先的居民；它会想用一块贫瘠的不毛之地，换取一块气候温和的天赐良田，而在这种情况下，它会再次驱赶走原先的占有人；它即使发生蜕化，也会单纯出征抢掠，它并不渴望得到土地或居民，而只强占征途中一切有用之物，然后又离开被洗劫一空的国家；最后，它会将被占领的土地上的原有居民同样作为一种有用之物，作为个人的奴隶加以瓜分。但是，如果它将外族原封不动地作为国家的组成部分补充进来，它就得不到丝毫的利益，所以，它永远不会受到诱惑，去做这种事情。但是，如果事情在于，应当从一个旗鼓相当的，或者可能实力更强的对手那里夺得一件诱人的、共同的猎物，那么，对情况的估计就不同了。不管被征服的民族是否在其他方面符合于我们的要求，至少他们的拳头对于打击我们所要掠夺的对手是有用的，他们当中的每一个人都增添了一份国家的战斗力，对我们来说是受欢迎的。所以

(I, 10, 269)

第十三讲 内容通报·业已开始的研究的继续

我们要问,某个曾经期望和平与安宁,睁眼看清这种形势的智者,能从哪里期待到这种安宁呢?显然,不能使用不让任何人利用多余之物的办法,自然地限制人的占有欲,以期获得安宁,因为现实地存在着一个诱惑所有人的猎物。同样,他也不能期望这些人具有给自己设定界限的意志,以期获得安宁,因为在这些人当中,每一个人都把他能抢到的一切东西抢到自己的手里,而那种限制自己的人必然会遭到毁灭。没有任何人想跟别人分享自己目前占有的东西;只要可能,每个人都想抢走别人的东西。要是有人按兵不动,那只是因为他认为自己没有足够的实力从事争斗;一旦他感到自己有了所需要的实力,他肯定会从事争斗。因此,保持安宁的惟一手段就是:任何人都永远不会获得能够扰乱安宁的力量,并且每一个人都要知道,另一方进行抵抗的力量与他这一方进行攻击的力量不相上下;这样,就会形成一切力量的均势和抗衡,在其他一切手段都消失以后,只有通过这一手段,才能使每一个人维持自己目前的财产状况,使所有的人都保持安宁。因此,构成那种有名的欧洲均衡势力体系的先决条件的是这两样东西:第一,掠夺物,它是任何个人都没有权利占有的,然而是一切人都同样渴望的;第二,随之而来的掠夺欲,它是普遍的、永远蠢蠢欲动的和真实存在的。在这两个先决条件下,这种均衡当然会是维持安宁的惟一手段,但愿有人找到产生这种均衡,将它从空想变为现实的第二种手段。

但是,难道也可以把那两个先决条件当做普遍的和毫无例外的吗?在欧洲的中心,极为强大的德意志民族难道不是完全没有插手争夺这一猎物,丝毫没有沾染争夺它的兴趣,而且几乎没有要求得到它的能力吗？只要这个民族仍然团结一致,同心协力,那么,如果其他的欧洲人想在一切海域,在一切岛屿和海岸自相残杀,德意志人在欧洲中心的坚固壁垒就会阻止他们互相靠近,——这里本来会保持和平,德意志人本来会保持自己的安宁和富裕,同时保持其余一部分欧洲民族的安宁和富裕。

保持这种状态是不符合于只顾眼前的外国人的私利的。他们认为,德意志人的勇敢很有用处,可用来为他们打仗,德意志人的手很有用处,可用来夺走他们的对手的猎物;一种达到这个目的的手段必定会被找到,而且外国人的狡猾多端轻而易举地战胜了德国人的毫无偏见和不善怀疑。正是外国首先利用了德国由于宗教之争而产生的感情分裂,以期将这个由内部紧密联系的统一体所组成的整个基督教欧洲的缩影同样人为地分裂为许多相互隔离和独立的部分,就像外国通过共同的争夺已经把自己自然而然地分裂开那样。这些特殊的国家是产生于一个民族的怀抱的,而这个民族除了外国本身,没有任何敌人,除了团结一致,共同反对外国的诱惑和诡计,没有任何事情。外国懂得把这些国家扮演为彼此对立的天然的敌人,每一方都必须不断警惕对方。另一方面,外国也懂得将自己扮演成抵御这种由自己的同胞所构成的危险的天然盟友,扮演成维系这些国家的生死存亡的惟一盟友,因此,这些国家必须同样用自己的一切力量支持其盟友的行动。只有通过这种人为的约束手段,一切想对新旧世界中的任何一种对象展开的纷争,才成为德意志各部落本身彼此的纷争;每一场由于任何一种起因而发生的战争都必定是用德意志人的鲜血在德意志人的土地上决胜负的,在对这

(Ⅰ,10,270)

些情况的整个起源十分陌生的民族中,均势的任何偏移都必须加以平衡,而德意志诸国相互隔离的存在状态已是违反一切天性和理性的,为使它们还能有所作为,它们必须被当做欧洲均势天平上的主要砝码的附加物,盲目地、毫无意志地随着这个天平移动。如果说在某些国家,人们指称一些公民的方式是说他们属于某某外国政党或拥护某某外国联盟,但不知道如何称呼属于本国的政党的公民们,那么,德意志人早就只拥护任何一个外国政党了,人们很难碰上有谁会拥护德意志人的政党,会认为这个国家应当自己结成联盟。

这就是在欧洲各国之间人为地维持势力均衡这一臭名昭著的理论体系的真正起源和意义,这就是它对德国和对世界所产生的结果。如果基督教欧洲像它应当那样,像它原来那样,仍然是一个整体,那么,人们就决不会有产生这种想法的起因了;这一整体自立自强,并不分裂为必定彼此势均力敌的冲突力量;只 (I,10,271) 有对于变得不公正的和业已分裂的欧洲来说,那种想法才获得了一种勉强成立的意义。德国不曾属于这个变得不公正的和业已分裂的欧洲。假如至少德国仍然是一个整体,那它就会自立于文明大地的中心,犹如太阳自立于世界的中心;它会维持自身的安宁,并靠自身的力量维持它周围的安宁,它无须一切人为的措施,而凭自身单纯的、自然的存在,就会给予所有国家以均势。只有外国的欺骗才将它搅进了外国那种不公正的和有纷争的情况,并传授给它诡计概念,把这种概念作为最有效的手段之一,在它的真正利益上欺骗它,把它一直蒙在鼓里。现在,这一目的已经完全达到,人们谋图的结果已经完全摆在我们的眼前。即使我们现在无法取消这个结果,我们为什么不应当至少在我们自己的理智——这理智几乎还是仍然由我们自己支配的惟一东西——中消除它的根源呢?在苦难将我们从睡眠中唤醒之后,古老的梦幻为什么还应当一直摆放到我们眼前呢?我们为什么不应当至少现在就看到真理,发现那可能拯救我们的惟一手段呢?——我们的后代也许想做我们认识到的事情,正如我们因为父辈做梦而现在受苦一样。让我们理解,必须人为地维持均势的想法虽然对于处在罪过和灾难的压力之下的外国来说可能是一种令人安慰的梦想,但它作为地道的外国产物是永远不会在德意志人的心中扎根的,德意志人也永远不应陷入使它可以在他们中间生根的境地;我们至少现在就必须看透它是毫无价值的,我们必须认识到,并非在它那里,而是只有在德意志人自己的统一中才能找到共同的得救之道。

(I,10,272) 在我们的时代被经常鼓吹的海洋自由,对德意志人来说同样是陌生的,不管人们图谋的真的是这种自由,还仅仅是自己能够将其他一切人都排除在这种自由之外的能力。几百年以来,当其他一切民族都在角逐的时候,德意志人却很少表现出大规模地参与这种自由的欲望,而且他们是永远不会这样做的。他们也不需要这种自由。他们资源丰富的国土和他们的勤劳,给他们保证了过文明人的生活所需要的一切;他们也不缺乏为达到这个目的而对这一切进行加工改造的技术。他们自己的科学精神不会使他们缺少交换手段,以获得世界贸易所带来的惟一真正的利益,即扩大对地球及其居民的科学知识。啊,但愿德意志人的有利命运能同样保护他们不间接参与掠夺其他世界的行径,就像它曾保护他们不直接参与这种行径一样!但愿轻信态度和那种也想象其他民族一样优雅地、高贵地生活的欲望,不会使产于其他世界的非必需品成为我们的必需品;但愿我们在考虑那些不怎么缺乏的物品时,宁肯向我们的自由同胞提出一些可以承受的条件,而不想从大海彼岸可怜的奴隶的血汗中攫取利益。这样,我们就至少不会甚至给我们现在的命运提供借口,我们就不会被作为买主而遭受战争,不会被作为市场而遭受灭亡。大约在十年以前,在有人能预见到以后发生的事情之前,德意志人就被劝告说,要使自己不依靠世界贸易,将自己作为商业国锁闭起来。这一建议违反了我们的习惯,特别是违反了我们对于金属铸币的偶像崇拜,于是受到了激烈的抨击,被弃之一旁。[251]从那以后,我们正在学会在外国暴力的逼迫之下,屈辱地缺失我们以前依靠自由,为我们的最高尊严而保证不能缺乏的东西,学会在这样的逼迫之下屈辱地缺失更多的这类东西。既然物质享受至少没有迷住我们的心窍,但愿我们抓住这个机会,以永远纠正我们的观念!但愿我们终于认识到,所有那些关于世界贸易和外贸生产的骗人理论体系虽然很适合于外国人,并且恰恰是他们一直用来打我们的一个武器,但是,这些理论体系在德意志人这里却毫无用处;除了德意志人自己的统一,德意志人内部的独立和贸易的独立是他们得救的第二个手段,并通过他们成为欧洲得救的第二个手段。 (1,10,273)

但愿人们最终也还敢于看出,一统天下的君主国的梦幻是可憎的和毫无理性的,这一梦幻已开始取代一段时期以来变得越来越难以令人置信的均势,而被呈现给了公众,以获得他们的尊敬。精神的本质只能在个人的千差万别的层次上，在整体的各个部分中，在许多民族中表现人类的本质。只有当这些民族中的每个民族依靠它自身，根据它的特性，发展和塑造自己的时候，只有当这些民族中的每个民族的每一个人在本民族里根据民族的共同特性和具体特性，发展和塑造自己的时候，神性才会像应当那样，在其真正的明镜中显现出来；只有那种不是对规律性和神圣秩序毫无预感，便是它们的死敌的人，才会想斗胆干预神灵世界的最高规律。藏于自己眼里的、不可见的民族特性，将各个民族与本原生活的源泉联系在一起，只有在这些民族特性中，才有他们当前的尊严和本来的尊严、道德和功绩的保证。如果这些特性由于民族的混合与摩擦而被去掉棱角，那就会从这种浅薄东西中产生出与精神本质的分离，产生出一切民族走向相互一致、彼此关联的堕落的融合。一些著作家就我们的一切不幸用一种前景安慰我们，说我们也会因此成为新兴的一统天下的君主国的臣民，说有人已经决意这样碾碎人类中的一切人性的萌芽，以便将融化的面团压成任何一种形状，并且说一种如此可怕的反对人类的野蛮行为或敌对行为在我们的时代是可能的，我们应当相信他们的说法吗？或者，即使我们打算决定暂且相信这种全然不可信的说法，那么，究竟应当通过哪种机构进一步执行这样一种计划呢？在欧洲目前的文明状态下为了某个一统天下的新君主国而征服世界的究竟应当是哪一类民族呢？欧洲的各个民族不再做野蛮人，不再为了自己而以破坏性行为取乐，已有数百年之久。所有的民族都在战争之后寻求最终的和平，在奋斗之后寻求安宁，在混乱之后寻求秩序；大家都想看到，自己的生涯以一种和平的、宁静的家园生活为圆满结局。在一个时期,甚至连单纯预想的民族利益都会鼓动他们进行战争;如果一统天下的君主国的要求是一再以这种方式提出来的,那种梦幻就会消失,它所给予的狂热力量也会消失;对宁静秩序的渴望又得到了恢复,于是,我们究竟是为何种目的做这一切和承受这一切的问题,也就提出来了。我们时代的世界征服者必定会首先清除所有这些感情,并且用经过深思熟虑的技艺,将一个野蛮民族塞到这个由于自己的本质而没有产生一个野蛮民族的时代。但他做的必定不止于此。只要我们让人们稍有休养生息的机会,那种从年轻时代起就看惯了耕种的土地,看惯了富裕和秩序的人,无论在什么地方见到同样的景象,都对它感到愉快,因为它向他展现了他自己那种永远无法完全泯灭的渴望的背景,而一定要消灭这种景象,则会使他自己感到痛心。甚至针对这种给社会的人深深地刻印上的愉悦之情,针对人们就征战者给被征服国家所带来的灾难表露的沉痛之感,也一定要找到一种制衡的力量。但除了掠夺欲望,就没有什么别的制衡力量。如果敛财聚物成为支配征战者的动力,如果征战者习惯于在蹂躏各个欣欣向荣的国家时不再想到任何其他事情,而只想到他本人在大家普遍受苦受难时能获取什么,那么,可以预料到的是他心中的同情感和怜悯感不会表露出来。因此,我们时代的世界征服者除了将他的人们培养得能从事那种野蛮的暴行,也必定还会将他们培养得具有冷酷无情而深思熟虑的掠夺欲望;他一定不会惩罚敲诈勒索的行为,反而一定会对这种行为加以鼓励。那种自然而然地基于事实的耻辱感也一定会被首先扫光,但掠夺却必定会被认为是一种出色的理智的光荣标志,被算作伟大业绩,并且必定会开辟一条通向一切荣誉和尊严的道路。在近代欧洲,哪儿有一个民族这么寡廉鲜耻,因而可以被人们用这种方式加以调教呢?或者,如果我们假定世界征服者本人能够胜任这种调教工作,那么,恰恰是他的手段破坏了他的目的的实现。从这时起,这样一个民族便把被征服的人们、国家和艺术作品不再看作任何别的东西,而只看做尽快赚钱的手段,以期继续前进,再去赚钱;它从速榨取,将被榨干的东西丢弃,任其遭受各种可能的命运;它想摘到树上的果实,就砍伐树木。谁用这些工具去行动,对谁来说,一切诱惑、教唆和欺骗的技艺就都会被挫败;只有在远处,他们才能像人们在近处察觉到的那样行骗,于是,就连最愚笨的人都看到他们那种犹如禽兽的野蛮行径,看到他们那种无耻放肆的掠夺欲望,而且整个人类对他们的厌恶之声都响亮地表露出来了。人们用这些工具虽然可以掠夺大地,使它荒芜,将它碾成一个沉闷之至、混乱不堪的领域,但永远无法将它组成一个一统天下的君主国。

上述想法和一切这类想法,是一种单纯愚弄自己,有时也耽于自己精心编造的谎言的思维所制造的产物,对德意志人的彻底性和严肃性来说是毫无价值的。在这些图景中最多有一些图景,例如政治均势的图景,是在各种广袤和混乱的现象中辨认方向,把它们梳理清楚的有用辅助线;但是,相信这些东西的天然存在或力求实现它们,却正如同有人在划出标记的真实地球上,寻找用于辨认自己在地球上的观察方向的两极、子午线和回归线一样。但愿成为我们民族的风尚的是:我们的思考不是单纯要开玩笑,仿佛试验从中会产生何种结果,而是要这样进行思考,就是说,仿佛我们所思考的东西应当是真实的,应当在生活中真正起作用;如果能这样,让人们警惕这些原来属于外国的、只会压迫德意志人的治国能人的骗人形象,就将成为多余的了。

一旦我们掌握我们的思维方式的这种彻底性、严肃性和重要性,它们就会也出现在我们的生活中。我们已经被战胜;我们现在是否想同时遭受蔑视,公正地遭受蔑视,我们在遭受其他一切损失之后,是否也还想丧失荣誉,这将仍然永远取决于我们。用武器进行的斗争已经结束了;如我们希望的,哲学原理、道德风尚和民族性格的新斗争兴起了。

让我们送给我们的客人一幅表现对祖国和朋友的眷恋之情,表现廉洁正直和富有责任感,表现一切公民道德和家庭道德的图画吧,让它作为送给客人的友好礼物,带到他们终有一天会返回去的他们自己的家乡。让我们留神,不要邀请他们来蔑视我们;但是,没有任何东西使我们肯定会邀请他们来蔑视我们,好像我们不是极度惧怕他们,便是放弃我们的生存方式,而力求模仿他们的生存方式。诚然,我们不要有那种个人向个人挑战和个人激怒个人的不妥行为,但除此以外,我们在各方面都继续走自己的道路,好像我们只管我们自己,而绝不建立我们绝对不需要的任何关系,这将是最可靠的措施;在这方面最可靠的手段将是,每一个人都满足于祖国原有的环境能够使他取得的成就,根据自己的力量承担共同的重负,而把通过外国得到的每一种恩惠都看作丧失尊严的耻辱。可惜,人们在作出选择的场合宁愿小瞧自己,也不希望出现人们令人感动地称道的东西,这已几

(I,10,276)

乎成为遍及欧洲的、因而也遍及德意志的习俗,而这也许可能让人把业已接受的良好生活方式的整个理论体系归结为那个基本原理的统一性。但愿我们德意志人在目前的情形下宁肯反抗这种生活方式,而不是反抗什么更高的东西!尽管可能有这样一种反抗,但愿我们仍保持自己的本来面貌;是的,假如我们能够做到这一点,但愿我们变得更强大和更坚定,就像我们所应当的那样!人们惯于批评我们说,我们非常缺乏敏捷的行动和驾轻就熟的技能,我们对一切事情都过分严肃、过分谨慎和过分看重,但愿我们对此不怎么觉得惭愧,所以反而力求不断地有更大的理由、在更广泛的范围里够得上受这种批评!我们确信,如果我们并不完全不再是我们自己——这就相当于完全不再存在——那么,我们即使竭尽一切努力,也依然永远不会使那些人满意,这种容易达到的确信巩固了我们的这一决心。有一些民族,他们自己想要保存他们的特点,想要使别人知道尊重他们的特点,因而也承认其他民族自身的特点,乐意和允许其他民族有这种特点;毫无疑问,德意志人是属于这些民族的,这一特征在他们整个过去和现在的尘世生活中已有很深的根基,以致他们经常为了公正地对待同时代的外国人和以往的古代史,而对自己很不公正。又有另外一些民族,他们那种在自身紧密生长在一起的自我,永远不允许他们有一种不囿于自身,对异族进行冷静观察的自由,因此他们不得不认为,做有教养的人只有一种惟一可能的方式,而这种方式每每都是在这个时刻恰好由某种偶然情况抛给他们的;世界上的其余一切人,除了成为像他们那样的人,并没有什么别的使命,如果他们想要承担教化这些人的辛劳,这些人就必须向他们表示最大的感谢。在第一类民族中,对人的发展有一种教化和教育的最有益的交互作用,并且有一种渗透,在这种渗透中每个人仍然可以靠他人的善良意志保持自己。第二类民族没有能力教化什么,因为他们没有能力把握现存状态中的任何东西;他们只想消灭现存的一切,并在自己以外的所有地方产生出一块他们能不断重复自己形象的空地;就连他们最初在表面上对异邦风俗的介入,也只是教育者对现在还很羸弱、但很有希望的学子们的好心屈就;就连已经结束的过去时代里的人物,直到他们用自己的外衣将这些人物乔装打扮好为止,他们也一直不喜欢,如果他们能做到,他们就会把这些人物从坟墓中唤醒,以期按照自己的方式教育这些人物。诚然,我永远不敢肆无忌惮,笼统地、毫无例外地责备任何一个现存民族有这种局限性。倒不如说,让我们假定,在这里也是那些不发言的人是更好的人。但是,如果按照发表的言论评判那些出现在我们当中,发表过言论的人们,那么,看来结论就是必须把他们纳入我们描绘过的那类人。这样一种言论似乎需要加以证明;我不谈摆在欧洲眼前的这种精神造成的其余后果,而只举出以下这种惟一的情况:我们互相之间进行了战争;我们这一方是战败者,那些人是战胜者;这是真实的,是得到承认的。那些人可以毫不怀疑地对此感到满足。现在,我们当中有人会继续认为,我们的事业还是正义的,我们本应取得胜利,该抱怨的是这个胜利没有成为我们的。难道这种结局就这么糟糕吗?那些从他们那个方面同样可以设想他们希求的结局的人,难道能使我们如此恼火吗?不,我们不应当肆无忌惮,设想那种结局。我们应当同

(1,10,277)

时认识到,在任何时候希求的都与他们不同,都要抵抗他们,这是一种多么不正确的做法!我们应当祝福我们的失败,把它当做对我们自身最有益的事件,当做给我们做的最大好事。结局不可能是别样,人们对我们的良好理智就有这个希望!——可我还再说什么呢?这差不多在两千年以前就已经非常精确地说过了,比如在塔西陀的历史书中,[252]罗马人针对反对他们的、被战胜的野蛮人的情况表示,抵抗罗马人是对神的法律和人的法律的罪恶反叛和反抗,罗马人的武器能给各个民族带来的只是祝福,罗马人的锁链能给各个民族带来的只是尊严,这种看法毕竟是建立在一种可以获得几分原谅的表面现象之上的。人们在这些日子里从我们这里获得的正是这种看法,他们满怀好意地向我们自己要求这种看法,把它假定为我们的看法。我并不是把这些话当做傲慢的讽刺说出来的;我能够理解,人们在十分自以为是和见识短浅的时候,可能会怎样认真地相信这类事情,并同样真诚地相信相反的事情,正如我认为罗马人确实是那样认为的;但我只是让大家思考,我们当中这些认为永远不可能转向那种信念的人们是否能够指望得到什么补偿。

(I,10,278)

如果我们德意志人的各个部族、阶层、个人都在外国人的耳边就我们的共同命运相互指责,相互进行辛辣和激烈的责难,我们就在外国面前极大地贬低了我们自己。首先,所有这一类指责绝大部分都是没有道理的、不公正的和毫无根据的。我们已在上面说明,是什么原因导致了德国最近的命运;这些原因数百年来都毫无例外地在一切德意志部族本身同样存在着;最近的事件并不是某个部族或它的政府犯有某种特别错误的结果,它们酝酿已久,假如只涉及那些在我们自身存在的原因,则同样早就能击中了我们。在这里,大家的罪过或无辜大概都一样大,而且不再有可能作出其他的估计。在匆匆产生最终结果的时候已经发现,各个德意志国家连它们本身、它们的力量和它们的真实处境都不了解,在这种情况下,究竟哪一个国家能妄自挺身而出,对别人的罪责作出一个基于透彻的了解的最终判断呢?

有根据的指责可能会越过德意志祖国的一切部族,而击中某一个阶层,这不是因为它也同样不比一切别的阶层更多地认识到或有能力认识到共同的罪责是什么,而是因为它作出一种样子,似乎它认识到的和所能做的更多,而把其余一切阶层排挤出了国家管理工作的范围。即使这样一种指责是有根据的,谁应当说出它来呢?而且它恰恰在现在才以前所未有的巨大声音和尖刻语调被说出来并加以磋商,又有什么必要呢?我们看到,著作家们是这样做的。如果他们在以前,在那个阶层还拥有一切权力和一切威望,受到其余绝大多数人的默默赞同的时候,同样像他们现在这样讲话,谁能责怪他们重新提到他们以前发表的那种已在很大程度上被经验证实的讲话呢?我们也听到,他们在民族法庭前逐一点名指控以前身居高位的人,说明这些人 (I,10,279)
的无能、懒惰和险恶用心,证明这些原因必定会造成这些结果。如果在当时,在这些被指控的人还掌权的时候,在这些人的管理工作必然会造成的弊端还可以被避免的时候,他们就已经认识到他们现在认识到的东西,同样大声地把它讲出来,如果他们那时就同样有力地指控这些人的罪责,千方百计把祖国从这些人的手中拯救出来,只是人们没有听他们的话,那么,他们重提自己当时被人不屑一顾的警告,就是十分正当的。但是,如果他们只是从结果中得出他们当时的智慧,而这是全体民众从那以后跟他们一起从中得出的,那么,为什么现在恰恰是他们在说这些众所周知的东西呢?或者是因为,他们当时利欲熏心,也许根本就是在阿谀奉承,或者是因为,他们心怀畏惧,曾在那个阶层和那些人面前保持沉默,而到现在,在那些人丧失权力以后,他们的声讨之词就劈头盖脸向这些人袭来;噢,那么,他们今后就不要忘记,在我们的不幸的根源中,除了贵族、无能的大臣和将领们,也还要举出同群氓无异的事后诸葛亮的政论家们,他们对当权者阿谀奉承,但对失势者却幸灾乐祸地加以讥笑!

或者是因为,他们谴责过去的错误——这些错误诚然不会被他们的一切谴责所消灭——只是为了使人们在今后不再犯这些错误,但他们这种促成人类关系的彻底改善的热诚,竟然使他们如此勇敢地置明智和体面于不顾吗?我们很乐于相信他们有这种善良意志,只要认识和理智的彻底性允许他们在这种行业中有善良意志。招致了我们的不幸的,不仅是那些曾经偶然身居最高位置的个人,而且是整体的内在联系和复杂情况,即时代的整个精神,时代的种种错误、无知、浅薄、气馁以及与此不可分离的毫无把握的步伐,换句话说,是时代的整个风尚;因此,一直行动的人就远远少于提供的位置,而且每个人、尤其是激烈的批评者本身都极有可能认为,他们如果居于同样的位置,大概也会被环境推向同样的目标。但愿人们很少梦想处心积虑的险恶用心和叛变!缺乏理智和懒惰成性几乎到处都足以解释所发生的事件;这种罪责是任何人都不应该不经深入的独自检验就完

(I,10,280)

开脱的;特别是在全体民众中存在着一种极大的惰性力量的地方,那种应该努力进取的个人必须具有一种程度极高的活动力量。即使个人的各种错误由此被明显地暴露出来,造成弊端的原因也没有因而被发现,也不会因为这些错误在将来能加以避免而被消除。如果人们仍然不完善,他们就别无他途,而只能犯错误;即使他们能躲避前人的错误,在错误的无限空间里也会非常容易出现各种新的错误。只有进行一种彻底的改造,只有开始一种崭新的精神,才能够救助我们。如果他们将一同致力于这种发展,那么,我们除了承认他们具有善良意志的光荣,也很愿意承认他们具有正确的和有效用的理智。

这些相互指责既不公正和无益于事,同时又极不明智,必定在外国人眼里极大地贬低了我们,而我们偏偏以种种方式使他们易于了解这些情况,将这些情况硬塞给他们。如果我们不倦地向他们说假话,说我们这里的一切事情在过去如何混乱和乏味,我们在多大的程度上悲惨地受到了统治,他们不是就必定会认为,不管他们想怎样对待我们,他们对我们毕竟总是太好,而绝不可能对我们太坏吗?他们不是就必定会认为,我们既然如此笨拙和拮据,就得以低声下气地表示感激的态度,接受他们从他们的统治、管理和立法技艺的丰富宝藏中给我们取出来的或为我们的将来所考虑的每一样东西吗?我们这一方就需要他们这种无论如何对他们自己不无裨益,而对我们则无足轻重的看法的支持吗?人们在别的场合必定会当做辛辣讽刺的某些说法——比如说,他们才给原先不曾有祖国的德意志诸邦带来一个祖国,或者,他们废除了曾在我们这里合法的奴隶式的人身依附 (Ⅰ,10,281)

——难道不会因而成为我们自己的言论的重复,成为我们自己的阿谀之词的回声吗?其他欧洲民族在其余的命运方面与我们德意志人已经变得相同,但它们当中没有任何一个国家与我们共同遭到这样的耻辱:一旦外国的武装统治我们,我们就立刻显得对这一时刻好像等待已久,想不失时机地尽快做出一副良好的姿态,辱骂我们以前用庸俗的方式阿谀奉承过的自己的政府和自己的当权者,辱骂我们祖国的一切。

我们其他无辜的人怎样从我们的头上去掉耻辱,让这些有罪的人独自站立起来呢?有一个办法。人们一旦能肯定无人再买辱骂我们祖国的著作,这种著作的作者和出版人一旦不能再指望读者被游手好闲的习性、空虚的好奇心和喜欢空谈的癖好所引诱,或被幸灾乐祸之心所引诱,目睹那种曾经引起他们痛苦的尊敬之情的东西遭到凌辱,这样的著作就即刻不再会被刊印了。让每一个感到耻辱的人都怀着应有的蔑视态度,退回这种供他阅读的著作吧;虽然他认为自己是惟一这么行动的人,也让他这么做吧,直到在我们中间形成每一个正直的人都这么做的风尚;这样,即使没有强制性的图书禁令,我们也很快就会了结我们著作界的这种充满耻辱的部分。

最后,如果我们专注于对外国人阿谀奉承,这就在他们面前极大地贬低了我们自己。我们当中的一部分人,在以前就已经使自己成了非常可鄙、可笑和令人作呕的,因为他们利用过一切机会向本国的当权者进献高香,在他们认为能阿谀献媚的一切地方,他们既不顾理性,也不顾体面、良好风尚和鉴赏能力。这种风尚在这个时代已经过时,这些歌功颂德有些已经变成了责难之词。在这期间,我们仿佛为了使自己不变得荒疏,就给我们的缭绕的香烟指出了另一个方向,让它飘到现在掌权的那一边去。只说前一种事情,即献媚本身和献媚没有遭到拒绝,就必定会使每一个严肃思考的德意志人感到痛心;但问题还是在我们内部。难道我们现在也想把外国人当做我们这种低贱的癖好的见证人,当做我们极为笨拙地摆脱这种癖好的见证人,从而给人们鄙视我们的低贱再增添上我们笨拙的可笑景象吗?在这一行动中,我们缺乏外国人所具有的一切精细;为了不至于受到考问,我们变得粗笨而夸张,立刻开始顶礼膜拜,迷信星命。此外,我们的样子看起来好像主要是由于惊吓和畏惧,才不得不歌功颂德;但是,没有任何事物比一个胆小鬼更可笑了,他把自己事实上认为可怕的东西赞颂为美丽和优雅,他只是想用这种献媚的手段贿赂这个可怕的东西,让它不要吞食了自己。

(I,10,282)

或者,[253]这些赞颂也许不是阿谀奉承,而是他们对于那种在他们看来领导人类事务的伟大天才务必表示的敬意和钦佩的真实表达吗?即使在这里,他们也是多么不了解真正的伟人的特征啊!伟人不虚荣,他们在一切时代和一切民族当中都在这方面是一样的,正如反过来说那样,表现出虚荣的人从来都必定是渺小的和低下的。那些真正的、依靠自身的力量的伟大人物并不喜欢同时代人给他们建立纪念碑或冠以"伟大"的名称,并不喜欢群众震耳的掌声和赞颂;倒不如说,他们以应有的鄙视态度拒绝这些东西,他们首先等待着自己内心的法官对自己的判决,等待着有评判能力的后人发出的声音。还有一个特征,总是同这些特征联系在一起,那就是伟人敬畏黑暗的、神秘的厄运,不忘永远运转的命运之轮,在自己终结之前不让别人赞美自己伟大或有福气。由此可见,那些赞美者是自相矛盾的,他们通过使用自己的言论,把它们的内容变成了谎言。如果他们真的认为自己所声称的尊敬的对象是伟大的,他们就会满足于接受他是超然于他们的掌声和赞颂之上的,并以充满敬畏的沉默态度来尊敬他。但如果他们用赞颂他来做交易,他们就以此表明,他们事实上把他看成渺小的和低下的,并把他看成非常虚荣的,以致他会喜欢他们的赞颂,而他们则能因而避免某种灾祸或得到某种好处。

那种"多么崇高的天才啊,多么深刻的智慧啊,多么周全的计划啊!"的热情呼喊,如果细加观察,到底是在说什么呢?它是在说,天才是如此伟大,连我们也能完全理解他,智慧是如此深刻,连我们也能彻底看清它,计划是如此周全,连我们也能完全仿制它。因此,它是在说,被颂扬者大致跟颂扬者同样伟大,但也不全然如此,因为后者完全理解和通盘了解前者,因而是站在前者之上的,只要他十分努力,他大概还能作出一些更伟大的业绩。如果有人认为自己能用讨人喜欢的方式献殷勤,他对自己的评判就必定很充分;但如果受颂扬的人很高兴地接受这样的敬意,他对自己的评判就必定很不充分。

(Ⅰ,10,283)

不,诚实、严肃、稳重的德意志人和同胞们,让这种无知远离开我们的精神吧!让这种污染远离开我们为了表达真理而形成的语言吧!让我们听凭外国人对每一种新现象都发出惊呼吧!让我们听凭外国人每十年就产生一种衡量伟人的新标准,创造一些新的偶像,为赞美人而亵渎神吧!我们衡量伟人的标准仍然是原有的:只有那种能够提出永远给各民族带来福祉的理念,受这些理念感召的人,才是伟大的;但对于活着的人,让我们听凭有评判能力的后人作出判决吧!

说　　明

将第十三讲的手稿交到书刊检查机关后,我一连等了几周都没有等回手稿,而是终于收到了下面这封信:

"在已经向费希特教授先生发出付印许可以后,他的第十三讲的手稿由于某种偶然情况遗失了,虽然经过一切努力,也无法再被找到。

现在为了不耽误出版人赖默尔付印,我请求尊贵的费希特教授先生根据他的笔记本补充这一讲。并为了付印许可而将这一讲寄给我。

柏林,1808 年 4 月 13 日
冯·舍费"

可以被这封信理解为笔记本的资料,我没有保留,在撰写第十三讲的本文时写在草稿上的提纲和草拟的东西,在这一期间迁居时也被付之一炬。因此我不得不坚持,应当重新找回这篇不该遗失,但已经遗失的手稿。但这就像人们保证的那样,即使再极其仔细地寻找,也已经不可能办到;这至少在现在没有办到,于是我就必须尽我所能,填补这一空缺。

虽然为了给自己辩护,我不得不让外界的读者知道这个偶然发生的事故,但我请求读者们相信,人们无论在这个事故本 (Ⅰ,10,284)

身,还是在讲到这个事故的那封信中所能发现的现象,在我们这里决不是普遍的风气,相反地,这种事故只是一种极为少见的、也许绝无仅有的例外,可以期待,将会采取预防措施,以使这种情况不可能再出现。

第十四讲 结语[254]

(I,10,285)

我就此结束我的演讲,这些演讲的洪大声音当然首先是向你们发出的,但是它们着眼于整个德意志民族,它们旨在将一切能够理解它们的讲德语的人都聚集在自己的周围,聚集在这个你们显然正在呼吸的大厅里。如果我能成功地将一粒火种投入任何一个在我眼前搏动的胸膛,如果这粒火种能在这个胸膛里继续闪烁并获得生命,那么,我的意图并不是要使这些人孤芳独处,相反地,我是想要使整个共有的大地上信念和决心相似的人都向他们聚拢过来,并跟他们的信念和决心联合起来,使爱国思维方式中惟一的、绵延不断和连成一体的火焰从这一中心出发,传播并点燃整个祖国大地,直至最遥远的边疆。这些演讲在这个时代并不是为了悠闲无事的人消磨时光而讲给他们听和让他们看的,相反地,我想最终知道,而且每一个具有同样信念的人都应当和我一起知道,除了我们以外,是否还有一些跟我们的思维方式相似的人。每一个德意志人,只要他还相信自己是一个被他认为伟大高尚的民族的成员,只要他对这个民族还抱有希望,勇于为她奋斗,甘于为她忍辱负重,他就应当最终从那种对自己的信仰感到不踏实的心态中挣脱出来;他应当清楚地看到自己是正确的呢,还只是一个傻瓜和狂热分子,他应当从现在起要么怀着确信和愉快的意识继续走自己的路,要么坚决果断地放弃尘世中的祖国,而只用天国聊以自慰。这些演讲的呼声是向你们发出的,它们不是把你们当做我们日常有限生活中的某个人,而是把你们当做民族的代表,并通过你们的听觉器官向整个民族发出呼声。

你们已有数百年不曾像今天这样济济一堂,完全作为一个民族,作为德意志人,来讨论如此重大紧迫和如此休戚与共的事情了。你们也绝不会再有这样的机会了。如果你们现在不注意听讲,心不在焉,把这些演讲也当成耳旁风,或当成奇谈怪论白白放过,那么,谁都不会再指望你们了。你们无论如何要听一听,你们无论如何要想一想。不过,这一次,你们不要不下定决心就走开;每一个听到这种声音的人都要亲自为自己下定决心,(I,10,286)仿佛他是一人独处,必须独自做一切那样。如果有很多人这样想,那么,不久就会有一个很大的整体汇成一股紧密团结的统一力量。反之,如果每一个人都置身事外,将希望寄托在其余人身上,把事情托付给别人,那么,就根本没有什么别人,大家都仍然处于他们以前的状态。——你们要立刻下定决心,下定这个决心。你们不要说:让我们再休息一会儿,再睡一会儿觉,做一会儿梦,直到情况会自行好转。情况是永远不会自行好转的。如果有谁错过了那个可能还比较便于思考的昨日,而在今日仍不能想这样做,那么,他在明日就更无法这样做了。任何一种拖延都只会使我们更加懒惰,只会哄骗我们愈发乐于适应我们的悲惨境遇。促使我们思考的外在动力也绝不可能变得更强烈和更紧迫。目前这种形势不能使谁振奋起来,谁就肯定是麻木不仁的。——你们被召集到一起,下定最后的、不变的决心和决断;这绝不是为了一种对他人的命令、托付和要求,而是为了一种对你们自己的要求。你们应当下定这样一种决心,这种决心只能是每个人靠自己的力量亲自下定的。在这里,那种无所事事的打算,那种等待日后的愿望,那种认为人们有朝一日会又自行改善,因而听之任之、安于现状的懒惰态度,都是不足取的;而是事情要求你们有这样一种决心,这种决心也同时直接就是生活和内在行动,这种决心毫不动摇,毫不移易,而不断地起着支配作用,直至达到自己的目标。

或许,那个惟独能产生这样一种参与生活的决心的根源已经在你们身上完全灭绝和消失了吗？难道你们的整个本性真的已经淡化,已经化为一个空虚的影子,没有生气,没有血液,也没有自身的动力了吗？难道它已经化为一场梦,在这场梦里虽然会产生形形色色的面孔,他们拼命地相互攻讦,然而身体却像死尸一般僵直地躺在那里吗？长期以来,穿着各异的人们都对这个时代说,而且不断重复说,人们大致就是这样设想它的。它的代言人曾经以为,人们这样做,只不过是想恶语中伤,因此,他们认为自己被挑起来,也从自己方面反唇相讥,以使事情重新恢复

(1,10,287) 其自然秩序。除此以外,人们感觉不到丝毫的变化或改善。如果你们听到这种说法,它就能激怒你们;你们现在就来惩罚那些如此看待和议论你们的人吧！你们要直截了当地用你们的行动证明他们在说谎,这就是说,你们要在所有世人面前表明你们是

第十四讲 结语

另外的样子,这样,那些人就在所有世人面前被认为是错误的了。也许他们正在打算遭到你们的驳斥,因为他们对于用任何其他办法刺激你们已感到绝望,所以他们才对你们措词严厉。他们这样做,要比那些阿谀奉承你们的人也许对你们好得多,那些奉承你们的人会使你们四体不勤,对任何事情都漫不经心!

即使你们一向十分软弱,毫无力量,在这个时代人们也已经使你们很容易进行前所未有的、清晰冷静的思考。那种原本使我们对自己的处境感到迷茫,使我们漫不经心、随波逐流的东西,是对我们自己和我们的生活方式的一种甜蜜的自满自足。以前日子是这样过的,以后也继续这样过下去;无论谁要求我们进行思考,我们都不反驳他,而是以胜利者的姿态,向他显示我们这种无需任何思考而出现的生活和不断生存的过程。但这不过是由于我们没有受到检验。自那以后,我们就一直这么过来了。从那时起,那些欺骗,那些迷惑人心的东西,那种我们用以互相搅乱对方的虚伪安慰,大概就该崩溃了吧?——那些天生的偏见,无需从什么地方冒出来,而是像天然的雾障一样在所有人的头上弥漫开来,将所有的人都裹进这片昏暗之中,这些偏见现在大概应当消失了吧?那种昏暗不再遮蔽我们的眼睛;但是,它也不再能充当借口。我们现在屹立在那里,心地纯洁,襟怀坦荡,脱下了所有的外壳和披挂,纯粹成为了我们自己。这个自我是什么或不是什么,现在必定会显示出来。

你们当中可能会有人站出来向我发问:在一切德意志人和著作家当中,是什么恰恰给了你一个人这个特殊的任务、职业和特权,来召集我们和告诫我们呢?难道在德国成千上万的著作家当中不是每一个人都跟你一样有这样的权利吗？但这些人当中没有一个人这样做,而只有你一个人出头露面。我的回答是:诚然每一个人都像我一样拥有这样的权利,但正因为这些人当中没有一个人在我之前这样做过,我才做这件事;假如有人早先做过这件事,那我就会沉默不语。这是达到彻底改良的目标的第一步,总得有人要走这第一步。我就是这个在自己的有生之年首先看到这一点的人,所以我就成为走出这第一步的人。在走出这一步之后,将会有第二步;现在大家都有同样的权利来走这第二步;但是,真正走这第二步的又将只有一个人。总有一个人必定是这第一人,谁有能力做,谁就是这第一人!

(I,10,288)　　你们不必对这种情况担忧,而要稍稍注意观察我们以前引导你们观察过的这样一种情况:如果德国知道利用自己的幸运处境,认识到自己的优势,它将会处于怎样令人羡慕的状况,世界又将会处于怎样令人羡慕的状况。你们要接着用你们的眼睛,密切注视这两者目前的状况,让自己深切感受到每一个高尚的人在这时都必然会感受到的痛苦和不满。在这种情况下,你们要返求诸己,看到这个时代正想让你们免除前世的谬误,去掉眼前的雾障,如果你们允许的话;你们要看到,你们前无古人地被赋予了扭转历史的使命,你们须将那段不光彩的片断从德意志人的历史书中除去。

你们要让各种状况都在你们面前匆匆演示一番,你们必须从中作一选择。如果你们继续这样浑浑噩噩、漫不经心地生活下去,那么,等待你们的首先是一切受奴役的痛苦、贫困和屈辱,是征服者对你们的嘲弄和傲慢;你们将总是被赶到各个角落,因为你们到处都不合适,碍手碍脚,直到你们通过牺牲你们的民族性和语言,给自己买到一官半职,直到你们以这种方式逐渐灭绝你们的民族。相反地,如果你们振作精神,留意现状,那么,你们就首先会找到一种可以过得去的和光荣的日子,并且在你们当中和你们周围还可以看到一个世代的振兴,这将使你们和德意志人得到最隆重的纪念。通过这个世代,你们在精神世界里会看到德意志的名字上升为一切民族中最光辉的名字,你们会看到这一民族成为世界的再生者和重建者。

你们是否想成为一个不值得尊敬的、甚至肯定会遭到后人蔑视的世代的终点和终结人,这取决于你们,要是在这个即将在此开始的野蛮岁月中能够开始一种历史,后人将会为这个世代的历史的终结而弹冠相庆,赞美命运的公正;或者,你们是否想成为一个崭新的、远远超出你们的一切想象的美妙时代的开端和起始点,想成为那种被后人看作给他们带来幸福日子的人,这也取决于你们。你们要考虑做后者,在这种人的力量中蕴藏着这种伟大的变革。你们肯定还听到过德意志人被称为一个统一整体,你们看到过她的统一性的一个明显标志,看到过一个帝国和一个帝国邦联;或者,你们已经知道,在你们中间还偶尔能听 (I,10,289) 见那些被这种高尚爱国之情鼓舞起来的人们发出的声音。你们的后人将习惯于其他的观念,他们将接受陌生的礼仪,接受另一种工作方式和生活方式;但要等到所有眼见耳闻过德意志人的人都谢世,还有多久呢?

对你们的要求并不多。你们只应当想到,从速集中精力,思考直接、明显地摆在你们眼前的事物。你们只应当对此形成一个确定的看法,忠实于自己的看法,并且也向你们周围的人发表和说出这一看法。这是先决条件。我们坚信,这种思考将在你们所有的人那里都同样产生结果,而且,只要你们真正思考,而不是像迄今为止那样漫不经心,你们就会意见一致地思考;只要你们能获得精神,而不滞留于单纯的物质生活,精神的一致与和谐就会自然到来。一旦达到这样的境界,我们所需要的一切其余东西也会自然产生。

对于你们当中每一个还能亲自思考自己眼前明摆着的事物的人,我们所要求的也其实就是这样的思维。你们是有时间这样做的;这一时刻不会使你们感到麻木和意外;与你们一起商谈的记录仍放在你们面前。在你们自己取得一致意见之前,不要放它们出手。你们绝不要由于信赖别人或信赖你们自己以外的什么东西而放松自己;也绝不要由于现时代的不可理喻的智慧而放松自己。这种智慧认为,时代是无需人类的一切助力,而靠某种未知的力量造就成自己的。这些演讲孜孜不倦地提醒你们,除了你们自己挽救自己,根本没有任何东西能挽救你们;这些演讲认为,直到最后一刻,这都有必要加以重复。[255]尽管雨露和年景的丰歉是由我们所不知道的、我们无法控制的力量造成的,但人类整个特有的时代,即各种人际环境,却都只是人自己造成的,而绝不是他们之外的任何力量造成的。只有当他们大家都同样盲目无知的时候,他们才会归顺于这种隐秘的力量。但他们也可以不是盲目无知的。虽然我们遭殃的轻重程度可能部分地取决于这种未知的力量,但是,这却特别取决于我们所服从的理智和善良意志的力量。我们是否还能重交好运,这完全

取决于我们自己,如果我们自己不给自己创造幸福,尤其是,²⁵⁶
如果不是我们当中的每个人都以他自己的方式做事和行动,好
像他独立于世,好像人类未来的好运只寄托在他身上,任何幸福　(I, 10, 290)
都肯定不会再降临到我们头上。

这就是你们必须做的,这些演讲恳请你们不失时机地这样
去做。

这些演讲向你们这些青年人提出了恳请。我这个早已不再
属于你们这个辈分的人认为,并且也在这些演讲中说过:你们更
有能力形成任何一种超凡脱俗的思想,更易于受到任何一种善
举和伟业的鼓舞,因为你们的年龄更靠近天真无瑕和合乎自然
的年龄。你们的这种根本特征完全不同于大多数年纪较大的
人。这些人抱怨你们高傲自大,抱怨你们的判断草率冒失和不
自量力,抱怨你们自以为是和追求新奇。但他们不过是怀着善
意,笑对你们的这些失误。他们以为,所有这些都只是由于你们
对世界缺乏认识,也就是说,对人类的普遍堕落缺乏认识,因为
他们看不到世界上的另外一些东西。不过现在,因为你们希望
找到志同道合的人的帮助,因为你们不了解那种将跟你们的改
良设想作对的严厉的顽固势力,所以你们才会有勇气。只要你
们的想象力的青春火焰一旦消逝,只要你们一旦察觉到普遍存
在的自私、懒惰和畏惧劳动的情绪,只要你们自己一旦真正尝到
那种在习以为常的轨道上继续走下去的甜蜜滋味,你们就会失
去你们原来那种打算比所有其他人变得更善良和更聪明的兴
致。他们并没有凭空捏造你们的这种良好希望;他们已经在自
己身上证实和发现了这种希望。他们必定会承认,他们在自己

不谙世故的青年时代也同你们现在一样梦想过改良世界,然而随着不断的成熟,他们就变得像你们现在看到的那样温顺和安静了。我相信他们;我自己已经凭我的不很长的阅历体验到,年轻人虽然在最初激发起另外的希望,但在以后却完全顺应了那种成熟的老年人的良好期望。青年人,你们可不要再这样做了,因为否则,什么时候才能开始有更好的一代人呢?诚然,你们会脱落掉青春的釉彩,想象力的火焰也会不再自行燃烧;但是,你们要用清晰的思考抓住这一火焰,使它熊熊燃烧,你们要掌握这

(1,10,291) 种思考的艺术,这样,你们就将获得人的最佳禀赋,获得人的品格。靠这种清晰的思考,你们将获得青春永驻的源泉;不管你们年迈时的双膝如何不稳,步履如何蹒跚,你们的精神将在不断的更新中充满朝气,获得再生,你们的品格将屹立不动,毫不移易。你们要立刻抓住在这里向你们提供的机会,你们要清晰地思考那个供你们讨论的课题,你们在某一点上获得的清晰认识将逐步扩展到一切其他方面。

这些演讲向你们这些老年人提出了恳请。就像你们也听到的,人们对你们的看法是:除了那些确实也并不罕见的和更加令人尊敬的例外,就你们当中的绝大多数而言,人们对待你们的态度完全正确;人们也把这种看法当面向你们说过,而且我这个演讲人也要以自己的人格直言不讳地这么补充说。大家可以回顾一下近二十年或三十年的历史;除了你们自己,所有的人都一致认为,在总是撇开例外,而只着眼于大多数人的前提下,在一切领域中,在科学活动和生活事务中,可以发现年龄更大的人更无用、更自私;甚至连你们自己也这么一致认为,也就是说,一切人

都在不直接涉及自己的行业里这么一致认为。一切同时代的人都已经看到：每一个希求更美好和更完善的事物的人，都不但必须同自己的模糊认识和周围环境作斗争，还必须同你们作最艰苦的斗争；你们过去下定决心，认为凡是你们没有做过的和不知道的事情，都一定不会发生；你们过去把每一种从事思考的冲动都看作是对你们的理智的辱骂，不遗余力地要在这场反对更美好的事物的斗争中获胜，就像你们通常也确实会获胜那样。所以，你们曾经是一切改良——这是禀性善良的人从自己永葆青春的胸怀向我们呈献出来的——的阻力，直到你们全部都化为你们过去那样的尘埃，直到下一代人在同你们的斗争中变成跟你们一样的人，并继承你们的未竟事业。不过，你们现在也可以行动，就像你们迄今为止在所有的改良倡议方面做过的那样，只不过你们又可以宁愿要你们那种虚荣心，显示在天地之间没有任何东西是你们不曾研究过的，而不要大家共享的幸福。这样，通过这一次最后的斗争，你们就摆脱了一切进一步的斗争；任何改良都不会实现，反而情况会越来越糟，这样，你们就还可以感受到一些快乐。

大家不会相信，我是因为老年人年迈而轻视和贬低他们的。如果说原初的生命和它的不断发展的源泉仅仅是通过自由的活动被纳入生活的，那么，只要生活继续下去，清晰的认识就会增长，力量也会随之增长。这种生活过得更加美好，尘世的渣滓脱落得越来越多，而且这种生活越来越高尚，向着永恒的生命上升，朝它绽开花朵。这样一种老年人的经验并不与邪恶妥协，相反地，为了胜利地与邪恶进行斗争，只会使措施更明确，技艺更

(I,10,292)

精湛。年纪越大,人越变糟,这只是我们时代的过错,在社会十分腐败的一切地方,都必然会产生这种情况。使我们腐败的并不是大自然,它在诞生我们的时候,我们是清白无辜的;使我们腐败的正是社会。谁一旦对社会的影响听之任之,那么,他受到这种影响的时间越长,他就自然会变得越坏。我们也许值得花些力气,从这方面来研究其他腐败透顶的时代的历史,比如,看一看在罗马皇帝的统治下,那种曾经很坏的人是否随着年龄的增长也越变越坏。

因此,这些演讲向你们这些构成例外和经验丰富的老年人提出了恳请:你们要在这件事情上对年轻一代采取肯定、支持和劝告的态度,他们的目光正充满敬畏之情注视着你们。但是对你们其余的寻常人,这些演讲则提出了这样的恳请:你们不必提供帮助,只不过惟独这一次不要进行干扰,不要又像你们一向做的那样,用你们的智慧和千般疑虑进行阻挠。这件事情以及世上的每件合理的事情都不是复杂的,而是简单的,这也是你们所不知道的上千事物之一。假如你们的智慧能够拯救我们,那它就会在以前拯救了我们,因为你们是一直给我们出主意的人。现在这件事跟任何其他的事情一样都已经安排妥当,就不必再推给你们了。不过你们总该最终认识你们自己,并且要沉默无言。

这些演讲向你们这些做实际工作的人提出了恳请。除了少数例外,你们在内心一直对我们得出的思想和一切渴望自成一体的科学怀有敌意,虽然你们装出一副似乎只是很高雅地轻视这一切的样子;你们竭尽所能,将做这类事情的人和他们的建议

第十四讲　结语

都拒于千里之外；他们在你们那里通常能够指望得到的酬谢，就是你们指责他们神经错乱或建议将他们送进疯人医院。另一方面，这些人虽然不敢同样直言不讳地谈论你们，因为他们依附于你们，但他们内心的真实看法是：你们除了个别例外，是思想浅薄的空谈家、大言不惭的吹牛家、在学校走了过场的半吊子、到处盲目摸索的大笨蛋和因循守旧的爬行者，别的什么都不想做，也不能做。你们要用行动证明他们的谎言，你们要为此抓住现在提供给你们的机会；你们要放弃那种轻视透彻思维和科学的态度，让别人给你们讲解你们不懂的东西，倾听和学习这种东西，否则，谴责你们的人就是正确的。(I, 10, 293)

　　这些演讲向你们这些也许还值得称为思想家、学者和著作家的人提出了恳请。做实际工作的人对你们的那种指责在某种意义上说也不无道理。你们往往太无忧无虑地驰骋于纯粹的思维领域，毫不关心现实世界，不查看思维如何能与现实结合起来；你们给自己描绘了你们自己的世界，以过分鄙视和轻蔑的态度，将现实世界置于一旁。诚然，现实生活的一切秩序和形态都必须从更高的规范概念出发，而且现实生活不可在习惯的轨道上走下去；这是一个永恒的真理，它用上帝的名义，以毫不掩饰的轻蔑态度，压倒了任何敢于对此毫无所知，竟然从事实际工作的人。但在概念和概念之引用于每种特定生活之间，却有一个巨大的鸿沟。填平这个鸿沟，既是做实际工作的人——他当然在此以前就应当学到很多东西，以便能够理解你们——的事业，也是你们的事业，你们不应当在遨游于思想世界的时候忘记了这种生活。你们双方要在这里汇合到一起。你们双方不应当站在鸿沟的旁边互相侧目而视,互相贬低对方,反之,你们任何一方都应当努力从自己这边填平鸿沟,以开通联合的道路。你们总要最后明白,你们双方就相互关系而言都是必不可少的,就像头脑和胳膊都是必不可少的一样。

这些演讲也从其他方面向你们这些也许还值得称为思想家、学者和著作家的人提出了恳请。你们对普遍存在的思想浅薄、漫不经心和随波逐流的抱怨,对自以为是和夸夸其谈的抱怨,对一切阶层当中存在的那种轻视严肃认真和穷根究底精神的态度的抱怨,可能是符合于事实的。但究竟是哪个阶层教育出所有这些阶层来的呢?究竟是哪个阶层在他们面前把一切科学的东西都变成游戏,把他们从孩提时代起就引向那种自以为是和那种夸夸其谈的呢?究竟是谁还在一直教育这一代已经走出校门的人呢?这个时代之所以懵懵懂懂,最明显的原因就在于它懵懵懂懂地读了你们写出的东西。尽管你们知道,这群无所事事的人什么都没有学过,也不愿学习任何东西,但你们为什么还一直这么操心,为他们解闷消遣呢?你们把他们称为读者,把他们奉为你们的法官,挑动他们反对你们的竞争者,企图利用一切手段把这群盲目无知、头脑混乱的人拉到你们一边,你们为什么要这么做呢?你们在你们的评论机构和刊物中正像你们的这类最差的读者所能做的那样,不看上下文就信口开河,妄加评论,终于自己把此中的素材提供给他们,作为他们作出的草率评论的范例,你们为什么要这么做呢?如果你们不是都有这样的看法,如果你们当中还有思想好的人;为什么这些思想好的人不团结起来,结束这种灾难呢?特别是谈到那些做实际工作的人,

(I, 10, 294)

第十四讲 结语

你们自己也说他们在你们的学校里走了过场；你们起码没有利用他们的这种走过场，向他们灌输一些对科学的默默敬意，尤其是逐步打掉出身高贵的年轻人的傲气，向他指出阶层和出身在思想领域里是无济于事的，你们为什么没有这么做呢？也许你们以前奉承过他们，把他们捧得过高，那你们现在就自食其果吧！

假如你们没有理解你们工作的重要性，这些演讲则愿意原谅你们；但这些演讲恳请你们从此时起就认识到这一重要性，而不要再把你们的工作当做一项单纯的营生手艺来做。你们要学会尊重自己，在你们的行动中表明你们在这么做，这样，世人就会尊重你们。关于这个道理，依靠你们根据业已表示的决心将对自己发生的影响，依靠你们在这时将如何举止的方式，你们将会首先得到验证。

这些演讲向你们这些德国君主提出了恳请。那些在你们面前装得似乎对你们根本不可说什么或必须说什么的人，是可鄙的阿谀奉承者，他们是你们的凶恶的诽谤者；你们要把他们从你们身边远远地赶走。你们正像我们其他所有的人一样，是生而无知的，你们如果要脱离这种天然的无知状态，就必须像我们一样听讲和学习，这是真理。你们在招致你们和你们的人民共同遭受到的命运的过程中所起的作用，在这里已经以最温和的方式予以说明，而且我们相信，是以惟一公正合理的方式予以说明的，如果你们不想只听阿谀奉承之词，但又永远不想听真理，那你们就不该抱怨这些演讲。但愿这一切已被遗忘，就像我们其他所有的人也希望我们的那部分罪责被遗忘一样。现在，不仅对于我们大家来说，而且对于你们来说，也已经开始了一种新的生活。但愿这个声音能够穿过你们周围所有那些经常使你们充耳不闻的人，直接进入你们的耳朵！这个声音可以带着自豪感告诉你们：你们要把人民管理成忠诚可靠、可以塑造和配享幸福的，任何一个时代和任何一个民族的君主都没有这样管理过人民。人民对自由是有理解力的，他们有能力获得自由；但是，他们跟随过你们浴血奋战，去反对那种在他们看来诚属自由的事业，这是因为你们打算这样做。你们当中有些人后来另有打算，于是他们又跟随你们，去进行那种在他们看来必定彻底灭绝德意志民族最后留有的一点独立性和自主性的战争；这也是因为你们打算这样做。从此以后，他们就忍受和肩负着共同苦难的重担；他们没有不再忠于你们，他们没有不再怀着诚意追随你们，爱戴你们，把你们当做上帝赐予他们的保护人。但愿你们能在他们察觉不到的情况下观察他们，但愿你们摆脱你们周围那些不总是向你们展现人类最美好的方面的人，能下到市民的寒舍里，下到农民的茅屋中，能追踪观察这些阶层所过的恬静、隐蔽的生活，而那种在高等阶层中变得很罕见的忠诚可靠精神看来已经躲避到这些阶层中来了；呵，你们肯定会下定决心，比以往任何时候都更严肃地思考如何帮助他们。这些演讲向你们推荐了帮助的方法，认为这种方法是有把握的、彻底的和有决定性作用的。你们可以让你们的顾问们去商讨，看他们是否也这样认为，或者，看他们是否知道更好的方法，只是它要同样具有决定作用。但我们确信，某种事情必定会发生，而且必定会马上发生，某种彻底的和具有决定作用的事情必定会发生；我们确信，

(Ⅰ,10,295)

那种采取犹豫的措施和拖延的手段的时期已经过去了。如果能够,这些演讲很愿意在你们心中产生这种确信,因为它们对你们诚实正直的品格还抱有最大的信赖。

你们所有的德意志人,无论在社会中处于何种地位,这些演讲都向你们提出了恳请:你们当中每一个能够思考的人,都要首先对引发的课题进行思考,而且每一个人都要为恰好在自己近旁的事情做些什么。

你们的祖先会由于这些演讲而联合起来,向你们提出恳请。你们要想到,我的声音中掺有你们远古时代的祖先的声音,他们用自己的躯体阻挡了罗马人统治世界的洪流的涌入,他们用自己的鲜血争取到了这些高山、平原和河川的独立,而它们到了你们这一代,已成为外国人的战利品。他们向你们呼喊道:你们要代表我们,要将对我们的纪念同样光荣地、无可指摘地传给后世,就像它传给你们那样,就像你们以它为荣、以做我们的后人为荣那样。到现在为止,我们的反抗是高尚的、伟大的和明智 (1,10,296)
的,我们仿佛是知道天机的人,是对神圣的宇宙蓝图感到鼓舞的人。如果我们这一代人同你们一起完结,那么,我们的荣誉会变成耻辱,我们的智慧会变成愚蠢。这是因为,假如德意志民族有朝一日会隳于罗马人的风气,那么,这种毁灭发生于古代罗马人的风气要比发生于一种现代罗马人的风气更好些。我们过去抵抗并战胜了前者,而你们如今却在后者面前被化为灰尘。即使事情如此,你们也不应当用身体做武器去战胜他们;只有你们的精神应当在他们面前振作起来,巍然屹立。你们已经领受了更伟大的使命,那就是建立精神和理性的王国,将作为世界统治者的全部粗野的物质力量消灭殆尽。如果你们会这样做，你们就称得上是我们的后人。

在这些声音中也掺进了你们近代的祖先的精神，他们在为宗教自由和信仰自由所作的神圣斗争中已经牺牲了。他们向你们呼喊道：你们也要拯救我们的荣誉。我们不完全明白我们斗争的目的；我们的合法决定是在有关良心的事情上不许外在力量对我们发号施令，除此以外，推动我们的还有一种更高的精神，这种精神从来都没有向我们完全展现出来。如果你们拥有一种看到精神世界的视力，这种精神就向你们展现出来了，所以你们要用高瞻远瞩和明察秋毫的目光凝神注视。那种由感性动力和精神动力混合而成的大杂烩想要统治世界，它的这种资格应当完全予以罢免，只有纯粹的、从一切感性动力中析取出来的精神，才应当给人类事务掌舵。为了使这种精神获得自由，发展起来，成长为一种独立的生存方式，我们流过鲜血。你们要恢复这种精神的那个业已给它规定的统治世界的资格，所以，证明这种牺牲的重要性和合理性就是交给你们的任务。如果我们的民族迄今的一切发展所追求的这个最后目标不能达到，那么，我们的种种斗争也就会变为轰动一时的空洞闹剧，而且如果从这时起根本不再有精神或良知，我们所赢得的精神自由和良知自由就是一个空洞字眼。

你们的尚未出世的后人也会向你们提出恳请。他们向你们呼喊道：你们要以自己的祖先为荣，自豪地加入一个由高尚的人组成的行列。你们要留心这个链条不在你们这里断裂，你们要做得使我们也能以你们为荣，使我们能通过你们这一无可非议

第十四讲 结语

的中间环节，加入这个光荣的行列。你们不要使我们不得不耻于做你们的后人，使我们不得不掩盖自己低微、野蛮和卑屈的出身，或虚构一个别的姓氏和别的出身，以期我们不至于无需进一步受到检查，就立刻被人抛弃或践踏。你们的下一代人将会如何，你们就将会如何在历史上得到纪念：如果下一代人能证明你们光荣，对你们的纪念就会是光荣的；如果你们没有任何一个名声响亮的后人，而由胜利者撰写你们的历史，对你们的纪念就甚至会有不适当的诋毁。还从来没有一位胜利者有足够的兴趣或知识，公正地评判被征服者。他把被征服者贬得越低，他自己的地位就越合理。谁能知道，有些古代民族的哪些伟大业绩、哪些卓越设施和哪些高尚习俗已被遗忘，因为他们的后人已被奴役，征服者按照自己的目的对他们作出了不容辩驳的报道。

(Ⅰ,10,297)

甚至连外国也向你们提出了恳请，只要它还至少理解自己，还看到自己的真正利益。是的，在所有的民族当中都还有这样一些人，这些人一直无法相信，给人类建立公正、理性和真理的王国的伟大预言竟然是虚空的，是一幅虚幻的景象，因此他们认为，目前的没落时代只是一个通往更好的状况的阶段。这些人和他们所代表的全部新人都寄望于你们。他们当中的大部分人起源于我们这里，其余的人则从我们这里获得了宗教和各种文化。前者由于他们与我们有共同的祖国大地，也由于他们把他们的诞生地空敞地留给我们而恳请我们；后者由于他们从我们这里获得了保证更高幸福的文化而恳请我们——所有这些人都要我们也为了他们，也由于他们的缘故而维护我们自己，就像我们一直不断地生存下去那样，不让这个对他们极为重要的环节脱离开新成长起来的一代人的谱系,以使他们在一旦为了达到尘世生活的真正目标而需要我们的建议、示范和参与的时候,不为失去我们而感到痛苦。

一切时代,一切在这个世界上生活过的智者和仁者,他们对高尚事物的一切想法和预感,都融入了这些声音,围绕在你们周围,向你们举手恳求;如果可以这样说,甚至创造人类的天意和神圣的宇宙蓝图——之所以有这种蓝图,只是为了供人思考,让人引入现实世界——也恳请你们拯救人的荣誉和人的生存。一
(I,10,298) 些人曾经认为,人类必定会越来越好,关于人类的秩序和尊严的思想并不是空虚的梦想,而是未来现实世界的预言和保证;另一些人则在他们懒散的物质生活中打着瞌睡,对每一次向更高境界的飞升都加以嘲笑。是前一种人正确呢,还是后一种人正确呢,要说明对此作出最终评判的根据,是落到了你们头上的课题。古代世界由于它自身的不体面,由于你们父辈的暴力,已经带着它的辉煌和伟大,带着它的缺点沉沦下去了。如果在这些演讲阐释的东西中包含着真理,那么可以说,在一切现代民族当中,正是你们极其明显地拥有人类臻于完善的萌芽,在人类臻于完善的发展的过程中已经被委以领头的重任。如果你们的这种天性自行毁灭,那么,整个人类对于从不幸的深渊中得救的一切希望就与你们一起破灭了。你们不要对于凭空捏造的、相信以往情况会简单重复的意见抱有希望,也不要用它安慰自己。这种意见认为,在旧的文化没落以后,会在它的废墟上,从一个处于半野蛮状态的民族中再次出现一种新的文化。在古老的时代有过这样一个民族,它拥有完成这个使命所需要的一切必要条

件,有文化的民族很熟悉它,也描述过它;而这些描述它的人本身,假如能设想自己没落的情况,也就会在这个民族身上发现复兴的办法。我们对于地球的整个表面和所有在它之上生活的民族也很熟悉,难道我们知道有这样一个类似于现代世界中的本原民族的民族,可以使我们对它抱有同样的期望吗?我想,任何一个人只要不抱单纯狂热的看法和希望,而是作透彻的研究和思考,就必定会对这个问题作出否定的回答。抱那种期望,绝没有任何出路。如果你们沉沦,整个人类就会随之沉沦,而不存在有朝一日复兴的希望。

尊敬的听众,这就是我在这些演讲结束的时候还打算和应当向你们这些代表我们民族的人,并通过你们向我们的整个民族恳切劝导的。

知识学纲要[257]

希泽西书局,柏林 《费希特全集》,第Ⅰ辑
1810 第10卷,第335—345页
 李文堂译

前　言

我已经让这篇用以结束我这半年所作的演讲的论文,首先为我的听众付印,以便使他们在重温这些演讲时容易从总体上把握它们。如果它们落入他人之手,尤其是也落入自以为有资格一起谈论哲学的人的手里,那么,这些人这时略加思索就会明白,他们迄今对知识学形成了一个何等错误的概念,他们试图通过何等巨大的错误,去帮助在正道上作哲学思考的头脑。他们当然不会认识到,人们为了进行哲学思考,就必须使自己上升到真正自由的、创造性的思维,而决不能囿于有关任何一种通过偶然机会而在我们之内产生的思维的直观;他们也不会认识到,他们迄今所能做的仅仅是后者,因而作出了他们的一切无稽之谈。因此,他们决不会不再挤入一个他们无能为力的领域,而惟独这一点才是人们可以向他们要求的。

柏林,1810 年 3 月。

§.1.

知识学抛开一切特定的知识而从这样一种知识出发,这种知识在其统一性中是直截了当的,并向知识学显现为存在的。这样,首先就出现一个问题:这种知识如何能够存在?它在其内在的与单纯的本质中是什么?

对知识学来说,下面一点是不可能隐而不显的。只有太一、即上帝[258]是绝对依靠其自身存在的,并且上帝不是我们方才说出的僵死概念,而是自身纯净的生命。上帝也不能在其自身中改变与规定自己,把自己变成另一种存在;这是因为,由于他存在,就有了他的一切存在,有了一切可能的存在,无论在他之内,还是在他之外,都不可能产生一种新的存在。

因此,如果知识仍然要存在,如果知识不是上帝本身,那么,既然除了上帝,什么也不存在,知识就只能是上帝自身,但处于上帝自身之外;就是说,知识是上帝在他的存在之外的存在[259],是他的表现,他完全像他存在那样存在于他的表现中,并且也完全像他存在那样能依然存在于他自身。但这样一种表现就是一种图像或图型[260]。

如果这样一种图像存在——这一点只有通过它的直接存在才能变得清楚,因为它只是直接存在的——那么,它之所以存在,绝对是因为上帝存在,而且既然上帝存在,它就不能不存在。但是,它绝不能被设想为上帝通过他的一种特殊活动产生的一种结果,似乎由于这种活动上帝会变成他自己;相反地,它应当被设想为他的存在的一种直接后果。尽管它不是上帝本身,而是他的图型,但按照它的存在的形式,它是直截了当地存在的,正如上帝自己直截了当地存在那样。

再说一遍,除了这种图型,在上帝之外绝对不可能有任何别的东西,也就是绝对不可能有任何内在的、以自身为依凭的存在,因为这样的存在只能是上帝本身;只有他的图型能够在他之外存在,而在他之外的存在就叫做他的图型,两种说法是同一个意思。

§.2.

此外,由于这时知识学不能回避这样一点,即现实的知识也决不像知识学设想的那样表现为统一的东西,而是表现为杂多的东西,因此,知识学就面临着第二个课题,即说明这种表现出来的杂多东西的根据。不言而喻,知识学不可能从别的地方借取这种根据,而必须揭示它所熟知的知识之为知识的本质,因此,知识学的课题虽然在表面上是两个,但仍然可以说是同一个课题,即展示知识的内在本质。

§.3.

因为这种在上帝之外的直截了当的存在,绝不可能是一种束缚于自身的、既成的、僵死的存在,就像上帝也绝非这样一种僵死的存在,而是生命一样;相反地,它必定是一种单纯的能力,因为恰恰一种能力是形式的生命图型。具体地说,它能够是一种仅仅在于实现它所包含的东西,即图型的能力。既然这种能力表达一定的存在,即神圣生命的图型,所以它当然是由规律规定的,具体地说,是由有条件的规律规定的,只不过这是采取了一种绝对能力能够被规定的方式。如果如此这般的图型要变成现实,一种能力就必须在这种条件下如此这般地起作用。

§.4.

首先由此可见,这种图型只有通过绝对能力的自我实现,才能达到一种上帝之外的现实存在;但这种能力只能实现这样一些图型,这些图型是通过自相组合的方法变成一种现实知识的。因此,在上帝之外具体存在的或在场的东西,仅仅是借助于这种绝对自由的能力,作为这种能力的知识,在这种知识中具体存在的或在场的。除了实际上在上帝中隐藏的存在之外,绝对不可能有另一种存在。

§.5.

其次,我们要谈的是规律对这种能力的规定。这种能力首先被自己规定为与一种现实知识的能力相同,但是,一种现实知识需要这种能力直截了当地实现一种图型;其次,一种现实知识还需要这种处于同一个状态的同一种能力认识到,作为图型的图型,即一般的图型,是不独立的,认识到它的具体存在或在场需要一种自身之外的存在。这种认识在现实知识中没有得到意识,而只有通过知识学才被提升到意识,它的直接具体的表达现在就是处于它的形式中的现实知识本身;按照这一认识,完全撇开这种图型,一种应当客观地、不依赖于知识而存在的东西就被设置起来。既然在这种有关客体的知识中甚至遮蔽了这种图型,那么,作为这种图型的创造者的能力就更加是遮蔽起来的与不被注意的。这是知识形式的基本规律。因此,只要这种能力发展成这样一种东西,那么,正像我们描述的那样,它不仅以图型化的方式发展自己,而且也以一种将图型本身图型化,并在其非独立的本质中认识图型的方式发展自己;这并不是说它是无条件的,而是说它只有通过这种方式才能达到一种知识。 (I,10,338)

因此,在一种现实知识中,某些真正作为这种能力的表现而存在的东西是不可见的。要是这种能力及其一切表现这时都被引入知识,那就会发生不可能看见那些东西的情况,只不过是发生在最初提到的另一种知识中。由于可见性的形式的规律与知识着眼于其整体性的事实有矛盾,全部知识必然会分裂为不同的片段。

§.6.

此外,能力在它这种形式的存在中,是由一个无条件的应当规定的。它应当观照到自己神圣生命的图型,这是原初的,只有凭借这种存在,它才有在场;因此,这是它的绝对规定,通过这种规定,它作为能力完全被穷尽了。——它应当观照到自己是神圣生命的图型;但这时它本来不过是一种能力,尽管完全可以肯定,它是关于上帝的图型的这种特定能力。如果它实际上观照到自己是这样一种图型,那么,它本身就必须通过能力的实现,使自己实际上成为这样一种图型。

§.7.

作为应当和可能的能力的自我观照与这种能力的真正实现——如果后者应被观照的话——是相互分离的,后者的实际可能性是由前者得到的实现制约的。

这种能力之所以应当观照到自己是神圣图型,不是由于它那种单纯的、被给予它的存在——因为并没有这种被给予的存在——而是由于能力的实现。所以,它必须事先就已经知道它是这样一种能力,知道它根据什么标志可以在实现它这种能力时认出自己,以便它能将自己的目光投向这种标志,并依据这种标志判定自己的实现。

或者,人们可以这样来看待这种能力:通过能力的实现,给它产生了一种图型和一种对图型包含的东西的意识,此外就根本没有产生其他的东西。(§.5.)超越图型的直接内容的那种在形式上附加的意思,即它是上帝的图型,并不包含在这当中,而只能根据一种在直接的实现过程中知觉到的标志被转加到这上面去。但这一标志恰恰在于,能力按照业已认识到的普遍的应当,绝对自由地实现自己。

§.8.

(I,10,339)

如果这种能力观照到自己是应当的,那么,在对自己作为原则作出这一特定的观照之前,它必须事先进行观照;因为它只有通过它的自我发展去观照,所以,它在不能于这种发展中直接观照到自己是原则时,就必须发展自己。这里所述的必须,是包含在这样一种意图中的,即应当会对它变为可见的;因此,人们可称它为应当的应当,即它的可见性的应当;因此,这种应当包含在它那种来自上帝的存在原初对能力所作的规定之中。既然它如果根本不观照到自己是原则,也就在这同一个状态中不可能同时观照到自己是原则,那么,非常清楚,知识的这两种方式是相互分离的。我们把这种依靠直接不可见的原则的知识称为直观。

§.9.

在直观中，既非能力直截了当地作为能力被图型化，亦非神圣生命被图型化，因为直观才带来这种图型化的实际可能性；既然如此，那么，非常清楚，给直观留下的仅仅是能力在它的所与中的单纯形态。它是（§.5.）一种观望的能力，而且在不指向——这依然对这种立场是隐蔽的——神圣生命时是一种没有得到规定和完全不受束缚、却有绝对性的能力，因而是一种无限的能力。因此，它将自己图型化为用一种目光对无限东西的观望（空间）；也就是说，它将自己图型化为在同一种未分割的直观中向一种在最初的无限性中限定的东西的聚合与集中，即在自身同样无限可分的东西中将自己图型化为一种密集的无限空间，而这种空间处于另一种单纯的、无限的空间或质料中；——它也在这里把自己图型化为一种集中它自身的无限能力，因而是空间中的一种未限定的质料世界；按照上面提出的知识的基本规律（§.5.），这一切都必定作为一种真正自身在场的存在向它显现出来。

其次，这正是依靠它的单纯的、形式的存在的能力，即绝对原初的原则。为了把它自身作为这样的东西对直观图型化，它就必须在它有效用性以前，洞见到一种可能的作用，这种作用，就其必定向它显示出来而言，可能实现，也可能不能实现。它可能在绝对的应当中不能看出这种可能的作用,这种绝对的应当在这一立场上是不可见的;因此,它只能在一种总是被盲目地图型化的因果性中洞见到那种作用,但这种因果性不是直接的因果性,因为直接的因果性可以直截了当地通过显现出来的那种能力变成能力的实现过程显现出来。然而,这样一种因果性是一种冲动。它肯定感觉到自己被激起这样或那样的冲动,然而并未由此直接产生效用性,因为这样一种直接性会向它掩盖它的自由的显现,而它的自由在这里是至关重要的。

冲动所要求的这种效用性,只能是对物体世界的效用性。发挥效用性的冲动是在同物体的直接关系中被直观到的;因此,物体是在这种直接的关系中被感觉到的,并且通过这种关系会保持其内在的、比用于充实空间更多的质。通过这种补充说明,上面尚未完善的物体规定就完善了。

如果根据这种冲动与自我规定的表现,能力应当看出自己事实上是起作用的,那么,它在这种对效用性的洞见中就与物体世界汇入了同一种形式的直观中。因此,在这种能与物体世界相通的直观中,它会看出自己也是一个物体;在它与物体世界的双重关系中,它一方面看出自己是感官,以便感觉到物体与它的冲动的关系,另一方面看出自己是工具,以便直观到它对物体世界的效用性。

在这种效用性中,能力这时表现为自我规定的同一种能力,但绝不会由于任何作用而穷尽,因此依然无限地是能力。在这种对它的同一种无限能力的直观中,对它就产生了一种无限性,但这不像最初提到的同一种目光中的无限性,而是这样一种无限性,在这种无限性中它可以直观到它的无限作用,直观到前后相继的环节组成的一个无限序列,即时间。既然这种效用性只能无限地指向物体世界,那么,时间在这种直观的统一性中也就被转移到物体世界中了,尽管这个世界在空间及其一切部分的无限可分性中已经有了自己特有的无限性的表达。

很明显,能力仅仅沉醉于和消融于对物体世界的直观的状态,是与能力专注于它对已知世界发生作用的冲动的状态相互分离的,然而,即使在后一状态中也依然有当下应当存在的事物的图型,以便能使冲动涉及这种存在物,而这就构成了直观的这两种分离状态之间的关联。

如上所述,直观的整个领域就是单纯的能力的表达与图型。既然能力没有神圣生命的图型就什么也不是,但在它的这种虚无境地中又被图型化,那么,这整个领域就什么也不是,而只有在它与现实存在的关系中才获得某种意义,因为它的实际可能性是由这种关系制约的。

§.10.

其次,在能力中有一种把自己提升到看出应当的规定,在整个直观领域存在以后,这种事情的实际完成是直接地和绝对地可能的。但是,这种提升是怎样和用什么方式发生的呢?在直观中抓住的,作为直观的根基的东西是冲动;因此,能力有赖于直观,依然囿于直观。所以,这时可以实现的能力的条件与真正行动可以说是对于冲动的脱离,对于冲动的消灭,而这种被消灭的冲动是图型化的不可见的与盲目的冲动。既然原则可以被抛弃,那么,结果、即直观中的内容也就会被抛弃。这时知识就作为统一的东西摆在面前,如同知识学一开始看出的那样。知识在它的这种本质的统一性中会被看成不独立的,会被看成需要一个载体,即太一,而这太一是直截了当地通过自身存在的。——在这种形式中的知识,绝不再是任何直观,而是思维,并且是纯粹的思维或理智。

§.11.

在我们进一步探讨这个问题之前,我们必须从这个中介点出发,给刚才展示的直观领域附加它还缺乏的规定。——盲目冲动缺乏应当的惟一可能的方向,仅仅借助于这种冲动,能力在直观中变成了一种不确定的能力;它在作为绝对的东西被图型化的地方,变成了无限的东西,它在作为确定的东西——如作为原则——被给予的地方,至少变成了一种杂多的东西。这时通过刚刚说明的理智活动,能力脱离了这种冲动,以便自己指向统一的东西。既然它这时为了创造这种统一性,首先从内部,直接在能力本身,需要一种特殊活动——因为只有在这种条件下,这种统一性也才能从外部,在图型中被看出来——那么在这一直观领域,能力就不是作为统一的东西,而是作为杂多的东西被直观的;这时通过自我直观而成为自我的这种能力,也就在这一领域不是一个统一的自我,而是必然分裂为一个由许多自我组成的世界。

并且这一点不发生在直观本身的形式中。这种原初图型化的东西与那种把这图型直接在其变化的事实中作为图型加以认识的原则,用数字来表示,是一个东西,而不是两个东西;因此,在直观领域,直接直观自己的直观的东西,只是一个惟一的、在自身封闭的、孤立的和其他任何人在这方面都不可企及的东西,即每个人的个体,由于这个原因,每个人只能有他自己的统一体。但也许自我的这种分离必须出现在那种专门产生统一性的形式中,即出现在思维的形式中;因此,这里所描述的个体尽管在直接的自我直观中也依然是单个的,但如果在思维中把握自己,就会在这种思维中察觉自己是这样一种单个的东西,这种单个的东西处于一个由许多与自己相同的个体组成的世界里;既然这里所描述的个体不能直接直观到这些与它相同的个体是如同它本身那样的自由原则,这些个体也就只能通过一种从自己发生作用的方式到感性世界的推论,认识到它是这样的原则。

直观范围的进一步规定在于,统一的、以自己那种来自上帝的存在为依凭的原则在直观范围里分裂成许多原则;从这个规定还可以得出另一个规定。这种分裂本身发生在统一的思维中,假如一切统一体直观和作用的客体不存在,假如同一个对一切统一体都相同的世界不存在,在分裂的同时必然还要发生的相互承认也就会是不可能的。感性世界的直观之所以存在,仅仅是为了在这个世界上自我作为绝对应当的东西会成为可见的。除了恰好对这样一个世界的直观仅仅直截了当地存在以外,要达到这个目的就再也不需要什么;至于这种直观是如何存在的,则根本无关紧要,因为这种直观的任何形态都宜于达到这个目的。但是,自我还应该另外认识到自己是处于给定的杂多东西中的统一体,而要做到这一点,除了对感性世界业已作出的一般规定以外,也还需要一个规定,即感性世界对于每个直观的个体都是一样的。这就是说,空间及其充实对于一切直观的个体都是一样的,尽管直观的个体总是依靠个体的自由,在一个独特的时间序列中把握这种共同的空间的充实;这就是说,时间及其感性事件的填充对于一切直观的个体都是一样的,尽管一个直观的个体在其自己的思维和活动中听任其他任何直观的个体按它们自己的方式填充时间。应当的可见性的应当(§.8.),如出乎上帝的应当,的确是照着统一的原则,如完全出乎上帝的统一的原则,被提出来的;所以,按照能力的统一性讲,每个个体都完全有可能根据那种原初的一致性,把自己的感性世界图型化,并且每个个体处于认出应当的途径的条件下,也必定会这么把它图型化。我可以说,每个个体能够直截了当地建构真正的感性世界,并且在所述的条件下也必定会建构它;因为这个世界如果不服从上面推演出来的那些普遍的和形式的规律,那就除了这种普遍的不可协调一致性以外,决不会有任何其他的真实性。

§.12.

我们回到纯粹的思维或理智活动(§.10.)——通过这种思

维，知识被认为仅仅可能是神圣生命的图型。在这种思维中，我不是直接拥有知识，而是只有在一种图型中才拥有知识；我也不是直接具有神圣生命，而是只有在一种图型的图型中，在一个被双重扼杀的概念中才具有这种生命。我兀自沉思——因为刚才说明的理由，这种直接沉思的能力必定存在于普遍的能力当中——我兀自沉思，我洞见到方才所说的东西，因而我能够洞见到它；既然按照方才所达到的洞见，知识是上帝的表达，那么，这种能力本身也就是它的表达，因为能力之所以存在，是为了实现自己；因此，按照我的来自上帝的存在，我应当洞见到它。只有在这种沉思的道路上，我才洞见到，我直截了当地应当洞见；但我应当达到这一洞见；因此，无论如何，按照我的来自上帝的存在，这种沉思的绝对能力就像应被证明的那样，必定存在于普遍的能力当中。因此，现在描述的全部领域就展现为一种洞见的应当：自我，这个在直观领域已洞见到的原则，应当洞见。在这一领域中，需要通过单纯的沉思而直接作为原则加以明了的自我，是图型的原则，就像这一点在对于统一的知识与作为其载体的神圣生命所产生的洞见中显示的那样，在这里，我经过直接的沉思能够补充说：我思考这个，我产生这个洞见。这种知识是以直接作为原则而明了的原则为依凭的，如上所说，它意味着纯粹思维，而有别于那种以直接不明了的原则为依凭的知识，即有别于直观。

　　纯粹思维与直观这两者是这样相互分离开的，即前者扬弃与消灭后者，直至它的原则。但它们的联系也被这样建立起来，即后者制约着前者的实际可能性，后者显现的自我以它的单纯的图型(因为实际上这图型是与冲动一起消灭的)也保持在前者中,并且被沉思。

§.13.

在这里描述的思维中,我只把知识设想为可能是神圣生命的图型,并且,既然这种能力是上帝的指向存在的表达,那么,我也就把知识设想为应当是神圣生命的图型;但我绝不是这种图型。没有任何强力能够迫使我实际成为这种图型,就像以前那样,没有任何强力能迫使我哪怕完成对真实感性世界的直观,或迫使我把自己提升到纯粹思维,并由此提升到对绝对形式的应当的那种真实而空洞的认识。这处在我的能力范围之内,但这时,既然已经满足了一切实际条件,这也就直接处在我的能力范围之内。 (I,10,344)

如果我这时一方面放弃空洞的直观,另一方面放弃空洞的理智活动,靠绝对的自由与独立性实现我的能力,那将会产生什么结果呢? 产生一种图型,因而产生一种知识,这种知识作为上帝的图型是我通过理智活动认识到的,但它在这时完成的知识中直接向我表现为我直截了当地应当完成的东西。它是这样一种知识,这种知识的内容既非产生于感性世界,因为这种世界已经被消灭;也非产生于对知识的空洞形式的观察,因为这种观察我也已经放弃;相反地,这种知识是通过自己,直截了当地像它存在的那样存在的,犹如神圣生命——它是这种生命的图型

——是直截了当地通过自己,像自己存在的那样存在的。

这时我知道我应当知道的东西,但是,所有现实的知识都由于其形式上的本质,带有图型上的附加东西。尽管我这时也知道上帝的图型,但我还不直接就是这个图型,我只是这个图型的图型。所要求的存在还一直没有实现。

我应当存在吗?这个我是谁?显然就是存在的我,在直观中所与的我,即个体。这个我应当存在。

那么,他的存在意味着什么呢?他是作为感性世界中的原则给予的。虽然盲目的冲动已被消除,而在这时代之以一种已被清晰地看出来的应当;但是,仍然有产生盲目冲动的力量,这时应当则发动这种力量,成为其更高的、起规定作用的原则。因此,我就应当通过这种力量,在这种力量的领域、即感官世界中表达我在超感性世界中直观出是我的真正本质的东西,并在这一领域中使他成为可直观的。

力量是作为无限的东西给予的;因此,在统一的思想世界里绝对是统一体——我应当是这样的统一体——的东西,就在直观的世界里对我的力量变成了一个无限的课题,我得永远去解决这个课题。

只有在直观中,而绝对不是在我的真正的、单纯的存在中,才能出现这种实际上是不确定性的无限性,因为这种存在作为上帝的图型是像上帝本身那样单纯的和不可变的。在这种毕竟不断延续的、由绝对应当——它是向我这个个体提出的——明确地奉为神圣的无限性之内,怎样能产生出这种单纯性呢?

假如在时间流逝中的每个新出现的阶段,自我都必须通过

§.14.

关于它应当是什么的概念,靠一种特定活动规定自己,那么,它在它的原始统一性中当然会是没有得到规定的,而只能在无限的时间中不断得到规定。但只有在与一种抵抗的对峙中,这样 (Ⅰ,10,345) 一种进行规定的活动才会在时间中成为可能的。而这种进行抵抗的、需要用规定活动加以制服的东西,也无非是感性冲动;因此,这样一种不断加以设定的自我规定就会在时间中确凿可靠地证明,冲动并不像我们在向神圣生命的上升中假定过的那样,完全遭到扼杀。

这种无限的可规定性本身是通过真正完全扼杀冲动而被消灭的,并且被纳入一个惟一的、绝对的规定中。这个规定就是绝对单纯的意志,它把同样单纯的应当提升为力量的推动原则。这种力量在这时可以像它必然会表现的那样,无限地表现出来;它只存在于它的产物中,而决不存在于它自身,它是单纯的,它的方向是惟一的方向,而且这方向是突然确定下来的。

所以,意志就是理智活动和直观(或实在)密切渗透的点。意志是一个实在的原则,因为它是绝对的,是不可抗拒地规定力量而坚持和支撑其自身的;它是一个从事理智活动的原则,它明察自身而直窥应当。在意志中,能力已经完全被穷尽,神圣生命的图型已经被提升为现实。

力量本身的无限作用并不是为了它本身作为目的存在的,而是仅仅为了在直观中表明意志的存在。

§.14.

这样,在内容上实现方才测度的、绝对的理智活动能力的知识学就结束于它认识到:自己是一种进入知慧学的单纯的图型,然而又是一种进入知慧学的必然的、不可或缺的手段。这种图型的目标,就是按照知识学中获得的认识——凭借这种认识,才可能有一种自身明了的、毫无疑问和毫不动摇地坚持自身的意志——又献身于现实的生命,但这种生命不是盲目的、不理智的冲动在虚无中表现出来的生命,而是应当在我们当中清楚明白的神圣生命。

关于对学府自由惟一
可能的干扰[261]

维蒂希书局,柏林
1812

《费希特全集》,第Ⅰ辑
第10卷,第357—375页
甘绍平译　梁志学校

诸位最尊敬的出席者！
特别是你们这些值得尊敬的学友先生！

(I,10,357)

如果我觉得可以假定,我的演说能使你们赢得通过你们自己的观察所无法亲自产生的某种启示或鼓舞和激动,那么,这无疑会是一种巨大的非分要求。因此,我要在此时此刻毫不犹豫地遵循我最强烈的心声,这心声促使我面向你们这些在我们这里致力于科学的,受到衷心尊敬和热忱爱戴的年轻人;这心声促使我在这座奉献给科学的殿堂里,向你们表示问候和欢迎。我的这些学友先生们,你们的老师们,你们慈父般的朋友们以及我自己,将非常乐意担当我对你们所说的东西的见证人,担当我在你们面前以一切名义陈述出来的信念的分享者。

你们正要开始你们新的一年的工作。在这样一种开端的时刻,我们大家对你们最衷心祝愿的是精神上完满的自由与无拘无束——这自由与无拘无束摆脱了所有其他因素,而完全沉浸于科学——,是令人愉悦的勇气,是对你们自己以及你们所处的环境喜气洋洋的确信。我已经受到托付,仿佛要把你们引入新开辟的生涯,并祝福你们迈出的第一步,在这样的时候我相信,除非我设法激起你们的这种勇气与这种自信,在你们面前把所有能束缚你们的精神自由的东西都根除干净,是绝没有更合宜的方法来满足这一委托的。

诸位先生,大学里真正活跃的气息,即大学里所有的果实都能得以充分生长和发育的美妙气氛,无疑就是学府自由。正因为如此,这种自由对于有权学习一切的人们来讲便是珍贵的,没有什么东西比他们认为因缺乏这种自由而必定会感到恐惧,更能打击他们的爱、兴致与欢乐的了。因此,我将以最可靠的方式,通过一件事实,当我向你们明确地指出它的时候,在你们身上引发和激起我想为你们的生涯准备的一种开朗和快活的心情,而这件事实就是:世界上没有任何一所大学能够为这种学府自由比在这里,比在我们的这所大学里,提供更多的保障和更坚实的依据。如果你们与我一道,首先考虑和回想大学到底是什么,然后考虑和回想大学的本质所要求的学府自由是什么,这件事实则将对你们是完全清楚的。

那么,什么是大学呢?对大学的本质的理解是基于下述原理的。整个尘世之所以存在,仅仅是为了超尘世的东西,即神性在尘世中得到体现,并且是借助于经过深思熟虑的自由得到体现的[262]。虽然这种超尘世的东西是由自己显现自己的,并且是按其本真面貌,在自由的能力面前,在人的理智面前呈现自己的,但正如这种理智在其本身产生出越来越高的明晰性一样,在这种理智中神圣东西的图景同样也持续不断地以更高的明晰性与纯净性显现出来。因此,我们人类在智力教育上不间断的和持续的进步,是超尘世的东西作为构成世界的范本能够持续不断地以新颖、美好的容貌显露于人性,又由人性体现于外部世界的惟一条件。理智的这一深化进程是人类得以实现其使命的惟一东西,每个时代正是由此赢得自己在时代序列中的地位的。而大学是明确地为保障这一进程的不间断性和持续性所设置的机构,因为她是这样一个地方,在这个地方每个时代都审慎地按照一种规则将其最高的智力教育传递给下一个时代,以期这下一个时代也能使这种智力教育得到增进,并在这增进中又将这种教育传给其后继的时代,如此递进,直至世界的末日。然而这一切只是为了一个目的,那就是神圣的东西以清新的明晰性越来越显示在人类的东西里,而且两者的联系以及前者对后者的活生生的影响都得以保持。因为如果没有这一目的,这种智力教育尽管在微不足道的事物里是最高的东西,是微不足道的事物与真实存在的事物的直接结合点,但事实上也不过是空洞的和无意义的。——如果大学是像我所说的这样,那么很显然,她是人类所拥有的最重要的场所和最神圣的事物。由于一切有关神圣的东西在人性上展现的报导至少在其最后的结论中保存和流传下来,人类原来的本质便在这种报导里有其不间断的、超越一切既往的生命,而大学就是我们人类的不朽性的明显体现,因为她不允许任何真实存在的事物泯灭,而神性则超越这一报导,在给报导的内容新增的东西中,持续不断地发展为一种新颖的生命,这样一来,超尘世的东西与尘世事物之间的分离便在大学里被扬弃了,而大学也就是显现上帝的世界与上帝本身的统一 (I,10,359)
的明显体现。

凡属于一所大学的内部设置的事物,都可从大学的上述规定推知。一方面,时代的全部智力教育以及这种教育的全部辅助手段与题材,必须完全被囊括在作为时代的代表,使时代的教育得以传承的教师的整体中。每一位教师都既必须为了他的专业而处于其时代的这个专业发展的高度,又必须具备全身心投入的能力与技能。另一方面,必须有那么一批学子们,他们是被赋予了当今最高的教育的那个时代的代表,他们通过以前学到的课程,已经有适当的准备,达到了大学课程的开始所要求的水准,而大学课程如果应该以最高的成就告终,则必须从这个水准开始。如果大学是通过这两个基本组成部分的集中和结合建立起来的,如果从现在起大学是以她的这种根本的存在方式持续下去的,她便是自己延续着自己的合乎目的的进程,而且除此之外无需任何外在的助力。毋宁说,这类外在的影响与干预对大学是有害的,对于智力教育预期的进展会起干扰作用。因此,一所大学如果应达到她的目标,并且事实上也应成为她预定成为的场所,就必须从这点出发,始终自己规定自己;她从外部所需要和理应要求的只是完全的自由,即广义的学府自由。

现今的时代应当将其自由赢得的教育毫无保留地传授给未来的时代,以期未来的时代可以在这个基础上继续营造;因此,根本不可对教师的传授设定任何界限,也不可给他标明和划定他所无法自由思考的任何可能的对象,认为这个自由思考的对象是不能以同样的无限制性向已有适当准备的大学学子们传授的。大学里的学子们作为下一个时代的代表,应当全身心地埋头于传授给自己的东西;因此对于他们来讲,他们作为人应该享有的个人自由必须得到保障,而这种自由就是在法律与良好习俗的界限内把自己的外在生活方式规定得感到最合乎自己的目的,并且在这个界限内用一切方式试验自己的那种尚在发展的深思熟虑的能力。在他们学习的期间,必须免除掉他们作为公民需要承受的负担与需要满足的要求,以期他们能够把时间与精力完全奉献给他们最近的至圣目标。值得期待的是,他们自

己能够摆脱严格的法律形式的纠缠,被安排在一个尽可能简单 (I,10,360)
的审判场所。最后,由于他们所有学习的最终目的在于神圣事
物显现在他们身上,并从某个新的角度体现出来,而他们必须为
此维持着一种道德上的不偏不倚和纯洁清白,惟有在这种状态
中神性才能映现出来[263],所以我要说,大学的最后与最高目标所
要求的,是将那些根本腐败的、惹人生气的事情以及对初出茅庐
者的力量发出的诱惑从学习者的道路上清除干净。简单地说,
这就是一所大学所正当要求的学府自由的重要组成部分。

我们的大学是否拥有在教员与其整体的性状中以及在学子
们的性状中存在的那样一种内在的和本质的特性,在工作开始
的时候,现在就作一个评判,对我们这些教师而言是很不合适
的;同样,对你们诸位先生而言,让提供和接受这样的评判也是
很不合适的。事情究竟怎样,最好还须在我们工作了一段时间
以后再跟你们讲。基于这种考虑,如果现在要说的话,对于双方
而言只会徒增劳顿和所有力量的相互磨擦,从而无法作出对两
方都有利的评判。相反地,成功的外在条件是否已经具备,则是
一个比较容易的、现在就需要适当地加以回答的问题,因为回答
这一问题的前提一年以来已经展现在我们所有的人的眼前了;
这是这样一个问题,为了回答这个问题,就大学的两个主要组成
部分而言,现在一切都已具备;因为早在他们着手工作以前,他
们就有理由打算知道,他们是否能够以合理的方式稳操胜券。
因此,我根本没有打算今天就给你们提供一个对这个问题的研
究,以期在我能够做到的条件下,把我心中至少具有的这方面的
令人欣慰的确信传播给你们大家。

在这个时代，在这个王族及其高贵的分支——我们把它作为我们的国王加以敬仰——的统治下，在这个民族的一切高贵者清晰的思维方式里，对于人间存在的最高的传授，即对于大学里的传授，要通过关于惟独需要教授的东西的外在规定作出某种限制，这对自己不会有任何好处，而会恰恰完全相反。如果我想引起在场的任何一个人本来没有的担心，我讲这番话就会无的放矢。学习者的个人自由也已通过法律得到认可和保障。为了他们的法庭便于料理，可能发生和定然发生的一切都已得到规定，而在另一方面并没有取消对他们最需要的学府自由的保护。同样，现在经验也告诉我们，而且每个审慎的人都能不靠经验而预先知道：防止在道德上贬低和亵渎那些被规定为最神圣者的工具的人们，在我们所处的这个大城市里比在较小的城市，不是已经做得一样好，便是像我相信的那样，做得还要好得多。没有什么地方可以使那种只能独处的人，比在一个相当大的城市里更容易和更乐意独处。这么多竞争者活生生的较量，迫使所有的阶层都大力从事自己的业务，这样，学习者在这里也就比在其他任何地方更多地感到自己须很快与外界隔绝，不受外来干扰，而专注于自己的学习业务[264]。此外，在一个大城市里，就像所有的生活方式那样，即便是罪恶也有其许多封闭的圈子，很少有必要去改弦易辙和招兵买马；因此，堕落现象必定更多地是在大城市里被寻找到的，而不会达到我们这里，进入我们纯洁的寓所。

这样一来，在这里就都已具备了一所大学的外在条件。对于她的学府自由，人们不必担心有丝毫的危险，这危险不是来自为她提供担保的政府方面,也不是来自我们周围的其他阶层方面,如果我们不去理会这些阶层,它们自然绝对不会希望与我们有某种接触。

不过,也许会出现一种情况,那就是从另一个颇令人担心的方面来看,我们的学府自由会受到巨大危险的威胁。既然我刚才已经指出,从外部来看我们完全是有保障的,难道我会说危险来自外部吗?或者,既然我决没有想到要承认,对我们构成威胁的因素是属于大学的,难道我会说危险来自内部吗?然而,诸位先生,只要考虑到人们关于其他大学的状况所经常听到的那些事情,那么,我所指的危险的确是令人担心的。我甚至已经知道,你们当中的许多人确实担心这种危险。这些人正是在这件事情上期待着我作演讲,希望我能打消他们的担忧。我必须使这种正当的期待得到满足。

使他们担心他们的自由遇到危险的因素,是这样一种大家都知道的人,这种人由于自己事实上微不足道,同时在其余的人际关系中无容身之地,便冒充大学的学习者,依附于大学。在我必须首先描述这样一种人时,我为了保证我所期望的听讲时的宁静,也必须明确地提到一个肯定不言而喻的事实,那就是:既然我打算下面证明这样一种人在我们这里从来都不可能存在, (I,10,362)
所以我要说,正因为如此,我也并不设想他们目前就存在于我们当中;因此,我所讲的有关这种人的任何一点都不与这里在场的任何一个人相符;或者,正如我并没有设想的那样,如果我所讲的东西倒与这里在场的某个人相符,这种情况则是在我不知情的条件下违背着我的明确意图出现的。或者,我直率地说吧!

我要首先讲的这种人,据我最准确的了解,并不是指你们全体在场的人;我所知道的只是这样,而不是别的。根据我的整个状况,我也不知道别的。然而,假如某人是这种人,我则感到十分遗憾;但对我们两个人来说,这个人现在不会,将来也不会使我觉察到我的错误,我可以一直处于幸福的无知状态,这也许最好。

我所指的这种人是以下述方式出现的:那些靠自己的经验不可能形成自己的学习概念的人,一旦看到大学,瞥见大学的各种独特性,便能够在自己完全无能为力的情况下,把所有这些建制设想为达到他们的完全隐蔽的目的的手段,仅仅把他们理解为一个由大学生组成的独特阶层,这种阶层就像贵族阶层、市民阶层或农民阶层一样,也必须存在于世,理由不是别的,而是为了存在,为了使阶层的数目完满。这个阶层按其存在的状态说,同时拥有摆脱宗教途径及法律途径的自由与特权。这些人的错误的真正要害和所在是显而易见的。在大学学习是一种天职;大学及其全部设置之所以存在,只是为了保障这种天职的履行。只有在大学学习的人才是大学生。而这些人却是这样来理解这件事的:有这么一批种类特殊的人,无论他们在做什么,他们都叫做大学生;这些学生组成的阶层拥有某种特权,这种特权是由他们单纯的存在设定的,与这种存在有不可分割的联系。大家可以设想,这些无法再扩展自己的理解力的人们,要么是受到他们出身的家族习俗的促动,要么是受到某一种将来要证明在一所大学里呆过几年的需求的促动,力求置身于他们这样理解的这个阶层。他们将如何继续规定他们的这个基本概念呢?——

这是一种获得解放的、被赋予特权的阶层。这种解放的界限在哪里呢？根据对大学的真正理解，这种解放有其理由，因而也有其标准：在大学学习，作为生命的惟一的和独有的天职，不应当受到干扰；因此，干扰的可能性伸展到什么地方，这种解放也就伸展到什么地方，但绝不会更远。就此而言，这种解放是无条件的和无需任何理由的，因而也是没有限度的和可以无限延伸的。这种无限性假如可以用一种观点加以说明，并被归结为一个原理，则只能用这样一种公式加以表达：大学生阶层有权去做法律和习俗禁止所有其余阶层去做的一切事情，之所以如此，恰恰是因为这些事情在其余的阶层那里是被禁止的，法律的例外性只能由此得到说明。那么，这些自由来源于何处呢？它是由这么一个国家授予的吗？这个国家无疑是其自由诏书的最初解释者，并拥有依据时代需要修改其指令的权力。绝对不是。这个阶层是通过神圣的和自然的法权得到自由的，这种法权通过所有的时代的认可得到了证实，比所有现存的国家还要古老，并把这些国家本身组织起来。因此，如果一个国家设立了一所新的大学，那么，按照这种理论，国家是绝对无权规定大学的法规的。仅仅说出大学这个词的含义，大学的法规就已得到规定。大学这个词是尽人皆知的、业已沿用的，如果它不是这样，它也就不是大学了，而是别的什么东西，而且这些正直的人们也不可能力求置身于这样一个地位。这个被赋予特权的阶层按照自然法权，把在所有其他阶层那里被禁止的东西都作为正当的东西纳于它自身，而它想在人类社会中拥有一种什么样的地位呢？这种地位不仅是最高的，而且与整个其余的人类没有任何关系。

(I, 10, 363)

这些人构成了上帝的选民，而所有的非大学生则被列为道德败坏者。因此，所有其他阶层都必须让位于这些人，无论他们到什么地方，都必须让他们领先和独占鳌头。无论他们喜欢把什么施加于大家，大家都必须容忍他们，而没有任何人敢令他们不满。所有的非大学生——至少他们的老师和直接主管当局除外——都必须借助于恭敬的声音，借助于迎合他们口味的讲话，借助于对他们柔软的耳朵不愿听见的一切东西的谨慎避免，投他们的所好，这是所有的人对他们负有的一项义务；而他们则可以毫无例外地依仗他们出人头地和自由自在的感觉而数落所有的人，这是他们对所有的人拥有的权利。另外，他们还要求拥有资格，在和平时期动用武力，以战争和流血的手段维护法权关系，这就更是顺理成章的了，因为他们除了自己以外，还可以看到另一个阶层——这是除了他们之外，任何人都不能看到的——这个阶层基于相同的、自然的和一切时代认可的法权，也在做同样的事情。在他们看来，学生阶层之所以存在，完全是为了行使这种特许权，学生阶层的整个使命就是从这里产生的，所以他们必然会希望：这种特许权实际上能够在一种不间断的序列中得到行使；通过他们这些当代的学生生活主管者，这种特许权作为整个链条中的环节，就像他们把它从先前的时代承袭过来的那样，被完整地传递给后来的时代；但他们决不希望，这种特许权由于没有行使，而被遗忘和失效。他们必然会希望：每一位要求享有大学生称号的人都行使这种特许权，因为他只有在这个前提下，并且为了这个目的，才是大学生；那种怯懦地转让了自己的法权的人，则无可争议地不能算是一个正直的人。这样一来，这个通过在大学的学习或某种其他活动而能不受干扰地将其全部时间奉献给这一目标的阶层，就完全自然而然地还会拥有严格敦促大学的所有同人真正行使其特权的强制法权。他们为了使规则能够生效，在某些日子里聚集在一起，举行庄严庆典，作为其自由的象征性行动。他们不是以别的方式，而是完全手持宝剑来协商解决他们的争端，而这一向都属于这个阶层的基本做法；但这一切都服从于同样完全自然而然的惩罚，在违法时被排除出学生阶层，并被革出教会，受到蔑视和处置。在这个阶层的很多人——他们在大学里也还不得不做其他的事情，例如学习——情绪冷漠和漫不经心的情况下，甚至为了抗击其他阶层以及主管当局的具有嫉妒性的侵扰，也必定会有一些特殊的联盟以同乡会或社团的名义组织起来，它们通过宣誓得到了巩固，为了自保而经常拥有武装，而这些同乡会或社团又总是通过其头面人物综览和引导全局的。这些凭自己的内心与外在职业得到任命，保卫这个阶层的特许权的人们不会缺乏见义勇为的热忱。因为除了对人的法权的清晰认识，没有什么东西能够使人更强烈地感到鼓舞，但这些人在其余方面极其无知，因而只知道很久很久以来这一切都是有效的和存在的，连他们的法权的侵扰者也对此很了解，甚至在自己的时代也享受过这种特许权，因此在这时是显然无理的与居心叵测的；使这些保卫者肯定感到强烈不满的，是恰恰在他们管理特许权的时候这种权利要遭到贬低，而且这种对后世的背叛要恰恰被推卸给他们。

我们已经提到和假定，关于大学生活的这样一种理论是能产生的，而且在达到我们刚才提出它的那种完善性和一贯性以

(I,10,365) 前,它仅仅能在极其古怪的和完全不能把握科学概念的头脑中发展。然而这一理论在编造出来以后,就笼罩着一层令人迷惑的外表,这层外表本身可以使心怀善意、但不能领会至高无上者的青年人眼花缭乱。关于一种完全独特的、摆脱通常世俗生活的一切桎梏的生活方式——它只部分地由我们享有,而且转瞬即逝——的想法,满足了对于神奇事物,而不是对于理智事物的爱好。大学证书的魔力可以使人一跃而跻身于一个独特的地位,给这个地位造成的这种假象迎合了年轻人的虚荣心。对于怀着深切的寄托、更多地融为完满的个体统一性的友谊的憧憬,对于个人的勇敢、独立以及坚强的自信所作的描述,恰恰满足了青年人最高贵的冲动。一幅共和体制——在这种体制里人们可以自己给自己立法,坚持自己的法律的实施——的图景,终于特别对某些时代来说,是一种最诱人的演示。还会有一些年轻人,他们所具有的清醒意识与判断力,足以看透这种迷人的假象吗?同样,这些人中会有少数人,他们将这种成熟的判断力同时与高度的勇气结合起来,独自同那群联合起来反对自己的人进行抗争,同这群人的辱骂以及不断出现的攻击进行对抗吗?同样,最后会有少数人,他们将这种勇气与智慧联系起来,在这种被迫的自卫中,在众目睽睽之下都绝不示弱,并且在他们完全自己想摆脱这种普遍的过错时,绝不会把自己看成是有过失者吗?所以,即便是这些人,尽管他们不会受到迷惑,但也因恐吓而进入这种生活方式,只好附和他们内心抗拒的习俗。

显而易见,由于这样一种习俗,如果它不断增长,取得支配地位,学府自由就会彻底受到破坏和摧毁,甚至大学的全部本质都被消除。神圣事物是在天真无邪、纯洁无辜的状态中形成一种支配一切尘世事物的坚实可靠、不可抗拒的力量的,但在把放纵的、违反道德的生活要求作为学生阶层的惟一证明的地方,在把酒宴一定要当作风俗的地方,在把斗殴看成荣誉的地方,在经常准备打架斗殴的人可获得最好的名声的地方,能给这种状态保留一点火花吗?如果把荣誉定为人们在内心感到明显矛盾的情况下,受到整个其余世界的讥笑者的追踪,去服从几条幼稚的章程,由此赢得几个浪荡子的掌声,如果把勇气定为人们通过一次短暂的决斗,抹去完全在可耻的奴役和对卑鄙人物奴颜婢膝的恐惧中度过的那种生命的怯懦,那么在这样的场合,作为一切壮举的最大动力的真正荣誉,作为一切壮举的惟一条件的真正勇气,又与那样的荣誉和勇气如何能并存呢? 如果在每位只想成为大学成员的人那里,对大学生阶层的多重特许权的行使与维护的考量被当作首要的天职,并且他每天觉得都有必要关注所有那些引起种种激情的、干扰思想的审慎、明晰和宁静的事务,而这些事务又属于他的天职的范围,那么在这种情况下,他还会有多少时间和精力用在学习上呢? 他的一切思维和意识怎么可能像应当做的那样,全部沉浸于他的科学呢? 这样一些被同党征收了大量款项的人,都服从于一条法规,那就是:只能与这类同党打交道,无论自己喜欢他们与否,而决不能与其他人交往,无论自己觉得多么受到这些人的吸引;任何争执都只能用手中的剑来解决,在见血以前决不和解,经常以自己的鲜血为他人的争执作辩护,经常因为小事而置身于或者被杀、或者将他人——或许是一位亲密的朋友——杀害的危险之中;这一切都不

(I, 10, 366)

会受到比下述情况更轻的惩罚,即不光彩地被开除,遭到娴熟的才智所能设计的各种方式的虐待,不能主动躲开这所大学来逃避祸害,因为他们的联盟囊括了所有的德国大学,有过失者走到哪里,违反联盟法规的罪名就跟到哪里;这些负担这样的款项,服从这样的法规,受到这样的惩罚的人们,还处于这篇演讲的尊严与庄重禁止提及的其他很多阴影之下,他们能够像几乎一切带有人的面貌的生灵都享有个人自由那样,为自己享有最低限度的个人自由而感到自豪吗?他们必定不会承认他们已被卖给了最冷酷无情的服务公司吗?因此,由于有这样的大学习俗,学习者作为大学的一个组成部分的一切个人自由和学府自由便被消灭殆尽了。甚至整个大学的一般自由,即教学自由,也要因而受到妨害,因为这个阶层想把教师大致看作为了他们的消遣而由国家雇佣的一种特殊类型的演员,这些演员只可以说这些听众喜欢听的话,而不能讲别的。如果这些演员念错了台词,这些听众也只需用那些同样从剧场借来的手势,向他们指出这类错误。假如教师们像自己给自己设想和要求的那样去做,专用的教学规范马上就会由这样的听众予以废黜。

(1,10,367)

诸位先生,我不知道,这好几页纸的谴责,在这么长时间的沉默之后,是不是猛烈地爆发出来,发泄了怒气。这些谴责说的是,许多年来德国的大学越来越变得荒芜,举例——这本身虽然不是最糟糕的,但甚至在一般人看来也是糟糕事情的一个引人注目的标志——说,我们的青年学子每年倒在他们同学的剑下的人数,比一个这样强大的军团在几次重大战役中倒下的人数还要多。我不知道,而且我现在也不想知道,这些谴责是否有道理，但我清楚地看到，在那种人与那种习俗拥有坚实基础的地方，必然会出现这种结果，并且在每个学期开始的时候，这种结果肯定会变得更为严重。但如果那些谴责都有道理，怎么竟然会出现人们允许那种关于大学本质的理论生根和泰然传播的情况呢？让我们把本来应当阻止德国大学中堕落现象的这种发展与这种进程的两个阶层区分开：首先是整个有教养的一般公众，他们既可以通过他们的普通评论与观点，也可以通过他们对其他公共管理机构的参与，对这件事情产生一种虽然间接，但又显著的影响。其次是大学事业的直接管理者和监督者。如果我没有搞错的话，在前一阶层里有许多甚至是有见解的人，他们带进了一种轻松的、与话题的严肃性和重要性完全不相称的气氛。而这是因为，德国的、特别是北德的公共生活，受到一种普遍的严肃性和一种固定的深思熟虑精神的支配。在这里，除了大学生的上述理论与习俗之外，公众的高度诙谐感实际上是根本不再存在的。惟独大学生们的这些东西还适合于弥补那种来自习俗的公开恶作剧的消失，并且在某些时候引发民众在其他情况下很难出现的开怀大笑。如此看待这件事的人们愿把这种表演赐予民众，表演者却为了他人的愉悦而自毁其身。在他们身边 (I,10,368) 还要发生的事情毕竟会发生。假如每年都有几百位德国青年再堕落下去，这究竟大多会意味着什么呢？尽管有些人以后得到康复，但这看来根本与大学关系不大；能在这里学到的东西，人们也可以通过书本，甚至更舒适地在公共场所中或在旅行中，通过同有学问的人们的谈话得到。那种生活方式的悲惨发作——它自然不会令这些观察者们感到高兴——与快乐发作不可分割地联系在一起,并且前者是后者的必然结果,这是他们没有看出来的,而且他们以为,取决于大学的直接监督者的是,只允许快乐的蠢事发生,而立即阻止悲惨的蠢事。这种对于事情的令人愉快的、轻松的看法,自然不会得到另一阶层,即大学的直接监督者的任何赞同。因为如果人们天天都盯着这种生活方式,与指导它的人们有一种最密切的关系,它就绝不是轻松愉快的,而是极其令人不安和痛苦的。在几里之外扮演一个有趣的故事的,在近处则常常会引起极为愤怒的目光。那么,什么东西能够——总是在提出的指责有理的前提下——促使这个阶层容忍罪恶,而不用最严厉的措施抗击它呢?如果我恰恰不可以讲这一点,我倒完全能够讲,促使这个阶层这么做的是什么,学生特许权的保卫者们也都对此坚信不移。也就是说,这些保卫者在不能按其思想方式行事的情况下经常进行威胁的最后惩治手段,是他们都马上离开大学,远走他方。那么,在他们认为有如此巨大力量的这种威胁里,会有什么是本应被禁的和可怕的东西呢?什么东西会是他们作出的功劳,使他们可以因而设想,人们宁可容忍其他的一切,也受不了他们离开学校呢?他们个人的和蔼可亲显然不是理由,因为他们也听说过,人们对他们并无好感。这样,除了他们猜想理由在于他们所支付的金钱,也就没有别的理由了。

然而,诸位先生,恰恰这就是他们的想法。他们在他们的被任命者那里依靠的不是某种完全不能变的东西,而是下列原则:建立一所大学的主要目的,在于为它的所在地植上一棵摇钱树。在每一位明智的被任命者看来,所有其他的目的都从属于这一目的。他的最终意图在于使尽可能多和尽可能富的学习者在大学城里花钱。与这个意图相左的事情是这样的被任命者在任何 (I, 10, 369) 情况下都不会做的，万一他很不小心，处于毕竟要做这种事情的危险境地，人们就必定会把这类危险告诉他，而他也会立即把所有其他的考虑都置于他的主要目的之下。在一个明智的大学管理部门那里，为了钱一切都可以买卖，对于这类管理部门来讲，比赚钱更高的目的是不可想象的。谁要是有别的想法，谁就是一个不明智的人。而这样一种不明智在任何情况下都是绝对不可设想的。

这里并不是要研究，某所德国大学是否处在这样一种状况，在这种状况下，业已确立起来的观念认为，如果他们让每个干扰真正学习的人们的家伙愿意离开，这个城市的家长们便马上不再会为家里弄到面包，这就使大学的认真的管理部门在履行其职责的时候至少会发生困惑和动摇。至少是我们的大学，即在普鲁士王朝首都建立的大学，没有处于这种状况。尊敬的、深受喜爱的年轻人，你们仅仅怀着汲取智慧与德性的宝贵意向来到我们这里，为了这一事业，请求我们的保护。我想告诉你们的正是这些，以便由此向你们证明，你们可能为你们的学府自由受到影响而担忧的惟一因素在我们这里决不可能出现；因为使这种因素在有些地方可以受到容忍的惟一原因，在这里决不会发生；所以，世界上没有任何一所大学里的学府自由能够比在我们大学里得到更多的保障，拥有更坚实的根基。

我所提出的原理的证据可以非常简要地得到表述。为了给这座城市植一棵摇钱树而在这里建一所大学，这肯定不是目的。

这个城市在有建一所大学的想法以前就已相当繁荣富裕了。那些在任何地方都首先关心其收益的阶层并不希望有这么一所大学，他们甚至害怕她，这或许是因为他们所理解和想象的大学只有刚才描述过的那种放荡的、违背一切人类道德的生活的图景。依靠全体学生投入流通的最高款项总数，与依靠王宫、最高国家行政机构、一笔重要交易、很多高度发达的行业以及大量从各省获得收入的富人流通起来的款项总数相较，完全不成比例，少得微不足道。在许多其他大学城里，学生在带进纯资金的人们当中大概是多数，在这里则是微不足道的少数。按人头算，在别处大学生或许是花钱最多的，在这里则肯定是花钱最少的。即使在这里所有的学生就像在别的地方过去使居民感到害怕那样，有一天毫无例外地都搬出城外，这也不会使我们这里的公共行业发生什么显著的变化；就此而言，个别人在这里或不在这里对我们能有什么影响呢？因此，如果在世界上的任何一个地方这样一种威胁都是最错误的和有失体面的，并且由此受到促动的那类人表现出来的坚定性也得不到赞扬，那么，这种威胁在这里就仍然是最可笑的。谁要在这里害怕这种威胁，谁就肯定对他所居住的这个地方一无所知。

(Ⅰ,10,370)

诸位先生，你们可以清楚地看到，在这里个人也好，很强大的组织也好，在任何时候依靠他们支付的款项总数，都对我们不能造成他们打算施加给你们的压力和他们想阻碍你们的事业的干扰。这是因为，假若我们完全如同他们对我们所期望的那样，沉湎于那种国民经济观点，把钱看成惟一财富，那么，如果他们的收入要在天平上显出某种分量，他们每年必须有多少收益才够呢?

对我们大学的情况,她的立法人也已经有了正确的洞察和利用。他们并没有迫使我们不分青红皂白地从各色人等中招募一群所谓的大学生,而是只有那种目前以学习为其惟一天职的人才能被接纳为我们大学的同仁。只有那种真正学习的、在每个学期都能在可见的测验中证明其勤奋的人,才能继续做我们的同仁。因此,那类不学习的大学生,无论他们在其他方面有害或无害,已经仅仅由于他们实际上并不学习,而被排除在我们之外了。一俟我们认定他们是这样的人——这么做的有效措施并不难采取——我们只要不明显地违反法规的明确条文,就不能长期容忍这种人。因此,我们已经根据这一法规的明确条文,完全免除了对我们大学的所谓入学人数的所有牵挂,我们依靠的是按照那些原理自然形成的入学人数。在我们看来,那种肯定会对所有热衷于精神陶冶与道德生活的人们起激励作用的措施,也由这一法规定为一种特殊职责,那就是:要在大学生身上 (I,10,371)
仅仅认可他自己靠他的勤奋和道德举止赢得的个人价值;对一位勤奋的、有道德的学生的重视要超过对于几百名不勤奋、不道德的学生的重视;如果这两部分人像他们决不能做到的那样,无法相处,就要使这几百人为那一个人让路。如果值得追求入学人数不是出于国民经济理由,而是出于其他理由,在我们这里则不乏这类人数,尤其是如果我们只想期待我们的时代。假如上述指责能成立,假如德国的大部分大学真的既不能长期容忍那些罪恶,也不能接受抗击这种罪恶的良药,那么,所有关心这件事情的人们求之不得的,便是有这么一所大学出现,这所大学至少可以接受这种良药。如果我们只花一点时间，在公众面前亮出我们不能容忍恶人的真正严肃态度，所有早已向往这么一个安全场所的好人就会很快从四面八方聚集到我们这里；学生的父母们曾经冒着在大学里埋葬其爱子或将其爱子作为精神异常、身患病痛的人从大学里接回去的危险，而不乐意用钱换取普通大学里寻找的科学教养，他们这时则会怀着信任态度，将其爱子托付给我们。在其他大学当中，确实没有任何一所大学会对这种事态感到满意，它们要么是由于那种国民经济考虑，要么是由于认为对这种罪恶反正没有办法，因而至今也受到阻碍，未能对所述的事态采取认真的措施。这些其他的大学将与我们团结一致，因为它们看到在我们这里成为可能的东西，它们会效仿我们的榜样。所以，再过十年，在整个德国的土地上这类学生便会消失得无影无踪，因为再也没有什么地方会容忍他们；而且同样有重要意义的是，国家关于这种具有深刻影响的事情的整个看法也得到改变。

诸位先生，你们看到，我们正同你们一起开拓这项事业。在你们身上我可以假定，并且根据我对你们的全部了解，我所知道的也只能是：你们都还是纯洁的，还都没有受到上述错误东西的玷污。你们看到，你们分担了哪种使命，要你们从事的是哪种高尚的事业。共同的使命在于，我们这一代的希望也寄托在你们身上，并且确立起一种信念，即神圣事物将于世界末日永远与人间事物毫无阻碍地结合在一起；特殊的使命在于，你们拥有这样

(I,10,372) 的机会与事业，那就是在无疑体现我们普鲁士国家当代的最高精神教养的人们面前，在大量关注你们的各个操劳其他事情的

阶层面前,将那些深切地沉浸于追求最高尚、最神圣的事物的人们的壮丽表现不断展现出来;除这一切使命以外,要你们从事的还有一项独特的使命,那就是从你们出发,这个教育机构的一种表现至高无上者的迥然不同的形态与一种关于整个德意志民族的迥然不同的观念都会传播开来。你们要永远专注于这项使命的神圣性的思想,你们的心里要满怀高贵的自豪感,满怀对你们自己的神圣的珍视,这种珍视就来源于这项使命。在统计表中有一个依照你们给从事各种营生的市民带来的收益标出的通常价值,无论在我们这里,还是在建立这所大学的法规中,都不是按这个价值评估你们的。

为了完成这一崇高的使命,现在你们迈开了更加坚实的步伐;怀着令人欣慰的勇气,你们开始了你们在这新的一年的工作。为了保障你们不受到你们在另一种状态下或许不得不担忧的一切干扰,为了你们的最完满的个人自由,——这是一切个人价值的条件——我们已经从各个方面作了考虑。你们的目光,我们的目光,除了首先投向我们的崇高的国王,还能投向谁呢?正是在他慈爱的关护下才创办起这所新的大学。正是在这里,你们才首先找到了你们的自由最珍贵的保障,那就是国王对真理特有的个人洞见,这种洞见是与他慈父般的善意统一的。他把这所大学的创建真正视为创造美好未来的培训基地的庄严话语,是尽人皆知和经过多方面的深思熟虑的。另外,从直接由他发出的所有涉及这所大学的指令中也可以清楚地看出,甚至那些全神贯注于这件事情的人们也常常觉得,一切大学中的罪恶的真正根源,即关于一个特殊学生阶层及其优于其他一切人的天然特权的梦想,是隐而不显的,但恰恰是这个东西逃脱不过国王洞悉一切的目光。并且国王陛下的意志决不是这一浊流可以倾泻,仅仅在它的爆发太令人不安的时候才建起防范它的堤坝,而是堵住它的源头,甚至对这种真正的罪恶最隐蔽、最轻微的动向也不能容忍。就此而言,我们的目光除了首先投向那些居于最高政府机构、间接或直接对我们大学的兴盛,对你们诸位先生(I,10,373) 的幸福产生影响的人们以外,还能投向谁呢?通过这些人,闪光的王位无疑已将民族的最高精神教养集聚到了自己周围。然而,某个人本身越有教养,他就越密切地关心教育的繁荣,这恰恰是他最牵肠挂肚的事情。这是一项毫无例外地适用的原则,它提供了一个评估每个人的真正教养的可靠标准。因此,你们可以完全放心相信,所有这些人都会完成他们为了你们的幸福,为了保障你们的真正自由所必须做的事情,不单纯把这件事情当作他们的职位赋予给他们的职责,而是当作他们满足自己内心中最急切的愿望的需要。你们不必担心那类关于这件事情的轻浮观念会支配这些人,不必担心他们的善意会受到蒙骗,转而投向你们的天敌、对手和压迫者那边——因为后者有着同你们一样的称号。直接的现实情况将保护你们避免这种迷误,这些人将通过审视,学会把真正的学习者与徒有其名、旨在玷污这个称号的人非常准确地区分开。我要惋惜的是,那个由于举办这次集会而受到好评的机构,没有允许我使这些人亲自成为我向你们诸位先生的内心所作出的承诺的当面见证人,以便让你们从我当着他们的面作出这一承诺的喜悦中,从他们聆听到这一承诺的默许中,得出结论说,我完全正确地预言了大家将要做出的事情。

在所有这些人当中,你们的目光无疑在充满信任地为自己选择直接任命我们的行政机构中的令人尊敬的成员。除了一切有教养的人对推广教育的普遍参与——这些人对这一职位的选择以及他们对这一选择的接受,使你们有理由高度信赖他们的这种参与——以外,他们还给你们提供了他们自己起草和指导的法规的更稳固的保障。依照这些人的这样的保障来说,哪怕设想这样一种可能性,即对于个别人的可悲处境的同情在某个时候会超过对于你们构成的、个别人势必要玷污和诱骗的那个应当加以无限尊重的整体的同情,而且这些人不会竭尽全力支持一切为了保障你们所采取的措施,就不可能是错误的吗?

你们把自己的目光投向我们这些担任你们的老师的人,投向由我们构成的大学评议会。我对你们的所有这些老师至少了解得如何,我可以作出保证;我当然也必须请求你们对我的保证给予几分信任。我可以作出保证,在他们当中,没有任何一个人不可能认识到他是作为你们父亲般的朋友或成熟的兄长,与你们有一种真正的社会关系的。由于有这种关系,你们,我所谈的诸位先生,已经感到满意。你们的正确的理智和天然的谦逊根本不希望得到别的东西。只有你们的那些天敌才渴望得到别的东西。这些人想把他们的教授变成谄媚者,变成低三下四的仆役,这些仆役在任何时候都不能失去倚仗他们的善意的表情,而要讲讨好他们的话,赞同他们的蠢事,帮助他们掩盖他们的荒淫无度,阻止任何对他们可能作出的严重决定,其借口是:既然一切都不可改变,而且向来都是如此,那也就只好这样保持不变

(I, 10, 374)

了。这些仆役用这种方式，使自己成为压制学府自由的工具，并且为了被称为学生的朋友，而变成了学习本身和所有学习者的敌人和对手。我很乐意在这方面保证，这类人在我们当中是碰不上任何一个能符合他们的愿望、使他们感到满意的人的。此外，如果这一切也不能向你们在这方面作出保证，那么，肯定已经到了我们创建一所新的大学的时候了。这是因为，关于那种堕落现象在开始时还容易和可能加以阻止的信念从来都是藏不住的。然而，那种堕落只要稳住脚，并且生了根，就只有再用取消这所大学的办法予以根除，就像一套散发着臭气的礼服只有被付之一炬，才会变得无害那样。在国王和最高行政机构的不断注视下，我们既不可能长期隐瞒我们的真实状况，也不可能靠骗人的表演掩盖我们自己内心的痛苦。

最后，至于我——这个大学评议会把我弄成向你们表示它的一切亲切意向的代办人——本人，你们可以指望，我将尽我的力量，以期不致有悖于它看来已经为我做出的良好证词。

因此，你们要怀着最坚定的信念相信我们所有的人，相信你们的学府自由最热情的捍卫者。只有你们自己——这完全不能期待，而且在我们当中也没有任何人期待——都被套上桎梏，竟然没有一个人大声呻吟，我们或许才会受到迷惑。因此，你们要满怀勇气与快乐，走进这个正在开始的新学年的工作。你们会看到，我们理解这项工作的重要性和巨大意义。我们和一切有理智、有教养的人们一起，愿意在你们诸位先生的注视下，忘却现在的情况，减轻自己因现在的情况而遭受的痛苦；我们已经将我们最珍贵的期望，即人类将变得更好和越来越好，寄托在你们身上；我们愿意拿我们在你们身上做的工作作为我们的生存的代价，偿还我们对一切逝去的时代所欠的债务。在意识到你们将在我们长眠以后，过着我们那种辉煌的生活时，我们愿意有一天欣慰地死去。你们要朝着这种和平与欢乐迈进！我在此时此刻已经分享到了对于赋予我的这个职务的最甜美的报偿，那就是预见到你们在精神上的茁壮成长，在你们面前表达出我们对你们的期望以及对你们的那些能使大家在你们周围激动不已的祝愿。

关于学者使命的演讲[265]

原载柏林《缪斯》季刊，
1812年第2期与第4期

《费希特全集》，第Ⅰ辑
第10卷，第381—400页
郭大为　梁志学译

第 一 讲

(I,10,381)

这些演讲的目的是要回答什么是学者的问题,并且还要回答与此相联系的两个问题:首先,如果学者在形成过程中,在逐渐塑造自己,那么,他是怎样成为学者的? 其次,他的内部存在怎样表露在现象世界中?

我们说的是学者;但学问并不以其自身为目的;学问不是为存在而存在的;学问的目的是知识。因此,在学者和有学养者那里,学问的目的必定是通过学问达到的;学者必须通过学问而达到知识,否则,他就不会是什么学者,而是还在接受教育的人,需要加以教育的人。所以,学者无疑是有知识的人。

我们可以设想,这样的知识具有一种价值,一种并非不重要的价值;因为我们几乎不会说到一种按照我们自己的良知来说完全没有价值的东西,或者说,我们当然也会指望我们的说法在这种情况下引起人们的一些注意。所以,首要的问题是:学者的本质必须依据的知识有价值吗? 一切知识都有价值吗? 如果不是一切知识都有价值,那么,什么是有价值的知识呢?

人们可以把知识首先视为一种关于在知识之外存在的、完全不依赖于知识的具体存在的单纯反映或摹本。关于这类知识,每一个靠知识活动生存在大地上的人都积累起了他自己的部分,并且把它保存起来,而不因此就要求享有学者的称号。于是,学者所以能在这类知识的范围里区别于非学者,好像仅仅是由于学者比别人掌握到的这类知识有大得多的数量。按照这样的看法,学者区别于非学者的地方就完全不是他的知识的种类,,而仅仅是他掌握的知识的数量,并且这种区别单纯是一种没有穷尽的、基于变动不居的比例的区别,而决不是一种确定的区别;那种现在完全不隐瞒自己十分无知的人,只要早出生几百年,就会是卓越的学者,而那种现在属于第一流有知识者的人,在一千年以后,连在普通人当中也无法齐肩并进;这种情况是可能存在的,有时也确实被认为是如此,乃至不加以考虑,就一般无法察知这样一种知识会有什么价值,也无法察知,对于那种真实、有力地寓于存在中的东西反复单纯作出这种僵死的反映,即使每一次都能做得十分完备,会有什么用处。

与上述看法相反,借助于对比方法则可以看出另一种知识,它是在对比过程中展现出来的,无论是谁,他都可能乐于认为,惟独它有一种价值。这样一种知识必然不会是关于那种在它之外、不依赖它的现实存在的单纯反映和摹本,不会追随这种存在,反而必然会是一种存在的范本,在自身就能够包含这种存在的根据,因而领先于这种从属于它的存在。用一句众所周知的话来说,这样一种知识必然会是实践的、能动的和给存在奠定基础的。

刚才说过,知识只有是能动的,才有一种价值,这个说法以尽人皆知的格言得到了相当普遍的承认,那就是:如果不按照知识去行动,一切知识有何用处?构成人的价值的是行动,而不是知识。这个说法在很大程度上得到了承认,以致它经常被滥用,被用以贬低这样一些研究工作,这些工作为行动奠定基础的目的并不是每个普通人的眼睛都能立刻看出来的。但是,对于知识如果应该是实践的,则在其自身必定是什么的问题,这些极其频繁地把那些格言挂在嘴上的人们却很少予以深思熟虑,于是就造成了这样的结果:一俟人们真正严肃地对待他们自己的原理,他们就变得糊涂起来,而且他们以为,与那些格言相矛盾的正是从那个前提必然给出的和已经根据那个前提给出的结论。因此,请你们让我们考虑一下知识是实践的这个论断究竟有什么含义。

知识是实践的,这意味着行动是由知识要求和规定的。既然这样的行动不过是被要求的,那么,它由于是被要求的,就是不存在的;同样,它也不是一种会由知识——假如知识是存在的——引起的东西。因此,实践知识是这样一种知识,由于这种知识本身是存在的,它的对象就不符合于它,并且根本没有任何对象符合于它;所以,这种知识就既不是由任何对象规定的,也不是任何对象的反映,因而这种知识是一种纯粹的、由自己塑造成的知识,是一种只对其自身、而非对某个他物的摹写,是一种先验的知识,就像人们曾用其他方式表示这个概念那样。

按照这些甚至经常不合时宜地谈论行动的人们自己使用的词汇来说,如果这种词汇有某种意义,则必定会存在着一种符合于我们所说的意思的绝对先验的知识,但他们怎么能对此视而不见呢?你想做事,但不想做存在的事情;因为在这种情况下,(I,10,383) 你实际上不会想做事,而是想让一切事情听其自然;由此可见,你是想做不存在的事情。然而,你是想有意识地做事的,并且是想按照一个关于你想做的事情的概念做事的;这个概念是表示一种存在的范本；在你要着手做事时，这种存在是完全不存在的，只有在你做事的过程将来结束以后，它才会存在。因此，你的前提是一个关于完全不存在的东西的概念，是一种不属于对物的单纯摹写的知识，因为你假定一种有意识的行动是可能的。谁谈到行动而否认知识的先验性，谁就完全显得自相矛盾，而不知道自己在谈什么。

实践知识是一种由自身得到规定的知识，因而是一种单纯的理念，就像这个德文的用语准确地表示希腊词 Idee 的含义那样；这样一种知识明确地把自己宣示和表述为完全不与实在符合的知识，它没有任何外部的存在，而只有内部的存在，它与自身之外的任何存在都不一致，而只与它自己一致；这样一种理念来自一个完全不具体存在的世界，即超感性的、精神的世界，而这个世界恰恰应当通过我们的行动变成现实，被引入感性世界的范围。谁谈论行动，而否认我们的内心有这样一个超感性的第二世界，谁就完全显得自相矛盾，而不知道自己在谈什么。

如果这种知识一般是有价值的，并且超过了对于那种不依赖于它而更好地存在的东西的单纯重复，那就必定有这样一种为行动奠定基础的知识。另一方面，单纯重复的知识在毕竟存在的情况下会有什么价值，目前还完全无法加以领会。

进一步说，如果一个人是凭自己的知识而拥有价值的，就像我们关于学者看来应该承认和假定的那样，他的知识就必定属于这种知识；学者不仅必定在自身重复给定的存在，而且必定观察来自超感性的存在的理念。假如有人把自己的整个存在和生命投入这种知识，沉湎于其中，认为这种知识绝不是任何别的东

第 一 讲

西,而只是那前一种单纯重复和反映存在的知识,那么,这样一个人实际上就会完全放弃他自己的存在和生命,而从事于这种知识,以期成为那种已经在他之外充满生气、强健有力地存在的东西的单纯影子;他的整个努力实际上会变为虚无的努力,但关于虚无,我们不可能乐于在这里谈到我们的看法。

所以我说过,如果这种知识一般是有价值的,尤其是值得殚精竭虑的,以致有人把自己的整个生命都奉献给它,那就必定有这样一种纯粹的、由自己塑造自己的知识。实际情况也是如此,(I,10,384)就像我们目前把它仅仅作为在这里不必进行的其他研究工作的结论想要说出来的那样。这种知识当然完全是由它自己规定的,而绝不是由它之外的物规定的,好像它是物的单纯反映。具有这种绝对性的知识是上帝的内在存在和本质的图像;惟有上帝才是真正超感性的,才是一切理念的真正对象。这种知识也只有作为上帝的图像,并且由于自己是这种图像,才是具体存在的,并且单纯是由上帝在这种图像中的显现支持的。这种纯粹的、由自己规定的和先验的知识,也是惟一真正的知识;谁没有进入这种知识,谁就实际上毫无所知,而是在浑浑噩噩、毫无意识的状态中度过自己的尘世生活的一切时光。

那么,除了我们所主张的那种本真的、惟一真正的知识以外,这第二种表现为对于自己之外的现实存在的单纯反映,毕竟也依然存在的知识,是从什么地方来的呢?这种理念必定是恰好作为一种理念,作为一种由它自己规定,而绝不由异己的和在它之外的东西规定的知识,表现出来和得到明确认识的。但它只有与另一种在这里明确地表现为取决于异己的、自己之外的存在的知识相反，才能做到这一点。所以，这种知识的整个领域以及在这个领域表现为这种知识的展示的感性世界，绝不是任何其他东西，而只是可以认识第一个真正的世界本身的工具，而这个世界是与另一个并非真正的、实际上并不能具体存在的世界相反的；这就是说，感性世界是一种图像，它除了成为惟一真正的、具有内容的图像，即成为上帝的图像，就完全不再意味着什么东西，也没有任何其他目的。

我说过，这种理念是上帝的图像；对于给定的世界的感性知识单纯是为了这种理念而存在的，以期它本身能够表现出来。但是——这是第二个问题——对于这种自身完满的理念怎么竟然随后提出一种它本身觉得完全陌生的应当，一种对行动的关系，一种要求，要它在我们刚才理解为可以认识超感性世界的单纯工具的感性世界里得到表达和展示呢？既然已经察知上帝的图像在理念本身中是明朗、清晰和确定的，为什么它还得再次在感性世界里得到表达，被弄成显然可见的呢？很明显，察知上帝的图像的程度完全不会通过感性世界得到任何增长。既然感性世界不过是达到直观超感性世界的工具，而使用这样一种工具就达到了目的，因此这个工具看来并没有任何更进一步的意义，也没有自己的实际存在的根据，那么，为什么感性世界对于曾经上升到这种直观的人也不完全消失呢？

(I,10,385)

对于这类问题的回答如下：上帝在理念中的那种显现，按照一条在这里不必加以阐明的规律来说，变成了无限的显现。因此，在时间里出现的从来都不是上帝的直接图像，而始终仅仅是一个关于上帝的未来图像的图像，这个图像又仅仅是一个关于每个未来的图像的图像,如此递进,以至无限;真正的原像从来都不变为现实的,而是作为时间里无限地形成图像的过程的那个永远不可见的根据、规律和范型,超越于一切时间之上的。进一步说,超感性东西的每个未来在时间里可能有的表达的显现都是根据一条在这里同样不必加以阐明的知识规律,由先行的理念在感性世界出现的展示制约的。只有如此,上帝原初的显现受到实际行动的询问,才进一步表露出来,而且这种情况就是根据这条规律无限地进行下去的。请你们把这种情况再仔细看一遍。上帝在知识中的显现不是某种静止的、固定的图像,而是一种无限地形成图像的过程。在这种永恒的流动过程中,那些给各个图像在各个时刻保留的理念从上帝那里获得了它们的精神,但它们却是从感性世界汲取它们的有躯体、有图像的形态的;这种形态绝不像是在感性世界给出的,因为这与以上所述完全有矛盾,相反地,这种形态只是直接联结到给定的东西上,而这种东西就像那种形态切合于自己一样,照着单纯的图像,进而不断地形成图像。大家也同样必定会这么设想神圣图像的一种最初的显现。但是,大家必定不会设想神圣图像的这样一些显现,这些显现在它们的有图像的形态中并不是像现实被给予了感性直观那样,联结到现实上,而是像现实在先行的理念中被给出的那样,通过这种理念在现实中的展示,联结到现实上;所以,这种展示必定先行于它们,而它们本身就它们的可能性来说,是由这种展示制约的。这样,感性世界和超感性世界就是完全统一的和不可分离的,并且只有在这种绝不可加以分离的统一中才形成一种惟一的、完整的和真正的知识。超感性世界以日新月异的形态,无限地使自己成为可见的,因此,感性世界必定无限地与超感性世界对峙,并且必定不断延续下去,以解释超感性世界。感性世界必定进一步按照现实中显现的、理念中涌出的上帝图像,被无限地构成图像;因为只有在这个条件下,只有已经给感性世界打上了迄今显现的超感性世界的印记,超感性世界才以新颖显目的形态摆脱其永远的不可见性,而仅仅进入了那种对感性世界的形态得到更新的景象已经出神的眼睛。神圣图像本来就是永远不断地由自身进行创造的,但是,它只有在世界永远按照它不断地加以创造的条件下,才能在现实中做到这一点。所以,感性世界会保持和永远带有我们在上文中已经认为它具有的特性,即它仅仅是可以见到超感性世界的条件。我们在上文中曾经把这一点理解为这样:只有借助这个条件,超感性世界才凭它的这种真正特性成为可见的;我们现在把这一点理解为这样:只有借助这个条件,超感性世界才凭它的这种特性,作为永远自行发展的世界成为可见的。

所以,出现的情况在于,对于神圣图像在一个时刻的每次显现——它作为个别分散的显现当然是清楚地表露出来的——都再提出一个要这种显现在世界里得到展示的要求,因为目前的显现竭力走向和要求出现后继的显现,而这后继的显现如果没有先前的显现的展示,则是不可能出现的,因此,最初要求出现的就是先前的显现的展示。真正说来,以上所述的应当就是对神圣图像的永远不断发展的要求;不过,由于这种发展如果没有业已显现的神圣图像在感性世界的展示,便是不可能的,所以,这种应当就转变成了对于这种展示的要求。这样,超感性世界

第一讲

的理念就变成了实践的;不过,这不是因为,完全不可能在任何时间中存在的上帝原像好像本来是实践的和在哪一次展示出来的,并且神性也好像得到了重复,而是因为,在时间中可能存在的、明确的图像本身只有在先行的行动朝向先行的图像的条件下才是可能的。因此,神圣图像永远依然是终极的、至上的东西,而每个图像中给行动奠定基础的力量则单纯是达到永恒图像的工具。

所以,一种独立的知识就是按照这种方式——关于它的各个规律,甚至你们当中的很多人也是从知识学得知的——成为可能的,并且必然按照这种方式变成实践的、进一步进行创造的和为感性世界不断构成图像的。

如果学者的知识和他的投向知识的生命具有某种价值,他就必定已经通过所受的教导使自己上升到了这种独立的知识。但如果他使自己上升到了这种知识,并且他的这种知识像从来都不罕见的那样,在他之内真正变成了能动的和起推动作用的,那么,他的生命就具有价值,也就是说,具有惟一可能的价值,而这种价值一般是存在的,也会是存在的。一切生存的目的恰好惟独在于,上帝得到美化,上帝的图像不断地以新的明晰性摆脱他的永远的不可见性,而进入可见的世界。只有在这种美化上帝的过程中,世界才不断向前挺进,而且在这种过程中所能出现的一切真正新的东西就是神圣存在者以新的明晰性作出的显现;没有这种显现,世界就停滞不前,而且在太阳底下也没有任何新东西发生。所以,这种有知识者依靠他那业已变得能动的知识成了世界上真正的生命力,成了继续进行创造的推动力。

(Ⅰ,10,387)

恰恰这件工作是他应当做的,而做这件工作就是他真正的使命。这样,开始提出的问题就得到了回答,而我们关于这个问题还要进一步说的,也不外是进一步阐明已经制定的原理。

诸位先生,情况就是这样;像我们所述的这样一种知识实际上是可能的,惟有这种知识才有价值,惟有学者使自己上升到这种知识,他才有价值。情况就是这样;你们不要被那种有时可能让人听到是反对我们提出的主张的意见弄得困惑不堪,吓得逃入可悲的怀疑境地。你们除了相信自己,就不要相信任何其他人。你们要首先相信你们自己的真理感,其次相信你们自己的见识,它是你们必定会获得的,而它的获得取决于你们首先宁静地投身于所受的教育。

我们时代的根本特点恰恰在于,光明和黑暗不再像它们自从开始有人类以来做过的那样,单纯为拥有这个或那个领域进行斗争,而是为生存进行斗争,而且哪怕仅仅是在尘世里,两者中的任何一方都不想容忍另一方与自己并存。关于斗争将最后如何结束,绝不存在什么问题;相反地,在每个人面前都摆着一个明确的问题,那就是他打算站在哪一边,因为要站在两边,与两派共处,是完全不再可能的。

那种反对意见究竟想得到什么呢?只有恰好观看超感性世界的人才能观看到这个世界,人们只有借助于内心的眼睛,而完全不借助于任何其他方式,例如,不借助于假想虚构和卖弄聪明,才能领悟这个世界;人们通过肉体上的诞生绝对不能被进而置于这种直观活动中,而要做到这一点,就需要有一种由绝对自由促成的崭新的、精神的再生,这种再生并不是每个人都能完成

——这种情况,我们不仅承认,而且也在任何场合深深地铭记在心。我们也绝对没有打算强迫那些未曾观看超感性世界的人去这么观看,因为我相当清楚地知道,我们根本不拥有这样一种强制手段,例如,逻辑的强制手段。我们的确想容忍他们宁静地从事他们的事业,并且因为我们的事业是在一个迥然不同的世界,所以我们也的确从来没有想得到从他们那里获取知识的机会。为什么他们从他们那方面不以同样的方式与我们相处呢?显而易见,既然他们缺少领悟超感性世界的惟一观察能力,他们关于这个世界是否存在和如何存在,也就完全不可能发表意见。既然他们实际上只能谈到他们并不会这样观看真正存在的超感性 (I, 10, 388)
世界,他们为什么竟然坚持发表意见,谈到它不存在呢?就像他们观看不到超感性东西一样,肉体上的盲人也观看不到各种颜色;所以我们从来没有听说,肉体上的盲人会固执己见,断言根本不存在任何颜色,断言那些或许会染色和佯装辨色的人是危险的骗子或空想家,相反地,所有肉体上的盲人都还本着对于自己失明的冷静认识,而满足于承认自己不能谈论这种对象。为什么在完全相同的状况下,那些精神上的盲人不想用相同的方式表示满足呢?

情况也许是这样的:断言缺少一种毕竟一般存在的、其他人肯定拥有的官能,总是显得对人有贬义。所以,肉体上的盲人只要他们能对这个论断取得什么一致的赞同,也许就会乐于断言,根本不存在任何观看能力,因此他们不会承认他们本人丧失了这种能力。但是,他们没有依靠这个论断过日子,甚至在他们本身这样一种看法也从来无法扎根,因为他们只有在极其罕见的场合里才遇到一个惟一能同意他们的信念的盲人,在另一方面则极其普遍地遇到有观看能力的人,而这些人是一致反对他们那种也许会作出的论断的。从这方面来看,精神上的盲人的情况会完全不同。精神上的盲人之所以坚持类似的论断,是因为绝大多数人都像他们那样瞎得很厉害,而且这些人都在这里发现了同样有利的内容,那就是宁肯说根本不存在任何精神的眼睛,也不说他们缺少这种眼睛;他们到处都发现了对他们的看法的赞同和证实,如果说他们也发现了反对意见,那也不过是罕见的例外。这样,他们的能言善辩就以其他盲人的赞同为支柱——其他盲人又以他们的赞同为支柱——得出一个假定,认为根本不存在任何精神中的光明,根本不存在任何超感性世界。然而,由于他们良心中绵延不绝、秘而不宣的矛盾,由于他们内心极其不安、有所畏惧的情绪,这种事情毕竟会改观,而他们打算亲自维护的高明意见也会被弄得模糊不清。因此,每当那个对他们显然有贬义的论断,即毕竟存在精神中的光明的论断,重新加以陈述和重复的时候,他们就感到恼火和大发雷霆。这个论断肯定没有让人听说,也没有变得尽人皆知,所以肯定没有被人相信;这是因为,假如这个论断已经普及,那么,他们靠他们在所有事物中表现出来的极度鲁莽、内心混乱和轻浮草率,就会对他们的完全非神圣的官能不再起作用。但是,他们打算在他们的尘世官能中起作用,而且也坚定地做到了这一点,所以,神圣的东西必定没有起作用。我们绝不是断言,他们已经意识到了他们的论断和他们的做法的这个真正的根据,他们是靠深思熟虑的自由,按照那个准则行动的;我们要求他们有这样一种自知之

第 一 讲

明,只会使他们感到太大的荣幸。对于他们来讲,他们的整个生活和存在的根源当然始终是不可见的,因为他们在整个内心是盲目的。但对于每个在这里观看的人则可以证明,他们根本不可能有任何其他的根据。

然而,我想极其公正地对待他们;我想假定他们实际上很诚实地觉得,那个论断和那种信念好像包含着对于人类的巨大危险和害处,假定他们本着无私的善意,谨防这种危险。这时,我们首先完全不能给他们作出一个评语,说他们完全没有道理,说他们的盲目自负已经在这里给他们设置了第一个不妙的圈套,因为他们觉得诸如此类的对象其实是某种表面的东西。这些对象在他们看来是不存在的,他们不知道它们究竟是否存在,因而也不知道它们是否危险。

但是,让我们听听他们说些什么吧!首先,他们担心遭到误解的危险,担心在头脑中由此可能造成的混乱。这时,能够由此得出的结论不外是说,大家必须使用自己掌握的一切手段,以防止出现误解;但是,只有这不会损害至高无上、极其生动的理解力,才能得出这个结论,因为这种理解力可以在很大的程度上限制他们的那种小心谨慎的态度。或者,他们说的是别的意思?他们希望为了防止可能的误解,也就不要致力于理解吗?他们希望对于一切可能遭到误解的东西,宁可完全缄口不言吗?我担心,大家在这种情况下必定会完全不再讲话,尤其是不再以一种新的方式讲话。所有历来从超感性世界降临到感性世界的视野的东西,越伟大、越神圣和传播得越广泛,招致的误解就越多,而且在人们只计算人和事,沉溺于表面的事物时,这一切东西造成的错误和不幸就无限地超过了正确和极乐。但是，谁把神圣的东西颠倒为恶，谁就不是现在才有错误，而是他过去已经犯错误，只不过他内心的错误现在显露和表现于这种对象而已；不过，那一切向我们表现为不幸的东西根本不是真正存在的，而只有极乐及其进展才真正存在于永恒世界。大多数人一开始就犯了错误，并且堕落下去，他们还会长期依然如此；这种堕落一开始就不是任何其他东西，而只是误解，是反对任何时候都存在于世界中的真实东西的态度及其表现。当这种真实东西不断提高，发展到更高的明晰性时，堕落和虚妄也随着这种东西，同时恰恰发展为这种新的形态和明晰性的对立面。那些卑劣行径的辩护者通过他们的热情参与，表明他们自己有这样的渊源，所以他们这些除了误解就别无所能的人会恰好误解和颠倒我们可以说的东西，而不肯误解和颠倒任何其他东西，他们究竟抱怨什么呢？对于那些不能中用的人来说，假如他们只是按古老的、传统的方式来说不中用和无价值，而决不是按新近的、以前未曾存在的方式来说不中用和无价值，在这里会给极乐赢得什么呢？无价值就是无价值，无论在什么地方，它本身都是一样的；它通过它从我们时代掠取的各种偶然的颜色，既不会有丝毫的改进，也不会有丝毫的恶化。

于是他们说，寓居于超感性世界会使现实世界中行动的人变坏。既然他们本身一直抗拒寓居于超感性世界，因而既完全不了解这种寓居，也不知道这种寓居怎么影响人，他们这些警告人怎么能知道这种寓居会使人变坏呢？但是，我们这些肯定了解这种寓居的人要说，而且在这些演讲里也会以各种各样的方式证明,除了超感性世界的理念,根本不存在付诸行动的任何更强大的动力,根本不存在寓居于这个世界的任何更清楚的向导,与这种理念相比,任何感性的动力都会化为虚无。那些人的论断既不会基于自己的见识,也不会基于他们对于理念所把握的东西的经验,因为这总是与他们矛盾的。因此,我们的这个说法仿佛是一种仅仅随便提出的诽谤。然而这个说法是过硬的,而我们也许不可能恰当地理解他们。他们在谈到行动的时候,也许可能是指他们熟悉的行动,即按照单纯感性的动力和单纯世俗的明智的计划采取的行动,并且也许可能是指竭力争得任何虚妄不实和各种毫无价值的东西的胡乱忙碌与装腔作势,而这是从那种动力和按那些计划产生的;他们在说到那种思维方式对实践有害时,也许可能是指实践家。从这个意义上说,他们完全有道理,并没有像他们想象的那样,受到一种谴责,而是说出了这种思维方式最大的功绩之一。

一劳永逸地说到这个看法,从而连根驳倒可能提出的反对意见,我们认为是恰当的;从现在起,我们要宁静地走我们的道路,好像这样一种反对意见是根本不存在的。

第 二 讲

(I,10,391)

我们在上一讲里这样陈述了学者的使命:超感性世界的理念向他展示出来,感性世界应当按照这些理念被不断地塑造成形。这些理念在他之内推动着他去行动。因此,他是按照神圣图像不断创造世界的推动力。惟有通过他,世界才不断向前挺进,获得世界在每个出现的时代里能够和应当拥有的规定;如果没有他,世界就会停滞不前,而且在太阳底下也不会有任何真正新的东西发生。他是超感性世界与感性世界之间的真正联结点,是超感性世界借以影响感性世界的环节和工具。

毫无疑问,我们现在谈的学者是一个与非学者相反的特殊阶层,这个阶层包括的人数极少,与此同时,绝大多数人则没有学养。但是,我们已经把对于超感性东西的直观描述为惟一真正的和现实的知识,其他一切知识都以它为基础,它只是展现超感性东西的手段;谁没有使自己上升到这种直观,谁就实际上毫无所知,而是在浑浑噩噩、毫无意识的状态中度过自己的尘世生活的一切时光。那么,我们希望使学术教养成为达到真正意识的独一无二的手段吗?我们是打算使那许多必然始终被排除在这种教养之外的人们毫无例外地注定处于浑浑噩噩、毫无意识的状态吗?单纯质朴的感觉会谴责这样一种假定,首先确凿地表明这种假定不可能是真的。

为了直截了当地消除怀疑,我们说事情是这样的:超感性世界能给任何人展现出来,并且在我们时代的人的一般教养中被停留在每个人那里,以上帝的理念——一切超感性世界的根据——呈现给他。这种展现如果就单纯这么加以把握,而没有进一步的附加说明,那便是没有进一步的规定的一般超感性世界;这个看法的意思单纯在于,这种展现是直截了当地存在的,但绝不是像它原来那样存在的。它始终没有形态,就像上帝本身没有形态一样。一种被它弄得着迷的、在行动中受它推动的情感,叫做一种宗教情感,而整个这种展现就叫做宗教。通过这个理念,感性世界完全没有不断地被塑造成形,既没有在外观方面被塑造成形,也没有通过一种基于感性世界的行动被塑造成形,而是日常的行动仅仅为这个理念所浸透。按内容来说,这种行动依然如故,只是获得了另一种内在精神。单纯信教的人过着这 (I, 10, 392)
样一种生活,这种生活只是像世界原来那样不断地推动着世界,而决没有用创造性的态度影响世界不断发展的根据。他做的事情连那种最喜欢感性享受的人也能做;不过,他不是抱着相同的信念做这事的,就是说,不是为了单纯完成行动,有行动的结果,而是为了他自己之内出现上帝的意志。就此而言,我可以说,通过这种纯粹形式的宗教,对世界的感性观点根本没有进一步得到塑造,而是在洞观上帝时就像它原来那样加以看待的;不过,这种信教的人的内心世界、他的意志是按照上帝的意志被塑造成形的,并且被调整得专注上帝的意志。对于这样一种目光来说,感性世界恰好像它原来那样,应当依然如故,因为它也只有通过上帝的意志才能存在,而且为了上帝的意志,他迁就这个世界,就像他的生活呈现给他的那样,不断地在这个世界中过他的生活;这的确不是为了生活,好像他热爱生活,而是为了上帝的意志,他热爱上帝的意志胜过一切。——因此,连这种单纯信教的人也总是用另一种未来的生活安慰自己,把自己的目光投向这种生活,把它当作惟一的、真正的生活;因为连这种单纯信教的人也不能不承认整个超感性世界有一种形态,但无法将给定的感性世界塑造为超感性世界。所以,当前的世界对他来说仅仅是一个准备和检验永恒生活的世界,而再没有什么其他意义,因为在他看来，两个世界是完全分离的，在两者之间已经牢固地横亘着一条鸿沟。他察觉自己在尘世中还没有过上永恒生活，而只处于达到永恒生活的入口处，但逼着他去做的事情，使他担心的事情，却是突破这个入口处，摆脱他仅仅出于服从而承受的生活。

与此迥然不同和相反的是我们已经认为学者具有的那些来自超感性世界的理念。超感性东西在学者中不像在上述信教的人中那样，是单纯一般地存在的，而是还把自身构成一个与感性世界的既定形态联结起来的真纯图像，它的印记能够被打到这些形态上。学者不像单纯信教的人那样，要让这个世界保持它原来的模样，为了上帝承受这个世界，而是要为了上帝，使它成为别的模样，要按照上帝的图像，把它构造成形。（上帝的理念对于单纯信教的人来说只是形式的，对于学者来说则是实质的和定性的。）即使对于学者来说，存在的也不是一个未来世界，而是一个由一层未来世界又一层未来世界组成的无限序列，这许多世界不是从种类来看，而是仅仅从发展阶段的顺序来看，全然不同于前一类当前的世界。对于学者来说，永恒生活并不是将来才有的，而是已经向他开始，他现在正处于这种生活中间，因为超感性东西已经在这时普遍地存在于他的周围。

(Ⅰ,10,393) 有人受到我们最后所述的这样一种理念的感召和鼓舞，受到它的吸引而付诸行动和涌入周围的世界，但他并没有把这种理念归结为一切感召力量的源泉，没有把它理解为在他之内的神圣意志，这种事情本来不是不可能的。这样一种人当然可能是由上帝推动的，但也可能是由他所不知道的上帝推动的；他可能是上帝手中的工具,但也可能不信教——这种事情,我可以说,也不是不可能的。另一方面,确实不可能的事情是,对于从事科学工作的、到处都以自己的认识的明晰性和连贯性为目的的人来说,他的直观和他的生命的这种真正的根据会长期隐而不显。如果他不抱一种宗教情感也进入了他的直观的世界里,那么,他若不被引向流溢出这个世界的精神,就肯定无法长期停留于这个世界。

真正的、从事科学工作的感召力量,或者是开始于宗教,或者是通向宗教。在这些演讲的过程里,我们将找到这两个论断的佐证。

由此可见,非学者是会信教的,学者也是如此;而且学者只要是真正的学者,就几乎必然成为信教的。两种人在这方面是相同的。然而,既然学者对世界的整个观点是另一种观点,那么,他的宗教也就必然采取另一种形态。这就是说,非学者的宗教只是浸透于他那日常的、在外表上没有任何特色的生活,学者的宗教则超过日常的东西,规定和塑造他的生活,使它成为一种新的、创造性的生涯。两种人都是靠他们自己的良知,靠他们的意志的全部投入,仅仅生活于上帝之中。他们不再有希求,而是神圣东西在他们之内有希求,在这个方面他们是相同的。但这种神圣意志在非学者中是希求仅仅继续保持这个世界,而在学者中则希求不断创造这个世界,在这个方面他们两者是不同的。

现在我们的论断最终得到了这样的限定:直观一般的超感性世界,决不需要学术教养,而只需要日常教养;但直观那种塑造感性世界的超感性世界,在行动中凭超感性世界把感性世界真正构造成形,则需要学术教养,而且只有借助于学术教养造成的通途,人们才能达到这种超感性世界。

那么,刚才限定的这个原理应当无条件地有效呢,还是需要也在这个意义上再有一个新的限定呢? 自有人类以来,洞察超感性概念塑造世界的力量的通途一直仅仅是学术教养,而且这是必然的,那么,这是真的呢,还是不真的呢? 每当人们信赖半真半假、不完全明确的前提时,总是由此产生了一些混乱,为了不陷入这些混乱,的确有必要从现在起研究这类问题。

(I,10,394)

直接存在的和已经从以上所述看出的事实是:在任何时候塑造世界都要依据的理念必定会把自己直接同世界在特定时间的现实形态联结起来,这种理念从它由超感性东西流溢出来的时刻起,到它要直接影响恰好存在的世界的时刻止,必定会已经得到完善的发展,并且在这两个时刻之间划出一条表示明晰性和规定性的连续直线,而没有跳跃或缺失。假如这种理念在降落到现实经验的基地以前,没有这么得到真纯的发展,那么,真正的精神事物的胚胎就会枉然存在于它之内,这就是说,当人们要由此开始作出阐释的时候,它不可能发生影响,因而不可能给任何行动奠定基础,它的目的也不可能达到,在它与现实世界之间会有一条把两者分离开的鸿沟。在现实世界中的那种应当直接按照理念加以塑造的东西,通常是现存的人类社会本身。或者,理念的直接目的在于形成普遍的思维方式,形成人们的社会关系和体制;或者,假如我们周围的自然力量与物质世界也是精神世界中的概念的对象,这也就需要为了共同的目的而把大多数人的力量联合起来,至少做到那种自然力量和物质世界不干

第 二 讲

扰我们发挥的效用,因而这也就总是需要有普遍的善良意志。所以,刚才陈述的那个具有相当的普遍性的原理是可以建立起来的。

虽然向来就有一条超感性世界的规律,认为这个世界原初只有在少数上帝的选民中,以及在注定受上帝的劝告的人们中,才呈现为理念,其余的大多数人则首先是从这些少数人——他们仿佛是作为骑驿而处于人类和超感性事物之间——出发受到教育的;事情在过去一向如此,在将来也依然如此。但是,人类中的这个多数却随着时间的推移,对于理念,对于直接实现理念的工具,大体上都有一种颇为不同的、甚至相反的关系,因而像人类这样的事物并没有始终依然如故。

事情也许是这样的:我们人类的生活开始于洞察对别人的感召的天生能力,开始于直接受这种感召的激励和吸引的能力。在这个时期,有这种能力的先知很容易对周围的人们发生影响,他们的感召本身被视为他们的理念有真理性的证明,对众人的爱好与意志起到了激励作用,使众人根据自己的能力,像人们希望的那样,起码要做人们要求的事情。在那个时候,人们没有必要在降落到现实经验的基地上以前,规定自己那种力求行动的理念,只要他的这种理念是一种理念,只要感召具有的那些人人可以辨认的特征是存在的,激励一切其余的人的感召就填补了存在的空缺。在那个时候,人的天性在某种程度上是与精神世界直接联系在一起的,大家对于感召都有共同的看法,就像我们现在对于感性世界都有共同的看法一样,而且这种对于感召的共同看法变成了共同生活的动力和决定性力量。

(1,10,395)

事情必定曾经是这样，而且人类就是这样开始的。理念对于世界最普遍的要求是：毕竟有宗教；有一个社会，而且这个社会处于一种彼此的法律关系中；一些最必要的技艺已被发明，惟有借助于它们，人才可能在自然力量面前生存下来，不管这种力量如何，都要维护自己的类族。这些最普遍的要求尽管是借助于盲目的合理本能的，也必定首先在世界中得到了满足，以期一方面人类哪怕能生存到第二个时代，另一方面，这第二个时代在直观中仿佛找到了它自身本当自由地创造的东西的原像。

人类必定不是始终这样。人类注定要靠每个人对每个人的绝对自由，使它自身成为它应当成为的那样，而在自身绝不留下任何不属于这种自由的产物的东西。人类应当是属于精神的，它应当超出它的全部感性范围，依靠个人的力量，使自己自由地上升到这个精神领域。但在这种情况下，一俟绝对自由——它是人类在第一个时代刚经过教育才达到的——其禀赋发达起来，自然力量对精神领域作出的那种奉献就必定完全被取消，以期每个人都可以在其自身创造出自己在精神领域分享的部分。因此，原初的先知的感召所激励起来的那种质朴的感召力量，就必定被消除得荡然无存，而那条把一切人都彼此联结起来，并且把一切人都同担任骑驿的先知、从而同超感性世界联结起来的纽带，也必定被撕扯得完全断裂，以期每个人都可以无需居于感性世界与超感性世界之间的骑驿，而靠自身的力量，找到通向超感性世界的入门。

当这种状况发生的时候，当这种状况一俟人类能靠自己的双脚站立起来，就根据超感性世界给感性世界赋予的规律立刻

第 二 讲

发生的时候,人类对于超感性东西不断规定感性东西的过程的关系就完全有了改变。直到世界末日,都将会有,并且必定会有原初受到感召的先知,这些人在第一个时代由于人类中的其他成员与他们的关系而曾经成为预言家和奇迹创造者,现在则由于这种关系有了变化而全然不再是这样的人物,又变成了另一种人物,这种人物每每因为他们所直观到的理念是对立的,所以本身是双重的,就此而言,他们在自身之内也是对立的。他们变成了一般的诗人和艺术家,这是因为,他们的理念中要表达的根本不是任何真正需要加以创造的尘世状况,而仅仅是这些理念的一般形式;所以这些理念根本不要求具有明确的形态,而是可以在任何质料中得到表现;因此,他们的目的根本不可能是促成明确的行动,而仅仅是使众人的智力不断活动,把众人保留在萌发出理念的基地上。 (I,10,396)

这些先知的使命仅仅是让把握超感性世界的普通器官活动起来,而绝不是在这个世界上显示出什么明确的理念。但对于众人来说,这种器官由于发生的变化,现在才生长出来,并且散落在他们单纯的表象活动内部,而在此以前,理念的感召力量则像自然力量一样影响过他们,吸引他们付诸行动。虽然在艺术里也还有感召力量的直接的、无法用概念理解的蔓延,但这类蔓延不再是外部的,而是存在于表象活动内部。

只要先知们的理念与此相反,要求有一种真正需要加以创造的尘世状况,这些先知就变成了一个有学养的、从事认识的共同体。

在人类发生变化以后,有人对超感性世界仅仅随便看一眼,就再也不够了；用我们刚才陈述超感性世界的一切严格性来说，这时出现的课题是在降落到现实经验的基地以前，准确地规定理念，不允许在超感性世界与现实经验之间有任何漏洞。从这时起，理念影响现实世界的关键是人类社会中起决定作用的多数人至少有明晰的见识，但在可能毫无差错地产生出这种见识以前，理念的格调必定会被降低。你想让人们按照你的意志塑造自己和采取行动，靠的是你的正当理由，因为你知道，你的意志无非是你对那个向人类提出的绝对应当的直接直观，并且你像你直接知道的那样，你实际上是上帝的使者，所以，他们应当按照你的意志塑造自己和采取行动。假如你能通过一种就像自然力量那样迫使他们服从你的意志的伟大奇迹，向他们说明你的这个神圣使命，那就会不再需要其他东西，而你的目的也已经达到。但是，出现这种奇迹的时代已经过去，他们对于你的神圣使命的标记，对于你的理念感召的力量，丝毫不加以注意。他们

(I,10,397) 也靠他们的正当理由，想不再通过别人察觉上帝本身的意志，而是亲自察觉这种意志。他们想有自己的明晰的见识；因此，你必须求诸这种明晰的见识，给自己得到这种明晰的见识，否则你就没有使他们脱离原来的境地。——我很清楚地知道，我们的类族在从接受感召的那种业已变弱的能力过渡到对于正义的明晰见识时被推向巨大的困境，在这种困境中人们一直试图用其他的代替办法，用幻想和强制去缩短接受教育的漫长路程。但是，幻想只能维持很短的时间，强制只有很窄的范围，超出这个范围就没有用处，这两者在短期起过作用以后，随后留下来的不过是更大的祸害。

第 二 讲

因此，在这种新的事物状态中就给拥有塑造世界的理念的上述先知产生了一个根本课题，那就是本着自己的见解，而不失这类理念的内容的尊严，把自己向下培养成民众那样的人，而把民众向上培养为自己这样的人，以至存在于这两者的明晰见识之间的鸿沟能被填平，前者的见识能直接影响后者的见识，从而影响后者的生活。一俟人类的那种状态及其明晰的概念出现于这个时代，这项工作是否必然不朝着这个目标予以着手，就绝不可能是什么问题。因此显而易见，从这个时刻起，为实现民众应有的目的而培养先知的工作和为实现先知的目的而培养民众的工作必然都会出现，但是可以预料，在这个目标达到以前，一代人和许多代人的生命将匆匆过去。诚然，只要人类生活在大地上，这件事情从根本上来看，将永远达不到目标，因为在各个先知之内，上帝的图像将不断地发展，达到新的明晰性，而且这些先知将不断地有一个课题，那就是把这些新的理念发展到民众易于理解的地步，把民众发展到有能力理解它们的程度。由此得出的结论是：无论是先知的生命，还是民众的生命，都必定超越个人生命的期限，被扩展为两者在世界末日以前组成的一个惟一的、连贯的和不断前进的生命；每个时代的学者都必定是为下一个时代培养学者，把自己获得的教养移交给他们，以期他们为上述根本目的继续推进教养，将这样得到增进的教养移交给他们为他们的未来时代培养的学者，照此规则递进，直至世界末日；所以，学者共同体本该首先关心它自己的保存，关心它的生命永不中断的进程，关心它的生命的不断增强；其次，每个时代的民众教育都必定被传给下一个时代，在下一个时代合乎规则 (I,10,398)

地依靠先前的民众教育而得到扩展,先前的民众教育也同样在世界末日以前不断地得到提高;学者共同体应当经常监督民众教育,因为只有它懂得这种教育的真正目的。在以上所述中就包含了关于学者共同体的概念。

先生们,我在这一讲中又说到很多意义重大的认识,它们除了在我这时首先应用它们的方面,也还在好多其他方面可以有广泛的启迪意义;我认为,既然我在这里是在学术听众面前讲话,所以,就以上所述再补充一个统观全部内容的、经过严密梳理的纲要是适当的。

1.超感性东西的知识给一切知识奠定了基础。没有超感性东西的知识,就根本不存在任何知识;不回到自己的这个知识源泉的实际知识也不是什么真正的知识,而只是一种知识的空洞映现和阴影。根本没有任何人真正知道超感性东西的尘世状况,是从来也不会出现的,因为在这种状况下尘世生活的目的就会被取消,而这种生活也必定会沉没于虚无。

2.超感性知识是用双重方式说出来的:或者一般地说,超感性东西是存在的,没有任何进一步的规定;或者说,它有进一步的规定,是用某种方式加以塑造的。

3.第一种超感性知识作为宗教,应当是一切人都能直接达到的,而且在人类当今的状况中也是一切人都能达到的。

4.第二种超感性知识始终表现为感性世界应当据以得到塑造的知识;但有一条永恒的规律,按照这条规律,第二种超感性知识并不是向一切人直接展示出来的,而仅仅是向那些不多的几个由上帝注定了要如此的人展示出来的。多数人与这些少数人相反，第二种超感性知识并不直接向他们展示出来，我们可以把多数人称为民众。

5.但现实世界，首先是民众，应当根据那些理念加以塑造。这怎么可能呢？

6.依据超感性世界的规律，理念是双重的、在时期上分开的，民众的那种被塑造就是按照民众与理念的关系，在这两个不同的时期中用双重的方式成为可能的。这就是说，或者

a)民众注意到理念感召，就像受自然力量的吸引那样，受理念感召的吸引，直接付诸预期的行动。在这种尘世状况中，先知就是预言家和奇迹创造者，而不存在一种有学养的、从事认识的共同体； (I,10,399)

b)或者，这种从外部对于精神的注意及其天然力量已经消失，精神的可见性撤回到了内部，仅仅是每个人自己的明晰认识可以达到的。

在最后这个时期出现的先知们以双重的方式采取了一种不同的形态。这就是说，或者

α)他们用自己的形式表现精神感召，表现超感性的观看本身，在这种情况下，他们就是诗人和艺术家；

β)或者，他们不表现精神感召本身，因为他们在内部用不可见的方式拥有精神感召的力量，相反地，他们只是力求表现一种从精神感召中看出的、明确无误的理念，具体地说，也就是力求在现实世界中表现这种理念。在这种情况下，他们为时代所迫，变成了从事认识的人和学者，尤其是变成了学者共同体。

单说诗人与从事认识的人，尤其是与哲学家的分野，就证明了一种发生变化的尘世状况业已出现，人类已经竭力争取得到

明晰的见识。在精神感召的时代，所有这些素材在先知中都是并存的。

在这种状况中向学者共同体提出的首要课题，就是教育学者和民众直至世界末日，都要彼此面向明晰见识的交换。这种培养和教育的内容当然是人们必定会称之为真正的渊博知识的那种东西，就像这一切届时将会进一步得出来的那样。然而，不可或缺的条件是学者共同体能有各种理念，一切学术教养都只能被视为根据这些理念塑造民众和世界的工具；因为只有在这个条件下，学者共同体才完全有生存的权利，没有这个权利，它自己也会成为民众；于是，在世界上除了民众，就根本不会存在任何一类人，或者更彻底地说，在世界上除了群氓，就根本不会存在任何一类人，因为民众并没有被向上培养为什么人。

因此，前一讲的结论在今天的演讲中就这么得到了限定：只有在精神感召作为一种促使行动的天然力量业已消失，而仅仅盛行着明晰见识的时代，学者才居于不断创造世界的首要地位；而在以往的时代，对于受到理念的感化的人来说，则不需要任何学术教养，他的理念感召力量直接感化着周围的世界。

这么一来，这一讲也就进一步规定了以前概括地提出的学者概念。构成超感性世界与感性世界之间的联结点的，绝不是个人，而仅仅是一个精诚团结、共存共荣的学者共同体。孤立的个人一无所能，也一无所是；但整体能浸润他的力量和他固有的本质，他自己又能按照整体不断培养自己——只有这样，他才是某种人，而个人的尊严和功绩就是以他庄严地坚守恰好给他指定的职位为依据的。

(Ⅰ,10,400)

费希特著作总目

编 者 说 明

这个目录是根据巴伐利亚科学院版《费希特全集》第Ⅰ辑第1卷至第10卷的目录编译的。我们只列出费希特发表的文章和专著;至于他在报刊上发表的声明、通知、诗作和译文,由于它们不属于哲学著作范围,我们未将它们编入我们的目录。虽然第8卷的附录不完全是费希特所写,第10卷的附录还难以完全肯定是他本人写的书评,我们亦依照这个版本将两者列入我们的目录。

第 一 卷

试评一切天启
　　哈通出版社,柯尼斯堡1792年,第1版;
　　哈通出版社,柯尼斯堡1793年,增订版。
向欧洲各国君主索回他们迄今压制的思想自由
　　〔特罗舍尔出版社,但泽1793年。〕
纠正公众对于法国革命的评论·第一卷
　　第一分册,〔特罗舍尔出版社,但泽1793年。〕
　　第二分册,〔特罗舍尔出版社,但泽1794年。〕
对于翻印书籍的非法性的证明
　　载《柏林月刊》,1793年5月。

第 二 卷

评克洛伊泽著《对于意志自由的怀疑主义考察》(吉森1793年)
　　载《文汇报》,1793年10月30日。
评格布哈德著《论道德中的善》(哥达1792年)
　　载《文汇报》,1793年10月31日。
评〔舒尔策著〕《埃奈西德穆》(未印出版地,1792年)
　　载《文汇报》,1794年2月11日与12日。
论人的尊严——我的哲学演讲的结束语
　　未印出版地,1794年。
论知识学或所谓哲学的概念
　　实业事务所出版社,魏玛1794年,第1版;
　　迦布勒出版社,耶拿与莱比锡1798年,增订版。
全部知识学的基础
　　第一部分与第二部分,迦布勒出版社,莱比锡1794年;
　　前言与第三部分,迦布勒出版社,莱比锡1795年。
　　哥达书局,图宾根1802年,连同《略论知识学的特征》,再版。

迦布勒出版社,耶拿与莱比锡1802年,增订版。

第 三 卷

关于学者使命的若干演讲
　　迦布勒出版社,耶拿与莱比锡1794年。
　　丹麦文版,约·柯林译,克利斯滕森出版社,哥本哈根1796年。
论激励和提高对于真理的纯粹兴趣
　　载图宾根《季节女神》月刊,1795年,第Ⅰ卷第1期。
略论知识学的特征
　　迦布勒出版社,耶拿与莱比锡1795年。
　　哥达书局,图宾根1802年,连同《全部知识学的基础》,再版。
论语言能力和语言起源
　　载耶拿《哲学评论》,1795年,第Ⅰ卷第3期与第4期。
评康德著《论永久和平》(柯尼斯堡1795年)
　　载耶拿《哲学评论》,1796年,第Ⅳ卷第1期。
施米特体系与知识学的比较
　　载耶拿《哲学评论》,1795年,第Ⅲ卷第4期。
以知识学为原则的自然法权基础·第一部分
　　迦布勒出版社,耶拿与莱比锡1796年。

第 四 卷

以知识学为原则的自然法权基础·第二部分
　　迦布勒出版社,耶拿与莱比锡1797年。
知识学新说
　　绪言与导论,载耶拿《哲学评论》,1797年,第Ⅴ卷第1期;
　　第一章,载耶拿《哲学评论》,1798年,第Ⅶ卷第1期。
哲学论调纪事
　　载耶拿《哲学评论》,1797年,第Ⅴ卷第1期。
1794年冬末费希特演讲结束语

载《宽容与不宽容文库选集》，第一集，弗·波恩编，1797年。
知识学新说
  第二导论，载耶拿《哲学评论》，1798年，第Ⅵ卷第1期。

第 五 卷

以知识学为原则的伦理学体系
  迦布勒出版社，耶拿与莱比锡1798年。
论我们信仰上帝统治世界的根据
  载耶拿《哲学评论》，1798年，第Ⅷ卷第1期。
耶拿哲学博士、教授约·哥·费希特就萨克森选帝侯的查抄令强加给自己的无神论观点向公众呼吁
  迦布勒出版社，耶拿与莱比锡1799年；
  哥达书局，图宾根1799年。

第 六 卷

《哲学评论》编者对于被指控为宣传无神论所写的法律辩护书
  自费委托迦布勒出版社印刷，耶拿1799年。
关于哲学中的精神和字母
  载耶拿《哲学评论》，1798年，第Ⅸ卷第4期。
一封私函的摘录
  载耶拿《哲学评论》，1798年，第Ⅸ卷第4期。
人的使命
  福斯书局，柏林1800年，初版。
  福斯书局，柏林1801年，再版。
评巴尔迪里著《第一逻辑纲要》（斯图加特1800年）
  载爱尔朗根《文学报》，1800年11月1日。

第 七 卷

锁闭的商业国

哥达书局,柏林1800年。
六年以来
　　载耶拿《文汇报》,1801年增刊第1号,1月24日。
就最新哲学的本质向广大读者所作的明如白昼的报导
　　实学书局,柏林1801年。
弗利德里希·尼古拉的生平和怪论
　　哥达书局,奥·威·施莱格尔编,图宾根,1801年。
答赖因霍尔德教授先生
　　哥达书局,图宾根1801年。

第 八 卷

关于学者的本质及其在自由领域中的表现
　　欣堡书局,柏林1806年。
现时代的根本特点
　　实学书局,柏林1806年
〔附录〕致康斯坦特的信——共济会的哲学
　　载柏林《十九世纪埃莱夫西斯节》,1802年第1卷与1803年第2卷。

第 九 卷

极乐生活指南
　　实学书局,柏林1806年。
论马基雅维里
　　载柯尼斯堡《维斯泰》季刊,第1卷,1807年6月;柏林《缪斯》杂志,1813年第2期。

第 十 卷

对德意志民族的演讲
　　实学书局,柏林1808年。
知识学纲要

希泽西书局,柏林1810年。
关于对学府自由惟一可能的干扰——就职柏林大学校长职务的演讲
　　委托维蒂希书局印刷,柏林1812年。
关于学者本质的演讲
　　载柏林《缪斯》杂志,1812年第2期与第4期。
〔附录〕书评14篇
　　载莱比锡《德国新书博览》,1788年第Ⅰ卷第1期与第Ⅱ卷第1期和第2期。

费希特年表

编者说明

1. 这个年表是根据埃里希·伏克斯的《费希特年表》(入《同时代人谈论中的费希特》第 5 卷第 201—385 页)编译而成的。他的编纂工作的特点是有事必录和点到为止，我们在编译时考虑到我国读者的特点，删去了一部分不甚重要的事项，并给所选的事项增加了一部分必要的资料和便于理解的内容，以满足我国读者的要求。

2. 巴伐利亚科学院版《费希特全集》第 I 辑各卷对于费希特的论著的写作、出版和出版后的反应有详细说明，第 II 辑各卷对于费希特的遗著的写作有准确考证，第 III 辑各卷对于费希特来往书信有大量注释；凡是取自这部全集的资料，我们都用伏克斯博士的方法，不列出全集的各称，而只用一项罗马数字和两项阿拉伯数字标明辑数、卷数与页数。

3.《同时代人谈论中的费希特》(六卷本，伏克斯编，斯图加特 1978—1992 年)搜集了费希特时代的人们在日记、传记、公文、信函、演讲、报刊以及遗著中谈论他的资料 2457 项，其中许多项还有补件，这是一个极其丰富、十分宝贵的信息库；凡是引自这部汇编的资料，我们亦用伏克斯的方法，以 G 表示书名，以两项阿拉伯数字标明卷数与页数。

4.《费希特著作评论集》(四卷本，伏克斯等编，斯图加特 1995 年)搜集了当时评论费希特各部著作的文章 172 篇；凡是引自这部评论集的资料，我们用 R 表示书名，用两项阿拉伯数字标明卷数与页数。

5. 转引自《同时代人谈论中的费希特》第 5 卷第 201—385 页的资料，以斜体标出书名、卷数与页数。

1762 年

5月19日(三)　约翰·哥特利布·费希特作为织带工人克里斯蒂安·费希特(Christian Fichte 1737—1812)与其妻玛丽娅·多罗特娅(Maria Dorothea 1739—1813)的长子,出生于萨克森上劳齐茨的拉梅诺村,并于当日由本村牧师约·哥·丁多夫(J.G.Dinndorf 1684—1764)予以洗礼。(G 1,3)

1763 年

〔2月15日　普鲁士、奥地利与萨克森签订胡柏图斯堡和约,结束了七年战争。〕

1769—1770 年

费希特从他父亲那里得到一册叙述受骗的西格夫里特的民间话本。他发觉自己由于迷恋于此书而忽视了家父给他布置的学习,便毅然将它扔进了小溪。当他父亲质问他时,他没有说出此举的真正原因,因而受到了严厉的责罚。(G 1,6)

约 1770—1771 年

从1770年起担任拉梅诺村牧师的阿·哥·瓦格纳(A.G.Wagner 1739—1810)发现,费希特能用他使用的基本措辞和援引的圣经段落,相当准确地复述他当天讲述过的布道词。有一天,附近的恩·豪·冯·米勒蒂茨(E.H.von Miltitz 1739—1774)男爵前来拉梅诺,亟欲倾听牧师的布道。但他迟迟赶来时,礼拜已经结束。有人向他推荐费希特复述这次布道的内容。冯·米勒蒂茨听后大喜,决定资助这个颇有天赋的儿童接受正规教育。(G 1,7)

费希特在冯·米勒蒂茨的七棵栎城堡短期停留。随后,冯·米勒蒂茨将他委托给尼德劳的哥·莱·克勒贝尔(G.L.Krebel 卒于1795年)牧师加以培养。(G 1,8)

1772 年

克勒贝尔精心关照费希特,给他讲授古代语言。他在十岁的时候,差不多已经能将德文译为拉丁文。(Ⅲ,6,141)

1773—1774 年
迈　森

克勒贝尔安排费希特入迈森市立学校,学习拉丁文。(G 1,10)

1774 年
普 夫 尔 塔

10月4日(二)　费希特被录取到瑙姆堡附近的普夫尔塔中学。这是一所贵族学校,它的生活方式和等级关系在他初入学时使他无法忍受。(G 1,10以下)

1775 年

4月1日(六)　费希特给他父亲写信,一方面表示他将在考试中得到最佳的成绩,另一方面,对于他父亲提出的那种用他家里织成的长袜松紧带资助他的做法予以否定,说在学校里出售这类东西,会让人感到吃惊。(Ⅲ,1,6以下)

〔月日不详〕　阅读一本叙述鲁宾逊的故事的作品后,逃离学校,但于当天又自动返校。(G 1,12以下)

1778 年

课外阅读弗·哥·克洛普施托克(F.G.Klopstock 1724—1803)、阿·冯·哈勒(A.von Haller 1708—1777)、克·孚·盖勒特(Ch.F.Gellert 1715—1769)和莱辛的作品,包括莱辛批判戈茨的神学思想的论战著作《反戈茨》(不伦瑞克 1778 年)。(G 1,16以下)

〔7月2日（四） 法国让·雅克·卢梭逝世〕

1779年

8月22日（日） 给即将离校的同学克·哥·汉克尔(Ch.G.Hanckel)题辞留念。(Ⅲ,1,8)

约1779—1780年 作为学习成绩优秀的高年级学生，费希特担任数学教师约·哥·施米特(J.G.Schmidt 1742—1820)的助手。(G 6,1)

1780年

8月23日（三） 致函校长，谈普夫尔塔中学的纪律问题，希望学校能有适度的自由气氛。(Ⅱ,1,437以下)

10月5日（四） 发表毕业演讲《论诗学与修辞学的正确运用》。(Ⅱ,1,5以下)

〔月日不详〕 米勒蒂茨夫人写信，将费希特推荐给德累斯顿高等教会监理会主席克·哥·冯·布格斯道夫(Ch.G.von Burgsdorff 1736—1807)。(Ⅲ,1,145以下)

耶 拿

10月 费希特开始在耶拿大学神学院学习，同时听过约·雅·格里斯巴赫(J.J.Griesbach 1745—1812)关于宗教历史与圣经诠释、克·哥·舒茨(Ch.G.Schütz 1747—1832)关于爱斯奇罗斯和约·奥·海·乌尔利希(J.A.H.Ulrich 1746—1813)关于逻辑学的课程。(*G 5,203*)

1781年
莱 比 锡

〔2月15日（四） 哥·埃·莱辛逝世。〕

10月25日（四） 从耶拿神学院转入莱比锡大学。由于米勒蒂茨夫人在执行米勒蒂茨的遗嘱时提供的资助不够用，因而花费很多时间，多方

谋求资助,以解决生活拮据问题。(G 1,18)

听过恩·普拉特纳(E. Platner 1744—1818)、弗·奥·威·文克(F. A. W. Wenck 1741—1810)、萨·弗·纳·莫鲁斯(S. F. N. Morus 1736—1792)和克·弗·佩措尔德(Ch. F. Pezold 1743—1788)的课程;此外,还听过法学课。(G 5, 204)

与中学时期的同学弗·奥·魏斯宏(1758—1795)过从甚密,成为他的挚友。(Ⅲ,2,38)

1782—1783 年
维 滕 堡

赴维滕堡大学学习,未办转学手续;与戈·恩·舒尔策(1761—1833)同窗。听过弗·浮·赖因哈德(1753—1812)的神学课(G 1,19);也听过法学课。(Ⅲ,1,18)

1784 年

返回拉梅诺村拜访双亲。

米勒蒂茨夫人结束了定期给予费希特的资助。(Ⅲ,1,47)费希特在尚未毕业时就离开了大学。

1785 年
萨 克 森

1 月　在迪特巴赫的埃尔伯村乡绅汉奈尔(Hähnel)家中做家庭教师,同时计划写一本阐述决定论的著作。(Ⅲ,1,9)

约秋季　德累斯顿高等教会监理会副主席彼得·冯·霍恩塔尔(Peter von Hohenthal 1727—1794)表示愿意支持费希特继续深造,但他由于已经作出当家庭教师的诺言,因而未能及时接受这一资助。(Ⅲ,1,15)

从 1785 年至 1788 年,与迦绿蒂·施里本(Charlotte Schlieben)过从甚密,她成为费希特的女友。(Ⅲ,1,223)

从 1785 年至 1786 年,在沃尔夫汉村乡绅黑尔比希(Helbig)家中做家庭教

师。(Ⅲ,1,11)

1786 年

3月25日(六) 费希特作过一次赞颂圣母领报的布道。(G 6,6)写出《论耶稣之死的目的》一文。(Ⅱ,1,73)

1787 年

5月13日(日) 给家父写信,谈到受黑尔比希之托,请将家乡的云杉树种寄至沃尔夫汉。(Ⅲ,1,11以下)

8月或9月 致函1764—1770年任拉梅诺村牧师的卡·克·内斯特勒(K.Ch.Nestler 1740—1804),请他给谋求一个新的家庭教师职位。(Ⅲ,1,13以下)致函霍恩塔尔,说明即将放弃现任的教职,请他给莱比锡神学家佩措尔德写推荐信,以期考到这位神学教授门下研究教义学。(Ⅲ,1,15以下)

11月26日(一) 在奥勒茨绍担任家庭教师。致函佩措尔德,一方面说明自己不善于教育儿童,另一方面询问,自己神学素养不足,是否可以改学法学。(Ⅲ,1,17以下)

1787—1788年 普夫尔塔与莱比锡时期校友、里加女子学校教授卡·哥·孙达克(K.G.Soanntag 1765—1827)向费希特提供一笔贷款。(Ⅲ,1,248以下)

莱 比 锡

冬季 到达莱比锡,继续谋求职业。(G 1,20)与在当地任家庭教师的友人魏斯宏经常来往,讨论各种问题。(Ⅲ,1,119与187)

1788 年

1月30日(三) 致函迈森时期认识的助理牧师、现任莱比锡地区税务官的克·费·魏塞(Ch.F.Weisse 1726—1804),请他给谋求一个家庭教师

职位。(Ⅲ,1,19以下)
5月18日(日)　生日前夕,生活绝望,打算自杀。晚间返回住处,突然发现魏塞寄送的通知书。被邀请到魏塞那里,费希特得知,已经找到了赴瑞士苏黎世旅馆老板安东·奥托(Anton Ott 1748—1800)家做家庭教师的职位。魏塞慷慨解囊,给他一笔资助。(G 1,20)
〔6月21日(六)　哲学家约·哥·哈曼(J.G.Hamman 1730—1788)逝世。〕

拉 梅 诺

7月24日(四)　回乡探亲。撰写《不眠之夜偶想》一文。(Ⅱ,1,101以下)
8月8日(五)　给魏斯宏写信,称前景甚好,将赴苏黎世。(Ⅲ,1,22)

苏 黎 世

约9月底　经纽伦堡、乌尔姆、林道、康斯坦茨与温特图尔,到达苏黎世,在奥托家任家庭教师。(Ⅲ,1,24)
约年底　经奥托介绍,结认了苏黎世启蒙派著作家、牧师约·卡·拉法特(1741—1801)。(Ⅱ,1,234)

1789 年

1月17日(六)　为纪念奥托命名日写诗一首。(Ⅱ,1,443)
5月下半月　赴奥尔滕参加海尔维第协会学术会议,认识了苏黎世市议员、历史学教授约·亨·菲斯里(J.H.Füssli 1745—1832)、苏黎世世俗教士、希伯来语教授汉·鲁·克拉默(H.R.Cramer 1743—1794)和巴塞尔法学教授约·亨·达维德(J.H.David 1726—1802)等人。——这时,由于在教书中遇到种种令人不快的事情,费希特打算辞去奥托家的职务,并且计划在拉法特的支持下,建立一所演讲培训学校。(Ⅱ,1,210)
6月7日(日)　写出《论瑞士方言》的草稿。(Ⅱ,1,115)
〔6月17日(三)　法国第三等级宣布在凡尔赛召开国民会议。〕
初夏　致函拉法特,并附上已经写成的建立一所演讲培训学校的计划,征求意见。但由于不符合于现实需要,这个计划未能得到实现。(Ⅲ,1,

29以下)

〔7月14日(二) 法国人民攻克巴士底狱。〕

约7月底 奥托挽留费希特在他家中继续担任家庭教师。(Ⅱ,1,211)

8月2日(日) 费希特在这一天的日记上提到,他在苏黎世结交的朋友还有:来自萨克森的约·雅·埃舍尔(J.J.Escher 1765—1790),来自不来梅、在苏黎世当家庭教师的亨·尼·阿赫利斯(H.N.Achelis 1764—1831),尼宏地区牧师、植物学家让·菲·高亭(J.Ph.Gaudin 1766—1833),克洛普施托克的妹丈、车辆制造商约翰·哈特曼·拉恩(Johann Hartmann Rahn 1721—1795)及其女儿玛丽娅·约翰娜·拉恩(Maria Johanna Rahn 1755—1819);并且提到,他通常都要在星期日晚6时至8时赴拉恩家访问,在那里呆得很快活;最后提到,他已开始翻译孟德斯鸠的《论法的精神》。(Ⅱ,1,209以下)

1790年

2月 经过将近一年的交往,费希特与约翰娜产生爱情,一个月之内连发四信:第一封信附有他研究克洛普施托克《春祭颂歌》的文章;(Ⅲ,1,48以下)第二封信谈他读卢梭《忏悔录》的感想;(Ⅲ,1,50以下)第三封信向约翰娜直接表示,"我对任何一位女性还从来没有对您那样的感情";(Ⅲ,1,56以下)最后一封信向对方谈到他在萨克森时期与施里本小姐有过的友情。(Ⅲ,1,60以下)

3月底 解除了在奥托家担任家庭教师的合同。约翰娜向费希特要了一幅肖像。(Ⅲ,1,94)

3月27日(六) 大概晚上在拉恩家告别,费希特与约翰娜订婚。(*G* 5,*213*)

3月28日(日) 离开苏黎世。(Ⅲ,1,91)

4月6日(二) 途经舍夫豪生,致函拉恩与约翰娜,对她第一次用"你"来称呼。(Ⅲ,1,95以下)

5月初 途经魏玛,赫尔德尔生病,歌德外出,均造访未遇。将拉法特写给赫尔德尔的信请人转交。受拉法特的委托,访问画院约·亨·利普斯(J.H.Lips 1758—1817)教授,受到款待。(Ⅲ,1,107)

莱 比 锡

5月12日(三)　抵达莱比锡。(Ⅲ,1,111)

5月13日(四)　草拟创办《新德意志读书报》(月刊,每期6个印张)的计划。(Ⅱ,1,257以下)

5月14日(五)　往苏黎世写信。在给拉恩的信中,他的前途还相当渺茫。(Ⅲ,1,106)在给约翰娜的信中说,他已起草了创办一个刊物的计划,并请给予资助。(Ⅲ,1,110以下)

5月15日(六)　与魏塞面谈。魏塞认为,创办一个向广大读者推荐好书、批评坏书的刊物是十分必要的,但在莱比锡这个地方肯定找不到出版家。(Ⅲ,1,131)

5月20日(四)　写信告诉在舍内维尔达担任家庭教师的魏斯宏,说他计划给《德意志图书报》和《新德意志博物报》撰稿,以写作维持生活。(Ⅲ,1,118以下)

5月22日(六)　致函《新德意志博物报》主编海·克·博伊厄(H.Ch.Boie 1744—1806),并附上从苏黎世带来的文稿《论正统神学观念对克洛普施托克〈救世主〉的影响》。编者考虑到自己与克洛普施托克的友谊关系,拒绝发表此文。(Ⅲ,1,126以下)

7月　赴德累斯顿两天,在那里得到了米勒蒂茨之子迪特里希·米勒蒂茨(Dietrich Miltitz 1769—1853)的资助。(Ⅲ,1,145)

7月31日(六)　约翰娜来信,建议费希特在苏黎世实现他办刊物的计划。(Ⅲ,1,154)

8月初　费希特在给迪·米勒蒂茨的信里谈到,有一位大学生请他讲解康德,一直讲到9月29日米迦勒节。(Ⅲ,1,165)

8月12日(二)　给约翰娜写信说,"我的一切计划直到最近都落空了","我现在手忙脚乱地投入了康德哲学"。(Ⅲ,1,166)

8月底　约翰娜来信,请求费希特回到苏黎世。(Ⅲ,1,169)

8月至9月　写出了《关于宗教与自然神论的箴言》。(Ⅱ,1,287以下)和《〈先验原理〉解释》。(Ⅱ,1,299以下)——给魏斯宏写信说,"我自从读了《实践理性批判》以来,已经生活在一个新的世界里"。(Ⅲ,

1,167)

9月5日(日)　给约翰娜回信说,"我还配不上你",(Ⅲ,1,170)"我已经开始写作《康德〈判断力批判〉摘要解释》",(Ⅱ,1,325以下)"我将至少把我生活中的若干年时间献给这一哲学"。(Ⅲ,1,171)

10月　在莱比锡丝绸商约·亨·蒂里奥特(J.H.Thieriot)家中当家庭教师,教三个孩子,从上午8时到下午7时,花费很多精力。(Ⅲ,1,186)

11月　将写成的《康德〈判断力批判〉摘要解释》书稿寄给魏斯宏,征求意见。(Ⅲ,1,188以下)——给回到不来梅的阿赫利斯写信称:"康德哲学,特别是它的道德哲学部分——但这个部分,如果不先读《纯粹理性批判》,是无法理解的——给予人的整个思想体系的影响,尤其是它在我的整个思维方式中产生的革命,真是罄竹难书。我应该向您承认,我现在由衷地相信人是自由的,并且看到,只有在这个前提下,职责、美德和整个道德才可能成立。"(Ⅲ,1,193)

12月6日(日)　费希特给约翰娜写信说,他计划于1791年4月到苏黎世去。(Ⅲ,1,201)

12月27日(一)　给约翰娜写信,感谢她寄来他要求的汇款。(Ⅲ,1,203)

1791年

2月7日(六)　给约翰娜写信说,要在2月底辞去蒂里奥特家的职务。(Ⅲ,1,212)

3月1日(二)　又给约翰娜写信说,为了到苏黎世去,要在3月底辞去蒂里奥特家的职务。(Ⅲ,1,217)

3月5日(六)　在写给三弟萨缪尔·哥特海夫·费希特(Samuel Gotthelf Fichte 1771—1800)的信里谈到是否应该与约翰娜结婚时,一方面说"她本人有一个极其高尚、极其卓越的灵魂,比我更具有理智,因此非常值得去爱",另一方面则说,"我感到我内心的力量和冲动太大,以致我不应该被结婚斩断翅膀,把我束缚到我永远无法摆脱的枷锁中,而心甘情愿作出决断,像常人那样完全消磨掉自己的生命"。(Ⅲ,1,223)

约3月初　给约翰娜写信,劝她把她的心献给一个更配得上她的人。(Ⅲ,

1,220)

3月至4月　普夫尔塔时期的同学、现任德累斯顿枢密院录事的约·弗·弗里切(J.F.Fritzsche 1761—1825),给费希特介绍了在华沙的普拉特尔(Plater)伯爵家中担任家庭教师的职务。(II,1,385)

4月27日(三)　收到普拉特尔伯爵汇来的赴华沙的路费30杜卡特。(II,1,385)

从莱比锡到华沙

4月28日(四)　从莱比锡启程。(II,1,385)

4月29日(五)　晚上到达德累斯顿,访问弗里切,在他家过夜。(II,1,386)

4月至5月　担心路费不足,拟将以前写的两篇评论克洛普施托克的文章卖给书商,未果;协助弗里切,对他与弗·恩·冯·利本洛特少尉合编的《关于萨克森农民骚动的日记》进行加工。(II,1,386)

5月8日(日)　离开德累斯顿,继续东行。(II,1,387)

5月9日(一)　行至比绍夫斯韦达,下榻后给家父写信。三弟萨缪尔·哥特海夫与大弟约翰·哥特劳伯(1764—不详)随即赶到此地,将费希特叫回拉梅诺。(II,1,388)

5月10日(二)　在家停留一天,向家父叙述了在苏黎世的经历。在日记中写道,"我的父亲总是对我很满意"。(II,1,388)

5月11日(三)　到达鲍岑,拜访了1770年以来在此任牧师的卡·克·内斯特勒和普夫尔塔时期的同学、在此任中学校长的卡·奥·伯蒂格尔(1760—1835),受到友好接待。(II,1,389)

5月21日(六)　到达布雷斯劳,停留五天,拜访熟人,并在圣母玛丽娅教堂听布道。(II,1,393以下)

5月26日(四)　离开布雷斯劳,继续东行。(II,1,395)

5月28日(六)　开始进入讲波兰语的地区,时而搭车,时而步行,而且在向巴比亚克行走时,于大森林中迷途,经人给予指点,才校正方向。(II,1,395以下)

6月7日(二)　到达华沙,下榻"德意志旅社",与法国神甫夏马德里

(Chalmardré)相识。(Ⅱ,1,407以下)

6月8日(三)　访问热情好客的福音派牧师亨利希(Heinrich);访问家庭教师科里(Cori),被介绍给普拉特尔家的女总管。(Ⅱ,1,410)

6月9日(四)　被介绍到普拉特尔家中。费希特觉得,普拉特尔伯爵是一位善良的人;(Ⅱ,1,410)但他的夫人初次见面就刁难费希特,说了许多污辱人的话。(Ⅲ,1,250)

6月10日(五)　费希特给普拉特尔写信,一方面表示对他夫人的不满,另一方面推荐夏马德里顶替自己的职务。(Ⅲ,1,227以下)

6月11日(六)　普拉特尔给费希特安排了一间陈设简单的住房。(Ⅱ,1,411)

6月12日(日)　费希特拒绝了伯爵夫人给他另谋教职的许诺,要求给予经济赔偿。(Ⅲ,1,232)

6月13日(一)　进教堂听布道,并访问亨利希牧师。(Ⅱ,1,411)

6月17日(五)　在普拉特尔家的女总管那里用餐。费希特听说,有人已经告知伯爵夫人,他将提出起诉。(Ⅱ,1,411)

6月18日(六)　伯爵夫人害怕事态扩大和有失体面,与费希特私下了结,付出了名誉赔偿费。(Ⅲ,1,250与267)

6月19日(日)　进教堂听布道,并访问亨利希牧师。(Ⅱ,1,412)

6月23日(四)　在福音派教会作了关于路加福音第22章第14与15段的布道。(Ⅱ,1,423以下)中午,亨利希夫人请费希特用膳。(Ⅱ,1,412)

6月25日(六)　离开华沙,踏上访向康德的旅程。(Ⅱ,1,412)

柯尼斯堡

7月1日(五)　途经米尔豪森,抵达柯尼斯堡;在"高原居民客栈"租到一间简陋的住房。(Ⅱ,1,414)

7月4日(一)　在日记中写道,"我早晨访问康德,他没有特别接待我。我随后旁听了他的讲课。我觉得他很疲倦。"(Ⅱ,1,415)

7月4日以后　给普夫尔塔时期的同学克·弗·哥·文采尔(Ch.F.G.Wenzel 1759—1814)写信说,"我可能在柯尼斯堡呆到米迦勒节,以研究康德哲学"。(Ⅲ,1,243)给华沙科里写信说,他已改住旧城教堂旁边的"园

丁之家"。(Ⅲ,1,244)

7月13日(三)　在日记中写道,"我早已打算认真拜访康德,但找不到办法。我终于想到要写一部评判一切天启的著作,把它奉献给他。我大致是从13日开始,一直不间断地做这项工作的"。(Ⅱ,1,415)

8月18日(四)　将业已写成的《试评一切天启》寄给康德,(Ⅱ,1,415),并在附函中写道:"我到柯尼斯堡来,为的是更切近地认识一位为整个欧洲所尊敬的人,然而全欧洲只有少数人像我这样敬爱他。我已经向您作了自我介绍。后来我明白了,希望认识这样一位人物而不出示任何证书,这是孟浪无礼的。我应该有一封介绍信。但是我只承认我自己为自己写的介绍信。我此刻就把它寄上"。(Ⅲ,1,253)随后写出访问康德时准备提问的草稿。(Ⅱ,2,11)

8月23日(二)　在日记中写道,访问康德,"以听取他对这篇著作的意见。他特别亲切地接待了我,并且对我的著作好像感到很满意"。(Ⅱ,1,415)

8月25日(四)　很想在柯尼斯堡作一次布道。(Ⅲ,1,255)为此,根据康德的介绍,将在华沙讲过的布道词寄给宫廷牧师、柯尼斯堡大学数学教授约·弗·舒尔茨(1739—1805)。(Ⅱ,1,415)

8月26日(五)　在日记中写道,"在康德那里用餐,有柯尼斯堡的牧师格·米·左默尔(G.M.Sommer 1754—1826)做陪。我发现康德是一位很可爱的人"。(Ⅱ,1,415)

8月27日(六)　摘抄完从柯尼斯堡大学学生海·泰·冯·舍恩(1773—1856)那里借来的康德人类学讲课记录;接着开始修改《试评一切天启》。(Ⅱ,1,416)

8月28日(日)　经计算,口袋里的钱已不敷两周使用。(Ⅱ,1,416)

8月29日(一)　根据康德的介绍,访问新蜂窝园圃教堂牧师路·恩·博罗夫斯基(1740—1831);他给费希特推荐的家教工作还不能完全确定下来,而且是费希特非常不喜欢去做的。(Ⅱ,1,416)

8月30日(二)　访问宫廷牧师舒尔茨,在那里认识了数学教授约·弗·根西兴(J.F.Gensichen 1759—1807)。(Ⅱ,1,417)

9月2日(四)　给康德写信说,"我现在身上只剩两个杜卡特,而且这也不

是我自己的";以名誉担保,请求康德借给返回萨克森的路费。(Ⅲ,1,262)

8月3日(五) 康德把费希特叫到自己家里。在日记中写道,"他抱着坦率的态度接待了我;但他说,关于这件事情,他还没有作出决定;在目前,即在14天之内,他无能为力。这是多么可爱的坦率态度呵!"(Ⅱ,1,417)

9月4日(六) 在听人说柯尼斯堡大学的法学教授特·安·海·施马尔茨(1760—1831)那里可以找到工作时,前往造访,方知所传不实。(Ⅱ,1,417)

9月6日(一) 在日记中写道,"我被叫到康德那里。他建议我通过博罗夫斯基牧师的介绍,把我的〔《试评一切天启》〕书稿卖给〔出版家、这位牧师的连襟〕哈通;当我说我得修改时,他认为书稿写得很好。真是这样吗?可康德是这么说的。——他明确地拒绝了我向他借钱的要求。"(Ⅱ,1,418)

9月8日(三) 与舒尔茨及其家人游览希佩尔公园。舒尔茨正在积极地为费希特谋求一个在有教养的家庭中担任家庭教师的职位。舒尔茨夫人向费希特频送秋波,费希特竭力躲开她。(Ⅲ,1,418)

9月16日(四) 康德给博罗夫斯基写信说,"虽然我经常被许多其他的工作打断,因而只有时间读到它〔《试评一切天启》书稿〕的第8页,但就我看到的而言,它写得很好,也符合于现今要求研究宗教问题的呼声",请他推动哈通,将这部书稿买下付样。(G 1,34)费希特将此信转交给博罗夫斯基,随后与这位出版家达成了协议。

10月11日(二) 将经过修改的《试评一切天启》书稿寄给负责书刊审查的哈雷神学院。给魏斯宏写信,请他在此书出版后,给《新莱比锡学术通报》写篇书评。(Ⅲ,1,267)

10月26日(三) 与冯·舍恩告别。(Ⅲ,1,271)

10月底 写出《对于翻印书籍的非法性的证明》。(Ⅰ,1,407)

克 罗 考 夫

10月底 经约·弗·舒尔茨介绍,带着康德的推荐信,到达克罗考夫,担任

海·约·赖因霍尔德(H.J.Reinhold 1736—1796)伯爵家中的家庭教师。(Ⅲ,1,273)

12月 写出《试评一切天启》的前言。(Ⅰ,1,17)

12月22日(五) 致函博罗夫斯基,询问书稿排印的情况。(Ⅲ,1,273)

12月底 致函舒尔茨,表示谢意。(Ⅲ,1,274)

1792年

约1月中旬 通过博罗夫斯基得知,哈雷神学院的院长约·路·舒尔策(1734—1799)拒绝给《试评一切天启》签发出版许可证。(Ⅲ,1,283)

1月18日(三) 约·弗·舒尔茨来信,对于费希特的著作生涯刚迈出第一步就遇到麻烦,深表惋惜;他建议费希特要回书稿,在容易引起麻烦的地方作若干修改。(Ⅲ,1,284以下)

1月23日(一) 给康德写信,转达舒尔茨的建议,并询问康德,是否可以在天启与奇迹信仰的问题上作若干修改。(Ⅲ,1,286以下)康德立即回信说,"我的答复是:否!"(Ⅲ,1,288)

2月上半月 研读哈雷大学教授恩·克·特拉普著《对普鲁士精神生活的新规定的坦率考察与谨慎想法》(不伦瑞克1791年),并写出摘要。(Ⅱ,2,129—134)

3月或4月 给双亲写信,谈到在克罗考夫当家庭教师和从事写作的情况。(Ⅲ,1,300以下)

3月或4月 哈雷神学院教授格·克·克纳普(1753—1825)接替舒尔策的职位,给《试评一切天启》签发了出版许可证。(Ⅲ,1,310)

4月9日(一) 在弗里登诺作一次布道。(Ⅱ,2,139以下)

复活节 《试评一切天启》在莱比锡出版,无作者姓名;在柯尼斯堡出版,有作者姓名。(Ⅰ,1,10与11)

〔4月20日(五) 吉伦特派政府向干涉法国革命的普奥联军宣战。〕

4月21日(六) 在给冯·舍恩的信中谈到,已经读过卡·路·阿梅龙(K.L.Amelang 1755—1819)《为约·海·舒尔茨牧师作的辩护》(柏林1792年)和《就阿梅龙为舒尔茨作的辩护写给一位友人的信》(柏林1792年),拟写一本评论普鲁士的书刊检查制度和宗教敕令的著作。

(Ⅲ,1,302以下)

春季至9月 完成《向欧洲各国君主索回他们迄今压制的思想自由》初稿。(Ⅱ,2,187—244)

5月20日（一） 写出布道词《关于对真理的爱》。(Ⅱ,2,151—159)

6月30日（六） 耶拿大学法学教授哥·胡菲兰德(G. Hufeland 1760—1817)在《文汇报》"知识界副刊"第82期发表报导说，"我们认为，将一本从一切方面来看都是极其重要的著作报导给公众，乃是我们的职责。这本著作是在今年复活节以《试评一切天启》为题，由柯尼斯堡哈通出版的。无论是谁，哪怕他只读过柯尼斯堡哲学家为人类作出不朽贡献的最小的作品，都会认出这本论著的高贵作者"。(R 1,1)

7月1日（日） 由于在教育孩子的问题上与伯爵夫人发生分歧，开始写《克罗考夫日记》，直至12日这位夫人赴但泽旅行为止。(Ⅱ,2,171以下)

7月18日（三） 胡菲兰德在《文汇报》第190与191期发表长篇书评，继续把《试评一切天启》视为康德的著作。(R 1,1—19)

7月31日（二） 康德给《文汇报》"知识界副刊"寄去声明："《试评一切天启》的真正作者是神学候补生费希特，他原籍劳齐茨，去年顺便到柯尼斯堡作过短期访问，现在担任西普鲁士克罗考夫城赖因霍尔德伯爵的家庭教师"。发表于8月22日第102期。(G 1,38以下)

8月1日（三） 收到根西兴在哥尼斯堡《新书评论》(7月1日)上发表的《试评一切天启》书评，回信表示感谢。(Ⅲ,1,322)

8月6日（一） 费希特给康德写信，说自己生活在偏僻的地方，不能及时看到新出的书刊，近日才得知《文汇报》报导错了《试评一切天启》的作者。(Ⅲ,1,322以下)康德见信后，立即作了答复，并称赞费希特的这部著作写得彻底。(Ⅲ,1,330)

9月 费希特研读康德哲学解释者卡·利·赖因霍尔德(1757—1823)著《论哲学作为严密科学的可能性》(耶拿1790年)。(Ⅲ,1,341)

〔**9月22日（六）** 法兰西第一共和国成立。〕

约10月初 费希特收到《文汇报》邀他担任兼职编委的请求。(Ⅲ,1,350)由于有许多其他工作要做，未填寄回一式两份的合同。(Ⅲ,1,378)

10月17日(三)　给康德写信称,"您对《试评一切天启》的公开评论是我能享有的莫大荣誉"。(Ⅲ,1,351)

但　泽

〔1792年底或1793年初〕　《向欧洲各国君主索回他们迄今压制的思想自由》最后定稿。(Ⅰ,1,166)

11月12日(三)　抵达但泽。致函赖因霍尔德伯爵与其夫人,向他们推荐一位家庭教师。(Ⅲ,1,351以下)

11月底或12月初　给约翰娜写一封信,请她予以谅解。(Ⅲ,1,360)

12月　写信询问维滕堡大学时期的老师弗·浮·赖因哈德,是否可以把《试评一切天启》第二版献给他。(Ⅲ,1,371)

12月中旬　赴柯尼斯堡,作短期访问。费希特向宫廷牧师舒尔茨介绍了"尚不确切的、要把全部哲学建立在纯粹自我上的思想"。(Ⅰ,4,225)

约12月底　收到约翰娜12月11日发出的信,信里说,"我的心对您至死都永远不变"。(Ⅲ,1,369)

1793年

〔1月〕　收到弗·浮·赖因哈德的复信,他对费希特1792年12月提出的请求作了肯定的回答。(Ⅲ,1,371)

〔1月20日(一)　法国国王路易十六被处决。〕

约1月至3月　撰写《纠正公众对于法国革命的评论》第1卷第1分册。(Ⅲ,1,433)

约2月至3月　与但泽新港中学校长约·雅·莫尼奥赫(J.J.Mnioch 1765—1804)来往甚多,由他介绍,成为共济会但泽分会会员。(Ⅲ,1,434)

2月20日(三)　给弗·浮·赖因哈德写信,在谈到继承康德时说,"我已经把批判哲学按照其精神视为一个不可攻克的坚固堡垒",在谈到发展康德哲学的打算时说,"我已经给自己提出一项很艰巨的任务,我需要有无忧无虑的空闲时间去完成它,而且我想在世人不知不觉的情况下完成它"。(Ⅲ,1,372以下)

3月5日(二)　写信告诉约翰娜,将在6月,至迟在7月到达苏黎世。"但只有作为你的丈夫,我才愿意进入苏黎世的围墙"。(Ⅲ,1,375)并且给约翰·哈特曼·拉恩写信说,"未来的几周,我将到柏林旅行"。(Ⅲ,1,376)

约3月　《向欧洲各国君主索回他们迄今压制的思想自由》〔在但泽特罗舍尔出版社〕匿名公之于世。(Ⅰ,1,166—192)

从但泽到苏黎世

3月15日至4月初　在柏林停留。与研究康德实践哲学的中学教师格·威·巴特尔迪(G. W. Bartholdy 1765—1815)会面。(G 1,56)

3月28日(四)　分别给胡菲兰德与尼特哈默尔写信,谈到赫穆斯泰特大学教授戈·恩·舒尔策(1761—1833)在《新德意志图书通报》1793年第1卷第1期上对《试评一切天启》第一版进行的攻击。(Ⅲ,1,377与380以下)

4月2日(二)　给康德写信说,"我首先要论证我的天启理论",然后,我想解决您提出的这样一个课题:"按照规律建立人类享有最大自由的体制,使每个人的自由都能与其他人的自由并容共存"。(Ⅲ,1,389以下)

4月至5月　先到达莱比锡,访问莱比锡大学哲学系教授卡·克·帕尔默(K. Ch. Palmer 1759—1838);(Ⅲ,1,402)然后赴德累斯顿,访问已经担任德累斯顿高级宫廷牧师的弗·浮·赖因哈德;(Ⅲ,1,403)最后返回拉梅诺,拜访双亲。(G 1,53)

4月23日(二)　《纠正公众对于法国革命的评论》第1卷第1分册〔在但泽特罗舍尔出版社〕匿名出版;(Ⅰ,1,195以下)《试评一切天启》第二版出版。(Ⅰ,1,111以下)

4月或5月　给弗·浮·赖因哈德寄上《试评一切天启》第二版样书一册。(Ⅲ,1,400)——收到约翰娜来信两封,给她回信说,只有《试评一切天启》的成功"才能决定我在世人面前不再被认为配不上你"。(Ⅲ,1,404)

5月底　《对于翻印书籍的非法性的证明》在《柏林月刊》第21卷发表。(Ⅰ,

1,407)——从莱比锡到耶拿,与胡菲兰德会面。在魏玛,访问魏玛公国科朋菲尔斯首相夫人玛丽·克里斯蒂安妮(Marie Christiane 1748—1810)。(Ⅲ,1,423)在沃尔斯波恩,访问普夫尔塔时期的同学弗利德里希·克里斯蒂安·比朔夫(Friedrich Christian Bischoff 1759—1818)牧师。(Ⅲ,2,41)在哥达,结识了宫廷助理牧师弗·海·格伯哈德(F.H.Gebhard 1764—1838),他将自己的论文《关于道德上的善》(入席勒编《时序》月刊1795年第1卷第3期与第2卷第4期)赠给费希特,请予以评论。(Ⅰ,2,17)

5月25日(六)　给耶拿大学诗学与修辞学教授、《文汇报》编者克·哥·舒茨写信说,"我已经接受了写一篇评论《埃奈西德穆》的文章的委托,过一些时候,将从苏黎世把它投寄给编辑部"。(Ⅲ,1,409)——写信告诉约翰娜,"明日早晨,我就与德绍的一位教授一道,离开哥达,往法兰克福步行"。(Ⅲ,1,411)

〔6月2日(日)　法国革命进入雅各宾派专政时期。〕

6月4日(二)　经埃尔富特,到达美茵河畔法兰克福。给约翰娜写信,谈了路上的经历;在谈到自己的生活时说,"在这方面没有任何事情比我的写作对我有过更多的用处"。(Ⅲ,1,413)

6月9日(日)　到达斯图加特。给约翰娜写信说,"我觉得我已经呼吸到了瑞士的空气"。(Ⅲ,1,415)

6月12日(三)　到达图宾根。与图宾根神学院教授约·弗·弗拉特(J.F.Flatt 1759—1821)相识。——写信告诉约翰娜,"我在此间停留到明日早晨","星期日,我就会见到我们共同的父亲"。"我已经决意做一个正直的男子汉,我将为此经常需要得到你的支持。我们将就此作出某些约定。我知道,你的心对美德的热爱的确不亚于我的心"。(Ⅲ,1,417)

6月15日(六)　按照事先商妥的办法,在埃格利梭的大桥上与前来迎接的约翰娜再次相会。(Ⅲ,2,191)

苏 黎 世

6月16日(日)　抵达苏黎世。(Ⅲ,1,417)

6月22日(六)　写信问候克洛普施托克,并且告诉他,他的妹妹的女儿已经选择了费希特为夫。(Ⅲ,1,418)

6月26日(三)　给拉梅诺写信,请求双亲写出一封同意费希特与约翰娜成婚的书信。(Ⅲ,4,419)

夏季　在居住环境嘈杂、精力经常分散的情况下,撰写《纠正公众对于法国革命的评论》第1卷第2分册。(Ⅲ,2,79)

〔8月中旬〕　与耶拿大学时期的同学、时任家庭教师的亨·施泰范尼(H.Stephani 1761—1850)访问沙夫豪森文理中学教员约·格·缪勒(J.G.Müller 1759—1819),议论到法国革命,此人事后说:"天哪,这些人得出的是什么结论!"(G 1,55)

夏末　科朋菲尔斯夫人建议费希特担任梅克伦堡-斯特雷里茨王储的教师。(Ⅲ,1,426)

9月20日(五)　给康德写信说,"我研究自然法权、国家法和政治学的计划正在继续进行,而要完成这个计划,也许需要我花半辈子时间;我总是心情愉快,充满希望,去利用您关于这些方面所写的著作"。(Ⅲ,1,389)——给冯·舍恩写信说,"我今天才寄出《纠正公众对于法国革命的评论》书稿的最后部分"。(Ⅲ,1,433)

约9月底　与施泰范尼在奥托的庄园歇闲,有人散布流言蜚语,说他们在那里办了一个雅各宾派俱乐部。(Ⅲ,2,27)

〔10月〕　在苏黎世大教堂作布道。(Ⅱ,2,319)

10月22日(二)　费希特与约翰娜在苏黎世西北约20公里远的巴登举行婚礼,结婚仪式由苏黎世的世俗天主教会副主祭约·格·舒尔特斯(J.G.Schulthess 1758—1802)主持,婚礼选用的布道箴言为"善人从他心中所存的善发出善来"(《路加福音》第六章第45段)。(G 5,234)

10月23日(三)　蜜月旅行:巴登——阿劳——伯尔尼——尼达奥——纳尔沙特——巴塞尔——索洛图恩——苏黎世。(Ⅲ,2,6—7)约于11月初返回苏黎世。

10月26日(六)　在伯尔尼,拜访伯尔尼大学哲学教授约·萨·伊特(J.S.Ith 1747—1813)(Ⅲ,2,8);与寓居此间的丹麦诗人巴格森初次相识,这位诗人察觉,"费希特有一颗极其热诚的心,以无法形容的周到细致爱着他的质朴的妻子"。(G 1,59—60)——费希特与约翰娜共同写信问候约·哈·拉恩,叙述了旅行经历,说在访问索洛图恩以后,即可"又回到我们永远敬爱的父亲身边"。(Ⅲ,2,6以下)

10月30日(三) 评论莱昂哈德·克罗伊采尔(Leonhard Creuzer 1768—1814)写的《对于意志自由的怀疑主义考察》(卡·克·艾·施米特作序,吉森1793年)的短篇文章,在《文汇报》第303期第201—205页发表,这是费希特发表的第一篇书评。(Ⅰ,2,7以下)

10月31日(四) 评论格伯哈德写的《关于道德上的善》的文章,在《文汇报》第304期第209—215页发表。(Ⅰ,2,21以下)

11月 潜心研究和分析《埃奈西德穆》。在11月中旬,费希特在写给柯尼斯堡时期认识的友人路·维·弗洛默尔(L.W. Wloemer ?—1813)的信里说:"我读过一位坚定的怀疑主义者的著作以后,立即得到一个明确的信念,那就是哲学还远远没有达到科学的地步,所以我不得不放弃我自己迄今的体系,而构想一个可以站得住的体系。但留给我的时间是多么少呵!"(Ⅲ,2,14)

11月12日(二) 拉法特拟推荐费希特担任丹麦首相安·彼·伯恩斯托夫(A.P. Bernstorff 1735—1797)伯爵的家庭教师,他给拉法特写信表示感谢,但态度不甚积极。(Ⅲ,2,9以下)

11月13日(三) 给赖因霍尔德写信,谈《纠正公众对于法国革命的评论》。就作者是谁的问题写道,"我确实是此书的作者";就批判雷贝格引起的反应写道,"我恳求您特别对雷贝格作出您的评论"。(Ⅲ,2,11以下)

11月至12月初 写出《读康德〈纯粹理性批判〉札记》,作为分析赖因霍尔德与舒尔策的出发点。(Ⅱ,2,327以下)研究和分析赖因霍尔德《论哲学知识的基础》(耶拿1791年),开始撰写《对于基本哲学的独自沉思》,作为这次研究与分析的结果。(Ⅲ,2,78)——给弗拉特写信说,"《埃奈西德穆》已经从根本上动摇了我自己的体系","只有用一条惟一的原理加以发挥,哲学才能成为科学",而"我相信自己已经发现了这条原理。"(Ⅲ,2,18)——费希特从比朔夫那里听说,他被提名接替赖因霍尔德到基尔后留下的耶拿大学教席。(Ⅲ,2,33)

12月6日(五)　给尼特哈默尔写信说,"康德只是暗示了真理,但既没有阐述,也没有证明真理";"人的精神只有一个原始事实,它确立了整个哲学,确立了它的两个分支,即理论哲学和实践哲学";"谁发现了这个事实,谁就会把哲学阐述为科学"。(Ⅲ,2,19以下)

12月7日(六)　与巴格森进行漫长、融洽的交谈。巴格森透露的消息说,尼特哈默尔将接替赖因霍尔德的教席。(Ⅲ,2,33)——与巴格森一道访问舒尔特斯。(G 1,67以下)

12月8日(日)　与巴格森等人一道,赴苏黎世湖畔李希特韦尔,拜访瑞士教育学家约·亨·裴斯泰洛齐(J. H. Pestalozzi 1746—1827),受到热情接待,谈论革命与启蒙问题,并在那里过夜。裴斯泰洛齐认为,"费希特的认识对我当前的工作极其重要"。(G 1,70以下)

12月中旬　给施泰范尼写信说,"六个星期以来,我一直全心全意地从事重新构筑体系的工作。您会对我的成果感到喜悦。我已经发现了一块新的基地,从这块基地出发,全部哲学很容易得到阐发。康德哲学毕竟是正确的,但只是在它的结论中,而不是在它的根据中。在我看来,这位举世无双的思想家会日益令人惊异;我认为他有一种天赋,这种天赋在没有向他表明真理的根据时,就把真理启示给了他。我相信,我们在几年之内就会得到一种具有像几何学那样的自明性的哲学"。(Ⅲ,2,28)

12月26日(四)　魏玛公国教育大臣克·戈·福格特(1743—1819)根据歌德的推荐,致函费希特,正式邀请他赴耶拿大学,以接任决定到基尔大学就职的赖因霍尔德即将留下的哲学讲座,答应给他正式荣誉教授的职称、学校评议会委员的头衔和每月200塔勒尔的工资,问他是否能在1794年夏季学期到任。(Ⅲ,2,30)

1794年

1月　费希特拟写评述裴斯泰洛齐的小说《伦纳德和格特鲁德》(1782年)的论文。(G 1,81)

1月5日(日)　收到胡菲兰德于上月底发出的信件。胡菲兰德询问费希特是否愿意就任耶拿教授,并且谈到,有人利用他在《纠正公众对于

法国革命的评论》中表现的民主主义,反对他到耶拿大学。(Ⅲ,2,31)

约1月中旬　写完《对于基本哲学的独自沉思》。(Ⅱ,3,21—177)——开始撰写《实践哲学》,约于2月底停笔。(Ⅱ,3,181—266)

约1月15日(三)　写完并寄出《评〈埃奈西德穆〉》。(Ⅰ,2,34)

1月15日(三)　给弗·浮·赖因哈德写信说,"只要人们留有一种把我们的认识与自在之物——它被假定为完全不依赖于我们的认识而具有实在性——联系起来的想法,怀疑主义就总是有希望达到预期的目的;因此,哲学的首要目的之一就是很清楚地阐明这样一种想法毫无意义"。(Ⅲ,2,39)——给福格特回信,接受聘任,但请求在1794年复活节以前休假,并去掉那个评议会委员的头衔。(Ⅲ,2,42以下)——给胡菲兰德写信,谈到《纠正公众对于法国革命的评论》中的民主思想:"假如我是教授,那么,一部以我的名义、用'耶拿教授'作同位语发表的著作也还可能是一个公民的著作。我的讲课可以说是教师的行为,这的确与国家有关;但是,我在以前与其说是国家公民,倒不如说是一个人,即使我同时是国家公民,我也依然是一个人"。(G 5,237)——致函赖因霍尔德,请求给予友谊的支持。(Ⅲ,2,52)

1月后半期　卡·奥·伯蒂格尔从魏玛给费希特写信,谈到他在耶拿的哲学演讲,并建议他用德文写一篇讲授纲要,作为应聘作品,在就职前印行。(Ⅲ,2,53)

1月底或2月初　《纠正公众对于法国革命的评论》第1卷第2分册〔在但泽特罗舍尔出版社〕匿名出版。(Ⅰ,1,195以下)

2月4日(二)　费希特给伯蒂格尔回信说,我"在制定一门可以与数学相比的科学哲学的工作方面,已经进展到我至少看出一点结果的地步",并对于写一篇德文讲授纲要的建议表示完全同意。(Ⅲ,2,55)

2月初　应拉法特的邀请,决定在赴耶拿以前,系统地讲解业已初步形成的知识学;将讲演的计划书面通知拉法特。(Ⅲ,2,58—62)

2月8日以前　与拉法特赴李希特韦尔,访问裴斯泰洛齐。(G 1,84)

2月11日(二)与12日(三)　《评〈埃奈西德穆〉》在《文汇报》第47、48与49期发表。(Ⅰ,2,33)

2月15日(六)　卡·克·埃·施米特在《文汇报》"知识界副刊"第111—112

页发表声明,批驳费希特给格伯哈德《关于道德上的善》写的书评。(Ⅰ,2,18)

约2月中旬　在拉法特住所,开始给苏黎世的友人讲解知识学。(G 1,84与86)

2月底　费希特收到福格特2月17日发出的信函:他已被聘请为耶拿大学哲学正教授。(Ⅲ,2,64以下)

3月1日(六)　写信通知伯蒂格尔:"我写那篇纲要的材料,已经差不多准备就绪。我目前正在给苏黎世的一些以拉法特为首的杰出神职人员和政府官员讲解哲学的概念和基本原理,这些演讲同时也概括地说明了我的新体系,为了发表上述预告,我可以让这几篇演讲直接付印";费希特这封信里把他新制定的体系正式命名为"知识学"。(Ⅲ,2,71—72)——致函赖因霍尔德:"我向您说出,我就是写那篇评论《埃奈西德穆》的文章的作者";"我已经拟定了一个体系,在那篇文章里,我至少暗示了它的绝大部分内容,但是还远未作出明白报导"。费希特说明了他与赖因霍尔德在推进康德哲学方面的许多一致之外,同时也很坦率地指出,"意识命题"不可能是哲学的第一原理。(Ⅲ,2,73—76)

3月8日(六)　给胡菲兰德写信,说明1793年3月在《新德意志图书通报》上攻击《试评一切天启》的作者是舒尔策,并寄去一份反驳施米特的声明。(Ⅲ,2,80—83)

3月17日(一)　收到魏玛政府授予的博士学位。(Ⅲ,2,115)

3月26日(三)　反驳施米特的声明在《文汇报》"知识界副刊"第29期发表。(Ⅰ,2,75—78)

约4月中旬　在日内瓦秘密地从事民主事业的意大利革命家朱·格·戈兰尼(G.G.Gorani 1744—1818),于1794年1月来苏黎世避难,费希特认识他以后,给予他以重要帮助。(G 1,88)

4月20日至27日　写完应聘著作《论知识学或所谓哲学的概念》。(Ⅰ,2,101以下)

4月26日(六)　与裴斯泰洛齐一起访问巴格森。作知识学演讲的倒数第二讲。晚间,巴格森、拉法特与美茵茨大学历史学教授尼·福格特(N.

Vogt 1756—1836)到费希特住所叙谈。(G 6,43 以下)

4月27日(日) 以《人的尊严》为题,结束知识学演讲。听这一讲的人有拉法特、巴格森、尼·福格特、孤儿院牧师格·格斯纳(G. Gessner 1765—1843)、伯尔尼大学哲学教授约·萨·伊特和菲·阿·施塔普菲(Ph. A. Stapfer 1766—1840)。演讲结束后,格斯纳写诗留念,苏黎世画家伊丽莎白·普芬宁鄂(Elisabeth Pfeninger 1772—1847)给费希特画肖像。——与巴格森一道,访问戈兰尼,热烈讨论欧洲局势与法国革命、罗兰与维尼奥的政治立场。(G 6,44 以下)

从苏黎世到耶拿

4月30日(三) 从苏黎世起程。由尼·福格特及其夫人埃娃·玛盖丽塔(Eva Margareta 1764—1795)陪同,直至斯图加特。(Ⅲ,2,101)

5月1日(四) 途经图特林根,给约翰娜发出一封简短的书信。(Ⅲ,2,101)

5月2日(五) 抵达图宾根。参加一次"气氛不断活跃,人数不断增多的社交聚会",其中包括谢林。(Ⅲ,2,101)带着拉法特的介绍信,访问图宾根神学院教授哥·克·施托尔(G. Ch. Storr 1749—1821)。(G 6,45)

5月3日(六) 到达斯图加特。首先访问在此间旅行的席勒。费希特在当日写给约翰娜的信里说:"席勒是耶拿最受人敬爱、最享有盛誉的首要教授之一。我在图宾根就已经听说,他对我颇有好感,在这里等我,以便与我一起,返回耶拿,可惜这个打算现在不可能实现了"。(Ⅲ,2,102)——访问柯尼斯堡时期在舒尔茨家中认识的约·班·艾哈德(1766—1827)。(G 6,46)

5月5日(一) 离开斯图加特,沿莱茵河而下,水陆兼程,赶往美茵茨。(Ⅲ,2,107)

5月〔11〕日(日) 《论知识学或所谓哲学的概念》经伯蒂格尔协助,在魏玛实业事务所出版社出版。(Ⅰ,2,93 以下)

5月12日(一) 到达美茵河畔法兰克福。在出版家约·弗·瓦伦特拉普(J. F. Varrentrapp 1742—1814)家中吃早餐,转交戈兰尼的一部书稿。(G 1,182)——在写给约翰娜的信中,费希特谈到他路过弗兰肯塔尔时遇到了普鲁士军队与法国军队在莱茵河西岸对峙的局面;但"不必对此担心,因为我是沿着莱茵河走的,在东岸危险极小"。同时,费希特还谈到美茵茨与法兰克福居民的情绪,说"普通人都喜欢法国人,谁不再有什么财物,他们就给谁提供食品,而只有特权阶层才愤怒地反对他们"。(Ⅲ,2,106以下)

5月15日(四)　到达哥达。(Ⅲ,2,106)

5月18日(日)　到达魏玛,拜访教育大臣福格特、在此间停留的伯恩斯托夫伯爵夫人夏·埃米莉(Ch. Emilie 1733—1820)、歌德与维兰德。(G 1,97—98)——晚间赶到耶拿,下榻于巴赫巷朗诵家狄尔(Dyrr)女士住处。(Ⅲ,2,153)

耶　拿

5月19日(一)　拜访无固定职业的学者威·冯·洪堡(W. von Humboldt 1767—1835)。(G 1,98)访问论战对手、耶拿大学哲学教授卡·克·艾·施米特和耶拿大学诗学与修辞学教授克·哥·舒茨;在访问舒茨时,发现他也是生于5月19日,于是共庆生日,至深夜1时。(Ⅲ,2,112)

5月20日(二)　从苏黎世来的学生约·雅·克拉默(J. J. Cramer 1771—1855)拜访费希特;校方通知,改变私人演讲的计划,本学期只讲理论哲学,不讲实践哲学。(Ⅲ,2,113)

约5月下旬　邀尼特哈默尔与编外讲师弗·卡·弗尔贝格(F. K. Forberg 1770—1848),跟耶拿出版家克·恩·迦布勒(1770—1821)和魏玛实业事务所出版家弗·约·尤·贝尔图赫(F. J. J. Bertuch 1747—1822)商谈分批印刷《全部知识学的基础》讲义的事宜。(G 1,102与111以下)

5月23日(五)　举行授予费希特以博士学位的典礼。(G 1,100;Ⅲ,2,115)——下午6时至7时,首次作公开演讲《学者的使命》;席勒出席,(G 5,240)卡·克·艾·施米特也出席。(Ⅲ,2,116)在写给约翰娜的信里说,"耶拿最大的大学教室都太窄小了;整个前厅和院子拥挤不堪,桌子和长凳上站满了人,一个挤着一个"。"就我所知,我的演讲受到了普遍的欢迎"。(Ⅲ,2,115)

5月24日(六)　正式就任教授。(Ⅲ,2,115)

5月26日(一)　早晨6时至7时,首次作私人演讲"理论哲学",即《全部知识学的基础》;注册听讲者35人,其中有克拉默,但在课堂听讲的只有26人。(Ⅲ,2,115)——给约翰娜写信,谈近日在耶拿的情况;说此间政治消息闭塞,备受折磨、可怜之至的德国人看不到巴黎出版的任何日报,请她代订一份摘登英法报刊新闻的《苏黎世报》,寄到耶拿。(Ⅲ,2,119)

5月30日(五)　《学者的使命》第二讲;威·冯·洪堡出席。(G 1,106)

5月底或6月初　与耶拿大学历史学教授卡·路·沃尔特曼(K.L.Woltmann 1770—1817)、尼特哈默尔和若干学生在玫瑰花饭庄共用午餐。(G 1,107以下)

6月　红衣主教会议成员克·亨·克吕格尔和法院参事格·威·福格尔制造谣言,向魏玛政府报告说,费希特在其公开演讲中宣称,"在以后二十年到三十年内任何地方都不再会有国王或君主了"。(G 1,114与121)

6月4日(三)　费希特和席勒中午访问威·冯·洪堡。(G 1,113)

6月7日(六)　席勒与费希特、洪堡、沃尔特曼第一次开会磋商创办《季节女神》。(G 1,115)

6月13日(五)　耶拿大学学生为费希特举办一次盛大的音乐晚会,向他欢呼。(Ⅲ,2,134)

6月14日(六)　《全部知识学的基础》第一批讲义由迦布勒印出。(Ⅲ,2,130)——魏玛公爵卡尔·奥古斯特接见耶拿大学新任教授,费希特应邀出席。(Ⅲ,2,134)——费希特给约翰娜写信说,他的经济前景不错,有人还要求他给听讲者开小型指导课。(Ⅲ,2,133以下)

6月17日(二)　给康德写信,邀请他参加《季节女神》杂志的工作,并请求他对《论知识学或所谓哲学的概念》发表评论。(Ⅲ,1,138)

6月21日(六)　给歌德寄去《全部知识学的基础》第一批讲义一份。(Ⅲ,2,143)

6月24日(二)　给歌德写信,针对克吕格尔和福格尔制造的谣言,要求与这类诽谤者当面对证,并且表示,"我将让迄今作过的四次演讲一字不改地付印"。(Ⅲ,2,147以下)——给胞弟萨缪尔·哥特海夫去信;

谈他的求学问题。(Ⅲ,2,150以下)

6月25日(三) 接到歌德要求在本月28日赴魏玛面谈的邀请。(Ⅲ,2,153)——晚上在舒茨家中聚会,参加者有胡菲兰德、卡·克·艾·施米特、耶拿大学化学教授约·弗·奥·戈特灵(J. F. A. Göttling 1755—1809)等人,谈到天文学问题、化学问题和法国最近的事态。(G 6,56)

6月27日(五) 《学者的使命》第五讲,即最后一讲;听众约有300人。(G 6,56)

6月28日(六) 赴魏玛歌德住处,与教育大臣福格特面谈,还有抒情诗人、翻译家卡·路·冯·克内贝尔(K. L. von Knebel 1744—1834)参加。事后,福格特写信告诉胡菲兰德,"费希特是一位很腼腆的人,他不大可能做什么不审慎的或反社会的事情"。(G 6,58)

6月30日(一) 给约翰娜写信说,已经从政府方面"获得预防诽谤者的有力保证",并且要让《学者的使命》五讲全部付梓,稿酬为每印张六个金路易。(Ⅲ,2,161)

6月底 有人在耶拿散布流言蜚语,说费希特爱上了舒茨夫人安娜·亨里埃特(Anna Henriette)。(Ⅲ,2,157与167;G 6,53,66与68)

7月 歌德收到《学者的使命》讲稿以后,到耶拿访问费希特。(Ⅲ,2,182)——写信告诉魏斯宏,整个知识学体系已经完成,但要把它阐述出来,还需要时间。(Ⅲ,2,180以下)

7月16日(三) 费希特建议,自由人读书会的章程应该加以修改。(G 1,130—131)

7月21日(一) 《全部知识学的基础》的听讲者已经增加到大约60人。(Ⅲ,2,177)

〔7月27日(日) 雅各宾派的革命专政被推翻。〕

〔7月28日(一) 罗伯斯庇尔、圣鞠斯特、古东和其他18名革命民主主义者被送上断头台。〕

8月4日(一) 写信安排胞弟萨缪尔·哥特海夫到迈森市立学校读书,劝他首先成为有道德的人。(Ⅲ,2,187以下)

8月28日(四) 约翰娜与她的父亲到达耶拿。费希特无法出席自由人读书会的会议。(G 1,135)

8月底　魏斯宏从申奈韦尔达来到耶拿。(G 1,150—152)

9月4日(四)　出席自由人读书会的会议。(G 1,142以下)

9月12日(五)　与威·冯·洪堡和耶拿城防司令弗·路·阿·冯·亨德里希(F.L.A.von Hendrich 1754—1828)拜访席勒,受到款待。(G 1,149)

9月20日(六)　参加舒茨夫人主持的俱乐部活动,见到雷贝格。威·冯·洪堡在写给席勒的信里报导说,"召集人舒茨夫人将雷贝格请到俱乐部里来,并向他介绍了费希特。这时,他就像费希特本人给我讲的那样,一直很冷淡。但在用餐以后,他却走到费希特那里,攀谈起来。然而攀谈的内容极其无关宏旨"。(G 1,150)

9月21日(日)　与威·冯·洪堡讨论哲学问题,并谈到对于席勒与歌德的印象。(G 1,150)

9月22日(一)　给拉法特写信,推荐返回祖国的法国学生、自由人读书会成员克·康·佩雷特(C.C.Perret 1769—1834)。(Ⅲ,2,220)

9月29日(一)　给雅可比寄去业已印出的《全部知识学的基础》讲义,在信里说:"如果在德国有哪一位思想家是我愿意和凭我的特定信念希望与他保持一致的,那就是您"。(Ⅲ,2,202)

9月30日(二)　给歌德寄去业已印出的《全部知识学的基础》讲义。(Ⅲ,2,202以下)——给批判的怀疑主义者扎·迈蒙(1754—1800)写信,询问他是否愿意参加《文汇报》的工作。(Ⅲ,2,207以下)

9月底　《学者的使命》与《全部知识学的基础》第一分册,即"全部知识学的诸原理"和"理论知识的基础",在莱比锡迦布勒出版社出版;(Ⅰ,2,175)收到谢林寄的著作《论一种哲学形式的可能性》。(Ⅲ,2,201)

10月　魏斯宏发表反对费希特知识学的言论,说它是"主观的斯宾诺莎主义",席勒听到后表示赞同。(G 1,160)——魏斯宏与费希特在共进午餐时发生激烈的哲学争论。(G 1,276以下)——约·克·弗·荷尔德林(J.Ch. F. Hölderlin 1770—1843)听费希特1794—1795年冬季学期的讲课。(G 1,161)

10月1日(四)　《文汇报》"知识界副刊"第113期报导《全部知识学的基础》第一分册的出版。(Ⅰ,2,183)

10月6日(一)　给康德和约·弗·舒尔茨牧师分别寄去《全部知识学的基

础》第一分册和《学者的使命》。(Ⅲ,2,203—206)

10月15日(三)　公布课程表:1.星期日公开演讲《学者的使命》。星期一至星期五私人演讲:2."先验理论哲学",下午3时至4时;3."先验实践哲学",下午5时至6时;4."逻辑与形而上学",以普拉特纳《哲学箴言》为基础,下午6时至7时;5.星期六下午5时至7时,哲学辅导课。(G 5,244)

10月27日(一)　费希特开始作私人演讲。(G 5,244)

11月6日(四)　前往共济会鲁道尔斯塔特分会作演讲,主题为人的不断完善。(Ⅱ,3,371以下)

11月9日(日)　上午9时至10时,关于《学者的使命》的第一次星期日公开演讲。(Ⅰ,3,4)

11月15日(六)　费希特在发现他的星期日演讲时间虽然与大学做礼拜的时间(11时至12时)已经错开,但是还与耶拿城大教堂做礼拜的时间重叠以后,便在黑板上写出布告,将它改为10时至11时。(Ⅰ,3,4)

11月16日(日)　上午9时以前,讲课的教室被弄脏,玻璃被砸破。费希特将等候在教室门前的学生请到了自己住所,作第二次星期日演讲。(Ⅰ,4,372)——耶拿教会监理会由克·亨·克吕格尔带头,向魏玛高等教会监理会写报告,指控费希特的星期日演讲"埋葬我们迄今做礼拜的制度"。(Ⅰ,4,373)

11月18日(二)　魏玛高等教会监理会把耶拿教会监理会的报告转呈魏玛公爵,并且在其写的报告中称,费希特的星期日演讲"看来是一个蓄意反对全国公众做礼拜的步骤"。(Ⅰ,4,373以下)

11月19日(三)　费希特致函教育大臣福格特,详述事情原委,请求公爵下达一项命令。(Ⅲ,2,211—215)——福格特将费希特的信转到公爵与歌德在耶拿停留的地方,并函复费希特:"此事很离奇,我对您遭受的非议表示遗憾。"(Ⅲ,2,215以下)

11月21日(五)　魏玛公爵对耶拿大学批示:评议会写一份报告;费希特中止其星期日演讲。(Ⅰ,2,5)

11月22日(六)　费希特一家外出郊游,庆贺他岳父的75岁生日。(Ⅲ,2,220)

11月下旬　学生社团的两个年龄偏大、临时负责的成员来到费希特住所，请求费希特立即接受所有社团成员解散他们的有害结社的誓言。他虽然规劝过许多参加此种结社的学生这么做，但认为自己无权接受他们的誓言。(Ⅲ,2,349)

11月23日(日)　耶拿大学副校长约·威·施米德(J.W.Schmid 1744—1798)将公爵批示书面通知费希特;(Ⅲ,2,217)费希特回答说:"尽管关于我星期日演讲的批示的内容与我就此作出的口头约定有出入,但我毫不犹豫,服从权力"。(Ⅲ,2,219)

11月25日(二)　大学生下午4时在耶拿集市广场开会,支持费希特星期日演讲,但经过协商,决定不对公爵批示采取仓促措施;(G 1,197以下)费希特到场,受到热烈欢迎,并发表讲话说,"我以倡导和平的基督教福音的侍者身份,期待着一俟事实真相在你们面前得到适当的澄清,我的处境就变得缓和,并受到保护"。(Ⅱ,3,384)晚上9时始散会。

11月27日(四)　校方书面通知费希特,他在星期日演讲的事情上接受审问。(Ⅲ,2,221)开始撰写《辩护书》。(Ⅰ,4,391以下)

12月2日(二)　费希特派其学生约翰·斯密特(Johann Smidt 1773—1857)赴魏玛给福格特送信,建议成立一个监督三个学生社团自动解散的委员会。(Ⅲ,2,222)

12月6日(六)　向大学评议会呈交写好的《辩护书》。(G 5,245)

12月9日(二)前　致函福格特,请求从速派出解散学生社团的委员会。(Ⅲ,2,224)

12月9日(二)　福格特来信称,费希特的《辩护书》为他作了过多的考虑。(Ⅲ,2,226)

12月10日(三)　给席勒主编的《季节女神》寄出写妥的文稿《论激励和提高对真理的纯粹兴趣》。(Ⅲ,2,227)

12月18日(四)　就拟议中的学生社团自动解散给魏玛公爵呈送备忘录。(Ⅲ,2,237以下)

12月19日(五)　魏玛公爵发布建立一个在费希特的协助下解散学生社团的委员会的批示,明确规定"社团记录簿要在看过以后销毁,对于在其中看到的参加者不予深究"。(Ⅲ,2,240)但这个委员会在费希特不知道的情况下发出秘密口头指令,"无论如何要摘出社团记录簿的内容"。(G 1,228)

12月25日(四) 维兰德通知赖因霍尔德,"费希特抓住一切可能有的机会,在其演讲中抨击您",从而引起了两位哲学家之间的不和。"(G 1,208)

1795 年

1月1日(四) 一个学生社团的成员在新年之夜袭击费希特住所,敲门砸窗数次。(Ⅲ,2,260)

1月4日(日) 耶拿大学评议会写出一份维护费希特星期日演讲的报告,呈送魏玛公爵。(Ⅰ,4,384—387)——"联合主义者"发言人致函解散学生社团的委员会,怀疑费希特本人想建立一个秘密社团。(G 1,224以下)

1月8日(四) 解散学生社团的委员会在耶拿开始其活动。(Ⅲ,2,350)

1月9日(五)与10日(六) 两个学生社团,即"恒常主义者"与"黑色兄弟会",先后在解散学生社团的委员会面前交出它们的记录簿,自行解散。(Ⅲ,2,255)

1月15日(四) 《论激励和提高对于真理的纯粹兴趣》在《季节女神》第1期发表。(G 1,229)——解散学生社团的委员会在耶拿结束其活动。(G 1,245)

1月16日(五) 收到赖因霍尔德1月7日发出的信,他在信中责备费希特抨击他的哲学。(Ⅲ,2,245以下)

约2月5日(四) 收到耶拿大学副校长约·威·施米德的通知:魏玛公爵1月28日批示,可允许费希特的星期日演讲改在下午进行。(Ⅲ,2,250)——费希特对此表示感谢,并通知校方,他将于本周星期日午后继续作业已中断的公开演讲。(Ⅲ,2,251以下)

2月6日(五) 雅·西·贝克(1761—1840)匿名发表对于当时出版的《全部知识学的基础》第1分册的第一篇书评,对费希特哲学表示否定的态度。(R 1,264以下)

2月8日(日)　下午3时至4时,继续作星期日演讲。(I,3,5)

约2月8日(日)至14日(六)　费希特在私下获悉,有人怀疑他想建立一个秘密社团。(G 1,248以下)

2月14日(六)　学生社团的成员夜袭费希特住所,使劲摇门,辱骂费希特。(Ⅲ,2,259)

2月15日(日)　星期日演讲。(I,3,6)——傍晚,学生社团成员在街上用下流语言对待费希特夫人;夜间,费希特住所的玻璃窗户被打破。(Ⅲ,2,257)

2月16日(一)　给教育大臣福格特写信,报告学生社团受外界支持而复活起来的情况,表示自己已无法再呆在耶拿。(Ⅲ,2,255以下)

2月21日(六)　找到耶拿大学副校长约·亨·福格特(J. H. Voigt 1751—1823),提出申诉,请求保护,并表示在得不到保护时离开耶拿的意向。(Ⅲ,2,259)

2月22日(日)　星期日演讲。(I,3,6)

3月24日(二)　巴格森与费希特一道访问席勒;巴格森在费希特家中进晚餐与过夜。(G 1,255)

3月25日(三)　在费希特家中,巴格森和费希特谈论他与赖因霍尔德的哲学分歧,并与尼特哈默尔等人共进午餐。(G 1,256)

3月26日(四)　陪同巴格森等人到扎尔费尔德。(G 1,258)

3月底　给赖因霍尔德写信,对他的责备作出答复。信里说:"我经常把康德的方法和您的方法同我的方法加以比较","很显然,在这种比较中,康德到处都被认为是正确的,但就您的体系要与我的体系对立起来而言,您则到处都被认为是不正确的。这是使用冷静而枯燥地报导一项原理的方法完成的,没有什么掩饰或悯怜"。(Ⅲ,2,268以下)"纯粹的真理之友从来都不把这种报导同他个人的东西混淆起来。如果提出的东西实际上是纯粹真理,他在这里就没有什么功劳,因为他不是构成了这种真理,而仅仅是发现了这种真理"。(Ⅲ,2,279)"你像康德一样,把某种在人性中将依然是永恒的东西引入人性中。他这么做的结果,是人们必须从研究主体出发,您这样做的结果,则是这种研究必须根据一条原理加以进行。您说的真理是永恒的,这种

永恒的东西始终是无需您的助力存在的"。(Ⅲ,2,282)

4月 《论语言能力与语言起源》在尼特哈默尔编《哲学评论》第1卷第3期与第4期发表。(Ⅰ,3,93)

4月9日(四) 深夜两点钟,费希特住所遭到袭击。"玻璃窗户被打碎,一块石头从〔他〕岳父的头部飞过,从来都没有像这个夜间过得这么令人可怕"。(Ⅱ,3,441)——有人制造出谣言,说费希特从窗户里骂人。——费希特赶赴魏玛,请求教育大臣福格特给一段休假时间,到外地躲避。(Ⅱ,3,443)

4月10日(五) 费希特想找魏玛公爵,但没有见到。福格特将他的来意转达给公爵。卡尔·奥古斯特在给耶拿大学下达的批文中责令严格查处费希特向魏玛报告的事件。(G 1,263以下)

4月11日(六)至18日(六) 费希特在巴特根道夫访问在那里担任牧师的弗·克·比朔夫,在一个诠释圣经的问题上发生不和。(G 1,268)

约4月12日(日) 约翰娜给前往巴特根道夫的费希特写信说,住到他们家里的魏斯宏夜里发病,虽然及时得到抢救,但已垂危。(Ⅲ,2,284以下)九天以后,死于费希特家中。(G 5,250)

4月20日(一) 约翰娜受其丈夫的委托通知约·斯密尔,费希特在今年夏季学期不开课,邀他前往奥斯曼施台特。(Ⅲ,2,290)

4月22日(三) 耶拿大学评议会就4月9日学生社团袭击费希特的事件,向魏玛公爵呈送一份报告。(G 1,269以下)

4月27日(一) 费希特从耶拿给胞弟萨缪尔·哥特海夫写信,邀他赴奥斯曼施台特。(Ⅲ,2,295)

4月底或5月初 给前往巴黎的巴格森写信说:"我的体系是第一个自由体系;正像法兰西民族使人摆脱了外部枷锁一样,我的体系使人摆脱了自在之物、外部影响的枷锁,在自己的第一原理中把人视为独立不倚的存在者,而自在之物在一切以往的体系中,甚至在康德的体系中,都在不同程度上把人束缚起来。这个体系是在法兰西民族使用外部力量争取政治自由的年代,通过与我自己、与一切根深蒂固的偏见在内心作过的斗争产生的,并不是没有借助于法兰西民族的力量"。(Ⅲ,2,298)

4月28日(二)　给赖因霍尔德写信说,"我丝毫没有想过,我的体系是判定真理的标准,而且在我给您的信里也没有这种意思",从而回答了赖因霍尔德4月来函提出的这类责备。在谈到哲学观点的同异时指出,"您在拟定全部哲学的基础以后,必定是把情感能力和欲求能力作为一种性质从认识能力推演出来。康德不想把人具有的那三种能力完全从属于一个更高的原则,而让它们依然单纯并列。在它们从属于一个更高的原则的事情上,我与您意见完全一致,但我不同意您认为这个原则可以是理论能力原则;对于您的这个看法,我与康德意见一致,不过我不同意他说不应有从属关系。我将那些能力完全从属于主体性原则"。(Ⅲ,2,314)——费希特举家赴耶拿以西40公里的村庄奥斯曼施台特。

奥斯曼施台特

5月8日(五)　给拉法特写信说:"我不知道,在整个魏玛公爵的领地上,夫妻之间的关系是否会有比我与约翰娜的关系更好的。我们的年迈的父亲由我的妻子加以精心照料;他很喜欢我们,所以除了在我们这里安度晚年,就不抱任何其他希望";(Ⅲ,2,318)指出关于他与他的妻子和岳父的关系不好的一切谣言都是在苏黎世编造出来,传播到其他地方的。(Ⅲ,2,319)

5月22日(五)　卡尔·奥古斯特批示:开除4月9日袭击费希特住所的三个学生的学籍。(Ⅲ,2,323)

5月28日(四)　访问尼特哈默尔,遇到荷尔德林和诺瓦利斯,共同讨论宗教与天启,认为还有许多问题需要从哲学上加以研究。(G 1,284)

5月至8月　研究自然法权。(Ⅲ,2,385)——阅读雅可比的论著,尤其是《阿尔维勒书信集》(第1卷,柯尼斯堡1792年)。(Ⅲ,2,391)——写《自然法权评论》,作为研究法权哲学的初步成果。(Ⅱ,3,395—406)

6月10日(三)　耶拿大学副校长福格特来函,通知魏玛公爵5月22日的批示。(Ⅲ,2,323)

6月21日(日)　给席勒寄去一篇业已约定在《季节女神》上发表的通讯体文章《关于哲学中的精神与字母》。(Ⅲ,2,325以下)

6月22日(一)　致函耶拿大学副校长福格特,抗议那种说他在4月9日从窗户骂人的谣言。费希特声明,他当时只是从窗户里向捣乱的人们喊道,"你们想找谁？是找我吗？"(Ⅲ,2,326以下)

6月24日(三)　席勒来信,说费希特写的《关于哲学中的精神与字母》否定了追求物质生活的原始冲动,而且写得不易让读者看懂,因此无法刊用。(Ⅲ,2,329以下)

6月27日(六)　费希特给席勒回信说,"您完全没有理解我的整个思想"。"我们看法不同,究竟谁有理,取决于我们的根据"。"关于通俗哲学报告,我们有很不相同的原理";"我认为,通俗性主要在于我所采取的阐述过程",而不在于原理的证明。(Ⅲ,2,336以下)

6月底至7月初　约·斯密特有时到奥斯曼施台特拜访费希特。(G 6,155)

7月2日(四)　给赖因霍尔德写信说,"我在作哲学思考,除了对于哲学,没有任何其他兴趣"。"我的体系的灵魂是这样一个原理：自我直截了当地设定自己。如果自我不自己作内部直观,这句话就没有任何意义和任何价值"。"阐明知识学,需要整个一生的时间"。(Ⅲ,2,342以下)——费希特就他离开耶拿的原因写《向公众说明》,大约于8月底写完。(Ⅱ,3,413—447)他阐述了主张解散秘密学生结社的理由,叙述了学生社团多次袭击他的住所的过程,也点出学校当局对他保护不力,从而说明了他不得不到这个距耶拿有四小时路程、距魏玛有两小时路程的村庄避难的决定,回答了那类责备他不应离开耶拿的说法。

7月18日(六)或19日(日)　耶拿大学学生约·雅·瓦格纳(J.J.Wagner 1775—1841)到奥斯曼施台特拜访费希特。(G 1,294以下)

〔7月21日(二)　耶拿大学秘密学生社团的骚乱达到高潮。(G 5,252)〕

7月底　《略论知识学的特证》(Ⅰ,3,131)与《全部知识学的基础》(Ⅰ,2,385以下)在耶拿与莱比锡迦布勒出版社出版。

8月　给科朋菲尔斯夫人写信说："我已经听说并且完全相信,您简单地提到我会与我的夫人离婚"。"这是有人向您说的,您敢向我说出这个人的名字吗？"(Ⅲ,2,370以下)

8月2日(日)或3日(一)　给席勒写信,要求把哲学阐述方式的争论公布

给读者,进行讨论。(Ⅲ,2,358)

8月6日(四)　约·斯密特与其同学威·卡·约·弗洛莱特(W. K. J. Floret 1774—?)到奥斯曼施台特拜访费希特。(G 6,161)

8月9日(日)　费希特给巴格森写信,谈到他关于自然法权的思想。(G 5,253)

约8月9日(日)与15日(六)之间　约翰娜与她的父亲从奥斯曼施台特返回耶拿。(G 6,162)——在此期间,费希特曾到魏玛:"我找赫尔德尔谈话。他彬彬有礼,劝我返回耶拿";"我找歌德谈话。他彬彬有礼,见到我很高兴,对我表示不寻常的敬意"。"我找[克·哥·]福格特谈话。他是完全可以信赖的朋友,见到我很高兴"。"他纠正了德累斯顿的大臣们对我的印象,这些人曾经把我视为极其凶恶的人"。(Ⅲ,2,376以下)

约8月19日(三)　写信告诉约翰娜,耶拿哲学博士戴·弗·比勒费尔德(D. F. Bielfeld 1766—1835)来此造访,收到她托他带来的信。(Ⅲ,2,377)

8月20日(四)　约·弗·赫尔巴特访问费希特,捎来约翰娜的信。(Ⅲ,2,378)

8月24日(一)至27日(四)　约·斯密特访问费希特。(G 6,164)

8月27日(四)　给约翰娜写信,说胞弟萨缪尔·哥特海夫生病,希望从耶拿给他寄些能够提供的东西。(Ⅲ,2,380)

8月28日(五)　带着《向公众说明》赴魏玛,求见教育大臣福格特。未遇,将这篇打算发表的文章留下,并在信中说,"我希望公爵愿意看这篇文章"。(Ⅲ,2,381以下)

8月29日(六)　给赖因霍尔德寄去几周以来写成的《法权概念的实在性的演绎》和《关于理性存在者的一个领域的概念》;在谈到耶拿大学学生的放荡不羁的行为时说,"给这些人讲哲学,确实不是什么光荣"。(Ⅲ,2,384以下)

8月30日(日)　给雅可比寄去刚出版的《全部知识学的基础》和《略论知识学的特征》,并在信中说:"个体必须从绝对自我演绎出来"。"第一个提出上帝存在问题的人,震撼了人的内心深处"。"我们开始以傲视一切的态度从事哲学思考,由此表明我们的纯洁无邪;我们看到我

们赤身裸体,从这时起就是出于对我们的解脱的亟需而从事哲学思考的"。(Ⅲ,2,390以下)

8月底至9月初　席勒以"致世界改良家"为题,写一首嘲讽费希特的诗。(G 1,298)

9月2日(三)　给约翰娜写信说,耶拿大学学生的放荡不羁造成了"一个好的结果,那就是我可以不再把自己的心思放在想把这些粗鲁的人培养成材的计划上","不过在他们当中毕竟总有好多出色的年轻人"。(Ⅲ,2,395)

9月18日(五)　写出《我看我不得不》的声明,反驳卡·克·艾·施米特在其《自然法权纲要》(法兰克福与莱比锡1795年)前言中影射费希特为"狂热的世界改革家"的言论。(Ⅰ,3,211—216)

9月24日(四)　收到赖因霍尔德8月9日发出的信,其中说,他放弃他的体系,而接受费希特的体系。(Ⅲ,2,408)

9月27日(日)　费希特给约翰娜写信说:他于中午在克洛普施托克表妹丈、银行家约·施特赖贝尔(J.Streiber 1723—1796)那里参加社交聚会,然后准备接待维尔茨堡批判哲学代表马·罗伊斯(M.Reuss 1751—1798),最后送他的胞弟萨缪尔·哥特海夫回拉梅诺,而他自己的体系还没有写一个字母。(Ⅲ,2,407以下)

9月29日(二)　约·哈特曼·拉恩逝世。——晚上,费希特在劳尔巴赫与魏玛枢密顾问约·克·施米特(J.Ch. Schmid 1727—1807)和教育大臣福格特会面。(Ⅲ,2,411—415,422)

9月30日(三)　信使送来约翰娜的信,费希特获悉其岳父逝世。(Ⅲ,2,410)

耶　拿

秋季　魏玛政府希望费希特的《向公众说明》不要付印。(Ⅱ,3,412)

10月1日(四)　费希特到其岳父的灵柩前,与遗体告别。(Ⅲ,2,411)

10月2日(五)　安葬约·哈特曼·拉恩。(Ⅲ,2,422)

10月2日(五)或3日(六)　一个叫做林茨(Linz)的教授助理擅自撕下黑板上张贴的费希特授课时间表,并要求哲学系系主任尤·克·亨宁斯

(J.Ch.Hennings 1731—1815)加以修改。亨宁斯未与费希特商量,就在林茨的威胁下打算修改费希特的授课时间。(Ⅲ,2,420以下)

10月7日(三) 耶拿大学学生约·鲁·斯特克(J.R. Steck 1772—1805)与约·鲁·费舍尔(J.R.Fischer 1772—1800)首次拜访费希特,受到友好的接待。(G 6,168)

10月10日(六) 致函耶拿大学副校长克·哥·格鲁纳(Ch. G. Gruner 1744—1815),吁请维护学校秩序,以防教学受到干扰。(Ⅲ,2,421)——给教育大臣福格特写信,报告近日安排课程时出现的问题,表明大学当局不负责任。(Ⅲ,2,422)

10月13日(二) 书面通知副校长格鲁纳,建议将原定上午讲的《逻辑与形而上学》移到下午,从而解决了这次与哲学系的争执。(Ⅲ,2,423以下)

10月20日(二) 公开演讲第一讲:《自然法权基础》导论。"费希特讲课的教室和通到门口的走廊都挤得满满的,使人几乎无法透气"。(G 6,181)

10月26日(一) 公开演讲最后一讲:《自然法权基础》导论。听讲者仍然很多,约140人。(G 6,182)

10月27日(二) 费希特开始作私人演讲:《自然法权基础》。——1795年冬季学期的私人演讲:《自然法权基础》,星期一至星期五,每日下午3时至4时;《逻辑与形而上学》,以普拉特纳《哲学箴言》为基础,星期一至星期五,每日下午6时至7时;星期六的哲学辅导课。(G 6,181)

11月8日(日) 费希特顺便让耶拿大学学生约·埃·伯格尔(J.E.Berger 1772—1833)与奥·鲁·许尔森给教育大臣福格特捎信说,"经过阁下的提示",决定放弃出版《向公众说明》的计划。福格特当日回信,对这个决定予以肯定。(Ⅲ,2,426以下)

11月14日(六) 给胞弟萨缪尔·哥特海夫写信,并汇去300塔勒。(Ⅲ,2,429以下)——《我看我不得不》的声明在《文汇报》"知识界副刊"第132期发表。(Ⅰ,3,211)

11月15日(日) 在给出版家哥达提建议时谈到,"法国的情况迫切地要求我——这当然是在我们中间——写些东西,论述自然法和国家法

的首要原理"。(Ⅲ,2,434)

1796 年

1月　大力研究自然法权。(G 1,331 以下)——《评康德〈论永久和平〉》在《哲学评论》第4卷第1期发表。(Ⅰ,3,219)在这篇书评中预言,"启蒙思想和自由必将从欣欣向荣的北美国家传向至今仍然受压迫的大陆"。(Ⅰ,3,211)

1月8日(五)　赖因霍尔德拟建立一个秉承基督教光明派传统的伦理团体,即"同志社",费希特给魏玛文理中学校长卡·奥·伯蒂格尔写信,说明自己反对这个计划的理由。(Ⅲ,3,5 以下)

1月21日(四)　费希特住所举行小型茶话会,参加者中有斯特克。(G 6,191)

1月24日(日)　给教育大臣福格特写信说,他家的小保姆偷走他的两张共济会会员证,在耶拿到处掏出来给人看,询问这是否会授人以柄,惹出麻烦。(Ⅲ,3,8 以下)

2月　在耶拿大学作公开演讲,论述康德的《论永久和平》,听众有300—400人。(G 1,335)

3月　《自然法权基础》第一部分在耶拿与莱比锡迦布勒出版社出版。(Ⅰ,3,293)——美茵河畔法兰克福出版的《幸福》杂志载文指控费希特。文章说,费希特是"德国的理性偶像崇拜者",是"为了在德国促进革命事业立下最大功劳的哲学教授";他在苏黎世就是法国间谍戈兰尼的"密友",他在耶拿企图"建立一种公开的对理性的偶像崇拜","要让自己成为传播光明派与雅各宾派观点的积极参加者。(G 1,181 以下)

3月20日(日)　到魏玛拜访福格特,这位认为他遭到诽谤的教育大臣给歌德写信说,"费希特在这里,向我索要一本《幸福》,以便把它交给公爵"。(G 1,338)

4月初　约翰娜生病。(Ⅲ,3,18)——克·弗·尼古拉《1781年德国与瑞士旅行记》第11卷在柏林与什切青出版,其中的一部分抨击费希特的知识学,称他为"怪人"。(G 1,320 以下)

4月16日(六)　《文汇报》"知识界副刊"第50期发表费希特驳斥《幸福》杂志的声明。(I,3,288)

约4月下旬　偕约翰娜与赫尔巴特赴莱比锡和吉比兴斯坦作短期旅行。在莱比锡,与耶拿大学学生约·弗·科朋(J. F. Köppen 1775—1858)会面;(G 6,218)在吉比兴斯坦,拜访《德国》杂志主编约·弗·赖夏特(J. F. Reichardt 1752—1814),谈到给《自然法权基础》第一部分、雅可比《沃尔德马》修订版和尼特哈默尔编《哲学评论》在这个刊物上发表报导和书评的问题。(Ⅲ,3,29)

复活节　《施米特体系与知识学的比较》在《哲学评论》第Ⅲ卷第4期刊出。(I,3,231)

4月27日(三)　公开演讲:"伦理学体系"导论,下午6时,听众约180人。(G 6,209)——费希特1796年夏季学期私人演讲:1."伦理学体系",星期一至星期五,下午4时至5时;2.《自然法权基础》,星期一至星期五,下午3时至4时;(G 6,210)3.以普拉特纳《哲学箴言》为基础的逻辑与形而上学,星期一至星期五,下午6时至7时。

5月11日(三)　费希特在自己的住所举办小型晚间茶话会,与会者有歌德、耶拿大学博物学教授卡·巴迟(K·Batsch 1761—1802)、胡菲兰德、神学教授戈·鲍鲁斯(1761—1851)、尼特哈默尔和沃尔特曼,还有12名学生,其中包括路·阿·奥特(L. A. Ott 1775—1852)、斯特克、费舍尔和阿·弗·马伊(A. F. May 1773—1853)。(G 1,347)

6月　与尼特哈默尔达成协议,共同编辑《哲学评论》。(G 1,356)

夏季　大力研究伦理学体系。——结合这一研究,阅读三部法国文学作品:拉克洛(Laclos)《危险的交往》、卢韦(Louvet)《福伯拉斯》与萨德(Sade)《朱斯蒂娜或美德的不幸》。(G 6,224)

6月22日(三)　致函哥达,请他出版《哲学评论》。(Ⅲ,3,26)

7月1日(五)　哥达来函,接受了出版《哲学评论》的要求。(Ⅲ,3,28)

7月4日(一)　哥达来函改口,收回他7月1日作出的承诺。(Ⅲ,3,29)

7月6日(三)　赖夏特给费希特来信,追问他答应给《德国》杂志写的评论是否写出,并告诉他巴格森写出一首嘲讽他的诗。(Ⅲ,3,29以下)

7月13日(三)　费希特在自己的住所举办小型茶话会,参加者有尼特哈

默尔、施米特、胡菲兰德和学生埃·西博尔德(E. Siebold 1775—1828)。(G 1,363)

7月17日(日)　参加一次讨论自然科学文章的会议。(G 6,221)

7月18日(一)　晚间1时,费希特的儿子出生,取名伊曼努尔·哈特曼,前者表示对康德的敬意,后者表示对他岳父的怀念。(Ⅲ,3,37)

7月19日(二)　听费希特本学期三门课程的学生前来庆喜。(G 1,363以下)

7月20日(三)　伊曼努尔·哈特曼接受洗礼;晚间9时30分,学生们在费希特住所前面欢呼与祝愿。(G 1,363以下)

7月27日(三)　卡洛林娜·施莱格尔在大学俱乐部里认识费希特。(G 1,365)

8月9日(二)　弗·施莱格尔于晚间访问费希特,只谈到一些无关紧要的事情。(G 1,369)

8月27日(六)　费希特给赖因霍尔德写信,说自己对巴格森的嘲讽诗捧腹大笑,感到十分高兴,并且告诉他将要开的课程。(Ⅲ,3,33)——费希特在1796至1797年冬季学期讲的课程为:1.《用新方法阐述的知识学》,星期一至星期五,下午3时至4时;2.《伦理学体系》,星期一至星期五,下午5时至6时;3.逻辑与形而上学,星期一至星期五,下午6时至7时;4.星期六哲学辅导课。(同上)

10月12日(三)　当选为上劳齐茨科学协会会员。(Ⅲ,3,74)

10月17日(一)　开始作知识学演讲。(G 5,260)

11月12日(六)　给施瓦茨堡-卢道尔斯塔特枢密大臣弗·威·鲁·冯·博伊尔维茨(F. W. L. von Beulwitz 1755—1829)写信,推荐耶拿大学学生卡·乌·贝伦道夫(K. U. Behlendorf 1775—1825)参加卢道尔斯塔特共济会分会。(Ⅲ,3,42)

11月13日(日)　冯·舍恩访问耶拿,停留两天。他听了费希特讲的逻辑与形而上学。他与费希特进行了内容广泛的交谈。费希特嘱咐他回到柯尼斯堡以后,转达自己对康德的无限敬意。(G 1,382以下)

11月至12月　伊曼努尔·哈特曼出水痘。赫尔巴特的母亲几乎每天都到费希特家里,在约翰娜需要时帮助做家务,并且就费希特的婚姻法观点发表评论,与他争辩。(G 1,386)——费希特评判赫尔巴特写的一篇批评谢林《论自我》的文章,它被视为有独断论错误,经过口头讨论以后,才被认为无错。(G 1,386 与 II,5,15 以下)——费希特写《哲学论调纪事》(I,4,285)

12月31日(六) 尼特哈默尔在《文汇报》"知识界副刊"敬告读者,《哲学评论》今后由他与费希特合编,在奥格斯堡施佩特出版社出版。(G 1,391)

1797 年

1月1日(日) 耶拿大学教授举办小型舞会,参加者中有费希特、鲍鲁斯、威·冯·洪堡、弗·施莱格尔以及大学生埃·冯·维利希(E. von Willich 1773—1808)和阿·穆尔贝克(A. Muhrbeck 1775—1827)。(G 1,397 以下)

1月20日(五) 《用新方法阐述的知识学》的听众达到80人。(G 6,238)

1月30日(二) 弗·施莱格尔对费希特"这个人越来越发生兴趣",因为他不是那种"被磨得没有棱角的人"。(G 1,400)

2月底 收到赖因霍尔德2月14日发出的信。信中说:"我终于学会了理解您的知识学,或者说,学会了——这对我来说是一样的——理解没有其他称号的哲学。您的知识学作为一个臻于完善的、以自身为根据的整体,就摆在我的心灵的眼睛面前"。"我完全可以打赌,康德本人并不理解知识学,而且他永远学不会理解知识学"。(III,3,48 以下)——《哲学评论》第 V 卷第 1 期在施佩特出版社出版,其中包括《知识学新说》绪言与第一导论。(I,4,170)

3月1日(三) 费希特与尼特哈默尔给《文汇报》"知识界副刊"第 30 期写了一则"告读者",指出《哲学评论》第 V 卷第 1 期印刷错误太多,而且出版社随意改动了原稿,特此作废;并且告诉读者,这一期将于三周内另行印制。(I,4,365)

3月12日(日)至19日(日) 席勒、歌德与威·冯·洪堡相继听费希特的《用新方法阐述的知识学》。(G 1,141 以下)

3月21日(二) 给赖因霍尔德回信说:"您的确钻研透了知识学,这一方面向我证明以前说过的道理(使用单纯研究僵死的字母的方法,没有任何人能掌握这门学说;这门学说必定是通过人本身的内在需要发掘出来的),另一方面也证明您以前的体系有正确的观点,而这个体系最吃亏的东西当然是那种现成的材料"。"我从来都没有指望过,知识学的思维方式会在我们的同时代人当中拥有很多的追随者"。"关于我迄今的阐述方式,您的评论太客气了;或者说,阐述的内容让您忽视了阐述方式的缺陷。我认为我迄今关于知识学的阐述是极其不完善的。虽然我知道从这种阐述中迸发出一些思想火花,但这并不是一道火光"。(Ⅲ,3,56)

3月23日(四) 给博伊尔维茨写信,推荐斯特克和穆尔贝克参加共济会。(Ⅲ,3,60以下)

3月24日(五) 费希特在自己的住所给离校的学生赫尔巴特、贝伦道夫、斯特克和费舍尔等举行告别晚会。(G 1,414)

3月底 带着约翰娜和儿子短期外出旅行。在德累斯顿,拜访弗·浮·赖因哈德;在拉梅诺,拜见双亲。(G 5,262)——《哲学评论》第Ⅴ卷第1期在迦布勒出版社出版,其中包括《知识学新说》绪言、第一导论和《哲学论调纪事》。(Ⅰ,4,169与285)

4月初 费希特关于1794至1795年冬季学期星期日演讲写的《辩护书》和1794年夏季学期最后一次演讲,在《宽容与不宽容文献丛刊》1797年第1辑由匿名编者发表。(Ⅰ,4,371,与407)

4月 弗尔贝格在离开耶拿大学时与费希特道别。费希特说,"拿破仑了不起的地方在于,他不仅能指挥他的军队,而且也能指挥敌人,因为他总是懂得把事情安排成这样:敌人恰好做他希望他们做的"。(G 1,418)

4月14日(五) 费希特返回耶拿。(Ⅲ,3,61)

复活节 曾在耶拿大学学习过的约·雅·瓦格纳拜访费希特,谈了自己对于法权概念的不同理解,受到费希特的欢迎。(G 1,423)——从柯尼斯堡来耶拿访问的雅·西·贝克与费希特交谈,哲学见解不一致,事后给康德写信,说费希特给他谈了"许多稀奇古怪的问题"。(G 1,445)

5月8日(一)　开始讲课。费希特这个夏季学期的课程为星期一至星期五的私人演讲:1.《自然法权基础》,下午5时至6时;2.逻辑与形而上学,下午6时至7时;3.星期六哲学辅导课。(Ⅲ,3,63)

5月22日(一)　听笛子演奏会;参加者有歌德、威·冯·洪堡、舒茨、奥·威·施莱格尔和布雷斯劳大学教授约·哥·施奈德尔(J.G.Schneider 1750—1822)。(G 1,436)

5月24日(三)　弗·施莱格尔听费希特讲的逻辑与形而上学,日益成为他的朋友。(G 1,437)

6月6日(二)　赴魏玛拜访教育大臣福格特,费希特说自己对耶拿很满意。(G 1,441)

6月8日(四)　费希特给他的胞弟萨缪尔·哥特海夫写信,向他的胞弟们提供贷款300塔勒。(Ⅲ,3,64以下)

7月4日(二)　给赖因霍尔德写信称,《自然法权基础》已经写好,《知识学新说》第二导论正在排印;提醒赖因霍尔德说,"我觉得您把知识学中非我的设定看得太绝对了"。(Ⅲ,3,68以下)

7月8日(六)　致函上劳齐茨科学协会创建人卡·哥·安东(K.G.Anton 1751—1818),对于被吸收为该会会员致以谢忱。(Ⅲ,3,74以下)

7月22日或29日(六)　参加舒茨家里的社交聚会,出席者中有奥·威·施莱格尔、卡洛林娜、费舍尔等人。(G 6,252)

8月16日(三)　《文汇报》"知识界副刊"第100期报导,刊载《知识学新说》第二导论前半部分的《哲学评论》第Ⅴ卷第4期于当日出版。(Ⅰ,4,170)

约8月20日(日)　诺瓦利斯访问费希特,听到他大力赞扬谢林的《自然哲学观念》。(G 1,452以下)

9月9日(六)　给约·雅·瓦格纳写信,抱着友善的态度,指出他在评论《自然法权基础》时表现出来的弱点。(Ⅲ,3,77以下)

9月12日(二)　《文汇报》"知识界副刊"第121期报导,《自然法权基础》第二部分于当日出版。(Ⅰ,3,297)

9月底　1797至1798年冬季学期费希特要作的星期一至星期五私人演讲为:1.《用新方法阐述的知识学》,下午3时至4时;2.《伦理学体系》,

下午5时至6时;3.逻辑与形而上学,下午6时至7时。星期六哲学辅导课。(*G 5, 264*)

10月6日(五)　费希特带着许尔森赴莱比锡,希望结识谢林;(G 1,460)对于正在生病的谢林仅作短暂的访问。(G 1,464)

10月至11月　费希特从各方面作出努力,拟把谢林聘为耶拿大学教授。(G 1,467 与 528)

〔10月17日(二)　坎波－佛米奥和约签订。奥地利退出干涉法国革命的普奥联盟。〕

11月4日(六)《知识学新说》第二导论后半部分和结束语在《哲学评论》第Ⅵ卷第1期发表。(I,4,170)

晚秋　弗尔贝格从扎尔费尔德来耶拿访问费希特,消除他在《哲学评论》第Ⅵ卷第1期发表的《最新哲学通讯》与费希特产生的哲学分歧。(G 1,475 以下)——康德给费希特来信说,"您1795年和1796年送我的著作,我已经通过哈通先生收到了"。"我看到,您在自己的新作中发挥了作出生动、通俗的阐述的杰出才能,这样,您就已经穿过了经院哲学布满荆棘的小道,觉得没有必要再回顾它了"。(Ⅲ,3,102)

12月　《伦理学体系》讲义开始分批印出;弗·施莱格尔于12月2日在柏林收到七个印张。(G 1,467 以下)

12月9日(六)　迦布勒出版社在《文汇报》发表出版《伦理学体系》的预告。(I,5,6)

〔12月9日(六)　拉施塔特和平大会召开,普鲁士王国承认将莱茵河左岸土地割让给法国。〕

1798 年

1月1日(一)　给康德回信说,"我的阐述受到您的喝彩,这使我感到非常高兴"。"但我还完全没有想到与经院哲学诀别。我在轻松愉快地研究经院哲学,它增强和提高了我的能力"。(Ⅲ,3,105)——写信告诉赫尔巴特:"您将会知道,就像康德派提到的那样,赖因霍尔德完全转向了我的体系。他已经给《文汇报》投寄了一篇评述我的论著的书评,它无疑会在这几天就发表出来。他给我的信写得很有思想,我当然对他期望甚多,至少在最初是如此。他是否会像许多希望准确了解他的人担心的那样,在往后又发生误解,大家在时下必定会作出预料"。(Ⅲ,3,107)

1月4日(四)至8日(一) 赖因霍尔德评论知识学的书评在《文汇报》第5至9期发表,评论的著作为《论知识学的概念》、《全部知识学的基础》和《哲学评论》第Ⅴ卷第1至6期。(R 1,286以下)

2月21日(三) 费希特在讲逻辑与形而上学的课程中着手"推演宇宙"。(G 6,264)

3月21日(三) 刊载《知识学新说》第1章的《哲学评论》第Ⅶ卷第1期出版。(Ⅰ,4,170)

3月底 《伦理学体系》在迦布勒出版社出版。(Ⅰ,5,9)

约4月 尼古拉反对费希特哲学的传奇小说《塞姆波罗尼乌斯·古恩迪贝特的生平和见解》在柏林出版。(G 1,491以下)

4月5日(四) 康德依据赖因霍尔德的书评,谈到对知识学的看法:"单纯的自我意识,仅仅依照思维形式,却没有质料,因此,对这种自我意识的反思也就不能发现自我意识能加以运用的某物,也就不能超出逻辑学,而只能给读者造成一个奇特的印象。由于任何系统地加以阐述的学说都是科学,所以,仅仅知识学这个称号就使人很少期望有什么收获"。(G 1,489)

复活节 《雅典女神殿》第1卷在柏林出版,它刊载的弗·施莱格尔《片断》称:"法国革命、费希特知识学和歌德《威廉·麦斯特》是我们时代最伟大的发展趋势"。(G 1,486)

4月中旬 费希特偕约翰娜和他们的儿子赴德累斯顿短期旅行。(G 1,499)

4月18日(三) 给博伊尔维茨写信,介绍基尔大学医学教授菲·加·亨斯勒(Ph.G.Hensler 1733—1805)参加共济会。(Ⅲ,3,119)

5月2日(三) 拜托前往柯尼斯堡的约·弗·阿贝格(1765—1840)牧师,给康德、宫廷牧师舒尔茨等人捎信问候。(G 1,508)

5月3日(四) 给歌德写信,把阿贝格介绍给歌德,并托他捎去《自然法权基础》第二部分。(Ⅲ,3,120以下)阿贝格到魏玛后,歌德在他面前称

赞了费希特。(G 1,515)

约5月　费希特1798年夏季学期的课程：逻辑与形而上学，星期一至星期五，下午6时至7时。(G 5,267)

5月27日(日)　谢林来到耶拿，呆过三天。他是否像原来打算的那样，拜访到了费希特，在他的书信中没有说清楚。(G 1,519)

5月30日(三)　歌德访问费希特。(G 1,521)

6月18日(一)　中午，歌德访问费希特。(G 1,524)

7月　谢林被聘为耶拿大学教授。——费希特偕约翰娜和他们的儿子赴卡尔斯巴德疗养。(Ⅲ,3,124)在德累斯顿停留时，与施莱格尔兄弟会面。(G 2,10)

7月21日(六)　从卡尔斯巴德给约·雅·瓦格纳7月9日发出的信作答，问他是否愿意到一个枢密官的家里当家庭教师。(Ⅲ,3,132)

8月19日(日)　返回耶拿。(G 1,530)

8月21日(二)　向胞弟萨缪尔·哥特海夫谈到拉梅诺拟办合股工厂的事情；(Ⅲ,4,231)根据自己的经验，预先谈到，"我必须靠我的劳动维持生计，而我的劳动能给我带来某种收获，则取决于这所大学的繁荣"。(Ⅲ,3,135)

8月22日(三)　参加学者周三晚餐会，出席的有医学教授尤·克·洛德尔(J. Ch. Loder 1753—1832)、博物学教授卡·巴迟、胡菲兰德和舒茨等。(G 1,530 与 532)

8月25日(六)　拜访席勒(G 1,531)

8月27日(一)　继续讲授6月22日中断的逻辑与形而上学，共三周，22个课时。(G 6,286 以下)

9月5日(三)　费希特回答美茵茨教育部门主管弗·威·容(F. W. Jung 1757—1833)7月来函，询问他是否愿去美因茨新建教育中心任职的问题。他首先表明："我愿尽我的所能，用言论和著作发生影响；这是我的生活的目的。在什么地方我能找到更好地发生影响的范围，我就最喜欢什么地方。如果人们把我视为政治自由和允许传播政治自由的国家的崇拜者，他们对我的态度便是公正的。我坚决相信，我对于享有政治自由、与自己的一切同胞平等、既不是任何人的天生主人也不是任何人的天生奴隶的人们发生的影响,会远远超过对于那些已经丧失了人类的这种高尚活动能力的人们发生的影响。从这方面来看,除了把我的一生奉献给创建伟大的共和国的工作,培养它将来的公民,对我来说就不会有任何更加理想的事情了。"然后请求说明新建这样一个教育中心的详情,并谈会自己的看法。最后表示,我不得不"担心我迄今在耶拿拥有的这个发生影响的良好范围将会缩小"。(Ⅲ,3,138以下)

9月16日(日) 给约·雅·瓦格纳写信,谈他的作品《窗下情歌》与《柏拉图哲学字典》。(Ⅲ,3,141)——给吉森大学神学教授约·恩·克·施米特(J. E. Ch. Schmidt 1772—1831)写信说:"我的确至今都不知道什么费希特派,这也许是由于我读书不太多。但可以肯定,如果有这类说法,它将比康德派更加让我在内心反感。"(Ⅲ,3,143)

9月17日(一) 赴德累斯顿和拉梅诺短期旅行。(Ⅲ,3,144)在德累斯顿,与谢林多次会面。(G 2,3以下)在拉梅诺,交给萨缪尔·哥特海夫140塔勒。(Ⅲ,3,150)

10月12日(五) 在重新装修过的魏玛剧院里观摩席勒《华伦斯坦的阵营》的首次演出;散场后,费希特硬拉卡洛林娜·施莱格尔共饮香槟酒四杯。(G 2,6)

冬季 费希特1798至1799年冬季学期星期一至星期五的课程为:《用新方法阐述的知识学》,下午3时至4时;自然法权与伦理学,下午5时至6时;逻辑与形而上学,下午6时至7时。(G 6,308以下)听讲者通常有290人,有时达400人(Ⅱ,4,27)——《哲学评论》第Ⅷ卷第1期出版,其中第1—20页是费希特写的《关于我们信仰上帝统治世界的根据》,第21—46页是弗尔贝格写的《宗教概念的发展》。

10月26日(五) 在莱比锡流传一种谣言,说费希特宣传无神论,将受到指控。(G 6,297)

10月29日(一) 德累斯顿高等教会监理会向萨克森选帝侯弗利德里希·奥古斯特三世(1750—1827)告发弗尔贝格的文章,说"这篇文章的观点以史无前例的方式给无神论进行辩护和推波助澜",建议没收刊载此文的本期杂志,惩办耶拿大学中具有无神论倾向的教师。这份报

告的签名者是以亨·斐·冯·蔡特维茨为首的五名监理会理事。(G 1, 298—301)

11月3日(六) 根据美茵茨教育部门主管容10月来函介绍的新建教育中心的计划,费希特回信说,他可以到那里讲授三门课程,即"先验哲学"、"先验哲学通俗解释"和"法学与伦理学"。(Ⅲ,3,155以下)

11月8日(二) 萨克森政府大臣弗·路·冯·武尔姆布(1723—1800)根据德累斯顿高等教会监理会的告发,发布抄查《哲学评论》第Ⅷ卷第1期的命令,并进一步指责费希特在这一期上的文章也在宣传无神论观点。(Ⅰ,5,332)

11月19日(一) 弗利德里希·奥古斯特三世致函莱比锡大学:"由于耶拿教授费希特和尼特哈默尔编的《哲学评论》1798年第1期上的第一篇文章和第二篇文章包含了无神论言论,我们已经发布命令,查抄这一期刊物"。(G 6,308)

11月26日(一) 在莱比锡市政厅公布了对《哲学评论》第Ⅷ卷第1期的查抄令。(G 2,21)

12月1日(日) 萨克森选帝侯批准了对《哲学评论》第Ⅷ卷第1期采取的措施,并要求敦促柏林、不伦瑞克和汉诺威政府仿效萨克森一起行动。(Ⅰ,5,335)

12月 撰写《约·哥·费希特就萨克森选帝侯的查抄令强加给自己的无神论观点向公众呼吁》。(Ⅰ,5,384)

12月10日(一) 致函出版家哥达:"我听说,我们的《哲学评论》的几期刊物在萨克森要遭到查抄,其借口为:在我的一篇文章里宣扬了无神论"。费希特请哥达出版他的《向公众呼吁》。(Ⅲ,3,165)

12月17日(一) 致函出版家哥达:"我已经建议迦布勒先生给北德出版《向公众呼吁》,如果您接受此书的出版的话,给南德、瑞士和莱茵河左岸出版此书,就留给您"。(Ⅲ,3,166)

12月18日(二) 萨克森选帝侯弗利德里希·奥古斯特三世致函魏玛公爵卡尔·奥古斯特:"我们必须十分紧迫地请求尊敬的阁下,让《哲学评论》的作者和编者受到严厉惩罚"。(G 2,26)

12月23日(日) 法国将军、驻奥国大使让·巴·尤·贝纳多特(J.B.J.

Bernadotte 1763—1814)出于对费希特的敬意,拟给他制作铜版画像,通过其德国友人奥·格·霍里克斯(A. G. Horix)向费希特索取一张肖像。(Ⅲ,3,167)

12月25日(二)　魏玛教育大臣福格特给歌德写信说,"我现在把一封令人不快的德累斯顿来信通知您"。"目前的问题在于怎么办。经过种种考虑,我觉得走正规途径最好,那就是转批给耶拿大学,让费希特和尼特哈默尔以负责的态度接受审问"。(G 2,27)

12月27日(四)　魏玛公爵卡尔·奥古斯特给耶拿大学评议会下达命令,要求大学当局审问费希特与尼特哈默尔。(G 6,316)

1799 年

1月4日(五)　费希特写信告诉弗·威·容,魏玛政府也在追查他宣传无神论,这就使他必须再呆在耶拿。(Ⅲ,3,171)

1月5日(六)　写信给胞弟萨缪尔·哥特海夫说,"我越来越不可能在此间停留下去了"。"难道在劳齐茨就没有出现一种叫喊声,说萨克森选帝侯政府已经宣布我为无神论者吗"？"这位选帝侯并不满足于在他的国度里使我声名狼藉,查抄我的论著,还向我的公爵控告了我"。(Ⅲ,3,163以下)

1月9日(三)　将出版《向公众呼吁》的通告分别寄给耶拿《文汇报》(当日发表)、纽伦堡《报信者》(1月18日发表)、维尔茨堡《新学术通报》(1月26日发表)和汉堡《无党派记者政学报》(1月13日发表)等报刊。(Ⅰ,5,361)

1月10日(四)　耶拿大学副校长鲍鲁斯要求费希特写出《法律辩护书》。(Ⅲ,3,171)

1月14日(一)　汉诺威政府发布命令,禁止《哲学评论》在其国内发行。(G 6,320)

1月15日(二)　《向公众呼吁》首次出版2500册;(Ⅰ,6,88)立刻又印2500册。(Ⅲ,3,172)

1月中旬　谢林要求《文汇报》发表他给《向公众呼吁》写的书评;但这个要求遭到拒绝。(G 6,322)

1月16日(三)　费希特将《向公众呼吁》赠送给150—200位学者,其中包括奥·威·施莱格尔、雅可比、席勒、赖因霍尔德、容、拉法特、施帕尔丁和比斯特等人。(Ⅲ,3,174以下)

1月19日(六)　费希特将《向公众呼吁》呈送给魏玛公爵。(Ⅲ,3,179)

1月26日(六)　席勒在魏玛政府的授意下给费希特写信说,"毫无疑问,在每个有理智的人的面前,您都完全没有受到宣传无神论的指控"。"但愿您不认为目前的整个事件对您个人的安全有重要后果。因为像此间的政府想象的那样,这类鸡毛蒜皮的小事不值得担心"。"的确有人责备您,说您完全是为了自己发表这篇呼吁书的","不过您是与魏玛政府打交道"。"您可以静候结果"。(Ⅲ,3,183以下)

2月18日(一)　斯特克在瑞士为费希特寻找避难所,争取他到海尔维第共和国供职。(G 2,57)

〔3月1日(六)　英国纠集俄国、土耳其、奥地利和那不勒斯组成第二次反法联盟。〕

3月14日(四)　讲完《用新方法阐述的知识学》的最后一讲。(G 5,273)

约3月中旬　耶拿大学教授鲍鲁斯、胡菲兰德等人向费希特许诺,如果他受到公开的斥责,大家一起辞职。(G 2,81)

3月17日(日)　给吉森大学神学教授约·恩·克·施米特写信说,"您在我迄今的知识学阐述中发现的不能令人满意的东西在什么地方?大概还不是在原理中吧?!但这种东西确实存在于推导中,如果您谈的是业已发表的《全部知识学的基础》,那么,您说得很对,其中是有许多不能令人满意的东西。这本著作除了供听课的人阅读,从来都没有其他用途,而知识学的敌人和友人一般都忽视了这个用途"。(Ⅲ,3,213)

3月18日(一)　费希特与尼特哈默尔把他们的《法律辩护书》送给魏玛政府和萨克森政府。他们通知耶拿大学评议会,他们已经将这篇东西直接递交魏玛宫廷和萨克森宫廷。(Ⅲ,3,217以下)

3月20日(三)或21日(四)　费希特给鲍鲁斯写信,说明自己打算如何给教育大臣福格特写信。(Ⅲ,3,281)

3月21日(四)　鲍鲁斯回信说,"我完全同意"。(Ⅲ,3,282)

3月22日(五)　给福格特写信说:"您在什么限度内进一步利用我现在向您讲的话,我完全听凭您用自己的智慧加以决定。""我无法说出,业已发生的误解如何非同寻常,大得惊人。人们丝毫也没猜想到我的体系的思想倾向"。"我在法律辩护书里说,人们确实也不会对我作出任何法律的谴责;人们不会做出任何伤害我的名誉的举动,而我爱我的名誉更超过爱我的生命。我说这类话,是为了断定人们不会做这类事"。"我必须声明,不要指望我会恭顺地接受这种谴责"。"我除了提出辞职,回答这种谴责,就不会再有任何办法"。"许多与我抱有同样信念的朋友已经向我保证,假如我受到那样的强制,他们就随我离开这所大学"。(Ⅲ,3,285以下)

3月23日(六)　上午,福格特收到费希特来信。(Ⅲ,3,286)——鲍鲁斯向福格特解释费希特的信。(Ⅲ,3,371)——福格特给当时在耶拿停留的歌德发出紧急公函,歌德当即复函。(G 2,77)

约3月24日(日)　福格特与歌德在科特绍会晤,歌德同意对费希特从速采取行动。(Ⅲ,3,290)

3月25日(一)　普鲁士国王弗利德里希·威廉三世决定不在其国内禁止《哲学评论》的发行。(G 6,368)

3月27日(三)至4月6日(六)　赖因霍尔德给费希特写长信,说自己开始转向理性实在论。(Ⅲ,3,295—320)

3月29日(五)　萨克森政府也同意辞退费希特。魏玛枢密院举行会议,就费希特辞职作出决定;(Ⅲ,3,290)在这次会议上,歌德就费希特的辞职和谢林的上任说道:"一颗星坠落了,另一颗星升起来了"。(G 6,371)——魏玛公爵敕令耶拿大学对费希特和尼特哈默尔进行谴责:"我们以极其宽宏大量的态度,希望你们要谴责费希特和尼特哈默尔教授不审慎的行为;我们以极其宽宏大量的态度,希望你们要允许费希特这个教授辞职;甚至对于那些想要按照他的指引,追随他的教授们,我们也没有打算不让他们辞职"。(G 2,90以下)

4月1日(一)　让费希特辞职的批文从魏玛下达耶拿大学。(G 2,102)

4月2日(二)　鲍鲁斯将批文私下送费希特过目,并把它暂时扣压起来,不在耶拿大学评议会上宣布,以争取时间,促成魏玛政府改变原批。

(Ⅲ,3,373)

4月3日(三)　费希特写给福格特一封经过鲍鲁斯费尽脑汁、反复删改的信件。(Ⅲ,5,110)信中说,"我从外部获悉,我在3月22日给您写的信已经让人认为我在一个特定情况下确实要提出辞职,而且已经让人断定确实出现了这种情况"。"而我谈的是一种可以被视为损害教学自由的敕令,是这样一种对教授的谴责,这种谴责实际上已经打击了教学自由在公开研究一切思辨课题中的应用,证实了向我提出的宣传无神论的指控,反对了我的宗教学说本身"。"但现在发出的批文并没有使我处于我所设想的这种情况"。"无论在我自己面前,还是在公众面前,我从来都不想装出一副模样,好像我是出于这个原因而自愿卸下我的教职的"。(Ⅲ,3,291以下)——鲍鲁斯带着费希特的信,傍晚8时赶到魏玛,转交给福格特。鲍鲁斯问到,在这样解释3月22日的信以后,是否有希望改变辞职批文,福格特回答说,"这类空洞的辩解丝毫也不能改变既成事实"。(Ⅲ,3,292)——萨克森政府按照福格特的意思,签发一道批文,它发表于6月1日埃尔朗根《文学报》。(G 2,104)

4月5日(五)　魏玛政府答复鲍鲁斯,说费希特4月3日的信件"并没有被公爵视为能改变其决定的东西"。(Ⅲ,3,375)辞职批文最后不得不在耶拿大学评议会宣布。(Ⅲ,3,375)

4月6日(六)　致函海尔维第共和国艺术与科学部长菲·阿·施塔普菲尔(Ph.A.Stapfer 1766—1840):"部长公民,您无疑了解我,能判明我会有何用处;我会尽我的一切所能,献身于您的祖国"。(Ⅲ,3,321)

4月9日(二)　给美茵茨教育部门主管容写信,询问他是否能给办一个赴美茵茨、斯特拉斯堡和巴塞尔旅行的护照。(Ⅲ,3,322)

4月20日(六)　耶拿大学262名大学生向魏玛公爵递交联名信,请求当局仍然让费希特在本校执教,但遭到拒绝。(Ⅲ,3,329;G 6,419以下)

4月22日(三)　给赖因霍尔德写信。结合雅可比3月21日来信中发表的言论和无神论之争中反映出来的那种把哲学视为生活智慧的成见,费希特指出,"只有来自生活的东西才能构成生活,而唯心论是生活的真正对立面。唯心论的真正目的是为知识而知识"。费希特向赖因霍尔德谈了自己当前的处境,说他要打捆资料,清理家务,准备逃

亡。(Ⅲ,3,325 以下)——给雅可比写信,讨论他所说的"对生活的热情"和"对思辨的憎恨"。(Ⅲ,3,334 以下)

4月24日(三)　耶拿大学 280 名大学生再次向魏玛公爵联名请愿,要求费希特留校执教,再次遭到拒绝。(Ⅲ,3,339;G 6,439 以下)——伊曼努尔·哈特曼生病。——汉诺威政府发出布告,如果费希特到达哥廷根,他将被驱逐出境。(G 6,442)

5月3日(五)　给赖因霍尔德写信,首先对他寄来的《关于最新哲学的悖论》表示高兴,说"对这件事情本身我们的意见完全一致"。接着谈到,本来打算向共济会成员、鲁道尔施塔特侯爵路德维希·弗利德里希二世(Ludwig Friedrich Ⅱ 1767—1807)申请居留权,但魏玛政府从中作梗,也遭到拒绝。费希特向赖因霍尔德说,"您几乎不能想象,人们是怎样对待我的"。(Ⅲ,3,341 以下)

5月9日(四)　与胡菲兰德、鲍鲁斯、洛德尔、弗洛曼及科策布到德利斯尼茨春游。(G 2,178)

5月10日(五)　给美茵茨教育部门主管容写信说,"自从4月29日法国大使在拉施塔特惨遭杀害以来,就只有法兰西共和国能成为正直的人的祖国;正直的人只能把自己的力量贡献给这个共和国,因为从现在起,不仅人类最高尚的希望,而且人类的生存也都系于这个共和国的胜利"。(Ⅲ,3,349)

5月29日(三)　给纽伦堡《报信者》主编约·雅·瓦格纳写信,谢绝建议他去赫尔姆斯泰特大学任教的计划,因为这所大学里任教会受到犹太人的伤害。同时告诉瓦格纳,"人们时下还没有把我赶出耶拿;如果他们这么做,我当然不知道我该把我的脑袋扎到什么地方"。(Ⅲ,3,376)

6月初　普鲁士大臣克·康·威·冯·道姆(1751—1820)在耶拿偶然停留,认为福格特"滥用私人信件,对朋友背信弃义";建议费希特"到普鲁士寻找一个避难场所",并且"可以保证他在那里安全无恙"。(G 2,189)——费希特给柏林的浪漫派弗·施莱格尔写信,询问他是否可以到柏林,普鲁士当局是否能批准他在柏林居留。(Ⅲ,3,382)

6月9日(日)　费希特与尼特哈默尔写的《法律辩护书》在迦布勒出版社

出版。(G 2,192)
6月14日(五)　费希特给赖因霍尔德写信说,他的儿子生病,几乎费了他14天时间。(Ⅲ,3,381)
6月24日(一)前　弗·施莱格尔回信,建议费希特一人先来柏林访问,给他选择了到达的时机,并拟租一套带家具的公寓。(Ⅲ,3,383以下)
6月24日(一)　费希特给弗·施莱格尔写信说,过几天就可以到达柏林。(Ⅲ,3,386)
6月30日(日)　给容写信,说明已经放弃赴法的打算,后天就踏上赴北德的旅程。(Ⅲ,3,390)
6月底或7月初　耶拿大学学生拟制造一种费希特纪念章,但计划未实现。(G 2,210以下)
7月2日(二)　启程赴柏林。(Ⅲ,3,390)

柏　林

7月3日(三)　经布兰登堡,于晚10时抵柏林。(Ⅲ,4,7)
7月4日(四)　住入弗·施莱格尔已租到的下林登"银月公寓"。与施莱艾尔马赫和蒂克整天在一起。(G 2,204)费希特说,"一位朋友告诉我,星期四上午,国务委员会讨论了我到达柏林的情况,暂时决定让人对我严加监视"。(Ⅲ,4,7)
7月5日(五)　公安督察员到费希特住处,盘问他是在此地消遣,还是做事。他回答说,是在此地消遣,但还不知道能呆多久。(Ⅲ,4,8—9)——阅读弗·施莱格尔刚出版的小说《路琴德》。(G 2,205)
7月6日(六)　给约翰娜写两封信,一封是邮寄的,另一封是由蒂克转交的。信中说:"我的信被拆开","我受到监视";但"我的愿望是能在这里呆下去","我在这里感到亲切,我将获得从事工作的乐趣"。(Ⅲ,4,8以下)
〔7月12日(五)　普鲁士国王弗利德里希·威廉三世从外地返回柏林。〕
7月17日(三)　《文汇报》根据魏玛政府的观点,发表费希特辞去耶拿大学教职和前往柏林旅行的消息。(G 2,208)
7月　与柏林纪念章制模师阿·阿伯拉姆森(A. Abramson 1754—1811)多次

会面,此人要做一种带费希特肖像的纪念章。(Ⅲ,4,28)

7月18日(四)　与弗·施莱格尔和多罗特娅·法伊特(Dorothea Veit 1763—1839)短途下乡踏青。(Ⅲ,4,17)

7月20日(六)　给约翰娜写信说,雅可比提出的那个立刻举家迁往海得堡的建议是不能采纳的。"我正在撰写《人的使命》"。(Ⅲ,4,16)——给谢林写信说,"关于我的事情,我还没有得到什么确实的消息";并谈了柏林研究医学的现状。(Ⅲ,4,18)

7月底到8月初　莱比锡出版家威·赖恩(W. Rein)约请费希特给《1800年历法》编写解说词。(Ⅲ,4,15)——费希特幽居简出,生活得很孤独,几乎只与弗·施莱格尔和施莱艾尔马赫交往。(G 2,217)

8月1日(四)　费希特找普鲁士枢密顾问卡·弗·拜梅(1763—1838)面谈,说明自己是为了在此定居才前来柏林的。在给约翰娜的信里说,这位主管内政的枢密顾问"向我保证,我的这个打算不会受到阻碍,人们将把我在此居留视为光荣的、令人高兴的事情,国王对于涉及这个问题的某些原则持坚定不移的态度"。(Ⅲ,4,26)

8月17日(六)　写信告诉约翰娜,"我住入弗利德里希大街的城堡紫屋"。(Ⅲ,4,39)

8月20日(二)至24日(六)　写信告诉约翰娜,"我在勤奋地工作,很愉快。我的论述人的使命的著作拟于米迦勒节写完"。(Ⅲ,4,46)

8月21日(三)　从卡洛林娜·施莱格尔来信获悉,伊曼努尔·哈特曼又在生病。(Ⅲ,4,47)

8月28日(三)　康德在耶拿《文汇报》发表批评费希特的声明:"我认为费希特的知识学是一个完全站不住脚的体系。因为纯粹的知识学不多不少恰恰只是逻辑,靠逻辑原理是上升不到认识的内容的,作为纯粹逻辑,正是要把自己的内容抽掉;要从逻辑中提炼出一个实在的客体来,那是徒劳无功的事"。(G 2,217)

8月29日(四)　给赖因霍尔德复信,批评他6月24日的来函关于辞职问题发表的意见。费希特认为,"若不铲除一些人产生恶意的根源,就永远不会使他们改恶从善","根本不存在什么从愚蠢到明智、从狡黠到诚实的不断转变"。(Ⅲ,4,52—55)

8月30日(五)　写信告诉约翰娜,"自从我不再呼吸耶拿那种污浊的、令人窒息的空气以来,我的情绪完全改观";《人的使命》的撰写已完成一半以上"。(Ⅲ,4,56)

9月5日(四)　弗·施莱格尔到达耶拿旅行,给约翰娜捎去费希特的家书,给谢林口头转达费希特委托他复答康德声明的打算。(G 2,65)

9月12日(四)　谢林给费希特写信说,"显然,康德只知道您的知识学的名称,所以他是对自己完全不理解和不知道的东西表示了非议",并请求费希特自己作出回答。(Ⅲ,4,68以下)——费希特写出对康德声明的答复,特别指出,"按照我的用语,知识学一词所指的根本不是逻辑,而是先验哲学或形而上学本身",并且将这个答复寄给谢林。(Ⅲ,4,71以下)

9月20日(五)　费希特就谢林9月12日的来函复信说,"我当然完全相信,康德哲学如果不像我们接受它那样予以接受,就是十足的胡说八道"。(Ⅲ,4,85)

9月22日(日)　应邀赴共济会庄严约克分会的花园做客,与费斯勒交谈共济会的宗旨和本质。(G 2,230)

9月24日(二)　访问费斯勒;此人要求费希特为共济会贡献一切力量,费希特回答说:"可以当顾问"。(G 2,231)

9月28日(六)　给赖因霍尔德写信,说雅可比是一位"高雅的和富有的枢密顾问",维兰德是个"平庸的诗人",而康德"只有四分之三的脑瓜"。(Ⅲ,4,90以下)

10月5日(六)　约翰娜告诉费希特:"歌德目前在耶拿,抱着友善的态度,向施莱格尔询问过你现在的工作和健康状况"。(Ⅲ,4,101)

10月10日(四)　费希特告诉约翰娜:"我来到此处的若干时期,在人们很细心地监视过我以后,就我在这里的居留问题,听说国王发表了这样的意见:如果费希特是一个安分守己的公民,并且不参加危险的结社,则可允许他在我的国家里平安地居住下去;如果他真与仁慈的上帝为敌,仁慈的上帝就会惩罚他,而这与我毫无关系"。(Ⅲ,4,105)

10月14日(一)　应邀赴共济会作报告,讲共济会真正的和正确的宗旨以及共济会的符号,听众对于费希特拥有如此高深的知识表示惊讶。

(G 2,237;Ⅲ,4,131)

10月21日(一)　与费斯勒谈论共济会的事业和共济会的各个分会的改革。(G 2,240)

10月23日(三)　听费斯勒讲解第四等与第五等共济会礼仪规则。(G 2,241)

10月26日(六)　听费斯勒讲解第六等共济会礼仪规则。(G 2,241)

约11月　《雅可比致费希特》在汉堡出版,将两位哲学家的分歧公之于世(Ⅲ,4,142);费希特称雅可比哲学为"顽固的独断论"。(Ⅰ,6,434)

11月1日(五)　费希特经过考试,被吸收到庄严约克大分会里。代理大师费斯勒致辞时说,"欢迎这住学养有素的兄弟来到我们的圣地,在这里,受到压迫的无辜、被人误会的德性和遭到迫害的真理不仅必定会找到避难所,而且也必定会受到尊重"。(G 2,243)

11月2日(六)　写信告诉约翰娜:"关于我的《人的使命》,我已经在此通过费斯勒〔与柏林福斯书局〕签订了一项很有利的出版合同〔稿酬500塔勒〕"。(Ⅲ,4,132)

11月5日(二)　听费斯勒讲解第七等共济会礼仪规则。(G 2,248)——收到谢林11月1日来函,他建议明年夏天共同赴法国旅行,说"我们的合作会把我们永远不可分离地结合到一起"。(Ⅲ,4,134)

11月9日(六)　最后听费斯勒讲解第八等共济会礼仪规则。(G 2,249)

〔11月9日(六)　巴黎雾月18日政变,督政府解散,拿破仑自任第一执政。〕

约11月中旬　萨缪尔·哥特海夫来柏林访问。(Ⅲ,4,157)——《人的使命》的定稿工作结束。(Ⅲ,4,132)

11月19日(二)　给谢林回信说,"关于明年夏季,尤其是关于未来,我还没有最后制定计划;与您一道度过明年夏季的设想,真令我激动不已"。(Ⅲ,4,158以下)

11月24日(日)至25日(一)　歌德与福格特相互通讯,讨论费希特即将到达耶拿的问题。福格特表示,"我想提请殿下采取防范措施"。(G 2,259)

11月28日(四)　费希特应邀赴内在曙光成员的集会,参加会餐;庄严约克大分会成员、柏林枢密军事顾问约·弗·费尔德曼(J.F.Feldmann)很明确地声明自己反对费希特参加这个大分会。(G 2,260)

耶 拿

12月4日(三)　傍晚抵达耶拿。(G 2,263)

12月　费希特对于雅可比发表《雅可比致费希特》一书很不满意。(G 2,275)——谢林和施莱格尔兄弟通知费希特,他们希望与他联合起来,创办一个具有批判精神的学术刊物,并委托他起草计划。(Ⅲ,4,336)

12月9日(一)　偕约翰娜到奥·威·施莱格尔家中,听他朗读他刚才译出的莎士比亚《亨利四世》。(G 2,265)

12月20日(五)　赖因霍尔德给巴尔迪里写信称,巴尔迪里的哲学立场现在也是他自己的哲学立场。(G 2,268以下)

12月23日(三)　费希特将自己拟草的计划交给施莱格尔兄弟。(Ⅲ,4,168—174)

约12月底　耶拿大学讲师约·帕·沙德(J.P.Schad 1758—1834)将他发表的《费希特体系通俗解释》(埃尔福特1800年)的样书一册赠送费希特,说"他在听讲时没有察觉在什么地方是理解错了这个体系的"。(G 2,278)——撰写《一封私函的摘录》。(G 5,285)

1800 年

1799—1800年冬　费希特在耶拿有时与弗·施莱格尔交谈,谈到知识学方法的综合进程和施莱格尔的诗学体系。(Ⅲ,4,323与282)——费希特想找谢林交谈,但在他的住处找不到他,在他经常呆的地方,即奥·威·施莱格尔夫人的住所,又出于善意的理由而无法找他。(Ⅲ,4,318与323)——费希特答应出版家迦布勒刊印《全部知识学的基础》的修订版。(Ⅲ,5,131)

1月初　收到赖因霍尔德12月26日来函,他在信中极其热切地向费希特推荐巴尔迪里《第一逻辑纲要》。(Ⅲ,4,175)——《关于哲学中的精神与字母》在《哲学评论》发表。(Ⅰ,6,315)

1月　《一封私函的摘要》在《哲学评论》发表。(I,6,369)
1月8日(一)　给赖因霍尔德复信:关于巴尔迪里的著作,说自己暂时还没有可能作出评判;关于与雅可比的哲学分歧,指出他不了解实践知识学,而"我的体系从头到尾都仅仅是自由概念的分析"。(III,4,178以下)
1月10日(五)　耶拿大学144名学生联名请愿,要求当局恢复费希特的教职。(G 6,498以下)——卡尔·奥古斯特给耶拿大学评议会下达批示,予以否定。(G 6,507)
1月13日(五)　给出版家哥达写信,提议长期合作,并告诉他近期的著述计划:评判法国宪法;答复《雅可比致费希特》;写出《就最新哲学的本质向读者作明如白昼的报导》;重新阐述知识学。(III,4,185以下)
约1月中旬　《人的使命》在柏林福斯书局出版。(G 2,292)
1月31日(五)　哥达接受了费希特的提议。(III,4,194以下)
2月2日(日)　费希特给其胞弟约翰·哥特劳伯复信,谈萨缪尔·哥特海夫猝死的事情。(III,4,206以下)
2月中旬　审读巴尔迪里的《第一逻辑纲要》,做了写书评的准备。(III,4,272与236)——费希特收到赖因霍尔德1月23日发出的一封催促他研究巴尔迪里的这本书的信件。(III,4,198)
〔2月底至3月初〕　费希特在与谢林交谈中表示,他已经完全放弃了联合创办那个具有批判精神的学术刊物的打算。(III,4,290)
3月4日(二)《人的使命》第一版全部销完。(G 2,301)
3月10日(一)　致函歌德,希望能前往魏玛,与他告别。(III,4,238)
3月中旬　对歌德与福格特作告别访问。(III,4,238注与G 2,306)——"抱着依依不舍的心情与谢林告别。"(III,4,324)——与尼特哈默尔结清《哲学评论》的账目。(III,5,131以下)——偕约翰娜与他们的儿子离开耶拿,前往柏林。

柏　　林

3月22日(六)　访问费斯勒,接受他的建议,计划给共济会作十四次演讲。(G 2,314)

4月13日(日)　中午12时至下午1时,共济会演讲第一讲。(G 2,322)

4月复活节前后　让·保罗《费希特或捐躯者的钥匙》在埃尔富特出版。(G 5,288)

4月17日(四)　被毕泰戈拉分会吸收为明星会员。(G 2,325)

4月27日(日)　中午12时至下午1时,共济会演讲第二讲。(G 2,330)

4月28日(一)　费希特在共济会赞扬蒂克新近发表的《圣·热诺维埃夫的生平》,与默克尔发生争论。(G 2,335)

5月8日(四)　被吸收为庄严约克分会内在曙光成员。(G 2,339)

5月11日(日)　共济会演讲第三讲。(Ⅲ,4,263)

5月14日(三)　谢林来信,请费希特对于刚出版的《先验唯心论体系》发表评论。(Ⅲ,4,242以下)

5月23日(五)　被吸收为庄严约克大分会内曙光主讲。(G 2,341)

5月26日(一)　费希特致函费斯勒,附上对于共济会历史的说明。(Ⅲ,4,245以下)

约5月底　费斯勒给费希特复函,附有对于费希特的说明的反驳。(Ⅲ,4,251以下)

5月31日(六)　给鲍鲁斯写信,谈到关于谢林与施莱格尔夫人的传说,表示"这使我很气愤"。(Ⅲ,4,258以下)

6月初　柏林银行家萨·莫·莱维请求费希特给他个人讲授知识学。(Ⅱ,5,324)

6月6日(五)　在讨论分会新会章时,就内在曙光成员与大分会的关系,与费斯勒、费舍尔等人发生了激烈争论。(G 2,350以下)

6月15日(日)　费希特在分会里感到费斯勒的讲话是极其错误地反对他的。(G 2,356)

6月19日(四)　费斯勒在分会里要求费希特在施洗约翰节作一次演讲,费希特欣然同意。(G 2,354)

6月24日(二)　费希特在分会所作的演讲中挖苦费斯勒6月15日的讲话,引起听众的强烈反应。(G 2,356以下)

6月27日(五)　在内在曙光成员的集会中,费希特遭到费尔德曼的无礼对待。(G 2,358)

6月28日(六)　费希特将他决定辞去内在曙光主讲与毕泰戈拉分会明星会员的通知书递交给费斯勒。(G 2,359)

7月3日(四)　费尔德曼向分会提出对于费希特的指控。(G 2,362)

7月4日(五)　费希特将他永远退出共济会的一切组织的决定通知费斯勒。(G 2,362)——给赖因霍尔德写信,说明巴尔迪里体系的基点自从康德头脑中出现第一个批判哲学思想以来,已经彻底遭到毁灭。(Ⅲ,4,272)

7月23日(三)　费希特谢绝费斯勒要他参加会见汉堡戏剧作家弗·路·施罗德(F.L.Schröder 1744—1816)的邀请。(G 2,371以下)

8月　费希特奋笔撰写《就最新哲学的本质向公众所作的明如白昼的报导》前三讲与《锁闭的商业国》。(Ⅰ,7,168)

8月16日(六)　写信告诉弗·施莱格尔:"我已完全与共济会分道扬镳"。并向他指出,"与您相反,我说,正像只有一种理性一样,也只有一种真正的诗"。(Ⅲ,4,284)——已经写成的《锁闭的商业国》第一卷与第二卷付排。(Ⅲ,4,334)——约翰娜数日以来身患重病。(G 5,292)

8月27日(三)　施莱艾尔马赫访问费希特。(G 2,384)

8月29日(五)　约翰娜病情刚见好转。(G 2,387)

8月30日(六)　《锁闭的商业国》第三卷付排。(Ⅲ,4,334)

约夏秋之交　与蒂克在德累斯顿门前面散步,作推心置腹的交谈。他曾向蒂克喊道:"哎呀!您可别相信灵魂不朽!这是最卑鄙的利己主义,它坚持而不想放弃这个信仰"。(G 6,533)

9月18日(四)　给赖因霍尔德写信,就他责备费希特的论调问题指出:"我很确信我的体系的原则,所以,我只要不丧失理智,就永远不会再对此表示怀疑。难道我在这方面还该打算讨教吗?"(Ⅲ,4,313)

10月8日(三)　写出《致哲学界读者》,以期批驳霍伊辛格《论费希特先生的唯心主义无神论体系》及其书评作者对知识学的宗教理论的歪曲。(Ⅰ,6,460)

10月11日(六)　写出《评巴尔迪里〈第一逻辑纲要〉》,与《致哲学界读者》一起,寄给爱尔朗根《文学报》副主编梅美尔。(Ⅲ,4,330)

约10月中旬　开始"重新改写知识学"。(Ⅰ,7,145;Ⅱ,5,321以下)

10月30日(四)与31日(五) 《评巴尔迪里〈第一逻辑纲要〉》在爱尔朗根《文学报》发表。(I,7,277)

10月31日(五) 在《锁闭的商业国》前言上签名。(G 5,295)

11月1日(六) 《致哲学界读者》在爱尔朗根《文学报》发表。(I,6,429)——读完谢林《先验唯心论体系》。(II,6,118)

11月4日(二) 写出以"六年以来"开头的重新阐述知识学的预告,供斯图加特与图宾根《文汇报》发表。(I,7,164)

——《锁闭的商业国》印刷完毕。(G 5,295)

11月8日(六) 将装帧精致的《锁闭的商业国》仿羊皮纸样书寄给普鲁士财政和贸易大臣施特吕恩塞与普鲁士政治家弗·威·舒伦贝格(F.W. Schulenburg 1742—1815)伯爵,并请施特吕恩塞转呈普鲁士国王弗利德里希·威廉三世一册。(III,4,353)

11月9日(日) 施特吕恩塞给费希特回信说,"您送给了我一份令人喜欢的礼物。既然您乐于把这部著作公开献给我,那我就要为此向您表示我的全部谢意"。(III,4,353)

11月15日(六) 在读完《先验唯心论体系》以后,给谢林写信说,"我在今年冬天要全力重新修改知识学,已经向广大读者就此写了一篇报导"。"关于您把先验哲学与自然哲学对立起来,我还与您看法不一致。一切问题看来都是来源于观念活动与实在活动的混淆,而这种混淆有时是我们两人作出的"。"在我看来,既不是事实附属于意识,也不是意识附属于事实,而是这两者在自我这个具有观念的实在性和实在的观念性的东西里直接结合在一起的。——自然界的实在性是某种不同的东西。这种实在性在先验哲学中表现为完全被发现的,而且是现成的和业已完成的。"(III,4,359以下)

11月19日(三) 谢林回信,向费希特解释他的自然哲学,设法说明它与先验哲学没有什么对立的地方;送上新近出版的《思辨物理学杂志》第I卷第1期与第2期,并对费希特评论巴尔迪里的文章表示欢欣鼓舞。(III,4,362以下)

11月23日 赖因霍尔德开始撰写致费希特的公开信,作为对费希特批评巴尔迪里的答复。(III,4,372以下)

11月底　费希特偕约翰娜访问柏林书商约·丹·赞德尔(J.D.Sander 1759—1825)家。(G 2,421)

12月2日(二)　给席勒赠寄《锁闭的商业国》与《人的使命》样书,说明目前正在重新阐述知识学。(Ⅲ,4,399以下)

12月底　中断重新阐述知识学的工作。(Ⅱ,5,327以下)——继续撰写《明如白昼的报导》。(Ⅰ,7,169)

12月31日(三)　除夕,在柏林出版家约·温格尔(J.Unger 1753—1804)家中,费希特与约翰娜、奥·威·施莱格尔、蒂克、沃尔特曼、让·保罗和柏林管弦乐队指挥约·弗·赖夏特(J.F.Reichardt 1752—1814)会聚。(G 5,297)

1801年

1月初　赖因霍尔德在他主编的《十九世纪初哲学概况》第1期发表《就爱尔朗根〈文学报〉关于巴尔迪里的纲要所刊出的第二篇书评致费希特教授先生》。(Ⅰ,6,430以下;Ⅰ,7,277)——柏林画家弗·布里(F.Bury 1763—1823)拜访费希特。(Ⅲ,5,10)

1月17日(六)以前　在费斯勒住处遇到让·保罗,就雅可比的哲学观点、唯心论和实在论问题进行热烈的辩论。(G 3,7)

1月24日(六)　以"六年以来"开头的声明在《文汇报》和《上德意志文汇报》发表。(Ⅰ,7,145)

1月29日(四)　给尼特哈默尔写信,谈《哲学评论》的工作。(Ⅲ,5,7)

〔2月9日(一)　奥地利与法国签订割地求和的吕内维尔和约,第二次反法同盟战争结束。〕

2月14日(六)　致函哥达,询问他是否愿意出版一本批判尼古拉的著作。(Ⅲ,5,13以下)

2月21日(六)与23日(一)　哥达给费希特复信,说愿意出版这本批判尼古拉的著作。(Ⅲ,5,17)

3月19日(四)　答复迦布勒2月25日来函,不同意他在本届复活节再版未经修订的《全部知识学的基础》。(G 5,298)

3月21日(六)　费希特收到柏林法学著作家费·弗·艾森贝格(F.Ph.

Eisenberg 1756—1804)退给他的《尼古拉的生平与怪论》书稿,此人说他应将书稿寄柏林高等法院顾问路·菲·吕德里茨(L. Ph. Lüderitz)。(G 5, 298)

3月26日(四)　费希特在剧院得知,普鲁士高等教会监理会不批准《尼古拉的生平与怪论》出版。(G 5, 299)

3月27日(五)　致函高等教会监理会主席阿·弗·冯·舍费(A.F. von Scheve 1752—1837):"我特此声明,本人并未将这样一本著作送给上述机关审查"。退回高等教会监理会寄来的通知书。函告艾森贝格,出版家是在没有取得作者同意的情况下将书稿呈递给审查机关的。(G 5, 299)

3月31日(二)　奥·威·施莱格尔通知哥达,他担任《尼古拉的生平和怪论》的编辑工作;委托其胞弟弗·施莱格尔,让此书在耶拿弗洛曼出版社排印。(G 3, 22—24)

3月底　《明如白昼的报导》印制完毕。(I, 7, 169)

4月1日(三)　收到赖因霍尔德主编的《十九世纪初哲学概况》第1期。(I, 7, 315)

4月3日(五)　写完《答赖因霍尔德教授先生》,交哥达发表。(I, 7, 315)

4月5日(日)　复活节,迦布勒预告《全部知识学的基础》第二版问世。费希特声明他没有同意此书再版。(III, 5, 21)

4月27日(一)　弗·施莱格尔看完《尼古拉的生平与怪论》校样。(G 3, 31)

约4月28日(二)　费希特请奥·威·施莱格尔看他写出的《田园诗》一首,并把它投给《诗歌年鉴》发表。(I, 8, 5; G 3, 30)

4月29日(三)　给哥达写信,谈他日前印出《答赖因霍尔德》一千册以后,温格尔也立刻再版了这个小册子。(III, 5, 28)——送梅美尔《明如白昼的报导》和《答赖因霍尔德》样书各一册,请求爱尔朗根《文学报》发表书评。(III, 5, 26以下)——给谢林写信,请他把《答赖因霍尔德》样书四册分别转送歌德、席勒、弗·施莱格尔和尼特哈默尔。(III, 5, 24以下)

5月初　《尼古拉的生平与怪论》问世。(I, 7, 327)

春季　迦布勒竭力请求费希特同意未经修订的《全部知识学的基础》由他

再版,费希特再次予以拒绝。(Ⅲ,5,35)

5月9日(六)　给哥达写信说:我已经向迦布勒拒绝了原封不动地再版《全部知识学的基础》。"其实在广大读者当中,人们丝毫也没有理解我用这本书真正想要说的意思,而这也许得等到今年米迦勒节以后很久"。(Ⅲ,5,32)

5月15日(五)至18日(一)　谢林给费希特写信,并寄送《我的体系的阐述》样书一册。谢林说,"我的最热切的愿望是您不久有暇制定出关于可理解的事物的体系,因为我猜想,这将很适合于永远完全消除现在存在的一切分歧"。(Ⅲ,5,35以下)

5月24日(日)　谢林给费希特写信,对于《答赖因霍尔德》表示欢欣鼓舞,说从中看到了久已期待的一个能表示他们两人意见一致的征兆,那就是"他们两人只承认一种绝对知识,它在一切知识中都是相同的、永远再现的知识"。(Ⅲ,5,39—42)

5月31日(日)　读完《我的体系的阐述》,准备写出批评意见。(Ⅱ,5,483以下)——开始给谢林写一封长信(8月7日写完),当日写道:"您的哲学体系表明,您在继续误解我的体系。知识学现在根本不缺少原则,但的确缺少完备的阐述;因为最高的综合,即精神世界的综合还没有作出来"。"出发点不可能是一种存在,而必须是一种观照;观念根据与实在根据的同一性也必须作为直观与思维的同一性建立起来"。(Ⅲ,5,45—46)

7月26日(日)　根据访问《柏林月刊》主编约·艾·比斯特尔(J.E. Biester 1749—1816)的结果,就该刊登载抨击《锁闭的商业国》的书评,发表一篇进行反驳的声明。(Ⅰ,7,467以下)

〔8月2日(日)　拿破仑被元老院宣布为终身执政。〕

8月7日(五)　请奥·威·施莱格尔往耶拿捎去那封给谢林的长信。(Ⅲ,5,53)——通知迦布勒,《全部知识学的基础》修订版已经委托另一个出版家发表。(Ⅲ,5,57)

8月底　哥达预告《全部知识学的基础》修订版将要面世。(Ⅰ,2,461)

9月米迦勒节　《田园诗》在《诗歌年鉴》发表。(Ⅰ,8,3)

10月中旬　收到谢林10月3日写的信。关于5月31日至8月7日发生的重大争论,谢林认为:"观念东西与实在东西的纯真的无差别性只存在于绝对中。绝对是在量的差别的形式下存在的"。"从观照出发的必要性使您与您的哲学迷恋于一种彻底受制约的系列,而在这种系列里是不再能见到什么从绝对而来的东西的"。谢林认为,费希特从信仰中拾回了在知识中感到丢失的东西。(Ⅲ,5,81以下)

10月中旬或10月底　费希特给谢林回信说:"绝对如果存在于某种形式下,就不会是绝对"。"您直接以您的思维奔向绝对,而没有面向您的思维,也没有注意,以自己固有的内在规律给您在不知不觉中构成绝对的东西只能是您的思维"。(Ⅲ,5,90)

11月28日(一)　写信告诉哥达,若干朋友在费希特那里听以前阐述过的知识学。(Ⅲ,5,95)

12月12日(一)　毕业于耶拿大学、现任不来梅市政委员的弗·霍尔恩(F. Horn 1772—1844)拜访费希特。(G 6,574)

约12月中旬　耶拿谣传,费希特已被驱逐出柏林。(G 3,90)

12月26日(六)　曾经留学耶拿、现任哥本哈根大学教授助理的汉·克·奥斯忒(H. Ch. Ørsted 1777—1851)拜访费希特。(G 6,574)

12月29日(二)　给沙德写信说,谢林"从来都不知道什么是批判的唯心论"。"他现在已经明显地暴露出来,他过去以为知识学是从物的知识中推导出物来的,所以,他也是像尼古拉那样理解知识学的"。(Ⅲ,5,101)

年底　费希特印发明年2月开始作知识学演讲的邀请书。(Ⅱ,6,112)

1802年

年初　哥达在图宾根再版《全部知识学的基础》,它是经过费希特授权,与《略论知识学的特征》合在一起发表的;迦布勒在耶拿与莱比锡也再版《全部知识学的基础》,这个版本虽然提供了费希特1801年重新阐述知识学时写下的许多段落,但费希特认为1794年出版此书的合同已经过期无效,所以它没有合法性。(Ⅰ,2,175—176)

1月8日(五)　奥斯忒拜访费希特。(G 6,575)

1月15日(五)　给谢林写最后一封信。费希特首先说明,自己并没有像谢林责怪的那样,对他有过什么背后议论;其次讲到自己辞职过程中的若干情况和在谢林遭受怀疑时打算发表公开声明的事情,尤其是鲍鲁斯在这个过程中起的作用;最后挑明彼此的哲学分歧:"您的存在与您的知识本身也仅仅是联系起来的,既然您知道和谈论这两者,您就必定是用一个您也恰好知道的更高东西解释它们的;您的体系在涉及绝对时仅仅是否定的,就像您责怪您所理解的我的体系那样;您的体系恰恰没有上升到根本的反思点,所以您以为,我的体系正像我说到康德体系那样,依然停留于这个反思点"。"在我看来,事情本身很清楚,绝对只能有一种绝对的表现,即在涉及多样性方面只能有一种单纯的和自身永远相同的表现,而这种表现恰恰就是绝对知识。但绝对本身决不是什么存在,既不是某种知识,也不是两者的同一性或无差别性,相反地,它就是绝对,任何其他的用语都是有害的"。(Ⅲ,5,104 以下)

1月20日(三)　奥斯忒拜访费希特。(G 3,100)

1月29日(五)　奥斯忒拜访费希特,并要求听他的知识学演讲。(G 3,104)

2月1日(一)　知识学演讲第一讲。除了星期三休讲和星期日辅导,每天都有一讲,至3月底结束。每位听讲者须至少交费五个普鲁士金币。(G 3,104 与 5,304)

约2月20日(日)　谢林根据费希特来信,向歌德报导费希特辞职的过程和鲍鲁斯起的作用。(G 3,113)

3月底或4月初　《知识学阐述(1801—1802年)》书稿修订工作中断。(Ⅱ,6,127)

5月　从赖默尔出版社购买约·吕克特(J. Rückert 1771—1813)著《实在论,或实践哲学原理》(莱比锡 1801 年)。(Ⅲ,5,128)

5月1日(六)　费希特在《文汇报》声明迦布勒再版《全部知识学的基础》是不合法的。迦布勒立即在该报《知识界副刊》作出回应,声明自己有权再版此书。(Ⅰ,8,9)

5月10日(一)　奥斯忒向费希特作告别访问。(G 3,128)

6月3日(四)　给尼特哈默尔写信,请在与迦布勒的争执中予以支持。

(Ⅲ,5,130以下)此后,尼特哈默尔受费希特的委托,在耶拿依法延请宫廷律师约·弗·哥·扎尔茨曼(J.F.G.Salzmann 1745—1815)为诉讼代理人;费希特对此表示感谢。(Ⅲ,5,137以下)

约6月　给赖默尔写信,称赞弗·施莱格尔所著《阿拉科斯》是一部"按照他的风格写出的举世无双的杰作",并且推荐毕业于耶拿大学、时任拿骚-奥兰君主办公厅秘书的约·卡·雅·德雷斯勒(J.K.J.Dresler 1780—1809)所著《论权利与法律的关系》在赖默尔出版社发表。(Ⅲ,5,135)

7月13日(二)　约翰娜写信告诉尼特哈默尔,她一家三口在柏林均属安康,但她的丈夫很忙,每天都要工作到午后4时左右,才吃午饭。(Ⅲ,5,137)

夏季　将评论《实在论,或实践哲学原理》的意见寄给吕克特。(Ⅲ,5,144)

8月14日(六)　哥本哈根中学教员克·路·施特罗姆(Ch.L.Strøm 1771—1859)、瑞典著作家古·阿·席福斯托帕(G.A.Silfverstolpe 1772—1824)和瑞士教育家路·亨·费·奥利费尔(L.H.F.Olivier 1759—1815)拜访费希特,就奥利费尔的教学法进行讨论。(G 3,131以下)

8月17日(二)　给哥达写信,表示无法向他交出重新阐述知识学的书稿。费希特说,"整个夏季我都天天盼着我的阐述知识学的书稿能够开始付梓。但是,在我为这件学术工作做出两年牺牲以后,要让这部著作永远能立刻以完备的形态公之于世,我在今后也得不惜花费任何时间"。"一俟我完成这部著作,我就给您写信,详细制定一个经过反复考虑、随后可以实现的计划"。(Ⅲ,5,139以下)

约9月底　给吕克特夏季来函复信说:"一切实在性只能从经验上加以把握,而不能 a priori〔先验地〕加以证明和认识。如果说的是实在性中的特殊东西,这个命题是完全正确的。但什么是实在性呢? 除了整个自由的构造,就不是什么东西,也绝不是什么东西;毫无疑问,没有普遍的东西,就建立不起特殊的东西来。因此,也可以反过来说,没有任何实在性能(在哲学上)被经验到,而是一切实在性都必须 a priori〔先验地〕加以证明和构造。由此可见,这两个命题都是片面的,而只有在它们的结合中才有真理。"(Ⅲ,5,148)

〔11月〕 给尼特哈默尔写信,对于扎尔茨曼拖延诉讼事宜表示不满。(Ⅲ,5,154以下)

11月13日(六) 伊曼努尔·赫尔曼·费希特出荨麻疹。约·威·恩·克里格(J.W.E.Krieg 1761—1812)付清他去年租用费希特在耶拿留下的住房的租金。(Ⅲ,5,155以下)

1803年

4月4日(一) 约翰娜写信告诉尼特哈默尔,费希特在4月份要给道纳伯爵(Graf Dohna 1771—1832)讲七次知识学,因而每天都伏案工作到下午4时、5时左右才吃午饭,他十分劳累,以致我们根本无法外出散步,享受美好的春天风光。(Ⅲ,5,162)

5月 继续给道纳伯爵讲知识学,共五次。(Ⅱ,6,327)

6月 与柏林家庭教师卡·奥·法恩哈根(K.A.Varnhagen 1785—1858)、普鲁士军官阿·冯·沙米索(A.von.Chamisso 1781—1838)和约·海·威·博耶(J.H.W.Boye 1772—1839)女士结识,并在这位女士订的剧院包座中观看席勒的《墨西拿的修女》。(G 3,169)——委托共济会师傅卡·弗·策勒特尔(K.F.Zelter 1758—1832)在魏玛停留时期与歌德谈费希特对迦布勒提出的起诉。(G 3,178)

6月9日(四) 给席勒写信,请他帮助卖掉费希特在耶拿留下的住房。信中谈到最近生活拮据的原因时说:"这三年,一直不懈地致力于研究知识学,几乎没有做过什么赚钱的事情,而我的那个哲学沉思的序列在不应该完全予以放弃的时候,是绝对不可能中断的,这样,我们过去留下的少量积蓄就完全用光了;而我还在囿于这种沉思,当我在将近一年的时间里无法获得无忧无虑的闲暇的时候,我遇到了极其令人不快的干扰";谈到与谢林的分歧时说:"关于主观主义还是客观主义的整个争论,属于深刻的原则分歧;无论在什么地方,人们现在好像都害怕一种被虚构出来的主观主义,而纷纷倒向已经僵死的客观主义"。(Ⅲ,5,167以下)

7月1日(五) 给哥达写信,请求给予经济资助,以摆脱目前的窘境;并请他设法与斯特拉斯堡拟建的新教传道士学校联系,以期到那里谋求

一个教职。(Ⅲ,5,174以下)

7月12日(二)　与法恩哈根一起,在博耶女士订的剧院包座中观看歌德的《欧根尼》。(G 3,169以下)

7月中旬　关于控告迦布勒的事情,写出一件《对我的诉讼代理人的指示》。(Ⅱ,6,277以下)

7月16日(六)　写信告诉尼特哈默尔:"我已经通过一项正式法定合同书,把我对克里格租用的房屋拥有的一切权利转让给宫廷顾问席勒先生,这项合同书接着就会到达席勒的手里"。(Ⅲ,5,183)——向哥达撤回希望得到经济资助的请求。(Ⅲ,5,180)

7月23日(六)　致函席勒,对于收到住房抵押金表示感谢,并报导柏林上演歌德《欧根尼》的盛况。(Ⅲ,5,192—196)——答复普夫尔塔时期的同学、时任奥斯特劳德文理中学校长的阿·克·迈奈克(A. Ch. Meineke 1757—1807)本月的来函:对他给予的关切致以谢意,对他提出赴俄国任教的建议表示不愿接受。(Ⅲ,5,189以下)

8月6日(六)与10日(三)之间　策勒特尔从魏玛捎来歌德替扎尔茨曼转给费希特的书信,它暗示:现在办理,会使费希特打的官司失败。(G 3,182)

8月18日(四)　给席勒写信:"我希望您与歌德能找个时间,把我现在附上的《指示》共同看一遍"。"歌德的《欧根尼》,我已聚精会神地看过两次,我认为它是大师目前最大的杰作"。(Ⅲ,5,200—207)——给哥达写信:"我刚把关于我同迦布勒打官司的《指示》寄往魏玛"。"我放弃去斯特拉斯堡的计划,因为我从报纸上看到,那里的教师须由第一执政任命"。(Ⅲ,5,220以下)

8月29日(一)　歌德通过策勒特尔邀请费希特参加续办耶拿《文汇报》的工作。(G 3,183)费希特根快就接受了这一邀请。(G 3,184)

9月10日(六)　与奥·威·施莱格尔谈论歌德在耶拿续办《文汇报》的计划。(G 3,185)

9月20日(二)　给尼特哈默尔写信,请他转告克里格,席勒接受的实际上是产权抵押,这不会影响租赁。(Ⅲ,5,208)

9月22日(四)　耶拿《文汇报》编辑部向费希特发出邀请书。(*G 5,310*)

10月31日(一)　赖因霍尔德给费希特写信,并赠寄他主编的《十九世纪初哲学概况》第6辑,就谢林《布鲁诺》中的同一哲学说,"没有任何东西能从单纯的同一性开始"。(Ⅲ,5,210)"绝对同一性自身的一分为二的奇迹决不再是什么奇迹!"(Ⅲ,5,215)

11月　费希特托出版《哲学概况》的汉堡书商弗·克·佩泰斯(F. Ch. Perthes 1772—1843)回答赖因霍尔德说:"我目前正忙于另一项不能中断的工作,但希望于迟在四周以后作出书面答复"。(Ⅲ,5,218)

11月16日(三)　美因茨医生兼哲学家卡·温迪施曼(K. Windischmann 1775—1839)来函,并赠寄他所译的柏拉图《蒂迈欧篇》样书;信中说,"人们在谢林和黑格尔编的《哲学评论杂志》里对您的做法是多么不公平,多么无视真正的精神和纯正的目的呵!"(G 5,310)

〔12月18日(六)　赫尔德尔病逝。〕

1804 年

1月3日(二)　费希特在《钦准柏林政学报》发表他将作知识学1804年第1轮演讲的预告:"这个预告的签署人自动提出,他要用数学那样的自明性,继续作一轮关于知识学的口头报告,即关于宇宙和意识之谜的完善解决的口头报告。他之所以选择这种传播思想的方法,是因为这种哲学无法让人根据历史事实学到,所以他不想把他多年的最新研究成果通过印刷品公之于世,相反地,理解知识学是以从事哲学思考的技艺为前提的,而这种技艺肯定是通过口头报告和讨论学到和练成的"。听讲者预先到赞德尔书店报名,每人须交两个普鲁士金币,演讲地点在司令大街9号费希特寓所;演讲时间最后定为每个星期二、星期四、星期六与星期日的下午5时至7时,从1月17日开始,到复活节结束。(G 3,204;Ⅰ,8,17)

1月3日(二)　费希特就知识学向柏林普鲁士王国内阁致《备忘录》:"已经存在着一个体系,不久以来,即使它的外在形态也臻于完善;它自豪地说,它在自身之内是纯粹封闭的、不容改变的和直接自明的,它在它自身之外给其他一切科学提供首要原理和指导思想,从而永远消除知识领域里的一切争执和误解,把只有在知识领域里才得以巩固的人类精神,指派给这种精神向着日益清明的境界无限地前进的惟一领域,即指派给这个帝国,并在这个领域里可靠地引导这种精神向前"。(Ⅲ,5,222)

1月13日(五)　瑞典外交官卡·古·布林克曼(K.G.Brinkman 1764—1847)告诉施莱尔马赫,"我有时与费希特作一些奇怪的交谈"。(G 3,214)

1月17日(二)　知识学1804年第1轮演讲第一讲。(G 3,232)

1月21日(六)　知识学1804年第1轮演讲第三讲;听讲者中有一些国务活动家与知名学者,诸如最高财政枢密顾问阿尔滕斯泰因、内阁枢密顾问拜梅、财政枢密顾问威·安·冯·克勒维茨(W.A.von Klewitz 1760—1838)、王室历史编纂家让·皮·弗·安西龙(J.P.F.Ancillon 1767—1837)、国王御医胡弗兰德、共济会师傅策勒特尔、柏林文理中学教授约·克·奥·费·伯恩哈迪(J.Ch.A.F.Bernhardi 1769—1820)、柏林军事学院教员保·埃曼(P.Erman 1764—1851)和俄国剧作家奥·冯·科策布(A.von Kotzebue 1761—1819)。(G 3,216)

1月23日(一)　加·黑·默尔克在《坦言报》第16期抨击费希特的知识学演讲。(G 3,218—219)

1月24日(二)　知识学1804年第1轮第四讲;坐在后排的科策布与费希特发生哲学观点的冲突。(G 3,219以下)

2月12日(日)　知识学1804年第1轮演讲辅导课。——中午,与历史编纂学家约·冯·米勒(J.von Müller 1752—1809)、艺术史家阿·路·希尔特(A.L.Hirt 1759—1836)、科策布赴赞德尔住所作客。(G 3,229)——康德逝世。

2月22日(三)　鲍鲁斯在《法兰克政学报》报导:费希特在柏林给40多位听讲者讲授知识学,也许不久会成为哈雷大学教授。(G 3,232)

约3月中旬　布林克曼邀请费希特与法国作家斯泰尔夫人(Mad.de Staël 1766—1817)、戏剧演员兼诗人奥·威·伊弗兰德(A.W.Iffland 1759—1814)和拉·莱温(R.Levin 1771—1833)赴瑞典驻德使馆聚会。(G 3,234)——费希特给布林克曼写信,推荐恩·弗·哈盖迈斯特(E.F.Hagemeister)做斯泰尔夫人之子的教师。(Ⅲ,5,231)

3月20日(二)　知识学1804年第1轮演讲第二十七讲。——费希特在

《钦准柏林政学报》发表预告,宣布再讲一轮知识学。(I,8,18)

3月29日(四)　知识学1804年第1轮演讲第三十讲,即最后一讲。

约3月底　应斯泰尔夫人的请求,给她讲解知识学。她要求费希特用15分钟时间给她提供知识学体系的一个简要说明。听过以后,她给费希特写出一封观点含糊的信。费希特从中挑出许多蠢话,并给她写出一份以《箴言》为题,介绍康德以来的德国哲学的说明书。(Ⅲ,5,232—234;Ⅱ,7,245)

3月31日(六)　给雅可比写信,转达斯泰尔夫人想请他从汉堡(?)前来柏林与她会晤的希望。并接着讲到哲学方面的问题:"如果我长期抱有的那个与您总有一天会朝夕相处的衷心愿望得到实现,那么,我们在哲学观点方面的那些由于您最近的言论和我近五年的思辨而绝没有彼此弥合起来的分歧也可能就会消失"。"我在这个时代绝对不会出版知识学著作的;因为我相信,可以有充分的理由把这个时代理解为一切理念都已绝对腐朽的时代"。"假如哲学除了是对不可理解的东西本身的理解,完全不可能是任何其他东西,事情会怎么样呢?""如果说谢林进入了绝对,那么,对他来说相对的东西就消失殆尽了;如果说他走向了自然,那么,对他来说绝对实际上是去采集那些在他的幻想的粪堆上长出来的蘑菇"。(Ⅲ,5,235以下)

4月7日(六)　费希特在《钦准柏林政学报》发表预告:知识学1804年第2轮演讲从4月16日开始,时间为每个星期一、星期三、星期四与星期五的下午5时半至7时,地点仍在原处,办理听讲的手续不变。(I,8,19)

4月16日(一)　知识学1804年第2轮演讲第一讲。(Ⅱ,8,XLⅡ以下)

5月1日(日)至18日(五)　席勒在柏林与费希特多次会面。(Ⅲ,5,303;G 3,250)

6月8日(五)　知识学1804年第2轮演讲第二十八讲,即最后一讲。

6月18日(一)　答复兰茨胡特大学法学教授弗·克·莫斯哈姆(F. X. Mosham(1756—1826)询问费希特是否愿去该校任教的问题:"我们必须建立哲学学派",而"做到这一点的条件是教学与写作的绝对自由"。(Ⅲ,5,239—240)

7月4日(三)　莫斯哈姆回信称,他已经将费希特的信交给兰茨胡特大学学监、巴伐利亚王国枢密顾问格·弗·冯·岑特纳(G.F. von Zentner 1752—1835)考虑。(Ⅲ,5,248)

7月17日(二)　《拜罗伊特报》披露,费希特可能被聘任为兰茨胡特大学教授。(G 3,257)

〔7月中旬〕　向布林克曼谈到对于弗·施莱格尔最近发表的《莱辛思想研究》的否定性的评价。(G 3,258)——给魏玛公国约·弗·克·科朋菲尔斯(J.F.K. Koppenfels 1737—1811)首相写信,请求在与迦布勒打的官司中给予支持。(Ⅲ,5,253)

7月20日(五)　约翰娜告诉席勒夫人,费希特与她要在这一天看柏林上演的《威廉·退尔》。(Ⅲ,5,252)

7月23日(一)　普鲁士驻俄大使威·恩·弗·冯·沃尔措根(W.E.F. von Wolzogen 1762—1809)男爵受俄方委托,给费希特写信,询问他是否愿意赴新建的哈尔科夫大学任教。(Ⅲ,5,254)

7月31日(二)　柏林谣传,费希特忙于制定一个怀疑主义体系,以反驳他的论战对手。(G 3,259)——沃尔措根又给费希特写信。(Ⅲ,5,257)

8月3日(五)　与胡弗兰德、约·冯·米勒等人一起,在策勒特尔家中庆祝普鲁士国王生日。(G 3,262)

8月6日(一)　给即将离开柏林的法恩哈根题词留念。(Ⅱ,7,279)

8月10日(五)　给尼特哈默尔写信,建议把控告迦布勒的诉讼代理人改为法院律师克·弗·卡·伯蒂格尔(Ch.F.K. Böttiger 17?—1812)。(Ⅲ,5,261)

8月18日(六)　给沃尔措根回信,说已经收到他的两封来信;费希特未对沃尔措根的询问作出反应。(Ⅲ,5,264以下)

8月18日(六)以后　费希特把柏林建筑学院教授约·克·雷泽纳(J.Ch. Resener)推荐给沃尔措根。(Ⅲ,5,266以下)

8月29日(一)　与普鲁士王储教师弗·德尔布吕克(F. Delbrück 1768—1830)、财政枢密顾问卡·路·冯·胡特尔(K.L. von Hüttel)、柏林司法特派员卡·奥·泽巴尔德(K.A. Sebald)畅游公园。(G 3,265)

9月3日(一)　给沃尔措根写信说:"各种比去哈尔科夫应聘还要好的职

位,我也许可以等得到",例如,"做彼得堡科学院院士"。"一些地位最高、影响最大的人目前正为我在柏林科学院谋求一个职位"。(Ⅲ,5,269以下)

9月15日(六) 《上德意志文汇报》报导,费希特将于今年冬季作一轮关于神学、伦理学和法学的演讲。(G 3,265)

9月22日(六) 莫斯哈姆来信说,兰茨胡特大学不拟聘任费希特。(Ⅲ,5,271—272)

10月20日(六) 费希特在《钦准柏林政学报》发出通知说,在最近半年里将作三项演讲:1.知识学1804年第3轮演讲;2.关于神学、伦理学和法学原理的演讲;3.关于现时代的根本特点的演讲。(Ⅱ,7,372)

10月23日(二) 费希特给贝格夫人(Frau von Berg 1760—1826)、约·冯·米勒、埃曼、阿尔滕斯泰因、布林克曼和神学教授格·路·施帕尔丁(G.L. Spalding 1762—1811)发出听现时代的根本特点的邀请书。(Ⅲ,5,273以下;G 3,281)

10月26日(五) 普鲁士大臣哈登贝格帮助费希特选定科学院礼堂前厅作为他星期日演讲的地点。(Ⅲ,5,276)

10月30日(四) 费希特在《钦准柏林政学报》发表通知:现时代的根本特点的演讲从11月4日开始,时间为每星期日上午11时半至下午1时;知识学1804年第3轮演讲从11月5日开始。(Ⅰ,8,20)

11月4日(日) 《现时代的根本特点》第一讲。德尔布吕克也来听讲。(G 3,273)

晚秋 费希特的父亲来柏林看望儿子。(Ⅲ,5,279)

11月5日(一) 知识学1804年第3轮演讲第一讲。(Ⅱ,7,294)

〔12月2日(日) 拿破仑在巴黎加冕称帝。〕

12月8日(六) 费希特在《钦准柏林政学报》发表通知:许多听讲者将于12月9日参加一项庆祝活动,星期日演讲暂停一次。

12月27日(四) 《上德意志文汇报》报导,有138人听费希特关于现时代的根本特点的演讲,其中有三位外国大臣和大使,还有一些最体面的人物和女士。(G 3,280)

12月31日(五) 知识学1804年第3轮演讲第二十五讲,即最后一

讲。——与策勒特尔、约·冯·米勒、卢登、比朔夫、德尔布吕克在克·威·胡弗兰德家中共度除夕。(G 3,292)

1805 年

1月1日(二)　《上德意志文汇报》发表上月17日来自柏林的消息:费希特将赴圣彼得堡供职。(G 3,289)——沙米索与法恩哈根主编的《诗歌年鉴》发表费希特用德文写的两首商籁体诗与从拉丁文译的两首婚礼之歌。(I,8,25)

1月4日(五)　克·威·胡弗兰德向柏林科学院院长奥·威·冯·博格施泰德(A.W.von Borgstede 1758—1824)提出接受费希特为科学院院士的推荐书,并附上费希特的正式申请。(G 6,628—629)

1月6日(日)　《现时代的根本特点》演讲第六讲。

1月7日(一)　要求接受费希特的竞争者安西龙为科学院院士的申请也在柏林科学院院务委员会上被提出来。(G 6,629—630)

1月8日(二)　赞德尔向德累斯顿侍童培训中心主任伯蒂格尔报导:有100以上的人听费希特讲的《现时代的根本特点》,其中包括约·冯·米勒和普鲁士王储奥古斯特;普鲁士国王弗利德里希·威廉三世看来对他有反感;他经常与费斯勒、希尔特等人到普鲁士大臣费·里·冯·施勒特尔(F.L.von Schrötter 1743—1815)家里聚谈。(G 3,297以下)

1月10日(四)　《摩登世界报》披露,爱尔朗根大学希望费希特填补阿比希特前往维勒拿大学任教后留下的职位。(G 3,298)

1月11日(五)　柏林科学院院务委员会将接受费希特的申请交给哲学部审理。(G 6,630)

约1月中旬　柏林科学院哲学部以4比2的票数否决了把费希特接受为科学院院士的申请。(G 6,632以下)

1月20日(日)　费希特生病,《现时代的根本特点》停讲一次。

1月24日(四)　在《钦准柏林政学报》发表通知:关于神学、伦理学与法学的演讲将于2月6日下午5时半至7时在司令街9号费希特寓所开始。(I,8,21)

约1月底　尼古拉写出他反对费希特当选为柏林科学院院士的鉴定书,

详细陈述其批评知识学的立场。(G 3,304—313)——费斯勒与费舍尔主编的《法治秩序》第 1 卷发表《现时代的根本特点》第一讲。(I,8,143)

2月1日(五)　赞德尔向伯蒂格尔报导:"如我听说的,胡弗兰德正在竭尽一切力量,让费希特当选为科学院院士"。(G 3,301)

2月6日(三)　关于神学、伦理学与法学原理的演讲开讲。德尔布吕克也在听讲。(G 3,302)

2月25日(三)　约翰娜给她的堂兄约·亨·拉恩(J. H. Rahn 1749—1812)写信说:"大家都承认,我的丈夫是康德以后令人尊敬的第一位哲学家;所以他在这里也很受人尊敬。他在这个冬季的每个星期日,都在此地科学院大厅给广大公众作报告,听讲者有 140 人,其中有一位普鲁士王储、一些外国使节、许多贵族、学者和教授,已经受到广泛的欢迎,专家们都认为他是第一流的德国演说家。"(III,5,283 以下)

〔2月底〕　费希特与沙米索共同讨论法国年轻军官拉福伊(La Foye ? —1847)所译歌德《威廉·麦斯特》,并赞扬《诗歌年鉴》最近发表的一些好作品。(G 3,313 与 316)

3月4日(一)　哈登贝格对于费希特想赴爱尔朗根大学任教的愿望,明确表示支持。(G 3,314)

3月14日(四)　柏林科学院院务委员会就接受费希特为科学院院士的问题,进行热烈的争论,未作出任何决定。(G 3,318 以下)

3月16日(六)　柏林科学院院士弗·奥·瓦尔泰(F. A. Walter 1764—1826)致函科学院院务委员会,提出在 3 月 21 日就接受费希特的问题进行表决的动议。(G 6,644)

3月17日(日)　《现时代的根本特点》演讲最后一讲,即第十七讲。(I,8,147)德尔布吕克也在听讲。(G 3,317)

3月21日(三)　普鲁士大臣尤·艾·威·恩·冯·马索夫(J. E. W. E. von Massow 1750—1816)致函哈登贝格,对于费希特赴爱尔朗根大学任教提出反对意见。(G 3,319)

3月22日(五)　维也纳颅相学家弗·约·加尔(F. J. Gall 1758—1828)在柏林开讲,听众中有费希特在场。(G 6,655)

3月28日(四)　费希特要求作科学院院士的申请在柏林科学院院务委员会上,以15比12的票数遭到否决。(Ⅲ,5,286)

3月30日(六)　结束关于神学、伦理学与法学原理的演讲。(Ⅱ,2,375)

4月　写出《在结束关于神学、伦理学与法学原理的演讲以后》。(Ⅱ,9,5以下)

4月1日(一)　致函沃尔措根,对他在圣彼得堡把费希特提名为彼得堡科学院院士表示感谢。(Ⅲ,5,286)

4月5日(五)　哈登贝格向弗利德里希·威廉三世提议,任命费希特首先在本年度夏季学期赴爱尔朗根大学任教。(G 3,324—326)

4月9日(二)　弗利德里希·威廉三世批准哈登贝格的建议。(G 3,327—328)

4月10日(三)　费希特给他的胞弟约翰·哥特劳伯写信,说他在下周返乡省亲,可以呆至4月27日。(Ⅲ,5,287)——向哈登贝格递交爱尔朗根讲课通告。(Ⅲ,5,290)

4月11日(四)　哈登贝格正式通知费希特被任命为爱尔朗根大学教授。(Ⅲ,5,291以下)

4月13日(六)　关于费希特被任命为爱尔朗根大学教授的程序,马索夫向哈登贝格提出抗议。(G 3,334以下)

4月16日(二)　费希特偕约翰娜和他们的儿子前往拉梅诺村。(G 6,647)

4月24日(三)　爱尔朗根大学重印讲课目录,收入新到的费希特讲课通告。(G 3,342以下)

4月27日(六)　离开拉梅诺村,前往爱尔朗根。在途经德累斯顿时,访问伯蒂格尔;在途经拜罗伊特时,访问让·保尔。(G 6,647—648;G 3,345以下)

爱 尔 朗 根

5月4日(六)　抵达爱尔朗根。(Ⅱ,9,21)

5月9日(四)　席勒逝世。

5月13日(一)　在爱尔朗根大学宣讲《哲学初阶》导论。(Ⅱ,9,33)

5月20日(一)　《哲学初阶》开讲。(Ⅱ,9,45)

5月25日(六)　就职演讲。(Ⅱ,9,23)

5月30日(四)　获悉席勒逝世后,约翰娜代表费希特全家给席勒夫人写信慰问。(Ⅲ,5,302—303)

6月1日(六)　给业已返回德国、在魏玛担任枢密顾问的沃尔措根写信,向他推荐普夫尔塔时期的同窗好友奥·马·威·施特鲁夫(A.M.W. Struve);并且谈到,"我们的挚友席勒逝世的消息令我和我的夫人深为震惊"。(Ⅲ,5,304)

6月5日(三)　拜梅到达爱尔朗根,遇到费希特,劝他在爱尔朗根大学长期呆下去。(Ⅲ,5,307)

6月6日(四)　给克·威·胡弗兰德写信,说爱尔朗根的学者们视野狭隘,所以他不想在此呆下去,并且说他已经草拟了一个建立真正的德意志民族大学的计划。(Ⅲ,5,307以下)

6月8日(六)　《学者的本质》演讲开讲,每星期六上午7时至8时。(Ⅰ,8,39)

6月10日(一)　逻辑与形而上学演讲开讲,下午5时至6时;克·萨·魏斯(Ch.S.Weiss 1780—1856)、约·威·里特尔(J.W.Ritter 1776—1810)和梅美尔拜访费希特。(G 6,653以下)

6月18日(二)　知识学演讲第一讲,注册听讲的学生14人;从下周起,每星期一、二和四均有一讲。(Ⅱ,9,197)

7月6日(六)　《学者的本质》演讲因听课人数骤减而暂停。(Ⅲ,5,314)

7月8日(一)　爱尔朗根大学31名学生联名写信,请求继续讲授《学者的本质》。(Ⅲ,5,314—316)

7月13日(六)　《学者的本质》演讲第五讲。(Ⅰ,8,40)

8月2日(五)　费希特给爱尔朗根大学副校长卡·亨·格罗斯(K.H.Gros 1764—1840)写信,抗议这位副校长在课程表上把他原来紧挨希尔登布兰德教授的位置错误地安排到其他较差的教授之后。(Ⅲ,5,316)

8月19日(一)　约翰娜写信告诉席勒夫人,他们一家将在四周或六周内离开爱尔朗根,取道魏玛,返回柏林。(Ⅲ,5,318以下)

8月31日(六)　《学者的本质》演讲第十讲,即最后一讲。(Ⅰ,8,40)

9月3日(二)　知识学演讲第二十九讲,即最后一讲。(Ⅱ,9,308)

9月4日(三)　给业已离开耶拿大学、在维尔茨堡供职的尼特哈默尔写信说:"您建议我们这次一起到耶拿旅行,使我感到很高兴,因为我本人愿意取道魏玛与耶拿,返回柏林"。"我至迟也会在16日晚到达维尔茨堡"。(Ⅲ,5,319以下)

〔9月8日(一)　第三次反法同盟战争开始。〕

9月11日(三)　在爱尔朗根大学评议会卷宗上登记离校。(G 5,325)

9月16日(一)　在维尔茨堡停留;有一天晚上,与昔日同在耶拿任教,如今都在此供职的哥·胡菲兰德、鲍鲁斯、尼特哈默尔在天子公园相聚叙谈。(G 6,660以下)

9月18日(三)　与梅美尔一起,离开维尔茨堡。(G 6,660以下)

9月23日(一)　在魏玛停留;在歌德那里,给他的惟一的儿子奥古斯特·冯·歌德(August von Goethe 1789—1830)题词留念,勉励这个孩子"将来继承父业"。(Ⅲ,5,320—321)

柏　林

〔10月21日(一)　法国海军在特拉法加海战中被英国击败。〕

10月29日(二)　温格尔向陪同斯泰尔夫人游历的奥·威·施莱格尔报导,"若干时候以来,费希特又在柏林,他生活孤独,默然无闻"。(G 3,366)

11月29日(五)　诗人察·维尔纳(Z. Werner 1768—1823)向其友人报导,他与费希特经常参加普鲁士大臣弗·莱·冯·施勒特尔在家中组织的茶话会,费希特发表的言论给这样的聚会增添许多光彩。(G 3,366)

〔12月2日(一)　拿破仑在奥斯特利茨战胜普奥联军。〕

〔12月15日(日)　法国与普鲁士签订舍恩布伦条约。〕

12月25日(三)　费希特在家中举办晚会,在谈到奥斯特利茨战役时,他义愤填膺,高声喊道:"将难以卒岁!"所以,大家都对这次战败深表遗憾。(G 6,663)

〔12月26日(四)　法国与奥地利签订普雷斯堡和约。第三次反法同盟战争结束。〕

12月31日(二)　给耶拿克·弗·卡·伯蒂格尔律师写信,询问与迦布勒打

的官司有何结果。(Ⅲ,5,323)

1805至1806年冬季　由共济会会员伯恩哈迪介绍,法国诗人福克(Fouqué)与费希特相识,他很欣赏费希特发表的田园诗。(G 3,371以下)

1806年

1月2日(四)　致函柏林圣彼得修道院院长哥·奥·路·汉施泰因(G.A.L. Hanstein 1761—1821),抗议他散布失真的言论,说什么"此间已经发布禁令,不准费希特作预告的星期日演讲"。(Ⅲ,5,323)

1月7日(二)　费希特在《钦准柏林政学报》和《柏林政学消息报》发表通告:《极乐生活指南》的演讲将于本月12日开始,时间为每星期日12时至下午1时,地点在科学院圆形大厅;向每位听讲者预收弗利德里希金币一枚,以后每次听讲收1塔勒尔,赞德尔书店负责办理入场券。(Ⅰ,8,21)

1月10日(五)　与书商赖默尔签订出版《现时代的根本特点》的合同书。(Ⅰ,8,154以下)

1月12日(日)　《极乐生活指南》演讲第一讲;(G 6,664)策勒特尔与沃尔措根亦来听讲。(G 3,380)

1月19日(日)　《极乐生活指南》演讲因费希特生病而暂停一次;不来梅市政委员弗·霍尔恩前来访问,送他几瓶莱茵葡萄酒。(G 6,665)

1月26日(日)　《极乐生活指南》演讲第二讲。——约翰娜给她的公婆写信,索取费希特的洗礼证件,因为她打算加入此间的寡妇救济金组织。(Ⅲ,5,326)

1月31日(五)　给布林克曼写信,邀请他来听星期日演讲。(Ⅲ,5,327)

2月初　《关于学者的本质》在柏林欣堡书局出版。(Ⅰ,8,39)

2月2日(日)　丹麦诗人亚·哥·厄伦施莱格(A.G. Oehlenschläger 1779—1850)听费希特星期日演讲。(G 3,389)

2月14日(五)　费希特给布林克曼写信,请他转寄给雅可比一份在自己被提名为巴伐利亚科学院院士时使用的证明材料。(Ⅲ,5,332以下)

2月15日(六)　又给布林克曼写信,请他在给雅可比转寄证明材料时也

附上《极乐生活指南》第一讲抄件,并谈到自己与雅可比关于本真生活与假象生活抱有的共同看法。(Ⅲ,5,334—335)

2月27日(四)　与施勒特尔、约·冯·穆勒、布林克曼、德尔布吕克等人在贝尔格夫人家中聚会。(G 3,393)

3月9日(六)　给哈登贝格写信,请求在爱尔朗根大学取得固定的教职。(Ⅲ,5,336)

3月10日(一)　哈登贝格通知马索夫,费希特应在爱尔朗根得到固定的教职。(G 3,395)

3月13日(四)　马索夫向哈登贝格表示,自己不愿介入给费希特谋求固定教职的事情。(G 3,396)

3月16日(日)　德尔布吕克听《极乐生活指南》演讲。(G 3,397)——哈登贝格向普鲁士国王提出给费希特在爱尔朗根安排固定教职的申请。(G 3,397以下)

3月18日(二)　哥达来信,抱怨费希特没有履行在其出版社发表他的一切著作的诺言。(Ⅲ,5,337)

3月20日(四)　哈登贝格通知费希特,"国王陛下已经批准了我提出请您在爱尔朗根大学长期担任哲学正教授职务的申请"。(Ⅲ,5,339)

3月30日(日)　《极乐生活指南》演讲第十一讲,即最后一讲。(Ⅰ,9,5)

3月底　费希特给阿尔滕施泰因写信,附上爱尔朗根大学的课程表,指出它又把自己的位置错误地安排到靠后的地方。(Ⅲ,5,340—341)

4月3日(四)　《柏林政学消息报》报导,《现时代的根本特点》问世。(Ⅰ,8,155)

4月5日(六)　致函哈登贝格,请求下学期休假,以期完成一本批评谢林的哲学著作,并且起草一个改革爱尔朗根大学的倡议书。(Ⅲ,5,342与357)

4月6日(日)　哈登贝格给爱尔朗根大学下达指示,要求正确安排费希特讲课的位置。(G 6,669)

4月9日(三)　哈登贝格许可费希特休假一学期。(Ⅲ,5,343)

4月中旬　费希特给他的父亲寄上最近发表的论著,并在信中说:"我在勤奋地工作,我的见解、我的写作方法和我的教学方法都有进步;这可

是一个人能够找到的最高尚、最真实的享受"。(Ⅲ,5,346)

4月16日(三) 给即将赴魏玛的厄伦施莱格题辞留念,并写一封向歌德推荐他的介绍信。(G 5,329)

4月22日(二) 与书商赖默尔签订出版《极乐生活指南》的合同书。(G 5,330)——枢密顾问卡·费·弗·纳格勒尔(K. F. F. Nagler 1773—1836)将批准费希特休假的决定通知爱尔朗根大学评议会。(G 6,670)

4月23日(三) 歌德收到费希特通过厄伦施莱格给他捎来的一包书,其中包括《关于学者的本质》。(G 3,413)

4月27日(日) 答复哥达:"在我们之间从来都不存在无条件的合同,使您可以毫无例外地出版我的一切著作"。(Ⅲ,5,347)

4月底 费希特读到柏林新出版的一个名为《普鲁士家中常客》的杂志,对它宣扬否定人类文明大道的"普鲁士爱国主义"产生反感,于是开始撰写《爱国主义及其对立面》谈话录第一部分。(Ⅱ,9,393以下)——《极乐生活指南》在柏林出版。(Ⅰ,9,3)

5月10日(六) 给拜梅寄去刚出版的《极乐生活指南》样书,信中谈到与柏林书刊检查机关打交道的困难,并请求增加在爱尔朗根大学任教的工资。(Ⅲ,5,357—358)

夏季 写出创办《十九世纪科学精神年鉴》的纲要(Ⅱ,10,7—9)与《知识学引论》(Ⅱ,10,21—65)

约7月 写出《创办一个德国大学期刊的计划》(Ⅱ,9,51—58)和《对于爱尔朗根大学内部组织的想法》(Ⅱ,9,59—80),从中抽出一部分呈交阿尔滕施泰因。(G 6,671)——写出《爱国主义及其对立面》第一部分的前言。(Ⅱ,9,393以下)

〔8月6日(三) 德意志神圣罗马帝国结束。〕

8月27日(三) 约翰娜给约·冯·米勒写信说,费希特打算影响普鲁士的政治决策。(Ⅲ,5,363)

8月至9月 写出《把激动人心的雄辩能力用于当前的战争》(Ⅱ,10,71—74)、《对德意志战士的演说》(Ⅱ,10,79—81)和《略论一个当今的无名之辈》(Ⅱ,10,83—85)。——给哈登贝格寄去《现时代的根本特点》样书,(Ⅲ,5,364)希望在战争中担任普鲁士部队的随军宣讲师,自愿为

国效劳。(Ⅲ,5,364;G 3,439)
9月19日(五)　上书普鲁士国王,询问是否可以担任随军宣讲师。(Ⅲ,5,366以下)
9月20日(六)　拜梅答复费希特,国王不批准他担任随军宣讲师。(Ⅲ,5,367)
9月23日(二)　哈登贝格写信告诉费希特,鉴于当前的战争形势,允许他的休假时间延长至明年复活节。(Ⅲ,5,370)——普鲁士国王准许延长费希特休假时间的决定,通知爱尔朗根大学评议会。(G 3,437)
〔10月9日(四)　第四次反法同盟战争开始。〕
10月10日(五)　费希特为祝贺胡弗兰德夫人生日,给她题词留念。
〔10月14日(二)　拿破仑军队在耶拿和奥尔施泰德战胜普鲁士军队。〕
10月16日(四)　根据误传的消息,费希特与普鲁士国王御医克·威·胡弗兰德以为普鲁士取胜,共进"胜利餐"。(G 3,438)
10月18日(六)　紧急致函哈登贝格,要求随同胡弗兰德,从而随同普鲁士国王退往柯尼斯堡,以便有一个能够继续从事著述的安全环境。(Ⅲ,5,371)——费希特留下约翰娜与儿子,离开柏林,前往柯尼斯堡。(G 3,439)

什切青——施塔尔加德——但泽

10月20日(一)　从什切青给约翰娜写信。(Ⅲ,6,7)
10月21日(二)　从什切青到施塔尔加德。在此停留一周。参观市容,拜访当地学者。街上散步,有时还与王室财务总管西多(Sydow)对弈。(G 5,332—333)
10月26日(日)　费希特给约翰娜写信说:"我决定在此间等待第二次战役的结果。如果我们在这次战役中胜利了,我就返回柏林;否则,我就径直去柯尼斯堡。"(Ⅲ,6,7—10)
〔10月27日(一)　拿破仑进入柏林。〕
10月28日(二)　离开施塔尔加德,前往但泽。(G 5,333)
11月7日(五)　抵达但泽。在此停留两天。头一天参观市政厅,第二天与施勒特尔夫人和普鲁士大臣奥·卡·弗·冯·福斯(O.K.F. von Voss

柯尼斯堡

11月27日(四)　费希特给约翰娜写信,说她10月20日与23日发出的信已经收到,他自己在此间完全镇静自若,而他心中惟一挂念的事情是她与他们的儿子的健康与安宁。(Ⅲ,6,14—15)

12月16日(二)　费希特给约翰娜写信,说他自己必定现在就会担任柯尼斯堡大学教授,希望她与他们的儿子能不久来此。(Ⅲ,6,20以下)

12月18日(四)　普鲁士司法大臣、东普鲁士高等法院院长卡·威·施勒特尔(K.W.Schrötter 1784—1819)向普鲁士国王写报告,请求任命费希特为柯尼斯堡大学哲学教授。(G 4,6)

12月19日(五)　弗利德里希·威廉三世批准施勒特尔的报告,规定费希特教授的年薪为800塔勒尔,从他未领爱尔朗根大学工薪之日算起;并委托他担任柯尼斯堡《哈通报》的审查工作。(G 4,7)

12月24日(三)　柯尼斯堡大学学监汉·雅·冯·奥尔施瓦德(H.J.von Auerswald 1757—1833)拟委托费希特再担任《柯尼斯堡报》"知识界副刊"的审查工作。(G 6,681)——费希特给约翰娜写信,讲到他在此生活孤独,催她早日来柯尼斯堡,并且说"按我的估计,在你动身以前不久,这封信就会到你那里"。(Ⅲ,6,33)

12月25日(四)　费希特在写给奥尔施瓦德的信中回绝担任《柯尼斯堡报》"知识界副刊"的审查工作。(G 5,335)

12月28日(日)　晚上,在普鲁士大臣费·里·冯·施勒特尔住所与克·威·胡弗兰德、卡·威·施勒特尔、德尔布吕克、东普鲁士王室财务总管萨利斯(Salis)和柯尼斯堡税务委员舍夫奈尔(Scheffner)会聚。(G 4,9)

12月31日(三)　奥尔施瓦德通知萨利斯,费希特从1806年3月1日至1807年2月最后一日的工资为800塔勒尔,除去业已预付的515塔勒尔,再支付285塔勒尔。(G 6,682)

1807年

1月5日(一)　下午4时至5时,在柯尼斯堡大学开始作知识学演讲。演讲过程中,有人跺脚和咳嗽,扰乱教学秩序;夜间,还有人向费希特居住的卡·路·珀舍克(K.L. Pörschke 1751—1821)家扔石头,打碎这位教授的卧室的玻璃窗。(G 4,10 以下)

1月9日(五) 约翰娜给费希特写信说,"迄今未能得到护照"。(Ⅲ,6,41)

1月21日(一) 针对知识学演讲第一讲,有人在《柯尼斯堡报》上提出一个揶揄费希特的问题:"您说活着的东西根本就在死亡。这东西是什么?"(G 4,12)

1月〔中旬〕 费希特看到柯尼斯堡的学术空气已经今非昔比,对知识学演讲的一些旁听者很恼火。(G 4,13 与 47)——康德教席接班人威·特·克鲁格(W.T. Krug 1770—1842)为了维护教学秩序,到珀舍克住所与费希特会面。(G 4,12)

〔2月8日(日) 艾劳战役开始。拿破仑虽胜,但法国军队与俄国军队均死伤惨重。〕

2月20日(五) 费希特收到约翰娜1月28日发出的信,信中说,过年以后,她一直没有得到关于费希特的消息,还在等待拿到赴柯尼斯堡的护照。(Ⅲ,6,45)费希特根据自己当时在大学的处境,立即给约翰娜回信说,"你可不要来这里了,而应呆在你现在呆的地方!"(Ⅲ,6,50)

2月底 辞去负责审查《哈通报》的工作。(Ⅲ,6,99)

3月20日(五)或23日(一) 知识学演讲结束。(G 4,14)

3月24日(二) 约翰娜给费希特写信说,"八周以来,我没有收到你的片言只语,对你的近况毫无所知";"约·冯·米勒和亚·冯·洪堡在此生活安宁,对自己留此表示高兴"。(Ⅲ,6,58 以下)

3月24日(二)以后 约翰娜给费希特写信,询问能否给她寄钱来。(Ⅲ,6,61)

3月底 写出《柯尼斯堡知识学演讲第二十八讲第1点的附释》。(Ⅱ,10,219 以下)

4月1日 给柯尼斯堡创刊的科学与艺术杂志《维斯塔》写出《诗序》。(Ⅱ,10,283—284)

4月11日(六) 写信告诉约翰娜:胡弗兰德给予我们一笔资助,使我们摆脱困境;钱已寄出,"但愿能及时到你手中";"我这个学期将不讲什么

课"。(Ⅲ,6,67)

4月中旬 写出《论英雄主义》的手稿。(Ⅱ,10,289)

4月16日(四) 费希特让约翰娜告诉教过他罗曼语的约·奥·措伊奈(J. A. Zeune 1778—1853),他将在最近发表论述马基雅维里的论文和但丁《神曲》的译著。(Ⅲ,6,74)

4月18日(六) 给阿尔滕施泰因写信:关于对国家未来的希望,说"我觉得颠扑不破的真理在于,只要日耳曼人不在一个领袖之下至少将其军事力量联合起来,处于坚强有力、受到尊重的地位,就根本没有任何欧洲和平可以思议";关于个人未来的去向,说"柯尼斯堡不是我的久留之地"。(Ⅲ,6,77)

〔**4月23日(四)至26(日)** 以拜梅为首的普鲁士内阁解散,哈登贝格被任命为首相。〕

4月25日(六) 写出《对于政治问题的考虑》。(Ⅱ,10,297以下)

4月至5月 写出《德意志共同体》。(Ⅱ,10,371以下)

5月4日(一) 给约翰娜写信说:"我不羡慕米勒和洪堡,令我高兴的倒是我没有像他们那样分享屈辱性的荣誉;我在自由地呼吸、言谈和思考,我决没有在那位监工〔拿破仑〕的奴役下俯首"。(Ⅲ,6,89)

5月19日(二) 费希特生日。柯尼斯堡大学数学教授约·弗·舒尔茨(J. F. Schultz 1739—1805)的女儿前来祝贺;与古代文学教授约·威·祖福林(J. W. Süvern 1775—1829)、神学教授约·克·韦德克(J. Ch. Wedeke 1775—1815)及其夫人、教会监理会成员格·亨·路·尼古洛夫(G. H. L. Nicolovius 1767—1839)及其夫人共进晚餐,费希特宣读他自己翻译的但丁《神曲》的若干段落。(Ⅲ,6,95以下)

5月30日(六) 约翰娜给费希特写信说,"你给我的300塔勒尔,我已经准时收到"。(Ⅲ,6,104)

6月 《维斯塔》第1期问世,载有费希特论马基雅维里的文章。(Ⅱ,9,215)——费希特撰写《爱国主义及其对立面》的谈话录第二部分与其前言。(Ⅱ,9,419以下)

6月2日(二) 给阿尔滕施泰因写信,进一步表示要去哥本哈根:"正像在柏林我曾经希望不要屈服于那位监工的奴役一样,我现在认为不要在此等待法国人的到来也是完全合乎逻辑的"。"我现在把首先作出知识学的完善阐述当作我毕生的一项任务,这项任务看来很快就要结束"。"我即使在国外也认为自己是在为国王效劳"。(Ⅲ,6,117 以下)

6月3日(三)　费希特给约翰娜写信,说他时下在研究裴斯泰洛齐的教育体系。(Ⅲ,6,121)——约翰娜给费希特捎信说,她的"同乡约·冯·米勒是应该同情的","你的儿子和我把他当作我们可以信赖的忠实朋友"。(Ⅲ,6,122)——费希特给贝尔格夫人写信,说他的夫人处境困难,请她多加关照。(Ⅲ,6,126)

6月6日(六)　给阿尔滕施泰因写信说,"我听到有人又在为我担任报纸审查官而进行活动。我是不可能接受这个差事的"。(Ⅲ,6,127 以下)

6月9日(二)　费希特通知约翰娜,他将赴梅梅尔。(Ⅲ,6,130)

6月12日(五)　拜访拜梅,并且共进晚餐。(Ⅲ,6,142)

6月13日(六)　与尼古洛夫告别,(G 4,32)离开柯尼斯堡。(Ⅲ,6,135)

〔6月14日(日)　拿破仑在弗里兰德战役中击败俄国军队。16日,法军占领柯尼斯堡。〕

6月15日(一)　抵达梅梅尔,写信告诉约翰娜,决定去哥本哈根。(Ⅲ,6,131)

6月16日(二)与18日(四)　访问随同普鲁士王储逃到此地的德尔布吕克。(G 4,30)

7月1日(三)　离开梅梅尔,前往哥本哈根。(Ⅲ,6,135)

7月4日(六)　约翰娜给费希特写信说,约·冯·米勒"收到了赴图宾根担任教授的聘书"。"无论你走到天下什么地方,我都极愿跟随你,所以我也很喜欢去北方〔哥本哈根〕"。(Ⅲ,6,132)

哥 本 哈 根

7月9日(四)　傍晚抵达哥本哈根。哥本哈根大学物理学教授奥斯忒首先拜访费希特。(Ⅲ,6,137)

〔7月9日(四)　拿破仑与普鲁士签订提尔西特和约,普鲁士丧失易北河

以西的全部领土；12日又规定,付清赔款以后,法军才撤出普鲁士。根据拿破仑的要求,普鲁士国王解除哈登贝格的首相职务。]

7月10日(五)　给约翰娜写信说,"我想在此静候到签订了和约"。(Ⅲ,6,135)

7月10日(五)至14日(二)　费希特生病。(Ⅲ,6,140)

7月14日(二)　由奥斯忒陪同,访问丹麦财政大臣恩·亨·冯·席梅尔曼(E.H.von Schimmelmann 1747—1831)伯爵;谈到拿破仑,费希特表示决不能崇拜这个压迫者。(G 4,36)

7月18日(六)　给约·冯·米勒写信:对于他在柏林给予约翰娜和孩子的帮助表示衷心感谢;对于他在1月29日庆祝弗利德里希二世诞辰时发表的那篇颂扬拿破仑的演讲,表示遗憾;并希望他不要离开柏林。(Ⅲ,6,141以下)

7月20日(一)　由奥斯忒陪同,再次访问席梅尔曼。(G 4,36)

7月25日(六)　约·冯·米勒给费希特写信,向他解释道:"我那篇讲话的目的是要引起胜利者对这个民族的某种尊重"。(Ⅲ,6,150)——约翰娜给费希特写信,对他的病情表示忧虑,叫他"快些回来"。(Ⅲ,6,147以下)

7月29日(三)　给约翰娜写信说,"我早已下定决心,要在人间为现代世界和市民阶层而死"。"我相信,德意志民族必定会保存下来;但你瞧,它现在已经被遗忘了"。(Ⅲ,6,154)

7月底至8月初　由奥斯忒陪同,与斯德哥尔摩大学医学教授约·雅·柏采留斯(J.J.Berzelius 1779—1848)会面。(G 6,684)

8月8日(六)　写信告诉约翰娜:"如果开船的人遵守诺言,我想在本月11日启程,径直赴吕贝克。"(Ⅲ,6,169)

8月9日(日)　与奥斯忒及其夫人在公园散步。(G 4,45)

8月10日(一)　给奥斯忒夫人写一封告别信,并送她三个精美的花盆。(G 4,45)

8月11日(二)　乘船前往吕贝克。行程九天,返回柏林。

柏　林

8月19日(一)　费希特与卡·索·冯·卡尔布(Ch.S.von Kalb 1761—1843)女

士、柏林科学院院士弗·奥·沃尔夫(F. A. Wolf 1759—1824)和普鲁士国家官员威·乌登(W. Uhden 1763—1835)前往约·冯·米勒家中共进晚餐。(G 4,46)

8月23日(日)　约·冯·米勒给费希特写信,赞赏他在《维斯塔》发表的论述马基雅维里的文章。(G 4,46)

9月5日(六)　拜梅从梅梅尔给费希特写信说:"国王已经决定,在柏林建立一所综合大学。所以,我衷心请您对于有效地贯彻国王的意图提出您的考虑。"(Ⅲ,6,173)

9月10日(四)　拜访约·冯·米勒。(G 4,52)

9月11日(五)　约·冯·米勒告诉费希特,"我极其愉快地考虑了一个全新的、无与伦比的大学计划的基础"。(Ⅲ,6,174以下)

9月18日(五)　费希特收到拜梅要他起草建立柏林大学的计划的委托书。(Ⅲ,6,177)

9月19日(六)　给拜梅回信说:"我心里已经有一个很完整的想法,但还需要动笔,写明我会毫不犹豫地说出的东西。"(Ⅲ,6,177)

9月20日(日)　拜访约·冯·米勒。(G 4,57)

9月29日(二)　给拜梅寄去业已写出的计划的第一部分。(Ⅲ,6,178以下)

〔9月30日(三)　驻法大使施泰因任普鲁士首相。〕

10月3日(六)　给拜梅寄去大学计划的第二部分,并在信中说明:"沃尔夫正在进行反对我的活动;他确实会讨厌这个计划,而我与约·冯·米勒则意见一致。"(Ⅲ,6,181以下)

10月5日(一)　约·冯·米勒给费希特写信,谈大学计划问题。(G 4,58)

10月8日(四)　给拜梅寄去大学计划的第三部分。(Ⅲ,6,184)

〔10月9日(五)　普鲁士国王签署改革敕令,宣布废除农奴制。〕

10月12日(一)　给拜梅寄去大学计划的第四部分。(Ⅲ,6,185)

10月18日(日)　约·冯·米勒向费希特说,"您的计划对于促进民族教育是极好的"。(Ⅲ,6,186)

10月19日(一)　给拜梅寄去大学计划的第五部分,即最后部分。(Ⅲ,6,186)

10月29日(四)　费希特、约翰娜、他们的儿子和措伊奈到即将赴图宾根的约·冯·米勒的住所告别。(G 4,60)

11月17日(二)　拜梅从梅梅尔给费希特写信说:建立柏林大学的五部分计划已经即时收到;"我像您一样,对于柏林失去约·冯·米勒表示遗憾";"关于沃尔夫,我与你的看法一致,但希望不要伤害他"。并通知费希特从弗利德里希·威廉文理中学教授约·威·亨·诺尔特(J.W.H. Nolte 1768—1832)那里领取工资100塔勒尔。(Ⅲ,6,197)

11月28日(六)　费希特在《柏林政学消息报》发表通知:将于今年冬季每个星期天的12时至下午1时作《对德意志民族的演讲》,作为三年前所作《现时代的根本特点》的继续。"(G 4,70)

11月30日(一)　费希特被推举为巴伐利亚科学院外地院士候选人。(G 4,68)

12月10日(四)　通知柏林高等教会监理会主席阿·弗·冯·舍费,《对德意志民族的演讲》将逐讲发表;从他的答复中得知,诺尔特被任命为书报检查官。(Ⅲ,6,199—200)——在《柏林政学消息报》上再次发表通知:《对德意志民族的演讲》在本月13日12时至下午1时开始,地点在科学院圆形大厅,请听讲者到实学书局领取入场券,第一讲免费,以后每讲收费1塔勒尔。(G 4,70)

12月13日(日)　《对德意志民族的演讲》第一讲。费希特通过出版家赖默尔将这一讲的手稿呈交审查机关,以期即时付样。诺尔特在其鉴定意见中不同意批准付印;高等教会监理会的另一位检查官也不同意批准付印。(G 4,80—84)

12月16日(三)　在法军占领柏林的情况下高等教会监理会通知费希特:"一个书报检审机关是无法讨论一部完整的著作的各个分开发表的部分的。从这方面来看,现在必须拒绝批准付印"。(Ⅲ,6,203—204)

12月17日(四)　高等教会监理会询问柏林警署:"对于费希特教授的星期日演讲看来要坚持的那种倾向,贵署是否觉得自己有责任现在严加监视"。(G 4,84)

12月20日(日)　《对德意志民族的演讲》第二讲。费希特将这一讲的手稿呈交高等教会监理会。诺尔特未发现妨碍它付印的内容,高等教

会监理会主席舍费随即批准它出版。(G 4,86)

12月27日(日) 《对德意志民族的演讲》第三讲。

12月28日(一)至29日(二) 高等教会监理会审查《对德意志民族的演讲》第三讲,最后签发印刷许可证。(G 4,98)

12月31日(四) 给约·冯·米勒12月29日来函回信称:建立柏林大学的计划受到称赞,但没有就思想自由作出某种肯定;《对德意志民族的演讲》第二讲已经印好出版,第三讲正在印刷中;请敦促威斯特伐伦国王能对出版自由有所作为。约翰娜还最后写了一段:"我们全家生活安康,赫尔曼很怀念您,正在努力向他父亲学习拉丁文。"(Ⅲ,6,206以下)

1808 年

1月2日(六) 费希特致函拜梅,建议在现今改革整个体制的时候采用一条根本法,取消对书刊印刷的一切审查和一切监视;并且说,"我正在开办一个讲座,我在其中抱有一种很宏伟的、在附寄的第一讲抄件里已经讲明的目标";"但是,当这样的书报检查官管束我们的时候,还会从德意志人的意识和勇气的唤醒中产生什么结果吗?"(Ⅲ,6,212—213)

1月31日(日) 《对德意志民族的演讲》第八讲;诺尔特认为它在政治上有疑问。(G 4,111)

2月1日(一) 给拜梅寄去印好的《对德意志民族的演讲》第四至第七讲;报告了今年夏季赴德累斯顿旅行的计划;请求发给工资。(Ⅲ,6,217以下)

2月4日(四) 高等教会监理会询问直属维和委员会,对于《对德意志民族的演讲》第八讲是否会发生政治疑问。(G 4,112)

2月7日(日) 《对德意志民族的演讲》第九讲。——直属维和委员会向高等教会监理会回答说,没有什么疑问。(G 4,114)

2月14日(日) 《对德意志民族的演讲》第十讲。——给赖默尔写信说:"已将第九讲送给检查机关,我认为这就充分地说明了整个演讲的意向,所以我请求您再把第一讲送给检查机关审批。"(Ⅲ,6,223)

2月21日(日) 《对德意志民族的演讲》第十一讲。——费希特告诉拜梅:"我总是认为,如果不彻底变革我们的整个观念,也就是说,如果不进行深入的教育,我们从任何有利的或不利的结局都无法指望得到解救";按照这个看法,费希特批评了官员们的"大言不惭的言论"和道德同盟的"不可救药的活动"。(Ⅲ,6,229—230)

2月25日(五) 弗利德里希·威廉三世准予给费希特发放工资200塔勒尔。(G 4,121)

2月26日(六) 高等教会监理会再次拒绝给《对德意志民族的演讲》第一讲签发印刷许可证。(G 4,121以下)

2月底 拜梅告诉费希特:"您的第一讲甚至获得了施泰因首相的同情"。但"大家一致认为,在审查再次遭到拒绝以后,直到我们在柏林的统治得到恢复,有人不得不对签发批准付书印抱有顾虑"。(Ⅲ,6,233)

3月12日(六) 诺尔特请拜梅对审查《对德意志民族的演讲》第一讲作出判断。(G 4,126以下)

3月14日(一) 书报检查机关给《对德意志民族的演讲》第十三讲签发印刷许可证以后,由于不负责任,丢失了原稿。(G 4,127以下)

3月19日(六) 费希特被任命为巴伐利亚科学院院士。(G 4,132)

3月20日(日) 《对德意志民族的演讲》第十四讲,即最后一讲。

3月底 费希特向书报检查机关表示让步,修改了第一讲中要求修改的段落,即原稿第28—31页和第33页以下,获得了这一讲的印刷许可证。(G 4,122)

4月1日(五) 高等教会监理会将第十四讲原稿退给费希特,请他修改在边上用红笔划出的段落。(Ⅲ,6,236)

4月2日(六) 关于第十四讲,费希特给高等教会监理会主席舍费复函:"在标出的最后两段,我已经缓和了语气。但第9页的第一段,我无法修改。它的内容仅仅是概括出来的,一语道破了我全书的内容"。(Ⅲ,6,237)

4月5日(二) 费希特说自己无法补写第十三讲;出版家赖默尔担心自己遭受不能出书的损失,给舍费写信,寻求解决办法。(G 4,136)

4月6日(三) 舍费给直属维和委员会领导人约·奥·萨克(J. A. Sack

1764—1831)写信说,他对第十四讲的若干段落在政治上有疑虑。(G 4,140)

4月8日(五) 萨克同意舍费的看法,说费希特应当听一听那些要求修改的建议。(G 4,140)

4月10日(日) 舍费再次要求费希特修改第十四讲。(G 4,141以下)

4月10日(日)至11日(一) 费希特将审查第十四讲的问题向当时正在柏林的施泰因首相写出报告;施泰因建议采取一个确实可行的妥协办法。(G 4,141以下)

4月11日(一) 费希特致函高等教会监理会:"施泰因首相认为,第9页上带有附加补充的第一段不改,第20页第二段可以照我现在压缩过的那样付印"。(Ⅲ,6,239)

4月13日(三) 舍费正式通知费希特:"在已经向费希特教授先生发出付印许可证以后,他的第十三讲的手稿由于某种偶然情况遗失了,虽然经过一切努力,也无法再被找到"。(Ⅲ,6,242)

4月16日(五) 费希特告诉赖默尔,"他完全不可能重写第十三讲,因为他无法使自己处于所需要的那种心境,所以新写的部分总会与整个演讲不协调"。赖默尔将这个意思转达给舍费。(G 4,144以下)

4月25日(六) 赖默尔告诉诺尔特,费希特声明自己无法重写第十三讲。(G 4,147)

4月底 在找不到被丢失的讲稿的情况下,撰写第十三讲"内容通报",作为代替。——约翰娜重病一场。(Ⅲ,6,259)

5月2日(一) 向直属维和委员会报告:"高等教会监理会丢失一篇由我写成、交给它审查的手稿"。"我不得不费很多精力,花很多时间,去填补一个在我的整本书中由此造成的漏洞"。我请求"把审查我补写的第十三讲的任务,同时也把审查我为了挽救自己的名誉而不得不向读者讲清楚这个事故的说明的任务,转交给另一个可靠的机关"。(Ⅲ,6,246—247)

5月3日(二) 新任书报检查官哥·奥·路·汉施泰因(G. A. L. Hanstein 1761—1821)要求费希特修改附于第十三讲"内容通报"末尾的"说明";(Ⅲ,6,248—250)费希特坚持发表舍费4月13日的通知,但把"说

明"的语气修改缓和。(G 4,156)

5月7日(六)　汉施泰因请直属维和委员会对"说明"作出决定。直属维和委员会允许发表费希特修改过的"说明"。(G 4,151—156)

5月9日(一)　汉施泰因通知直属维和委员会,已经给《对德意志民族的演讲》第十四讲签发印刷许可证。(G 4,157)

5月10日(二)　费希特给家父写信说,"我首先打算在这个夏天带着妻子和儿子到德累斯顿"。(Ⅲ,6,254)——请赖默尔在这个《演讲》出版后送弗·施莱格尔、雅可比等人样书各一册。(Ⅲ,6,252)

约5月中旬　《对德意志民族的演讲》在柏林实学书局出版。(G 4,159)

6月15日(三)　受到仍然随普鲁士国王停留在柯尼斯堡的胡弗兰德的委托,费希特全家从格奥尔根花园搬到他家里居住,以陪伴他的儿子。(Ⅲ,6,259)

6月20日(一)　得到普鲁士国王批准发放的工资300塔勒尔。(G 4,164)

7月6日(三)　巴伐利亚科学院秘书长阿·亨·弗·施利希特格罗尔(A. H. F. Schlichtegroll 1765—1822)给费希特寄送该院院士资格证书。(Ⅲ,6,260—261)

约7月中旬　费希特重病:双眼红肿,风湿性关节炎,并且有中毒症状。(G 4,170—174)

8月4日(四)　耶拿时期的学生恩·瓦格纳(E. Wagner 1772—1833)从迈宁根来信,劝费希特在与谢林的争论中让步,以消除矛盾。(Ⅲ,6,263—265)

9月14日(三)　多尔帕特大学教授卡·西·莫根施特恩(K. S. Morgenstern 1770—1852)拜访费希特,看到他患有皮肤病和眼疾,且身体虚弱。(G 4,183)

10月18日(二)　柏林出版家尤·艾·希泽西(J. E. Hitzig 1780—1849)拜访费希特,捎来福克写的信和《西居尔——北欧英雄第一曲》,看到他仍然有病,无法用手写字。(G 6,698)

10月　沙米索拜访费希特。(Ⅲ,6,272)

10月25日(二)　福克给费希特写信说,"您接受了我写的信和书,这使我在内心极其高兴和深受感动"。(Ⅲ,6,271)

〔11月24日(四) 根据拿破仑的要求,普鲁士国王免去施泰因的首相职务;阿尔滕施泰因内阁成立。〕

〔12月4日(一) 法国军队撤出柏林。〕

1809年

1月初 得到工资700塔勒尔。(Ⅲ,6,295)

1月11日(三) 军事著作家卡·克劳塞维茨(K. Clausewitz 1780—1831)给费希特写信,说他读《维斯塔》第1期上论马基雅维里的文章,受到了鼓舞。(Ⅲ,6,283以下)

1月14日(六) 拉埃尔(Rahel)向法恩哈根报导,费希特的健康状况好转。(G 5,353)

〔2月20日(一) 威·冯·洪堡被任命为普鲁士政府教育与文化部主管。〕

春季 费希特在康复时期致力于教育他的儿子。(G 4,205)

3月10日(五) 给他的胞第约翰·哥特劳伯写信,请将他在家中作坊所获利息50塔勒尔交给家父享用。(Ⅲ,6,298)——裴斯泰洛齐给约翰娜来函称:"请您告诉您的费希特,我了解他为我作出的全部贡献的重要意义。在还没有任何一个人开始发表言论的时候,他〔在《对德意志民族的演讲》中〕发表的言论对于我本人,对于我的行动和我的目的,都产生了许多结果"。(Ⅲ,6,290以下)

3月14日(二) 收到耶拿市法院来函,得知与迦布勒打官司的事情尚未了结;给沃尔措根发信,委托他为诉讼代理人。(Ⅲ,6,293)

4月2日(日) 赫尔巴特赴柯尼斯堡,途经柏林,拜访他的老师费希特;费希特写信,把他介绍给阿尔滕施泰因。(Ⅲ,6,294)

〔4月9日(二) 奥地利军队奋起反抗拿破仑,进入巴伐利亚。〕

5月10日(三) 威·冯·洪堡为生活拮据的费希特申请年薪800塔勒尔。(G 4,212)

5月17日(三) 弗利德里希·威廉三世批准洪堡的申请。(G 4,213)

约5月 《海得堡著作年鉴》第Ⅱ卷第1期发表评论《对德意志民族的演讲》的第八篇,即最后一篇书评。(R 4,360—374)

〔5月21日(日)至22日(一) 埃斯林战役,卡尔大公爵战胜拿破仑军队。〕

6月10日(六)　给停留在柯尼斯堡的胡弗兰德写信:"我还活着,虽无疼痛,但做事很不方便,因为我的左臂几乎完全不听使唤"。(Ⅲ,6,301—302)——给阿尔滕施泰因写信,希望他起草的建立柏林大学的计划得到采纳。(Ⅲ,6,299—300)

6月16日(五)　领到年薪800塔勒尔。(G 4,226)

6月　偕约翰娜和儿子赴瓦姆布伦,开始浴疗。(G 4,217以下)

7月　偕约翰娜和儿子赴特普利策,继续浴疗。(G 4,219)

〔7月5日(三)至6日(四)　瓦格拉姆战役,奥地利军队败给法国军队。〕

8月29日(二)　离开特普利策。(Ⅲ,6,304)

8月30日(三)　到达德累斯顿。(Ⅲ,6,304)

9月3日(日)　返回柏林。(Ⅲ,6,306)

9月4日(一)　给德累斯顿枢密院录事约·弗·弗里切写信,感谢他在浴疗时期给予的关照。(Ⅲ,6,306)

9月6日(三)　瑞士教育家菲·埃·费伦贝格(Ph. E. Fellenberg 1771—1844)来函,请求费希特参与他建立贫民学校的指导工作。(Ⅲ,6,307以下)

10月1日(日)　约翰娜给其瑞士友人写信称,费希特的健康状况又有很大的好转。(Ⅲ,6,309)

〔10月14日(六)　绍恩伯伦和约签订;奥地利割地赔款。〕

10月21日(六)　恩·瓦格纳从迈宁根写信,请求费希特为他寻找经济资助,并附寄一册听过《对德意志民族的演讲》以后写成的小说,希望费希特能把它转给普鲁士国王。(Ⅲ,6,315—316)

约11月　费希特将他翻译的葡萄牙抒情诗人卡蒙斯《卢济塔尼亚人之歌》第3章第118节,投给莱比锡出版的《万神庙》杂志。(G 4,228—229)

12月5日(二)　费希特在《柏林政学消息报》发表通知:今年冬季,从本月11日开始,每星期一、二、四、五的下午1时至2时,讲授哲学导论,地点在亨利希王宫大厦;首次听讲,不必凭入场券,以后如何听讲,将当场通知。(G 4,172)

12月7日(四)　在《钦准柏林政学报》又发表同样的通知。(G 4,172)

12月11日(一)　哲学导论第一讲。(G 4,235)——给瓦格纳回信说,打算

通过与普鲁士国王有交往的贝尔格夫人给他以帮助。(Ⅲ,6,317)
〔12月　弗利德里希·威廉三世返回柏林。〕
12月底　《万神庙》1810年第Ⅰ卷第1期出版,其中有费希特所译的抒情诗。(G 4,340)

1810年

1月6日(六)　给贝尔格夫人写信,谈瓦格纳的事情。(Ⅲ,6,321)
1月31日(三)　参加为福克饯行的宴会。(G 4,241)
2月10日(六)　威·冯·洪堡给歌德写信说,费希特的哲学演讲很受欢迎。(G 4,244)
4月9日(一)　在威·冯·洪堡住所,费希特作关于建立柏林大学的报告,尼古洛夫、乌登与施莱艾尔马赫也在场。(G 4,246)
4月14日(六)　在威·冯·洪堡住所,费希特作完关于建立柏林大学的报告。(G 4,246)
5月　费希特1809—1810年冬季哲学演讲的最后一讲《知识学纲要》作为单行本在柏林出版。(G 4,248)——给费伦贝格写信说:"我终生的任务是要在我身后留下一种对于最高原理的清晰认识,由于我至今很少能用著作达到这个目标,所以我曾经指望靠口头讲授建立一个学派。我虽然也有过在此实现这个计划的前景,但这个前景现在却很模糊不清"。"如果我能与您联合起来,比用我的方法更深入地影响普及教育,那我会把其他一切都搁置起来,而到您那里去"。(Ⅲ,6,326—327)
5月3日(四)　给雅可比写信,谈业已改变的知识学,说自我只有变为上帝的绝对图式,才成为真正实在的。(Ⅲ,6,329)
5月21日(一)　费希特给弗里切写信,请在今夏赴特普利策旅行时给予车马方面的帮助。(Ⅲ,6,334)
5月23日(三)　威·冯·洪堡提议费希特担任新建柏林大学正式教授,年薪2 000塔勒尔。(G 4,249)
5月30日(三)　弗利德里希·威廉三世批准威·冯·洪堡所提建议。(G 4,249)

〔6月4日(一) 哈登贝格被任命为首相。〕
6月10日(日) 到达特普利策。(G 6,705)
6月15日(五) 在特普利策参加德国诗人约·哥·佐伊梅(J.G. Seume 1763—1810)的安葬仪式。(G 4,252)
7月 与前任美茵茨教育管理中心官员弗·威·容会面。(G 6,706)
8月8日(三) 与歌德会面。(G 4,257)
8月11日(六) 与歌德告别。(G 4,257)
8月13日(一)至14日(二) 在拉梅诺拜访双亲。(Ⅲ,6,337)
8月28日(五) 在柏林,被任命为柏林大学哲学系主任。(G 5,359)
9月7日(五) 得到附加年薪1200塔勒尔。(G 4,259)
9月28日(五) 弗利德里希·威廉三世确认费希特为哲学系主任。(G 4,264)
10月4日(四) 致函耶拿大学神学教授约·雅·格里斯巴赫(J.J. Griesbach 1745—1812),延请他前来柏林执教。(Ⅲ,6,339—340)
10月15日(一) 格里斯巴赫给费希特复信说,他在耶拿工作35年,已形成一种固定的生活习惯,去柏林执教,无法适应。(Ⅲ,6,340—342)
10月22日(一) 哲学导论第一讲。(G 4,268)
10月26日(五) 哲学导论最后一讲。(G 4,270)
10月29日(一) 《意识的事实》第一讲。听讲者98人。奥·特韦斯滕(A. Twesten 1789—1876)认为讲得不很清楚,而且有些讲得太快。(G 4,273)
11月6日(二) 费希特写信告诉他的父母,大学已经开学,他的健康状况还好。(G 5,360)
11月12日(一) 给学校评议会呈送一份报告,谈授予博士学位的规章问题,并建议聘任普鲁士宫廷医药处主任西·弗·赫尔姆伯斯泰特(S.F. Hermbstaet 1760—1833)为化学教授。(G 5,360)
〔11月20日(二) 普鲁士政治家卡·弗·冯·舒克曼(K.F. von Schuckmann 1755—1834)接替威·冯·洪堡,任文化与教育部主管。〕
12月1日(六) 哲学系第一次系务会议,费希特与国民经济学教授、国家统计局局长约·哥·霍夫曼(J.G. Hoffmann 1765—1847)发生意见冲突。

(*G* 5, 360)

12月21日(五)　给迄今所讲的《意识的事实》的内容写出了概括的说明。(G 4, 285)

1811 年

1月14日(一)　《意识的事实》最后一讲。(G 4, 295)

1月17日(四)　以哲学系主任的名义,向文化与教育部呈送授予博士的草案。(*G* 5, 361)

1月26日(六)　评判学生交来的书面作业。(G 4, 299)

1月30日(三)　知识学演讲第一讲。(G 4, 308)

2月4日(一)至9日(六)　写出批评谢林《我的哲学体系的阐述》前三节的手稿。(G 4, 300)

3月30日(六)　费希特与特韦斯滕谈早期的知识学与最近的知识学的差异:"在旧的知识学里,他从纯粹自我出发,纯粹自我是预设的,一切其余的东西都从它演绎出来。但现在他攀登得更高,把这个纯粹自我作为上帝的显现的必然形式演绎出来。"(G 4, 311—312)

4月6日(六)　知识学演讲最后一讲。(G 4, 314)

4月8日(一)　哲学导论第一讲。(*G* 5, 363)

4月11日(四)　哲学导论最后一讲。(*G* 5, 363)

4月22日(一)　《意识的事实》第一讲。(*G* 5, 363)

5月11日(六)　《关于学者的使命》的公开演讲第一讲,听讲者甚多。(G 4, 319)共五讲。(II, 12, 311—363)

5月19日(日)　九名学生给费希特送一封生日贺信。(*G* 5, 364)

6月21日(五)　代校长泰·安·亨·施马尔茨(Th. A. H. Schmalz 1760—1831)将哲学系注册学生名单通知费希特。(*G* 5, 364)

7月12日(五)　《意识的事实》最后一讲。(*G* 5, 364)

7月17日(一)　评议会选举费希特为校长。(G 4, 331—334)

7月24日(一)　施马尔茨与评议会将选举结果上报文化与教育部,请求审批。(*G* 5, 364)

8月4日(日)　费希特抵达特普利策度假。(G 6, 716)

8月　在特普利策,遇到时任司法大臣的拜梅、柏林科学院院士沃尔夫等人,与他们会面。(G 4,336以下)

8月6日(二)　弗利德里希·威廉三世批准费希特担任柏林大学校长。(G 4,340)

8月10日(六)　文化与教育部将国王的批件通知柏林大学评议会。(G 4,341)

8月30日(五)　离开特普利策。(G 6,716)

9月1日(日)　按照文化与教育部的规定,就任柏林大学校长。(G 5,365)

10月12日(六)　在费希特住所,哲学系系务会听应聘编外讲师弗·亨·博特(F. H. Bathe 1771—1855)试讲。(G 5,365)

10月14日(一)至18日(五)　哲学导论。(G 4,344)

10月19日(六)　以《关于对学府自由的惟一可能的干扰》为题,在大学礼堂发表就职演说。(G 4,345)

10月21日(一)　《意识的事实》第一讲;听讲者67人。(G 4,343以下)

10月底至11月初　医科学生恩·弗·梅尔策(E. F. Melzer 1792年生,德意志人,来自波茨南,其父为律师)与医科学生约·赖·布罗基(J. L. Brogi 约1793年生,犹太人,来自波茨南,出身寒微)多次发生口角,这种矛盾最后竟发展到梅尔策在光天化日之下用鞭子抽打布罗基;于是,布罗基找校长告状。(G 4,379)

11月4日(一)　将新注册学生名单通知各位系主任。(G 5,366)

11月7日(四)　致函柏林警察局局长狄·弗·卡·冯·施莱希滕达尔(D. F. K. von Schlechtendahl 1767—1842)与文化和教育部,要求警方协助学校查明大学生的社团活动。(G 5,366)

11月10日(日)　通知各系给困难学生办理助学金。(G 5,366)

11月11日(一)　致函文化和教育部,要求当局对大学校长应使用"阁下"这个称号。(G 5,366)

11月15日(五)　致函文化和教育部,建议开除学生要公开出布告。(G 5,366)

11月21日(四)　施莱希滕达尔复函,不赞成警方协助调查学生社团。(G

5, 366)

11月22日(五)　文化和教育部复函,规定开除学生,要通知警察局。(G 5, 366)

11月30日(五)　通知各位系主任,控制课堂旁听人数。(G 5, 366)

12月3日(二)　通知各位系主任,控制外国学生随便离开学校。(G 5, 367)

12月4日(二)　聘请柏林高等法院顾问约·阿·弗·艾希霍伦(J. A. F. Eichhorn 1779—1856)为柏林大学法律顾问;要求普鲁士王家掌马官路·冯·雅戈夫(L. von Jagow 1770—1825)腾出在柏林大学当作马厩与车棚占用的房屋。(G 5, 367)

12月8日(日)　若干学生请求费希特建立学生荣誉法庭;费希特将这个建议呈报文化和教育部部长舒克曼。(G 5, 367)

12月9日(一)　雅戈夫拒绝费希特的要求。(G 5, 367)

12月10日(二)　文化和教育部对费希特12月8日的报告给予肯定的答复,并要求建立一个由他、法学教授萨维尼和解剖学教授卡·阿·鲁道菲(K. A. Rudolphi 1771—1832)组成的委员会主持学生荣誉法庭的工作。(G 4, 361)——在学生中又发生斗殴事件。(G 4, 362)

12月11日(三)　荣誉法庭开会,处理梅尔策与布罗基的案件:对双方都给予禁闭处罚,但大多数人反对费希特的意见,不主张给梅尔策以严重警告处分。(G 4, 380以下)

12月12日(四)　又发生学生斗殴事件。(G 4, 362以下)

12月15日(日)　与萨维尼和鲁道菲商妥,延请普鲁士政府成员约·威·祖福林协助他们的三人委员会进行工作。(G 5, 367)

12月17日(二)　文化和教育部同意延请祖福林。(G 5, 368)

12月20日(五)　《意识的事实》最后一讲,即第七讲。(G 4, 343)

12月21日(六)　评议会在费希特住所开会,作出惩罚12月10日打架的学生尼沙尔(Niesar)等人的决定。(G 4, 363)

12月21日(六)与29日(日)之间　布罗基遭到医科学生克拉奇(Klaatsch德意志人)的殴打,又找校长告状。(G 4, 402)

12月23日(一)　费希特向文化和教育部报告处理朗格(Lange)与纳里

(Nary)12月12日打架的意见。(G 4,364 以下)

12月28日(六)　费希特给艾希霍伦写信,指出他在处理梅尔策问题上的发言有损学校形象,艾希霍伦则在复信中强调那是出于求和的爱心。(G 5,368)

1812 年

1月6日　费希特和评议会向文化和教育部报告他们处理12月12日学生打架的结果。(G 5,369)——知识学演讲第一讲;听讲者34人,其中有阿·叔本华(A. Schopenhauer 1788—1860)和奥斯忒推荐的丹麦学生弗·克·西伯伦(F. Ch. Sibbern 1785—1872)。(G 4,344)

1月7日(二)　《关于对学府自由的惟一可能的干扰》作为单行本在柏林出版。(G 4,369)

1月15日(三)　知识学演讲第八讲。——评议会开会,最后决定给予梅尔策禁闭两天的处罚。(G 4,379)

1月17日(六)　对于梅尔策的父亲的说情,费希特给这个关心儿子命运的家长作出答复说:"这里犯有的违章行为使您的儿子受到了被禁闭两天的处罚"。(G 4,381)

1月22日(三)　知识学演讲第十三讲。——梅尔策的父亲向文化和教育部抱怨费希特对待他儿子的态度。(G 4,376 以下)

1月23日(四)　知识学演讲第十四讲。——福克于晚间拜访费希特,两人反复谈论"解脱的要点:是通过成仙的人,还是通过人本身的道德力量?"(G 4,382)

1月24日(五)　纪念弗利德里希二世诞辰,费希特参加学校同事组织的聚餐会,朗读启蒙派诗人卡·威·拉姆勒(K. W. Ramler 1725—1798)写的颂歌,并与福克开始用"你"相称。(G 4,384)

1月26日(日)　就处罚克拉奇殴打布罗基的问题,费希特给艾希霍伦写信说,这是反对大学当局的不法行为,会在学生中造成一个"国中之国",艾希霍伦则在复信中说,要考虑加重罪名的情况下学生的名誉问题,并且说他在评议会上要维护各位评议委员作出评判的自由。(G 5,370)

1月28日(二)　知识学演讲第十六讲;课后,与一个名叫鲍尔迈斯特(Bauermeister)的学生谈话,这个学生走后散布谣言,说他打了费希特一个耳光。(G 4,386以下)

1月29日(三)　知识学演讲第十七讲;评议会开会,大多数评议委员否决了费希特把克拉奇殴打布罗基的行为视为对大学校长的嘲笑与挑衅的动议。(G 4,402)

2月1日(六)　费希特给一位向他写公开信的未署名女士回信说:"最尊敬的女士,您信中展现的深刻理智和庄严精神感动了我";但"我除了以课堂为起点和终点,却几乎从来都不是什么著作家;这一直是我的学术教养的特点,它把我引向这个或那个课题"。(G 5,371)——给普拉曼中学教员卡·弗·弗里森(K.F. Friesen 1785—1814)和弗·路·雅恩(F.L. Jahn 1778—1852)起草的大学生社团组织方案写出鉴定意见。(G 4,389)

2月14日(五)　费希特致函文化和教育部:在由施莱艾尔马赫领头的大部分评议会委员中盛行的观点认为,"学生们放荡不羁、进行决斗、组织同乡会和触犯法规,是合乎天性的卓越行为,一位表示自己坚决反对这种气氛的人执掌大学的领导职位,必然会引起这类观点极其强烈的抵抗,因此,他的领导也就不可能有什么成效"。"所以,我十分忠顺地向普鲁士王国文化与教育部呈交申请书,请尽快考虑新的校长人选,免去我承担这项职务的责任"。(G 4,402以下)

2月19日(三)　知识学演讲第三十讲。评议会开会决定:根据费希特向评议会表示的意见,施马尔茨代理费希特的职务;调查鲍尔迈斯特散布谣言的情况;判处布罗基禁闭八天,判处克拉奇禁闭十四天。费希特从评议会得知鲍尔迈斯特散布的谣言。(G 4,387)

2月20日(四)　知识学演讲第三十一讲。评议会请求文化和教育部劝阻费希特放弃他的校长职务。(G 4,401)

2月21日(五)　知识学演讲第三十二讲。哈登贝格在给胡弗兰德的复信中说,费希特不会被免职,但他可以逐渐卸职。(G 4,407)

2月22日(六)　费希特再次致函文化和教育部,提出辞职申请。(G 4,405以下)

2月26日(三)　知识学演讲第三十五讲。评议会开会,仍由费希特主持。(G 5, 373)

约3月　法国流亡者、哥廷根大学教授查·弗·多·戴·维勒(Ch. F. D. de Villers 1765—1815)提醒费希特,根据3月5日国王批准的普法联盟条约,法国军队将在柏林驻扎,并劝他逃往俄国。费希特回答说,"他很感谢这么提醒他,但他不逃走的决心很坚定。他的真正职业是他的教职,他不能由于暗中担忧就放弃教职;他的生命属于科学和祖国,对这两者会有益处的不是他逃到别处,而是镇静自若地呆下来,在指定的领域里诚实地工作。"(G 4, 424)

3月1日(日)　若干学生不同意评议会对克拉奇和布罗基的判决,他们把他们写的一封联名信交到费希特那里。费希特当即把它的抄本通知评议会。(G 4, 413)

3月3日(二)　知识学演讲第三十八讲。费希特把学生们的联名信连同他写的一封信呈交文化和教育部。(G 4, 413与415)

3月4日(三)　知识学演讲第三十九讲。评议会在其写给文化和教育部的信中,抱怨费希特未经评议会的同意就擅自呈送学生们的联名信。(G 4, 416—419)

3月5日(二)　费希特将评议会委员们在讨论学生联名信时发表的意见,连同他自己作出的解释,呈交文化和教育部,并请求免除他主持下次评议会的职责。(G 4, 414)

3月11日(三)　知识学演讲第四十三讲。费希特没有召集例行的评议会。(G 4, 422)

3月12日(四)　知识学演讲第四十四讲。费希特收到文化和教育部对他2月12日的辞职申请的答复:"由于学府纪律方面存在的缺点必然与您的辞职有关,所以本部在当前无法满足这个愿望"。同日,文化和教育部向评议会的每个委员发函,要求他们每个人都单独对如何处理布罗基和克拉奇的案件发表自己的意见。(G 4, 420—421)

3月20日(五)　知识学演讲第五十讲,即最后一讲。(G 4, 344)

3月24日(一)　舒克曼认为费希特申请辞职是受欢迎的,建议国王任命萨维尼为他的继任者。(G 4, 431)

春季 《关于学者的使命》第一讲发表于柏林《缪斯》季刊第2期。(Ⅱ,11,313以下)

4月11日(六) 费希特把评议会各位委员发表的意见连同他自己的一封信,呈送文化和教育部。信中说:"这些发表的意见充满了许多不正确的陈述。""几乎没有一个评议会委员见过布罗基"。"他引起反感的真正原因也许在于他是一个犹太人"。"大多数委员依据的最重要、最有决定作用的理由,都是说明评议会的威望将会受到很大的损害"。"我认为,在这里首先应该考虑的并不是这位委员或那位委员的荣誉和威望,而是应该伸张正义,只要正义得以伸张,每个人就必定能从中看出这会给他个人的威望造成什么结果"。(G 4,439—442)——舒克曼建议国王批准费希特的辞呈。(G 4,444)

4月15日(三) 哲学导论演讲开始。(G 5,376)

4月16日(四) 弗利德里希·威廉三世批准费希特辞去校长职务。(G 4,446)

4月17日(五) 文化和教育部通知费希特,政府已经接受他的辞职申请。(G 4,446)

4月18日(六) 在评议会上,费希特把校长职位移交给萨维尼。(G 4,447)——哲学导论演讲结束。(G 5,376)

4月20日(一) 先验逻辑演讲第一讲,到8月14日为止;法学演讲第一讲,到6月17日为止。(G 5,376)

4月24日(五) 先验逻辑演讲第四讲;法学演讲第四讲。——文化和教育部就克拉奇殴打布罗基的案件,将对于费希特与评议会发生的争执的裁决通知萨维尼与评议会:"在当前这个案件上使校长与评议会产生分歧的,是一种力求主张公正的热情,一方认为这么做是公正的,另一方认为那么做是公正的";"本部希望评议会的一切成员都尽量忘记使他们分裂的东西,从而把这所大学建成一个精诚团结的整体"。"本部已将给予布罗基的处罚从禁闭八天减为禁闭三天,因为我们觉得它与对克拉奇的处罚相比,确实太重"。(G 4,449—450)

5月 给奥地利驻柏林大使施·齐西(S. Zichy 1780—1853)复信,介绍柏林大学的哲学教学。(G 5,376)

6月6日(六)　奥斯忒来柏林访问费希特。(G 5,5)

6月17日(三)　法学演讲第三十四讲,即最后一讲。(G 5, 377)

6月25日(四)　先验逻辑演讲第三十一讲,奥斯忒也来听讲。(G 5,7)

6月27日(六)　奥斯忒访问费希特,一起饮茶。(G 5,7)

6月29日(一)　先验逻辑演讲第三十三讲;伦理学演讲第一讲。(G 5, 377)

7月17日(五)　先验逻辑演讲第四十一讲;伦理学演讲第十二讲。——约翰娜和费希特共同写信,问候身患重病的费希特的父亲。(G 5, 378)

8月13日(四)　先验逻辑演讲第五十五讲;伦理学演讲第二十八讲,即最后一讲。(G 5, 379)

8月14日(五)　先验逻辑演讲第五十六讲,即最后一讲。(G 5, 379)

9月13日(日)　费希特的父亲逝世。(G 5, 379)

〔9月14日(一)　拿破仑进入大火燃烧的莫斯科,被迫于4天后撤退。〕

冬季　《关于学者的使命》第二讲发表于柏林《缪斯》季刊第4期。(Ⅱ, 11, 324以下)

10月15日(四)　哲学导论开讲。(G 5, 379)

10月19日(一)　约翰·哥特劳伯来函,谈父亲逝世后家中的情况。(G 5, 379)

10月22日(四)　先验逻辑开讲,至12月底结束。(G 5, 379)

11月8日(日)　在给可能做荣誉法庭陪审员的学生的通报中评论到叔本华。(G 5, 379)

1813 年

1月4日(一)　《意识的事实》演讲开始。(G 5, 379)

1月13日(三)　读齐米茨基(Ziemietzky 柏林大学学生)的书有感,给文化和教育部写信说:"在此间的大学里尽管允许有同乡会组织,但它们会成为经常出现的秩序紊乱和放荡不羁的策源地"。(G 5, 380)

1月22日(五)　文化和教育部给费希特复函,对他1月13日写的信表示感谢。(G 5, 380)

2月4日(四) 《意识的事实》演讲结束。(G 5,380)
〔2月4日(四) 1月20日进驻的法国军队残部撤离柏林。〕
2月8日(一) 知识学演讲开始。(G 5,380)
〔2月9日(二) 弗利德里希·威廉三世宣布,取消17岁至24岁的免服兵役优待;柏林的报纸发表一份号召学生从军书。〕
约2月中旬 柏林大学学生弗·威·舒尔茨(F.W.Schulz)凭费希特开具的证明书,得到参军的经济资助。(G 5,380)
2月17日(三) 给福克写信说:"在过去的六年里,我看到那种想必能照亮一切的真理之光就在我的面前,而且认为可以抓住它。不幸的战役结果使我流落他乡。现在,在飘泊的年代和生病的时间过去以后,我相信自己仍处于原来的境地;但是,我的沉思看来又会被打断。"(G 5,381)
2月19日(五) 中止知识学演讲,发表关于当前政治形势和精神状况的演说。(G 5,30以下)
〔2月28日(日) 俄普同盟条约在卡利什签字。〕
2月底 费希特通知警察局长,阻止一群有勇无谋的德国人夜袭一小支滞留于柏林的法国军队的行动。(G 5,44—45)
〔3月17日(三) 弗利德里希·威廉三世发表《告我的人民书》。〕
3月26日(五) 开始写《日记》第一部分,至8月14日止,内容为知识学与历史哲学。(G 5,381)
3月底至4月初 《论马基雅维里》稍加修改,发表于《缪斯》第2期。(I,9,215)
4月1日(四)与2日(五) 考虑成熟以后,费希特决定当随军宣讲员参战。普鲁士国王未批准他的这一申请。(G 5,381)
约4月 费希特参加战时后备队军训。(G 5,47—48)
4月26日(一) 开始作《关于原始国家与理性国家的关系》的公开演讲,至8月13日为止。费希特在演讲中说:"在战争中得救之后,如果民族独立又为统治家族的利益而牺牲,如果事实表明,统治者虽然也希望为了他们的统治而让他们的人民流出最宝贵的鲜血,但又不愿意为民族的独立而冒结束他们的统治的危险,那么,在这样的情况下就

决不会有合乎理性的国家"。(Ⅱ,14,本书题解)

〔5月2日(日)　拿破仑在卢岑歼灭普鲁士军队的战斗方案落空。〕

〔5月5日(三)　按照普鲁士国王4月21日敕令,全柏林开始建立战时后备队。〕

5月5日(三)　费希特被指定为柏林战时后备队东区法庭的成员。(G 5,50)

〔5月20日(四)　拿破仑攻克包岑。〕

6月　与著作家恩·摩·阿恩特(E.M.Arndt 1769—1860)来往较多。费希特对这位作家说:"我知道,我不会有什么大的作为,但我永远不会给人民指点逃跑的方法;只有踏着我的尸体,敌人才能进入这座城市"。(G 5,52)

〔7月　普鲁士政府由于害怕全民武装,大力限制战时后备队。〕

7月31日(六)　1812年4月18日以来,费希特第一次参加评议会。(G 5,383)

8月13日(五)　结束《关于原始国家与理性国家的关系》的公开演讲。(G 5,383)

8月17日(二)　开始撰写《在一场梦里》。(G 5,383)

9月10日(五)　继续撰写《在一场梦里》。(G 5,383)

9月16日(四)　柏林大学学生舒尔策来函称,《极乐生活指南》救了他的命。(G 5,383)——继续撰写《在一场梦里》。(G 5,383)

〔10月16日(六)至19日(二)　莱比锡会战,拿破仑败北。〕

10月25日(一)　开始写《日记》第二部分,至1814年1月16日止,内容为知识学。(G 5,383)

10月30日(六)　胞弟约翰·哥特劳伯来函,说家母的健康状况不佳。(G 5,383)

11月4日(四)　知识学演讲开始,共二十二讲,约于圣诞节前结束。(G 5,383)

约11月底　给柏林出版家希泽西写信说,"战争一定会比以往更加明智得多地继续进行下去,尤其是更加合乎道义和有教育作用,而不会把人锻炼坏,当然也会乱哄哄的"。(G 5,384)

1814 年

约 1 月　　费希特得知他的母亲病逝。(G 5,68)

1 月 3 日(一)　　约翰娜猛然生病:"费希特夫人在野战医院连续看护病人五个月以后,想必身体日益不适。1814 年 1 月 14 日,她通过传染而得的斑疹伤寒突然剧烈发作,使她病倒了,而且病情立刻加剧到很可怕的程度,以致几乎不再有什么希望了"。(G 5,63)

1 月 10 日(一)　　知识学演讲开始:"在约翰娜病情最危急的那一天,费希特原来打算开始他的知识学演讲。几乎整个白天,他都是在病房度过的,亲自关照和护理她。最后快要天黑的时候,他不得不准备开始他的演讲,这演讲是已经定好一定要作的,他不想拖延。他告别了已经昏迷不醒的妻子,觉得在自己返回来时她也许不再活着。虽然极其悲痛,但他的精神还能自制,把一个谈最抽象的题目的报告连着讲了两个课时,使得没有任何一个人能猜想到,他是离开他的生命垂危的爱妻的病榻来讲课的。"(G 5,63—64)

1 月 11 日(二)　　知识学演讲第二讲。(G 5,385)

1 月 12 日(三)　　知识学演讲第三讲。(G 5,385)

1 月 13 日(四)　　知识学演讲第四讲。(G 5,385)

1 月 14 日(五)　　知识学演讲结束。(G 5,385)

1 月 17 日(一)　　由于在野战医院看望约翰娜时被传染,费希特病倒。(G 5,64)

1 月 17 日(一)至 29 日(六)　　病情逐渐加剧,"特别是他头脑昏迷,清醒的时刻越来越少,越来越短"。有一天,当他的儿子把普鲁士元帅布吕歇尔(Blücher)渡过莱茵河和盟军迅速进入法国的消息告诉他时,"他的神志再次清醒过来,这是他在尘世最后得到的愉快"。(G 5,64)

1 月 29 日(六)　　将近凌晨 5 时逝世。(G 5,65)

1 月 31 日(一)　　在柏林大学安排下安葬。(G 5,71)神学系菲·康·马海内克(Ph. K. Marheinecke 1780—1846)致悼词。(G 5,81—90)碑文为:"导师们必将永放光芒,如同天上的光辉;他们为众生指明正义,犹如那永恒不落的星辰"。(《旧约》"但以理书"第 12 章第 3 段至第 4 段)

译 者 注 释

1. 一部宗教哲学著作。全书由十一次演讲组成,整个演讲也以改变了的知识学为其哲学基础。关于这部著作与《论学者的本质》和《现时代的根本特点》的关系,费希特本人解释道,这三部讲稿的内容都是他到柏林"六、七年来以更多的空闲时间和更成熟的年龄,在哲学观点方面坚持不懈地进行自我修养的结果","它们构成一个通俗学说的整体,而目前的演讲则形成这个整体的顶点和最明亮的闪光点"。(《费希特全集》,第 I 辑第 9 卷第 47 页)

　　这一系列宗教哲学演讲开始于 1806 年 1 月 12 日,结束于 3 月 30 日;它们都是星期日 12 时至下午 1 时作的,地点在柏林科学院大楼圆形大厅。约翰娜在 2 月初写信告诉席勒夫人说,演讲拥有"很多听众"。(《费希特全集》,第 III 辑第 5 卷第 331 页)诗人福克后来也告诉奥·威·施莱格尔,"费希特门庭若市,颇受欢迎"。(《同时代人谈论中的费希特》,第 3 卷第 380 页)听众中不乏达官显贵、诗人和学者,诸如普鲁士高等法院顾问威·阿·弗·菲力皮(W. A. F. Philippi 1751—1828)、瑞典驻普大使布林克曼、普鲁士王储太傅德尔布吕克、医学家亨·雷夫(H. Reeve 1780—1814)、诗人查·魏尔纳(Z. Werner 1768—1823)、合唱协会会长卡·弗·策尔特(K. F. Zelter 1758—1832)等人。但听讲的人数并不像《现时代的根本特点》的听众那么多。

　　按照费希特本人的报导,这部著作在 4 月 27 日已经出版。在此书上市以后,他给歌德、普鲁士大臣拜梅和雅可比都赠寄了样书。他在给雅可比寄书时附去的信里写道,"我们恰恰作为我们而被束缚在形式里;凡在有一个自我的地方,就已经有形式,它运用自己,而且也不能不存在于这种运用中,因而也不能够超越自己,以解释自己。概念完全把握了一切,但没有把握自己";"如果你通过爱(第十讲)超越于概念之上,你就会在那里直接处于无形式的、因而纯粹的存在之中"。(《费希特全集》,第Ⅲ辑第5卷第354页以下)雅可比对此持有异议,他在写给其友人科朋的信里说,"我现在已经开始给费希特本人写一封信,但它很可能一直是一篇未完成的作品。我对最新哲学——无论是费希特的,或谢林的——的浅薄与错误的认识,日益变得更完善、更深刻了"。(《同时代人谈论中的费希特》,第3卷第435页)

在这部著作里,费希特把作为知识学最高原理的绝对、上帝或理念进一步阐述为本真生活,认为世界是由本真生活造成的,对假象生活的渴望无极乐可言,而只有对本真生活的爱才有极乐可言。他把《约翰福音》所讲的"太初有道,道即上帝",与知识学最高原理结合起来,把《约翰福音》所讲的"万物是借道造成的",与知识学最高原理从普遍到个别的推演结合起来,从而把约翰陈述的内容解释为形而上的东西,建立起了他的宗教哲学。

弗·施莱格尔在1806年夏季看过这部著作以后,以"柏林的基督教"为题写了一首嘲讽诗,批评费希特"这位不偏不倚、自我满足的罪人改变自己的高傲态度"。(《同时代人谈论中的费希特》,第3卷第424页)谢林在看到这部著作批评他的自然哲学以后,也没有保持沉默;他在1806年米迦勒节发表的《关于自然哲学与费希特改进了的学说的真正关系的说明》里认为,费希特已经变成了像尼古拉那种过时的旧式启蒙派,并且变成了"维护启蒙的狂热分子",而"这类让人受不了的狂热分子都是一些超越和压制人类健康理智,使这种理智缄口无言的人,他们依据的真理根本是从人类健康理智拿来的,只不过他们使这些真理摆脱了他们从中获得它们的那个界限而已"。(《谢林全集》,曼·施洛特尔版,第3卷第639页)

报刊上有三篇文章评论这部著作。慕尼黑《上德意志文汇报》从7月1日至26日发表了一篇很长的未署名书评,逐讲评论了费希特的宗教哲学思想,最后的结论是:"虽然评论者在这部著作中发现真的东西不新,新的东西不真,但他还是乐于承认和很高兴地指出,费希特这样的阐述整个来说不仅大力激励了对于人类最崇高的东西的确信,而且也给进一步的思考提供了刺激和各种素材"。格赖夫斯瓦尔德《最新消息评论》于1807年4月18日与25日亦发表一篇未署名的评论,赞扬费希特从理论方面彻底研究了"他的有趣的课题"。他的友人科朋最后在1807年6月11日与12日哈雷与莱比锡《文汇报》发表的书评里认为,"此书有令人高兴的方面和不令人高兴的方面。令我们高兴的是对柏拉图的信念的赞同。不令我们高兴的是费希特现在信奉的哲学体系,这个体系是与那种赞同完全不协调的"。——1

2.《现时代的根本特点》是费希特在柏林于1804年11月4日至1805年3月17日作过的十七次演讲,出版于柏林实学书局1806年4月6日复活节。——3

3.《论学者的本质》是费希特在爱尔朗根大学于1805年6月8日至8月31日作过的十次演讲,出版于柏林欣堡书局1806年2月初。——3

4. 即1799年7月到达柏林和1800年3月最后定居于柏林。——3

5. 即1793年形成知识学观点。——3

6. 参看玛丽·约翰娜的报导:"他并不想让这些演讲付印,直到最后他才屈服于朋友们不断提出的请求,(因为他从来都对自己的著作不完全满意。)"见《同时代人谈论中的费希特》,第3卷,斯图加特1981年,第276页。——3

7. 1806年1月7日费希特在《钦准柏林政学报》发表他将于1月12日开始在科学院圆形大厅作《极乐生活指南》的报告。——11

8. 这是当时讨论的一个课题。亚·卡·奥·埃申迈耶尔(A. K. A. Eschenmayer 1768—1852)在其《向自然哲学过渡的哲学》(1803年)中把极乐生活定为最高的发展阶段,说它比哲学认识还要高。谢林在其《哲学与宗教》(1804年)中对此提出异议,认为只有在哲学的真正神秘的思想之上才确立起了作为极乐生活指南的整个伦理学。费希特早在他的《向公众呼吁》(1799年)中就把极乐生活从道德方面理解为行动对超感性东西的把握,从宗教方面理解为信仰对超感性东西的把握;在1804年知识学演讲第二讲里他进而认为,惟有依靠对于绝对或上帝的爱,理性精神才能找到极乐生活,而在这里哲学被视为对于绝对的最纯粹的表达;在《现时代的根本特点》(1805年)第四讲和第十七讲里他也谈到

极乐生活。——11

9. 参看《新约全书》,"马可福音",第16章第16段;"约翰福音",第3章第36段与第8章第24段。——21
10. 参看《新约全书》,"马太福音",第6章第33段。——23
11. 这里暗示1798年底掀起的对费希特的无神论的指控。——23
12. 尤其是赖因霍尔德与埃哈德·施米特指责知识学不可理解。——23
13. 关于这些青年学者的思想,可以参看弗·科尔劳施(F. Kohlrausch 1780—1867)对费希特1804—1805年的演讲的回忆。入《同时代人谈论中的费希特》,第3卷第215页以下。——24
14. 这里谈的是亨·卢登在其评论《论学者的本质》中发表的异议;费希特在他对这篇书评作出的第五点说明里指出,大家在关于极乐生活的演讲里可以找到他之所以持相反的看法的理由。见《费希特全集》,第Ⅰ辑第9卷,第208页。——26
15. 这里指的是弗·威·约·谢林。见《哲学与宗教》,图宾根1804年,第1页以下。——26
16. 参看《新约全书》,"约翰福音",第17章第3段。——28
17. 这里指的是恩斯特·普拉特纳。见《费希特全集》,第Ⅱ辑第4卷,第174页。——33
18. 席勒和歌德。——33
19. 与这种说法相反,卢登在其评论《论学者的本质》的文章中指出:"费希特的语言是完善和卓越的;他的演说恢宏有力,扎实可靠,而没有任何神秘味道"。见《费希特著作评论集》,埃·伏克斯等编,第4卷,斯图加特1995年,第42页。——36
20. 这里指的是德国启蒙派在18世纪50年代开展的那场反对基于直接接受天启的宗教的斗争,当时尼古拉、莱辛和门德尔松创办的刊物《文学和自由艺术图书报》(1757—1760)曾经是这个阶段的启蒙运动的中心。——36
21. 参看《现时代的根本特点》第八讲。——36
22. 费希特于1800年8月16日给弗·施莱格尔写信说,"在施莱尔马赫评论《人的使命》的文章发表以前和以后,我都没有与他谈过话。他的若干异议我不理解；但我从很多地方看到，他完全违背我的目的，把第三卷最后的结论都几乎算作你们彼此称之为斯宾诺莎主义的东西。根据我的看法，那种神秘主义完全存在于人不再熟悉的超验领域"。(《费希特全集》，第Ⅲ辑第4卷，第283—284页。)——36

23. 参看《新约全书》，"约翰福音"，第4章第23—24段。——37
24. 暗示一个传说：尼古拉在1798年生病时看到他的儿子和其他人的已故亡灵频频出现。参见《费希特全集》，第Ⅰ辑第7卷，第411页，注释8。——39
25. 系指瓦伦丁·豪伊(Valentin Haüy 1745—1822)。他于1784年在巴黎建立了一所教养盲人和聋哑人的学校，施以他自己提出的教育体系。1806年他也将这种教育事业推广到柏林和圣彼得堡。——39
26. 恩培多克勒(Empedokles)，约纪元前492—432年。——41
27. 这里批评的是谢林。——67
28. 启蒙派的核心刊物《新德意志图书通报》在"研究宇宙的科学"的栏目下评论哲学出版物，与此相对应，费希特在这里称启蒙派哲学家为"研究宇宙的智者"。——74
29. 康德《实践理性批判》，里加1788年，第53—54页："这是我们的各个概念的真正的从属关系，并且伦理首先给我们揭示了自由概念，因而实践理性首先以这个概念向思辨理性提出了最难解决的问题，靠这个概念使它陷入最大的困境；这个结果已经可以从下列情况看得出来：在现象世界里任何东西都不能由自由概念加以理解，而是自然机械性始终在这里必定构成向导，此外，如果纯粹理性想在原因系列中上升到无条件的东西，纯粹理性的二律背反也就在两个方面都陷入不可理喻的地步，但同时后者(机械性)则至少在对现象的解释中有适用性，人们从来都不会采取冒险行动，把自由引入科学中，所以，道德规律以及与这种规律一起的实践理性就不会采取这种冒险行动，不会把自由概念不加给我们"。——第5页："但是，在思辨理性的一切理念当中，自由是我们apriori〔先验地〕知道其可能性却仍然不理解的惟一理念，因为它是我们所知道的道德规律的条件"。——75
30. 参看《自然法权基础》和《伦理学体系》。——76

31. 参看《实践理性批判》，第126—127页："行为的全部道德价值中的本质东西，取决于道德规律直接规定意志。如果对意志的规定虽然是符合于道德规律完成的，然而仅仅是借助于一种不论其为什么类型而必须予以假定的情感完成的，以便这种情感成为规定意志的充分根据，因而不是为了这种规律完成的，那么，行为虽然会包含合法性，却不会包含道德性"。——费希特《伦理学体系》作出的阐述是："道德善良的人希望理性和伦理原则在理性存在者组成的共同体里居于支配地位。理性存在者的目的不仅在于，只有良好的与合理的东西应该出现，只有合法性应该居于支配地位，而且在于，这种东西应该借助自由，按照道德规律出现，因而使真正的道德原则居于支配地位"。(《费希特全集》，第Ⅰ辑第5卷，第246页。)——76
32. 这里谈的是弗·亨·雅可比的《沃尔德马尔》，第二部分，柯尼斯堡1796年。——78
33. 参看《沃尔德马尔》，第二部分，第172页："正直、有德性、高尚和卓越的人从事、办理和做出的事情，都是正直、有德性、高尚和卓越的；这些概念不可能有其他根据；高尚的心灵从自身把它们创造出来，并且除了自己的高级的冲动，除了自己的纯正高尚的鉴赏能力，就不认识任何更高的规律"。——80
34. 这里指的是第三讲和第四讲。——80
35. 参看《新约全书》，《雅各书》，第2章第17段。——82
36. 这是答复谢林的。谢林在其《关于科学研究方法的演讲》(图宾根1803年)中说："行动！行动！这个呼声虽然响彻四方，但只是那种不愿继续从事知识活动的人喊得最响亮。把知识当作手段，这能是一种什么样的行动呢？把行动当作目的，这能是一种什么样的知识呢？"(第18—19页；曼·施洛特尔编《谢林全集》，第3卷第240页。)这种言论被同时代人普遍认为是针对费希特的。——82
37. 参看《现时代的根本特点》，第七讲。——85
38. 《新约全书》，"约翰福音"，第7章第17段。——85
39. 同上书，第17章第3段。——85
40. 同上书，第1章第1—14段。——86

41. 同上书,第21章第24段;《约翰一书》,第1章第1—3段。——86
42. 《旧约全书》,"创世记",第1章第1段。——88
43. 《新约全书》,"约翰福音",第1章第1—3段。——88
44. 《旧约全书》,"传道书",第7章第24段以下。也可以参看《新约全书》,"马太福音",第11章第19段。——88
45. 原文为das Ist,是由德语系词sein的第三人称单数形式变来的,费希特用以标识存在(Sein)的在场(Dasein)。——89
46. 《新约全书》,"约翰福音",第1章第3段。——89
47. 同上书,第1章第4—5段。——90
48. 同上书,第1章第14段。——90
49. 同上书,第1章第12段与第13段。——91
50. 同上书,第20章第31段。——91
51. 《新约全书》,"加拉太书",第4章第24—31段。——91
52. 《新约全书》,"马太福音",第1章第1段;《启示录》,第5章第5段。——91
53. 《新约全书》,"马太福音",第26章第28段。——91
54. 《新约全书》,"约翰福音",第1章第14段与第18段,第3章第16段与第18段;"希伯来书",第11章第17段。——91
55. 《新约全书》,"约翰福音",第10章第30段。——91
56. 同上书,第1章第12段与第13段。——91
57. 同上书,第17章第11段、第21段与第22段。——92
58. 同上书,第14章第6段。——93
59. 同上书,第8章第50段。——94
60. 同上书,第1章第18段。——94
61. 同上书,第5章第19段。——94
62. 同上书,第10章第28段。——94
63. 同上书,第10章第29段。——94
64. 同上书,第10章第30段。——94
65. 同上书,第6章第54段。——95
66. 同上书,第5章第24段。——95

67. 同上书,第5章第25段。——95
68. 《新约全书》,"哥林多后书",第3章第6段。——95
69. 《新约全书》,"约翰福音",第11章第23—25段。——96
70. 同上书,第8章第51—53段。——96
71. 同上书,第11章第23—25段。——96
72. 同上书,第5章第26段。——96
73. 同上书,第6章第54—56段。——97
74. 同上书,第6章第57段。——97
75. 《旧约全书》,"加拉太书",第2章第20段。——97
76. 《新约全书》,"约翰福音",第14章第1段,第10章第37段与第38段。——98
77. 同上书,第5章第36段,第15章第24段。——98
78. 同上书,第7章第17段。——98
79. 同上书,第6章第54段,第7章第16段。——98
80. 同上书,第1章第29段。——98
81. 参看《新约全书》,"约翰一书",第1章第7段。费希特的这句话与这段经文的意思是相反的!——98
82. 同上书,第4章第9段。——98
83. 参看《新约全书》,"约翰福音",第8章第21段与第34段,第9章第41段,第15章第22段,第16章第8段,以及第20章第23段。费希特的这句话与这六段经文的意思是相反的!——98
84. 同上书,第17章第20段与第21段。——98
85. 《新约全书》,"约翰一书",第1章第1—3段。——99
86. 一个地区性的神灵,后被西闪米特人奉为丰收神。费希特在此暗示什么,不详。——102
87. 《旧约全书》,"耶利米书",第5章第21段。亦可参看《新约全书》,"马可福音",第8章第18段。——102
88. 《新约全书》,"约翰福音",第5章第54—55段与第61段。——105
89. 同上书,第10章第30段与第31段。——105
90. 康德《实践理性批判》,里加1788年,第55页:"意志被认为是不依赖于经验条件,因而是作为纯粹意志,由规律的单纯形式加以规定的,而且这种规定的根据被视为一切准则的最高条件"。第109页:"一个理性原理已经在自身被认为是规定意志的根据,而不考虑欲求能力的可能对象(因而也就是单纯依据准则的合乎规律的形式),在这种情形下,那个原理就是 a priori〔先验〕实践规律,而且纯粹理性被假定为本身是实践的"。——109

91. 埃斯库罗斯(Aischylos),公元前525—455,出生于埃琉西斯,《被缚的普罗米修斯》的作者。——112
92. 即歌德。他的这首诗是费希特从雅可比《关于斯宾诺莎的学说》(布雷斯劳1785年)中获知的。——112
93. 参看费希特在其写给赖因霍尔德的一封信(1799年4月22日)中关于"康德的真正怀疑主义无神论"的评述。见《费希特全集》,第Ⅲ辑第3卷,第330页。——113
94. 这里涉及的是新教启蒙神学所代表的幸福主义宗教观点。——114
95. 《新约全书》,"约翰福音",第1章第1段。——118
96. 《新约全书》,"罗马书",第8章第28段。——131
97. 系指1804—1805年冬季在柏林作的《现时代的根本特点》。——135
98. 系指1805年夏季在爱尔朗根大学作的《论学者的本质》。——135
99. 《论学者的本质》与《现时代的根本特点》均于1806年相继发表于柏林。——135
100. 《新约全书》,"路加福音",第1章第38段。——136
101. 参看《新约全书》,"马太福音",第9章第19段。费希特的这个说法是与这段经文相反的。——142
102. 《新约全书》,"加拉太书",第2章第16段。——142
103. 《新约全书》,"哥林多前书",第2段与第3段。——142
104. 《新约全书》,"马太福音",第6章第10段。——145
105. 《新约全书》,"约翰福音",第1章第1段。——151
106. 同上书,第1章第3段。——152
107. 同上书,第1章第14段。——152
108. 《新约全书》,"约翰一书",第4章第16段。——152

109.《新约全书》,"马太福音",第 6 章第 23 段。——152
110.《新约全书》,"约翰一书",第 2 章第 4—6 段,第 9—11 段。——153
111.《新约全书》,"马太福音",第 10 章第 34 段。——155
112.同上书,第 6 章第 13 段。——158
113.席勒《理想与生活》,1795 年,第 1 节。——159
114.批评费希特认为自己已经认识真理的信念的押韵文字主要是出自巴格森、谢林与奥古斯特·冯·科策布(August von Kotzebue 1761—1819)之手。巴格森以长诗《豪饮时讲的全部学说》讽刺费希特早期的知识学体系。(《同时代人谈论中的费希特》,第 1 卷第 349—352 页)谢林与卡洛林娜给《明如白昼的报导》(柏林 1801 年)写的箴言是:"读者,你要怀疑太阳明亮,怀疑星辰闪光;可是,不要怀疑我的真理,也不要怀疑你的愚蠢。"(《同时代人谈论中的费希特》,第 3 卷第 48 页)科策布写的短诗《枢密官们的尊严》是:"费希特莅临远方,欲解决宇宙之谜;满以为,用他那遮光提灯,他就照亮了混沌乾坤"。(同上书,第 268 页)——反对费希特这个信念的不押韵文字经常来自尼古拉及其同伙。——163
115.参看《一封私函的摘录》(1800 年 1 月),见《费希特全集》,第 I 辑第 6 卷,第 369—389 页。——163
116.参看《现时代的根本特点》。——163
117.系指《明如白昼的报导》的副标题:"一项迫使读者们理解的尝试"。见《费希特全集》,第 I 辑第 7 卷,第 183 页。——163
118.参看《现时代的根本特点》第四讲。——167
119.参看《现时代的根本特点》第十七讲。——169
120.参看《钦准柏林政学报》1806 年 1 月 7 日预告。——170
121.参看《坦言报》1806 年 1 月 9 日第 24 版:"既然这位哲学家甚至能教极乐生活,他本人该会过一种多么令人愉快的生活呵!"(《同时代人谈论中的费希特》,第 3 卷第 379 页)——170
122.参看巴黎《文汇报》(1806 年 2 月,第 9 卷第 XXIV 页):"费希特教授先生宣布他将在这个冬天在柏林作极乐生活指南的演讲。诱饵选得很好,人们已多次上当。值得怀疑的是很多人还想不想上钩。"——173

123.《新约全书》,"约翰福音",第 8 章第 58 段。——179
124.《新约全书》,"希伯来书",第 7 章第 1—19 段。——179
125.《新约全书》,"约翰福音",第 8 章第 28 段与第 38 段,第 10 章第 38 段,第 12 章第 50 段,第 14 章第 10 段、第 11 段与第 20 段,第 17 章第 21 段。——181
126.同上书,第 8 章第 31 段与第 13 章第 35 段。——181
127.同上书,第 10 章第 9 段。——181
128.同上书,第 10 章第 30 段。——182
129.同上书,第 14 章第 8 段与第 9 段。——182
130.同上书,第 8 章第 52—55 段。——182
131.一篇古为今用的历史人物研究作品。最初发表于柯尼斯堡著作家菲·施勒特尔(F. Schrötter)男爵与诗人马·冯·申肯多夫(M. von Schenkendorf)主编的科学与艺术杂志《维斯太》1807 年 6 月第 1 卷;1813 年春季,稍加修订,又在柏林发表于诗人福克和威·诺意曼(W. Neumann)主编的《缪斯》第二年度第二期。

　　这篇著作写于 1807 年春节。写作的目的在于,从马基雅维里的著作里吸取若干有助于德意志民族的解放与复兴的思想观点,例如:关于一个民族在共和制或君主制的统治下得到统一的问题,关于在战争中是炮兵还是步兵决定一切的问题,关于一个国家在国际关系中如何维护自己的独立的问题,关于君主与其臣民的关系问题,关于德国人的特点与法国人的特点的对比,以及写作自由与出版自由。当然这篇著作也包含着对于君主政治上的优柔寡断和军事上的指挥无能的批评。这些观点大部分在后来构成了费希特《对德意志民族的演讲》的内容。

　　这篇著作由于当时兵荒马乱,并未在报刊上受到评论。但在同时代人的通讯里还是有所议论。谢林在 1807 年 12 月 31 日写给友人的信中说:"费希特喜欢起马基雅维里来了,完全受他的感召,借用歌德给文克尔曼的题词,写出一篇研究他的论文,有理智的人们大力赞扬了这篇文章";但谢林不理解费希特与普鲁士国家貌合神离的关系,竟然认为"这个国家最终得到颂扬的理想恰恰是由费希特体现出来的"。(《同时代人谈论中的费希特》,第4卷第100页)最有意义的评论是出自普鲁士青年军官卡·冯·克劳塞维茨(K. von Clausewitz 1780—1831)之手。他在1809年1月12日写给他未来的妻子的信里说:"亲爱的玛丽,如果你弄到此间出版的《维斯太》杂志第1卷6月号,你可要读一下费希特那篇论述马基雅维里的文章,想一想我们这里发生的事情。"(同上书第200页)同时,他又将他研究马基雅维里的心得写信告诉费希特,详细地评论了炮兵的战略地位。(《费希特全集》,第Ⅲ辑第6卷,第283—289页)

《维斯太》杂志于1808年1月迁往柏林,由于刊载的文章影射当局而遭到查封,并被科以100塔勒尔罚金。为了填补《对德意志民族的演讲》第一讲在印刷期留下的空档,同时也为了争取写作自由和出版自由,费希特在这部演讲集里编入了《论马基雅维里》的若干段落,并且特别声明,它们在柯尼斯堡是已经通过书刊检查机关的审查的,而这也有声援《维斯太》的意思。——183

132. 艺术史家约·约·文克尔曼(J. J. Winkelmann 1717—1768)的希腊艺术理论给歌德以很大影响。——185

133. 《文克尔曼和他的时代·书信与论文》,歌德编,图宾根1805年,第ⅩⅥ页。——185

134. 尼科洛·马基雅维里(Niccolò Machiavelli 1469—1527),佛罗伦萨政治家、外交家和政治思想家。——185

135. 贺拉斯《歌集》,第1卷,第28首第23—25行与第35—36行。——186

136. 《马基雅维里著作集》,佛罗伦萨1796—1799年,第6卷第223页以下。见《君主论》中译本,北京1988年,第73页与第74页。——187

137. 切萨雷·博尔贾(Cesare Borgia 约1475—1507),教皇亚历山大六世之私生子,凭借父势,在1499至1502年先后征服罗马尼阿、翁布里亚和锡耶纳,被授予瓦伦蒂诺公爵。——189

138. 奥利韦罗托·欧弗雷杜奇(Oliverotto Euffreducci),1502年12月31日在西尼加利亚被切萨雷·博尔贾杀害。关于这个事件,可参看《君主论》中译本第41页以下。——189

139. 《马基雅维里著作集》,第3卷第146—147页。——189

140. 洛伦佐·迪·皮埃罗·梅迪奇（Lorenzo di Piero de'Medici 1492—1519），皮埃罗（1472—1503）之子，"高贵的"洛伦佐（1449—1492）之孙，1513 年在佛罗伦萨执政，并被封为乌尔比诺公爵；《君主论》就是献给这位佛罗伦萨统治者的。——190

141. 法国革命军队征服瑞士后，由瑞士的大部分领土于 1798 年组成的共和国；由于内部争端迭起，拿破仑于 1802 年发布调解令，以新的瑞士联盟代替海尔维第共和国。——191

142. 皮埃罗·索代里尼（Piero Soderini 1452—1522），佛罗伦萨共和国首脑（1502—1512）；马基雅维里在共和国任职时期，作为他的助手和参谋负责处理外交和军政事务。——192

143. 格奥尔格·斯卡利（Giorgio Scali ?—1381），佛罗伦萨出现的民众领袖。——192

144. 马索·阿尔比齐（Maso Albizzi 1343—1417）与其子里纳尔多·阿尔比齐（Rinaldo Albizzi 1370—1442）均为佛罗伦萨贵族领袖。——192

145. 教皇利奥十世（Papst Leo X 1475—1521），原名乔万尼·迪·梅迪奇，佛罗伦萨共和国统治者洛伦佐大公之次子。——193

146. 《马基雅维里著作集》，第 5 卷，第 78—79 页。——193

147. 《马基雅维里著作集》，第 3 卷，第 241 页以下。——195

148. 教皇克莱门七世（Papst Clemens VII 1478—1534），原名朱利奥·迪·梅迪奇，佛罗伦萨梅迪奇家族中朱利亚诺的私生子。——196

149. 《马基雅维里著作集》，第 1 卷，第 53 页。——196

150. 出版家安东尼·德·布拉多（Antoni de' Blado 1490—1567）。——196

151. 费希特的这个提示受到卡尔·冯·克劳塞维茨的重视。这位年轻的普鲁士军官于 1807—1808 年研究了马基雅维里，在 1809 年 1 月 11 日给费希特写信说，他已经理解了马基雅维里的军事学说，并将他就此所作的评论告诉了费希特。——参看克劳塞维茨《政治著作与书信集》，慕尼黑 1922 年，第 63 页以下；《同时代人谈论中的费希特》，第 4 卷，第 200 页；《费希特全集》，第 III 辑第 6 卷，第 283 页以下。——199

152. 《马基雅维里著作集》，第 6 卷，第 220 页。见《君主论》中译本，北京 1985 年，第 1 页。——200

153. 希腊历史学家色诺芬(约公元前430—354)写的历史小说《居鲁士的教育》,描述波斯国王居鲁士二世的少年时期、学业与事业,以表明作者所设想的政体和君主应受的教育。——201
154. 关于维泰洛佐·维泰利(Vitellozzo Vitelli)、费尔莫的奥利韦罗托、帕戈洛(Pagolo)领主与格拉维纳公爵奥尔西尼(Orsini)的叙述,见《马基雅维里著作集》,第3卷,第143页以下。——201
155. 特伦提乌斯(Terentius 约公元前190—159),古罗马著名喜剧作家。作品大都根据希腊新喜剧改编而成。——202
156. 普劳图斯(Plautus 约公元前254—184),古罗马著名喜剧作家,与特伦提乌斯齐名。——202
157. 法国著名喜剧作家让·巴·波·莫里哀(J. B. P. Molière 1622—1673)。——202
158. 《马基雅维里著作集》,第7卷,第8—9页。——202
159. 《马基雅维里著作集》,第5卷,第29页。——203
160. 这里暗示的显然是普鲁士政府在奥地利与法国1805年开战时采取的态度。——209
161. 以上两段选自《马基雅维里著作集》,第6卷,第356—358页。见《君主论》中译本,北京1985年,第121—122页。——213
162. 以上两段选自《马基雅维里著作集》,第6卷,第361—362页。见《君主论》中译本,第124—125页。——214
163. 以上一段选自《马基雅维里著作集》,第6卷,第220—221页。见《君主论》中译本,第2页。——214
164. 以上一段选自《马基雅维里著作集》,第6卷,第231—233页。见《君主论》中译本,第11—12页。——218
165. 以上四段选自《马基雅维里著作集》,第6卷,第295—299页。见《君主论》中译本,第69—72页。——221
166. 以上一段选自《马基雅维里著作集》,第6卷,第317页。见《君主论》中译本,第103页。——221
167. 以上四段选自《马基雅维里著作集》,第6卷,第339—341页。见《君主论》中译本,第107—108页。——223

168. 以上两段选自《马基雅维里著作集》，第6卷，第342页。见《君主论》中译本，第109页。——223
169. 这里谈的仍然是普鲁士政府在奥地利与法国1805年交战时采取的态度。——224
170. 以上一段选自《马基雅维里著作集》，第6卷，第343—345页。见《君主论》中译本，第110—111页。——225
171. 这里谈的可能是主管外交的内阁大臣约·威·洛姆巴德(J. W. Lombard 1767—1812)及其亲法的政治态度。——226
172. 以上四段选自《马基雅维里著作集》，第6卷，第351—356页。见《君主论》中译本，第117—120页。——230
173. 以上两段选自《马基雅维里著作集》，第3卷，第174页、第175页与第178页。——235
174. 以上各段选自《马基雅维里著作集》，第3卷，第195—196页。——236
175. 以上两段选自《马基雅维里著作集》，第3卷，第197—199页。——237
176. 以上两段选自《马基雅维里著作集》，第3卷，第205—207页。——238
177. 费希特这段话是预防他的阐述被认为涉及普鲁士王国的。——239
178. 一篇光辉的爱国主义作品，系《现时代的根本特点》的续篇。全书由费希特在1807年12月13日至1808年3月20日所作的十四次演讲组成，发表于1808年5月中旬。

　　这部作品的思想内容大约形成于1806年4月至1807年6月，即从普鲁士与法兰西帝国的矛盾加剧到提尔西特和约的签订这个历史时期。费希特在当时写下的手稿和作品有:《爱国主义及其对立面》第一部分、《把激动人心的雄辩能力用于当前的战争》、《对德意志战士的演说》、《略论一个当今的无名之辈》、《论英雄主义》、《对于政治问题的考虑》、《德意志共同体》、《论马基雅维里》、《爱国主义及其对立面》第二部分以及《裴斯泰洛齐〈格特鲁德是如何教育她的孩子们的〉研究》。其中最重要的是:1.《爱国主义及其对立面》，它论证了"任何一个世界主义者都会借助于民族给他设置的限制，势必成为爱国主义者"(《费希特全集》，第Ⅱ辑第9卷，第400页)，把建立理性王国的事业与德意志民族的再生统一起来，为《对德意志民族的演讲》奠定了理论前提;

2.《论马基雅维里》,(《费希特全集》,第Ⅰ辑第9卷,第223—275页),它为德意志民族的解放与复兴提供了若干启发,并对君主在政治上的优柔寡断和军事上的指挥无能进行了批评。

这些演讲是在法国军队依然驻扎在柏林的条件下作的。一位年轻的著作家在日后写的《回忆录》中说,"费希特那种具有巨大思想意义的、用全部极其真挚的信念力量讲出的语言,由于他有一种非凡的勇气而发生了特别重要的影响,正是依靠这种勇气,一位德国教授在法国军队面前扶起了德意志民族的那面被敌人扳倒、践踏在地的旗帜,宣告了这样一条原则,这条原则经过发挥,必将又战胜外国当权者,彻底消灭其势力;而法国军队则多次从旁列队经过,以其击鼓的声音直接妨碍他的演讲,对他的演讲起了紧急警告的作用。同时,对于出版家帕尔姆遭受的命运的想象还完全浮现在人们的脑海里,使好多人对这位毫无惧色的男子汉提心吊胆,因为他的自由和生命就像挂在一根线上一样,完全系于他讲的每一句话;虽然有各方面对他发出的告诫,有那些生怕法国人恼火,给自己造成伤害的普鲁士下级行政机构对他产生的疑虑,甚至还有闯进来听讲的法国人对他的注视,但他在已经开始的工作中并没有让自己受到这些因素的干扰"。(《同时代人谈论中的费希特》,第4卷第73页)

这些演讲的内容可以分为四个方面:1.说明德意志民族已经由于利己主义的极度发展所招致的惨败,而处于告别恶贯满盈和转向自觉理性的过渡时期;2.依据历史前进的逻辑和法国革命的教训,证明培养全面发展的新人是德意志民族过渡到人类文明史上一个更高的阶段的必由之路,从而提出了建立民族教育制度的任务;3.从德意志民族的语言、特点和精神方面说明,这个民族最适合于实施培养全面发展的人的民族教育,因而也最有条件率先建立理性王国,为世界公民的事业作出贡献;4.指出这项民族事务必须由民众来促进,而它的前景从政治上说是建立共和体制,从经济上说是建立计划经济模式,从道德方面说是建立一种纯粹、高尚和伟大的精神。

这些演讲发表后,虽然遭到费希特的哲学对手亨·卢登的最激烈的批评,说他放弃了在三年前演讲中提出的观点,说他关于德意志民族丧失了独立性的论断是危言耸听,而且这位评论者在反对把学生与其家庭隔离开的措施时写道,"试问,国家究竟是从什么地方获得这种权力的呢?是谁赋予它这种权力的呢?"(《耶拿文汇报》,1808年11月7日—9日)但是,绝大部分书评都肯定了这部著作的巨大意义。例如,历史学家赫·黑格维什(H. Hegewisch 1740—1812)就认为,它给那些垂头丧气、忧心忡忡的德意志人鼓了勇气,让他们认识到,不管他们的命运如何严峻,他们依然是一个值得尊敬的民族,甚至会成为一个卓越的民族;而且这位评论者预见到它将流芳百世,把它比拟为克利陶马赫在迦太基被罗马人毁灭以后发表的告同胞书。(《历史与文学短篇著作汇编》,阿尔托纳1809年,第111页)又如,文学家让·鲍尔(J. Paul 1763—1825)肯定了这些演讲的道德价值,认为费希特把民族教育定为告别沮丧的过去与走向光辉的未来的向导是正确的。(《海德堡著作年鉴》,1809年第1分册)客观的事实表明,费希特的这部著作迅速传遍了全国,极大地鼓舞了人民的爱国热忱。

这些演讲从逐讲送审和逐讲付印的时候起就命途多舛。由于书刊检查官害怕丢掉乌纱帽或招来杀身之祸,第一讲被长期扣压下来,第五讲、第八讲和第十四讲也遇到了麻烦,而且第十三讲原稿竟然从书刊检查官手里丢失了。费希特尽管作过种种努力,据理力争,但最后还是不得不修改通不过的段落和补写遗失的讲稿。本书在柏林发表后,不仅得到了广泛的好评,而且迅速传遍了全国,鼓舞了人民的爱国热忱,但在击败拿破仑以后,不仅普鲁士的改革家们没有考虑书中提出的倡议,而且普鲁士国王弗利德里希·威廉三世为了消除这部著作在学生运动中的影响,还依据1819年卡尔斯巴德决议,把它列入了查禁的书单。在1848—1849年民主革命废除了这个决议以后,这部著作在费希特的祖国相继由许多学者予以编辑出版,并被译为意大利文、法文和英文,在欧美各国得到广泛的传播。与此同时,在德国先后涌现出研究这部著作的大量作品;但在这些研究中一直存在着两种对立的方向,一种是把费希特视为主张建立理性王国的爱国主义者,另一种是把他视为主张侵略其他民族的沙文主义者。尤其是在德国法西斯主义猖獗的时期,卡·齐美尔曼(K. Zimmermann)、赫·施瓦茨(H.

Schwarz)和伊·希尔什(I.Hirsch)等哲学家,都力图伪造费希特,把他的这部著作歪曲为法西斯主义的理论来源之一。马克思主义哲学家瓦·费·阿斯穆斯(В.Ф.Асмус)就此指出,"一个为法西斯憎恨的卢梭,阻挡着费希特走向法西斯主义的道路",因为费希特的这些演讲是以民主主义为基础的;"法西斯主义者千方百计地把费希特硬拉到法西斯主义一边的愿望,使他们对他的学说作出了最露骨的伪造"。(阿斯穆斯"真正的费希特与法西斯对他的伪造",载莫斯科《在马克思主义旗帜下》1942年第7期)——241

179. 费希特在《现时代的根本特点》里把人类历史的逻辑进程划分为五个先后必经的时期:1.无须进行强制,不必付出辛劳,人与人的关系只依靠合理本能加以安排的时期;2.合理本能已经变弱,只表现于少数出类拔萃的人身上,被他们变为一种对大家有强制作用的外在权威的时期;3.直接摆脱专断的权威,间接摆脱合理本能和任何形态的理性的统治的时期,叫做恶贯满盈的状态;4.采取科学形态的理性逐渐传遍于人类,理性及其规律在清晰的意识中得到把握的时期;5.通过完善的技艺,按照理性的规律,人类的一切关系得到调整和安排的时期。他在这个演讲系列里认为,当时的世界历史处于第三个时期。过了三年以后,根据拿破仑不断征服欧洲其他主要国家的现实,尤其是普鲁士国家的惨败,费希特认为,这个发展阶段已经在德国完全结束。因此,他把考察德国如何进入第四个发展阶段的《对德意志民族的演讲》称为《现时代的根本特点》的续篇。——243

180. 《对德意志民族的演讲》的排印方式是:讲完一讲就立即送审一讲,获准一讲就立即排印一讲。由于书刊检查官扣压第一讲的讲稿,费希特在开排第二讲时不得不暂且假定第一讲将占48个页码;但在后来第一讲获准付印时,他发现它占不了这么多页码;于是,他不得不再从其他论著中摘录一些段落,把现在出现的空档填补起来,而这些段落分别出自《论马基雅维里》(载柯尼斯堡《维斯塔·科学与艺术之友杂志》,第1卷,1807年6月)和《关于爱国主义与其对立面》(未发表的两次谈话录,第一次谈话脱稿于柏林1806年7月,第二次谈话脱稿于柯尼斯堡1807年7月),都以争取写作自由和出版自由为目的。——243

181. 这里摘录的两段文字出自《维斯塔》第1卷，第80—81页；见《费希特全集》，第Ⅰ辑第9卷，第274—275页。——245
182. 这里摘录的四段文字出自《维斯塔》第1卷，第29—35页；见《费希特全集》，第Ⅰ辑第9卷，第232—234页。——246
183. 这里摘录的一段文字出自费希特给打算出版的《关于爱国主义与其对立面》所写的前言，见《费希特全集》，第Ⅱ辑第9卷，第396页。他在这里加的顺序号Ⅲ是多余的，因为这部谈话录并不是《论马基雅维里》的一个部分。——248
184. 费希特在12月13日作过第一讲以后，立即将讲稿交柏林高等宗教监理会审查。该会成员诺尔特教授当日通读了全文，在他认为有问题的地方划了红线，并摘抄出一些打算要求修改的段落。他在审查报告中说，"书商雷默尔先生——我可以认为这是得到舍费主席先生阁下的批准的——将费希特教授先生今天所作的以'绪论'为题的第一讲送我审查。我本人参加了这一讲的报告会，并再次不带任何偏见地通读了这一讲。我坦率地承认，尽管作者先生是从一种哲学立场考察他的研究对象的，但他无论在涉及普鲁士政府的地方，还是在暗指法国政府的地方，两者都讲得很明了、很醒目，使我当然不无理由地担心，无条件地签发印刷许可证，将会带来令人不快的麻烦。我这么承认以后，就可以不太担心自己匆忙作出评论了。为了证明我的主张，我摘抄了一些用红笔在边上标出的段落，并且同时呈交出来，看是否可以要求作者先生现在还不必逐讲付印，而是在演讲结束以后，将全书呈交审查，这样就可以更全面地评价全书的倾向，也可以从前后论断的关联中对一些论断作出温和的解释"（入柏林《普鲁士国家秘密文化档案》；见《同时代人谈论中的费希特》，第4卷，第80—81页。）该会另外三个成员也审了第一讲。弗·萨克和汉斯坦认为这一讲是谈政治的，不属于应审的神学书籍的范围。黑克尔表示同意诺尔特的意见。该会主席舍费据此决定给第一讲拒发印刷许可证，并于12月16日将拒发的理由通知费希特。1808年2月14日第九讲通过了审查，费希特认为全书的倾向已经讲明，因而要求雷默尔再次送审第一讲。舍费接受雷默尔的送审，让诺尔特、黑克尔与弗·萨克重审第一讲。诺尔特的意见是:或者敦促作者对所提到的段落加以修改,以缓和措辞,或者不发印刷许可证。黑克尔与弗·萨克仍坚持初审的意见。舍费于2月26日答复费希特,说明不能签发印刷许可证的理由。费希特写信求助于普鲁士王国大臣拜梅,这位大臣要他等到普鲁士政府从柯尼斯堡返回柏林以后。(《费希特全集》,第Ⅲ辑第6卷,第233页)在这种情况下,他对所提到的段落作了修改。诺尔特在3月31日的鉴定意见中说,"费希特教授先生的第一讲现在已经有若干修改,它们表明作者的努力不会被误解,因此,我认为现在可以给它签发印刷许可证"。(《同时代人谈论中的费希特》,第4卷,第134—135页)舍费最后于4月1日在鉴定意见上签了字。——250

185. 费希特原来写的和说的都不是"在某个地方",而是在"普鲁士国家"。见《同时代人谈论中的费希特》,第4卷,第118页与121页以下;《费希特著作评论集》,第4卷,第283页。——250

186. 从这句话开始往下,诺尔特摘抄了三段打算要求修改的文字。摘抄的文字入柏林《普鲁士国家秘密文化档案》,见《同时代人谈论中的费希特》,第4卷,第122页。——257

187. 在诺尔特摘抄的段落中,这里的原文是语义明确的"国家"(der Staat),而不是语义含糊的"共同体"(das gemeine Wesen)。——257

188. 诺尔特摘抄的第三段文字至此结束。——258

189. 从这句话开始往下,诺尔特又摘抄了两个段落,它们同样入柏林《普鲁士国家秘密文化档案》;见《同时代人谈论中的费希特》,第4卷,第122页。——259

190. 在诺尔特摘抄的第四段里,最后一句话的原文为:"正是由于这些纽带被切断,国家就崩溃了"。——259

191. 诺尔特摘抄的第五段,即最后一段文字到此结束。——260

192. 费希特的这个改造德意志民族的思想,早在他1799年所写的致神圣罗马帝国皇帝弗兰茨二世的书信草稿中就已经形成。这个草稿发表于《作为体系的先验哲学》(汉堡1989年)第313—320页。——261

193. 费希特把他在12月20日作过的第二讲同样于当日送交柏林高等宗教监理会。诺尔特在当天写出上报的审查意见,其中说,"我在所附的费希特阐述民族教育的一般原理的第二讲里,没有发现什么可以拒绝给它签发印刷许可证的东西"。(见《同时代人谈论中的费希特》,第4卷,第86页)该会主席舍费于12月23日在审查报告上签了字,于是第二讲的印刷就未再遇到阻碍。——266

194. 这里说的是拉丁文。——277

195. 这里说的是希腊文。——277

196. 费希特在12月27日所作的第三讲又在书刊检查官那里遇到了麻烦,不过这一次是由于他们难以理解它的内容。诺尔特在写给舍费的报告中说,"我已经尽我的所能,钻研过所附的费希特这篇整个来说含糊不清的第三讲的意思,我认为让它付印不会令人生疑,何况我考虑到,关于以前就宗教问题发表过类似言论的著作,已经给这位作者签发了印刷许可证。我现在只能指望,再请我们监理会中的一位神职人员先生对这一讲发表意见,在尊敬的主席先生看来会觉得是适当的,因为我自己在对这件事情的看法上可能出错"。(《同时代人谈论中的费希特》,第4卷,第98页)于是,根据舍费的要求,萨克与黑克尔又对第三讲进行复审。萨克的鉴定意见是:"对我来说,费希特先生的哲理太高深,完全无法让人领会。我不理解他,所以无法对他作出评论。但我以为,可以给这一讲签发印刷许可证,因为对于很多其他令人生厌的、但每个人都比较易于理解的奇谈怪论,过去并未拒绝签发印刷许可证"。(同上)黑克尔也说,"我同样认为,无疑可以给费希特的这篇著作签发印刷许可证,因为它难以让人理解,完全不可能对它的读者的宗教情感和道德信念产生什么有害的影响"。(同上书,第99页)舍费于12月29日据此作出了准予付印的决定。——283

197. 即《现时代的根本特点》。关于人类在尘世的真正使命,参看《费希特全集》,第Ⅰ辑第8卷,第201页;关于自由发展的第二个主要阶段取代不自由发展的第一个主要阶段,参看该书198—201页和第206—207页。——293

198. 这一段文字是费希特对《纯粹理性批判》1781年问世以来批判哲学的成就与不足所作的一个评论。——296

199. 《旧约全书》,"以西结书",第37章第1—10段。——298

200. 对于费希特1808年1月3日所作的第四讲,诺尔特在当日写的鉴定意见是:"我在第四讲里没有发现什么可以拒绝给它签发印刷许可证的东西";舍费于1月5日在鉴定意见书上签了字。(见《同时代人谈论中的费希特》,第4卷,第103页)——298

201. Idee来源于古希腊文 *eidos*,就像德语中的 Gesicht 一样,最初表示由感官把握的感性东西,后来经过演变,表示由心灵把握的超感性东西。——304

202. 《圣经全书》,马丁·路德德文译本,经萨克森选帝侯恩准,由维滕堡汉斯·卢夫特(Hans Luffte 1495—1584)刊印于1534年;这类说法出自该书"但以理书"第1章第17段以下。——304

203. 对于费希特1月10日所作的第五讲,诺尔特虽然在审查意见中说"决不能给它拒发印刷许可证",但仍然指出,"就像在原稿第8页、第13页与第26页用铅笔划出来的那些地方表明的,它有对于法国语言和文学的激烈诋毁"。(《同时代人谈论中的费希特》,第4卷,第104页)萨克的意见是:"就我读过和理解的这篇手稿而言,我没有发现其中有什么根据书报检查勅令不得付梓的东西";黑克尔也表示,"我无疑同意这个鉴定意见"。(同上)舍费于1月12日据此签发了印刷许可证。——315

204. 费希特的这一论述,是针对谢林在其《关于科学研究方法的演讲》(图宾根1803年,第8页以下)中提出的质问而发的。——318

205. 从上下文看,诺尔特在原稿第8页用铅笔划过的地方大致是从这里开始的。——319

206. 这里说的是让·巴·波·莫里哀的著名代表作《伪君子》。——320

207. 从上下文看,诺尔特在原稿第13页用铅笔划过的地方大致是从这里开始的。——322

208. 这里是原书第83页与第84页交界处,费希特在本讲结束后,给此处插入一个说明。——324

209. 从上下文看,诺尔特在原稿第26页用铅笔划过的地方大致是从这里开始的。——328

210. 提坦(Titanen),希腊神话中天神和地神的子女们及其后裔,共12名;

大多反对主神宙斯,战败后被囚禁于冥界。——330
211. 贺拉斯《歌集》,第3卷,第4首,第53段—第58段。——330
212. 提福俄斯(Typhoeus),希腊神话中一个有一百个蛇头喷火的怪物,地震被认为是他造成的。——330
213. 弥玛斯(Mimas),希腊神话中的巨人之一,为宙斯所杀。——330
214. 波耳费里翁(Porphyrion),希腊神话中的巨人之一,为宙斯和赫剌克勒斯所杀。——330
215. 洛托斯(Rhoetus),希腊神话中的马人,在庇里托俄斯婚筵中为底玛斯所杀。——330
216. 恩刻拉多斯(Enceladus),希腊神话中的巨人之一,被雅典娜用西西里岛压住。——330
217. 帕拉斯(Pallas),希腊神话中的巨人之一,被雅典娜打死。——330
218. 费希特1月16日所作的第六讲在送审时没有遇到问题。——332
219. 这里说的是路德于1520年8月在维滕堡发表其《致信奉基督教的德意志贵族书》。——326
220. 萨克森选帝侯智者弗利德里希三世(Friedrich III, der Weise 1463—1525)致力于改革,1502年建立维滕堡大学;虽对路德的学说持观望态度,但在罗马教皇利奥十世下令惩办路德时保护了路德。——336
221. 这里说的是路德于1520年冬季在维滕堡发表的著作《论基督徒的自由》。——338
222. 这里说的是莱布尼茨以其《人类理智新论》(1765年)对洛克的《人类理智论》(1757年)进行了针锋相对的批驳。——341
223. 这是对康德《纯粹理性批判》(1781年)的巨大贡献的颂扬。——341
224. 康德在《未来形而上学导论》(1783年)里说,"我坦率地承认,正是休谟的提示在多年以前首先打破了我教条主义的迷梦,并且在我对思辨哲学的研究上给我指出来一个完全不同的方向"。(见中译本,北京1982年,第9页)——341
225. 费希特对法国革命的结果的评论。——342
226. 费希特1月23日所作的第七讲在送审时没有遇到问题。——347
227. 在这里,费希特按照古代高地德语,把Deutsch(德意志)解释为dem

Volk eigen(民族特有的);在本书第十二讲中,他又给这个解释作了明确的概括。——347

228. 费希特当时在国家的本质与职能问题上已经开始从形式方面吸取柏拉图的理念论;参看《关于学者的本质》第一讲与第八讲和《现时代的根本特点》第十讲至第十一讲。——354

229. 费希特于1808年1月31日所作的第八讲在送审后又遇到了麻烦。诺尔特在当日写的审查意见中说,"在第八讲的最后六页上出现一些段落,它们在当前的情况下使我不得不指望我的一位同事先生再对它们加以审核,就它们是否可以付印,供广大读者了解,表示自己的意见"。(《同时代人谈论中的费希特》,第4卷,第111页)弗·萨克在2月1日写的鉴定意见中说,"不管费希特先生在第八讲里的论证是否有根据,我没有从中发现什么根据书刊检查敕令不能予以付梓的东西。但是,像最后几页上出现的那些对德国现状的暗示,是否在政治上明智,是否会依然毫无实效,而不给作者惹起麻烦,这却是另一个问题。一位法国书刊检查官如果从另一角度认为这篇手稿值得读懂,则起码难以给它签发出版许可证"。(同上书,第111—112页)舍费在2月3日与高等教会监理会其他成员讨论过这篇讲稿以后,于2月4日将它呈交直属维和委员会约·奥·萨克主席和该会成员卡·格·冯·劳默尔(K. G. von Raumer 1783—1865),询问它是否会在政治上引起疑问。在未得到回答以前,诺尔特于2月7日审查了费希特当日作过的第九讲,在鉴定意见中认为:"如果像我希望的那样,国王直属维和委员会没有发现什么不能印刷第八讲的东西,那么,也就不可给当前的第九讲——在这一讲里,只有第5页、第7页与第25页上用铅笔划出的段落可能让某个外邦的权威认为不对头——拒发印刷许可证"。(同上书,第113页)2月8日,舍费收到直属维和委员会的肯定答复以后,给第八讲与第九讲同时签发了印刷许可证。约·奥·萨克向普鲁士国王弗利德里希·威廉三世报告说,"费希特教授继续在此间作报告,向他的时代传播振奋和唤醒民族主义的强烈言辞"。(同上书,第115页)——366

230. 阿米尼乌斯(Arminius 公元前18—公元19),彻路西部族首领泽基穆尔之子,10岁赴罗马学武艺,曾经作为军团副将参加罗马帝国皇帝提比略对日耳曼尼亚的征讨,以卓著战功获得罗马公民权和骑士头衔;公元 7 年返回家乡,成为罗马帝国的反对者,公元 16 年遭到惨败,在彻路西部族的起义中为亲人的杀。——378

231. 塔西佗《编年史》记载了阿米尼乌斯和日耳曼的其他首领让他们的部族记住:"或者是继续保持自己的自由,或者是被奴役而死,在这之外难道还有别的道路可走么?"(见中译本,北京 1997 年,上卷,第 78—79 页)——379

232. 见法国弗·马·伏尔泰的悲剧作品《宗教狂热或穆罕默德》(1740 年),它于 1742 年上演时遭禁。——380

233. 由此往下是诺尔特在审查时用铅笔划出的六个段落。——382

234. 见《新约全书》,"马太福音",第 5 章第 39 段与第 40 段。——385

235. 约·海·裴斯泰洛齐(J. H. Pestalozzi 1746—1827),瑞士教育家,深受卢梭关心民众的思想的影响,献身于民众教育事业,在教育史上建树卓著,费希特在苏黎世时期即与他建立友谊。——391

236. 裴斯泰洛齐《格特鲁德是如何教育她的孩子们的》,伯尔尼与苏黎世 1810 年。——393

237. 同上书,第 34 页。——394

238. 裴斯泰洛齐《母亲必读》,苏黎世、伯尔尼与图宾根 1803 年。——396

239. 裴斯泰洛齐《格特鲁德是如何教育她的孩子们的》,第 119—122 页;这里谈的是他聘请的数学教师约·克·布斯(J. Ch Buss 1776—1855)的报导。——398

240. 同上书,第 55 页。——400

241. 费希特 2 月 14 日作过的第十讲在送审时没有遇到问题。——401

242.《新约全书》,"马太福音",第 18 章第 6 段。——410

243. 裴斯泰洛齐《伦纳特与格特鲁德》,第 1 卷,柏林与莱比锡 1781 年;第 2 卷至第 5 卷,法兰克福与莱比锡 1783—1787 年。——413

244. 费希特 2 月 21 日作过的第十一讲在送审时没有遇到问题。——417

245. 费希特 3 月 6 日作过的第十二讲在送审时没有遇到问题。——433

246. 关于费希特的这个解释,梅林指出,"不难了解,崇高的东西可以变为可笑的,如果不是在一步之中,就是在一世纪之中。"(见"费希特对德

意志民族的演说",载《新时代》第26年度第1卷)——435
247. 这是对德国的某些曲学阿世、讨好拿破仑的言论的批评。——440
248. 索布语(Sorbisch),亦称汶德语(Wendisch),一种西斯拉夫语言,中世纪时广泛使用,目前在德国东部仍有大约10万人操这种少数民族语言。——441
249. 由此往下的三段行文中,费希特用对比和影射的方法说出了自己对拿破仑的看法。——444
250. 费希特于3月13日作过的第十三讲在14日就通过了审查。诺尔特的鉴定意见是:"在我看来,我们高等宗教监理会方面也不能给这第十三讲拒发印刷许可证"。(《同时代人谈论中的费希特》,第4卷,第127页)但手稿连同印刷许可证不知丢到什么地方去了。费希特十分恼火,通过雷默尔要求高等宗教监理会仔细查找。查找的结果是:在该会文书室有发出舍费签署的印刷许可证与手稿的存根,但没有雷默尔收到批件与手稿的存根。舍费于4月13日正式通知费希特说第十三讲手稿业已遗失,并请他重写。费希特又请雷默尔于4月16日给舍费写信,说明他坚持要求找回手稿的立场,而且他已无法再有撰写那一讲时的心情,因而重写的部分必定难以与其他部分统一,其结果就是损害全书的风貌。舍费虽然也责成诺尔特再查找手稿,但拖延甚久,未作答复。在这种情况下,费希特于5月2日向直属维和委员会告状,一方面指出手稿的丢失与重写给自己造成了无法弥补的损失,另一方面要求请人鉴定重写的手稿。该会很快作出了答复,一是委托汉斯坦鉴定重写的手稿,二是责成高等教会监理会再查找手稿。舍费于5月7日向直属维和委员会复函,说手稿仍未找到,可能是在送交出版社以后丢失的,把责任推给了雷默尔。汉斯坦审查了由直属维和委员会转来的第十三讲内容通报,认为可以付梓,但对于末尾附的说明,则一直等到费希特将其中措辞激烈的段落删改以后,才于5月9日让它也获得印刷许可证。——448
251. 这里谈的是《锁闭的商业国》中提出的计划经济模式和它遭到的批评。见《费希特全集》,第I辑第7卷,第47—141页,以及《费希特著作评论集》(斯图加特1995年),第3卷,第175—290页。——455

252. 塔西佗在《历史》中记载了巴塔维亚起义领袖奇维里斯（Civilis）向罗马人求和，说当时在这个日耳曼部族的民众中有这样一种说法："我们无论如何不能再把这一多难的战争拖下去了；任何一个民族都无法摆脱加到世界上的奴役"。"罗马人不要我们缴纳租税，只要我们拿出勇气和人员来。这个条件几乎同自由差不多了。而且如果我们要选择我们的主人的话，我们忍受罗马皇帝的统治较之受日耳曼女人的统治要更光荣一些"。（中译本，北京1985年，第356页。）——462

253. 由此往下的两段文字中，费希特用对比和影射的方法说出了自己对拿破仑的看法。——467

254. 对于费希特3月20日作过的第十四讲，诺尔特在3月28日写出的审查意见中认为，用红笔标出的段落会引起外国权威的反感，应加以修改。舍费于4月2日给费希特发出便条，要求他以缓和的语气修改这些段落。费希特于当天就作出答复说，"在标出的最后两段，我已经缓和了语气。但第9页上的第一段我无法修改"。（《费希特全集》，第Ⅲ辑第6卷，第237页）诺尔特看过修改以后认为，最令人感到有顾虑的段落已经改变，所以这一讲可以付印。弗·萨克依然坚持其过去的立场，认为这类涉及政治的论著不属于高等教会监理会的审查范围，而这些被认为有问题的段落并不与宗教抵触，所以高等教会监理会不应不允许它付印。舍费仍有顾虑，便请示直属维和委员会主席约·奥·萨克。这位财政大臣复信说，这篇手稿在总体上仍属于高等教会监理会审查的范围，但划红线的地方确实令人担忧，希望作者为了出版全书而修改这些地方。于是，舍费再次要求费希特修改或删除这些地方。费希特转向当时正在柏林的普鲁士首相亨·弗·卡·施泰因男爵（H.F. K. Freiherr von Stein 1757—1831），寻求支持。不料这位政治家在涉及法国的问题上亦爱莫能助，劝他再作妥协。在这种情况下，费希特于4月11日给舍费回信说，首相认为，"第9页上带有附加补充的第一段不动，第20页第二段可照我压缩过的那样付印"。（同上书，第239页）这样，舍费才在4月13日签发了印刷许可证。——470

255. 由此往下，到本段为止，根据费希特4月2日信中用"遭殃"（übelgehen）和"交好运"（wohlgehen）谈遣辞造句的情况，可以推断，就是原稿第9

页上他认为无法修改的段落。——476
256. 同样可以推断,由此往下的条件从句就是所谓的"附加补充。"(见《同时代人谈论中的费希特》,第4卷,第141—142页)但费希特附加的这句话有违前一句话的原意。——477
257. 费希特1810年2月或3月在柏林亨利希王宫报告厅为公众作过的一次知识学演讲;5月出版于柏林希泽西书局,第一次以专题公布了他的业已改变的知识学。

1809年12月5日与7日,费希特先后在《柏林政学消息报》与《钦准柏林政学报》分别发表通知,说他从当月11日开始,每周一、二、四、五的下午1时至2时,作哲学入门的演讲。《知识学纲要》就是这个演讲系列中的最后一讲。他的演讲受到了各方面的关注。《有教养者晨报》1810年1月5日发表消息说,到这座现已定为柏林大学校址的王宫听讲的人有150名之多。筹建柏林大学的威·冯·洪堡给居住在魏玛的歌德写信说,费希特的演讲很受欢迎。(《同时代人谈论中的费希特》,第4卷第244页)诗人卡·阿尼姆(K. Arnim 1781—1831)在写给其友人威·格林(W. Grimm 1786—1859)信里报导说,"费希特在开头叙述道,尽管他作这样的演讲现在已经十五年,但他还未能把他的事业交给任何一个人"。(同上书,第241—242页)

这本小册子发表后引起了不同的评论。海得堡大学哲学教授雅·弗·弗里斯(J. F. Fries 1773—1843)认为,此书的首要错误是把经验心理学与形而上学理念论混淆起来;他说,"按照作者的这种新的阐述来讲,整个哲学是关于世界起源于神圣存在者的学说,因而仅仅是一种流射说,而且更具体地说,是一种贫乏的、仅仅局限于人类心理的流射说"。(《海得堡著作年鉴》,1811年1—6月号)赖因霍尔德也认为知识学已经变为心理学,不过它不是经验的,而是思辨的;他写道,"费希特先生使直截了当的知识成为'上帝自身,但处于上帝自身之外';就是说,成为'上帝在其存在之外的存在';他的哲学因此就对他变成了知识学,并且作为这样的知识学变成了思辨心理学"。(《耶拿文汇报》,1812年1月10—11日)《莱比锡文汇报》1812年2月17日发表的未署名的评论则持相反的看法,认为"费希特先生虽然在这个纲要中没有使用纯粹自我、设定、障碍、努力以及其他类似的词汇,而使用了显得易于理解的上帝、生命、能力、直观、冲动以及诸如此类的词汇,但我们的读者将会看出,所有这些除了表示知识学在其最初的形态中已经讲过的东西,就没有表示任何其他东西"。——491

258. 在1794年《论知识学的概念》里费希特说,"知识学具有绝对的总体,在这个总体中一本导出万殊,万殊归于一本"。(《费希特全集》,第Ⅰ辑第2卷,第131页)这里的太一(das Eine)是从主观先验唯心论的意义上说的。在《1804年知识学演讲·第三轮》里,费希特所讲的太一则已具有客观先验唯心论的意义,就是说,存在既有从太一出发的分裂趋势,也有向太一回归的集合趋势。(《费希特全集》,第Ⅱ辑第7卷,第334与342页)在1806年《极乐生活指南》里,费希特进而使太一具有了基督教神学的意义,把太一与上帝等同起来,说"本真生活爱那种单一的东西"。(《费希特全集》,第Ⅰ辑第9卷,第49页)——494

259. 在早期知识学中,知识(das Wissen)是自我的知识;在《1804年知识学演讲·第一轮》中,知识已作为客体加以研讨;(《费希特全集》,第Ⅱ辑第7卷,第118页)在1804—1805年《现时代的根本特点》中,费希特进一步认为,"上帝的存在绝对是知识本身;上帝的这种存在和知识完全是同一个东西"。(《费希特全集》,第Ⅰ辑第8卷,第296页)——494

260. 费希特所谓的图像(das Bild)是指超感性事物的可见的表现形式。——494

261. 费希特1811年10月19日就任柏林大学校长时发表的演讲。出版于1812年1月7日柏林维蒂希书局(Wittich Buchhandlung)。

柏林大学评议会于1811年7月17日推选费希特为校长,8月6日普鲁士国王批准了选举结果。费希特于9月1日就职,在10月19日校长职务移交仪式上发表了这篇演讲。《柏林政学消息报》在当日发表的报导说:"本月19日在大学主楼大厅举行了隆重的校长职务移交仪式,把这个职务交给了原哲学系主任费希特教授先生,他是一位由大学评议会自由选举出来、经国王陛下于今年8月6日敕令批准的下届校长。卸任的校长发表简短的讲话,把这个职务交给他的后继者,这位后继者接着就发言,以证明在任何地方都比不上在这所大学在这篇演讲里,费希特为了说明什么是大学,首先指出整个尘世之所以存在,只是因为超尘世的东西,即神性在尘世中得到体现,然后指出超尘世的东西在人的理智中不断地以更高的清晰性显现出来,最后由此得出结论说,大学是为保障理智的这个显现超感性东西的进程的连续性所设置的机构,因而也是超尘世东西与尘世东西的统一性的明显体现,而他所讲的学府自由就是从这个定义推演出来的。关于这个哲学前提,《有教养者晨报》1812年3月6日发表的未署名的评论质问道:"神圣的东西是显现在理智教育里的吗?或者说,反而不显现在天真、虔诚和单纯的心灵里吗?"哥廷根大学教授弗·卢·布特韦克(F. L. Bouterwek 1766—1828)在1813年4月24日《哥廷根学术通报》发表的书评里写道:"人们经常指责费希特,说他言辞夸张,添枝加叶,损害了他要教导和促进的真和善本身。给他那些关于真、善和高尚所持的论断奠定基础的东西是不会被误解的;但是,像他陈述它们那样立论,它们就暴露出了一种苦思冥想出来的批判思想是多么欠妥!古代希腊的那些不包含任何大学的教育机构难道就从作者的记忆中完全消失了吗?或者说,古代希腊的文化和科学是由于缺少大学而式微的吗?"但在另一方面,普鲁士政府文教顾问威·乌登则从大学发展的远景考虑,对这篇演讲作出了另一种评价,他在写给友人卡·伯蒂格尔的信里说,"我们的大学在实现了这篇演讲所描绘的科学理想的时候,又会有一种多么令人高兴的现象啊!"(《同时代人谈论中的费希特》,第4卷,第371页)——511

262. 这个原理是费希特的历史哲学的惟一根据。见《现时代的根本特点》第一讲与第二讲。参看《费希特全集》,第I辑第8卷,第195页以下与第205页以下。——514

263. 这个论点是在《关于学者的本质及其在自由领域的表现》第三讲中提出的。参看《费希特全集》,第I辑第8卷,第80页以下。——517

264. 在这里费希特进一步贯彻了他在《对德意志民族的演讲》中提出的要求:学生要与腐败的社会环境隔离开。参看《费希特全集》,第I辑第10卷,第38页。——518

265.1811年5月在柏林大学所作的两次公开演讲。发表于福克与诺意曼主编的《缪斯》季刊1812年第2期与第4期。随后的三讲则在费希特在世时未发表。

《柏林政学消息报》在1811年5月9日刊登出费希特关于作这些演讲的通知。5月11日下午1时至2时,费希特在柏林大学主楼第八报告厅作了第一讲。他的友人福克要求他为《缪斯》撰稿,他才把这两讲予以发表。

这些演讲的内容与费希特1805年在爱尔朗根大学所作的演讲的内容都是基于业已改变了的知识学,即以理念论为基础的知识学,两者的差别在于,前者是与他晚期的宗教哲学思想密切结合在一起的,后者则很少有宗教哲学色彩。

这些演讲发表以后,除了学生谈到听讲的情况(《同时代人谈论中的费希特》,第4卷,第324页)以外,没有任何书评。——539

编 者 后 记

本卷的翻译开始于1997年6月,完成于2000年6月。《极乐生活指南》和《论马基雅维里》是根据《费希特全集》第I辑第9卷(斯图加特1995年9月)译出的,《对德意志民族的演讲》是根据赖·劳特版(汉堡1978年)译出的,其后的三篇作品是根据伊·赫·费希特编《费希特全集》第2卷、第6卷和第11卷译出的。我们在2006年2月收到劳特教授所赠科学院版全集第I辑第10卷(斯图加特2006年12月)以后,依照这个版本核查了相关译文,修订了过去编写的译者注释,并标出了对应的边码。

全部译稿都经过审核,作了修改。梁志学审核了李文堂所译《极东生活指南》、《知识学纲要》和谢地坤所译《论马基雅维里》;沈真审核了甘绍平所译《关于对学府自由惟一可能的干扰》和郭大为、梁志学合译《关于学者使命的演讲》;梁志学、沈真与李理在分工译出《对德意志民族的演讲》第1—3讲、第4—7讲与第8—14讲以后,又互审了译稿。——译者注释是由梁志学、李文堂和李理参照科学版全集(第I辑第9卷和第III辑第6卷)、《费希特著作评论集》(第4卷)、《同时代人谈论中的费希特》(第3—5卷)和有关的费希特著作单行本(《迈纳出版社哲学丛书》第254与204辑)编译出来的。——为了便于阅读,梁志学在这一卷编译了《费希特著作总目》和《费希特年表》。

我们课题组经过15年的集体努力,总算完成了这部五卷本选集。在我们从事编译工作的过程中,一直得到国内外许多友人真诚的支持和鼓舞。在这里,我们课题组要对他们致以衷心的谢意。尤其应该提到,德国巴伐利亚科学院赖因哈德·劳特教授和他的助手埃里希·伏克斯博士先生从头到尾都在我们搜集书刊资料、参加国际学术会议和解决翻译难题方面给我们提供了支持;如果没有他们的支持,我们的编译工作将难以按计划进行。还应该提到,王玖兴和薛华先生作为课题组的顾问不仅在翻译方面提供了他们所能提供的支持,而且在精神方面始终鼓舞着我们的编译工作。我们课题组要对他们特别致以谢意。

经过对费希特哲学体系的演进过程的研究,我们深知,这部选集在选题、翻译和编辑方面仍留下不少问题,因此,我们希望在不久的将来能给读者提供这部选集的增订版。

北京　2006年3月